Deutschland in der Welt

Thomas Adam ist Associate Professor am Department für Political Science der University of Arkansas und dort stellvertretender Direktor des International and Global Studies Programms am Fulbright College of Arts and Sciences.

Thomas Adam

Deutschland in der Welt

Gesellschaft, Kultur und Politik seit 1815

Campus Verlag
Frankfurt/New York

Bei diesem Buch handelt es sich um die vom Autor übersetzte und stark erweiterte Fassung der Originalausgabe in englischer Sprache (bei Taylor & Francis Group unter dem Titel »Modern Germany and the World«).

ISBN 978-3-593-51415-4 Print
ISBN 978-3-593-44799-5 E-Book (PDF)
ISBN 978-3-593-44800-8 E-Book (EPUB)

Copyright © 2021 Campus Verlag GmbH, Frankfurt am Main
Umschlaggestaltung: Campus Verlag GmbH, Frankfurt am Main
Umschlagmotiv: Bierflaschen der von deutschen Auswanderern gegründeten Brauereien »Namibia Breweries« (Windhoek), »Spoetzl Brewery« (Shiner, Texas, USA) und »Tsingtao« (Qīngdǎo, Volksrepublik China)
Satz: le-tex transpect-typesetter, Leipzig
Gesetzt aus der Alegreya
Druck und Bindung: Beltz Grafische Betriebe GmbH, Bad Langensalza
Beltz Grafische Betriebe sind ein klimaneutrales Unternehmen.
Printed in Germany

www.campus.de

Inhalt

Einleitung

In den vergangenen zwei Jahrhunderten schufen sich jede deutsche Gesellschaft und jede Generation ihre eigene deutsche Geschichte, die ihren Bedürfnissen der Identitäts- und Sinnstiftung entsprach. Dadurch entstand eine Abfolge von deutschen Geschichten, die ihrem jeweiligen Publikum eine Interpretation anboten, in der vor allem die Besonderheiten der deutschen Gesellschaft hervorgehoben wurden. So galt am Ende des 19. Jahrhunderts in der kaiserlichen deutschen Gesellschaft etwa die Abwesenheit einer Revolution im Stil der Französischen Revolution nicht nur als eine besondere Charakteristik der deutschen Gesellschaft, sondern auch als eine Grundlage für deren Überlegenheit über andere westliche Gesellschaften wie etwa die französische und die englische Gesellschaft. Die deutsche Gesellschaft erschien als das Resultat eines evolutionären Prozesses, in dem der Fortschritt durch wohltätige Herrscher wie etwa den preußischen König Friedrich II. erreicht wurde. Diese Andersartigkeit der deutschen Geschichte wurde nach dem Zweiten Weltkrieg in der westdeutschen Gesellschaft dazu verwendet, den Niedergang der deutschen Geschichte im Nationalsozialismus zu erklären. Galt das Fehlen einer erfolgreichen bürgerlichen Revolution im 19. Jahrhundert einst als Vorteil, wurde das Ausbleiben dieser Revolution in der Bundesrepublik in den 1970er Jahren als strukturelle Ursache für die Entwicklung hin zum Nationalsozialismus erkannt.

Weder die erste noch die zweite Inkarnation des deutschen Sonderwegs beruhte aber auf systematischen Untersuchungen, die sozial-strukturelle Entwicklungen in der deutschen Gesellschaft mit sozial-strukturellen Entwicklungen in anderen westlichen Gesellschaften verglich und die gegenseitige Beeinflussung und Durchdringung sozialer und kultureller Strukturen der modernen Gesellschaften und Kulturen in westlichen Ländern untersuchte. Strukturen und <u>Phänomene der modernen Gesellschaft</u>

und Kultur von der Infrastruktur der Großstädte bis hin zu sozialen Verhaltensweisen entwickelten sich aber nicht innerhalb abgeschlossener politischer Räume wie etwa des Nationalstaates, sondern durch umfassende Austauschprozesse zwischen Städten und Regionen sowie deren Bewohner. In diesen Austauschprozessen überwogen zudem die Aktivitäten individueller Bürger, die sich ohne staatliches Mandat als Kulturvermittler einsetzten, und von nicht-staatlichen Organisationen, die Ideen und Modelle sozialer und kultureller Organisation aufspürten, annahmen und umsetzten. Einer Geschichtsschreibung, die auf politisch legitimierte Akteure und staatliche Organisationen konzentriert ist, konnte es nicht gelingen, diese Aktivitäten, die die deutsche Gesellschaft nachhaltig prägten, zu erfassen. Daher blieben Darstellungen wie etwa Sebastian Conrads und Jürgen Osterhammels *Das Kaiserreich transnational*, die einem politikgeschichtlichen Ansatz verhaftet waren, und selbst Darstellungen wie *Die Internationale der Rassisten* von Stefan Kühl weit hinter ihrem Anspruch zurück, eine transnationale Perspektive auf Perioden und Aspekte der deutschen Geschichte zu liefern.

Die transnationale Wende in der Geschichtsschreibung hat Historiker dazu ermuntert, die Produktion von Geschichtserzählungen – nationalen und regionalen – aus einer Perspektive anzugehen, in der die Rolle des Staates in den Hintergrund rückt, der Rahmen der Nation überwunden wird und in der nicht-staatliche Akteure in den Mittelpunkt der Darstellung rücken. Sie führt insgesamt dazu, dass grundlegende Aspekte der Erzählung der deutschen Geschichte neu gedacht werden müssen. Zuerst geht es darum, den Raum der deutschen Geschichte neu zu bestimmen. Traditionelle deutsche Geschichten des 19. Jahrhunderts haben zum Beispiel ihren Untersuchungs- und Darstellungsbereich zumeist auf den geographischen Raum beschränkt, der im Jahr 1871 das Deutsche Reich bildete. Damit wurde eine politische Ordnung – das Deutsche Kaiserreich – zum Erfahrungsraum der deutschen Nation. Nationalstaaten waren im 19. und in der ersten Hälfte des 20. Jahrhunderts aber in der Regel keine monolithischen Einheiten, in denen sich jeweils nur eine Nation aufhielt. Weder Deutschland noch Polen (nach 1919) war die Heimat aller Personen, die zu der jeweiligen nationalen Gruppe zählten. Und weder Deutschland noch Polen waren ausschließlich von Deutschen und Polen bewohnt. Alle europäischen Sprachgruppen, die sich auch als nationale Gruppen verstanden, formten im 19. und 20 Jahrhundert aufgrund ihres migratorischen Verhaltens globale Diasporen, die zum Beispiel Deutsche in Leipzig mit Deutschen in Philadelphia oder Rio Grande do Sul oder Polen in Warschau mit Polen im Ruhrgebiet oder in Chicago verbanden. Die deutschsprachige Diaspora umfasste deutschsprachige Siedler in dem geographischen Raum von der Wolga bis zum Pazifik und von der Ostsee bis zur Südspitze Südamerikas. Moderne Formen der Kommunikation wie etwa Briefe, deren Beförderung um die Welt durch globale Abkommen ermöglicht wurde, gaben dieser Diaspora im 19. Jahrhundert ein Netzwerk, durch das Informationen in alle Richtungen flossen. Sie beeinflussten die Formierung von Bildern über fremde und exotische Regionen und beförderten die Migration aus Zentraleuropa und Osteuropa nach Nord- und Südamerika.

Traditionelle, auf die Nationalgeschichte fokussierte Geschichten geben dieser deutschsprachigen Diaspora keinen Raum. Deutsche Geschichten ignorieren diese Migranten und Exilanten grundsätzlich, da sie nicht mehr in dem Raum der deutschen Nation leben. Und wiederum Nationalgeschichten der Empfängerländer wie etwa der USA, Kanada oder Brasilien ignorieren die deutschen Migranten und Exilanten sowie ihre Beiträge zur Ausgestaltung der amerikanischen, kanadischen oder brasilianischen Nationalidentität, weil sie durch die Historiker der betreffenden Länder nur als marginale Einwanderergruppen wahrgenommen wurden, deren Beitrag zur politischen Geschichte des jeweiligen Landes als zu vernachlässigen galt. Im Kontext der deutschen Migranten, die sich in den USA niederließen, etablierte sich zumindest eine deutsch-amerikanische Schule der Geschichtsschreibung, die, zwischen den Stühlen sitzend, freilich nur wenig von Historikern der deutschen Geschichte und Historikern der amerikanischen Geschichte wahrgenommen wird.

Die hier vorliegende deutsche Geschichte sucht diesem Dilemma in zweierlei Weise beizukommen: Zum einen legt sie den Raum der deutschen Geschichte nicht auf den deutschen Nationalstaat fest; zum anderen richtet sie den Fokus nicht nur auf staatliche Aktionen und Akteure, sondern weitet ihn auch auf nicht-staatliche Aktionen und Akteure aus. So wird nicht nur der Beitrag der deutschsprachigen Migranten des 19. Jahrhunderts zur Ausgestaltung der amerikanischen Gesellschaft, sondern auch derjenige der deutschen Exilanten herausgearbeitet, die sich in den 1930er Jahren nach der Flucht vor dem Nationalsozialismus vor allem in den USA niederließen und hier an der Entwicklung der modernen Filmindustrie und Architektur entscheidend beteiligt waren. Damit wird dieses Buch vor allem eine Geschichte der deutschsprachigen Bevölkerung innerhalb und außerhalb des deutschen Nationalstaates sein und nicht nur eine Geschichte des deutschen Staates bieten.

Deutsche und nicht-deutsche Migranten und Reisende, die sich zwischen verschiedenen modernen Nationalstaaten hin und her bewegten, nutzten ihre Reisen, um das von ihnen in anderen Städten und Regionen Entdeckte zu beobachten, zu studieren und daraufhin zu überprüfen, ob es auch in andere urbane und regionale Kontexte überführt werden könnte. In diesem Prozess kam es zu zahlreichen interkulturellen Transfers von Objekten und Ideen, die Entwicklungen und Einrichtungen in deutschen Städten mit Prozessen und Institutionen in Städten in anderen Ländern verbanden. So erlebte etwa der amerikanische Student und Reisende George Ticknor in Göttingen und Dresden am Anfang des 19. Jahrhunderts die ihm unbekannte Einrichtung von familiären Weihnachtsfeiern mit einem Weihnachtsbaum und dem Austausch von Geschenken. Für Ticknor war dies eine völlig neue Erfahrung und er überlegte, inwieweit dieses Weihnachtsfest, das er als ein die deutsche Nation charakterisierendes Fest bezeichnete, eventuell auch in die amerikanische Gesellschaft integriert werden könnte. Er wollte damit auch dort die Konstruktion einer nationalen Identität vorantreiben. In den 1860er Jahren war es der Braunschweiger Gymnasiallehrer Konrad Koch, der in dem an englischen Privatschulen gespielten Fußball eine Freizeitaktivität entdeckte, die auch an deutschen Gymnasien eingesetzt werden könnte, um Schülern eine ansprechende physische Betätigung zu ermöglichen, die sie zu aktiven Partnern im Lernprozess machen würde. Koch konnte allerdings kaum ahnen, dass dieser Sport, der anfangs als undeutsch, gefährlich und unpatriotisch verschrien war, einmal zu einem die deutsche Nation definierenden Sport werden würde. Die Beispiele des Weihnachtsfests und des Fußballspiels verweisen auf die Multidirektionalität dieser Austauschprozesse, die im Fall des Transfers des Weihnachtsfests die bürgerliche Stadtgesellschaft Dresdens mit der bürgerlichen Stadtgesellschaft Bostons verband und im Fall des Fußballspiels die Institutionen des Gymnasiums Martino-Katharineum in Braunschweig mit den Public Schools in Rugby und Eaton in England verknüpfte. Dadurch entstand ein transnationales Netzwerk, das Personen in verschiedene Richtungen reisen ließ, um Informationen, Praktiken und Erfahrungen zu erwerben, auszutauschen und zu modifizieren und um kulturelle Praktiken und Institutionen in lokale Räume einzufügen. In diesen konkreten Austauschprozessen, die die Gesellschaften Deutschlands, Großbritanniens und der USA nachhaltig prägten, spielte der Staat – weder der deutsche noch der englische oder amerikanische Staat – so gut wie keine Rolle.

Kaum eine Entwicklung, die die moderne Gesellschaft in Deutschland formte, kann ausschließlich aus der deutschen Geschichte heraus erklärt werden. So wurde etwa die Industrialisierung des Verkehrswesens im Wesentlichen durch den Einfluss von Veränderungen im Wettergeschehen ausgelöst, das durch den Ausbruch des Vulkans Tambora im fernen Südostasien verursacht wurde. Es waren diese Veränderungen, die eine Umstellung des Waren- und Personentransports von Pferden auf mechanisierte Antriebsmaschinen nötig werden ließen. Der Ausbau städtischer Infrastrukturen von der Abwasserbeseitigung bis hin zur Konstruktion von U-Bahnen ist eine Geschichte transnationaler Austauschprozesse, in der ingenieurtechnische Leistungen in Berlin ohne ihre Vorbilder in Städten wie New York nicht möglich waren. Und auch die Theorie und Praxis der Eugenik verband deutsche Mediziner und Eugeniker mit Ärzten und Eugenikern vor allem in den USA, die Jahrzehnte vor ihren deutschen Kollegen mit der Sterilisierung von »schwachsinnigen« Menschen begonnen hatten und die Ausweitung dieser Praxis auf immer mehr Personen favorisierten. Das deutsche Gesetz über die Sterilisierung von »erbkranken Menschen« basierte weithin auf amerikanischen Gesetzen, die zur Sterilisierung von Tausenden von Opfern geführt hatten.

Es geht in diesem Buch aber auch darum, durch das Einnehmen einer vergleichenden und transnationalen Perspektive eine Neubewertung von Ereignissen der politischen Geschichte, etwa des Versailler Vertrags, der Vertreibung der Deutschen aus den Ostgebieten nach dem Zweiten Weltkrieg und der Erfahrungen der Ostdeutschen nach dem Zusammenbruch des Kommunismus zu erreichen. Diese Ereignisse wurden zu oft in Isolation von ihrem historischen Kontext und aus einer Binnenperspektive betrachtet. Der Versailler Vertrag mag für Deutschland hart gewesen sein, aber er war – wie ein Vergleich mit anderen ähnlichen Verträgen zeigt – keineswegs ungewöhnlich. Weder Deutschland noch seine Nachbarn zögerten, wenn sich die Gelegenheit ergab, sich gegenseitig harte Friedensverträge aufzuzwingen. Und auch die Vertreibung der Deutschen aus dem Osten wird fast immer als eine vor allem Deutsche betreffende Erfahrung beschrieben. Dabei waren es eben nicht nur Deutsche, die aufgrund der Grenzverschiebungen in der Mitte der 1940er Jahre ihre Heimat verloren, sondern auch Ukrainer, Polen und viele andere. Die Erfahrung der Ostdeutschen nach 1990 war für viele entwurzelnd und das Leben umkrempelnd. Ostdeutsche erlebten innerhalb weniger Jahre eine rapide Transformation von einer Industriegesellschaft zu einer postindustriellen Gesellschaft. Diese Umwandlung an sich war keineswegs einmalig. Auch andere Industrieregionen in West- und Osteuropa durchlebten ähnliche Veränderungen. Der wesentliche Unterschied zwischen den ostdeutschen Industrieregionen und den anderen Industriegebieten bestand in der hohen Geschwindigkeit dieser Transformation, die zu enormen sozialen und kulturellen Verwerfungen führte. Und auch die Abwanderung, die so charakteristisch für Ostdeutschland zu sein scheint, ist keineswegs eine regionale Besonderheit, sondern reflektiert eine Rückkehr zu transkontinentalen Migrationsbewegungen, die durch den Zweiten Weltkrieg und den Kalten Krieg unterbrochen worden waren.

Industrialisierung und Urbanisierung

Im April des Jahres 1815 brach, von zeitgenössischen europäischen Gelehrten weitgehend unbemerkt, der Vulkan Tambora auf der indonesischen Insel Sumbawa aus. Die gewaltigen aus dem Vulkan herausgeschleuderten Massen von glühender Lava und schwarzer Asche begruben rasch die Flora und Fauna der Insel unter sich. Innerhalb kurzer Zeit bedeckte eine mehr als ein Meter dicke Ascheschicht die gesamte Oberfläche in einem Umkreis von 30 Kilometern. Und selbst in einer Entfernung von 160 Kilometern wurde die Oberfläche unter einer 25 Zentimeter dicken Ascheschicht begraben. Nur 26 der auf 12.000 Menschen geschätzten Inselbevölkerung überlebten diese Naturkatastrophe.

Die Folgen dieses gewaltigen Vulkanausbruches blieben jedoch nicht auf die unmittelbare Umgebung des Vulkans oder auf Südostasien beschränkt, sondern verursachten eine globale klimatische Katastrophe. Aus dem Vulkan gelangten Asche und Gase in die Stratosphäre, die dort eine Aschewolke bildeten, die in etwa so groß war wie der Kontinent Australien. Diese gewaltige Aschewolke bewegte sich nur sehr langsam und ließ kein Sonnenlicht zur Erde dringen. Südostasien wurde so für mehr als drei Tage in eine tiefschwarze Nacht gehüllt. Sinkende Temperaturen, fehlendes Sonnenlicht und der langanhaltende Ascheregen vernichteten Ernten und verursachten eine Hungersnot, der mehr als 70.000 Menschen allein in Südostasien zum Opfer fielen.

Die Aschewolke umrundete die Erde innerhalb von zwei Wochen und legte einen dunklen Schleier über unseren Planeten. Dieser für das Auge des Beobachters unsichtbare Schleier reflektierte das Sonnenlicht, verursachte eine mehr als ein Jahrzehnt während globale Abkühlung und veränderte die Wetterlage in der nördlichen Hemisphäre. Gegen Ende des Jahres 1815 mehrten sich auch in Europa die Zeichen, dass etwas mit dem Wetter nicht stimmte. Im Dezember erlebten die Bewohner der am Fuße der Apenninen gelegenen Stadt Teramo in Italien die heftigsten Schneefälle, die bis dahin in dieser Region verzeichnet worden waren. Aber es war weniger die Schneemenge, die die Bewohner Teramos beunruhigte, als die Farbe des Schnees. Der Schnee war tiefrot und gelb gefärbt. Und dies war kein Einzelfall. Im Frühjahr 1816 erlebte Ungarn einen extrem kalten Winter mit Schneemassen, die ganze Dörfer unter sich begruben. Und wiederum war es nicht so sehr die Schneemenge, sondern seine braune Farbe, die Bestürzung unter den Bauern hervorrief. Die rote, gelbe und braune Einfärbung des Schnees, der im Winter 1815/16 über Europa fiel, wurde wohl durch die Staubpartikel verursacht, die beim Ausbruch des Tamboras in die Stratosphäre geschleudert und dort global verteilt wurden. Diese Staubpartikel verfärbten nicht nur den Schnee des Winters 1815/16, sondern verursachten über Jahre hinweg auch wunderschöne farbenprächtige Sonnenuntergänge, die durch Maler der Romantik wie Caspar David Friedrich und Karl Friedrich Schinkel festgehalten wurden. So erfasste Friedrichs Gemälde *Frau vor untergehender Sonne* aus dem Jahr 1818 eine tieforangene Färbung der untergehenden Sonne, die wohl durch die in der Stratosphäre noch vorhandenen Aschepartikel verursacht wurde.

Die langanhaltende Kälte, die Schneemassen und die ungewöhnliche Farbenpracht des Schnees galten Menschen in ganz Europa als Unheilsboten. Der auf diesen Winter folgende Frühling und Sommer brachte ungekannte Wetterkapriolen und Hungersnöte. Das Jahr 1816 war das zweitkälteste Jahr in der nördlichen Hemisphäre seit 1400, und es dauerte mehrere Jahre, bevor sich das Klima wieder langsam erwärmte und die Sommer durch Sonnenschein und nicht durch Schnee dominiert wurden. Der März 1816 war durch Stürme und Überflutungen gekennzeichnet, und im Mai, Juni und Juli wurden Felder und Dörfer wieder unter Schneestürmen begraben. Die Menschen froren in jenem Jahr ohne Sommer, Bauern bangten um die Erträge ihrer Ackerfelder.

Bereits im Sommer 1816 brach in Süd- und Westdeutschland eine Hungersnot aus. Die Preise für Getreide und Nahrungsmittel stiegen rasch überall in Europa an. Menschen in Dörfern und Städten suchten nach Essbarem auf Wiesen und Feldern. Wilde Beeren, Pilze und Brennnesseln waren die Nahrung für viele. Mehl zum Brotbacken wurde durch geriebene Baumrinde ersetzt. Und es waren nicht nur Menschen, die hungerten, sondern auch die (Wild- und Haus-)Tiere. Pferdebesitzer mussten zusehen, wie ihre Tiere verendeten, da sie nicht genug Heu zum Füttern der Pferde finden konnten oder zur Nahrungsquelle für Menschen wurden. Dies hatte Auswirkungen nicht nur auf die Landwirtschaft, sondern auch auf den Transport von Gütern, da Pferde immer noch die Hauptantriebskraft für den Gütertransport waren. Nicht nur die Landwirtschaft, sondern auch der Gütertransport kam im Herbst 1816 weitgehend zum Erliegen.

Diese Naturkatastrophe, die in dem Ausbruch des fernen und den meisten zeitgenössischen europäischen Gelehrten völlig unbekannten Vulkans Tambora ihre Ursache hatte, zwang Erfinder wie den Mannheimer Karl von Drais dazu, über pferdelose Alternativen der Fortbewegung und des Warentransportes nachzudenken. Drais experimentierte schon seit 1813 mit einer durch menschlichen Antrieb betriebenen Fahrmaschine, die aus einem Wagen mit vier Rädern und einem fußgetriebenen Antrieb bestand. Allerdings stellte sich bei einer öffentlichen Untersuchung durch Beamte des Großherzogtums Baden heraus, dass diese Fahrmaschine langsamer war als ein laufender Mensch. Im Jahr 1816 stellte Drais dann seine weiterentwickelte Fahrmaschine vor, die durch zwei Personen angetrieben wurde. Aber auch diese Maschine erwies sich nicht als zukunftstüchtig. Im Juni 1817 präsentierte Drais schließlich seine berühmte Laufmaschine mit zwei Rädern, die durch die Laufbewegungen einer Person, deren Füße den Boden berührten, fortbewegt wurde. Während einer öffentlichen Vorführung am 12. Juni 1817 erreichte Drais mit seiner Laufmaschine eine Geschwindigkeit von immerhin acht Kilometern pro Stunde. Mit dieser Entwicklung begann die Geschichte des Fahrrads und einer Fortbewegungstechnik, die nicht mehr auf Pferdekraft angewiesen war.

Die Ankunft der Eisenbahn

Auch wenn sich die landwirtschaftliche Nahrungsmittelproduktion sowie der Bestand an Pferden, die sowohl zur landwirtschaftlichen Arbeit als auch zum Gütertransport verfügbar waren, in den Jahren nach 1816 wieder erholten, blieb die Entwicklung einer Alternative zum Gütertransport durch Pferdekraft eine vorrangige Aufgabe unter Erfindern und Kaufleuten. Vorbilder für einen Gütertransport mittels dampfgetriebener Maschinen gab es schon in England, wo George Stephenson bereits im Jahr 1814 eine Lokomotive für den Transport von Steinkohle entwickelt hatte. Die ersten englischen Eisenbahnen dienten in den 1820er Jahren vor allem zum Transport von Kohle. Im Jahr 1830 wurde dann die erste Eisenbahnlinie zur Personenbeförderung zwischen Liverpool und Manchester eröffnet.

Diese Revolution im Transportwesen faszinierte deutsche Kaufleute, Ingenieure und Politiker, die nach England reisten, um sich selbst ein Bild von den Eisenbahnen zu machen. Unter diesen Reisenden war auch der Ingenieur Paul Camille von Denis, der 1832 Belgien, England und die USA besuchte, um die Fortschritte im Eisenbahnbau zu studieren. Aufgrund seiner in den bereisten Ländern gesammelten Erfahrungen wurde Denis im Jahr 1835 mit der Aufsicht über den Bau der ersten deutschen Eisenbahnverbindung zwischen Nürnberg und Fürth (Ludwigsbahn) betraut. Finanziert wurde diese Strecke durch Kaufleute und Unternehmer, die von den Plänen des deutsch-amerikanischen Nationalökonomen Friedrich List für ein nationales Schienennetz und den Beschreibungen der englischen Eisenbahnen durch den Ingenieur Joseph von Baader inspiriert wurden und sich von dieser Innovation im Transportwesen wirtschaftliche Vorteile versprachen.

Nach ihrer Eröffnung im Jahr 1835 verkehrten auf der Ludwigsbahn zweimal täglich dampfgetriebene und stündlich pferdegetriebene Züge. Die Ursachen für den häufigeren Einsatz von Pferden waren die hohen Kosten der zum Antrieb der Lokomotive benötigten Kohle, die aus Sachsen nach Bayern mittels Pferdewagen importiert werden musste, sowie häufig auftretende Lieferschwierigkeiten. Eisenbahngesellschaften wie die Ludwigsbahngesellschaft befanden sich aber nicht nur in Abhängigkeit von Kohleproduzenten in anderen deutschen Staaten, sondern waren auch von englischen Lokomotivherstellern abhängig. Die ersten zwei Lokomotiven der Ludwigsbahn mussten aus England importiert werden, da es in Deutschland noch keine entsprechenden Hersteller gab. Die erste in einem deutschen Unternehmen – der Firma Henschel & Sohn in dem zum Großherzogtum Hessen-Kassel gehörenden Kassel – hergestellte Lokomotive kam erst im Jahr 1852 – 17 Jahre nach deren Eröffnung – auf der Ludwigsbahn zum Einsatz.

In einer Zeit, in der Kaufleute und Politiker in den verschiedenen deutschen Staaten sich für die Konstruktion von Bahnverbindungen innerhalb einzelner Bundesstaaten einsetzten, entwickelte List seine Vision für ein nationales Eisenbahnnetz, das alle deutschen Großstädte verbinden würde. List, der sowohl in den USA als auch in Deutschland gelebt und die wirtschaftliche Entwicklung in beiden Staaten verfolgt hatte, setzte sich öffentlich für den Eisenbahnbau ein und suchte Kaufleute und Unternehmer von der Notwendigkeit der Konstruktion von Zugverbindungen zu überzeugen. Nachdem es ihm nicht gelang, Hamburger Kaufleute für den Bau einer Eisenbahnlinie zu gewinnen, zog er 1833 weiter nach Leipzig, das sich aufgrund seiner geographischen Lage in der Mitte Deutschlands und seiner herausgehobenen Rolle im Handel auch als ein zentraler Knotenpunkt für ein künftiges deutsches Zugstreckensystem anbot. Im Oktober 1833 veröffentlichte List in Leipzig seine Schrift *Ueber ein sächsisches Eisenbahnsystem als Grundlage eines allgemeinen deutschen Eisenbahnsystems und insbesondere über die Anlegung einer Eisenbahn von Leipzig nach Dresden*, in der er als ersten Schritt zu einem deutschen Eisenbahnsystem den Bau einer Verbindung von Leipzig nach Dresden vorschlug, die durch die Kaufleute und Unternehmer der Messestadt finanziert werden sollte. List hob nicht nur die wirtschaftlichen Vorteile dieser Zugverbindung hervor, sondern appellierte auch an den Lokalstolz der Leipziger Bürger, indem er sie daran erinnerte, dass Leipzig mit diesem Schritt zum Herzen eines deutschen Eisenbahnsystems werden könnte.

Lists Vorschläge trafen in Leipzig, das um seine führende Position im Handel bangte, auf offene Ohren. Die Leipziger Bürgerschaft fürchtete vor allem den Bau einer Eisenbahnlinie im nahen, aber seit 1815 preußischen Halle (Saale), die die Position Leipzigs nachdrücklich schwächen könnte. Diese Ängste und Hoffnungen motivierten viele Leipziger Kaufleute und Unternehmer, die sich unter Führung des Unternehmers Gustav Harkort die Pläne Lists zu eigen machten. Die Begeisterung für das Unternehmen war enorm. So wurden die 15.000 Aktien der Eisenbahngesellschaft im Wert von jeweils 100 Talern innerhalb weniger Tagen an Investoren verkauft.

Die Initiative zum Bau von Eisenbahnlinien im 19. Jahrhundert ging in der Regel von den Kaufleuten und Unternehmern in einzelnen Großstädten aus, die zur Finanzierung der Eisenbahnprojekte Aktiengesellschaften gründeten. Die von diesen Eisenbahnaktiengesellschaften ausgegebenen Aktien erwiesen sich als eine profitable Geldanlage, da sie ihren Aktienbesitzern in den 1850er und 1860er Jahren eine zweistellige Dividende einbrachte, die zwischen 15 und 25 Prozent lag. So zahlte zum Beispiel die Leipzig-Dresdner Eisenbahngesellschaft ihren Aktionären im Jahr 1857 eine Dividende von 21 Prozent. Diese privaten Eisenbahnaktiengesellschaften wurden beginnend in den 1880er Jahren von den deutschen Bundesstaaten aufgekauft und in staatliche Eisenbahngesellschaften zusammengeführt.

Die Unternehmensform der Aktiengesellschaft, die es schon seit dem ausgehenden 18. Jahrhundert gab, erhielt erst im Kontext des Eisenbahnbaus eine rechtliche Grundlage und avancierte damit zu einem wichtigen Instrument der Industrialisierung. So erließ die preußische Regierung im Jahr 1843 das erste Gesetz, das die Bildung von Aktiengesellschaften autorisierte. Dieses Gesetz definierte die Aktiengesellschaft über ihr wirtschaftliches Ziel – etwa den Bau einer Eisenbahnlinie – und nicht über ihre organisatorische Struktur als eine Vereinigung von Investoren und Aktieninhabern. Aktiengesellschaften wurden daher als eine Vereinigung von Aktien und nicht als ein Zusammenschluss von Aktieninhabern konzipiert. Daher gelangten Aktiengesellschaften auch als erste Unternehmensform in den Genuss der beschränkten Haftpflicht. Aktieninhaber hafteten im Fall des Konkurses ihrer Aktiengesellschaft daher nur mit dem Wert ihrer Aktien, nicht aber mit ihrem persönlichen Vermögen. Dieses Prinzip der beschränkten Haftung war dazu gedacht, die Finanzkraft der Investoren zu schützen, die nach dem Konkurs einer Aktiengesellschaft ihre verbliebenen Finanzmittel in eine neue Aktiengesellschaft investieren und somit die wirtschaftliche Entwicklung des Landes weiter vorantreiben könnten.

Der Bau der Leipzig-Dresdner Bahnverbindung begann im Herbst 1835. Vier Jahre später wurde die 116 Kilometer lange Strecke für den Verkehr freigegeben. Wie bereits im Fall der bayerischen Bahnverbindung zwischen Nürnberg und Fürth hing auch die sächsische Zugverbindung von englischer Technologie und Expertise ab. So mussten die Schienen und die ersten Lokomotiven aus England importiert werden, und die Konstruktion der Bahnstrecke wurde von dem englischen Ingenieur James Walker überwacht. Die Eröffnung der Zugverbindung verkürzte die Reise- und Transportzeiten zwischen Leipzig und Dresden, die mit Pferdetransporten zwischen zwölf Stunden und drei Tagen betragen konnten, auf lediglich dreieinhalb bis viereinhalb Stunden. Reise- und Transportkosten sanken deutlich, so dass mehr und mehr Personen davon Gebrauch machten. Das vor Baubeginn der Eisenbahnlinie zwischen Leipzig und Dresden geschätzte Passagiervolumen, das von 44.000 Personen pro Jahr ausging, erwies sich schnell als zu niedrig angesetzt. Im ersten Jahr ihres Betriebs beförderte die Leipzig-Dresdner Eisenbahn etwa 145.000 Reisende. Es waren aber nicht nur Menschen und Güter, die mit diesen

Zügen verkehrten, sondern auch Briefe und Nachrichten. Der Einzug der Eisenbahn führte nicht nur zu einer Revolution im Gütertransport und vereinfachte die geographische Mobilität der Menschen, sondern verbesserte auch den Austausch und die Verbreitung von öffentlichen und privaten Informationen.

Die Leipzig-Dresdner Eisenbahn inspirierte, wie List es vorhergesehen hatte, den Bau weiterer regionaler Eisenbahnlinien, die durch ihre Verbindung letztlich ein nationales Eisenbahnnetz formten. Im zweiten Viertel des 19. Jahrhunderts entstanden insgesamt vier regionale Eisenbahnsysteme: ein nord- und mitteldeutsches System mit Hamburg, Hannover, Berlin und Leipzig als Zentren; ein rheinisches System mit Köln als Zentrum; ein südwestliches System mit seinem Mittelpunkt in Frankfurt am Main; und schließlich ein bayerisches System mit seinen Zentren in Nürnberg und München. Alle deutschen Großstädte waren bereits im Jahr 1865 durch Eisenbahnlinien miteinander verbunden. Im letzten Drittel des 19. Jahrhunderts erhielten dann auch viele Klein- und Mittelstädte einen Eisenbahnanschluss. Die Streckenlänge wuchs von 2.131 Kilometer im Jahr 1845 auf 18.560 Kilometer im Jahr 1870 und auf 59.031 Kilometer im Jahr 1910.

Mit dem Ausbau der Eisenbahn verloren Pferde als Antriebsmittel für den Personen- und Gütertransport allerdings nur allmählich an Bedeutung. Im Jahr 1846 und damit acht Jahre nach der Eröffnung der ersten preußischen Zugverbindung zwischen Berlin und Potsdam dienten Pferde noch als Hauptantriebsmittel für den Personen- und Gütertransport in Preußen. Insgesamt 38.349 Pferde transportierten 130 Millionen Tonnen in diesem Jahr. Daran änderte sich zunächst in den 1850er und 1860er Jahren nur sehr wenig. Erst nach 1900 entwickelte sich die Eisenbahn auch aufgrund immer leistungsstärkerer Lokomotiven zum wichtigsten Transportmittel für den Personen- und Gütertransport. Konnte eine Lokomotive im Jahr 1845 gerade einmal 40 Waggons mit einer Gesamtlast von 80 Tonnen ziehen, waren die Lokomotiven im Jahr 1910 so leistungsstark geworden, dass sie bis zu 100 Waggons mit einer Gesamtlast von 1.500 Tonnen ziehen konnten. Im Jahr 1910 beförderten Züge insgesamt etwa 500 Mal so viele Güter wie im Jahr 1845. Um dieses Gütervolumen mit Pferden zu transportieren, hätte man etwa 17 Millionen Pferde benötigt. Pferde spielten dennoch auch nach 1900 noch eine wichtige Rolle im Personen- und Güternahtransport. Sie transportierten im Jahr 1910 allein in Preußen immerhin noch 56,276 Millionen Tonnen.

Der Eisenbahnbau schuf eine gewaltige und stetig steigende Nachfrage nach Steinkohle und Eisen. Während Steinkohle in heimischen Bergwerken abgebaut werden konnte, mussten die aus Eisen gefertigten Schienen, Lokomotiven und Waggons in den ersten Jahrzehnten aus England importiert werden. Von den 245 Lokomotiven, die im Jahr 1840 auf allen deutschen Bahnschienen verkehrten, stammten 166 aus englischer Produktion. Weitere zwölf Lokomotiven waren in Belgien und 29 in den USA, aber nur 38 in Deutschland gefertigt worden. Erst in den 1850er Jahren begannen sich mit Unternehmen wie Maffei in München und Borsig in Berlin einheimische Lokomotivhersteller zu etablieren, die die englische Konkurrenz allmählich verdrängten und selbst zu Exporteuren im Eisenbahnbau aufstiegen.

Der Eisenbahnbau führte nicht nur zur Etablierung einer umfangreichen Eisen- und Stahlindustrie und der Ausweitung des Bergbaus, sondern förderte auch die Entwicklung moderner Bautechnologien wie der des Stahlbetonbaus. Auch wenn List das Leipziger Flachland als idealen und einfachen Baugrund für den Bau einer Eisenbahnlinie anpries, so führte die Bahnlinie nach Dresden doch auch über Straßen und Flüsse und hatte erhebliche Höhenunterschiede zu überwinden und Berge zu durchqueren. So war für diese Strecke auch der Bau eines 513 Meter langen Tunnels in der Nähe der Stadt Oberau nordwestlich von Dresden – des ersten Eisenbahntunnels auf dem europäischen Kontinent überhaupt – nötig.

Je mehr Eisenbahnstrecken gebaut wurden, desto mehr ergab sich die Notwendigkeit, Brücken über Straßen und Flüsse zu schlagen. Die ersten Brückenkonstruktionen waren einfach gemauerte Bauwerke, die nicht nur sehr klobig wirkten, sondern auch nur begrenzt belastbar waren. Mit der Entwicklung der Eisenbetonbauweise konnten schlanke Brückenkonstruktionen errichtet werden, die in der Lage waren, auch erheblich schwerere Lasten zu tragen.

Die Geschichte des Eisenbetons begann mit dem französischen Gärtner Joseph Monier, der in den 1860er Jahren Pflanzkübel aus Beton mit eingelassenen Drahtkörben herstellte, die wesentlich haltbarer waren als herkömmliche Pflanzkübel. In den 1890er Jahren übertrug der französische Ingenieur François Hennebique diese Innovation auf größere industrielle Bauwerke und baute ein europaweites Netzwerk von Lizenznehmern auf, die seine patentierte Eisenbetonbauweise in ihrem jeweiligen Land nach in Paris angefertigten Plänen ausführten. In Deutschland waren dies zunächst der Straßburger Unternehmer Eduard Züblin und der Leipziger Architekt Max Pommer.

Die aus Eisenbeton errichteten Gebäude und Brücken waren so schlank und filigran, dass sich die Zeitgenossen anfangs kaum vorstellen konnten, dass diese Bauwerke auch die an sie gestellten Erwartungen erfüllen würden. Derartige Vorbehalte wurden jedoch rasch ausgeräumt. Das Reichstagsgebäude in Berlin (1894) sowie der Leipziger Hauptbahnhof (1915) waren prominente Bauten, die nur mit Eisenbeton, der den Bau von weiten, freitragenden Decken und Kuppeln erst ermöglichte, konstruiert werden konnten. Diese beiden Bauten entwickelten sich nicht nur zu Wahrzeichen, sondern auch zu einer Dauerreklame für die neue Bautechnologie, die bald nicht mehr nur beim Bau von Brücken und Bahnhöfen, sondern auch bei der Errichtung von Fabrikgebäuden, Geschäftshäusern und sogar von Wohnhäusern Anwendung fand.

Der Eisenbahnbau brachte aber nicht nur technologische Veränderungen mit sich, sondern führte auch zu einer Standardisierung der Zeit. Eisenbahnverbindungen erforderten die Einführung von Fahrplänen, die den Zugverkehr regelten. Fahrpläne wiederum zwangen Kommunen dazu, ihre bis zur Ankunft der Eisenbahn lokal bestimmte Zeit zugunsten einer regional und später national vereinheitlichen Zeit aufzugeben. Bis zur Ankunft der Eisenbahn gab es in den deutschen Staaten keine einheitliche Zeit. Jede Kommune hatte ihre eigene Zeiteinteilung. Dieses Zeitchaos stellte eine Hürde für das Anlegen von Fahrplänen für den Zugverkehr dar und musste deshalb überwunden werden. Anfänglich nahmen die einzelnen Bahngesellschaften die Zeit in ihrer Zentrale als Basis für den Fahrplan. So benutzte die preußische Bahngesellschaft die Berliner Zeit als Grundlage, die bayerische Bahngesellschaft die Münchener Zeit und die württembergische Bahngesellschaft die Stuttgarter Zeit. Dieses Zeitchaos endete erst im Jahr 1893 mit der Einführung der Görlitzer Zeit, die nach dem durch Görlitz verlaufenden 15. Längengrad benannt wurde.

Die Einführung der Eisenbahn beeinflusste sogar den Wortschatz der deutschen Sprache nachhaltig. Viele im Alltag häufig gebrauchte Redewendungen haben ihren Ursprung in der technischen Fachsprache der Eisenbahn. So wird zum Beispiel das Herausdrängen eines Menschen aus seiner beruflichen Position mit der Redewendung umschrieben, dass er auf das Abstellgleis geschoben würde. Und wenn eine Person sich einer politischen oder gesellschaftlichen Bewegung anschließt, lange nachdem diese ins Leben gerufen wurde, dann sagt man gerne, dass der Betroffene auf den fahrenden Zug aufgesprungen oder gar nur ein Trittbrettfahrer sei. Und wenn Personen darauf drängen, etwas zu tun, sagen sie auch gern, dass es höchste Eisenbahn sei.

Der Deutsche Zollverein

Eisenbahnen beschleunigten und verbilligten nicht nur den Personen- und Gütertransport zwischen Städten wie Leipzig und Dresden innerhalb eines deutschen Staates (hier Sachsen), sondern auch zwischen Städten wie etwa Leipzig und Magdeburg, die sich in zwei unterschiedlichen deutschen Staaten (hier Sachsen und Preußen) befanden. Die Zugstrecke zwischen Leipzig und Magdeburg wurde im Jahr 1840 als erste grenzüberschreitende Bahnverbindung eröffnet. Mit diesem grenzüberschreitenden Bahnverkehr ergaben sich eine Reihe logistischer Probleme für die in den Austausch von Waren involvierten Kaufleute und Unternehmer, da die Bahn nun Gebiete miteinander verband, die unterschiedliche Währungen, Zeiten und Maßeinheiten verwendeten, und nicht nur eine politische Grenze, sondern auch eine Steuergrenze überquerte. Alle Güter, die eine der vielen Staatsgrenzen innerhalb des Deutschen Bundes überquerten, wurden besteuert. Da die Einnahmen aus dieser Besteuerung des grenzüberschreitenden Güterverkehrs eine wichtige Einnahmequelle für die landesherrlichen Kassen waren, gab es unter den Landesherren nur wenig Interesse, diese Besteuerung aufzugeben. Lediglich die preußischen Könige zeigten sich einer Abschaffung dieser Steuern gegenüber aufgeschlossen, weil Preußen aufgrund seiner geographischen Position innerhalb des Deutschen Bundes zu den Verlierern bei der Besteuerung von Gütern gehörte. Preußen bestand aus zwei nicht miteinander verbundenen Hälften mit Brandenburg, Ost- und Westpreußen im Osten und dem Rheinland und Westfalen im Westen des Deutschen Bundes. Zwischen diesen beiden Hälften lagen kleinere Staaten wie das Königreich Hannover, das Herzogtum Braunschweig und das Großherzogtum Hessen-Kassel. Und dann war da auch noch das südliche preußische Territorium der vom Königreich Württemberg und dem Großherzogtum Baden umschlossenen Grafschaft Hohenzollern. Der Transport von Gütern aus dem Westen Preußens in dessen Osten schloss daher immer die Überquerung von Grenzen ein, an denen Steuern gezahlt werden mussten.

Der preußische Politiker Heinrich Friedrich Karl vom und zum Stein und der badische Politiker Karl Friedrich Nebenius erkannten bereits in den 1810er Jahren, dass die Besteuerung von Gütern im grenzüberschreitenden Verkehr die wirtschaftliche Entwicklung ihrer Länder behinderte. Es dauerte aber noch mehr als ein Jahrzehnt, bis sich einzelne deutsche Staaten zu Zollvereinen zusammenschlossen und die Besteuerung von Gütern im grenzüberschreitenden Verkehr beendeten. Im Jahr 1828 bildeten sich mit dem Preußisch-Hessischen Zollverein, dem Mitteldeutschen Handelsverein und dem Süddeutschen Zollverein zunächst drei miteinander konkurrierende Zollvereine. Der Mitteldeutsche Handelsverein wurde vor allem durch die Furcht der mitteldeutschen Staaten vor einer preußischen Vormachtstellung zusammengehalten. So versprachen sich die Mitglieder dieses Verbundes, dem Staaten wie das Königreich Sachsen, das Königreich Hannover und das Herzogtum Sachsen-Weimar-Eisenach angehörten, dass sie nicht dem Preußisch-Hessischen Zollverein beitreten würden. Es gelang ihnen aber nicht, die Steuergrenzen innerhalb ihres Handelsvereins zu überwinden. Daher überlebten weder der Mitteldeutsche Handelsverein noch der Süddeutsche Zollverein. Bis 1834 traten die Mehrzahl der deutschen Staaten dem Preußisch-Hessischen Zollverein bei, der durch den Deutschen Zollverein abgelöst wurde.

Dem Deutschen Zollverein gelang eine allmähliche Harmonisierung der Wirtschafts- und Finanzsysteme seiner Mitgliedsstaaten und die Schaffung eines gemeinsamen Marktes. Im Dresdner Münzvertrag von 1838 einigten sich seine Mitgliedsstaaten auf eine Vereinheitlichung ihrer Währungen, indem sie sich dazu verpflichteten, entweder den Taler oder den Gulden als Landeswährung zu führen. Der Vertrag legte auch eine Umtauschrate fest, die den Wert von einem Taler auf 1,75 Gulden festschrieb. Als wesentlich schwieriger erwies sich die Vereinheitlichung der Maß- und Gewichtssysteme, da diese noch nicht einmal auf der Landesebene standardisiert worden waren. Das Königreich Preußen hatte zwar bereits im Jahr 1816 ein landesweit einheitliches Maß- und Gewichtssystem eingeführt. Andere Staaten wie das Königreich Hannover folgten aber erst 1837 und das Königreich Sachsen gar erst im Jahr 1858. Das metrische System wurde in Deutschland als Standard erst im Jahr 1872 eingeführt.

Die Schaffung des Deutschen Zollvereins, der die Zollgrenzen zwischen seinen Mitgliedsstaaten allmählich abschaffte und dadurch einen deutschen Binnenmarkt schuf, förderte die wirtschaftliche Entwicklung und Integration der deutschen Staaten nachhaltig und bescherte dem Eisenbahnbau einen enormen Entwicklungsschub. Die Eisen- und Stahlindustrie sowie die Textilindustrie wuchsen gewaltig und vergrößerten das Handelsvolumen, das den Bau von Eisenbahnlinien zwischen den Mitgliedsstaaten des Deutschen Zollvereins beförderte. Vor allem in den 1840er Jahren flossen gewaltige Finanzmittel privater Investoren in den Eisenbahnbau, der zwischen 20 und 30 Prozent des gesamten Investitionsvolumens absorbierte. Der Eisenbahnbau überholte damit die Landwirtschaft als Wirtschaftssektor, der die meisten Investitionen anzog. Die Zahl der im Eisenbahnbau Beschäftigten versechsfachte sich innerhalb von nur fünf Jahren von 1841 bis 1846 und wuchs von 30.000 auf 178.000 Arbeiter.

Großstädte und ihre Einwohner

Eisenbahnlinien verbanden nicht nur Städte miteinander, sondern machten diese Städte auch zu Umschlagplätzen für Menschen und Güter. Oftmals folgten die neuen Eisenbahnlinien etablierten und traditionsreichen Handelslinien. In manchen Fällen schufen sie aber auch neue Handelsverbindungen. Eisenbahnen erhöhten nicht nur die Geschwindigkeit des Personen- und Warentransportes, sondern gaben Menschen eine größere Freiheit in der Wahl ihres Wohnortes. Nur eine Minderheit der Deutschen verblieb zeitlebens an dem Ort ihrer Geburt. Die Mehrzahl der Deutschen wanderte von ländlichen in urbane Gegenden. So wuchs der Anteil der in Städten lebenden Deutschen von 26,5 Prozent im Jahr 1816 auf 60 Prozent im Jahr 1910. Und Millionen Deutscher suchten ihr Glück in anderen Ländern und auf anderen Kontinenten: Am Ende des 19. Jahrhunderts reichten die Siedlungen deutschsprachiger Auswanderer von der Wolga in Russland bis an die pazifische Küste Nord- und Südamerikas und von der Südspitze Afrikas bis nach Nordeuropa. Diese Wanderungsbewegungen hatten in vielen Fällen bereits vor dem 19. Jahrhundert begonnen, aber die Auswanderung aus Deutschland gewann aufgrund der verbesserten Transporttechnologie vor allem in der zweiten Hälfte des 19. Jahrhunderts an Intensität.

Leipzig befand sich unter den Städten, die in der zweiten Hälfte des 19. Jahrhunderts unter dem Einfluss der Industrialisierung ein gewaltiges Bevölkerungswachstum erlebten. Obwohl sich die Einwohnerzahl dieser Stadt in nur 51 Jahren von 1834 bis 1885 von etwa 45.000 Einwohner auf mehr als 170.000 Einwohner erhöhte, expandierte der für die wachsende Zahl der Neu-Leipziger vorhandene Raum nicht. Mehr und mehr Menschen zwängten sich in den lediglich 17,7 Quadratkilometer großen Stadtraum, so dass die Bevölkerungsdichte von 2.542 Menschen pro Quadratkilometer im Jahr 1834 auf 9.624 im Jahr 1885 stieg. Doch es war nicht nur die Stadt, die buchstäblich aus den Nähten platzte, sondern auch die 43 Dörfer und Kleinstädte, die sich in einem Umkreis von sechs Kilometern befanden. Hier war das Bevölkerungswachstum noch viel dramatischer. So erhöhte sich die Bevölkerung dieser Vororte von insgesamt 18.000 Einwohner im Jahr 1834 binnen fünf Jahrzehnten auf 152.000 Einwohner (1885).

Am Anfang des 19. Jahrhunderts versorgten die Bauern dieser Siedlungen die Stadt noch mit landwirtschaftlichen Produkten. Die unmittelbare Landschaft der Stadt war durch Felder und Wälder geprägt. In den 1820er und 1830s Jahren begannen Dörfer wie die westlich von Leipzig gelegenen Orte Plagwitz und Lindenau Fabriken und Arbeitersiedlungen anzuziehen. Nachdem in diesen beiden Orten Textilfabriken und Eisengießereien entstanden waren, wuchs deren Bevölkerung rapide. Plagwitz hatte im Jahr 1834 lediglich 200 Einwohner, im Jahr 1884 waren es 10.000. Und in Lindenau wuchs die Einwohnerzahl im gleichen Zeitraum von etwa 1.000 auf mehr als 15.000. Dieses gewaltige Bevölkerungswachstum und die Verschiebung von einer landwirtschaftlichen zu einer industriellen Produktion veränderten den Charakter von Orten wie Plagwitz und Lindenau und ließen sie zu Konkurrenten Leipzigs werden. Da beide Orte geographisch durch die Weiße Elster sowie durch Sümpfe und Wälder von Leipzig getrennt waren, bestand hier die Möglichkeit einer von Leipzig unabhängigen, eigenständigen städtischen Entwicklung. Das Potential von Plagwitz und Lindenau für die Entwicklung Leipzigs erkennend, setzte sich der Leipziger Rechtsanwalt Karl Heine jedoch für die Anbindung dieser neuen industriellen Zentren an die alte Handelsstadt ein. Er initiierte und leitete verschiedene Infrastrukturprojekte wie die Trockenlegung der Sumpflandschaft, die Kanalisierung der Weißen Elster und des Straßenbaues, die Leipzig mit Plagwitz und Lindenau verbanden sowie neuen Raum für die Bebauung zwischen der Stadt und ihren Vororten eröffnete.

Die Verwandlung von Bauerndörfern wie Plagwitz in Industrie-kleinstädte brachte eine ganze Reihe von Herausforderungen für diese Kommunen mit sich. Die stetig wachsende Einwohnerzahl zwang diese Kommunen dazu, ihr Leistungsangebot zu erweitern. Volksschulen für die Kinder der Fabrikarbeiter wurden ebenso benötigt wie Straßen und Verkehrsmittel, um Personen und Güter zu transportieren. Vielen schnell wachsenden Gemeinden wie Plagwitz wuchsen die Probleme bald über den Kopf: Deshalb suchten diese nahe der Stadt Leipzig gelegenen Kommunen zuerst nach Möglichkeiten der Kooperation mit dem größeren Nachbarn und bald auch nach ihrer Integration in den Leipziger Stadtverband. Im Jahr 1889 begann dann die Serie der Eingemeindungen von Vororten wie Plagwitz und Lindenau, was nicht nur die Einwohnerzahl der Stadt weiter steigen ließ, sondern nun auch die Stadtfläche. Von 1889 bis 1892 wurden 17 Vororte mit insgesamt 143.000 Einwohnern nach Leipzig eingemeindet. Im Jahr 1895 zählte Leipzig fast 400.000 Einwohner.

Die wachsende Einwohnerzahl verlangte die Einführung von innerstädtischen Verkehrsmitteln, wie zum Beispiel Straßenbahnen, mit denen vor allem die Fabrikarbeiter zwischen ihrem Wohnort und ihrem Arbeitsort pendeln konnten. Die erste noch von Pferden gezogene Leipziger Straßenbahn wurde bereits im Jahr 1872 eröffnet und verband Leipzig mit dem östlich der Stadt gelegenen Reudnitz und dem südlich der Stadt gelegenen Connewitz. Erst zwanzig Jahre später wurden die pferdegezogenen Bahnen durch elektrisch angetriebene Straßenbahnen ersetzt. Wie schon im Eisenbahnbau so wurden auch die Straßenbahnen zuerst durch private Aktiengesellschaften gebaut und betrieben. In Leipzig konkurrierten am Ende des 19. Jahrhunderts drei Gesellschaften um die mehr als eine Million Passagiere, die jeden Monat die Straßenbahn benutzten. Am Vorabend des Ersten Weltkrieges fuhren mehr als 230.000 Leipziger – was mehr als einem Drittel aller Leipziger entsprach – jeden Tag mit der Straßenbahn.

Die Straßenbahnfahrt war damit zur täglichen Routine für eine große Zahl der Leipziger geworden, die in einer sich mehr und mehr vergrößernden Stadt lebten. Die fortschreitende Eingemeindung von Vororten hatte das Stadtgebiet von 17,7 Quadratkilometern im Jahr 1885 auf 142 Quadratkilometer im Jahr 1936 anwachsen lassen. Straßenbahnen entwickelten sich zu einer fast alternativlosen motorisierten Form der Fortbewegung in diesem Stadtraum, da die meisten Leipziger sich keine individuellen Kraftfahrzeuge leisten konnten. So waren im Jahr 1906 lediglich 117

Autos und 73 Motorräder registriert. Bis zum Jahr 1939 stieg die Zahl der registrierten Automobile auf 18.672 und die der Motorräder auf 10.899 an. Damit verfügten im Jahr 1906 lediglich 0,04 Prozent aller Leipziger über ein privates Fahrzeug, im Jahr 1939 waren es bereits 4,2 Prozent. Autos und Motorräder blieben damit ein Zeichen wirtschaftlichen Erfolgs.

Während in Leipzig Straßenbahnen zum dominierenden innerstädtischen Transportmittel aufstiegen, entwickelte sich in der Metropole Berlin eine Mixtur aus Straßenbahnen, S-Bahnen und U-Bahnen. Im Jahr 1902 wurde in Berlin die erste U-Bahn-Linie in Deutschland eröffnet. Diese U-Bahn-Linie, die allerdings mehr oberirdisch als unterirdisch verlief, wurde von Werner von Siemens, der von ähnlichen Bahnprojekten in New York inspiriert worden war, als Hochbahn konstruiert und verband Berlin und Charlottenburg. Der Erfolg dieser ersten U-Bahn-Linie veranlasste die Stadt Berlin, weitere U-Bahn-Strecken zu konzipieren, die dann auch wirklich unter der Erde gebaut wurden. Diese Verkehrsmittel waren auf der einen Seite wichtig, um großstädtische Vororte näher an die urbanen und industriellen Zentren zu rücken und um den Arbeitsweg von Fabrikarbeitern zu verkürzen. Auf der anderen Seite trugen sie durch die Entwicklung elektrischer Antriebsmotoren auch zu einer zweiten industriellen Revolution bei.

Die rasch wachsende Nutzung von Elektrizität für den Antrieb von Nahverkehrsmitteln, der Beleuchtung der Straßen – die ersten elektrischen Straßenlaternen wurden in Berlin im Jahr 1879 aufgestellt – und später auch der Wohnungen führte zur Gründung von Unternehmen wie Siemens und der Allgemeinen Elektrizitäts-Gesellschaft (AEG) in Berlin. Diese Unternehmen haben durch ihre wirtschaftlichen und stadtgestaltenden Aktivitäten, wie etwa im Fall der Siemensstadt, die nach 1900 um das Siemenswerk herum in Spandau entstand, das Berliner Stadtbild geprägt. Elektrizität setzte sich nach 1900 allmählich auch als Antriebskraft in den Fabriken durch. Im Jahr 1900 nutzten lediglich 128 der insgesamt 1.325 Leipziger Fabriken Elektrizität als Energiequelle, 14 Jahre später waren es 1.840 von 4.983 Fabriken. Damit stieg der Anteil der Leipziger Fabriken, die Elektrizität nutzten, von 10 Prozent im Jahr 1900 auf 37 Prozent im Jahr 1914.

Die deutsche Gesellschaft am Vorabend des Ersten Weltkrieges war im Wesentlichen eine urbane und industrielle Gesellschaft geworden. Im Jahr der Gründung des Deutschen Reiches (1871) hatte noch die Mehrzahl der Deutschen (47,3 Prozent) in der Landwirtschaft gearbeitet, nur 32,8

Prozent der Deutschen waren in Bergwerken und Fabriken beschäftigt. Diese Vorherrschaft der Landwirtschaft war bereits im Jahr 1900 gebrochen, und im Jahr 1907 arbeiteten nun 43 Prozent aller Deutschen in der Industrie, während lediglich 38 Prozent in der Landwirtschaft beschäftigt waren. Mehr und mehr Menschen – im Jahr 1910 lebten 60 Prozent aller Deutschen in Gemeinden mit mehr als 2.000 Einwohnern – lebten in Städten, die zudem immer größer wurden. Im Jahr 1910 wurden in Deutschland insgesamt 48 Städte mit mehr als 100.000 Einwohner gezählt. Darunter befanden sich kleine Großstädte wie Augsburg und Erfurt, die nur wenig mehr als 100.000 Einwohner aufwiesen, und metropolenähnliche Großstädte wie Köln und Leipzig, die mehr als ein halbe Million Einwohner zählten. Die bei weitem größten Städte waren Berlin mit über zwei Millionen Einwohnern und Hamburg mit nahezu einer Million Einwohner. Die 48 Großstädte waren im Jahr 1910 die Heimat für 22 Prozent aller Deutschen. Diese modernen Großstädte entwickelten sich im Wesentlichen aus drei Stadttypen. Da waren zum einen Residenzstädte wie Dresden und München, deren Gesellschaft und Kultur über Jahrhunderte durch den Hof der regierenden Monarchen geprägt worden war. Dem standen Bürger- und Handelsstädte wie Leipzig und Hamburg gegenüber, die durch eine selbstbewusste Bürgerschaft geprägt worden waren. Und dann waren da auch neue Städte wie Barmen und Elberfeld, die sich aus Dörfern und Kleinstädten heraus entwickelt hatten. Das Bevölkerungswachstum in den aus diesen drei Typen entstehenden Großstädten wurde von deren Anbindung an das Eisenbahnnetz, das mehr und mehr Menschen aus den ländlichen Provinzen in die werdenden Großstädte brachte, und von den Eingemeindungen von Dörfern und Kleinstädten in der unmittelbaren Umgebung der industriellen und urbanen Zentren gespeist.

Die Gründung des Deutschen Bundes

Die zweieinhalb Jahrzehnte vom Ausbruch der Französischen Revolution im Jahr 1789 bis zur Gründung des Deutschen Bundes im Jahr 1815 waren eine Zeitenwende in der europäischen Geschichte. Am Anfang dieser Epochenwende stand die Französische Revolution, die das gesamte monarchische System in Frage stellte und auf dem europäischen Kontinent erstmals demokratische Alternativen entwickelte und praktisch umsetzte. Johann Wolfgang von Goethe erfasste die globalen Konsequenzen dieser politischen Entwicklungen, als er beim Anblick der französischen Gegner in der Schlacht von Valmy im Jahr 1792 sagte, dass von hier und heute eine neue Zeit ausginge. Es war aber nicht, wie manche hofften, ein neues Zeitalter der Demokratie, sondern vielmehr eine Ära des Nationalismus.

Ein Opfer dieser neuen Zeit war das Heilige Römische Reich deutscher Nation, das für fast ein Jahrtausend als die zentrale Macht Europas bestanden hatte. Es erstreckte sich am Ende des 18. Jahrhunderts immer noch von der Nord- und Ostsee bis zum Mittelmeer und bot mehr als 300 Kleinstaaten, die seit der protestantischen Reformation des 16. Jahrhunderts weitgehende Autonomie gewonnen hatten, einen politischen Zusammenschluss. Mit der Spaltung des Reiches in protestantische und katholische Staaten nahmen die Konflikte zwischen seinen Mitgliedsstaaten zu und Kriege führten dazu, dass einige Staaten wie etwa das Kurfürstentum Brandenburg und das Königreich Österreich erheblich an Einfluss und Territorium gewannen, während andere Staaten wie etwa das Kurfürstentum Sachsen an Einfluss und Territorium verloren. Im Fall Sachsens trugen aber auch Erbteilungen des Landes unter den Nachkommen der Herrscher zu seiner stetigen Verkleinerung und Zersplitterung bei. So wurde Sachsen im Jahr 1485 zwischen den beiden Brüdern Ernst und Albrecht in das ernestinische Kurfürstentum Sachsen, das aufgrund fortschreitender Erbteilungen in den folgenden Jahrhunderten in immer kleiner werdende thüringische Einzelstaaten zerfiel, und das albertinische Herzogtum geteilt, das infolge von Kriegen wie den Napoleonischen Kriegen nunmehr als Königreich Sachsen erhebliche territoriale Verluste hinnehmen musste. Das Kurfürstentum Brandenburg gehörte hingegen zu den Gewinnern. So gelang es den Brandenburger Kurfürsten, ihr Territorium durch Kriege und gezielte Heiratspolitik beständig zu erweitern. Den in Brandenburg regierenden Hohenzollern gelang es zum Beispiel, die Kontrolle über das Herzogtum Preußen, das zum Königreich Polen gehörte, sowie die im Westen des Reiches liegenden Grafschaften Kleve und Berg und das im Südosten des Reiches liegende Herzogtum Schlesien zu gewinnen.

Die Bewohner der Mitgliedsstaaten des Heiligen Römischen Reiches gehörten unterschiedlichen Religionen an, sprachen verschiedene Sprachen und Dialekte und folgten ihren eigenen Traditionen und Ritualen. Das Reich wurde vor allem durch Tradition und eine Verfassung zusammengehalten, die seinen Mitgliedsstaaten umfangreiche Autonomierechte gewährte. Es gab wenig, was die Bewohner des Königreiches Preußen mit den Bewohnern des Herzogtums Kärnten verband. Und es war nicht nur das Heilige Römische Reich, sondern auch dessen größere Mitgliedsstaaten wie etwa Preußen, die eine landesweite Identifikation vermissten. Das Königreich Preußen war durch große Gebietsgewinne infolge dreier Kriege gegen Österreich sowie der Aufteilung des polnischen Staates unter seinen drei Nachbarn enorm angewachsen und zu einem Land geworden, das nicht mehr nur Protestanten, sondern nun auch Katholiken, nicht mehr nur Brandenburger und Preußen, sondern auch Polen und Schlesiern ein Zuhause war. Die preußischen Könige waren jedoch nicht in der Lage, ihren Untertanen eine sinnstiftende landesweite Identität anzubieten. Die Bewohner Pommerns und Schlesiens fühlten sich zuerst als Pommern und Schlesier und nicht etwa als Preußen. Als König Friedrich Wilhelm III. im März 1813 seine Untertanen zum Widerstand gegen die französische Besetzung seines Landes aufrief, konnte er sich nicht an seine preußischen Untertanen richten, sondern an seine Brandenburger, Preußen, Schlesier, Pommern und Litauer. Dieser Aufruf verweist auf die anhaltende Zersplitterung der Bevölkerung des Königreiches Preußen, die sich mit ihren Provinzen, nicht aber mit dem preußischen Gesamtstaat identifizierte. Das Königreich Preußen war ebenso wie das Heilige Römische Reich eine Konföderation von Verwaltungseinheiten, die jeweils über umfangreiche kulturelle, sprachliche und religiöse Traditionen verfügten und diese auch zu bewahren suchten. Zu dieser Zersplitterung trug auch die fehlende Zentralisierung des preußischen Staates bei, der erst im Jahr 1746 mit dem Friedrichskollegium sein erstes Landesgericht erhielt, das für das gesamte Königreich als höchste Instanz zuständig war. Mit der Einrichtung dieses Gerichts wurde die bis dahin in der Obhut der Provinzen liegende Rechtsprechung erstmals hierarchisiert und zentralisiert. Das erste für alle Untertanen Preußens landesweit gültige Recht wurde erst mit dem Preußischen Landrecht im Jahr 1794 kodifiziert. Mit dem Preußischen Landrecht erhielten alle im Königreich lebenden Menschen die rechtliche Gleichstellung, was aber noch nicht eine Landesidentität schuf, die alle preußischen Untertanen miteinander verband.

Der Einfluss der Französischen Revolution

Die Neuigkeiten über den Ausbruch und den Verlauf der Revolution in Paris verbreitete sich unter den Bewohnern des Heiligen Römischen Reiches sehr zügig. Sie trafen vor allem in Staaten wie Preußen auf eine Bevölkerung, die wesentlich zufriedener mit ihren Herrschern war als die Franzosen mit ihren Königen. Der Preußen als König zwischen 1740 und 1786 regierende Friedrich II. galt als aufgeklärter Monarch, der umfangreiche Reformen angeschoben hatte, die zur Modernisierung Preußens beitrugen, und seinen Untertanen zumindest das Gefühl gab, deren Probleme ernst zu nehmen. Friedrich II. regierte mit eiserner Hand, aber er verstand sich im Gegensatz zu den französischen Königen nicht als über dem Staat stehend, sondern als des Staates erster Diener. Seine Justizreform etwa verbesserte die rechtliche Situation der preußischen Untertanen erheblich und überwand nicht nur die provinzielle Zersplitterung in der Rechtsprechung und Rechtspraxis, sondern versprach Untertanen unabhängig von ihrer sozialen Stellung auch Gleichheit vor dem Recht. Die Bürger Potsdams waren daher weit entfernt von einem Sturm auf das Schloss Sanssouci.

Die Radikalisierung der Ereignisse in Paris, insbesondere nach dem fehlgeschlagenen Versuch des Königs Louis XVI und seiner Frau Marie Antoinette, nach Österreich zu fliehen, trug wesentlich dazu bei, dass die Sympathien, die vor allem Intellektuelle und Dichter wie Johann Wolfgang von Goethe für die Revolution gehegt hatten, schnell zerstoben. Maximilien Robespierres Terrorherrschaft, der Tausende von zu Staatsfeinden Erklärten zum Opfer fielen, fand unter deutschen Demokraten nur wenig Unterstützung. Zu dieser Distanzierung trugen auch die Kriege zwischen Frankreich und dem Heiligen Römischen Reich bei, die dazu führten, dass umfangreiche Territorien des Reiches unter französische Kontrolle gelangten. Die Ideen der Französischen Revolution kamen damit durch Krieg und Besetzung ins Reichsgebiet. Dies betraf zuerst die linksrheinischen Territorien, die bereits im Jahr 1794 unter französische Kontrolle kamen und für mehr als 15 Jahre unter französischer Verwaltung blieben. In dieser Zeit erlebten die Bewohner der linksrheinischen Gebiete etwa durch die Einführung des rechtlich fortschrittlichen *Code Napoleon* und einer Reform des Schulsystems tiefgreifende Veränderungen, die auch die Zeit der französischen Besatzung zumindest teilweise überlebten.

Mit der französischen Besatzung der linksrheinischen Gebiete wurde der Rhein für einige Jahre zur westlichen Grenze des Heiligen Römischen Reiches deutscher Nation, dem durch diese territorialen Veränderungen ein Jahrzehnt umfassender politischer, gebietsmäßiger und konstitutioneller Veränderungen bevorstand. In einem ersten Schritt beschloss der Reichstag des Jahres 1803, die religiösen Mitgliedsstaaten aufzulösen und die bis zu diesem Zeitpunkt von kirchlichen Würdenträgern beherrschten Territorien an weltliche Herrscher zu übertragen. Mit dieser Entscheidung wurden drei Erzbistümer, 19 Bistümer und 44 Abteien aufgelöst und deren Territorien an die jeweils umliegenden Staaten von Preußen, Baden, Württemberg und Bayern angegliedert. Diese Abschaffung der kirchlichen Staaten setzte einen Prozess in Gang, in dessen Folge die Zahl der Mitgliedsstaaten des Reiches durch Zusammenlegung erheblich verkleinert wurde. Land und Menschen wurden in diesem Prozess willkürlich und oftmals unter Missachtung gewachsener regionaler Identitäten und Kulturen neuen Herrschern zugeordnet. Diese territoriale Reorganisation beschleunigte sich mit der Auflösung des Heiligen Römischen Reiches im Jahr 1806. Aus den mehr als 300 Mitgliedsstaaten des Reiches entstanden weniger als 40, die zuerst in den von Napoleon 1806 geschaffenen Rheinbund und dann im Jahr 1815 in den Deutschen Bund gedrängt wurden. Diese Reorganisation von Ländern und Menschen war auch eine Reorganisation monarchischer Macht, da in diesem Prozess mehr als 200 Herrscher, deren Macht als von Gott gegeben galt, entmachtet wurden. Da diese Herrscher ihre Macht nicht durch Gott, sondern durch einen Menschen

– Napoleon – verloren hatten, stellte dieser Prozess auch die Legitimität des Prinzips des monarchischen Regierungssystems in Frage.

Der Rheinbund bestand, da sowohl Preußen als auch Österreich ausgeschlossen waren, aus lediglich 30 Mitgliedsstaaten. Napoleon sah in dem Bund weniger einen Zusammenschluss deutscher Staaten als vielmehr eine Pufferzone zwischen Frankreich im Westen und Preußen und Österreich im Osten. Dennoch kann der Rheinbund durchaus als Beginn der neueren deutschen Geschichte gelten. Im Rheinbund, dessen westliche Grenze der Rhein und dessen östliche Grenze die Elbe bildeten, fanden sich als die größten Mitgliedsstaaten das Königreich Bayern, das Königreich Sachsen, das Königreich Westfalen und das Königreich Württemberg. Das Königreich Westfalen, das aus der Fusion kleinerer Territorien wie das Herzogtum Braunschweig und das Herzogtum Hessen sowie verschiedener preußischer Territorien hervorgegangen war und von Napoleons Bruder Jérôme Bonaparte beherrscht wurde, war der erste deutsche Staat, der sich eine Verfassung gab und damit zu einer konstitutionellen Monarchie wurde. Es war auch der erste deutsche Staat, der Juden Bürgerrechte gab und die Leibeigenschaft der Bauern abschaffte. Damit wurde er zu einem Laboratorium der politischen und gesellschaftlichen Modernisierung.

Das Ende des Heiligen Römischen Reiches, die Fusionierung von Territorien, die damit einhergehende Ablösung von mehr als 200 Landesherren und der Transfer von Land und Menschen hatte tiefgreifende Konsequenzen für die Identität, Kultur und Tradition derjenigen, die diese Zeiten durchlebten. Die Legitimität und Macht der Monarchen schienen geschwächt zu sein, da viele ihre Position entweder einbüßten oder aber ihre Macht durch Verfassungen beschränkt sahen. Die Verschiebung von Land und Menschen von einem Monarchen zu einem anderen, ohne dass den Betroffenen ein Mitspracherecht eingeräumt wurde, zerriss gewachsene Kulturen, Wirtschaftsräume und Identitäten. Viele Menschen fanden sich in neuen Staaten wie etwa dem kurzlebigen Königreich Westfalen oder dem langlebigen Herzogtum Nassau wieder, denen jede zentrale Struktur fehlte und daher Strukturen, Institutionen und Projekte benötigten, die den neuen Staatsangehörigen Möglichkeiten der Integration anboten.

Das im Jahr 1806 geschaffene Herzogtum Nassau war recht erfolgreich bei der Entwicklung von Integrationsstrategien. Dieses Herzogtum war aus der Fusion der Grafschaft Nassau-Usingen mit der Grafschaft Nassau-Weilburg und dem Fürstentum Nassau-Oranien entstanden und wurde anfangs gemeinsam von den Fürsten Friedrich August und Friedrich Wilhelm regiert. Beide Herrscher verstanden die Notwendigkeit, ihren Untertanen in dem neugeschaffenen Staat eine Landesidentität anzubieten. Die Schaffung eines einheitlichen und gut finanzierten Bildungssystems erschien beiden Herrschern als Voraussetzung für die Erziehung und Bildung der nassauischen Bevölkerung. Zu diesem Zweck schufen sie im Jahr 1817 zur Finanzierung des Bildungssystems den Nassauischen Zentralstudienfonds, dem die Stiftungen, Finanzmittel und Einrichtungen aller bestehenden Bildungseinrichtungen in den verschiedenen Landesteilen übertragen wurde.

Die unerwartete, aber vollständige Niederlage des preußischen Heeres in der Schlacht von Jena und Auerstedt im Jahr 1806 erschütterte die preußische Monarchie zutiefst. Friedrich Wilhelm I. und Friedrich II. hatten während ihrer jeweiligen Regentschaft viel Geld in den Auf- und Ausbau einer schlagkräftigen Armee investiert, der es in der zweiten Hälfte des 18. Jahrhunderts gelungen war, das Territorium des Königreiches Preußen wesentlich zu vergrößern. Diese militärischen Erfolge begründeten den Ruf der preußischen Armee und des Königreiches Preußen, das den anderen europäischen Staaten überlegen erschien. Diese preußische Überlegenheit endete im Jahr 1806 und zwang preußische Staatsbeamte wie Heinrich Friedrich Karl Freiherr vom und zum Stein und Karl August von Hardenberg sowie Offiziere wie Gerhard von Scharnhorst und August Neidhardt von Gneisenau zum Nachdenken über mögliche Ursachen dieser Niederlage. Mit der Flucht des preußischen Königs Friedrich Wilhelm III. nach Memel, das sich im äußersten Nordosten des Landes nahe der russischen Grenze befand, war das Land, das nun von französischen Truppen besetzt war, praktisch führungslos geworden. In diesem Machtvakuum fiel es Staatsbeamten wie Stein und Hardenberg zu, eine Ära umfassender politischer und sozialer Reformen einzuleiten.

Die Stein-Hardenberg'schen Reformen veränderten die preußische Gesellschaft von Grund auf und trugen wesentlich zur Modernisierung Preußens bei. So wurde im Jahr 1807 die Leibeigenschaft beendet. Im Jahr 1808 erhielten Kommunen das Recht der Selbstverwaltung. Im Jahr 1810 wurde mit der Universität Berlin die erste moderne Universität begründet und mit dem Abitur eine verbindliche Abschlussprüfung an den Gymnasien eingeführt. Im Jahr 1812 folgte die Emanzipierung der Juden. Diese Reformen waren nicht dazu gedacht, Preußen zu demokratisieren, sondern das monarchische System zu modernisieren und damit die alte Überlegenheit wiederherzustellen.

Auch die Erneuerung der preußischen Armee ging von Offizieren und nicht vom König aus. Nachdem Napoleon sich geschlagen aus Russland zurückzog, entschied sich Graf Yorck von Wartenburg entgegen königlicher Weisungen, eine anti-französische Allianz mit dem russischen Feldmarschall Hans Karl von Diebitsch einzugehen. Die folgenden Befreiungskriege wurden vor allem durch Scharnhorst und Hardenberg angeführt, die König Friedrich Wilhelm III. im März 1813 erfolgreich dazu drängten, die preußische Bevölkerung zum Widerstand gegen die französischen Besatzer aufzurufen. Dem Ruf des Königs folgend, meldeten sich mehr als 280.000 Männer für ein Freiwilligenheer, das zusammen mit russischen und österreichischen Truppen Napoleon in der Völkerschlacht bei Leipzig im Oktober 1813 besiegte.

Insbesondere die Einwohner Preußens zeichneten sich durch eine große Opferbereitschaft aus. Bürger spendeten Gold und Geld für die Finanzierung der Freiwilligeneinheiten. In Anerkennung der Opferbereitschaft seiner Untertanen richtete Friedrich Wilhelm III. mit dem Eisernen Kreuz eine neue Auszeichnung für militärische Tapferkeit ein, die bewusst schlicht gehalten war. Es bestand aus schwarzem Eisen, das silbern eingefasst war. Diese Schlichtheit war auch der Tatsache geschuldet, dass sich Preußen in einer Krisensituation befand und edle Metalle schlichtweg knapp waren. Das Eiserne Kreuz war die erste militärische Auszeichnung, die nicht nur den aus dem Adel stammenden Offizieren vorbehalten war, sondern auch an einfache Soldaten vergeben werden konnte. Allerdings war die Vergabe des Eisernen Kreuzes, das im Andenken an die Königin Luise geschaffen wurde, zunächst nur auf die Zeit der Befreiungskriege beschränkt. Nach Kriegsende wurde das Symbol des Eisernen Kreuzes dann jedoch in die Denkmäler integriert, die den in den Befreiungskriegen Gefallenen gewidmet waren. Und auch die Göttin Victoria in ihrem von vier Pferden gezogenen Wagen auf dem Brandenburger Tor in Berlin, die von den Franzosen im Jahr 1806 entfernt worden war, kehrte im Jahr 1814 mit einem Eisernen Kreuz an der Spitze ihres Speeres (das den Olivenzweig, der sich dort befunden hatte, ersetzte) an ihren angestammten Platz zurück.

Die Neuordnung auf dem Wiener Kongress

Die Niederlage Napoleons führte auch das Ende des von Napoleon gestifteten Rheinbundes herbei. Die Verhandlungen über die Zukunft der deutschen Staaten auf dem Wiener Kongress führten jedoch nicht zu einer Wiederbelebung des im Jahr 1806 von Napoleon zerstörten Heiligen Römischen Reiches, sondern zur Gründung des Deutschen Bundes. Dieser Deutsche Bund wurde durch 39 Staaten geformt, die weitreichende Autonomierechte genossen. Dem Deutsche Bund mangelte es im Gegensatz zum Heiligen Römischen Reich an einem zentralen Regierungsorgan. Dem Deutschen Bund fehlte eine Verfassung ebenso wie eine Hauptstadt. Die einzige zentrale Einrichtung war der Bundestag in Frankfurt am Main, der sich aus Gesandten der einzelnen Bundesstaaten zusammensetzte und der zu gegenseitigen Konsultationen der Mitgliedsstaaten diente. Er hatte weder gesetzgebende Kraft, noch konnte er die Bundesstaaten zur Ausführung spezifischer Entscheidungen zwingen.

Jeder Bundesstaat entwickelte in den 1820er und 1830er Jahren eine spezifische politische Kultur, die sich vor allem in den Partizipationsmöglichkeiten der Untertanen unterschied. Während die norddeutschen Staaten und hier vor allem das Königreich Preußen den Pfad der Restauration unbeschränkter monarchischer Gewalt wählten, zeigten sich die Herrscher der süddeutschen Staaten und hier vor allem des Großherzogtums Baden offen für ein konstitutionelles System, das den Untertanen ein eingeschränktes Mitspracherecht bot.

Die zuerst in den süddeutschen Staaten eingeführten und nach dem Vorbild der französischen Verfassung des Jahres 1814 gestalteten Verfassungen waren nicht das Ergebnis revolutionärer Erhebungen oder von Verhandlungen zwischen Herrschern und Beherrschten, sondern wurden von Herrschern erlassen. Sie waren deshalb nicht dazu angelegt, die Bürgerrechte der Untertanen zu erweitern, sondern die Machtposition des Landesherrn zu befestigen und seine Herrschaft gegen Forderungen nach weitgehender Demokratisierung abzuschirmen. Dennoch räumten diese ersten deutschen Verfassungen den Untertanen wichtige Rechte wie etwa die Religionsfreiheit und Rechtsgleichheit ein. Sie schufen auch ein parlamentarisches System, das einer kleinen Gruppe von privilegierten Bürgern – Männer, die über Grund- oder Hausbesitz verfügten, und solche, die einen höheren Bildungsabschluss erworben hatten – das Wahlrecht gab. Im Großherzogtum Baden, das hierbei als das liberalste Land galt, betraf dies gerade einmal 17 Prozent der Gesamtbevölkerung. Und lediglich 0,5 Prozent der Bevölkerung genoss das Privileg der Wählbarkeit in das aus zwei Kammern bestehende Landesparlament, also das passive Wahlrecht. Während die Mitglieder der ersten Kammer des Landesparlaments immer durch den Landesherrn ausgewählt wurden, wurden die Abgeordneten der zweiten Kammer in indirekten Wahlen durch jene Bürger gewählt, die das aktive Wahlrecht besaßen. Da alle Gesetzesvorhaben die Zustimmung der Mitglieder beider Kammern benötigten, konnten die Landesherrn sicher sein, dass nur ihnen genehme Gesetze auch die Zustimmung in der zweiten Kammer erhielten, die mit der Monarchie loyal ergebenen Personen besetzt war.

Auch wenn diese Demokratisierung des politischen Lebens uns heute sehr zaghaft erscheint, repräsentierte sie doch in den 1820er Jahren einen gewaltigen Fortschritt. Sie führte zwar nicht zu einer Staatsform wie etwa der englischen konstitutionellen Monarchie, in der der Landesherr nur rein repräsentative Funktionen ausübte. Aber sie schuf doch ein parlamentarisches System, in dem das Parlament zumindest Kontrolle über den Staatshaushalt erlangte. Damit wurde der Haushalt des Staates erstmals vom Haushalt des Landesherrn getrennt und der Landesherr zum ersten Angestellten des Landes, da sein Budget parlamentarischer Zustimmung bedurfte.

In den mehr als drei Jahrzehnten von 1815 bis 1848 wurde das politische Klima im Deutschen Bund vor allem durch Österreich, das neben Preußen eine Vormachtstellung einnahm, bestimmt. In dieser Zeit entbrannte ein Konflikt über die Zukunft der deutschen Staaten zwischen Monarchisten und Liberalen. Beide Lager erkannten, dass das traditionelle monarchische System durch die französische Besatzung, die Einführung umfassender Reformen, die Auflösung des Heiligen Römischen Reiches und die Fusion von Hunderten von monarchischen Staaten zutiefst beschädigt worden war. Beide Lager entwickelten diametral entgegengesetzte Visionen für die Zukunft. Während Monarchisten die Restauration der monarchischen Ordnung anstrebten, hofften die Liberalen auf eine neue politische Ordnung, die sich um die Idee eines Nationalstaates und einer Republik drehte.

Die Vorstellung von einer deutschen Nation war ein revolutionäres und neues Konzept, das durch Gelehrte wie Johann Gottlieb Fichte, Jacob und Wilhelm Grimm und Hoffmann von Fallersleben erst mit Inhalt gefüllt werden musste. Dichter, Historiker, Philosophen und Sprachwissenschaftler hauchten der deutschen Nation Leben ein. Gelehrte erforschten die Genealogie der deutschen Sprache und identifizierten ihr Vokabular. Sie sammelten und kodifizierten Märchen, die das Wesen der Deutschen verkörpern sollten. Sie identifizierten mit dem Cherusker Hermann (Arminius) den ersten Deutschen und mit der Schlacht im Teutoburger Wald den Anfang der deutschen Geschichte. Sie besangen deutsche Regionen und Flüsse und konstruierten somit die Grenzen des deutschen Vaterlandes.

Monarchisten suchten die Restauration einer unbeschränkten monarchischen Machtposition vor allem durch repressive Maßnahmen wie die Zensur der Presse und die Verfolgung der Liberalen zu erreichen. Die Landesherren der einzelnen deutschen Staaten erkannten jedoch auch, dass politische Repressalien allein nicht dazu geeignet waren, die auseinanderdriftende Gesellschaft zu einen und ihre Autorität zu befestigen. Die Finanzierung von Kunst und Kultur erlangte in diesem Kontext eine wichtige Rolle für die Wiedererlangung fürstlicher Autorität und die Integration von Untertanen in die Gesellschaft der 1815 neu geschaffenen Staaten. Die Liberalen setzten derartigen Strategien das neue Konzept der Nation und der nationalen Identität entgegen. Sowohl Monarchisten als auch Liberale fochten damit einen Kampf um die Vorstellungskraft der Deutschen aus.

Restauration und Vormärz

Studenten und Professoren standen an der Spitze der Bewegung, die die Restauration unbeschränkter monarchischer Macht zu verhindern suchte und stattdessen auf eine nationale und republikanische Transformation hofften. Mit diesem Ziel gründeten Studenten der Universität Jena im Jahr 1815 die erste deutsche Burschenschaft. Inspiriert von dem dortigen Geschichtsprofessor Heinrich Luden sollte diese Burschenschaft im Gegensatz zu den traditionellen Landsmannschaften, in denen sich Studenten einer Region oder einer Provinz zusammenfanden, allen deutschen Studenten offenstehen. Diese Idee einer nationalen Studentenschaft fand rasch Anhänger an anderen Universitäten und führte zur Gründung von Burschenschaften an den Universitäten innerhalb des Deutschen Bundes.

Zwei Jahre nach ihrer Gründung organisierte die Jenaer Burschenschaft das Wartburgfest auf der Wartburg bei Eisenach. Die Wartburg wurde von den Studenten wegen ihrer kulturellen Bedeutung für den sich entwickelnden deutschen Nationalgedanken ausgewählt. Hier hatte sich der Kirchenreformer Martin Luther im Jahr 1521 versteckt, um der Verfolgung und Bestrafung wegen Häresie zu entgehen. Und hier hatte Luther das *Neue Testament* aus dem Griechischen in die sächsische Kanzleisprache übersetzt und damit die Grundlage für die moderne deutsche Sprache gelegt. Die Jenaer Studenten wählten den 8. Oktober 1817 für eine Gedenkfeier sowohl des Luther'schen Thesenanschlages in Wittenberg, der auf den 31. Oktober 1517 datiert wurde, als auch der Völkerschlacht bei Leipzig, in der russische, preußische und österreichische Truppen vom 16. bis 19. Oktober 1813 Napoleon besiegt hatten. Der Einladung der Jenaer Burschenschaft auf die Wartburg folgten 450 Studenten von 13 Universitäten aus dem Norden des Deutschen Bundes. Österreichische Studenten waren zu dem Ereignis nicht eingeladen worden.

Die hitzigen Diskussionen der Studenten um die Zukunft des Deutschen Bundes fanden Eingang in die von Luden 1818 publizierte Schrift *Grundsätze und Beschlüsse des 18. Oktobers*. Zu besagten Grundsätzen gehörten Forderungen nach der Schaffung eines deutschen Nationalstaates, der Einrichtung eines gemeinsamen Wirtschaftsmarktes, des Überganges zu einer konstitutionellen Monarchie und der Garantie fundamentaler Bürgerrechte. Zu einem Höhepunkt des Wartburgfestes wurde die Bücherverbrennung, die wohl durch Luthers symbolische Verbrennung des päpstlichen Dekrets im Jahr 1520, das ihn als Häretiker brandmarkte, inspiriert war. Im Oktober 1817 warfen Studenten die Bücher derjenigen Autoren ins Feuer, die die monarchische Ordnung verteidigten und die liberale Bewegung angriffen. Unter den betroffenen Autoren befand sich auch August von Kotzebue, dessen *Geschichte des Deutschen Reiches* den Flammen zum Opfer fiel.

Unter den Teilnehmern des Wartburgfestes befand sich Karl Ludwig Sand, der als Soldat in der Schlacht von Waterloo gegen Napoleon gekämpft und nach dem Ende der Befreiungskriege an den Universitäten Erlangen und Jena studiert hatte. Seine Gegnerschaft zum monarchischen System brachte ihn in die Jenaer Burschenschaft und machte ihn zum Mörder an Kotzebue, den er 1819 erstach. Das Attentat auf Kotzebue gab den Monarchisten den Vorwand für die Verfolgung und Verhaftung vieler liberaler Aktivisten. Die in Karlsbad von Vertretern der Mitgliedsstaaten des Deutschen Bundes verabschiedeten Beschlüsse schränkten die Pressefreiheit ein und führten dazu, dass liberal und national gesinnte

Professoren entlassen und ein dichtes polizeiliches Überwachungsnetzwerk errichtet wurde. Die Karlsbader Beschlüsse führten auch zu einem Verbot der Burschenschaften und von Turnveranstaltungen sowie von politischen Organisationen und öffentlichen Demonstrationen. Sie verfehlten aber letztendlich ihr Ziel, die liberale und nationale Bewegung aufzuhalten, denn sie waren wenig dazu geeignet, den deutschen Staaten eine integrierende Identität zu geben, und trugen zur weiteren Desintegration der Gesellschaften in den einzelnen deutschen Staaten bei.

Das Bestreben der Monarchen, ihre in der Zeit der Napoleonischen Kriege (1800–1815) beschädigte Autorität wiederherzustellen, führte nicht nur zur Einführung repressiver Gesetze, sondern auch zu einem Boom beim Bau von Kunstmuseen. Diese erlaubten es den Landesherren, sich als mäzenatische Kunstliebhaber darzustellen, darüber ihren Herrschaftsanspruch neu zu begründen und ihren Untertanen gleichzeitig eine integrierende Identität anzubieten. In den 1820er Jahren begannen die Landesfürsten von Preußen, Bayern, Baden und Sachsen in ihren Residenzstädten mit der Errichtung von Museumsgebäuden, in denen sie ihre wertvollen Sammlungen von Kunstobjekten, Antiquitäten und Raritäten öffentlich auszustellen gedachten. Diese neuen Gebäude waren großzügig angelegt und unterschieden sich dadurch deutlich von den engen und vollgestellten Kuriositätenkabinetten des 18. Jahrhunderts. Im Jahr 1825 begannen die Bauarbeiten an dem Königlichen Museum (später Altes Museum) auf der bald zur Museumsinsel stilisierten Spreeinsel in Berlin. Nach seiner Eröffnung im Jahr 1830 diente dieses Museum dazu, die königliche Kunstsammlung auszustellen. Nur elf Jahre später begannen in unmittelbarer Nähe zum Königlichen Museum die Bauarbeiten für das Neue Museum. Nach seiner Fertigstellung im Jahr 1855 bot dieses Museum der Gipsabdrucksammlung griechischer und römischer Skulpturen sowie einer großen Zahl von Radierungen und Stichen ein neues Zuhause.

Die Museumsbauten in Berlin waren der Beginn eines Wettbewerbes zwischen den königlichen und großherzoglichen Herrschern der deutschen Staaten um die Führungsrolle in der kulturellen Deutung von Kunst und Kultur. So finanzierten die bayerischen Könige in ihrer Residenzstadt München den Bau der Glyptothek (1816–1830), der Alten Pinakothek (1826–1842) und der Neuen Pinakothek (1846–1853). Im Großherzogtum Baden wurde die Karlsruher Kunsthalle (1840–1846) gebaut. Im Königreich Sachsen finanzierte Friedrich August II. das neue Gebäude der Königlichen Gemäldegalerie (1847–1854), die in das bestehende Ensemble religiöser und kultureller Gebäude in unmittelbare Nähe des Königlichen Palastes eingegliedert und als neuer Flügel des Zwingers errichtet wurde. Diese Bauprojekte wurden von den besten Architekten ihrer Zeit – Karl Friedrich Schinkel und sein Schüler Friedrich August Stüler in Berlin; Gottfried Semper in Dresden; Heinrich Hübsch in Karlsruhe; sowie Leo von Klenze und August von Voit in München – geplant und ausgeführt. Viele dieser Museumsgebäude entstanden im neoklassischen Stil, und ihre Architektur verband römische und griechische Elemente mit modernen Bautechniken.

Diese Kunstmuseen können als Inseln im Strom einer sich schnell verändernden Gesellschaft verstanden werden. Das Ende des Heiligen Römischen Reiches im Jahr 1806, die territoriale und politische Neuordnung der deutschen Staaten nach der Niederlage Napoleons und dem Wiener Kongress sowie die sozialen Auswirkungen der beginnenden Industrialisierung erzeugten Spannungen und Ungewissheit für die Menschen, deren Umwelt sich rasant und unerwartet in einem sehr kurzen Zeitraum veränderte. In einer Zeit, in der die ehemals unbeschränkte und kirchlich bestätigte königliche Autorität eine Legitimationskrise erfuhr, gaben Museumsprojekte ihren Bauherren die Gelegenheit, ihre Macht öffentlich zur Schau zu stellen und Deutungshoheit in Bezug auf künstlerische und ästhetische Standards zu beanspruchen. Es ging den Herrschern darum, ihre angegriffene Legitimität über die Förderung von Kunst wiederherzustellen und eine neue Identität für ihre Staaten zu stiften, die sich aus verschiedenen Territorien mit unterschiedlichen Traditionen zusammensetzten. Die politische Neuordnung der deutschen Staaten sowie die Einführung konstitutioneller Regierungsformen in den süd- und mitteldeutschen Staaten beschränkten die Machtpositionen der Herrscher, die nicht nur mit gewählten Parlamenten auskommen, sondern auch politische Funktionen an neugeschaffene Regierungskabinette und -behörden sowie an sich selbst verwaltende Kommunen abtreten mussten.

Es waren aber nicht nur Könige und Herzöge, die sich mit der Einrichtung von Kunstsammlungen und der Gründung von öffentlichen Kunstmuseen befassten, sondern auch wohlhabende Kaufleute und Unternehmer, die zu Kunstsammlern und Kunstmäzenen wurden. In allen großen Städten des Deutschen Bundes schlossen sich Bürger in Kunstvereinen zusammen, die ihren Mitgliedern künstlerische Bildung anboten, sie mit Künstlern in direkten Kontakt brachten und öffentliche Museen finanziell unterstützten. Der im Jahr 1837 gegründete Leipziger Kunstverein war einer von vielen Vereinen, die in der ersten Hälfte des 19. Jahrhunderts entstanden. Während jedoch die Mehrzahl der Kunstvereine mit dem Ziel gegründet wurde, lokale Künstler durch den Ankauf von Gemälden und Zeichnungen zu unterstützen, ging es bei der Etablierung des Leipziger Kunstvereins von Anfang an um die Schaffung eines städtischen Kunstmuseums, das dann auch im Jahr 1858 eröffnet werden konnte. Derartige bürgerliche Museen entstanden in Konkurrenz zu den monarchischen Museen und signalisierten das Ende des feudalen Monopols über die Produktion und Zurschaustellung von Kunst.

Die Erfindung der deutschen Identität

Die Auflösung des Heiligen Römischen Reiches sowie die geographische und politische Neuordnung der deutschen Staaten im Kontext der Napoleonische Kriege und des Wiener Kongresses beschädigten die Idee der unbeschränkten monarchischen Autorität nachdrücklich und ermöglichten die zwischen Liberalen und Monarchisten ausgefochtenen Auseinandersetzungen um die Zukunft der deutschen Staaten. In diesem Zusammenhang ging es auch um die Frage der Identität für die in den 39 deutschen Staaten lebenden Menschen und geeignete Identitätsangebote. Monarchisten kämpften für die Wiederherstellung einer untergegangenen Welt, in der die von Gott sanktionierte monarchische Macht nicht durch die Untertanen in Frage gestellt werden konnte. Liberale suchten nach einer alternativen Vision, in der die Gesellschaft nicht durch die Existenz eines Landesherrn gestiftet wurde, sondern durch das Konzept der Nation. Dieses Konzept war ebenso vage wie neu. Johann Gottlieb Fichte entwickelte in seinen berühmten *Reden an die deutsche Nation*, die er zuerst als Vorlesungen an der Königlichen Akademie der Wissenschaften in Berlin im Winter 1807/08 hielt und dann im Jahr 1808 als Buch veröffentlichte, eines der ersten Konzepte darüber, was diese deutsche Nation ausmachen könnte. Fichte trug diese Reden in Berlin zu einem Zeitpunkt vor, an dem sich das Königreich Preußen in Auflösung befand. Preußen hatte in der Schlacht bei Jena und Auerstedt eine erniedrigende Niederlage gegen Napoleons Armee hinnehmen müssen. König Friedrich Wilhelm III. war nach Memel in den äußersten Nordosten des Landes geflohen und hatte die Regierung in den Händen seiner Staatsbeamten gelassen. Preußen war führungslos, von den anderen deutschen Staaten getrennt und von französischen Truppen besetzt.

In dieser Situation entwarf Fichte seine weitreichenden Vorstellungen von der Neuordnung der politischen Verhältnisse auf der Basis eines Nationalstaates. In seiner ersten Rede unterteilte er die Menschheitsgeschichte in fünf Epochen, die durch verschiedene Formen von Rationalität bestimmt wurden. In der ersten Epoche wurden die gesellschaftlichen Verhältnisse durch blinden Instinkt und in der zweiten Epoche durch eine den menschlichen Verhältnissen vorgelagerte Rationalität bestimmt. In der dritten Epoche, in der Fichte zu leben glaubte, befreiten sich die Menschen von der externen Kontrolle durch Rationalität. In der vierten Epoche würden sie die inneren Gesetze der Rationalität zu verstehen beginnen, bevor sie in der fünften Epoche ihre gesellschaftlichen Verhältnisse in Einklang mit der Rationalität brächten. Die Napoleonischen Kriege wurden damit zu einer Zeitenwende, die Menschen aus dem Zustand des blinden Glaubens und des unbedingten Gehorsams befreite. Fichte glaubte aber auch, dass die Aktivitäten der Menschen sowie der Zusammenhalt der Gesellschaft zuvor von zwei Motiven angetrieben wurden: durch die Angst vor der Verdammnis und die Hoffnung auf Erlösung. Diese beiden Handlungsmotive wurden durch den Rationalismus der Aufklärung hinfällig und damit der Zusammenhalt der Gesellschaft grundsätzlich in Frage gestellt. Die Gesellschaft benötigte, so glaubte Fichte, einen neuen Mechanismus der Integration. In der Idee der nationalen Bildung glaubte er einen neuen, den alten Handlungsmotiven überlegenen Mechanismus der sozialen Integration gefunden zu haben.

Fichte erinnerte seine Zuhörer und Leser daran, dass die traditionelle Bildung vor allem darauf ausgerichtet war, die Köpfe der Schüler und Studenten mit Wörtern und Phrasen zu füllen, aber nicht deren Vorstellungskraft zu entwickeln. Er forderte daher, Bildung und Erziehung neu zu denken, von einer auf das Auswendiglernen ausgerichteten Methode abzurücken und anstelle dessen ein neues nationales Bildungssystem zu setzen. Dieses würde die Deutschen in einen Volkskörper, in dem alle Angehörigen des deutschen Volkes unabhängig von ihrer sozialen Situation als gleichberechtigt galten, zusammenführen.

Die Existenz einer deutschen Nation war an die Existenz der Deutschen geknüpft und zwang Fichte dazu, die Deutschen zu identifizieren. Fichte verließ sich hierbei auf die in seiner Zeit gemachten Fortschritte in der Sprachwissenschaft, die sich um 1800 als wissenschaftliche Disziplin etablierte. Die Suche nach den historischen Wurzeln der deutschen Sprache und ihrer Verbindungen zu den anderen europäischen Sprachen wurde zum zentralen Projekt der Sprachwissenschaft. Gelehrte wie Heinrich Julius Klaproth und Franz Bopp entwickelten das Konzept der indogermanischen Sprachfamilie, zu der zahlreiche in Eurasien gesprochene Sprachen gehörten, und ordneten die deutsche Sprache dieser Sprachfamilie zu. Sprachwissenschaftlern ging es jedoch auch darum, die Geschichte der deutschen Sprache zu rekonstruieren und auf eine Ursprache – das Arische – zurückzuführen. Diese »arische Ursprache«, so wurde jedenfalls angenommen, war von einer vorzeitlichen Zivilisation gesprochen worden, die am nördlichen Ufer des Schwarzen Meeres gelebt hatte und von dort nach Zentraleuropa eingewandert war. Um diese Ursprache, für die es weder schriftliche noch archäologische Beweise gibt, rekonstruieren zu können, entwickelten Sprachwissenschaftler Theorien über Konsonantenwandel und Ablautreihen.

Während Sprachwissenschaftler die Vorgeschichte der deutschen Sprache erkundeten und in diesem Zusammenhang das Vokabular der »arischen Ursprache« zu rekonstruieren suchten, ging es Fichte darum, das Wesen der Menschen, die Deutsch sprachen, herauszuarbeiten. Die Deutschen stellten für Fichte den reinsten Zweig im Stammbaum der teutonischen Rasse dar, nicht nur weil sie in ihrem angestammten Siedlungsgebiet – Fichte glaubte, dass sich die Wiege der germanischen Zivilisation in Nordeuropa befand – geblieben waren, sondern vor allem auch, weil sie sich ihre eigene Sprache bewahrt hatten. Andere Äste des teutonischen Stammbaumes wie etwa die romanischen Völker hätten hingegen ihr traditionelles Siedlungsgebiet verlassen, um sich in Süd- und Westeuropa niederzulassen. Dort hatten sie Elemente des Lateinischen in ihre Sprachen aufgenommen und somit die Reinheit ihrer germanischen Sprache verloren. Die reine deutsche Sprache, die für Fichte frei von Elementen der toten lateinischen Sprache war, stellte dagegen eine lebende Sprache dar. Diese lebende Sprache ermöglichte Wechselwirkungen zwischen der Lebenswirklichkeit ihrer Sprecher und ihrer geistigen Kultur und sicherte so ihren Sprechern die Möglichkeit des intellektuellen Fortschrittes. Die romanischen Sprachen waren hingegen das Produkt der Vermischung germanischer Sprachen mit der ausgestorbenen lateinischen Sprache. Die von diesen Sprachen hervorgebrachte geistige Kultur entwickelte sich unabhängig von der Lebenswirklichkeit ihrer Sprecher und beraubte ihre Sprecher der Möglichkeit des intellektuellen Fortschrittes.

Fichte definierte die deutsche Identität im Wesentlichen über die deutsche Sprache. Und auch wenn er von einer Wiege der germanischen Zivilisation in Nordeuropa ausging, identifizierte er noch keinen spezifischen, der deutschen Nation zustehenden Raum. Fichte erkannte den diasporischen Charakter der deutschen Nation und sprach von einer Nation, die sich über viele Länder verteilte. Es fiel Dichtern wie Hoffmann von Fallersleben zu, den der deutschen Nation zustehenden Raum zu definieren. In seinem »Lied der Deutschen« aus dem Jahr 1841 sah Fallersleben den deutschen Raum als durch die Maas im Westen, die Memel im Osten, die Etsch im Süden und den Belt im Norden begrenzt.

In den Augen der Liberalen benötigte die deutsche Nation aber nicht nur eine Sprache und einen ihr gehörenden Raum, sondern auch einen Ursprung und eine Geschichte. Die Schlacht zwischen den römischen Truppen unter Varus und den germanischen Stämmen unter Hermanns Führung im Teutoburger Wald im Jahr 9 n. Chr. wurde im 19. Jahrhundert zum Gründungsmythos der deutschen Nation erhoben und Hermann zum ersten Deutschen stilisiert. Die Schlacht wurde in römischen Quellen – und hier vor allem in Tacitus' *Annalen* – beschrieben. Bis zum Anfang des 19. Jahrhunderts spielte die Varusschlacht keine signifikante Rolle in der Erinnerungskultur. Im Kontext der Erfindung einer deutschen Identität wurde sie rasch zum Schlüsselereignis und spornte Gelehrte dazu an, den Standort des Teutoburger Waldes und der Schlacht zu lokalisieren. Und auch wenn es nicht gelang, archäologische Beweise für die Schlacht oder den Standort des Teutoburger Waldes beizubringen, bildeten sich ab 1838 in vielen deutschen Städten Vereine, die Gelder für den Bau eines Hermannsdenkmals sammelten. Die Konstruktion des Denkmals begann 1841 und dauerte bis 1871: Es entstand nahe Hiddesen in einem Wald, der erst seit 1616 den Namen Teutoburger Wald trug und daher nicht die historische Stelle der Varusschlacht markierte.

Der Drang, das Wesen der deutschen Identität zu ergründen, veranlasste auch die Gebrüder Jacob und Wilhelm Grimm dazu, die bis dahin mündlich überlieferten Märchen aufzuschreiben und zu veröffentlichen. In den Märchen glaubten die Gebrüder Grimm das Wesen des deutschen Charakters zu finden. Die Inspiration dazu fanden die Grimms in Friedrich Carl von Savignys historischer Rechtsschule, die von der historischen Bedingtheit des Rechts ausging. Savigny glaubte, dass man den Geist des

Rechts nur dann wirklich erkennen könne, wenn man den historischen Kontext analysiert, in dem das Recht entstand. Er forderte daher Rechtsgelehrte dazu auf, die historische Entwicklung von Traditionen sowie die Geschichte der Sprache zu studieren, um spezifische Gesetzestexte zu verstehen. Dieser Ansatz verleitete die Gebrüder Grimm, die zunächst ein Jurastudium an der Universität Marburg, wo Savigny lehrte, begonnen hatten, sich dem Studium der mittelalterlichen Literatur zuzuwenden. Jacob und Wilhelm Grimm glaubten, dass Märchen eine größere kulturelle Bedeutung besaßen als die von bekannten Autoren verfasste Poesie, da sie als das Resultat der kollektiven Weisheit der Gemeinschaft gelten könnten, in der sie entstanden waren. Für die Gebrüder Grimm repräsentierten sie die Seele der mittelalterlichen Gemeinschaft. Im Jahr 1812 veröffentlichten die Gebrüder Grimm den ersten Band ihrer _Kinder- und Hausmärchen_.

Diese Kodifizierung der Märchen veränderte deren Charakter nachhaltig. Märchen lebten davon, dass sie im Prozess der mündlichen Übertragung verändert wurden und somit Entwicklungen und Werte der Gesellschaft widerspiegelten, in der sie erzählt wurden. Damit erlangten Märchen immer wieder Bedeutung für die Zuhörer, die ihre Erfahrungen und Wertesysteme in den Märchen wiederfanden. In Zeiten, in denen tiefe und dunkle Wälder große Teile Mitteleuropas bedeckten und von wilden und gefährlichen Tieren wie Wölfen sowie sozialen Außenseitern bevölkert waren, besaßen Geschichten wie _Rotkäppchen_ und _Hänsel und Gretel_ Relevanz für die Zuhörer, die sich vor den Wäldern, die sich außerhalb der sozialen und polizeilichen Kontrolle der Gesellschaft befanden, fürchteten. Die Abholzung der Wälder nach 1800 sowie die Abwanderung von immer mehr Menschen aus den Dörfern in die Städte entfernten Erwachsene und Kinder mehr und mehr von direkten Kontakten mit der Natur. Das in Märchen wie _Hänsel und Gretel_ thematisierte Aussetzen von Kindern im Wald in Zeiten einer Hungersnot war charakteristisch für agrarische Gesellschaften ohne überregionale Verkehrstechnologie wie den Eisenbahnen. Die Ankunft der Eisenbahn bedeutete das Ende natürlicher Hungersnöte, da nun Lebensmittel schnell in die von Hungersnöten betroffenen Gebiete transportiert werden konnten. Gefährliche Wälder und Lebensmittelknappheiten gehörten nicht mehr zur Erfahrungswelt der Menschen im 19. Jahrhundert. Märchen, die um diese Themen kreisten, wurden damit mehr und mehr der Erfahrungswelt der Leser entrückt. Ihre Kodifizierung durch die Gebrüder Grimm verhinderte, dass sie an die sich wandelnden Umstände angepasst werden konnten. Was einst für die Unterhaltung von Erwachsenen gedacht war, wurde nun mehr und mehr ein Erziehungsmaterial für Kinder.

Die Gebrüder Grimm sahen zwei Gründe für die Notwendigkeit, die Märchen aufzuschreiben: Zum einen glaubten sie in den Märchen das Wesen des deutschen Charakters zu finden; zum anderen sahen sie die Existenz der Märchen durch den Übergang von einer Gesellschaft, in der die meisten Menschen nicht lesen und schreiben konnten, zu einer Gesellschaft, in der Lesen und Schreiben zu einem Allgemeingut wurde, sowie durch die allgemeine Industrialisierung und Urbanisierung gefährdet. Die Massenproduktion von Büchern für ein lesendes Publikum verdrängte allmählich das traditionelle Erzählen von Märchen. Zudem machten die Zerfall der Dorfgemeinschaften, in denen sich Bauern nach getaner Arbeit am Abend versammelten, um einander Geschichten zu erzählen, sowie die Abwanderung von Menschen aus den Dörfern in die Städte, wo sie nicht mehr in Gemeinschaften lebten, sondern in isolierten Familien, das Erzählen von Märchen überflüssig. Für Märchen gab es keinen Platz mehr in der industrialisierten Gesellschaft, die sich im 19. Jahrhundert immer mehr Bahn brach. Und so glaubten die Gebrüder Grimm, dass die Menschen Märchen einfach vergessen würden, wenn sie nicht einschritten und sie kodifizierten.

Für die Sammlung der Märchen stellten Jacob und Wilhelm Grimm Regeln auf. Da die kodifizierten Märchen nicht mehr für Erwachsene gedacht waren, sondern für Kinder, säuberten die Gebrüder Grimm sowohl die Sprache als auch den Inhalt der Märchen. Erotische und sexuelle Momente wurden herausgenommen, christliche Werte und Vorstellungen über die Geschlechterrollen aus dem 19. Jahrhundert hinzugefügt. Alle Märchen erhielten eine nachvollziehbare und in sich logische Handlungsabfolge, und das Handeln der Protagonisten wurde durch klare Motivationslagen verständlich gemacht. Die Endfassung eines jeden Märchens entstand durch den Vergleich verschiedener Versionen desselben Märchens und der Hervorhebung seiner zentralen Botschaft. Die Gebrüder Grimm sammelten ihre Märchen, indem sie Märchenerzähler in ihr Göttinger Haus einluden, um hier die Märchen zu erfassen. Die Mehrzahl der Märchenerzähler stammte aus dem hessischen Raum. Unter den von ihnen gesammelten Märchen befinden sich aber auch Märchen aus der Region um Münster und Paderborn.

Die Protagonisten der Grimm'schen Märchen zeichneten sich durch Verhaltensweisen und Charakterzüge aus, die allmählich als typisch deutsch anerkannt wurden. Hänsel und Gretel erschienen als unschuldig und doch auch als sehr klug und geschickt. Als die Geschwister erfahren, dass ihr Vater und ihre Stiefmutter sie nur deswegen in den Wald führen, um sie dort allein zurückzulassen, entwickeln sie einen Plan, der sie ihren Weg nach Hause zurückfinden lässt. Und als die Hexe Gretel in den Ofen stoßen will, gelingt es Gretel, die Hexe dazu zu bringen, ihren Kopf in den Ofen zu stecken, und sie hineinzustoßen. Obwohl sich Hänsel und Gretel in ständiger Gefahr befinden, gelingt es ihnen, sich aus kritischen Situationen allein – und ohne jede Hilfe von einem Erwachsenen – zu retten. Sie sind unschuldig und finden sich in gefährlichen Situationen nicht wieder, weil sie unartige Kinder waren, sondern weil die Menschen – einschließlich ihrer Eltern – um sie herum schlecht und bösartig sind.

Die Sammlung der Märchen war aber nur ein Beitrag der Gebrüder Grimm zur Erfindung der deutschen Identität. Ihr Lebenswerk war das *Deutsche Wörterbuch*, an dem sie von 1838 bis zu ihrem Tod (Wilhelm starb 1859, Jacob 1863) arbeiteten. In ihrem *Deutschen Wörterbuch* wollten die Gebrüder Grimm die Herkunft und den Gebrauch jedes deutschen Wortes erfassen. Das Grimm'sche Wörterbuch sollte das gesamte Vokabular der deutschen Sprache erfassen und somit den Umfang der deutschen Sprache definieren.

Ein deutscher Feiertag: Weihnachten

Die Tradition, Weihnachten mit einem Weihnachtsbaum und dem Austausch von Geschenken zu feiern, entstand in den 1820er und 1830er Jahren in verschiedenen mittel- und norddeutschen Städten als Teil der bürgerlichen Emanzipation von feudaler Vorherrschaft. Weihnachten war im Gegensatz zu den öffentlichen, hierarchischen und auf eine Person bezogenen Feiern der Fürsten eine zutiefst familienbezogene und private Form des Zusammenseins, die auf die Gleichheit einer jeden in die Feier einbezogenen Person ausgerichtet war. Weihnachten trug auch zur Erfindung einer deutschen Identität mit einem spezifischen Feiertagskalender bei. Amerikanische Reisende wie Charles Loring Brace und George Ticknor, die in der ersten Hälfte des 19. Jahrhunderts Weihnachtsfeiern in Berlin und Dresden erlebten, beschrieben diese Feiern als ein spezifisch deutsches Phänomen. Diese Weihnachtsfeiern integrierten heidnische und christliche Riten und Symbole und schufen somit ein Ritual, das in allen deutschen Regionen Anklang fand.

Weihnachten entwickelte sich als ein Ritual mit spezifischen Handlungen und Ereignissen wie der Adventszeit, dem Adventskranz, dem Adventskalender, den Weihnachtsmärkten, dem St. Nikolaus-Tag, dem mit Kerzen und Glaswerk geschmückten Weihnachtsbaum und dem Austausch von Geschenken am Weihnachtsabend. Diese Ereignisse und Handlungen sowie der Name des Feiertages basieren weder auf der christlichen Tradition noch der Bibel. Das Wort Weihnachten, das vor 1800 kaum gebraucht wurde, entstammte laut dem Grimm'schen *Deutschen Wörterbuch* nordischen Dialekten. Es wurde in der heidnischen Tradition zur Benennung eines winterlichen Festes verwendet. Erst nach 1800 stieg die Häufigkeit der Verwendung dieses Begriffes im Kontext der Formierung eines neuen Feiertags.

Die Idee der Adventszeit wurde vom Hamburger Sozialreformer Johann Hinrich Wichern in den 1830er Jahren eingeführt. Wicherns »Rauhes Haus« bot Waisen und verwahrlosten Kindern der Stadt ein Zuhause, in dem sie leben, arbeiten und beten durften. Wichern ging es jedoch auch darum, den ihm anvertrauten Kindern ein Zuhause zu geben, indem sie sich wohlfühlten. Diese Kinder bedrängten Wichern im Dezember mit Fragen danach, wann es endlich Weihnachten sein würde. Auf dieses ständige Drängen und Fragen reagierend, erfand Wichern im Jahr 1839 den Adventskranz mit 24 Kerzen – vier großen Kerzen für die vier Sonntage vor Weihnachten und 20 kleinen Kerzen für die anderen Wochentage. Jeden Tag wurde eine Kerze angezündet. Damit erhielten die Kinder in Wicherns »Rauhem Haus« einen Countdown bis zum Weihnachtstag. Zusätzlich zum Adventskranz entwickelte Wichern auch die Idee für einen Adventskalender mit 24 Türen.

Der mit Kerzen und Glaskugeln geschmückte Weihnachtsbaum wurde zum zentralen Symbol für das Weihnachtsfest. Die Tradition des mit Kerzen erleuchteten Baumes geht auf die heidnischen Riten der Wintersonnenwende zurück. Am 21. Dezember versammelten sich Menschen in Nord- und Mitteleuropa um öffentliche Feuer, die heidnischen Riten folgend, in der längsten Nacht des Jahres der Sonne den Weg weisen würden, so dass sie zu den Menschen zurückfand. Die Kerzen an den Weihnachtsbäumen repräsentierten eine domestizierte Form dieser Feuer in Zeiten, in denen Feuerholz infolge der Abholzung der Wälder knapp wurde. Diese Weihnachtsbäume fanden ihren Platz in den Häusern deutscher Familien um 1800. Die ersten schriftlichen Nachweise für den Brauch, Weihnachtsbäume zu schmücken, liefern der englische Dichter Samuel Taylor Coleridge, der 1798 in Ratzeburg (im Herzogtum Mecklenburg-Strelitz) einen geschmückten Weihnachtsbaum sah, und der deutsche Dichter Ernst Theodor Amadeus Hoffmann, der in seiner Erzählung *Nussknacker und Mausekönig* aus dem Jahr 1816 einen dekorierten Weihnachtsbaum präsentierte. Gemeinsam mit dem Schmücken der Weihnachtsbäume kam auch der Austausch von Geschenken, die unter den Weihnachtsbaum gelegt wurden, unter den Mitgliedern der Familie auf.

Das Weihnachtsfest entwickelte sich als eine Tradition innerhalb des städtischen Bürgertums und war als ein Ereignis für die Familie und Freunde gedacht. Alle Mitglieder der Familie waren aktiv in die Vorbereitungen einbezogen, da nicht nur die Eltern Geschenke für ihre Kinder kauften, sondern auch die Kinder Geschenke für ihre Eltern herstellten. Dieses Fest war auf den gegenseitigen Austausch von Geschenken ohne die Vermittlung einer dritten Person gegründet. Die Figur des Weihnachtsmannes, der in den USA in der Zeit des Amerikanischen Bürgerkrieges von dem deutsch-amerikanischen Karikaturisten Thomas Nast erfunden wurde, gehörte nicht zu dieser Tradition und wurde erst im 20. Jahrhundert aus den USA eingeführt. Am 23. Dezember wurden die Geschenke in einem abgeschlossenen Raum unter den bereits geschmückten Weihnachtsbaum gelegt. Erst am Weihnachtsabend erhielten die Familienmitglieder nach dem Erklingen einer Glocke Zutritt zu dem Raum und durften ihre Geschenke auspacken.

Amerikanische Reisende wie der Harvard-Professor George Ticknor erlebten Weihnachtsfeste als Gäste während ihrer Aufenthalte in deutschen Städten in den 1830er Jahren. In seinem Reisetagebuch aus dem Jahr 1835 berichtete Ticknor über eine Weihnachtsfeier im Haus des Grafen Sternberg in Dresden. Der aus einer puritanisch geprägten Gesellschaft kommende Ticknor sah dieses Festival kritisch, da die Teilnehmer sehr viel Geld für die Geschenke ausgaben und dafür keine adäquaten Gegenleistungen erhielten. Ticknors großer Fehler war jedoch, dass er seine zwölfjährige Tochter Anna mit sich nahm. Der fremde Brauch mit dem hell erleuchteten Weihnachtsbaum und den Geschenken, die unter den Familienmitgliedern ausgetauscht wurden – auch Ticknor und seine Tochter erhielten ein Geschenk von dem Gastgeber –, beeindruckte Anna nachdrücklich. Am nächsten Morgen brachte Anna einen kleinen, selbst geschmückten Weihnachtsbaum in die Dresdner Hotelräume ihrer Eltern. Und es war wohl auch ihr Drängen, was George Ticknor dazu bewog, nach ihrer Rückkehr nach Boston die deutsche Tradition der Weihnachtsfeier in seinem Haus zu begehen. Zu diesem familiären Ereignis lud er dann auch prominente Freunde und Bekannte ein, unter denen sich auch Frances Appleton Longfellow, die Frau des berühmten Dichters Henry Longfellow, befand, und half damit den Brauch der Weihnachtsfeier in den USA zu verbreiten.

Die Revolutionen von 1830 und 1848/49

Liberalismus und Nationalismus waren die wichtigsten Triebkräfte für die politische Mobilisierung und Modernisierung in den deutschen Staaten in der ersten Hälfte des 19. Jahrhunderts. Die durch die Napoleonischen Kriege und die territoriale Reorganisation der deutschen Länder ausgelösten Reformprozesse zwangen sowohl Monarchisten als auch Liberale dazu, sich Gedanken über die politische Zukunft ihrer politischen Gemeinschaften zu machen. Beide Seiten entwickelten dafür Zukunftskonzepte, die sich allerdings diametral gegenüberstanden. Die Liberalen setzten auf eine Ausweitung der in den süddeutschen Staaten etablierten konstitutionellen Herrschaft auf die Nordstaaten des Deutschen Bundes. Und auch wenn das süddeutsche Modell der konstitutionellen Herrschaft die demokratische Mitwirkung der Bürger noch stark beschränkte, schufen Verfassungen wie etwa die des Großherzogtums Baden eine neue politische Kultur, die durch die Zusammenarbeit von Landesfürsten und demokratisch legitimierten Parlamenten gekennzeichnet war. So forderten etwa die liberalen Abgeordneten des ersten gewählten badischen Parlaments bei ihrer konstituierenden Sitzung im April 1819 die Einführung der Gewaltenteilung mitsamt der Etablierung einer legislativen und einer judikativen Gewalt, der Einführung der Gemeindeselbstverwaltung und der Garantie einer freien Presse.

Während der Liberalismus auf die Demokratisierung der bestehenden Staaten abzielte, ging der Nationalismus darüber hinaus und entwarf die Vision einer geeinten deutschen Nation, in der die bestehenden deutschen Staaten aufgehen sollten. Der Deutsche Bund mit seinen 39 nebeneinander existierenden deutschen Staaten erschien in den Augen der Nationalisten als anachronistisch. Diese nationalistische Vision stellte für die monarchische Ordnung eine wesentlich größere Bedrohung dar als der Liberalismus, der immerhin in die bestehende staatliche und monarchische Ordnung eingebunden werden konnte. Liberalismus und Nationalismus existierten in der ersten Hälfte des 19. Jahrhunderts jedoch nicht getrennt. Liberale waren häufig, aber nicht immer auch Nationalisten, die sich die Vereinigung aller Deutschen in einer deutschen Republik wünschten.

Die Ausweitung konstitutioneller Herrschaft erfolgte jedoch nur sehr allmählich, und zwar in drei Wellen. Die erste Welle erfasste die süddeutschen Staaten wie Baden, Bayern, Württemberg sowie einige mitteldeutsche Staaten wie Nassau und einige thüringische Fürstentümer, die nach der Gründung des Deutschen Bundes konstitutionelle Herrschaftsformen einführten. Landesherren mussten sich fortan die Macht mit den Parlamenten, die aus zwei Kammern bestanden, teilen. Während die Abgeordneten der zweiten Kammer von den aktiven Bürgern gewählt wurden, konnte der Landesherr die Mitglieder der ersten Kammer bestimmen. Damit wurde die erste Kammer zu einem Schutzwall landesherrlicher Macht und beschränkte die Demokratisierung des politischen Lebens. Wesentlich für den Charakter dieser ersten Demokratisierungswelle war, dass diese Verfassungen von den Landesherren eingeführt wurden und nicht das Ergebnis revolutionärer Erhebungen waren. Die zweite Welle kam in den 1830er Jahren und führte infolge revolutionärer Erhebungen vor allem in den mitteldeutschen Staaten zur Einführung von Verfassungen in Staaten wie Sachsen. Die dritte Demokratisierungswelle ergoss sich über die deutschen Staaten in der Revolution von 1848/49 und den darauffolgenden Jahren, da selbst Staaten wie Preußen nach der Niederschlagung der Revolution zur konstitutionellen Regierung übergingen.

Die erfolgreiche Revolution von 1830

Die französische Julirevolution des Jahres 1830 sprang rasch auf die mitteldeutschen Staaten wie das Herzogtum Braunschweig, das Großherzogtum Hessen-Darmstadt, das Kurfürstentum Hessen-Kassel und das Königreich Sachsen über. Das Königreich Sachsen befand sich in einer wirtschaftlichen Krise seit dem Ende der Napoleonischen Kriege, in denen das Land zweimal auf der Seite der Verlierer gestanden hatte – zuerst gegen Napoleon in der Schlacht bei Jena und Auerstedt im Jahr

1806 und dann an der Seite Napoleons in der Völkerschlacht bei Leipzig im Jahr 1813. Die erste Niederlage aus Napoleons Händen erhob das Kurfürstentum Sachsen immerhin noch zum Königreich Sachsen, das allerdings ein Mitglied des Rheinbundes werden musste. Die zweite Niederlage kostete das Königreich dann fast die Hälfte seiner Bevölkerung und seines Territoriums, das es an seinen nördlichen Nachbarn Preußen abtreten musste. Die sächsischen Gebiete um Wittenberg, Merseburg, Naumburg, Mansfeld und Querfurt bildeten fortan die preußische Provinz Sachsen. Die unglückliche Hand von König Friedrich August I. bei der Wahl seiner Verbündeten stürzte sein Land in eine schwere finanzielle Krise, die er und ab 1827 sein Nachfolger Anton durch Steuererhöhungen zu bewältigen suchten. Nachdem es über Jahre hinweg schon Beschwerden über die hohe Besteuerung der städtischen Bevölkerung gegeben hatte, kam es, nachdem die Nachrichten über die Pariser Julirevolution Anfang September auch Leipzig erreichten, zu einem spontanen Ausbruch von Gewalt zwischen Bürgern und Polizisten in der nordsächsischen Stadt. Proteste, die sich anfangs gegen die als ungerecht empfundene Besteuerung der Stadtbürger und die korrupte Stadtregierung richteten, schlugen rasch in Forderungen nach einer Verwaltungsreform und der Einführung einer Verfassung um. König Anton suchte von Anfang an nicht den Weg der Konfrontation mit seinen Untertanen in Leipzig, sondern setzte auf Ausgleich und Verhandlungen mit den Aufständischen.

Das wichtigste Ergebnis der Unruhen und der anschließenden Verhandlungen zwischen König und Bürgern war im September 1831 die Einführung einer Verfassung. Dem Vorbild der süddeutschen Verfassungen folgend, schuf auch die sächsische Verfassung ein Parlament, das aus zwei Kammern bestand. Und auch hier wurden die 42 Mitglieder der Ersten Kammer durch den König bestimmt. Unter den Mitgliedern der Ersten Kammer befanden sich Mitglieder der königlichen Familie, Angehörige des Landadels und die Bürgermeister der Großstädte. Die 75 Mitglieder der Zweiten Kammer wurden indirekt (durch ein Wahlmännerverfahren) durch die aktiven Bürger gewählt, zu denen jene Männer gehörten, die mindestens 25 Jahre alt waren und entweder über Haus- oder über Grundbesitz verfügten.

Die sächsische Ständeversammlung besaß allerdings noch keine gesetzgebende Kraft. Diese blieb der vom König geführten Regierung vorbehalten. Neben die Regierung und die Ständeversammlung stellte die Verfassung auch einen Staatsgerichtshof, dessen Richter zu gleichen

Teilen durch den König und die Ständeversammlung ernannt wurden und der die Einhaltung der Verfassung durch die Mitglieder der Regierung gewährleisten sollte. Die wichtigste Neuerung bezog sich auf das Verhältnis des Königs zu seinem Königreich. Nachdem das Königreich bisher als privates Eigentum des Landesherrn gegolten hatte, trennte die Verfassung zwischen Staat und Herrscher, etablierte den Staat als vom König unabhängige Institution mit einem Staatshaushalt, der zwar von der Regierung entworfen wurde, aber dann der Ständeversammlung zwecks Zustimmung vorgelegt werden musste. Die Verfassung unterschied weiterhin zwischen drei Formen des Eigentums. Da war zum einen das Staatsgut, zu dem die königlichen Schlösser und Gebäude in Dresden, Pillnitz, Moritzburg, Sedlitz und Hubertusburg gehörten. Dem König wurden diese Einrichtungen zwar zur lebenslangen Nutzung übertragen, aber er konnte nicht mehr ohne Zustimmung der Ständeversammlung über sie verfügen. Ähnlich verhielt es sich mit dem Familieneigentum der königlichen Familie, was zum Beispiel die Einrichtungsgegenstände der königlichen Schlösser und die Kostbarkeiten und Kunstgegenstände wie etwa Raffaels *Sixtinische Madonna* umfasste. Auch diese Gegenstände wurden der königlichen Familie lediglich zur Nutzung überlassen, galten aber als Eigentum des Staates. Nur über sein Privateigentum besaß der König volle Verfügungsgewalt. Die Verfassung separierte klar zwischen staatlichem und privatem Eigentum und definierte die Position des Königs als die eines politischen Würdenträgers, der für seine Funktion auch finanziell entschädigt wurde. Auch wenn die Rechte der Ständeversammlung noch recht begrenzt waren, tat Sachsen mit der Verabschiedung dieser Verfassung den ersten Schritt zu einer modernen konstitutionellen Monarchie.

Nicht nur die staatliche, sondern auch die kommunale Ebene erfuhr tiefgreifende Umwälzungen. So erhielten Städte wie Leipzig in der »Allgemeinen Städteordnung« das Recht der kommunalen Selbstverwaltung. Bereits Ende September 1830 waren 3.228 wahlberechtigte Bürger – das entsprach etwa 10 Prozent der Leipziger Bevölkerung – dazu aufgerufen, 60 Bürgerschaftsvertreter zu wählen. Die 1832 erlassene »Allgemeine Städteordnung« etablierte ein Zweikammersystem, das aus der Stadtverordnetenversammlung und einem Stadtrat bestand. Die Stadtverordnetenversammlung sollte aus 60 Mitgliedern bestehen, die ihre Arbeit ehrenamtlich ausübten und von denen 30 über Grund- und Hausbesitz in Leipzig verfügen mussten (Ansässige), während die anderen 30 Stadtverordneten (Unansässige) im Leipziger Umfeld wohnen konnten. Den Stadtverordneten oblag es, die 31 Mitglieder des Stadtrates, dem auch der Bürgermeister und dessen Stellvertreter angehörten, zu bestimmen.

Da die Unzufriedenheit mit der Besteuerung ein wesentlicher Grund für die Septemberunruhen des Jahres 1830 in Leipzig gewesen war, machte sich die neue Stadtregierung zuerst an eine Steuerreform. So schaffte der Stadtrat die Steuerbefreiung der Universitätsangehörigen ab, die etwa 10 Prozent der Stadtbevölkerung repräsentierten und etwa 5 Prozent der städtischen Grundstücke besaßen. Mit diesem Schritt wurde nicht nur die Integration der Universität in die städtische Gesellschaft vorangetrieben und ein Schritt zur Steuergerechtigkeit getan, sondern auch das Steuereinkommen der Stadt wesentlich erhöht.

Die Einführung der konstitutionellen Herrschaft in Sachsen unterschied sich deutlich von der Einführung der konstitutionellen Herrschaft in den süddeutschen Staaten. Während die Verfassungen von Baden, Bayern und Württemberg ein Geschenk des jeweiligen Landesherrn an seine Untertanen und nicht das Resultat revolutionärer Erhebungen waren, resultierte die sächsische Verfassung sowohl von fürstlicher Gnade als auch von bürgerlichem Protest, der sich an einer ungerechten und überhöhten Besteuerung entzündete und rasch auf Forderungen nach politischer Mitbestimmung ausweitete. König Anton verhinderte durch seine Kompromissbereitschaft eine gewaltsame Konfrontation zwischen Staat und Bürgern und gab seinen Untertanen politische Partizipationsrechte. Dies waren erste Schritte auf dem Weg der Demokratisierung der Gesellschaft. In Sachsen entfalteten sich diese politischen Reformen nicht nur auf der staatlichen Ebene, sondern auch auf der kommunalen Ebene. Die »Allgemeine Städteordnung« gab den Städten und ihren Bürgern volle kommunale Selbstverwaltung und schuf die dafür notwendigen Institutionen.

Die revolutionären Umwälzungen in Mittelstaaten wie Sachsen erweiterten die Zahl der deutschen Staaten, in denen die landesherrliche Herrschaft zumindest in ersten Ansätzen durch Parlamente und Verfassungen reguliert und beschränkt wurde. Uneingeschränkte landesherrliche Herrschaft existierte nun nur noch im preußischen Norden des Deutschen Bundes. Sowohl im Süden als auch in der Mitte des Deutschen Bundes wurden die Bürger, im Gegensatz zum preußischen Norden, allmählich zum Partner in der Regierung. Allerdings blieb die Zahl der aktiven Bürger, die sich durch Besitz und Bildung qualifizierten, recht gering. Nur 17

Prozent der badischen Bevölkerung und nur 10 Prozent der sächsischen Bevölkerung genossen den Status des aktiven Bürgers und konnten damit an den Wahlen zu den Landtagen und Stadtparlamenten teilnehmen. Damit unterschieden sich die deutschen Staaten aber kaum von anderen europäischen Staaten wie etwa Frankreich oder England. Im Jahr 1831 besaßen von 32 Millionen Franzosen lediglich 165.000 Männer, was in etwa 0,5 Prozent der Bevölkerung entsprach, das Wahlrecht. Und von den 16,5 Millionen Engländern hatten im Jahr 1831 nur 439.000 Männer, was 2,7 Prozent der Bevölkerung entsprach, das Wahlrecht. Verglichen damit erscheinen Baden und Sachsen zumindest in Bezug auf das Wahlrecht recht fortschrittlich.

Die gescheiterte Revolution von 1848/49

Nachdem die Menschen in Süd- und Mitteldeutschland in der ersten Hälfte des 19. Jahrhunderts umfangreiche politische Mitbestimmungsrechte errungen hatten, bot die Revolution des Jahres 1848 nun auch eine Möglichkeit, diese demokratischen Errungenschaften auf den Norden des Deutschen Bundes auszuweiten. Die Revolution, die im März 1848 in Berlin ausbrach, drehte sich von Anfang an um die Demokratisierung Preußens sowie um die Vision für eine demokratische deutsche Republik. Und wie auch schon die Ereignisse in Leipzig im Jahr 1830 wurde nun auch die Revolution in Berlin im Jahr 1848 von revolutionären Ereignissen in Frankreich inspiriert.

Die Revolutionen in den deutschen Staaten waren Teil einer europäischen Revolution, die in Paris begann und beinahe den gesamten Kontinent erfasste. Nationalismus und Liberalismus waren die treibenden Visionen für diese Revolutionen, in denen es um die Schaffung nationaler Republiken ging. So forderten deutsche und italienische Nationalisten wie etwa Friedrich Hecker und Giuseppe Garibaldi die Vereinigung zahlreicher kleinerer Staaten, um ein geeintes Deutschland und ein geeintes Italien zu schaffen, während ungarische und tschechische Nationalisten wie etwa Lajos Kossuth und Frantisek Palacky die Auflösung oder Föderalisierung größerer Staaten wie des österreichischen Kaisertums zugunsten kleinerer Nationalstaaten wie etwa Ungarn herbeizuführen suchten.

Im März 1848 kam es in Berlin zu gewaltsamen Auseinandersetzungen zwischen Soldaten und Bürgern, die – inspiriert vom Februaraufstand in Paris, der die Regentschaft Louis-Philippe von Orléans beendete – Pressefreiheit, Versammlungsfreiheit und eine allgemeine deutsche Volksvertretung forderten. Dem Druck seiner Untertanen nachgebend, fand sich der preußische König Friedrich Wilhelm IV. zunächst dazu bereit, den Forderungen der aufständischen Berliner nachzugeben und der Ausarbeitung einer Verfassung für Preußen zuzustimmen. Zu diesem Zweck wurden Anfang Mai 1848 Wahlen zur Preußischen Nationalversammlung abgehalten, in denen alle Männer, die mindestens 24 Jahre alt waren, länger als sechs Monate an ihrem Wohnort ansässig waren und keine Armenunterstützung empfingen, das aktive Wahlrecht hatten. Von Mai bis Dezember arbeiteten die Abgeordneten am Entwurf einer Verfassung, die zwar letztlich vom König abgelehnt wurde, deren Grundsätze zumindest teilweise dann jedoch Eingang in die von Friedrich Wilhelm IV. im Dezember 1848 verfügte preußische Verfassung fanden. Dazu gehörte der Schutz von Bürgerrechten wie etwa der Meinungs- und Pressefreiheit, der Versammlungsfreiheit und der Religionsfreiheit. Die Verfassung etablierte auch ein Zweikammerparlament mit einer Ersten Kammer, deren Abgeordnete durch Provinzial-, Bezirks- und Kreisvertreter bestimmt werden sollten, während die Abgeordneten der Zweiten Kammer durch selbständige Bürger gewählt werden sollten. Beiden Kammern stand das Recht zu, Gesetze vorzuschlagen, die dann jedoch der Zustimmung des Königs bedurften. Umgekehrt bedurften auch die vom König vorgeschlagenen Gesetze der Zustimmung beider Kammern. Mit der Einführung der preußischen Verfassung im Jahr 1848 endete die Zeit der unbeschränkten Herrschaft deutscher Landesherren.

Im Jahr 1848 setzte sich der Verfassungsstaat endgültig in allen deutschen Staaten durch. Die Organisation von Wahlen für staatliche Parlamente wie die Preußische Nationalversammlung und für nationale Parlamente wie die Frankfurter Nationalversammlung führte zu einer beispiellosen politischen Mobilisierung der Bevölkerung und deren Einbeziehung in politische Entscheidungsprozesse. In diesen Wahlen wurden die Voraussetzungen für den Erwerb des Wahlrechts erheblich abgesenkt. Besitz und Bildung, die als Grundvoraussetzungen für die Gewährung des Wahlrechts in den süd- und mitteldeutschen Verfassungen aus der ersten Hälfte des 19. Jahrhunderts galten, wurden nicht mehr als Voraussetzung für den Erwerb des Wahlrechts betrachtet. Mitgliedschaft in einer kommunalen Gemeinde, die im preußischen Fall bereits durch einen sechsmonatigen Wohnaufenthalt erlangt werden konnte, galt als ausreichend, um als Staatsbürger und Wähler anerkannt zu werden.

Wichtiger als die Neukonstituierung und Neuwahl der staatlichen Parlamente war die Wahl zur deutschen Nationalversammlung, deren Abgeordneten sich zu ihrer konstituierenden Sitzung im Frankfurter Römer am 18. Mai 1848 zusammenfanden. 585 Abgeordnete aus allen Teilen des Deutschen Bundes – lediglich das zu Österreich gehörende Böhmen und Mähren boykottierte die Wahlen zur Nationalversammlung – kamen nach Frankfurt am Main, um über die Zukunft der deutschen Nation zu beraten. Weil die Mehrzahl der Abgeordneten über einen Universitätsabschluss verfügte und als Staatsbeamte oder Gelehrte tätig war, gaben Zeitgenossen diesem Parlament den Beinamen »Professorenparlament«.

Die Abgeordneten entwarfen mit den »Grundrechten des deutschen Volkes« den ersten deutschen Versuch einer rechtlichen Grundrechtserklärung, die wesentlich durch ähnliche Proklamationen in der Amerikanischen Revolution (*Bill of Rights*, 1789) und der Französischen Revolution (*Déclaration des Droits de L'Homme et du Citoyen*, 1789) beeinflusst wurden. In den »Grundrechten des deutschen Volkes« wurde erstmals das Konzept einer deutschen Reichsbürgerschaft eingeführt. Alle deutschen Reichsbürger sollten Gleichheit vor dem Gesetz genießen. Ihnen wurden grundsätzliche Bürgerrechte wie Meinungs-, Presse-, Versammlungs- und Vereinsfreiheit zugesichert. Nachdem die »Grundrechte des deutschen Volkes« zunächst im Dezember 1848 Gesetzeskraft erlangten, fanden sie im darauffolgenden Jahr auch Aufnahme in die von der Nationalversammlung verabschiedete »Verfassung des deutschen Reiches«.

In dieser Verfassung wurde Deutschland als ein Bundesstaat definiert, dem die Mitgliedsstaaten des Deutschen Bundes angehören sollten. Im Gegensatz zum Deutschen Bund, der weder über ein Staatsoberhaupt noch über eine Zentralregierung verfügte, sollte das Deutsche Reich eine konstitutionelle Monarchie mit einem Kaiser als Staatsoberhaupt werden. Das Parlament (also der Reichstag) sollte aus zwei Kammern – einem Volkshaus und einem Staatenhaus – bestehen. Gesetzesvorlagen bedurften der Zustimmung beider Kammern. Die Abgeordneten des Volkshauses sollten in allgemeinen und gleichen Wahlen durch die Wahlberechtigten (ausschließlich Männer) bestimmt werden, die Mitglieder des Staatenhauses hingegen durch die Regierungen der deutschen Bundesstaaten. Die Zahl der Repräsentanten jedes Bundesstaates in dieser zweiten Kammer hing von der Bevölkerungszahl des betreffenden Bundesstaates ab. So würden von den 192 Sitzen des Staatenhauses Preußen 40 Sitze zustehen, während Sachsen nur ein Anrecht auf zehn Sitze hatte. Jeweils eine Hälfte der Repräsentanten eines Bundesstaates im Staatenhaus sollte durch die Regierung, die andere Hälfte durch das Landesparlament des betreffenden Bundesstaates bestimmt werden. Bei der Wahl der Mitglieder, die durch die Landesparlamente bestimmt wurden, folgten die Verfasser dem Vorbild des Senats der USA, dessen Mitglieder auf sechs Jahre zeitlich so versetzt gewählt wurden, dass nur jeweils eine Hälfte der Abgeordneten in einem bestimmten Jahr gewählt wurde – so sollte die Kontinuität in der Vertretung gesichert werden. Dem Prinzip der Gewaltenteilung folgend, stellten die Abgeordneten neben die Exekutive (Reichsregierung) und die Legislative (Volkshaus und Staatenhaus) auch die Judikative (Reichsgericht). Das Reichsgericht sollte Konflikte zwischen den Bundesstaaten, zwischen einzelnen Bundesstaaten und der Bundesregierung sowie zwischen Bundesregierung, Volkshaus und Staatenhaus entscheiden. Die Verfassung gab deutschen Staatsbürgern das Recht, im Fall von Grundrechtsverletzungen durch die Regierung rechtlich gegen den Staat vorzugehen.

Die Abgeordneten der Nationalversammlung arbeiteten an den »Grundrechten des deutschen Volkes« und der »Verfassung des deutschen Reiches« in konfliktgeladenen Zeiten. Und diese Konflikte beeinflussten ihre Entscheidungen über die Zukunft Deutschlands: Bereits im April 1848 kam es zu einer Konfrontation über die Zukunft der beiden Herzogtümer Schleswig und Holstein. Beide Herzogtümer waren mehrheitlich von Deutschen besiedelt, die die Integration beider Staaten in den Deutschen Bund bzw. das Deutsche Reich anstrebten. Die strategisch wichtige Lage beider Herzogtümer zwischen Ostsee und Nordsee, die Russland und England dazu veranlasste, das Streben des dänischen Königs Friedrich VII. nach Integration dieser Territorien in das dänische Königreich zu unterstützen, verhinderte jedoch die Aufnahme zumindest von Schleswig in den Deutschen Bund. Die Vormachtpolitik der europäischen Großmächte behinderte somit die Schaffung eines deutschen Nationalstaates, der als Heimat aller Deutschen gelten konnte.

Die Haltung Österreichs zu den Plänen für einen föderalen deutschen Nationalstaat stellte eine weitere Herausforderung für die Abgeordneten dar. Eine Mehrheit der Abgeordneten favorisierte die sogenannte »großdeutsche Lösung«, in der Österreich ein Teil des deutschen Nationalstaates werden sollte. Für Österreich mit seiner großen nicht-deutschsprachigen Bevölkerung – nur etwa sechs Millionen der fast 38 Millionen Einwohner des österreichischen Kaisertums waren deutschsprachig – stellten Pläne zu einer tieferen Integration der deutschen Staaten aber eine gewaltige, den Zusammenhalt des Vielvölkerstaates gefährdende Herausforderung dar. Im Entwurf für eine »Verfassung für das Kaisertum Österreich«, die von den Abgeordneten aus den deutschsprachigen und slawischen Kronländern des infolge der Revolution gewählten Kremsierer Reichstags erarbeitet wurde, bestanden die Autoren auf einer Föderalisierung des österreichischen Kaisertums und waren nicht bereit, die ungarischen und slawischen Landesteile zugunsten einer tieferen Integration Österreichs in ein Deutsches Kaiserreich aufzugeben. Damit waren die Abgeordneten der Nationalversammlung in Frankfurt am Main gezwungen, eine kleindeutsche Lösung anzusteuern, die ein Deutsches Reich ohne Österreich bedeutete. Dieses Deutsche Reich würde daher ein norddeutscher Staat werden, der Millionen von deutschsprachigen Katholiken ausschloss.

Die Verfassungsentwürfe, die in Frankfurt am Main und Kremsier ausgearbeitet wurden, blieben Entwürfe, weil die Revolution des Jahres 1848 auf sehr schwachen Beinen stand und gegen Ende des Jahres die monarchistischen Kräfte die Revolution wieder weitgehend zurückschlagen konnten. In der ersten Welle der Revolution hatten Bürger weitreichende Konzessionen der Landesherren erlangt, die anfangs bereit waren, ihren Untertanen das Wahlrecht und weitere politische Mitbestimmungsrechte zuzugestehen. Aber diese Zugeständnisse waren lediglich strategischer Natur, da die Monarchen sich nicht mit einer beschränkten Rolle in einer konstitutionellen Monarchie abfinden wollten. Der Fehler der Revolutionäre in den deutschen Staaten, die Landesherren nicht aus ihren Positionen zu entfernen, rächte sich Ende 1848, als die monarchistischen Kräfte wieder an Einfluss gewannen und ihre Zugeständnisse zurücknahmen. Landesparlamente sowie die Nationalversammlung wurden wieder aufgelöst, Verfassungsentwürfe verworfen und Revolutionäre verfolgt und außer Landes getrieben.

Die deutschen Staaten versanken in einen Bürgerkrieg zwischen Monarchisten, an deren Spitze sich der preußische König Friedrich Wilhelm IV. stellte, und Liberalen, an deren Spitze Männer wie Johann Philipp Becker standen, der die badische Volkswehr organisierte. In Dresden kam es im Mai 1849 zum Aufstand revolutionärer Bürger und zu Barrikadenkämpfen, an denen auch der junge Richard Wagner beteiligt war.

Baden erlebte im Frühsommer 1849 militärische Auseinandersetzungen zwischen badischen und preußischen Truppen, die mit der Einnahme Rastatts durch preußische Truppen im Juli endete.

Die Auseinandersetzungen der Jahre 1848 und 1849 zwangen viele Revolutionäre wie Friedrich Engels, Friedrich Hecker und August Willich dazu, ihre Heimat zu verlassen. Engels ging nach England, Hecker und Willich in die USA. Und während Engels zusammen mit Karl Marx eine umfassende Analyse und Kritik des Kapitalismus entwickelte, beteiligten sich Hecker und Willich als Offiziere auf der Seite der Nordstaaten im Amerikanischen Bürgerkrieg. Hecker und Willich sahen den Amerikanischen Bürgerkrieg als eine Fortsetzung ihres Kampfes für Freiheit und Demokratie, der für sie in der deutschen Revolution begonnen hatte. Beide Revolutionäre gehörten zu einer größeren Gruppe – die als »48er« bezeichnet werden – deutscher Einwanderer in den USA, die überdurchschnittlich gebildet waren und sich in der amerikanischen Gesellschaft politisch engagierten. Sie traten gegen die Sklaverei auf, sammelten Freiwilligen-Regimenter für den Bürgerkrieg und qualifizierten sich als Offiziere der Nordstaatenarmee. Etwa 200.000 der etwa 2,1 Millionen Soldaten der Nordstaatenarmee waren deutschstämmig. Ganze Regimenter wie etwa das 52. New Yorker Regiment, das 9. Ohio Regiment, das 74. Pennsylvania Regiment, das 32. Indiana Regiment und das 9. Wisconsin Regiment waren vollständig durch deutschstämmige Freiwillige geformt worden. Hecker stieg zum Oberst des 24. Illinois-Regimentes auf, das von deutsch-, ungarisch-, tschechisch- und slowakischstämmigen Freiwilligen aus Chicago gebildet wurde.

Die »48er« spielten aber nicht nur im Amerikanischen Bürgerkrieg eine herausragende Rolle, sondern auch in der sich rasch ausweitenden deutsch-amerikanischen Subkultur, die sich auf ein weit verbreitetes Vereinsnetzwerk in den deutschen Nachbarschaften von New York, Chicago, Milwaukee, Saint Louis und Philadelphia stützte. Die Neuankömmlinge übernahmen leitende Positionen in deutsch-amerikanischen Vereinen, gründeten deutschsprachige Zeitungen und Zeitschriften und betätigten sich wie etwa Carl Schurz in der Politik.

Carl Schurz wurde zum wohl erfolgreichsten deutsch-amerikanischen Politiker. Er war unter den Soldaten gewesen, die im Sommer 1849 die Garnison Rastatt gegen die preußischen Truppen verteidigten. Zwei Tage vor dem Fall von Rastatt gelang ihm die Flucht, die ihn über Frankreich zunächst nach England brachte, wo er 1852 Agathe Margarethe Meyer heiratete. Das junge Paar wanderte im selben Jahr in die USA aus, wo sie sich in Watertown (Wisconsin) niederließen. Vier Jahre später eröffnete Agathe Schurz, die in Hamburg als Kindergartenlehrerin ausgebildet worden war, in Watertown den ersten Kindergarten in den USA. Von hier aus verbreitete sich der Kindergarten zunächst rasch über diejenigen Großstädte der USA, die einen signifikanten deutschen Bevölkerungsanteil hatten. Sie vermittelte ihr Wissen über Friedrich Fröbels Kindergarten-Konzept an einflussreiche Erzieher wie Elizabeth Palmer Peabody, die dazu beitrugen, dass der Kindergarten eine in der amerikanischen Gesellschaft akzeptierte und anerkannte Erziehungseinrichtung wurde.

Carl Schurz wurde zu einem einflussreichen Organisator in der Republikanischen Partei und trug wesentlich zum Sieg Abraham Lincolns in den Präsidentschaftswahlen des Jahres 1860 bei. Im Bürgerkrieg stieg er rasch zum Divisionskommandeur auf. Nach dem Ende des Krieges gab er zunächst verschiedene deutschsprachige Zeitungen heraus, bevor er 1869 als Senator für den Bundesstaat Missouri in den US-Senat gewählt wurde. 1877 ernannte ihn US-Präsident Rutherford B. Hayes zum Innenminister in seiner Regierung.

Die »48er« waren die ersten prominenten politischen Flüchtlinge, die – aus Deutschland vertrieben – ihren Weg in die USA fanden und hier prominente Positionen im politischen und sozialen Leben einnahmen. In den 1870er und 1880er Jahren waren es deutsche Sozialisten, die ihnen folgten, bevor in den 1930er Jahren deutsche Juden und Intellektuelle wiederum ihren Weg ins amerikanische Exil fanden.

Veränderungen im politischen Leben

Auch wenn die Niederschlagung der Revolution im Jahr 1849 die Macht der monarchistischen Kräfte in den Staaten des Deutschen Bundes festigte und die Idee eines republikanischen Deutschlands in weite Ferne rücken ließ, gelang es den monarchistischen Kräften nicht mehr, die politische Entwicklung vollständig zurückzurollen. Die im Jahr 1848 gewählten Parlamente wurden entmachtet und die von ihnen ausgearbeiteten Verfassungsentwürfe verworfen, aber selbst der preußische König Friedrich Wilhelm IV. fühlte sich dazu genötigt, eine Verfassung für sein Königreich zu erlassen. Fast alle deutschen Staaten verfügten damit über Verfassungen,

Volksvertretungen und regelmäßige Wahlen. Diese Verfassungen waren in ihrer Mehrzahl nicht von den Bürgern errungen oder von ihnen mit ihren Landesherren ausgehandelt worden – das Königreich Sachsen stellt hier eine Ausnahme dar –, sondern waren Geschenke der Landesherren an ihre Untertanen. Daher waren grundlegende Bürgerrechte in diesen Verfassungen nur begrenzt geschützt. Sie begründeten dennoch politische Kulturen, die sich durch eine konfliktreiche Zusammenarbeit zwischen Monarchen und Parlamenten auszeichneten, in denen beide Seiten eine gewisse Kompromissfähigkeit entwickelten.

Die Wahlen zu bundesstaatlichen Parlamenten und zur Frankfurter Nationalversammlung im Jahr 1848, in denen die Mehrzahl der Männer zum ersten Mal das Wahlrecht besaßen, hatte zu einer gewaltigen politischen Mobilisierung geführt, die sich nicht so einfach wieder stillstellen ließ. Selbst Konservative wie Otto von Bismarck, die von einer Rückkehr zur unbeschränkten Macht des Königs träumten, mussten anerkennen, dass es unmöglich war, zu einem System ohne jede politische Mitbestimmung der Bürger zurückzukehren. Eine strikte Ablehnung jedweder politischen Mitbestimmung machte daher Platz für eine Begrenzung der politischen Mitbestimmung durch diskriminierende Wahlsysteme wie etwa das preußische Dreiklassenwahlrecht, das das Wahlrecht von der Steuerleistung der Wähler abhängig machte. Um die drei Klassen der Wähler zu konstituieren, wurden die Männer entsprechend ihrer Steuerleistung in drei Klassen eingeteilt. Die erste Klasse wurde durch diejenigen Männer ihrer Gemeinde gebildet, die die höchsten Steuern zahlten und zusammen für ein Drittel der Steuerleistungen verantwortlich waren. Die zweite Klasse setzte sich aus denjenigen Männern zusammen, die die zweithöchste Steuerrate zahlten und zusammen für ein weiteres Drittel der Steuerleistungen aufkamen. Die übrig gebliebenen Steuerzahler, die kollektiv das letzte Drittel der Steuerleistungen aufbrachten, wurden in der dritten Wählerklasse zusammengefasst. Allen drei Wählerklassen wurde dieselbe Zahl an Wahlstimmen gegeben.

Im Jahr 1849 besaßen etwa 3,2 Millionen Preußen das Wahlrecht. Das entsprach etwa 20 Prozent der auf etwa 15,8 Millionen geschätzten Gesamtbevölkerung Preußens. Von diesen etwa 3,2 Millionen Wählern wurden etwa 150.000 Steuerzahler der ersten Klasse (also 5 Prozent), etwa 400.000 Steuerzahler der zweiten Klasse (13 Prozent) und fast 2,7 Millionen Steuerzahler der dritten Klasse (also 82 Prozent) zugeordnet. Da das preußische Dreiklassenwahlrecht indirekte Wahlen vorsah, versammelten sich in jedem Wahlbezirk die Wähler der drei Klassen separat und bestimmten eine gleiche Zahl von Wahlmännern, die dann das Mitglied des Preußischen Abgeordnetenhauses wählten.

Auch wenn das preußische Dreiklassenwahlrecht auf der einen Seite Arbeiter mit einem geringen Steueraufkommen benachteiligte und ihren Einfluss auf die Auswahl ihrer Abgeordneten beschränkte, trug es auf der anderen Seite zur Integration von hohen Steuern zahlenden Bürgern bei, deren politischer Einfluss durch ihre Steuerleistung bestimmt wurde. Daher schnitt Preußen zumindest in Bezug auf die Gewährung von Wahlrechten im Vergleich mit demokratischeren Ländern wie etwa England wesentlich besser ab. So erweiterte zwar der englische *Reform Act* des Jahres 1867 die Zahl der englischen Wähler von etwa einer Million auf zwei Millionen, ließ aber weitere fünf Millionen Männer ohne jedes Wahlrecht. Damit besaßen gerade einmal 11 Prozent aller Engländer das Wahlrecht, während es in Preußen immerhin 20 Prozent aller Preußen waren. Allerdings wurden die Stimmen der Engländer nicht nach dem Steueraufkommen des Wählers gewichtet, wie dies in Preußen geschah.

Die Wahlen zur Frankfurter Nationalversammlung trugen erstmals zur Formierung politischer Gruppierungen und Parteien bei. So schlossen sich die Abgeordneten der Nationalversammlung entsprechend ihrer politischen Orientierung in Fraktionen zusammen, die nach dem Treffpunkt ihrer Mitglieder, die sich in verschiedenen Restaurants regelmäßig zusammenfanden, benannt wurden. Auch wenn diese Fraktionen noch nicht die parlamentarischen Repräsentanten politischer Parteien waren und ihnen noch eine hierarchische Organisationsstruktur und ein politisches Programm fehlten, stellen sie doch den Beginn parlamentarischer und parteipolitischer Strukturen dar. Obwohl die Frankfurter Nationalversammlung nur eine kurze Zeit lang existierte und das Bemühen ihrer Abgeordneten um eine Demokratisierung des Deutschen Bundes fehlschlug, etablierte sie doch Strukturen, die in den 1850er Jahren zur Formierung politischer Parteien und parlamentarischer Fraktionen führte. So bildeten sich etwa im Preußischen Landtag liberale und konservative Fraktionen, und es entstanden politische Parteien wie die Deutsche Fortschrittspartei. Die Deutsche Fortschrittspartei, unter deren Gründern sich der Historiker Theodor Mommsen, der Genossenschaftsaktivist Hermann Schulze-Delitzsch und der Arzt Rudolf Virchow befanden, war die erste deutsche Partei, die sich ein politisches Programm gab. In diesem Programm traten ihre Mitglieder für die Liberalisierung der Wirtschaft, die Stärkung der kommunalen Selbstverwaltung, die Trennung von Staat und Kirche und die Schaffung eines modernen Rechtsstaates ein.

In der postrevolutionären Ordnung wurden zudem die Bürger der einzelnen Bundesstaaten regelmäßig an die Wahlurnen gerufen, um ihre Angeordneten zu bestimmen. Die gewählten Abgeordneten trafen sich zu Parlamentssitzungen, in denen sie in hitzigen Debatten über staatliche Programme und Aktivitäten stritten. Diese Auseinandersetzungen halfen den Abgeordneten dabei, ihren politischen Standpunkt zu finden, und forderten sie heraus, diesen mit Argumenten auch zu vertreten. Damit entstand eine moderne Streitkultur.

Das Projekt eines deutschen Nationalstaates, das bis zur Revolution von 1848/49 ein liberales Projekt gewesen war, wurde von konservativen Politikern wie Otto von Bismarck in den 1850er und 1860er Jahren allmählich zu einem konservativen Projekt umgedeutet. In diesem Prozess erlebte der Inhalt dieses Projektes fundamentale Veränderungen. In der ersten Hälfte des 19. Jahrhunderts ging es um die Schaffung einer deutschen Republik oder zumindest um die Einführung einer konstitutionellen Monarchie nach englischem Vorbild. Nationalismus war damit eng mit Liberalismus verbunden und besaß für Monarchisten keinen Reiz. Die wachsende Popularität für die Schaffung eines deutschen Nationalstaates bewog Monarchisten wie Bismarck zum Umdenken. Auch wenn er liberale Forderungen nach einer Demokratisierung des politischen Lebens ablehnte, versuchte er die Forderung nach der Schaffung eines deutschen Nationalstaates mit dem monarchischen Prinzip zu verbinden. Ihm gelang es, Nationalismus und Monarchismus, die sich in der ersten Hälfte des 19. Jahrhunderts unversöhnlich gegenübergestanden hatten, auszusöhnen und die allgemeine Begeisterung für die Vereinigung der deutschen Staaten in einem deutschen Nationalstaat in den Dienst der preußischen Monarchie zu stellen.

Washington überquert den Delaware

Obwohl die Revolution von 1848/49 in einer Niederlage endete, so war doch den zeitgenössischen Beobachtern klar, dass nicht alles vergeblich gewesen war und die Monarchisten das Rad der Zeit nicht vollständig zurückdrehen konnten. Unter den Beobachtern der Revolution befand sich auch der deutsch-amerikanische Maler Emanuel Leutze, der 1816 in Schwäbisch Gmünd geboren worden und nach der Übersiedlung seiner Eltern in die USA im Jahr 1825 in Philadelphia aufgewachsen war. 1841 kam Leutze nach Düsseldorf, um an der dortigen Königlich-Preußischen Kunstakademie Malerei zu studieren. Er verbrachte fast zwei Jahrzehnte in Düsseldorf, in denen er eine Reihe historischer Gemälde schuf, bevor er 1858 wieder in die USA zurückkehrte. Leutze erlangte Berühmtheit wegen solcher Gemälde wie etwa *Kolumbus vor dem Hohen Konzil von Salamanca* (1841), das Kolumbus als Herausforderer etablierter Lehrmeinungen über den Umfang der Erde sowie der katholischen Doktrin darstellte. Leutzes Gemälde stellten Rebellen wie Kolumbus, die den Lauf der Geschichte geändert haben, in den Mittelpunkt und versuchten den Moment der Kursänderung und Neuorientierung zu erfassen. Hierher gehört auch das berühmte Gemälde, das die Überquerung des Delaware durch Washingtons Truppen, die zuvor mehrere Niederlagen durch ihre englischen Gegner einstecken mussten und deren Moral einen Tiefpunkt erreicht hatte, in der eisigen Nacht des 25. Dezember 1776 veranschaulicht. Am Morgen des nächsten Tages griffen Washingtons Truppen die durch hessische Söldner verstärkte englische Armee bei Trenton an und fügten England eine überraschende und kriegsentscheidende Niederlage zu.

Leutze schuf dieses Gemälde im Jahr 1850 nicht für ein amerikanisches, sondern für ein deutsches Publikum, das in der Revolution von 1848/49 eine bittere Niederlage erlitten hatte. Er wählte dafür einen symbolischen Moment im Amerikanischen Unabhängigkeitskrieg, der sein deutsches Publikum daran erinnern sollte, dass aus einem Moment der Niederlage ein neuer Sieg erwachsen kann. Der im Gemälde festgehaltene Vorabend der Schlacht bei Trenton bot sich Leutze auch deswegen an, weil es eben die hessischen Söldner waren, auf die Washingtons Überraschungsangriff zielte. Diese hessischen Söldner, die von ihrem Landesherren zum Militärdienst gezwungen und wie Sklaven an die englische Krone verkauft worden waren, repräsentierten das alte, überkommene monarchische System, das die Revolutionäre zu überwinden versucht hatten.

Leutzes Gemälde, das er im Jahr 1851 fertigstellte, fand einen Platz in der Ausstellung der Bremer Kunstgalerie, wo es bis 1942 öffentlich bewundert werden konnte. Im Zweiten Weltkrieg wurde es bei den Luftangriffen der Alliierten zusammen mit der Bremer Kunstgalerie zerstört. Eine Kopie dieses Gemäldes, die Leutze im Jahr 1852 anfertigte, kann heute noch im *Metropolitan Museum of Art* in New York besichtigt werden.

Die Spaltung des Deutschen Bundes und die Reichsgründung

Die Diskussionen der Abgeordneten der Frankfurter Nationalversammlung über die Schaffung eines deutschen Nationalstaates kreisten nicht nur um dessen staatlichen Charakter (Republik oder Monarchie), sondern auch um dessen geographische Ausdehnung: Sollte der deutsche Nationalstaat auch Österreich und die deutschsprachigen Territorien des österreichischen Kaisertums einschließen oder sollte Österreich außen vor gelassen werden? Die Entscheidung zugunsten eines Groß- oder Kleindeutschlands hätte aber nicht nur geographische Auswirkungen gehabt, sondern auch Konsequenzen in Bezug auf den Grad der Integration der deutschen Bundesstaaten in den deutschen Nationalstaat. Ein deutscher Nationalstaat unter Einschluss Österreichs hätte sich wohl nur wenig vom Deutschen Bund unterschieden, während ein deutscher Nationalstaat ohne Österreich eine tiefere Integration der Bundesstaaten zuließ. Die Visionen über eine deutsche Einigung verschwanden keineswegs mit der Niederlage der Revolution und konnten auch von monarchistischen Politikern nicht ignoriert werden. Ebenso erschien es unmöglich, liberale Visionen für das Staatswesen vollständig zu negieren, so dass nun selbst das konservative Preußen sich zu einem Verfassungsstaat entwickelte, in dem der Preußische Landtag zu einem zentralen Ort der politischen Diskussionen und Entscheidungen wurde.

Das monarchistische Lager versuchte dennoch die Interpretationshoheit in Bezug auf die Zukunft der deutschen Staaten zurückzugewinnen, indem dessen Vertreter den Visionen einer deutschen Nationalidentität das Konzept einer auf germanischen Stämmen aufbauenden Identität entgegenstellten. In diesem Kontext entstanden historische Werke wie etwa Felix Dahns *Die Völkerwanderung*, in denen germanische Stämme wie etwa die Franken zu Akteuren der germanischen Frühgeschichte avancierten. Die Frühgeschichte dieser germanischen Stämme wurde mit der Existenz deutscher Bundesstaaten des 19. Jahrhunderts verbunden und so eine Traditionslinie über zwei Jahrtausende hergestellt, die es ermöglichte, die historische Legitimität der Bundesstaaten sowie deren Herrschaftshäuser herzuleiten. In dieser Perspektive wurde die deutsche Geschichte zu einer Geschichte germanischer Stämme. Historikern ging es darum, in den germanischen Stämmen, die Europas Weiten in den ersten nachchristlichen Jahrhunderten besiedelten, Vorläufer und Namensgeber der Bundesstaaten des 19. Jahrhunderts zu finden. Damit erhielten die Bundesstaaten eine Geschichte, die die Menschen in der zweiten Hälfte des 19. Jahrhunderts mit ihren germanischen Ahnen des 2. und 3. Jahrhunderts n. Chr. verbinden sollte. Dieses Identitätsangebot unterschied sich vom liberalen Konzept der deutschen Nation von Anfang an durch die Einbindung der monarchischen Ordnung. Die Stämme der Sachsen und Franken wurden in Verbindung mit deren Stammesfürsten gesehen und halfen somit die monarchische Ordnung des 19. Jahrhunderts zu legitimieren und Forderungen nach einer republikanischen Staatsform als undeutsch und ahistorisch zurückzuweisen.

Der Jurist und Historiker Felix Dahn stieg in der zweiten Hälfte des 19. Jahrhunderts zum prominentesten Vertreter einer auf germanischen Stämmen beruhenden deutschen Geschichtsschreibung auf. Für Dahn war die deutsche Geschichte die Geschichte der germanischen Stämme, die in der Zeit der Völkerwanderung aus Zentralasien nach Europa einwanderten und die römische Zivilisation auslöschten. Seine 1883 veröffentlichte *Urgeschichte der germanischen und romanischen Völker* bot dem Leser eine bewegte Geschichte der Völkerwanderung und des Aufeinanderprallens der germanischen Stämme mit dem Römischen Reich. Dahn beließ es aber nicht bei der Veröffentlichung einer gediegenen wissenschaftlichen Abhandlung, sondern übersetzte die Geschichte der germanischen Völkerwanderung auch in das literarische Genre. Bereits 1876 veröffentlichte er seinen historischen Roman *Ein Kampf um Rom*, in dem er vom Schicksalskampf der Ostgoten, die das Römische Reich zerschlagen hatten, in Italien erzählt. *Ein Kampf um Rom* wurde von mehr als einer Million Lesern erworben und prägte das Geschichtsbild von mehreren Generationen von Schülern und Studenten. Und es war diese Leserschaft, die wenige Jahre später auch die *Winnetou*-Romane des sächsischen Schriftstellers Karl May verschlang, in denen May vom Überlebenskampf der nordamerikanischen Indianerstämme wie der

r Saupreußen

kraftvoller Sprache, Spott und ohne Rücksicht auf sein
ffen, und doch erkannte er früh die Gefahren der Politik

uernbundbewegung, in der ein gesalze-
r Patriotismus aufflammte. Vor allem in
ederbayern erfuhr die Partei einen ra-
hen Aufwind.

Im *Historischen Lexikon Bayerns* ist
ichzulesen, dass Sigl kontinuierlich ge-
n Preußen polemisierte und davor warn-
, Bayern dürfe nicht unter das „preußi-
he Joch" geraten. Auch das Wort Sau-
euß (gesprochen: Saupreiß) sei ihm
cht aus der Feder geflossen, heißt es
rt. Und tatsächlich vermerken fast alle
ischlägigen Lexikonartikel Sigl als Urhe-
r dieses populär gewordenen Begriffs.
e Machthaber Preußens nannte er unver-
ümt „die blutigen Mörder von 1866", also
nes Kriegs, in dem die Bayern vernich-
nd geschlagen wurden. So erklärte er
ch zu Beginn des Krieges mit Frankreich

1870 offen seine Hoffnung auf einen französischen Sieg gegen den „Raubstaat"
Preußen.

Zweifellos rührte der Hass der Süddeutschen auf die Norddeutschen vom 1866er-
Krieg her. Als die Bayern 1870/71 zusammen mit den Preußen abermals ausrücken
mussten, skandierten die Bauernbur-
schen: „Mir mögen net preißisch werden!"
Und die hiesigen Zeitungen, allen voran
Sigl, druckten erstmals das Wort Saupreu-
ßen. Von da an stand dieser pejorative Ge-
neralbegriff für alles, was aus dem Norden
nach Bayern eindringen sollte.

Selbst Reichskanzler Bismarck beleidigte er, dafür musste er zehn Monate ins Gefängnis

Selbst vor Beleidigungen gegen den
Reichskanzler Bismarck schreckte Sigl
nicht zurück, was ihm 1875 zehn Monate
Gefängnis einbrachte. 1878 folgten weitere
drei Monate Haft, weil er den Kaiser nur als
preußischen König tituliert hatte. Später
zählte Sigl zu den Mitbegründern des Bayerischen Bauernbunds, von 1893 bis 1899
war er Reichs- und von 1897 bis 1899 gleichzeitig Landtagsabgeordneter des Bauernbunds. Sigl starb am 9. Januar 1902 in München. Seine Zeitung existierte weiter fort
und bekämpfte dann sogar noch Hitler, bis
sie 1934 verboten wurde. Von 1962 bis 1969
erschien eine Zeitschrift, die sich ebenfalls
Das Bayerische Vaterland nannte und an
Sigls Tradition anknüpfen wollte – letztlich vergeblich.

Die Gegner der Reichsgründung wurden seinerzeit als Hinterwäldler und Eigen-
brötler verächtlich gemacht. Aus heutiger
Sicht kann man aber auch sagen, dass sich
Männer wie Jörg und Sigl einen offenen
Blick in die Zukunft bewahrt und die Gefahren dieser Politik erkannt hatten, die letztlich ja tatsächlich in zwei Weltkriege mün-
dete.

*Der Journalist und Politiker Johann
Baptist Sigl wurde 1839 in Ascholts-
ausen bei Straubing geboren.* FOTO: PRIVAT

VON GERALD KLEFFMANN

Melbourne/München – Um einen ersten Eindruck vom Gemütszustand eines Spielers oder einer Spielerin zu gewinnen, hilft manchmal ein Blick auf eine Zeitschiene. Wann ging ein Tennismatch zu Ende? Und wann tauchte der Profi zur Pressekonferenz auf? Wenn zum Beispiel Rafael Nadal in Paris zum 800. Mal die French Open gewonnen hätte, würde er erst mal stundenlang nicht zu sehen sein.

Angelique Kerber zeigte nun, wie es im umgekehrten Fall, also nach einer besonders enttäuschenden Niederlage aussieht. 4:6, 3:6 verloren, schon poppte eine SMS auf, vom Turnierveranstalter. Kerber käme quasi: gleich. Kaum 20 Minuten zwischen Matchball und erster Antwort. Bloß schnell alles hinter sich bringen und weg, so wirkte es. Zu allem Übel war dieser 18. Januar ihr 34. Geburtstag.

Immerhin: In Weltuntergangsstimmung präsentierte sich Kerber dann keineswegs nach dem Aus gegen die Estin Kaia Kanepi, 36, die zwar kraftvoll agierte. Die aber als Weltranglisten-115. sicherlich nicht favorisiert war gegen die Melbourne-Gewinnerin von 2016. „Ich habe versucht, meinen Rhythmus zu finden und zurückzukommen. Aber manchmal gibt es Tage wie diesen", sagte Kerber, einstige Nummer eins und derzeitige 20. der Weltrangliste. Sie hatte schnell eine Erklärung für ihr sichtbar zaghaftes Auftreten parat. Sie sei ja sonst immer „mit einigen Matches hier angereist", doch diesmal sah ihre Vorbereitung nicht ideal aus.

Im Dezember fing sie sich das Coronavirus ein, sie überstand es mit Fieber und Geschmacksverlust, ihr Zeitplan geriet durcheinander. Anstatt noch ein, zwei Turniere zu spielen, ehe sie beim ersten Grand Slam der Saison antrat, musste sie alles auslassen. Auch in Sydney, wo sie gemeldet wa zog sie ihren Start kurzfristig zurück.

Bei Ballwechseln mit Kanepi hatte s nach eigenem Bekunden gemerkt, dass s immer wieder mal „einen Schritt zu lang sam" war. Tatsächlich schaute sie Bällen ih rer Gegnerin, die in den Ecken einschlu gen, oft hinterher. Waren das noch Corona Nachwirkungen? „Keine Ahnung, wie ic mich morgen fühle", sagte Kerber un lächelte. Man hatte sie schon mal aufgelö ter erlebt. Ihre Erwartungen waren scho vorher „relativ niedrig" gewesen.

Die Generationslücke im deutschen Frauentennis ist nicht mehr zu übersehen

Das deutsche Frauentennis erlebt jet mit dem Scheitern der erfolgreichsten A teurin des Deutschen Tennis-Bundes se Steffi Graf einen Tiefpunkt. Erstmals se 1977 ist keine deutsche Spielerin in d zweiten Runde vertreten. Julia Görges, d oft exzellent in Melbourne gespielt hat hat ihre Karriere beendet. Die unermü liche Andrea Petkovic erwischte in d French-Open-Siegerin Barbora Krejciko aus Tschechien eine unüberwindbare Ers rundenhürde. Wie auch Tatjana Mari nun Mutter zweier Kinder, die sich geg die Griechin Maria Sakkari immerhin ach bar schlug. Ansonsten wird nun das Gen rationsloch sichtbar.

„Absolut kein Vorwurf an Tatjana, A drea und Angie", sagte Barbara Rittner d SZ, „sie hatten schwierige Gegnerinn und Angie auch sicher keine glückliche Vo bereitung. Sie haben zudem die Fahne den vergangenen 15 Jahren hochgehalten Rittner, die selbst als Spielerin alle groß Turniere der Welt bestens kennt, begleit seit längerem als Head of Women's Tenn

---

Der Sturmwin

im DTB die Entwicklung der deutschen ofis, aber auch des Nachwuchses.

„Wir haben einige junge Spielerinnen, e uns Hoffnung machen. Aber sie brau- en noch ein bisschen Zeit", erklärte Ritt- r. Damit meint sie zum Beispiel Jule Nie- eier, 22, die sich auf den 119. Platz in der eltrangliste hochgekämpft hat.

Dass sich Kerber, die in Melbourne nach r Trennung von Torben Beltz (arbeitet n für die Britin Emma Raducanu, die die erikanerin Sloane Stephens besiegte) ne Trainer, dafür aber mit ihrem Lebens- rtner angereist war, in der Endphase er Karriere befindet, hat sie längst deut- gemacht. Wie lange sie noch spielen l, hat sie stets offen gelassen.

Kerber war immer eine Spielerin, die ihr Selbstbewusstsein über Erfolge d den Spaß holt. Doch trotz des Schei- ns gab es auch positive Aspekte: „Ich d ihre Körpersprache gut, sie hat sich hängenlassen und sich immer wieder ushut", analysierte Rittner. Kerber bst klang auch nicht so, als würde sie tnah die Schläger in den Schrank pa- n. Sie wird wohl als Nächstes das WTA- nier in Dubai oder Doha bestreiten, bei- finden in der zweiten Februarhälfte tt. Anschließend tritt sie in Indian Wells Miami an.

hren Geburtstag wollte Kerber wenigs- s ein bisschen nachfeiern, wobei sie ohnehin vor allem „Gesundheit" nschte, was nachvollziehbar ist. Grand- m-Titel, drei an der Zahl, hat sie ja on. Sie hoffe aber auch, „dass ich noch einen oder anderen Sieg nach Hause gen kann". Als sie die Pressekonferenz ließ, rief sie noch kurz: „Also viel Spaß h, ciao!" Es klang fast erleichtert. Wer on einmal in das braune Wasser des Yar- iver springen durfte, hat in Melbourne ehin seine Schuldigkeit getan.

er. Wie er an diesem Dienstag bewies, auf Court 14, in Runde eins. Mit Winkelschlä- gen den Gegner am Laufen halten – so be- siegte er den Italiener Marco Cecchinato, der auch eine Art Kohlschreibertennis spielt, aber diesmal war das Original beim 6:4, 7:5, 7:6 (0) besser.

Deutschland wacht auf, und irgendwo in der Welt hat Kohlschreiber ein Match be- stritten, das klingt längst so normal wie die Nachricht, dass die Sonne aufgegangen ist. Aber das ist es nicht. Er sei vor zwei, drei Ta- gen gefragt worden, das wievielte Grand- Slam-Turnier er bestreite. „Dann bin ich so ein bisschen durchgegangen. New York weiß ich, das war 19 Mal Hauptfeld. Hier ha- be ich ein-, zweimal rausgezogen. Ich glau- be, ich bin das 15. Mal hier. Ich habe eine Schätzung abgegeben, so 60, 70, Grand Slams gespielt zu haben." Als ihm jemand im Presseraum zurief: „68", antwortete er staunend: „68, ah!" Eine phänomenale Zahl.

Kohlschreiber hatte nie den krachen- den Erfolg, der Deutschland aufjubeln lässt, er gewann keines der vier Majors in Melbourne, Paris, Wimbledon, New York. Bei Boris Becker wusste man nur beim Wort „Leimener" schon, wer gemeint ist. Kohlschreiber ist „der Kohli". Einmal stand er im Viertelfinale, 2012 im All Eng- land Club, das war sein bestes Ergebnis. 2012 war er mal 16. in der Weltrangliste und ewig sowieso in den Top 50. Aber wenn man mal auf sein erwirtschaftetes Preisgeld blickt, was Kohlschreiber sicher gerne macht, steht da: 13,5 Millionen US- Dollar. Das erzählt eine Menge.

Im Bereich hinter der Weltspitze war Kohlschreiber wirklich Weltspitze, dank seiner Disziplin, seines Ehrgeizes, seiner Zuverlässigkeit. Acht ATP-Turniere ge- wann er, dreimal seine Lieblingsveranstal- tung zuhause in München. Roger Federer trainierte immer gerne mit ihm.

Während manche deutschen Talente la- mentieren, Trainer wechseln und in der Versenkung verschwinden, hat Kohlschrei- ber stets vorgelebt, wie es geht. Jetzt auch. Er wusste, dass er als Weltranglisten-134.

Der Erfinder c

Der Journalist und Politiker Johann Baptist Sigl kämpfte Wohl für die Eigenstaatlichkeit. Dafür wurde er heftig an

VON HANS KRATZER

München – Die Gründung des Deutschen Kaiserreichs vor gut 150 Jahren stieß im damaligen Bayern auf eine tiefe Skepsis. Vor allem auf dem Land war von der aufwallenden nationalen Begeisterung wenig zu spüren. Viele empfanden die am 18. Januar 1871 im Versailler Schloss erfolgte Ernennung des preußischen Königs zum deutschen Kaiser als eine Demütigung. Erst recht, weil die Debatte im bayerischen Landtag noch in vollem Gange war. Kanzler Otto von Bismarck hatte den Termin in Versailles festgesetzt, ohne abzuwarten, ob die Bayern die Verträge überhaupt annehmen. So schuf er Tatsachen, bevor die Gemütslage endgültig in den Keller sank.

Sigls Charakter glich dem eines bäuerlichen Quadratschädels mit Neigung zum Widerstand.

Bayern war im Sommer 1870 an der Seite Preußens in einen Krieg eingetreten, der zwar siegreich endete, aber vielen bayerischen Soldaten das Leben kostete. Der Ton zwischen Nord und Süd wurde schärfer. Zu jenen, die besonders laut aufmuckten, gehörte der aus Niederbayern stammende Journalist Johann Baptist Sigl. Für ihn war die deutsche Kaiserkrone, wie er in der Zeitschrift *Das Bayerische Vaterland* schrieb, „nur die vergrößerte preußische Pickelhaube". Für die Zukunft sah er schwarz: „Mehr Kriege, mehr Krüppel, mehr Totenlisten und mehr Steuerzettel..."

Sigl, der vor 120 Jahren starb, hatte Theologie studiert, aber er agierte alles andere als leisetreterisch. Sein Charakter glich dem eines bäuerlichen Quadratschädels, dem eine große Neigung zum Widerstand und zum groben Wort innewohnte. Die Zeiten boten damals der aufkeimenden Radikalität des Redens und Sprechens – ähnlich wie heute – aber auch einen vorzüglichen Humus. Nachdem er jahrela für Zeitungen wie das *Straubinger Ta blatt* und das katholische Münchner Bl *Der Volksbote für den Bürger und Lan mann* gearbeitet hatte, gründete Sigl April 1869 seine eigene Zeitung, nämli das erwähnte *Bayerische Vaterland*.

Seine Texte zeigen, dass Sigl humorvo spöttische Wortspiele und Vergleiche lie te, die sogar seine Gegner schätzten. S gab sich ganz und gar als bayerischer Pat ot, der für die Unabhängigkeit des Kön reichs kämpfte. Um die damalige Geme gelage deutlicher zu zeichnen, soll hier E mund Jörg (1819-1901) ins Spiel komme der Wortführer der Bayerischen Patriote partei und einer der markantesten Poli ker und Publizisten des deutschen Kathc zismus überhaupt. Ähnlich wie Sigl at ckierte auch er den preußischen National mus. Jörg hatte 1871 mit geradezu prophe schen Worten vor dem Eintritt Bayerns das Deutsche Reich gewarnt: „Wir könn nicht, weil das für Deutschland die Ka strophe, den Weltkrieg und den Unterga bedeuten würde!" Seine Vision bestand k reits damals aus einem vereinten Euro in dem die Regionen ihr Gewicht behalt sollten. Seine Haltung war ihrer Zeit w voraus.

Von 1852 bis 1901 gab Jörg die Ze schrift *Historisch-politische Blätter* das katholische Deutschland* heraus. diese Publikation für den gebildeten Le war, das war das *Bayerische Vaterland* das gemeine Volk. Hier schrieb Sigl derb, wie das in seiner Straubinger Hei Usus war, „mit einer unvergleichlichen I higkeit, Personen und Dingen mund rechte Beinamen anzuhängen", wie e der Historiker Benho Hubensteiner re mierte. Sigl stand ganz auf der Seite Bauern, die verbittert waren über den V fall der Vieh- und Getreidepreise. Dazu sellte sich der Unmut über die wachsende Lasten für Heer, Marine und Sozialve cherungen. Bald formierte sich eine n

Apachen erzählte, in denen die Leser Parallelen zu ihrer germanischen Vorgeschichte zu erkennen glaubten.

Es waren aber nicht nur Texte und Bücher, in denen das monarchistische Lager eine Identität zu schaffen versuchte, sondern auch Monumente wie etwa die bayerische Walhalla, die bereits vor der Revolution von 1848/49 über die Donau hinausragend nahe Regensburg erbaut worden war. Die Architektur des Gebäudes nahm sich den Parthenon in Athen zum Vorbild, um ein Äquivalent der der nordischen Mythologie entstammenden Ehrenhalle in Asgard zu schaffen, in der die im Kampf gefallenen germanischen Krieger geehrt wurden. Die Walhalla sollte mit Büsten und Bildnissen namhafter Deutscher gefüllt werden. Unter den hier versammelten befand sich der erste Deutsche, also Hermann der Cherusker, der Verteidiger des Abendlandes Karl Martell, der Dichter Walther von der Vogelweide, der Erfinder des Buchdruckes Johannes Gutenberg, der Dichter Ulrich von Hutten, der Komponist Ludwig van Beethoven, der Maler Albrecht Dürer, Kaiser Friedrich Barbarossa, König Friedrich II. von Preußen, der Komponist Wolfgang Amadeus Mozart und viele andere. Die Walhalla diente als eine visuelle Datenbank deutscher Helden und schuf eine Chronologie für die deutsche Geschichte, die im Jahr 9 n. Chr. mit der Varusschlacht einsetzte, in der Hermann der Cherusker die vereinten germanischen Stämme siegreich in die Schlacht gegen den römischen Feldherrn Varus führte. In dieses visuelle Arsenal wurden aber auch mit Elisabeth von Ungarn und dem niederländischen Gelehrten Erasmus von Rotterdam – um nur zwei Beispiele zu nennen – Personen aufgenommen, die von anderen Nationen als Vorfahren beansprucht wurden. Interessant ist aber auch die Aufnahme des Kirchenreformers Martin Luther in die Walhalla des katholischen Bayerns.

Konzepte der National- und Stammesidentität schlossen sich nicht grundsätzlich aus, auch wenn sie in Konkurrenz zueinander standen, da die Stammesidentität in die Nationalidentität integriert werden konnte. Ein Bayer und ein Sachse waren stolz darauf, Bayern und Sachsen zu sein, aber sie konnten ihre Stammes- und Staatsidentität auch der deutschen Nationalidentität unterordnen, da diese Staaten auf vorgeschichtliche Stämme zurückgingen, die über Jahrtausende zur Entfaltung des deutschen Nationalstaates beigetragen hatten. Die Vermittlung zwischen diesen beiden Identitätskonzepten und die Integration des Konzeptes der Stammesidentität in die deutsche Nationalidentität ermöglichten es Monarchisten, das ursprünglich liberale und anti-monarchistische Konzept der deutschen Nation zu usurpieren und so umzudeuten, dass es den Bestand der monarchischen Ordnung nicht mehr in Frage stellte. Otto von Bismarcks historische Bedeutung bestand darin, die mobilisierende Kraft des Nationalismus erkannt zu haben und für sein Ziel der Ausweitung preußischer monarchischer Macht eingesetzt zu haben. Ein deutscher Nationalstaat war für Bismarck nur als ein monarchischer Staat denkbar, der Preußens Führungsrolle anerkennen würde. Während damit für die künftige politische Struktur des Nationalstaates eine Vorentscheidung gefallen war, ging es in den 1860er Jahre nur noch um die geographische Ausdehnung des deutschen Nationalstaates. Und diese Frage führte zu den drei Kriegen gegen Dänemark, Österreich und Frankreich.

Österreich und Preußen als Rivalen

Österreich und Preußen waren in Bezug auf ihr Territorium und ihre Bevölkerung die zwei größten Mitgliedsstaaten des Deutschen Bundes. Der Herrschaftsraum dieser beiden Mächte schloss jedoch nicht nur Territorien ein, die sich im Deutschen Bund befanden, sondern auch Gebiete, die außerhalb der Grenzen des Deutschen Bundes lagen – so im Fall des Königreichs Preußen die Provinzen Ost- und Westpreußen sowie Posen. Ostpreußen wurde seit der Reformationszeit von einer stetig wachsenden deutschsprachigen Bevölkerung besiedelt. Westpreußen und Posen wurden hingegen erst im Zug der drei polnischen Teilungen des 18. Jahrhunderts zu preußischen Provinzen und blieben mehrheitlich von einer polnischsprachigen Bevölkerung dominiert, die etwa 60 Prozent in Posen und 50 Prozent in Westpreußen ausmachte.

Im Fall Österreichs war der Anteil der Territorien (Kroatien, Galizien, Ungarn, Lombardei, Slowakei, Slawonien und Venedig), die unter österreichischer Kontrolle standen, sich aber außerhalb des Deutschen Bundes befanden, wesentlich umfangreicher. Diese Territorien waren zusammen wesentlich größer als die von Österreich kontrollierten Territorien innerhalb des Deutschen Bundes (Österreich, Böhmen, Mähren, Schlesien, Tirol). Die Bevölkerung dieser unter Österreichs Kontrolle stehenden Territorien setzte sich aus zahlreichen ethnischen, linguistischen, religiösen und kulturellen Gruppen zusammen. Die Herrschaft über diese nichtdeutschen Territorien begrenzte das Interesse der österreichischen Herrscher an einer tieferen Integration der deutschen Bundesstaaten, weil in diesem Fall Österreich sich entweder für den deutschen Teil seines Herrschaftsgebietes oder aber für den nicht-deutschen Teil hätte entscheiden müssen. Preußens Herrscher sahen sich nicht einer derartigen Entscheidungssituation gegenüber, weil die preußischen Besitzungen außerhalb des Deutschen Bundes im Vergleich zu den österreichischen Besitzungen recht begrenzt waren und in diesen Territorien obendrein nur die Angehörigen einer nicht-deutschen Bevölkerungsgruppe (nämlich der polnischen) lebten. Daher fiel es Bismarck leichter als seinen Gegenspielern in Wien, eine Vision für einen zentralisierten (preußisch-)deutschen Nationalstaat zu entwickeln und deren Verwirklichung aktiv voranzutreiben.

Die Konkurrenz zwischen Österreich und Preußen war keineswegs neu und ging zurück auf die Annexion Schlesiens durch Preußen im Jahr 1742. In drei Kriegen trafen preußische und österreichische Armeen wiederholt aufeinander und kämpften um Schlesien. Kaiserin Maria Theresia und König Friedrich II. sahen den Konflikt zwischen ihren beiden Ländern aber nicht nur als eine militärische Konfrontation, sondern auch als einen kulturellen Konflikt, in dem sich beide Seiten als kulturell und moralisch überlegen betrachteten. Die Niederlage Napoleons ermöglichte es zunächst Österreich, eine dominierende Rolle bei der Neuordnung des post-napoleonischen Europas zu spielen und zur Vormacht im Deutschen Bund zu werden. Dies verdankte Österreich vor allem dem Wirken seines Staatskanzlers Klemens von Metternich, der auf dem Wiener Kongress federführend an der Neuordnung der politischen Verhältnisse in Zentraleuropa mitwirke und in den 1820er und 1830er Jahren die anti-liberale und anti-nationalistische Politik der Mitgliedsstaaten des Deutschen Bundes entwarf und koordinierte.

Erst der Sturz Metternichs im Jahr 1848 gab den preußischen Gegenspielern eine Gelegenheit, ihren Anspruch auf eine größere Rolle Preußens im Deutschen Bund zu beanspruchen. Es waren dann auch preußische Truppen, die die Revolution in Staaten wie Baden niederschlugen. Die Initiative war von Österreich auf Preußen übergegangen. Kleinere Staaten von Sachsen bis Bayern, die zwischen den beiden Großmächten lagen, waren zunächst wenig gewillt, die neue Vormachtstellung Preußens im post-revolutionären Deutschen Bund anzuerkennen. Diese kleineren Staaten konnten sich noch weniger für die Vision eines unter preußischer Führung begründeten deutschen Nationalstaates erwärmen. Das katholische Bayern etwa fürchtete sich vor der Marginalisierung in einem protestantischen Deutschland, in dem Katholiken nach dem Ausscheiden Österreichs zu einer Minderheit werden würden. Und die mitteldeutschen Staaten wie Sachsen oder Hannover befürchteten einen Verlust ihrer Selbständigkeit und ihres politischen Einflusses.

Der preußische Verfassungskonflikt

Die Ernennung Otto von Bismarcks zum preußischen Ministerpräsidenten im Jahr 1862 markierte einen Wendepunkt in der preußischen Politik. Bismarck verfolgte zum einen die Restaurierung der durch die Verfassung eingeschränkten königlichen Autorität und zum anderen die Ausdehnung des preußischen Einflusses im Deutschen Bund. So führte er einen offenen Konflikt mit dem Preußischen Landtag über die Frage der Finanzierung der preußischen Armee herbei. Seit er im Jahr 1858 zum König gekrönt worden war, bestand Wilhelm I. auf einer Reform der Armee und einer Erhöhung der Militärausgaben. Im Zug dieser Reform sollte die reguläre Armee ausgebaut werden und die aus der Zeit der antinapoleonischen Befreiungskriege stammende Landwehr marginalisiert werden. Die Landwehr war aber eine aus Bürgern gebildete Freiwilligenarmee, die sich einer großen Unterstützung in der Bevölkerung erfreute, weil sie sich außerhalb der königlichen Kontrolle befand. Sie repräsentierte ein Gegenbild nicht nur zur regulären königlichen Armee, sondern auch eine bürgerliche Alternative zum königlichen Absolutismus.

Der von liberalen Abgeordneten dominierte Landtag lehnte sowohl die Militärreform als auch die Erhöhung der Militärausgaben grundsätzlich ab, weil sie in der Marginalisierung der Landwehr und im Ausbau der regulären Armee ein Wiedererstarken des königlichen Absolutismus erblickten. Daher weigerte sich eine Mehrheit der Abgeordneten, den Staatshaushalt zu bewilligen. Wilhelm I. versuchte diesen Konflikt mit dem Landtag zunächst durch die Auflösung des Parlaments und die Ausschreibung von Neuwahlen zu lösen. Die Neuwahlen führten aber nur zu einer Stärkung der liberalen Kräfte und ließen eine Lösung des Konflikts zwischen König und Landtag in weite Ferne rücken. In dieser Situation berief Wilhelm I. Bismarck zum Ministerpräsidenten und beauftragte ihn damit, eine Lösung des Konflikts herbeizuführen. Bismarck erkannte aber rasch, dass eine schnelle Konfliktlösung im Sinne des Königs unmöglich war. Daher ging er auf direkten Konfrontationskurs zu den Abgeordneten, die er bezichtigte, durch ihre prinzipielle Verweigerungshaltung eine Verfassungskrise heraufzubeschwören. Da die Abgeordneten sich weigerten, den Staatshaushalt zu verabschieden, und damit den Staat handlungsunfähig machten, ließen sie – so jedenfalls Bismarcks Argumentation – der Regierung keine andere Wahl, als mit dem letzten, im Jahr 1861 vom Parlament verabschiedeten Haushalt weiter zu regieren. Nur so könnten eine Staatskrise vermieden und die Handlungsfähigkeit des Staates gewährleistet werden. Dieser Verfassungskonflikt währte vier Jahre lang (1862–1866), in denen Bismarck, die Staatsausgaben basierend auf dem 1861 letztmals verabschiedeten Staatshaushalt organisierte. Die liberalen Abgeordneten, die dem König und seiner Regierung die Hände binden wollten, scheiterten damit letztlich, weil sie sich nicht dazu bereitfanden, auch zu einem Steuerboykott aufzurufen. Damit konnte der preußische Staat weiterhin Steuern einnehmen und damit die laufenden Staatsausgaben in begrenztem Maße finanzieren.

Der Krieg gegen Dänemark (1863/64)

Die außenpolitische Krise, die durch den Versuch Friedrichs VII. von Dänemark ausgelöst wurde, die beiden sowohl vom Deutschen Bund als auch dem Königreich Dänemark beanspruchten Herzogtümer Schleswig und Holstein zu annektieren, bot Bismarck eine einmalige Gelegenheit, den innenpolitischen Konflikt zwischen König und Parlament zu überwinden. Der Konflikt um diese beiden Herzogtümer war keineswegs neu. Schon 1848 war es zu einer Auseinandersetzung zwischen Dänemark und Deutschem Bund um diese Territorien gekommen, die aufgrund ihrer Lage zwischen Nordsee und Ostsee von großer strategischer Bedeutung waren.

Während für Liberale und Nationalisten die Eingliederung der mehrheitlich von einer deutschsprechenden Bevölkerung besiedelten Herzogtümer Schleswig und Holstein in den Deutschen Bund eine Herzensangelegenheit war, ging es Bismarck nicht vordergründig um dieses Ziel. Für ihn ergab die Annexion der beiden Herzogtümer durch den Deutschen Bund nur dann Sinn, wenn sie als Provinzen auch in den preußischen Staat eingegliedert würden und damit die Vormachtstellung Preußens im

Norden erweiterten. Das stieß aber auf Widerstand innerhalb und außerhalb des Deutschen Bundes. Österreich wandte sich ebenso gegen eine preußische Annexion von Schleswig und Holstein wie etwa Frankreich. Bereits 1863 einigten sich Preußen und Österreich darauf, gemeinsam gegen die dänischen Pläne für eine engere Bindung Schleswigs an die dänische Krone vorzugehen. Im Dezember 1863 besetzten Truppen des Deutschen Bundes das Herzogtum Holstein. Im Januar 1864 rückten dann preußische und österreichische Truppen gemeinsam in das Herzogtum Schleswig vor und besetzten es. Damit wurden die bislang von Dänemark beanspruchten Herzogtümer in den Deutschen Bund integriert und zunächst unter preußische (Schleswig) und österreichische (Holstein) Verwaltung gestellt.

Der Krieg zwischen Preußen und Österreich (1866)

Die Verwaltung dieser beiden Herzogtümer führte schnell zu Konflikten zwischen Preußen und Österreich und verursachte einen Bürgerkrieg zwischen den beiden großen deutschen Bundesstaaten. In diesem Bürgerkrieg ging es nicht um die Vereinigung aller deutschen Staaten, sondern um machtpolitische Erwägungen in Bezug auf die Zukunft von Schleswig und Holstein sowie die Rolle der beiden Großmächte im Deutschen Bund. Weder Preußen noch Österreich waren aber in der Lage, eine klare Vision für einen deutschen Gesamtstaat zu entwickeln und dafür zu werben. Bismarck nutzte gekonnt liberale und nationalistische Hoffnungen auf den Verbleib der Herzogtümer Schleswig und Holstein im Deutschen Bund aus und ging sogar so weit, ein allgemeines Männerwahlrecht für ein nationales deutsches Parlament in Aussicht zu stellen. Gleichzeitig machte er Frankreich das (anti-nationalistische) Angebot, linksrheinische Territorien zu besetzen, um damit die Neutralität des Nachbarlandes zu erkaufen.

Im Deutschen Krieg kämpften protestantische Norddeutsche gegen katholische Süddeutsche. Preußen besaß einen entscheidenden Vorteil in dieser Auseinandersetzung, da es im Gegensatz zu seinem landwirtschaftlich geprägten österreichischen Gegner große Fortschritte in der Industrialisierung des Landes gemacht hatte. Auch wenn es Wilhelm I. nicht gelungen war, eine Heeresreform durchzusetzen und höhere Militärausgaben einzuführen, konnte die preußische Armee immerhin auf moderne Transportmittel wie die Eisenbahn zurückgreifen. Dieser Vorteil erlaubte Preußen raschere Truppenbewegungen, die kriegsentscheidend wurden.

Der preußische Sieg über Österreich im Jahr 1866 führte zum Zerfall des Deutschen Bundes, der durch drei Staatengruppierungen ersetzt wurde: das von Preußen dominierte Norddeutschland, die mittleren deutschen Staaten Baden, Bayern und Württemberg sowie das den Süden dominierende Österreich. Im Norden entstand unter preußischer Führung der Norddeutsche Bund, dem neben Preußen die nördlich des Main gelegenen Staaten wie etwa das Großherzogtum Mecklenburg-Schwerin oder das Königreich Sachsen angehörten. Viele bis dahin eigenständige Staaten wie etwa das Königreich Hannover und die Herzogtümer Schleswig und Holstein wurden als Provinzen in das Königreich Preußen integriert.

Im deutschen Bürgerkrieg des Jahres 1866 ging es ebenso wie im amerikanischen Bürgerkrieg (1861–1865) um den Zusammenhalt einer Konföderation verschiedener Staaten mit unterschiedlichen politischen und sozialen Visionen, die sich in einem Nord-Süd-Konflikt manifestierten. In beiden Kriegen ging es um die Autonomie der Bundesstaaten, die Rolle der föderalen Regierung und die Tiefe der nationalen Integration der Bundesstaaten. Während der amerikanische Bürgerkrieg aber zu einer Festigung des Gesamtstaates und die wenn auch problematische Integration der beiden Lager führte, endete der deutsche Bürgerkrieg im Zerfall des Deutschen Bundes, der durch drei Lager deutscher Staaten ersetzt wurde, die in die Gründung zweier Staaten – dem Deutschen Kaiserreich (1871) und dem Kaiserreich Österreich-Ungarn (1867) – mündeten.

Der Norddeutsche Bund

Der Norddeutsche Bund setzte der föderalen Struktur des Deutschen Bundes ein zentralisiertes politisches System entgegen. Zum Zentrum des Staates wurde der Reichstag, dessen Abgeordnete in direkten Wahlen bestimmt wurden, in denen alle volljährigen Männer das Wahlrecht besaßen. Damit wurde der Norddeutsche Bund einer der ersten Staaten weltweit, die ein universelles Männerwahlrecht einführten. Diese von Bismarck vorangetriebene Erweiterung des Wahlrechts war eine Einladung an die liberalen Abgeordneten, ihren jahrelangen Widerstand gegen die militärischen Reformen Wilhelms I. zu beenden und die Monarchie zu akzeptieren. Es war jedoch nicht ein ernsthafter Vorstoß hin zu einer Demokratisierung. Der Reichstag verfügte nur über beschränkte politische Macht, da der Kanzler und seine Regierung nicht vom Parlament, sondern vom preußischen König bestimmt wurden. Gesetze mussten zudem von beiden Kammern des Parlaments – dem Reichstag und dem Bundesrat – beschlossen werden. Die Mitglieder des Bundesrats wurden durch die monarchischen Regierungen seiner Mitgliedsstaaten bestimmt. Jedem Mitgliedsstaat stand in Abhängigkeit von seiner Bevölkerungszahl eine bestimmte Zahl von Repräsentanten zu. Damit wurde der politische Spielraum des Reichstags weiter eingeengt, da der Bundesrat die Interessen der Monarchie vertrat und gleichermaßen als Schutzschild der Monarchie wirkte.

Das Zwei-Kammer-System des Norddeutschen Bundes folgte dem Modell der süd- und mitteldeutschen Staaten, die bereits vor der Revolution von 1848/49 parlamentarische Systeme mit Zwei-Kammer-Parlamenten eingeführt hatten. Die ersten Kammern waren dabei stets mit Vertrauten des Landesherren besetzt gewesen, um so Gesetzesinitiativen zu verhindern, die gegen die Interessen des Landesherren gerichtet waren und eine Mehrheit in der zweiten Kammer, deren Abgeordnete in Wahlen bestimmt wurden, finden konnten. Diese ersten Kammern existierten, um die Demokratisierung der deutschen Staaten zu behindern. Der Bundesrat erfüllte aber nicht nur diese Aufgabe, sondern sollte zugleich eine Föderalisierung des Norddeutschen Bundes gewährleisten, indem er den monarchischen Regierungen der Mitgliedsstaaten ein Mitspracherecht einräumte.

Während der Norddeutsche Bund mit der Einführung des universellen Männerwahlrechts auf der nationalen Ebene völliges Neuland betrat, dessen langfristige Auswirkungen von den Zeitgenossen nicht abgeschätzt werden konnten, behielten sich die Landesherren der Mitgliedsstaaten des Norddeutschen Bundes das Recht vor, restriktivere Wahlsysteme zur Bestimmung der Abgeordneten ihrer Landtage anzuwenden. Jeder Mitgliedsstaat des Norddeutschen Bundes setzte auf ein spezifisches Wahlsystem, in dem das Wahlrecht in Abhängigkeit vom Steueraufkommen oder vom Beruf vergeben und die Wahlstimmen in Abhängigkeit von der sozialen Stellung des Wählers gewichtet wurden. So galt in Preußen zum Beispiel das Dreiklassenwahlrecht, das das Wahlrecht und das

Gewicht der Wahlstimmen vom Steueraufkommen seiner Bürger abhängig machte. Dieses Wahlrecht schloss eine Mehrheit der männlichen Bevölkerung Preußens von der Teilnahme am politischen Prozess aus. So besaßen im Jahr 1867 etwa 4,7 Millionen Männer bei einer männlichen Gesamtbevölkerung von etwa 11,9 Millionen das Wahlrecht zum Preußischen Landtag. Das machte etwa 40 Prozent der männlichen Bevölkerung Preußens aus. In Sachsen galt ab 1868 hingegen ein weniger restriktives Wahlrechtssystem. Obwohl auch hier das Wahlrecht an das Steueraufkommen gekoppelt war, erhielt in Sachsen jeder Mann, der mindestens einen Taler an Staatssteuern zahlte oder ein bewohntes Grundstück besaß und mindestens 25 Jahre alt war, das Recht, an den Landtagswahlen teilzunehmen. Eine Aufteilung der Wähler in drei Wählerklassen, die durch das Steueraufkommen der Wähler bestimmt wurde, und eine Gewichtung der Wählerstimmen erfolgten in Sachsen dagegen nicht. Dennoch war auch hier die Mehrzahl der Männer von der Beteiligung an den Wahlen zum Sächsischen Landtag ausgeschlossen. Im Jahr 1869 verfügten etwa 245.000 Männer bei einer Gesamtbevölkerung der Männer von über 25 Jahren, die sich auf etwa 575.000 Personen belief, das Wahlrecht zum Sächsischen Landtag. Das entsprach ungefähr 43 Prozent der männlichen Bevölkerung über 25 Jahren.

Insbesondere die preußischen Männer – aber nicht nur sie – sahen sich deshalb einer Situation gegenüber, in der sie bei der Auswahl der Abgeordneten des Reichstags das universelle Wahlrecht genossen, während ihre Stimme bei der Auswahl der Abgeordneten des Preußischen Landtags entsprechend ihrem Steueraufkommen gewichtet wurde. Kommunen führten eine weitere Ebene von Wahlrechtssystemen ein, da für die Wahl von Stadtparlamenten jede Stadt eigene Regeln für die Wahlrechtsvergabe entwarf. So war etwa in Leipzig Voraussetzung für den Erwerb des Wahlrechts, dass der betreffende Mann mindestens drei Taler Staatssteuern jährlich sowie die Gemeindesteuern zahlte, seit drei Jahren in der Stadt wohnte, mindestens 25 Jahre alt war und keine Armenunterstützung bezogen hatte. Indirekte und direkte Wahlen sowie die Schaffung verschiedener Wählerklassen für Hausbesitzer und Mieter trugen zu einem bunten Gemisch von Wahlberechtigungen bei. Ein in Leipzig oder Berlin lebender Arbeiter mag daher zwar das Wahlrecht zum Reichstag besessen haben, aber nicht das Wahlrecht zum Landtag (und wenn er es doch besaß, dann war seine Stimme zumindest in Preußen weniger wert als die eines wohlhabenden Bürgers) oder zum Stadtparlament seiner Heimatstadt. Diese Wahlrechtsvielfalt wurde vor allem unter der Arbeiterschaft als Wahlrechtsungleichheit empfunden und mobilisierte wachsenden Protest gegen die diskriminierenden Wahlrechtssysteme. Das Wahlrecht zum Reichstag erwies sich dabei immer als eine erstrebenswerte, das monarchische System allerdings nicht in Frage stellende Perspektive.

Der preußische Sieg über Österreich, die Gründung des Norddeutschen Bundes und die Einführung des allgemeinen Männerwahlrechts für die Wahlen zum Reichstag führten eine politische Revolution herbei. Die Abgeordneten der Fortschrittspartei im Preußischen Landtag, die bisher Bismarcks Strategie zur Lösung des Verfassungskonflikts widerstanden hatten, spalteten sich. Während eine Gruppe der Abgeordneten Bismarcks Kurs auf eine starke Monarchie weiterhin aus grundsätzlicher Überzeugung ablehnte, war die Gruppe nationalliberaler Abgeordnete, die die Fortschrittspartei verlassen hatten und ihre eigene Partei gründeten, bereit, Bismarcks Kurs zur Schaffung eines preußisch beherrschten norddeutschen Nationalstaates zu unterstützen. Bismarcks Außenpolitik führte aber auch zu einer Spaltung der Konservativen in zwei Gruppierungen, von denen die eine Fraktion – die Freikonservativen – Bismarcks Kurs der Schaffung eines von Preußen dominierten Nationalstaates unterstützte, während die andere konservative Fraktion Bismarcks Orientierung auf eine konstitutionelle Ordnung, die die Macht des preußischen Königs schwächte, sowie Bismarcks Suche nach einem Ausgleich mit den Liberalen im Verfassungskonflikt grundsätzlich ablehnte. Diese zweite konservative Gruppierung, deren Führer im preußischen Krieg gegen Österreich einen unnötigen Bruderkrieg gesehen hatten, erwarteten von Bismarck, dass er nach dem preußischen Sieg über Österreich Preußen in eine absolute Monarchie zurückverwandeln würde. Bismarck Akzeptanz einer Verfassung und mehr noch das auf seine Initiative eingeführte allgemeine Männerwahlrecht waren für diese konservativen Abgeordneten nicht annehmbar.

Das »dritte Deutschland« neben Preußen und Österreich

Die drei süddeutschen Staaten Baden, Bayern und Württemberg waren aufgrund der dortigen hohen Konzentration von Katholiken für Bismarck ein großes Problem. Er hatte wenig Interesse an der Integration dieser Staaten in den protestantischen Norddeutschen Bund. Österreichische und französische Ambitionen, diese Staaten zur Destabilisierung des Norddeutschen Bundes zu benutzen, und die wachsende Begeisterung in diesen drei Staaten zugunsten eines deutschen Nationalstaates zwangen Bismarck jedoch dazu, die Integration von Baden, Bayern und Württemberg in den Norddeutschen Bund zu betreiben. Seine Entscheidung war aber rein pragmatischer Natur, da er eine dauerhafte österreichische oder französische Einmischung in den süddeutschen Staaten befürchtete, was auch zu einer Destabilisierung des Norddeutschen Bundes führten könnte. Dieser Pragmatismus hinderte Bismarck jedoch nicht daran, die weit verbreitete nationalistische Begeisterung für seine Ziele auszunutzen. Bismarck war ein geschickter Machtpolitiker und Monarchist, aber kein Nationalist.

Baden, Bayern und Württemberg waren zudem schon seit fast drei Jahrzehnten Mitglieder in dem von Preußen initiierten und beherrschten Deutschen Zollverein. In dieser Zeit hatte sich nicht nur eine tiefe wirtschaftliche Integration der nord- und süddeutschen Staaten entwickelt, sondern am Ende der 1860er Jahre mit der Etablierung des Zollparlaments auch eine zaghafte politische Integration. Im Jahr 1868 waren die Wähler der Zollvereinsstaaten erstmals zur Wahl des Zollparlaments aufgerufen. Während im Norden die in den Reichstag gewählten Abgeordneten automatisch als Abgeordnete des Zollparlaments fungierten, wurden in den süddeutschen Staaten die Abgeordneten in Wahlen bestimmt, die dem Prinzip des allgemeinen Männerwahlrechts folgten. Damit kamen die Wähler in Baden, Bayern und Württemberg erstmals in den Genuss dieses progressiven Wahlrechts, und die gewählten Abgeordneten aus Baden, Bayern und Württemberg arbeiteten gemeinsam mit ihren norddeutschen Kollegen. Die Etablierung des Zollparlaments und die Anwendung des allgemeinen Männerwahlrechts trugen zur Integration der drei süddeutschen Staaten in den Norddeutschen Bund bei und machten die Aufnahme der drei Staaten in den Norddeutschen Bund unter den Wählern erstrebenswert.

Die Gründung des Norddeutschen Bundes sowie die Einführung des allgemeinen Männerwahlrechts für die Wahlen zum Reichstag und zum Zollparlament zeigten vor allem für die Nationalliberalen einen gangbaren Weg zur Schaffung eines deutschen Nationalstaates auf. Die Idee der Integration der drei süddeutschen Staaten in den Norddeutschen Bund gewann dadurch mehr und mehr Unterstützung im Norddeutschen Bund und in den drei süddeutschen Staaten. Deren Aufnahme in den Norddeutschen Bund hatte aber auch einen entscheidenden Einfluss auf den politischen, religiösen und kulturellen Charakter des künftigen deutschen Nationalstaates. Während Protestanten im Norddeutschen Bund eine überwältigende Mehrheit stellten, brachten die drei süddeutschen Staaten eine hohe Zahl an Katholiken in den deutschen Nationalstaat ein.

Der Krieg gegen Frankreich (1870/71)

Während Bismarck mit der Gründung des Norddeutschen Bundes zufrieden war und keine darüberhinausgehenden Annexionspläne hatte, die auf Baden, Bayern und Württemberg abzielten, wuchs der Druck auf Bismarck, vor allem die französischen Versuche abzuwehren, Einfluss in den drei Staaten zu gewinnen. Eine mögliche direkte militärische Intervention Frankreichs in den süddeutschen Staaten bedrohte Bismarcks politische Situation und seine Unterstützung durch nationalliberale Abgeordnete im Preußischen Landtag und im Reichstag.

Aber nicht nur Bismarck, sondern auch die Landesherren und monarchischen Regierungen von Baden, Bayern und Württemberg standen den Vorhaben zu ihrer Integration in den Norddeutschen Bund sehr skeptisch gegenüber. Bismarck musste daher einen Mittelweg finden, der die weit verbreitete nationalistische Begeisterung auffing und den Skeptikern die Illusion gab, dass sie in diesem Prozess nicht nur eine Stimme, sondern auch eine Wahl haben würden. Als im Sommer 1870 einem Mitglied der Preußen beherrschenden Hohenzollernfamilie die Nachfolge auf den spanischen Thron angeboten wurde, kam es zu einer diplomatischen Krise zwischen dem Norddeutschen Bund und Frankreich. Napoleon III. befürchtete eine preußische Einkreisung Frankreichs und forderte daher Wilhelm I. dazu auf, Leopold von Hohenzollern zum Verzicht auf den spanischen Thron zu bewegen. Bismarck benutzte diese Kandidatur geschickt dazu, einen Krieg zwischen dem Norddeutschen Bund und Frankreich zu provozieren. Ihm war klar, dass in dem aufgeheizten nationalistischen Klima die Landesherren von Baden, Bayern und Württemberg keine andere Wahl hatten, als sich an die Seite des Norddeutschen Bundes zu stellen. Der Krieg gegen Frankreich wurde ebenso rasch entschieden wie schon der Krieg gegen Österreich. Und auch dieses Mal spielten die Eisenbahnen wieder eine kriegsentscheidende Rolle, weil es dem Norddeutschen Bund gelang, schnell etwa eine halbe Million Soldaten an die Grenze zu Frankreich zu transportieren.

Die nationalistischen Geister, die Bismarck bereitwillig heraufbeschworen hatte, erschwerten allerdings den Friedensschluss, den Bismarck suchte. Ihm war es vor allem um die Zurückdrängung des französischen Einflusses in den deutschen Staaten gegangen und um die Integration von Baden, Bayern und Württemberg in den deutschen Nationalstaat. Die nationalistische Begeisterung für den Krieg und die Formierung eines deutschen Nationalstaates als Heimat für alle Deutschen zwangen Bismarck jedoch dazu, die Annexion von Elsass-Lothringen zu akzeptieren. Bismarck war nicht an der Ausweitung der deutschen Landesgrenzen nach Westen interessiert gewesen und er erkannte, dass dieser Verlust Frankreich einen Kurs aufzwingen würde, der auf die Rückgewinnung von Elsass-Lothringen abzielte. Doch er konnte sich nicht dem Ansinnen verweigern, dass Elsass-Lothringen mit seiner deutschsprechenden Bevölkerung Bestandteil des deutschen Nationalstaates werden sollte. Dieses Territorium war über Jahrhunderte zwischen dem Heiligen Römischen Reich deutscher Nation und Frankreich umstritten gewesen, aber das Deutsche war die Muttersprache von etwa 90 Prozent seiner Bevölkerung. Die Entscheidung zugunsten ihrer Eingliederung nach Deutschland sollte jedoch, wie Bismarck dies befürchtet hatte, langfristig Frankreich und Deutschland auf einen Kollisionskurs bringen.

Die Gründung des Deutschen Reiches

Noch vor Abschluss der Kriegshandlungen in Frankreich begann Bismarck, Verhandlungen mit den Abgesandten von Baden, Bayern und Württemberg über deren Aufnahme in den Norddeutschen Bund zu führen. Diese Unterredungen erwiesen sich als recht kompliziert. Insbesondere die bayerischen Abgesandten zeigten sich sehr zurückhaltend, da sie eine preußische Dominanz fürchteten. Sie forderten von Bismarck eine Zusicherung weitgehender bayerischer Autonomierechte wie einer unabhängigen bayerischen Außenpolitik, das Fortbestehen einer selbständigen bayerischen Armee und rechtliche Autonomie. Bismarck zeigte wenig Verständnis für diese umfassenden Forderungen und begann separate Verhandlungen mit den Gesandten von Baden und Württemberg, die sich wesentlich offener für einen Beitritt ihrer Staaten zum Norddeutschen Bund zeigten. Bismarck gelang es somit, den Block der drei Staaten zu spalten und Bayern zu isolieren. In der nationalistisch aufgeladenen Öffentlichkeit erschien Bayern dadurch mehr und mehr als ein Hindernis für die deutsche Einheit.

Doch Bismarck war sich bewusst, dass er der bayerischen Regierung entgegenkommen musste, um so zumindest den Schein des freiwilligen Beitritts der drei süddeutschen Staaten zum Norddeutschen Bund zu wahren. Zu diesem Zweck bot Bismarck den drei Staaten Garantien an, dass sie innerhalb der Konföderation über signifikanten politischen Einfluss verfügen würden. So schlug er etwa eine Verfassungsänderung vor, die den drei Staaten größere Mitwirkungsrechte im Bundesrat zusichern sollte. Der Bundesrat sollte zum einen fortan jedes militärische Vorgehen der Bundesregierung gegen einen Bundesstaat (Reichsexekution), der seine verfassungsmäßigen Bundespflichten nicht erfüllte, zustimmen müssen. Bismarck erklärte sich weiterhin dazu bereit, die Zustimmungshürde zu Verfassungsänderungen im Bundesrat auf ein Viertel der Stimmen der Bundesratsmitglieder zu senken. Der bayerischen Regierung sicherte Bismarck weiterhin die vollständige Kontrolle über seine Eisenbahnen und das Postwesen zu. Mit diesen Zugeständnissen gelang es Bismarck schließlich, Baden, Bayern und Württemberg zum Eintritt in den Norddeutschen Bund zu bewegen.

Nachdem diese Verhandlungen abgeschlossen waren, inszenierte Bismarck die Gründung des Deutschen Reiches im Spiegelsaal von Schloss Versailles – dem traditionellen Sitz der französischen Königsfamilie westlich von Paris – am 18. Januar 1871. Wilhelm I. von Preußen wurde von den anwesenden deutschen Fürsten zum deutschen Kaiser gekrönt. Die Wahl des Titels erwies sich als durchaus schwierig. Wilhelm I. hatte den Titel »Kaiser von Deutschland« bevorzugt. Weil aber das Deutsche Reich nur den norddeutschen Raum einschloss und Österreich außen vor ließ, überzeugte Bismarck Wilhelm I., den Titel »deutscher Kaiser« zu akzeptieren. Damit spiegelte der Kaisertitel die Spaltung des Deutschen Bundes in zwei deutsche Staaten wider.

Wilhelm I. hatte den von Bismarck vorgeschlagenen Titel anfänglich abgelehnt, weil er ihn an den durch die Frankfurter Nationalversammlung im Jahr 1849 an seinen Bruder Friedrich Wilhelm IV. herangetragenen Titel als »Kaiser der Deutschen« erinnerte. Wilhelm I. wollte keinen Titel akzeptieren, der so klang, als ob er ihm von seinen Untertanen verliehen worden war. Er glaubte an die göttliche Legitimierung königlicher Macht und wollte diese in seinem Titel wiederfinden. Dass sein Titel durch die am 1. Januar 1871 veröffentlichte Verfassung des Deutschen Reiches geschaffen wurde, trug deshalb weiter zu seiner Reserviertheit bei. Bismarck gelang es letztlich, Wilhelm I. davon zu überzeugen, dass der Titel des deutschen Kaisers und seine Begründung in der Verfassung des Deutschen Reiches keineswegs dessen göttlich sanktionierte Macht schmälern würden. Wilhelm I. ließ sich wohl auch deshalb umstimmen, weil er nicht nur den Titel des deutschen Kaisers führte, sondern auch weiterhin den Titel des Königs von Preußen, dessen Legitimation außer Frage stand. Hinzu kam wohl auch, dass er etwa im Gegensatz zu Victor Emmanuel II. von Sardinien, der sich nach der Zusammenführung der italienischen Staaten unter sardinischer Führung in einer ähnlichen Situation befand und demonstrativ seinen Namen als erster italienischer König zu Victor Emmanuel I. änderte, um damit zu zeigen, dass hier eine neue Epoche und Zählung begann, seinen Namen nicht ändern musste. Wilhelm I. von Preußen konnte als Wilhelm der I. von Deutschland weiterregieren. Am wichtigsten war aber wohl die Inszenierung der Kaiserkrönung in Versailles. Eingeladen zu dieser Zeremonie waren nur die Landesherren der deutschen Staaten, nicht aber die Abgeordneten des Reichstags. Es war wohl auch kein Zufall, dass die Kaiserkrönung auf den 18. Januar und damit auf den Tag fiel, an dem sich im Jahr 1701 Kurfürst Friedrich III. von Brandenburg als Friedrich I. zum ersten preußischen König im Königsberger Schloss gekrönt hatte.

Die Veröffentlichung der Verfassung am 1. Januar 1871 und die Kaiserkrönung Wilhelms I. am 18. Januar 1871 markierten das Ende des Norddeutschen Bundes, das Ende der Existenz von drei Gruppen deutscher Staaten und die Gründung des Deutschen Reiches. Letzteres entstand als eine Konföderation von 22 monarchischen Bundesstaaten, von denen das Königreich Preußen der größte und einflussreichste war, und drei Stadtstaaten. Im Gegensatz zu den vorhergehenden deutschen Staatsgründungen wie die des Rheinbundes im Jahr 1806, des Deutschen Bundes im Jahr 1815 und des Norddeutschen Bundes im Jahr 1867 führte die Gründung des Deutschen Reiches nicht zu einer territorialen Neuorganisation von Bundesstaaten und daher auch nicht zum Machtverlust einzelner Landesherren. Im Jahr 1871 verlor aufgrund der Eingliederung seines

Staates in das Deutsche Reich keiner der regierenden Fürsten seinen Thron.

Auf dem Weg zum Nationalstaat?

Die Gründung des Deutschen Reiches schuf aber keinen zentralisierten Staat. Jeder Bundesstaat bewahrte seine eigene politische Kultur, die durch die Verfassung des betreffenden Staates bestimmt wurde. In jedem Staat entwickelte sich ein spezifisches Parteiensystem und ein bestimmtes System der Landtagswahlen mit sehr unterschiedlichen Wahlrechtsgesetzgebungen über die zumeist indirekte Wahl von Abgeordneten und die Verleihung des Wahlrechts in Abhängigkeit von der Steuerkraft des Bürgers. Jeder Bundesstaat verfügte auch über sein eigenes Rechtssystem, sein eigenes Zivilgesetz- und Strafgesetzbuch, seine eigenen Polizeikräfte und selbst seine eigenen Armeen. Die im Deutschen Reich lebenden Bürger unterschieden sich auch durch die von ihnen gesprochene Sprache, die von ihnen gestaltete Kultur und die von ihnen praktizierte Religion. Im Norden dominierten die Protestanten, während im Süden Katholiken die Mehrheit der Bevölkerung stellten. Und die im preußischen Osten gesprochenen Dialekte waren völlig unverständlich im fernen Bayern. Der 1871 geschaffene deutsche Nationalstaat war keineswegs der Endpunkt der Entwicklung einer deutschen Nation, er war allenfalls ein Anfangspunkt für die Schaffung einer deutschen Nation.

In den fast viereinhalb Jahrzehnten von der Reichsgründung bis zum Ausbruch des Ersten Weltkrieges wurde die Staatsmacht des neuen Staatswesens zu einem begrenzten Grad zentralisiert. So wurde etwa mit der Reichsgründung die Reichsmark zur gemeinsamen Währung in allen deutschen Bundesstaaten. Dies war das Ergebnis einer langsamen, sich über Jahrzehnte erstreckenden Angleichung der Währungssysteme in den Mitgliedsstaaten des Zollvereins. Die Reichsbank, der es oblag, die im Umlauf befindliche Geldmenge sowie den Geldwert zu bestimmen, wurde 1876 in Berlin gegründet. Weil Steuern nur eine begrenzte Einnahmequelle für den Staat darstellten, verließ sich nicht nur die Reichsregierung, sondern auch die Regierungen der einzelnen Bundestaaten auf die Ausgabe von Staatsanleihen, mit denen ein erheblicher Anteil der Staatsausgaben bestritten wurde. Bei der Ausgabe der Staatsanleihen konkurrierte die

Reichsregierung mit den Regierungen der einzelnen Bundestaaten um potentielle Anleger im Inland und im Ausland.

Die Schaffung einer deutschen Nationalsprache wurde vor allem durch die Veröffentlichung des *Vollständigen Orthographischen Wörterbuches der deutschen Sprache* – oder kurz *Duden* nach seinem Herausgeber Konrad Duden – im Jahr 1880 vorangetrieben. Der *Duden* bot eine komplette Auflistung aller deutschen Worte in ihrer korrekten Schreibweise. Mit diesem Wörterbuch wurde erstmals das vollständige Vokabular der deutschen Sprache erfasst und deren Schreibweise standardisiert. Der *Duden* wurde regelmäßig bearbeitet und neu herausgegeben, um der Entwicklung der Sprache zu folgen. Im Jahr 1902 erklärte der Reichstag den *Duden* zum rechtsverbindlichen Standardwerk und gab ihm damit rechtlichen Charakter. Dieser Schritt lässt die Bedeutung und Notwendigkeit dieses linguistischen Unternehmens für den deutschen Nationalstaat deutlich werden.

Es galt aber nicht nur die Sprache zu vereinheitlichen, sondern auch das Rechtssystem. Im Jahr 1881 begannen Juristen am *Bürgerlichen Gesetzbuch* zu arbeiten, das zur Vereinheitlichung der bis dahin in jedem einzelnen Bundesstaat existierenden Rechtssysteme führen sollte. Nach fast zwei Jahrzenten trat das *Bürgerliche Gesetzbuch* im Jahr 1900 in Kraft.

Zum wohl wichtigsten Symbol des deutschen Nationalstaates und der deutschen Identität wurde der Reichstag in Berlin. In den Wahlen zu seinen Abgeordneten stand jedem deutschen Mann eine Stimme zu. Die Einführung des universellen Männerwahlrechtes war nicht von dem Gedanken getragen worden, das politische System zu demokratisieren. Es ging Bismarck vielmehr darum, die Bürger des neuen Staates über ihre Teilnahme an den Reichstagswahlen in den deutschen Staat zu integrieren. Das Wahlrecht sollte also nicht Demokraten schaffen, sondern Deutsche und Staatsbürger.

Die Wahlen zum Reichstag erfolgten nach dem Mehrheitswahlrecht. In jedem der 397 Wahlkreise bewarben sich mehrere Kandidaten um den Sitz im Parlament. Als gewählt galt derjenige, der die absolute Mehrheit der Stimmen in diesem Wahlkreis auf sich vereinigen konnte. Da in der ersten Runde die Stimmen sich auf mehrere Kandidaten verteilten, wurde häufig eine zweite Runde (Stichwahl) notwendig, in der nur noch die zwei Kandidaten gegeneinander antraten, die in der ersten Runde die meisten Stimmen auf sich hatten vereinigen können. Der Reichstag brachte Abgeordnete aus allen Teilen des Landes zusammen. Ostpreußen saßen neben

Bayern und Sachsen, und Reden wurden von den Abgeordneten, die stolz auf ihre Heimat und ihre Dialekte waren, in ihren jeweiligen Mundarten vorgetragen.

Die Abgeordneten des Reichstags repräsentierten nicht nur die Wähler ihres Wahlkreises, sondern auch die politische Orientierung ihrer politischen Partei. Da waren etwa die Nationalliberalen, die Bismarcks Kurs bei der Gründung eines monarchischen deutschen Nationalstaates mitgetragen hatten und sich für die Industrialisierung und Modernisierung des Landes einsetzten. Die Konservativen verstanden sich im Gegensatz dazu als Monarchisten, die vor allem die agrarischen Interessen der ostpreußischen Junker vertraten. Die Zentrumspartei wurde durch den Katholizismus zusammengehalten. Sie war die einzige Partei, die Wähler aus allen sozialen Klassen und Schichten innerhalb des katholischen Milieus ansprach. Die Sozialdemokraten vertraten die Interessen der Arbeiterschaft in den zügig wachsenden Industrieregionen und Großstädten.

Keiner dieser Parteien gelang es, den Status einer nationalen Partei zu erlangen, die sich auf Wähler und Abgeordnete in allen Landesteilen des Deutschen Reiches stützen konnte. An den Wahlen des Jahres 1893 beteiligten sich etwa 7,7 Millionen Wähler, was in etwa einem Drittel aller Männer entsprach. Kandidaten der Zentrumspartei waren in 96 Wahlkreisen erfolgreich, Kandidaten der Konservativen Partei in 72, Kandidaten der Nationalliberalen Partei in 52 und Kandidaten der Sozialdemokratischen Partei in 44 Wahlkreisen. Die Regionalisierung politischer Kulturen, regionale Unterschiede im Grad der Industrialisierung und Urbanisierung, die Konzentration von Protestanten im Norden und Katholiken im Süden beeinflussten das Wahlverhalten der deutschen Männer nachhaltig und führten zu einer gespaltenen politischen Landschaft. Konservative waren vor allem in den östlich der Elbe gelegenen landwirtschaftlich geprägten Wahlkreisen in Ost- und Westpreußen und Mecklenburg-Schwerin erfolgreich. Abgeordnete des Zentrums kamen vor allem aus den katholischen Regionen im Süden Schlesiens, dem Rheinland und aus Bayern. Die Nationalliberalen fanden ihre Wählerschaft in Deutschlands Mitte von Schleswig im Norden bis in die Pfalz und Württemberg im Süden. Und sozialdemokratische Reichstagsabgeordnete kamen vor allem aus den Großstädten wie Berlin, Hamburg und München sowie dem industrialisierten Sachsen.

Staat und Gesellschaft im Kaiserreich

Die deutsche Gesellschaft des Kaiserreiches war hinsichtlich des Bildungszugangs, auf konfessioneller Ebene und bezüglich seiner politisch-kulturellen Milieus tief gespalten. Sie war eine hierarchische Klassengesellschaft, die ihren Mitgliedern nur begrenzte soziale und wirtschaftliche Aufstiegsmöglichkeiten bot. Daran hatte das aus der Volksschule, der Realschule und dem Gymnasium bestehende, dreigliedrige Schulsystem einen wesentlichen Anteil, da es nicht nur die soziale Zerklüftung der Gesellschaft abbildete, sondern auch dazu betrug, diese zu reproduzieren.

Städtische und ländliche Volksschulen boten Kindern aus Arbeiter- und Bauernfamilien eine grundlegende achtjährige Bildung an, die sie auf ihre berufliche Zukunft in Fabriken und auf Bauernhöfen vorbereiten sollte. Die Qualität der in diesen Schulen vermittelten Bildung war in städtischen Volksschulen besser als in ländlichen, in denen oftmals nur ein einziger Lehrer mehrere Klassen gleichzeitig in einem Klassenzimmer unterrichten musste. Im Jahr 1901 standen den Kindern aus den Arbeiterfamilien und aus Bauernfamilien in Preußen insgesamt 36.756 Volksschulen offen. Davon befanden sich 4.414 Volksschulen in Städten und 32.342 auf dem Land. Die städtischen Volkschulen, die von insgesamt 2.005.134 Kindern besucht wurden, verfügten im Durchschnitt über acht Lehrer und acht Klassenräume für 454 Schüler. Die ländlichen Volksschulen, die von insgesamt 3.665.736 Kindern besucht wurden, verfügten im Gegensatz dazu im Durchschnitt über lediglich 1,7 Lehrer und 1,7 Klassenräume für 1.134 Schüler. Städtische Volksschulen waren finanziell, baulich und personell besser ausgestattet und verfügten über große Schulgebäude mit mehreren Unterrichtsräumen sowie einer höheren Zahl von Lehrern. Das alles erlaubte es diesen Schulen, die Schüler entsprechend ihrem Alter in Klassen zu gruppieren und diese separat in einzelnen Klassenzimmern von jeweils einem Lehrer unterrichten zu lassen. So verfügte etwa die

Stadt Leipzig im Jahr 1905 über insgesamt 54 Volksschulen für 70.846 Schüler, die in 1.875 Klassen eingeteilt worden waren. Damit bestand eine Leipziger Volksschulklasse im Durchschnitt aus 38 Schülern. Die überwältigende Mehrzahl der Deutschen erfuhren ihre Schulausbildung in städtischen und ländlichen Volksschulen. In Preußen besuchten 93 Prozent aller schulpflichtigen Kinder im Jahr 1901 die Volksschule. In der Stadt Leipzig waren es 92 Prozent der schulpflichtigen Kinder im Jahr 1905.

Die verbleibenden acht Prozent der Leipziger Schüler verteilten sich auf die beiden höheren Schultypen der Realschule und des Gymnasiums. Die Aufnahme von Schülern in diese beiden Schultypen erfolgte allerdings nicht auf der Grundlage der Leistungsfähigkeit der betreffenden Schüler, sondern vielmehr aufgrund ihrer sozialen Herkunft aus dem städtischen Bildungs- und Wirtschaftsbürgertum. Die Realschulen und Gymnasien waren personell besser ausgestattet und boten ihren Schülern aufgrund kleinerer Klassen wesentlich bessere Lernbedingungen. Im Jahr 1905 betrieb die Stadt Leipzig insgesamt neun Realschulen für 3.346 Schüler, die in 143 Klassen eingeteilt worden waren. Damit bestand eine Schulklasse im Durchschnitt aus lediglich 23 Schülern. Das waren immerhin 15 Schüler weniger als in den Klassen der Leipziger Volksschulen. Die sechsjährige Realschulausbildung sollte Kinder aus bürgerlichen Familien auf Karrieren im Handel und in der Industrie vorbereiten. Daher waren das Erlernen der englischen und französischen Sprache sowie die Einführung in naturwissenschaftliche Fächer integrale Bestandteile des Lehrplans.

Die sechs Leipziger Gymnasien standen einer sehr kleinen Zahl von Schülern aus den wohlhabendsten Familien der Stadt offen. Diese Bildungseinrichtungen, die in ihrer neunjährigen Ausbildung ihre Schüler auf den Besuch der Universität vorbereiten sollten, zählten gerade einmal 2.649 Schüler. Diese Schüler verteilten sich über 95 Klassen, so dass in einer Klasse im Durchschnitt 28 Schüler unterrichtet wurden. Das war zwar mehr als in den Realschulklassen, aber immer noch zehn Schüler weniger als in den Hauptschulklassen. Das Erlernen der klassischen Sprachen Altgriechisch und Latein sowie ein Schwerpunkt in der humanistischen Bildung kennzeichneten den Lehrplan der Gymnasien.

Hermann Hesses Novelle *Unterm Rad* aus dem Jahr 1906 erfasste die soziale Ungerechtigkeit dieses rigiden dreigliedrigen Bildungssystems, in dem der Schriftsteller die Geschichte des hochbegabten, aber aus ärmlichen Verhältnissen stammenden Schülers Hans Giebenrath erzählt. Hans wurde in einer schwäbischen Kleinstadt geboren. Sein Vater Joseph Giebenrath war ein Händler, der zwar ein eigenes Haus besaß, aber dennoch zu den sozialen Unterschichten zählte. Obwohl alle Bewohner in Hans Giebenraths Heimatort von dessen Talent überzeugt waren, kam der Besuch des Gymnasiums für ihn aus sozialen Gründen grundsätzlich nicht in Frage. Als Hans seinen Vater einmal darauf ansprach, wehrte sein Vater die Frage sofort ab. Er verfügte weder über das Geld noch den sozialen Status, um seinem Sohn den Besuch einer höheren Bildungseinrichtung zu ermöglichen. Daher blieb Hans nur die Wahl zwischen dem Besuch eines theologischen Seminars oder eines Volksschullehrerseminars.

Die soziale Exklusivität der Realschule und des Gymnasiums wurde vor allem durch die Schulgebühren erreicht, die zwischen 100 und 120 Mark jährlich für das Gymnasium und 80 Mark jährlich für die Realschule betrugen. Derartig hohe Summen waren für Arbeiterfamilien und erst recht für Bauernfamilien unerschwinglich. Stipendien, die von diesen Einrichtungen an bedürftige Schüler vergeben wurden, gingen in der Regel nur an Söhne aus bürgerlichen Familien, deren Väter bereits verstorben waren und daher als Haupternährer ausfielen oder die eine große Zahl von Geschwistern hatten, nicht aber an Söhne aus Arbeiterfamilien.

Die Trennung der Schüler in diese drei Schultypen verhinderte, dass sich Kinder aus Arbeiterfamilien und aus bürgerlichen Familien in der Schule oder bei schulischen Freizeitveranstaltungen begegneten. Die Schulen trugen somit zur Schaffung von räumlicher Distanz zwischen den Angehörigen der verschiedenen sozialen Klassen bei. Die unterschiedlich lange Schulzeit sowie die unterschiedlichen Bildungsschwerpunkte im Lehrplan der drei Schultypen schufen drei verschiedene Bildungsklassen.

Gemeinsam war den drei Schultypen allerdings die Bildungspraxis, die auf körperliche Bestrafung sowie das einfache und teilweise wörtliche Auswendiglernen von Bildungsinhalten ausgerichtet war. Kritisches Denken wurde nicht von den Schülern erwartet. Die Aufgabe der Schule – der Volksschule ebenso wie des Gymnasiums – war es, wie wir aus der Novelle *Unterm Rad* lernen können, die Schüler gefügig zu machen und sie den Regeln der Erwachsenenwelt zu unterwerfen. Schulen sollten nicht selbstbewusste kritische Denker hervorbringen, sondern Untertanen wie den in Heinrich Manns Roman *Der Untertan* beschriebenen Diederich Heßling.

Die katholische Minderheit und der Kulturkampf

Eine deutliche Mehrheit der Deutschen (nämlich 62 Prozent) war im Jahr 1871 protestantisch. Katholiken stellten mit 36 Prozent eine starke Minderheit dar. Deutsche Juden waren mit gerade einmal einem Prozent an der Gesamtbevölkerung eine sehr kleine Minderheit.

Weder Protestanten noch Katholiken waren aber gleichmäßig über die Regionen des Kaiserreiches verteilt. So gab es preußische Regierungsbezirke wie etwa Posen und Oppeln und deutsche Bundesstaaten wie etwa Bayern und Baden, in denen nicht die Protestanten, sondern die Katholiken eine Mehrheit der lokalen Bevölkerung ausmachten. Im Königreich Bayern stellten Katholiken mit etwa 70 Prozent der Bevölkerung klar die Mehrheit. Aber auch hier gab es innerhalb des bayerischen Staatsgebietes signifikante Unterschiede. In Niederbayern und Oberbayern waren fast 90 Prozent der lokalen Bevölkerung katholisch. Doch in Mittelfranken stellten Protestanten mit 72 Prozent der Bevölkerung die Mehrheit. Auch in Oberfranken war eine Mehrheit der Bevölkerung (57 Prozent) protestantisch, ebenso in der Pfalz mit immerhin 54 Prozent.

Bayerns Nachbarstaat Baden wurde ebenfalls von einer katholischen Mehrheit dominiert. So waren 64 Prozent der Einwohner des Großherzogtum Badens Katholiken. Im Königreich Württemberg hingegen stellten Katholiken mit lediglich 30 Prozent eine deutliche Minderheit der lokalen Bevölkerung.

Im Königreich Preußen waren 63 Prozent der Einwohner Protestanten und 36 Prozent Katholiken. Wie im Fall Bayerns gab es auch in Preußen signifikante regionale Unterschiede in Bezug auf den Anteil der katholischen Bevölkerung. In 12 der 37 preußischen Regierungsbezirke stellten Katholiken eine Mehrheit dar. Diese Regierungsbezirke befanden sich im preußischen Osten (Bromberg und Posen), im schlesischen Süden (Oppeln) und im preußischen Westen (Münster, Köln, Trier). In einigen Regierungsbezirken stellten Katholiken mehr als 80 Prozent der lokalen Bevölkerung. Diese Katholiken wurden in den 1870er Jahren zum Ziel von Otto von Bismarcks antikatholischem Kulturkampf.

Der katholische Süden war für Bismarck immer eine fremde Kultur geblieben, die wenig mit dem protestantischen und preußischen Norden gemein hatte. Aus dieser Ablehnungshaltung heraus erklärt sich Bismarcks Widerstand gegenüber der Integration vor allem Bayerns in den Norddeutschen Bund. Er kam letztlich nicht umhin, die süddeutschen Staaten in den deutschen Nationalstaat aufzunehmen, weil der öffentliche nationalistische Druck einfach zu stark war, um diese Staaten dauerhaft außen vor zu lassen. Die anhaltende katholische Kritik am Ausschluss Österreichs aus dem deutschen Nationalstaat sowie die Bindung der Katholiken an das römische Papsttum machten Bismarck jedoch zunehmend misstrauisch gegenüber der Loyalität der deutschen Katholiken. Er war sich nicht sicher, worauf sich deren Loyalität bezog – nach Berlin oder nach Rom. Die Verbreitung des Ultramontanismus, einer politischen Doktrin des politischen Katholizismus in den nördlich der Alpen liegenden Länder, die die Treue der Katholiken zu Rom als letzte Autorität betonte, erschien Bismarck als eine offene Herausforderung des preußisch-deutschen Kaisertums. Bismarck bekämpfte, was er als eine Einmischung in die inneren Angelegenheiten des Deutschen Reiches sah, mit drakonischen Gesetzen, die den Einfluss der katholischen Kirche in Deutschland beschränken sollten. Diese Auseinandersetzung zwischen Regierung und katholischer Kirche wurde von Bismarck zu einem Kulturkampf stilisiert, der als eine Auseinandersetzung zwischen zwei verschiedenen Kulturen – der preußischen und protestantischen Kultur und der katholischen und süddeutschen Kultur – dargestellt wurde. Katholiken, die sich dem preußisch geführten Projekt der Schaffung eines deutschen Nationalstaates entzogen hatten und an den Rändern dieses Staatswesens lebten, erschienen Bismarck mehr und mehr als Staatsfeinde, die sich gegen Land und Kaiser verschworen hatten.

Im Dezember 1871 verabschiedete der Reichstag mit dem Kanzelparagraphen ein Gesetz, das es Geistlichen verbot, von der Kanzel herab politische Ereignisse kritisch zu kommentieren. Geistlichen, die sich diesem Gebot widersetzten und ihre Position dazu missbrauchten, um den Staat zu kritisieren, drohte eine zweijährige Freiheitsstrafe. Im Juli 1872 folgte das Jesuitengesetz, das es den Jesuiten untersagte, Niederlassungen in Deutschland zu errichten und zu betreiben. Jesuiten waren seit der Reformationszeit die wohl treueste Stütze des römischen Papsttums gewesen und besaßen durch die Gründung und Unterhaltung von Gymnasien und Hochschulen eine wichtige Position im Bildungs- und Erziehungsbereich in katholischen Regionen. Von Jesuiten getragene Gymnasien waren nicht nur im deutschen Süden und Westen entstanden, sondern auch im Osten, und zwar in den Regionen, die vor den polnischen Teilungen des 18. Jahrhunderts den polnischen Staat ausgemacht hatten. In diesen östlichen Gebieten überlagerte sich der Kulturkampf mit den Germanisierungsbestrebungen der einstigen polnischen Territorien. Katholische Gymnasien waren oftmals auch Lernstätten, in denen die Schüler in der polnischen Sprache unterrichtet wurden. Mit der Schließung bzw. Verstaatlichung dieser Gymnasien wurde der Unterricht in der polnischen Sprache beendet und durch Unterricht in der deutschen Sprache ersetzt. Das Lehrpersonal an den von den Jesuiten betriebenen Gymnasien und Seminaren rekrutierte sich aus dem Jesuitenorden, der polnischen Katholiken Karrieren in Kirche und Bildung eröffnete, die ihnen ansonsten versperrt geblieben wären. Das Schulaufsichtsgesetz vom März 1872 beendete die geistliche Schulaufsicht und verdrängte damit den Jesuitenorden aus dem Bildungsbereich. Mit diesem Gesetz wurden die Schulen der staatlichen Schulaufsicht unterstellt. Im Februar 1875 wurde per Gesetz die Zivilehe eingeführt, um damit das Monopol der Kirche bei der Eheschließung zu brechen und die Eheschließung als ein Vorrecht des Staates zu etablieren. Auf der Grundlage dieses Gesetzes wurden Standesämter eingerichtet, deren Aufgabe es wurde, nicht nur Ehen amtlich zu schließen, sondern auch die Beurkundung von Geburten und Todesfällen vorzunehmen. Damit wurde die Aufsicht über die wichtigsten Lebensereignisse – Geburt, Heirat und Tod – von der kirchlichen Kontrolle gelöst und staatlicher Aufsicht unterstellt.

Auch wenn diese Gesetze auf die Zurückdrängung des Einflusses der katholischen Kirche in der deutschen Gesellschaft abzielten, trafen sie doch auch die protestantischen Kirchen ebenso hart, da diese Gesetze nicht nach Katholizismus und Protestantismus unterschieden. Das Privileg der Eheschließung sowie die Schulaufsicht wurden nicht nur der katholischen Kirche entzogen, sondern auch der protestantischen Kirche. Damit trug der Kulturkampf – ungewollt – zur Säkularisierung der Gesellschaft und der Trennung von Kirche und Staat bei, die nicht (wie in anderen Ländern, wie etwa der USA) in der Verfassung verankert war.

Bismarcks Kulturkampf drängte zwar den Einfluss der katholischen Kirche in der deutschen Gesellschaft zurück und trug dazu bei, das Bildungswesen zu säkularisieren und die Macht des Staates auszubauen. Doch war es wenig erfolgreich im Umgang mit dem politischen Katholizismus, der sich in Form der Zentrumspartei etabliert hatte. Die Zentrumspartei wurde nicht zum Ziel der Bismarck'schen antikatholischen Kampagne und profitierte vom Kulturkampf. So wuchs die Zahl der Reichstagsabgeordneten der Zentrumspartei von 60 im Jahr 1871 auf 91 im Jahr 1874. Die Zahl der Wähler, die die Zentrumspartei in diesem Zeitraum unterstützten, verdoppelte sich sogar von 700.000 auf 1,4 Millionen. Der

Zentrumspartei gelang es in diesen Jahren, auch aus ihrer geographischen Begrenzung auf den Süden und Westen des Landes auszubrechen. In den Wahlen des Jahres 1871 waren die Kandidaten der Zentrumspartei für den Reichstag nur in Süddeutschland und im Rheinland erfolgreich gewesen. Im Jahr 1874 errang die Partei nun auch Wahlkreismandate im Süden Schlesiens, und im Jahr 1884 stellte die Zentrumspartei mit 99 Reichstagmandaten sogar die stärkste Fraktion im Reichstag.

Bismarcks Kulturkampf war nicht unumstritten unter seinen Unterstützern bei den Konservativen und Nationalliberalen. Während die Nationalliberalen die Einschränkung der Bürgerrechte wie etwa die Religionsfreiheit beklagten, wandten sich die Konservativen zunehmend gegen die von Bismarck betriebene Ausweitung des staatlichen Einflusses vor allem im Bildungsbereich, da es eben nicht nur die katholische Schulaufsicht abschaffte, sondern auch die protestantische. Vor allem die ostpreußischen Junker befürchteten einen zu großen Einfluss des Staates auf die Schulen in ihren Gemeinden.

Bismarcks antikatholischer Kulturkampf trug zur Bildung eines katholischen Milieus in Gegenden mit einer hohen Konzentration von Katholiken bei. Hier entstand in den 1870er und 1880er Jahren eine Vielzahl von katholischen Vereinen, die ebenso wie die sozialistischen Vereine zum Rückgrat eines politisch-kulturellen Milieus wurden. So initiierte die katholische Kirche die Gründung von Wohlfahrtseinrichtungen und Vereinen, die ihre Mitglieder im Krankheitsfall, oder wenn sie Opfer eines Arbeitsunfalls geworden waren, finanziell unterstützten. Katholiken schufen sich aber auch Vereine, die verschiedene Freizeitaktivitäten wie etwa das Fußballspiel organisierten, und Vereine, die Stipendien für bedürftige Schüler und Studenten bereitstellten.

Die jüdische Minderheit und der aufkommende Antisemitismus

Während im Kaiserreich Regionen mit einer hohen protestantischen und Regionen mit einer hohen katholischen Bevölkerungszahl existierten, ergab sich im Fall der deutschen Juden vor allem ein Stadt-Land-Gefälle. Von der etwa eine halbe Million Gläubige zählenden Religionsgruppe der Juden lebte im Jahr 1910 immerhin mehr als die Hälfte in Städten. Der Anteil der jüdischen Bevölkerung schwankte allerdings von Stadt zu Stadt. In Berlin betrug er etwa fünf Prozent, in Städten wie Stralsund und Erfurt lag er unter einem Prozent.

Angesichts dieses geringen jüdischen Bevölkerungsanteils erscheint die Furcht der Antisemiten, die daran glaubten, dass die Juden eine Bedrohung für die deutsche Gesellschaft und Kultur darstellten, grundlos. Derartige Ängste wurden jedoch vor allem durch einzelne jüdische Erfolgsgeschichten gespeist. Nach der rechtlichen Gleichberechtigung der Juden und der Öffnung der Gymnasien und Universitäten für jüdische Schüler und Studenten in den 1860er Jahren stieg der Anteil der jüdischen Schüler und Studenten an der Schüler- bzw. Studentenschaft rasch an. Mehr und mehr Eltern, denen der Zugang zu Einrichtungen der höheren Bildung aufgrund ihrer Religionszugehörigkeit zuvor versagt geblieben war, schickten ihre Söhne auf die Gymnasien und Universitäten, so dass sie einmal ein besseres Leben haben würden. Der schnell wachsende Anteil der jüdischen Schüler an der Schülerschaft der Gymnasien und der jüdischen Studenten an der Studentenschaft war daher ein Nachholeffekt. Am Anfang der 1890er Jahre waren immerhin 9 Prozent aller Gymnasialschüler und 12,5 Prozent aller Studenten in Preußen jüdisch. Damit lag der Anteil der jüdischen Gymnasialschüler und der Studenten um fast das Zehnfache über dem jüdischen Bevölkerungsanteil, der eben nur 1,3 Prozent betrug.

Der Universitätsabschluss eröffnete diesen jüdischen Studenten erfolgreiche Karrieren im öffentlichen Dienst – allerdings nur, wenn sich die betreffenden Personen dazu bereiterklärten, zum protestantischen Glauben überzutreten – und in der Privatwirtschaft. Sie wurden Rechtsanwälte, Richter, Ärzte und Wissenschaftler. So waren im Jahr 1907 fast 15 Prozent aller Rechtsanwälte, sechs Prozent aller Ärzte und acht Prozent aller Gelehrten, Schriftsteller und Journalisten jüdisch. Und die Namen von Wissenschaftlern wie etwa Albert Einstein und Fritz Haber, von Politikern wie Hugo Preuß und von Geschäftsmännern wie Rudolf Mosse, Walther Rathenau und James Simon waren in aller Munde. Am Vorabend des Ersten Weltkrieges waren immerhin neun der 29 reichsten deutschen Familien jüdisch.

Der wirtschaftliche Erfolg veranlasste jüdische Unternehmer und Gelehrte, Unterstützungsvereine für Mitglieder der jüdischen Gemeinde zu gründen, die nicht so erfolgreich waren und fremder Hilfe bedurften. So entstand ein dichtes Vereinsnetzwerk, das katholischen Unterstützungsnetzwerken durchaus ähnlich war. Innerhalb der jüdischen Gemeinden entstanden Hilfsvereine für Arme und Bedürftige, Krankenversicherungsvereine und Bestattungsvereine. In Städten mit großen jüdischen Gemeinden wie etwa Berlin fanden sich auch finanzkräftige Stifter, die jüdische Krankenhäuser, Kinderheime und Altersheime gründeten. Die Erfolge jüdischer Deutscher, die Führungspositionen in Kultur, Politik und Wirtschaft erlangt hatten, wurden in konservativen und antisemitischen Kreisen zunehmend mit Widerwillen und Neid aufgenommen und als ein Zeichen einer kommenden jüdischen Dominanz interpretiert. Dies wurde noch durch die Zuwanderung jüdischer Flüchtlinge aus dem Russischen Zarenreich verstärkt. Die Verfolgung und Vertreibung von Juden in Russland am Anfang des 20. Jahrhunderts führte zu einem nicht abreißenden Flüchtlingsstrom, der zahlreiche osteuropäische Juden nach Deutschland brachte. Diese russischen und polnischen Juden waren im Gegensatz zu ihren deutschen Glaubensgenossen nicht nur konservativer in ihrer Religionsausübung, sondern auch unangepasster in ihrem öffentlichen Auftreten und Erscheinungsbild. Sie machten daher Juden in den deutschen Städten wieder sichtbar. Mit der Ankunft der russischen und polnischen Juden verstärkten sich antisemitische Tendenzen in der deutschen Gesellschaft und die Proklamierung einer »jüdischen Gefahr«.

Deutsche Juden hatten in der zweiten Hälfte des 19. Jahrhunderts einen Grad der Integration und Assimilation erreicht, der sie in der deutschen Gesellschaft nahezu unsichtbar hatte werden lassen. Sie kleideten sich wie christliche Deutsche, heirateten nicht nur jüdische Partner, sondern auch christliche Partner und akzeptierten die traditionellen Werte der christlich-bürgerlichen Kultur, zum Beispiel die hohe Wertschätzung für Bildung. Es war aber gerade diese tiefe Integration in die deutsche Gesellschaft, die zur Unsichtbarkeit der jüdischen Minderheit führte und Antisemiten wie Wilhelm Marr, Bernhard Förster und Heinrich von Treitschke als eine »Gefahr« erschien.

Die Herausbildung der Arbeiterbewegung

In den 1860er Jahren entstand in den deutschen Staaten eine sozialistische Bewegung, die anfänglich in zwei Fraktionen gespalten war. Da waren zum einen die Anhänger von Ferdinand Lassalle (Lassalleaner) und zum anderen die Anhänger von Karl Marx (Marxisten). Lassalle und Marx standen für zwei unterschiedliche Wege zum Sozialismus. Während Lassalle die Vergesellschaftung der Produktionsmittel sowie die Überwindung der auf dem Privateigentum basierenden kapitalistischen Ausbeutung über die Einrichtung und Verbreitung von Produktionsgenossenschaften in einem langwierigen Transformationsprozess erreichen wollte, setzte Marx auf eine Revolution, die den Weg zu einer sozialistischen Wirtschafts- und Gesellschaftsordnung bereiten würde. Lassalle und Marx teilten die Einsicht, dass die Arbeiterschaft einer politischen Vertretung bedurfte, aber nur Marx glaubte auch an die Notwendigkeit einer gewerkschaftlichen Organisation. Mit dem 1863 in Leipzig gegründeten Allgemeinen Deutschen Arbeiterverein (Lassalleaner) und der 1869 in Eisenach ins Leben gerufenen Sozialdemokratischen Arbeiterpartei (Marxisten) entstanden die ersten sozialistischen Parteien in Deutschland. Vor allem nach ihrer Vereinigung zur Sozialistischen Arbeiterpartei im Jahr 1875 gelang es den Sozialisten mehr und mehr, Wähler vor allem in den urbanen Industriezentren für sich zu gewinnen. So stieg ihr Anteil von 312.000 Wählern und zwölf Reichstagsmandaten im Jahr 1881 auf 1,427 Millionen Wähler und 35 Reichstagssitze im Jahr 1890. Auch wenn damit die parlamentarische Repräsentation erheblich anwuchs, bildete die Zahl der Abgeordneten nicht den wachsenden Zuspruch der Wähler ab. So waren die Sozialisten nach Wählerstimmen in den Wahlen des Jahres 1890 zur stärksten Partei aufgestiegen, landeten aber wegen des Mehrheitswahlsystems – in den Stichwahlen verbündeten sich regelmäßig die bürgerlichen Parteien, um den Wahlerfolg eines sozialistischen Kandidaten zu verhindern – nach ihren Sitzen im Reichstag allerdings nur auf Platz fünf. Die katholische Zentrumspartei, die etwa 100.000 Stimmen weniger als die Sozialisten eingefahren hatte, erhielt dagegen 106 Sitze im Reichstag und stellte damit die stärkste Fraktion. Und die Deutschkonservative Partei, die nur 895.000 Stimmen – und damit fast eine halbe Million Stimmen weniger als die Sozialisten – errungen hatte, erhielt dennoch 73 Reichstagsmandate und damit mehr als doppelt so viele Mandate wie die Sozialisten.

Für Bismarck waren die Sozialisten ebenso Reichsfeinde wie die Katholiken, da sie eine Kultur repräsentierten, die nicht in das monarchistische Deutschland zu passen schien. Bismarck war zwar von der Notwendigkeit einer sozialen Reform, die die Lebens- und Arbeitsbedingungen der Arbeiter verbessern würde, überzeugt. Er glaubte aber nicht, dass es dazu einer politischen Vertretung der Arbeiterschaft in Gestalt der Sozialistischen Arbeiterpartei und einer wirtschaftlichen Vertretung in Form der sozialdemokratisch orientierten Freien Gewerkschaften bedufte. Zwei Anschläge auf das Leben Wilhelm I. gaben Bismarck den Vorwand für seine antisozialistische Gesetzgebung. Im Oktober 1878 gelang es Bismarck, eine aus Abgeordneten der konservativen und nationalliberalen Fraktion gebildete Mehrheit des Reichstags dazu zu bringen, dem Verbot aller sozialistischen Vereinigungen zuzustimmen. Mit den antisozialistischen Gesetzen wurden nicht nur die Sozialistische Arbeiterpartei und die sozialistischen Gewerkschaften verboten, sondern auch die dem sozialistischen Milieu zugerechneten Turn- und Bildungsvereine. Das Verbot traf auch die sozialistischen Zeitungen, Bücher und Verlage. Prominente Sozialisten konnten von ihrem Heimatort verwiesen und inhaftiert werden.

Nicht von dem Verbot betroffen waren allerdings die sozialistischen Reichstagsabgeordneten. Während die Gesetze die politischen Aktivitäten der Partei und der Gewerkschaften verboten, blieben sozialistische Abgeordnete des Reichstags, die als Personen und nicht als Repräsentanten einer Partei gewählt worden waren, in ihren Aktivitäten weitgehend unangetastet. So wuchs sogar die Zahl der sozialistischen Abgeordneten in den Jahren der antisozialistischen Gesetze von 1878 bis 1890 von neun auf 35. Die Fähigkeit von Sozialisten wie August Bebel, der 1884 sein Reichstagsmandat in Hamburg errungen hatte, und Wilhelm Liebknecht, der im gleichen Jahr sein Reichstagsmandat in Offenbach errungen hatte, weiterhin trotz des Verbots ihrer Partei parlamentarisch aktiv sein zu können, sowie die Möglichkeit, die Parteiarbeit unter der Tarnkappe von Turn- und Gesangsvereinen fortzuführen, sicherten das Überleben der sozialdemokratischen Bewegung während der zwölf Jahre der antisozialistischen Gesetze.

Diese Verbotsgesetze wurden von der Bismarck'schen Sozialgesetzgebung begleitet, die für die Arbeiterschaft ein Integrationsangebot darstellen und diese davon überzeugen sollte, dass es einer sozialistischen Arbeitervertretung nicht bedurfte. Bismarcks berühmte Sozialgesetze, die die Einführung einer Krankenversicherung im Jahr 1883, einer Unfallversicherung im Jahr 1884 und einer Alters- und Invaliditätsversicherung im Jahr 1889 einschlossen, sollten Arbeitern eine Alternative zum Sozialismus anbieten. Die Krankenversicherung erfasste etwa zehn Prozent der Deutschen und gewährte ihnen im Krankheitsfall vom dritten Krankheitstag ab für 13 Wochen ein Krankengeld in Höhe von mindestens 50 Prozent des entgangenen Lohns. Sie gewährte weiterhin die freie ärztliche Behandlung sowie die kostenfreie Abgabe von Medikamenten an den Versicherten. Die Versicherungsbeiträge beliefen sich auf drei Prozent des Arbeitereinkommens und wurden zu zwei Dritteln vom versicherungspflichtigen Mitglied und zu einem Drittel vom Arbeitgeber getragen.

Zur Ausführung des Gesetzes über die Krankenversicherung der Arbeiter wurden Ortskrankenkassen gebildet, die anfangs ihre Mitglieder nach dem Erwerbszweig, in dem sie arbeiteten, in Berufskrankenkassen zusammenfassten. So richtete etwa die im Jahr 1884 gebildete Leipziger Ortskrankenkasse, die für die Arbeiter der Stadt Leipzig sowie 42 umliegender Gemeinden zuständig war, 18 Berufskrankenkassen ein. Darunter befanden sich eine Krankenkasse für Metallarbeiter, eine für Barbiere, Friseure und Bader und eine für die Verkehrsgewerbe. Für jede der 18 Krankenkassen setzte der Rat der Stadt Leipzig, der als Aufsichtsbehörde für die Ortskrankenkasse fungierte, eine Generalversammlung – je Kasse 20 Arbeiter und zehn Arbeitgeber – und einen Vorstand ein. Doch bereits im ersten Geschäftsjahr wurden die Nachteile dieser Zersplitterung der Ortskrankenkasse deutlich. Da waren zum einen die unverhältnismäßig hohen Verwaltungskosten für 18 parallel arbeitende Krankenkassen, und zum anderen war es schwierig für einzelne Kassen, günstige Verträge mit Ärzten, Apothekern und Krankenhäusern abzuschließen. Die ungleichmäßige Verteilung der Mitglieder über die 18 Berufskrankenkassen, die unterschiedlich hohen Risiken von Berufskrankheiten und die unterschiedlichen Lohnniveaus ermöglichten es einzelnen Kassen, umfangreiche Rücklagen anzulegen, während andere Kassen mehr Ausgaben als Einnahmen verzeichneten. Daher beschlossen im Jahr 1887 die 18 Berufskrankenkassen unter dem Druck des Leipziger Stadtrats, sich zu einer Ortskrankenkasse zusammenzuschließen. Dieses Leipziger Modell wurde zum Vorbild für die Verwaltung von Ortskrankenkassen in ganz Deutschland.

Das Krankenversicherungsgesetz schrieb für die Ortskrankenkasse die Bildung einer Generalversammlung als kontrollierendes und eines Vorstands als ausführendes Organ vor, die sich aus den Versicherten und den beitragzahlenden Arbeitgebern zusammensetzen sollten. Für mitgliederstarke Kassen wie etwa in Leipzig wurde die Generalversammlung durch eine Vertreterversammlung ersetzt. Zur Wahl der Vertreter, die alle drei Jahre stattfinden sollte, waren alle Versicherten aufgerufen. Für jeweils 300 Versicherte wurde jeweils ein Vertreter gewählt. Diese Wahlen und die Verwaltungsstruktur der Ortskrankenkassen boten Sozialisten eine Möglichkeit, auf die Entscheidungen der Ortskrankenkassen Einfluss zu nehmen, Vertreter- und Verwaltungspositionen zu besetzen und damit die Ausformung des Sozialstaates mitzubestimmen.

Die Bismarck'sche Sozialgesetzgebung fand anfangs unter der Arbeiterschaft dennoch nur geringen Zuspruch. Insbesondere die Alters- und Invaliditätsversicherung traf auf erheblichen Widerstand und wurde als eine neue Form der Ausbeutung und nicht als soziale Wohltat wahrgenommen. Die Alters- und Invaliditätsversicherung wurde ebenso wie die Krankenversicherung durch Beiträge von Arbeitern und Arbeitgebern finanziert. Weil das Renteneintrittsalter aber anfänglich auf 71 Jahre und damit auf ein Alter festgesetzt war, das die wenigsten Deutschen vor dem Ersten Weltkrieg erreichten, sahen Arbeiter wenig Sinn darin, einen Teil ihres hart verdienten Lohns in diese Versicherung einzuzahlen. Im Jahr 1905 betrug der Anteil der über 70-Jährigen an der Gesamtbevölkerung lediglich 2,5 Prozent. Damit lag das Erreichen des Rentenalters von 71 Jahren für die überwiegende Mehrheit der Arbeiter außerhalb ihres Erfahrungsbereichs. Beiträge zur Rentenversicherung waren damit verlorenes Geld.

Das sozialistische Milieu

Bismarcks antisozialistische Gesetze zwangen nicht nur viele Sozialisten wie etwa Eduard Bernstein, das Land zu verlassen, sondern veranlassten die Parteiorganisation auch dazu, die Herausgabe ihrer Zeitung *Der Sozialdemokrat* ins Ausland zu verlegen. Diese von Georg von Vollmer und Eduard Bernstein herausgegebene Zeitung erschien ab September 1879 in Zürich und wurde von dort nach Deutschland geschmuggelt. In Deutschland setzten Genossen die Parteiarbeit unter dem Mantel von Turn-, Gesangs- und Bildungsvereinen fort, die als Tarnorganisationen für die verbotene Arbeiterpartei agierten. Von der Polizei überwacht, befanden sich diese Vereine in der ständigen Gefahr, zwangsweise aufgelöst zu werden.

Öffentlicher Treffpunkte und Versammlungsräume beraubt, trafen sich die Mitglieder dieser Vereine in Kneipen, die den Vereinsmitgliedern ein Vereinszimmer gaben, in dem Turngeräte wie etwa ein Reck, ein Barren oder ein Pferd aufgestellt waren oder Bücher und andere Publikationen in Regalen aufbewahrt wurden. Damit wurden Kneipen und der damit unweigerlich verbundene Bierkonsum zu einem Markenzeichen des sozialistischen Vereins- und Parteilebens im Deutschen Kaiserreich. Für die Kneipenwirte war dieses Arrangement aufgrund der politischen Überwachung der Vereine durchaus gefährlich, aber es bedeutete auch eine garantierte Einnahmequelle, da die Vereinsmitglieder sich verpflichteten, ein bestimmtes Volumen an Bier zu konsumieren. Falls die Vereinsmitglieder einmal nicht ihrer Verpflichtung nachkamen, mussten sie eine Ausgleichssumme (Lichtgeld) bezahlen. Kneipen wurden damit zum Zentrum der politischen Kultur der Sozialisten im Kaiserreich. Daran änderte sich auch nach dem Fall der antisozialistischen Gesetze wenig.

Bismarcks antisozialistische Gesetze zwangen Parteimitglieder zur Gründung von Vereinen, die zuerst als Tarnorganisationen für die politische Arbeit dienten, doch dann mehr und mehr Bedürfnisse nach einer attraktiven Freizeitgestaltung weckten und erfüllten. Das hier betriebene Turnen, Singen und später auch Wandern entwickelte eine Attraktivität unter den Arbeitern, die diese kulturellen Praktiken auch nach dem Fall der antisozialistischen Gesetze nicht mehr aufgeben wollten. Nach der Legalisierung der Sozialistischen Arbeiterpartei war es daher unmöglich, diese geselligen Vereine wieder aufzulösen. Der Widerstand unter den Mitgliedern war zu groß. Vor allem Turnvereine und Gesangsvereine zogen in den 1890er und 1900er Jahren immer mehr Mitglieder an, und die Zahl dieser sozialistischen Freizeitvereine in Städten wie Leipzig wuchs enorm. So kletterte etwa die Zahl der in den Leipziger Arbeiterturnvereinen organisierten Mitglieder von 4.500 im Jahr 1878 auf 12.000 im Jahr 1890.

Insbesondere das Turnen besaß eine große Anziehungskraft unter den Arbeitern und den sozialistischen Funktionären. Das von Friedrich Ludwig Jahn in der ersten Hälfte des 19. Jahrhunderts entwickelte, auf Harmonie und Koordination der Bewegungen ausgerichtete Turnen war mit Ideen der nationalen Befreiung und des Liberalismus verbunden und passte daher in ein Weltbild, das auf sozialer Gleichheit aufgebaut war. Der Ausschluss turnerischen Wettkampfes und damit auch der Idee eines überlegenen Siegers machte das Turnen in den Augen sozialistischer Funktionäre zur idealen Freizeitbeschäftigung für Arbeiter und zur Schule für eine künftige sozialistische Gesellschaft.

Es entstanden auch Bildungsvereine und Arbeiterbibliotheken, die den Arbeitern Bildungsmöglichkeiten boten, die sie in der Volksschule nicht erhalten hatten. Hier liegen auch die Wurzeln der Erwachsenenbildung in Abendkursen, in denen Arbeiter nicht nur in die sozialistischen Theorien von Marx und Lassalle eingeführt wurden, sondern auch Kurse über Dichtung und Buchhaltung besuchen konnten. Arbeiterbildungsvereine wie etwa das Arbeiterbildungsinstitut in Leipzig organisierten Theaterbesuche, Opernbesuche und Konzertbesuche. Da Einrichtungen wie das städtische Theater oder das berühmte Gewandhaus den Leipziger Arbeitern verschlossen blieben, organisierte das 1907 gegründete Leipziger Arbeiterbildungsinstitut Kammermusikabende und Theatervorstellungen. Erst in den Jahren des Ersten Weltkrieges gelang es dann, auch Vorstellungen im Gewandhaus speziell für ein Arbeiterpublikum zu organisieren.

In den 1880er Jahren kamen dann auch die Konsumgenossenschaften hinzu, die von den englischen Konsumgenossenschaftsgründungen in der Tradition der Rochdaler Konsumgenossenschaft inspiriert worden waren. Der 1884 gegründete Plagwitzer Konsumverein war einer der ersten sozialistischen Konsumgenossenschaften, die in Deutschland gegründet worden waren. Diese Genossenschaften entstanden in bewusster Konkurrenz zu mittelständischen Geschäften, die ihre Kundschaft durch die Praxis des Anschreibens und des Kaufens auf Kredit an sich banden. Es war das Ziel der sozialistischen Konsumvereine, die Abhängigkeit der Arbeiterfamilien von diesen Geschäften, die ihre Waren in schlechter Qualität zu überhöhten Preisen anboten, zu brechen und eine neue Verkaufskultur zu etablieren. Sie waren Bestandteil des Versuches, innerhalb des kapitalistischen Systems die Ansätze einer Wirtschaftsdemokratie zu entwickeln, in der der Käufer auch Eigentümer der Genossenschaft war und in der die Preise fair bestimmt wurden. Konsumgenossenschaften wie der Plagwitzer Konsumverein entwickelten sich rasch zu Großunternehmen mit Tausenden von Genossenschaftern und zahlreichen Verkaufsstellen. Am Vorabend des Ersten Weltkrieges zählte der Plagwitzer Konsumverein fast 33.000 Mitglieder – das waren etwa 5 Prozent der Einwohner der Stadt Leipzig –, denen 76 Verkaufsstellen, Bäckereien, Fleischereien und sogar drei Kaufhäuser zum Einkaufen zur Verfügung standen.

Diese Vereine und ihre Aktivitäten schufen eine sozialistische Gegenkultur zur konservativen monarchischen Kultur, die auf mehr und mehr

Arbeiter in den deutschen Großstädten und Industriezentren eine wachsende Anziehungskraft ausübte. In den sechs Jahrzehnten von den 1870er bis in die 1920er Jahre wuchsen die Zahl der Vereine, die Bandbreite ihrer Aktivitäten sowie die Zahl der Mitglieder enorm. Kinder aus Arbeiterfamilien wurden in dieses sozialistische Milieu hineingeboren, sie wurden in die Kinderfreunde aufgenommen, wo sie nur Kinder aus anderen Arbeiterfamilien, nicht aber aus bürgerlichen Familien trafen. Wenn sie älter wurden und nach ihrem Volksschulabschluss anfingen, in den Fabriken zu arbeiten, traten sie einem der Turn- und Sportvereine bei oder sangen in einem Chor. Die Familiengründung ging mit dem Erwerb einer Mitgliedschaft im Konsumverein oder später auch in einigen Fällen mit dem in einer Baugenossenschaft einher. Arbeiter lebten nicht nur in ihren eigenen Wohnvierteln, sie kauften auch in ihren eigenen Geschäften ein. Sie trafen sich in ihren Kneipen, wo sie andere Arbeiter trafen und wo sie ihre sozialistischen Zeitungen lasen. Sozialismus war für die Arbeiter keine abstrakte Idee, sondern eine gelebte Wirklichkeit in Form einer sozialistischen Gegenkultur zur dominanten konservativen Kultur.

Die Vereine und die Vereinskultur gaben der sozialistischen Bewegung in Deutschland eine spezifische Ausprägung, die sie von den sozialistischen Bewegungen in Frankreich, Italien und England grundsätzlich unterschied. Der deutsche Sozialismus war nicht nur eine politische Bewegung geblieben, sondern entwickelte sich zu einem kulturellen und wirtschaftlichen Phänomen. Vereine trugen zur Transformation der politischen Bewegung in eine Gegenkultur bei, die den Sozialisten sprichwörtlich von der Wiege bis zur Bahre mit vielfältigen Freizeit- und Unterstützungsangeboten begleitete. Damit trugen die Vereine auch zur generellen Politisierung der deutschen Gesellschaft und deren Spaltung in politische Lager bei, die nicht nur politisch, sondern eben auch kulturell bestimmt waren. Arbeiter trafen sich in sozialistischen Turnvereinen, Bürger in konservativen Turnvereinen. Selbst kulturelle Praktiken wie das Singen im Chor geschah unter politischen Vorzeichen und führte zur parallelen Existenz von sozialistischen, bürgerlichen und katholischen Chören. Eine derartige Spaltung der Gesellschaft entlang politisch-ideologischer Bruchlinien entwickelte sich in allerdings weniger ausgeprägter Form nur noch in Österreich und in den Niederlanden.

Diese Vereine waren letztlich auch für die Entradikalisierung der deutschen Sozialisten verantwortlich. Turn- und später Sportvereine verlagerten zumindest ihre sportlichen Aktivitäten allmählich aus den

Vereinszimmern der Kneipen auf vereinseigene Sportfelder, Sporthallen und Schwimmbäder, die aus Mitgliedsbeiträgen finanziert wurden. Bildungsvereine errichteten Bibliotheken und Vereinshäuser. Die sozialistische Bewegung entwickelte nicht nur ein dichtes Vereinsnetz, sondern auch eine wertvolle Infrastruktur. Sozialisten hatten damit etwas zu verlieren, wenn es zu gewalttätigen Auseinandersetzungen kommen würde. Daher war die sozialistische Bewegung in Deutschland eben nicht wie in Italien, Frankreich, Russland und den USA von anarchistischen Tendenzen durchdrungen, sondern von einer auf langsame und friedliche Veränderung der Gesellschaft setzende Pragmatik.

Die zuerst gegen die Katholiken und dann gegen die Sozialisten gerichteten Verbotsgesetze wirkten in den ersten zwei Jahrzehnten der deutschen Nationalstaatsgründung kontraproduktiv für die Stiftung einer deutschen Nationalidentität, da große Teile des deutschen Staatsvolkes aktiv ausgegrenzt wurden. Während Bismarcks Außenpolitik von dem Gedanken bestimmt wurde, die Feinde des Deutschen Kaiserreiches auseinander zu halten und somit eine Gefahr für die Existenz des jungen Kaiserreiches abzuwenden, fehlte ihm dasselbe Fingerspitzengefühl in der Innenpolitik. Sowohl die Ausgrenzung der Katholiken als auch die Verfolgung der Sozialisten waren das genaue Gegenteil einer auf Zusammenführung der Menschen in einer deutschen Nation ausgerichteten Politik. Lediglich seine Sozialgesetze, die anfänglich auf wenig Gegenliebe unter den Arbeitern stießen, entwickelten sich allerdings erst in der zweiten Hälfte des 20. Jahrhunderts zu einer deutschdeutschen Staatsidentität, die das Vertrauen auf den Staat über private Selbstverantwortung stellte.

Das konservative Milieu

Den konservativen und monarchischen Vereinen und Organisationen standen im Gegensatz zu ihren sozialistischen Gegenspielern öffentliche staatliche und kommunale Gebäude und Räumlichkeiten sowie öffentliche Parks und Plätze offen. Sie waren daher nicht dazu gezwungen, sich eine eigene bauliche Infrastruktur zu schaffen. Die Kriegervereine bildeten das Zentrum des konservativen Milieus in Städten wie Leipzig, das im Jahr 1905 immerhin über 107 Kriegervereine mit 12.615 Mitgliedern verzeichnete. Auch wenn die ersten Kriegervereine schon in den Jahren nach den antinapoleonischen Kriegen entstanden waren, erlangten Kriegervereine eine sozial exponierte Stellung erst in den 1860er und 1870er Jahren im Kontext der Kriege gegen Dänemark, Österreich und Frankreich. Anfänglich standen sie allen ehemaligen Soldaten offen, die an diesen Kriegen teilgenommen hatten. Kriegervereine boten ihren Mitgliedern einen Raum für das gesellige Zusammensein und die Memorialisierung ihrer kriegerischen Aktivitäten. Sie boten ihren Mitgliedern aber auch finanzielle Unterstützung im Krankheitsfall und finanzielle Beihilfen für die Familien der Kriegsveteranen im Todesfall eines Mitglieds. Nach der Einführung der antisozialistischen Gesetze drängten konservative Führungskräfte in den Kriegervereinen auf den Ausschluss all derjenigen Kriegsveteranen, die aktive Sozialisten waren. Damit wandelten sich diese Kriegervereine von sozial und politisch inklusiven Organisationen zu eindeutig konservativen Organisationen, die zu einer wichtigen Säule des monarchischen Systems wurden. Kriegervereine organisierten regelmäßig öffentliche Aufmärsche und Versammlungen zu Ehren monarchischer Herrscher und insbesondere zur Feier des Geburtstags der Landesherren sowie zu den Jahrestagen bedeutender Schlachten.

Derartige Aufmärsche fanden immer im Stadtzentrum statt und brachten Tausende von begeisterten Zuschauern in die Städte. In den 1870er Jahren organisierten die Kriegervereine zahlreiche Festlichkeiten zum Andenken an die Schlachten in Dänemark und Frankreich. Der Krieg gegen Österreich und die Schlacht bei Königgrätz wurden weitgehend ausgeklammert, da sie schlecht in das nationalistische Narrativ der Vereinigung aller Deutschen passte. Diese Festlichkeiten wurden rasch zu Ritualen, die Gottesdienste und öffentliche Paraden der Kriegervereinsmitglieder einschlossen, die uniformiert zum Kriegerdenkmal ihrer Stadt zogen, wo Führer der Kriegervereine und Repräsentanten des Stadtrates Reden hielten.

Aus der Vielzahl der so memorialisierten Schlachten kristallisierten sich rasch die Feierlichkeiten zum Andenken an die Schlacht von Sedan am 2. September 1870, die zur Kapitulation der französischen Armee geführt hatte, als die bedeutendsten Festivitäten im Festkalender der Kriegervereine und der deutschen Öffentlichkeit heraus. Der Sedantag war dabei nicht nur ein von den Kriegervereinen organisiertes und begangenes Ereignis, sondern wurde zum öffentlichen Treffpunkt all derjenigen Vereine und Organisationen, die sich als Teil des konservativen Milieus in einer Stadt verstanden. So boten etwa bürgerliche Turnvereine öffentliche Turnvorführungen, und bürgerliche Chöre und Gesangsvereine trugen patriotische Lieder vor.

Zum konservativen Milieu gehörten aber auch bürgerliche Honoratiorenvereine und Hausbesitzervereine, die sowohl eine gesellige als auch eine politische Funktion besaßen. Hier trafen sich die wohlhabenden Bürger der Stadt in Vereinshäusern für private Konversation, gesellige Zusammenkünfte und Feiern. Diese Vereine beteiligten sich sowohl an der Unterstützung von Stadtarmen durch die Sammlung von Spenden und die Verteilung der Spendengelder unter den Bedürftigen als auch an der Aufstellung von bürgerlichen Kandidaten für die Wahlen zum Stadtrat.

Hierzu gehörten weiterhin Baugenossenschaften, die von staatlichen Unternehmen wie den Bahngesellschaften für ihre Beamten initiiert und von den Bundesstaaten finanziell unterstützt wurden. Und dann waren da noch die Schreber- und Kleingartenvereine, die zuerst in Leipzig in den 1860er Jahren entstanden waren und von hier aus die Gründung derartiger Vereine in allen deutschen Städten inspirierten. Geboren waren diese Vereine aus dem Bedürfnis mittelständischer Familien und von Erziehern wie Ernst I. Hauschild und Karl Gesell, Großstadtkindern in Leipzig einen von Gärten umgebenen Spielplatz einzurichten.

Import aus England: das Fußballspiel

Aufgrund dieser tiefen Zersplitterung der deutschen Gesellschaft wurden neue Ideen und kulturelle Praktiken, die aus anderen Ländern und Kulturen nach Deutschland kamen, nicht von einer Nationalkultur aufgenommen, sondern in die einzelnen Subkulturen und Milieus integriert und parallel entwickelt. Als zum Beispiel in den 1870er Jahren das Fußballspiel aus England nach Deutschland schwappte, kam es zur parallelen Entwicklung einer konservativen und einer sozialistischen Fußballkultur, die sich bis 1933 voneinander unbeeinflusst entwickelten und nebeneinander existierten.

Das Fußballspiel wurde im letzten Drittel des 19. Jahrhunderts durch englische Schüler und Studenten, die Gymnasien, Technische Hochschulen und Universitäten in deutschen Städten wie Stuttgart, Braunschweig und Dresden besuchten, nach Deutschland gebracht. In vielen deutschen

Städten hatten sich englische Kolonien etabliert, in denen sich oftmals Hunderte von englischen und amerikanischen Kaufleuten, Ingenieuren und Besuchern für Monate und Jahre mit ihren Familien niederließen. Die englische Kolonie in Dresden zählte im Jahr 1895 immerhin etwa 2.000 Engländer und Amerikaner, die diese Stadt zu ihrer zeitweiligen Heimat gemacht hatten. Englische Kolonien wie in Dresden entwickelten ihre eigene Infrastruktur mit englischen Schulen, englischsprachigen Gottesdiensten, englischsprachigen Zeitungen und geselligen Vereinen. In diesen englischen Kolonien wurde in den 1860er Jahren das Fußballspiel von englischen Jugendlichen, die es an den Privatschulen ihres Heimatlandes gelernt hatten, zuerst gespielt.

Die ersten Ansätze für das moderne Fußballspiel waren als Teil schulreformerischer Bemühungen des Rektors der privaten Public School von Rugby, Thomas Arnold, in den 1840er Jahren entwickelt worden. Arnold hatte Ballspiele vor allem deshalb in den Lehrplan seiner Schule aufgenommen, um den Schülern eine attraktive sportliche Beschäftigung anzubieten, die ihnen eine aktive Rolle im Bildungsprozess zusprach. Das Ballspiel verlangte von den Spielern Initiative, Disziplin und Zusammenarbeit im Team, um den Sieg über die gegnerische Mannschaft zu erringen. Da die Regeln des Spiels einfach, öffentlich einsehbar und von den Schülern vor Beginn des Spiels freiwillig akzeptiert waren, mussten Lehrer nicht mehr Disziplin durch körperliche Bestrafung der Schüler verordnen, sondern konnten sich als Schiedsrichter vermittelnd betätigen.

Das Fußballspiel entstand in der Form des Rugbys, das die Aufnahme des Balls mit den Händen erlaubte, an der privaten Public School von Rugby und als Fußballspiel, das das Berühren des Balls nur mit den Füßen erlaubte, an der privaten Public School von Eaton. Beide Schulen dienten den Familien der englischen Oberschicht als Bildungsstätte für ihre Kinder. Nach ihrem Schulabschluss besuchten diese Schüler weiterführende Bildungseinrichtungen in England oder in Deutschland – und sie brachten das Fußballspiel in seinen beiden Ausformungen mit sich. Im 19. Jahrhundert waren die Unterschiede zwischen Rugby und Fußball noch wenig ausgebildet und nur in Ansätzen kodifiziert. Die von englischen und deutschen Schülern und Studenten ausgeführten Ballspiele waren immer eine Mischform aus den in Rugby und Eaton gespielten Ballspielen.

Es waren Absolventen der englischen Public Schools, die das Ballspiel in den 1860er Jahren zuerst nach Stuttgart und dann auch nach Braunschweig brachten. In Braunschweig wurde das Martino-Katharineum-

Gymnasium aufgrund der ersten Fixierung der Fußballregeln zur Wiege des Fußballsports in Deutschland. Dem Braunschweiger Lehrer für Latein und Altgriechisch Konrad Koch fiel dabei eine zentrale Rolle zu. Koch erkannte rasch das Potential des Fußballspiels für eine umfassende Schulreform, die mit der tradierten Lernweise brechen und dem Schüler eine aktive Rolle im Lernprozess zuerkennen würde. Koch hatte die negativen Auswirkungen des rigiden, auf das Auswendiglernen ausgerichteten Unterrichtssystems auf seine Schüler erkannt. Hinzu kam, dass diese Schüler selbst im Turnunterricht nur wenig herausgefordert wurden. Turnen war auf die Freiübungen beschränkt, die in der ersten Hälfte des 19. Jahrhunderts von Friedrich Ludwig Jahn als Bestandteil der liberalen Nationalbewegung entwickelt worden waren. Turnübungen erfolgten meistens ohne Geräte und waren auf militärische Marschübungen konzentriert. Es ging hier um Harmonie, Unterordnung und Konformität. Turnen trug damit zur Erziehung von Untertanen bei, aber nicht zur Heranbildung von Unternehmern, die in der Industrialisierung Deutschlands bereit waren, Risiken einzugehen, und zum Erreichen eines gemeinsamen Ziels zusammenarbeiten konnten. Turnen wurde daher zunehmend von den Eltern der Gymnasiasten, die aus dem Wirtschaftsbürgertum stammten, als anachronistisch abgelehnt und von den Schülern als langweilig empfunden.

Koch setzte sich daher für die Einführung des Fußballspiels ein, um seinen Schülern eine aktive Rolle im Lernprozess zu geben und um sie auf die Spielregeln einer marktwirtschaftlichen Gesellschaft vorzubereiten, in der Eigeninitiative, Risikobereitschaft und Teamarbeit wichtige Werte und Fähigkeiten darstellten. Kochs Ballspiel traf auf das Interesse der Schüler und erfreute sich rasch großer Beliebtheit. Um das Ballspiel als Schulspiel zu etablieren, musste Koch aber nicht nur die Regeln festlegen, sondern sie zunächst einmal aus dem Englischen übersetzen und sie den deutschen Verhältnissen anpassen. Koch veröffentlichte die ersten deutschen Fußballregeln im Jahr 1875. Auch wenn er große Sympathien für das Rugbyspiel hatte, das das Aufnehmen des Balls mit den Händen erlaubte, entschied er sich letztlich doch dafür, dass der Ball nur mit den Füßen berührt werden dürfte. Damit trug er den Bedürfnissen seiner Kollegen Rechnung, die sich von dem Ballspiel vor allem eine Befriedung und Disziplinierung der Schülerschaft erhofften, die die Autorität der Lehrer immer offener herausforderte. Das Spielfeld hatte zwei Male (Tore), die wie beim Rugby aus zwei fünf Meter voneinander entfernten

Pfosten bestanden, die durch eine Querstange miteinander verbunden waren, die mindestens drei Meter über dem Boden angebracht wurde. Das Ziel des Spiels war es noch nicht, den Ball in das Tor zu schießen, sondern vielmehr über die Querstange. Die nur in den Herbstmonaten ausgetragenen Fußballspiele dauerten eine Stunde, wobei ein Seitenwechsel der beiden aus 15 Spielern bestehenden »Gespielschaften«, die von einem »Fußballkaiser« angeführt wurden, nach 30 Minuten erfolgte. Fairplay war das wichtigste Kennzeichen dieser Ballspiele, in denen jeglicher Körperkontakt vermieden werden sollte. Gewonnen hatte diejenige Gespielschaft, die die höchste Punktzahl erringen konnte. Für jeden über das gegnerische Mal geschossenen Ball erhielt die Gespielschaft 20 Punkte. Jeder fehlgeschlagene Versuch wurde mit 5 Punkten belohnt.

Dieser neue Ballsport traf anfangs sowohl in konservativen als auch in sozialistischen Kreisen auf gewaltigen Widerstand. In dem englischen Fußballspiel sahen die Konservativen vor allem einen Import aus dem gegnerischen Ausland. Fußballspielen war für sie Hochverrat am deutschen Kaiserhaus. Das vor allem an höheren Bildungseinrichtungen, die nur den Söhnen aus bürgerlichen und adligen Familien offenstanden, in England und Deutschland gespielte Ballspiel machte Fußball aber auch für Sozialisten inakzeptabel. Die Konzentration auf Wettbewerb und Sieg stieß Konservative und Sozialisten gleichermaßen ab. Beide Lager zogen das auf Harmonie und Unterordnung ausgerichtete Turnen dem modernen Ball- und Mannschaftssport vor. Dass Fußball dennoch zu einem populären Spiel wurde, war vor allem der Begeisterung unter den Jugendlichen in beiden Lagern zu verdanken. Arbeitersöhne fanden den neuen Sport ebenso attraktiv wie die Söhne von Bürgern. Fußballspielen wurde damit zur ersten Jugendrevolte in der modernen Geschichte.

Die Aufnahme des Fußballspiels in den Lehrplan des Martino-Katharineums in Braunschweig wurde zum Vorbild der Schulreform im Herzogtum Brauschweig und darüber hinaus. Gymnasiallehrer im Königreich Sachsen und im Königreich Preußen folgten dem Braunschweiger Vorbild und der Anleitung Kochs und führten das Ballspiel in den 1880er und 1890er Jahren in ihren städtischen Gymnasien wie etwa in Leipzig und Berlin ein. Damit stellten sich die Gymnasiallehrer gegen die lokalen Turnverbände der konservativen Deutschen Turnerschaft, die das Spiel grundsätzlich ablehnten und ihre Mitglieder, unter denen sich auch die Gymnasiallehrer befanden, mit Ausschluss bedrohten, sollten sie an Fußballspielen teilnehmen oder diese popularisieren. Turnlehrer und vor allem Gymnasiasten und Studenten ignorierten diese Ausgrenzungsstrategie und spielten Fußball nicht nur in der Schule, sondern auch in ihrer Freizeit. In Leipzig trafen sich in den 1880er Jahren regelmäßig Schüler der städtischen Gymnasien auf den Wiesen vor den Toren der Stadt und spielten Fußball, wie sie das Spiel verstanden. Diese Fußballspiele verliefen weitgehend unreguliert und oftmals ohne Aufsicht durch Turnlehrer und Schiedsrichter. Mannschaften wurden aus den teilnehmenden Schülern gebildet, deren Zahl schwankte. Da Fußbälle noch nicht in Deutschland produziert wurden und aus England kostspielig eingeführt werden mussten, spielten diese Gymnasiasten häufig mit Bällen, die nicht für dieses Spiel gemacht worden waren. Diese wilden Spiele waren Ausdruck einer rebellischen Jugendkultur, in der sich die Jugendlichen von den tradierten kulturellen Praktiken des Turnens abwandten und eine kulturelle Praxis adaptierten, die von ihren Eltern vehement bekämpft wurde.

Der konservative Widerstand gegen den neuen Sport wurde erst durchbrochen, nachdem die preußische Regierung das Potential des Fußballspielens für die körperliche Ertüchtigung erkannte und im Jahr 1882 für dessen Aufnahme in den Lehrplan der Gymnasien eintrat. Diese Wende führte zu einer raschen Verbreitung des Fußballsports und zur Gründung von Fußballvereinen in allen deutschen Städten. Diese bürgerlichen Fußballvereine wurden als Untergruppen der Deutschen Turnerschaft aufgenommen und damit in das konservative Milieu integriert. Als im Jahr 1889 die Turnvereine der Deutschen Turnerschaft sich zu ihrem Jahrestreffen in München einfanden, nahmen erstmals auch Fußballvereine teil. Und der Leipziger Fußballverein trug ein öffentliches Spiel gegen den Londoner Fußballverein *Orion* vor. Derartige öffentliche Fußballspiele waren noch selten und primär dazu gedacht, den Sport unter den Mitgliedern der Deutschen Turnerschaft zu popularisieren. Fußball war noch nicht ein Zuschauersport, sondern wurde weitgehend ohne Publikum gespielt. In den 1890er Jahren stieß Fußball innerhalb des konservativen Milieus auf eine wachsende Akzeptanz, was sich vor allem an der Aufnahme von öffentlichen Fußballspielen in die Feierlichkeiten am jährlichen Sedantag ausdrückte.

Diese wachsende Akzeptanz des Fußballspiels unter konservativen und monarchistischen Kräften bestätigte die Funktionäre des sozialistischen Arbeiterturnerbundes in ihrer grundsätzlichen Ablehnung dieses Sports, der nicht nur zu bürgerlich, sondern nun auch als zu monarchistisch erschien. Aber auch hier erfreute sich das Fußballspiel einer wachsenden Beliebtheit unter den Jugendlichen, die ebenso wie ihre bürgerlichen Gegenspieler wenig Interesse an den tradierten Turnübungen aufbrachten. Die Jugendlichen, die aus Arbeiterfamilien stammten und lediglich die Volksschule besucht hatten, waren aber insofern im Nachteil, als sie nicht wie die Gymnasiasten das Fußballspiel als Teil ihrer Schulausbildung erlernt hatten. Daher gestalteten sich die Fußballspiele dieser Jugendlichen weitaus unregulierter und gewaltvoller, da die Spielregeln kaum bekannt waren und Schiedsrichter fehlten. Fußballspiele der Arbeiterjugend fanden auf Spielfeldern ohne jede Spielfeldmarkierung, ohne Tore und ohne geeignete Fußbälle statt. Auch wenn damit in den 1880er Jahren sowohl Gymnasiasten als auch Arbeiterjungen sich auf den Wiesen und Feldern vor der Stadt zusammenfanden, um das von ihren Eltern verpönte Fußballspiel zu spielen, so geschah dies jedoch getrennt voneinander. Gymnasiasten spielten nicht gegen Arbeiterjungen, sondern Gymnasiasten traten nur gegen Gymnasiasten an und Arbeiterjungen lediglich gegen Arbeiterjungen. Selbst in der Jugendrebellion blieben die Welt der Arbeiter und diejenige der Bürger getrennt.

Die Vereinsfunktionäre des sozialistischen Arbeiterturnerbundes drohten ebenso wie die Verantwortlichen der konservativen Deutschen Turnerschaft ihren Mitgliedern mit Ausschluss, falls sie an Fußballspielen teilnahmen oder diese propagierten. Derartige Drohungen wurden aber auch von den aus Arbeiterfamilien stammenden Jugendlichen zunehmend ignoriert. Doch während die Deutsche Turnerschaft ihren Widerstand gegen das Fußballspiel bereits in den 1880er Jahren aufzugeben begann, dauerte es im Fall des Arbeiterturnerbundes bis in die 1910er Jahre, bevor auch unter den sozialistischen Funktionären ein Gesinnungswandel eintrat. Erst im Jahr 1912 erlaubte die Führung des Arbeiterturnerbundes die Aufnahme von sozialistischen Fußballvereinen in die sozialistische Turnorganisation. Den in den Arbeiterturnerbund aufgenommenen Fußballvereinen wurde jedoch strengstens untersagt, gegen konservative Fußballvereine, die der Deutschen Turnerschaft angehörten, anzutreten. Sozialistische Fußballvereine durften also nur gegen sozialistische Fußballvereine spielen. Dies war für einen auf Wettkampf ausgerichteten Sport wie Fußball eine große Herausforderung, weil damit die Zahl der potentiellen Gegner erheblich eingegrenzt wurde.

Mit der Aufnahme der Fußballvereine in die Deutsche Turnerschaft und in den Arbeiterturnerbund sicherten sich das konservative und das sozialistische Milieu einen Zufluss an neuen und jungen Anhängern und somit das Überleben der Milieus bis in die 1920er Jahre.

Die boomende Zivilgesellschaft

Die Industrialisierung der deutschen Gesellschaft schuf einen bis dahin nicht gekannten Wohlstand, der aufgrund seiner ungleichmäßigen Verteilung auch zu enormen sozialen Gegensätzen führte. Die Einkommensstatistik aus dem Jahr 1895/96 offenbart, dass von 30 Millionen Preußen lediglich 2,6 Millionen, was in etwa neun Prozent der Bevölkerung entsprach, über Einkommen verfügten, die über dem Mindesteinkommen von 900 Mark pro Jahr lagen, ab dem Steuern fällig wurden. Von diesen 2,6 Millionen Preußen verfügten 88 Prozent der Steuerzahler über Einkommen zwischen 900 und 3.000 Mark pro Jahr. Weitere acht Prozent hatten Einkommen von jährlich 3.000–6.000 Mark, zwei Prozent Einkommen von 6.000–9.500 Mark und weitere zwei Prozent verfügten über Einkommen von mehr als 9.500 Mark pro Jahr.

Wohlhabende preußische Staatsbürger zahlten neben der Einkommenssteuer auch eine Vermögenssteuer, wenn sie über Vermögen in Form von Geldwerten, Grund und Boden oder Aktien im Wert von mindestens 6.000 Mark verfügten. Im Jahr 1895 waren insgesamt 1,1 Millionen Preußen, was etwa vier Prozent der Bevölkerung entsprach, dazu verpflichtet, Vermögenssteuern an den Staat zu entrichten. Etwa 0,45 Prozent der zur Zahlung der Vermögenssteuer verpflichteten Steuerzahler verfügten über Vermögen von mehr als einer Million Mark. Damit waren 5.256 Preußen im Jahr 1895 Millionäre. In den folgenden 20 Jahren wuchs die Zahl der Millionäre nicht nur in Preußen stetig und erreichte bis 1914 die Zahl von etwa 16.000 deutschen Millionären.

Diese Akkumulierung privater Vermögen war eine Grundvoraussetzung für die Entwicklung einer boomenden Zivilgesellschaft, in der eine von Jahr zu Jahr wachsende Zahl von Bürgern und Bürgerinnen sich als Stifter und Stifterinnen zugunsten sozialer und kultureller Einrichtungen und Zwecke betätigten. Städtische und staatliche Museen, Bibliotheken, Krankenhäuser, Universitäten und Gymnasien wurden im Kaiserreich zu einem großen Teil privat finanziert und konnten ohne die Unterstützung durch wohlhabende Stifter nicht überleben. Kommunale und staatliche

Zuschüsse zur Unterhaltung dieser öffentlichen Einrichtungen waren bei weitem nicht ausreichend, um diese Einrichtungen zu unterhalten. Daher mussten sich die königlichen Museen auf Unterstützungsvereine und Stiftungen einzelner Stifter verlassen.

Öffentliche Museen und Museumsvereine

Das Museum als Ausstellungsort von Kunst, Kultur und Industrie zur Unterhaltung und Bildung des Publikums entstand im 19. Jahrhundert als Teil eines Wettbewerbs zwischen feudalen Herrschern und städtischem Bürgertum um die soziale, kulturelle und politische Vorherrschaft in den deutschen Staaten. In den 1820er Jahren begannen die Landesfürsten von Preußen, Bayern, Baden und Sachsen in ihren Residenzstädten mit der Errichtung von Museumsgebäuden, in denen sie ihre wertvollen Sammlungen von Kunstobjekten, Antiquitäten und Raritäten öffentlich zur Schau stellten. Es waren aber nicht nur Könige und Herzöge, die sich mit der Einrichtung von Kunstsammlungen und der Gründung von öffentlichen Kunstmuseen befassten. Kunstsammlungen wie die Preußische Nationalgalerie in Berlin waren häufig das Ergebnis einer Zusammenarbeit von königlichen oder großherzoglichen Herrschern mit wohlhabenden bürgerlichen Stiftern, die sich gleichermaßen um die Errichtung und Ausstattung eines Museums bemühten. So wurde zum Beispiel die Gründung der Preußischen Nationalgalerie in Berlin durch das Vermächtnis des einflussreichen Berliner Bankiers Joachim H. W. Wagener initiiert, in dem er seine umfangreiche Sammlung von 262 Gemälden im Wert von etwa 100.000 Talern dem preußischen Staat hinterließ. Unmittelbar nach seinem Tod wurde die Wagener'sche Sammlung zunächst in der Berliner Königlich Preußischen Akademie der Künste öffentlich ausgestellt, bevor sie im Jahr 1876 ihr eigenes Museumsgebäude auf der Museumsinsel erhielt. Wagener hatte seine Sammlung von Anfang an als den Kern einer nationalen Kunstsammlung betrachtet, die eines Gehäuses in Form eines Museumsgebäudes bedurfte, das der preußische Staat bereitstellen sollte.

Es waren aber nicht nur einzelne Stifter, die Museumsprojekte auf den Weg brachten, sondern vor allem Kunstvereine, die weniger Vereine von Künstlern, sondern vielmehr Vereine von Kunstförderern waren, die sowohl Gemäldesammlungen als auch Museumsgebäude finanzierten. Kunstvereine, die in vielen Fällen Tausende von Mitgliedern zählten, entstanden im 19. Jahrhunderts in fast allen großen zentraleuropäischen Städten. Der Münchner Kunstverein (1821) und der Kunstverein in Halberstadt (1830) scheinen hierbei eine Vorreiterrolle für die Gründung derartiger Vereine in den Städten des Deutschen Bundes gespielt zu haben. Im Zeitraum von 1821 bis 1853 entstanden insgesamt 41 Kunstvereine in den Groß-, Mittel- und Kleinstädten des Deutschen Bundes. Diese Kunstvereine organisierten Kunstaustellungen, unterstützten lokale Künstler durch die Auktion ihrer Kunstwerke unter den Vereinsmitgliedern und trieben die Gründung von Kunstmuseen voran. Der im Jahr 1837 gegründete Leipziger Kunstverein zählte zu den erfolgreichsten Vereinsgründungen, der das Ziel eines öffentlichen Kunstmuseums für die Stadt konsequent verfolgte und dank einer Stiftung im Jahr 1858 auch erreichen konnte.

Den Gründern des Leipziger Kunstvereins war von Anfang an klar, dass der reguläre Mitgliedsbeitrag der Vereinsmitglieder von lediglich drei Talern unzureichend war, um das Vorhaben eines Kunstmuseums in seinem eigenen Gebäude in die Tat umzusetzen. Mit fast 1.000 Mitgliedern im Gründungsjahr belief sich das Jahresbudget des Vereins auf gerade einmal 3.000 Taler. Die Vereinsgründer hofften daher auf die Bereitschaft einzelner Bürger und Vereinsmitglieder, dem Kunstverein größere Kunst- und vor allem Geld-Stiftungen zur Finanzierung eines Museumsneubaus zu hinterlassen. Diese Hoffnung erfüllte sich, als der Leipziger Seidenwarenhändler Adolph Heinrich Schletter in seinem Testament im Jahr 1853 dem Kunstverein sein gesamtes Vermögen zum Bau eines Kunstmuseums hinterließ. Die Eröffnung des Leipziger Kunstmuseums im Jahr 1858 verdeutlicht das Verlangen und die Fähigkeit des Leipziger Bürgertums, die städtische Gesellschaft und den städtischen Raum nach seinen kollektiven Vorstellungen und Visionen zu gestalten.

Ein Komitee, das sich aus Mitgliedern des Stadtrats und des Kunstvereins zusammensetzte, wählte den Standort des neuen Museums aus, das zur Verschönerung der Stadt beitragen sollte. Das Museumsgebäude sollte in unmittelbarer Nähe zur Universität und zum Stadtzentrum entstehen, um es Besuchern der Stadt zu erleichtern, das Museum mit seinen Sammlungen, die durch das Stiftungsverhalten der Kunstvereinsmitglieder in ihrer Zusammensetzung beeinflusst wurden, zu besuchen. Die Mehrzahl der im Kunstmuseum im Jahr 1887 ausgestellten Kunstobjekte (83 Prozent) waren Geschenke einzelner Bürger. Nur 17 Prozent der Kunstobjekte waren von dem Kunstverein erworben worden.

Der kontinuierliche Zufluss von gestifteten Kunstobjekten an das Museum war eine Grundvoraussetzung für das Wachstum der Kunstsammlungen. Das Museum war ein Projekt des Leipziger Bürgertums, und sein Schicksal hing von der Bereitwilligkeit dieses Bürgertums ab, es zu unterstützen. Doch besaß dies auch einen Nachteil. Der Kunstverein hatte es sich zum Ziel gesetzt, die Kunstwerke von lebenden Künstlern zu erwerben und auszustellen. Mit dieser Schwerpunktsetzung sollte sich dieses bürgerliche Unternehmen von den aristokratischen Museen der Vergangenheit unterscheiden. Einzelne bürgerliche Sammler teilten jedoch nicht immer diese Orientierung auf die Kunst ihrer Gegenwart und kauften Gemälde vergangener Kunstepochen. Wenn die Sammlungen dieser Kunstförderer dem Museum als Stiftung angeboten wurden, fanden sich die Museumsdirektoren in einer schwierigen Situation wieder. Eine Ablehnung der Stiftung würde zu einer Entfremdung zwischen der bürgerlichen Stiftergemeinschaft und ihrem Museum führen und so die Finanzierung des Museums in Frage stellen. Die betreffende Stiftung anzunehmen, würde hingegen die Integrität des Museums und seine Konzentration auf Gegenwartskunst gefährden. Museumsdirektoren konnten aber auch nicht einfach eine Stiftung annehmen und sie dann im Repositorium verschwinden lassen, da Stiftungen immer mit Auflagen verbunden waren. Stifter bestanden etwa darauf, dass Sammlungen nicht auseinandergerissen wurden, sondern nur in ihrer Gesamtheit auszustellen seien.

Die Stifter erwarteten von dem von ihnen geförderten Kunstmuseum als Gegenleistung für ihre Stiftung eine symbolische und öffentliche Anerkennung ihrer guten Taten. Daher fühlten sich die Museumsdirektoren dazu verpflichtet, die Namen der Stifter sowie das Jahr der Schenkung eines Kunstwerks auf Hinweisschildern, die unter dem Kunstobjekt angebracht wurden, öffentlich auszuweisen. Darüber hinaus befand sich auf der zweiten Etage des Leipziger Kunstmuseums direkt gegenüber dem Haupteingang eine Halle der Stifter mit den Porträts und Büsten der wichtigsten Stifter des Museums. Diese öffentliche Anerkennung des stifterischen Engagements war eine bedeutende Voraussetzung für die Entfaltung der bürgerlichen Stiftungskultur des 19. Jahrhunderts. Auch wenn es eine ganze Reihe von Motiven für Bürger gab, sich als Stifter zu engagieren, war Stiften doch fast nie rein altruistisch. Stiften war eine Tauschbeziehung, bei der die Stifter immer eine öffentliche Anerkennung ihrer guten Taten erwarteten.

Am Ende des 19. Jahrhunderts gelang es bürgerlichen Stiftern, ihren Einfluss auch auf königliche Museen wie etwa das Kaiser-Friedrich-Museum in Berlin auszuweiten. Die schnell wachsenden Unterhaltungskosten für die immer größer werdenden Museen sowie kletternde Ankaufspreise für Kunstobjekte infolge der erhöhten Nachfrage unter Sammlern überstiegen die finanzielle Leistungsfähigkeit des preußischen Königs und gefährdeten die Zukunft der königlichen Museen. Daher entschloss sich Wilhelm von Bode im Jahr 1897, einen Museumsverein ins Leben zu rufen, der dem Kaiser-Friedrich-Museum zusätzliche Finanzmittel bringen sollte. Dem Kaiser-Friedrich-Museums-Verein kam in den folgenden Jahren die Rolle eines gleichberechtigten Partners bei der Finanzierung des neuen königlichen Museums zu. Während der preußische Staat sich darauf beschränkte, die Errichtung des Museumsgebäudes und dessen Unterhalt zu finanzieren, fiel es dem Museumsverein zu, das Museumsgebäude mit Kunstobjekten zu füllen. Die finanziellen Mittel zum Erwerb von Kunstobjekten wurden durch die Mitgliedsbeiträge der etwa 100 Mitglieder (Stand: 1905/06) aufgebracht. Da jedes Mitglied sich zur Zahlung von jährlich 500 Goldmark verpflichtete, flossen damit etwa 50.000 Goldmark jährlich in die Kassen des Museums, das diesen Betrag zum Erwerb von Kunstobjekten verwenden konnte. Darüber hinaus richteten die Vereinsmitglieder einen Reservefonds ein, den sie mit 250.000 Mark ausstatteten. Aufgrund der hohen Beitragsrate, die weit über den Beiträgen lag, die von anderen Museumsvereinen verlangt wurden, entwickelte sich der Kaiser-Friedrich-Museums-Verein zu einem exklusiven Förderverein, der bald als Millionärsklub verschrien war.

Unter den Mitgliedern des Kaiser-Friedrich-Museums-Vereins befanden sich so einflussreiche Persönlichkeiten wie die Verleger Rudolf Mosse und Louis Ullstein, der Industrielle Friedrich Alfred Krupp, der Bankier Robert von Mendelsohn und die Unternehmer Eduard Arnhold, Emil Rathenau und James Simon. Insbesondere Simon kam in den Bestrebungen Bodes, die Finanzierung der königlichen Museen zu gewährleisten, eine Schüsselrolle zu. Bode sah in den Unternehmern, die durch die Industrialisierung zu gewaltigen Vermögen gekommen waren und die sich als Kunstsammler und Kunstkenner öffentlich darstellen wollten, ein Reservoir, das es zu fördern und auszuschöpfen galt. Bode bot daher potentiellen Berliner Sammlern und Stiftern wie James Simon, Marcus Kappel, Leopold Koppel, Oscar Huldschinsky, Carl von Hollitscher und Richard von Kaufmann, denen eine ausgeprägte Kunstkenntnis fehlte, seine Expertise im Austausch für das Versprechen an, dass diese Sammler einige oder alle Kunstwerke dem von ihm geleiteten Museum an ihrem Lebensende stiften würden. Damit sicherte Bode den von ihm verwalteten Museen nicht nur großartige Schenkungen, sondern half auch tatkräftig mit, museumsreife und museumswürdige Sammlungen aufzubauen.

James Simon stellte für Bode den Prototyp des Kunstsammlers dar, der seines kunsthistorischen Sachverstandes bedurfte und als Gegenleistung später seine Sammlung den Museen hinterließ. Nachdem Simon ein Vermögen im Textilhandel erworben hatte, wandte er sich im Jahr 1885 an Bode, um dessen Expertise bei der Anlegung seiner Kunstsammlung zu nutzen. Im Gegenzug sagte er Bode finanzielle Unterstützung bei der Unterhaltung der königlichen Museen zu. Nachdem Simon mit seiner Familie im Jahr 1886 in eine Villa an der Tiergartenstraße gezogen war, wurde dieses neue Zuhause auch zum Ausstellungsraum für Simons umfangreiche Sammlung von Renaissance-Kunst. Bode hatte nicht nur beim Zusammentragen dieser Sammlung Simon beratend zur Seite gestanden, sondern auch beim Umbau der Räume, so dass sie als Ausstellungsräume geeignet waren. Auch bei der Platzierung der Kunstobjekte in der Villa hatte er mitgewirkt. Bode untersuchte die Objekte auf ihre Authentizität und gab Schätzungen über deren Wert ab. Seine Aktivitäten als Sammlungs- und Ausstellungsberater für Simon zahlten sich im Jahr 1904 aus, als Simon aus Anlass der Eröffnung des Kaiser-Friedrich-Museums seine umfangreiche Renaissance-Sammlung diesem Museum stiftete. Diese Simon'sche Stiftung war eine der bedeutendsten Stiftungen für die königlichen Museen in Berlin, die wohl allein von der Troja-Sammlung, 1881 gestiftet von Heinrich Schliemann, übertroffen wurde. Wie alle anderen Stifter bestand auch Simon auf einem Stiftungsvertrag mit dem Museum, in dem die Bestimmungen über die Ausstellung seiner Kunstsammlung festgelegt wurden. Simon erklärte sich damit einverstanden, dass das Museum die Kunstobjekte auswählen durfte, die es für ausstellungswürdig erachtete. Er bestand jedoch darauf, dass die ausgewählten Objekte nur zusammen in einem speziellen Simon-Kabinett für die nächsten 100 Jahre ausgestellt werden durften.

Im großen Stil angelegte Stiftungen wie die Simon'sche Stiftung sicherten dem Stifter einen prominenten Platz im öffentlichen Gedächtnis der Reichshauptstadt Berlin. Eine Mitgliedschaft im Kaiser-Friedrich-Museums-Verein und eine Stiftung zugunsten des Kaiser-Friedrich-Museums ermöglichten es Unternehmern wie James Simon, einen die eigene

Lebenszeit überdauernden Ruhm und Erfolg zu erringen, der sich ihnen in der Wirtschaftswelt so nicht bot. Wer würde sich Jahrzehnte nach ihrem Ableben noch an die wirtschaftlichen Erfolge eines Kohlenhändlers, eines Bankiers oder gar eines Textilhändlers erinnern? Die Verbindung des Namens eines Unternehmers mit einem Kunstobjekt in einem Museum, die Veröffentlichung eines Museumskatalogs und die öffentliche Ehrung des Stifters ließen hingegen das Bild einer Persönlichkeit entstehen, die für den Einsatz ihres Vermögens für öffentliche Zwecke geehrt wurde und nicht dafür, wie sie das Vermögen erarbeitet hatte. Auch wenn der wirtschaftliche Erfolg die unabdingbare Voraussetzung für ein stifterisches Engagement war, war es eben doch der Einsatz des Vermögens, der die öffentliche Wahrnehmung der Stifterpersönlichkeit bestimmte. Simon prägte sich in das öffentliche Gedächtnis Berlins vor allem als Stifter der Nofretete-Büste ein und nicht, weil er ein erfolgreicher Textilhändler war.

Realschulen, Gymnasien und Universitäten

Auch wenn Realschulen, Gymnasien und Universitäten im 19. Jahrhundert öffentliche Einrichtungen waren, so bezogen sie doch nur einen Teil ihres Budgets vom Staat und waren darüber hinaus auch auf die Erhebung von Schul- und Studiengebühren sowie auf stifterische Beiträge angewiesen. Im Jahr 1895/96 belief sich der Jahresetat der elf preußischen Universitäten auf insgesamt elf Millionen Mark. Davon kamen 67 Prozent vom preußischen Staat, 19 Prozent aus Studiengebühren und 10 Prozent aus Stiftungseinnahmen. Der staatliche Anteil an der Finanzierung der höheren Schulen war noch weit geringer. Im Jahr 1900 belief sich der Jahresetat der 608 höheren Schulen in Preußen auf etwa 46 Millionen Mark. Lediglich 25 Prozent davon kamen vom Staat. Die Gemeinden und Kommunen steuerten 28 Prozent bei, Schulgebühren brachten 39 Prozent ein, und Einkommen aus Stiftungen, die von den Schulen verwaltet wurden, nochmals sieben Prozent.

Die höheren Schulen und Universitäten – nicht aber die Volksschulen – erhielten im 19. Jahrhundert eine große Zahl von Stiftungen, die für eine Vielzahl von Zwecken errichtet wurden. Auf der einen Seite gab es Stiftungen, die Schüler, Studenten, Lehrer und Professoren finanziell unterstützen sollten. Unter diesen Stiftungen befanden sich Stiftungen, die Stipendien an Schüler und Studenten vergaben, aber auch solche, die die Gehälter und Pensionen für Lehrer und Professoren oder Unterstützungen an deren Witwen und Töchter zahlten oder Unterstützungen im Krankheitsfall an Lehrer und Schüler gewährten. Auf der anderen Seite schufen Stifter auch Stiftungen, die den Bau von Wohnheimen, Bibliotheken und Schulgebäuden finanzierten. Diese Stiftungen waren unabdingbar für die Finanzierung der höheren Bildungseinrichtungen im 19. Jahrhundert. Das Stiften basierte nicht nur auf der Existenz eines wohlhabenden Bürgertums, sondern war auch ein lokales Phänomen. Wohlhabende Bürger errichteten Stiftungen an den Schulen und Universitäten ihrer Stadt oder Gemeinde. Da aber Wohlstand nicht gleichmäßig über das Deutsche Kaiserreich und seine Bundesstaaten verteilt war, ergab sich auch eine regional unterschiedliche Stiftungsdichte.

Dies betraf nicht nur Stiftungen allgemein, sondern auch Stiftungen im Bildungswesen. Realschulen und Gymnasien in den Kleinstädten im preußischen Osten erhielten nur eine geringe Zahl von Stiftungen, weil in diesen Gemeinden auch nur eine geringe Zahl potentieller Stifter lebte. Die Gymnasien und Realschulen der Großstädte wie etwa Berlin, Breslau und Köln hatten hingegen eine große Zahl von stiftungswilligen Bürgern, die ihre Vermögen in Stiftungen für die von ihnen oder ihren Kindern besuchten Bildungseinrichtungen steckten. Das im Jahr 1574 gegründete Berlinische Gymnasium zum Grauen Kloster war mit einer Million Mark Stiftungskapital die reichste Schule Preußens. Dieses Gymnasium verfügte über zahlreiche Stiftungen für Lehrer, Schüler und Einrichtungen. So besaß es Stiftungen, aus denen Lehrer ihr Einkommen bezogen und Schüler Stipendien erhielten, die die Schulgebühren beglichen. Es bot einigen talentierten Absolventen sogar Stipendien für den Universitätsbesuch an. Hinzu kamen auch noch Stiftungen für die Errichtung und den Aufbau eines Alumnats und einer Bibliothek.

Die unter Stiftern populärste Form der Bildungsstiftung war die Stipendienstiftung, die Schüler und Studenten mit einem Stipendium ausstatten sollte, um damit zumindest die Schul- oder Studiengebühren zu bezahlen. Diese Stiftungen wurden in der Regel als Kapitalstiftungen errichtet. Stifter stellten ein Kapital in Form von Bargeld, Aktien oder Anleihen bereit, das gewinnbringend und mündelsicher in Staatsanleihen investiert werden sollte. Aus den jährlichen Zinseinnahmen wurden Stipendien an bedürftige und würdige Schüler und Studenten vergeben. Als würdig galten aber nur männliche Bewerber, die aus bürgerlichen und christlichen Familien stammten und aus unterschiedlichen Gründen die

Bildungskosten nicht aus eigener Kraft aufbringen konnten. In den meisten Fällen waren dies Familien mit zahlreichen Kindern oder Familien, in denen der Vater bereits verstorben war. Stipendienstiftungen waren nicht dazu angelegt, um die Gymnasien und Universitäten für Arbeiterkinder zu öffnen, sondern lediglich dazu, Kindern aus bürgerlichen Familien eine standesgemäße Bildung zu sichern. Damit dienten Stipendien dazu, die Grenzen zwischen den sozialen Klassen aufrecht zu erhalten und den sozialen Abstieg von Kindern aus bürgerlichen Familien in finanzieller Not zu verhindern.

Die systematische Benachteiligung jüdischer Studenten bei der Vergabe von Stipendien war typisch für die Mehrzahl der Stipendienstiftungen, die von evangelischen und katholischen Bürgern errichtet wurden. Hinter dieser Benachteiligung der jüdischen Studenten verbarg sich die Hoffnung der christlichen Stifter, dass ohne finanzielle Unterstützung viele jüdische Studenten sich ein Universitätsstudium nicht leisten könnten. Die Stifter hofften somit, durch ihr diskriminierendes stifterisches Handeln den Anteil der jüdischen Studenten an der Studentenschaft zu verringern.

Diese Diskriminierung jüdischer Studenten rief jedoch im letzten Drittel des 19. Jahrhunderts jüdische Stifter auf den Plan, die ihrerseits Stipendienstiftungen schufen, die jüdischen Studenten den Vorzug vor christlichen Studenten gaben. Mit diesen Stiftungen versuchten jüdische Stifter jüdischen Studenten endlich auch den Zugang zu einem Stipendium zu ermöglichen und somit zur Gleichberechtigung von jüdischen mit christlichen Studenten an den Universitäten beizutragen. Die Einrichtung von Stiftungen, die nur jüdischen Bewerbern offenstanden, war jedoch sehr umstritten unter den Professoren der deutschen Universitäten, die nicht dazu bereit waren, in der Einrichtung derartiger Stiftungen den Versuch zu erkennen, die Benachteiligung jüdischer Studenten durch christliche Stiftungen aufzuheben.

Jüdische Stipendienstiftungen wurden deshalb nicht immer mit offenen Armen seitens der Universitätsverwaltungen empfangen. Als etwa im Jahr 1870 Julie Bernary der Berliner Universität 9.000 Mark zur Begründung einer Stipendienstiftung anbot, zeigte sich die Universität nicht sonderlich erfreut über diese neue Stiftung, da die Stifterin darauf bestand, dass die Statuten der Stiftung, die veröffentlicht würden, einen Passus enthalten sollten, in dem die Universität ihre diskriminierende Praxis der Stipendienvergabe zugab. Bernary entwarf Statuten, in denen es heißen sollte, dass jüdische Studenten »bei gleicher Würdigkeit und

Bedürftigkeit« so lange christlichen Studenten bei der Stipendienvergabe vorgezogen werden sollten, »als dieselben bei der Vergebung anderweitiger Stipendien und Beneficien seitens des Staates noch zurückstehen«. Auch wenn die Berliner Universität nicht gewillt war, öffentlich die Bevorzugung christlicher Studenten einzugestehen, wollte sie dieses Angebot einer Stiftung nicht zurückweisen. Nach langwierigen Verhandlungen mit der Stifterin einigten sich beide Seiten schließlich auf einen Kompromiss. Die Stifterin verzichtete auf die schriftliche Fixierung der Diskriminierung jüdischer Studenten bei der Stipendienvergabe und die Universität akzeptierte, dass Stipendien aus dieser Stiftung nur an jüdische Bewerber vergeben werden durften.

Die preußischen Universitäten taten sich insgesamt sehr schwer mit der Annahme jüdischer Stiftungen, insbesondere dann, wenn diese eine Bevorzugung jüdischer Studenten bei der Vergabe der Stipendien forderten. Während fast alle christlichen Stiftungen auf dem prinzipiellen und expliziten Ausschluss jüdischer Studenten von der Stipendienvergabe bestanden und die Universitätsverwaltungen darin kein Problem sahen, kam es immer wieder zu langwierigen Verhandlungen um die Annahme von Stiftungen, die nur jüdische Studenten fördern sollten. In diesen Fällen drängten die Unterhändler der Universitäten die jüdischen Stifter dazu, auf eine solche Eingrenzung auf jüdische Studenten zu verzichten und stattdessen auch christliche Studenten als potentielle Stipendienempfänger zuzulassen. Damit erklärt sich dann wohl auch die geringe Zahl von Stipendienstiftungen, die Stipendien ausschließlich an jüdische Studenten vergab. Am Vorabend des Ersten Weltkrieges waren lediglich 44 von insgesamt 525 Stipendienstiftungen an den 20 Universitäten des Deutschen Kaiserreiches von jüdischen Stiftern ins Leben gerufen worden. Das entsprach nur etwa acht Prozent aller Stipendienstiftungen. Und nur 14 dieser 44 Stiftungen waren ausschließlich für jüdische Studenten geschaffen worden. Die verbleibenden 30 Stiftungen standen Bewerbern jüdischen und christlichen Glaubens gleichermaßen offen.

Stifter erwarteten von der Einrichtung, der sie ihre Stiftung anvertrauten, nicht nur, dass diese Einrichtung die Regeln bei der Verwaltung und Ausführung der Stiftung befolgte, die zwischen Stifter und Einrichtung ausgehandelt worden waren, sondern dass die Einrichtung sich auch öffentlich dankbar gegenüber dem Stifter erwies. Daher schenkten Stifter der von ihnen ausgewählten Bildungseinrichtung nicht nur eine Stiftung, sondern oftmals auch eine Büste oder ein Gemälde ihrer selbst, das sie öffentlich und dauerhaft ausgestellt wünschten. Einzelne Stiftungen waren mit Auflagen verbunden, nach denen an den Stifter in jährlichen Stifterfesten zu erinnern sei oder mit denen ein Gymnasium oder eine Universität sich dazu verpflichtete, das Grab des Stifters zu pflegen.

Um 1900 fanden sich Universitäten auch dazu bereit, Stiftern in Anerkennung ihrer gemeinnützigen Tätigkeit die Ehrendoktorwürde zuzuerkennen. Der bekannteste Empfänger einer derartigen Ehrung durch die Universität Heidelberg war der Berliner Verleger Rudolf Mosse. Die Heidelberger Universität ehrte ihn im Jahr 1917 mit diesem Titel für sein umfangreiches stifterisches Engagement. Mosse hatte gewaltige Summen für die Unterstützung sozialer und universitärer Einrichtungen wie zum Beispiel für das Kaiser und Kaiserin Friedrich-Hospital in Berlin, eine Erziehungsanstalt für bedürftige Kinder aus bürgerlichen Familien (Mosse-Stift) in Wilmersdorf, und die Theodor-Mommsen-Stipendienstiftung an den Universitäten Heidelberg und Berlin, die den Austausch von Jura-Studenten zwischen beiden Universitäten befördern sollte, gestiftet. Während der Verleihung von Ehrendoktorwürden an christliche Stifter kaum Beachtung in der Öffentlichkeit geschenkt wurde, rief die Verleihung der Ehrendoktorwürde an den jüdischen Stifter Mosse sofort antisemitische Kritiker wie den Heidelberger Mediävisten Karl Hampe auf den Plan, die den Tausch von Stiftungen gegen Ehrentitel öffentlich beklagten. Mosses Schritt, der Universität Heidelberg nach der Verleihung der Ehrendoktorwürde an ihn eine zweite Stiftung – die mit 400.000 Mark dotierte Rudolf-Mosse-Stiftung zur Förderung von Forschungen zur Geschichte des römischen und deutschen Rechts – an dieser Universität zu errichten, schien in den Augen seiner antisemitischen Kritiker nur als eine Bestätigung ihrer Vorurteile. Es war diese zweite Heidelberger Stiftung, die Hampe dazu veranlasste, Mosse und seine Universität des Titelkaufs zu bezichtigen.

Am Ende des 19. Jahrhunderts zeigten sich Stifter immer selbstbewusster und setzten ihre Finanzmittel nicht nur zur Errichtung kleiner, von öffentlichen Einrichtungen verwalteter Stiftungen ein, sondern schufen auch nationale Institutionen wie die Kaiser-Wilhelm-Gesellschaft und Vereinigungen wie die Deutsche Orient-Gesellschaft.

Die Kaiser-Wilhelm-Gesellschaft

Auch wenn die 1911 gegründete Kaiser-Wilhelm-Gesellschaft nicht die erste privat finanzierte forschungsfördernde Einrichtung war, so war es wohl doch die bekannteste und erfolgreichste Einrichtung, an der prominente Wissenschaftler wie Fritz Haber und Albert Einstein wirkten. Die Gesellschaft unterstützte mehrere Forschungsinstitute, die Grundlagenforschung etwa in der Chemie, der Biologie und der Geschichtswissenschaft betrieben. Während die Initiative zur Gründung der Forschungsförderungsgesellschaft vom Staat ausging, betonte die preußische Regierung von Anfang an, dass die Finanzierung aus privaten Mitteln gewährleistet werden müsste. Stifter und Industrielle sollten die Finanzmittel aufbringen, die benötigt wurden, um die vorgesehenen Forschungsinstitute zu gründen und zu unterhalten. Der preußische Staat würde lediglich den Grund und Boden, auf dem die Institutsgebäude entstehen würden, bereitstellen sowie die Gehälter der Institutsdirektoren bezahlen. Anfängliche Schätzungen gingen davon aus, dass mindestens zehn Millionen Mark benötigt würden, um die geplanten Forschungsinstitute zu errichten, zu unterhalten und die Wissenschaftler zu bezahlen.

Es gelang den Organisatoren der Kaiser-Wilhelm-Gesellschaft um den Kirchenhistoriker Adolf von Harnack, 12,6 Millionen Mark innerhalb von nur drei Jahren von knapp 200 Stiftern einzuwerben. Die Mehrzahl der Stifter kam aus Berlin und dem Rheinland. Sie stellten fast die Hälfte der Mitglieder der Gesellschaft und stifteten etwa zwei Drittel der 12,6 Millionen Mark. Unter den Mitgliedern befanden sich der Bankier Leopold Koppel, der eine Million Mark zur Einrichtung eines Forschungsinstituts der Physikalischen Chemie und Elektrochemie stiftete, und der Industrielle Gustav Krupp von Bohlen und Halbach, der 1,4 Millionen Mark stiftete.

Die Bereitschaft von Stiftern, sich zugunsten dieser Gesellschaft stifterisch zu betätigen, wurde durch eine Reihe symbolischer und öffentlicher Anreize befördert. So erhielten Stifter, die erhebliche Geldbeträge gaben, den Titel eines Senators verliehen und wurden Mitglieder des Senats der Kaiser-Wilhelm-Gesellschaft. Diese Senatoren erhielten eine speziell für sie geschneiderte Robe, die vom Direktor der Königlichen Theater in Berlin entworfen worden war, sowie ein Mitgliedsabzeichen. Kaiser Wilhelm II. übernahm es, persönliche Dankesschreiben an all diejenigen Stifter zu senden, die mehr als 100.000 Mark gestiftet hatten.

Die Kaiser-Wilhelm-Gesellschaft repräsentierte eine Form des Stiftens, die auf einer äußerst engen Zusammenarbeit zwischen Stiftern und Staat beruhte. Im Gegensatz zur Mehrzahl der Stiftungsprojekte, die allein von Stiftern vorangetrieben wurden, resultierte dieses Projekt der Wissenschaftsförderung aus der Initiative des Staates, der aktiv Stifter suchte und diese zur finanziellen Unterstützung ermunterte. Es war zweifelsohne auch eine sehr exklusive Form des Stiftens, in der es um hohe Finanzbeiträge ging, die zumeist von Stiftern mit hohen Vermögen bereitgestellt wurden. An diesen Stiftern mangelte es im ersten Jahrzehnt des 20. Jahrhunderts nicht. Das Deutsche Kaiserreich hatte zahlreiche Millionäre, die als Stifter auftreten wollten. Diese Stifter wurden dabei auch von der Befürchtung motiviert, dass Deutschland im internationalen Wettbewerb auf dem Feld der Naturwissenschaften zurückfallen könnte. So verwies Harnack in seinem Aufruf zur Gründung der Kaiser-Wilhelm-Gesellschaft vom November 1909 auf die Gründungswelle privat finanzierter Forschungsinstitute in Frankreich, Schweden und den USA. Er erinnerte seine Leser an die Stiftung des Bankiers Daniel Iffla-Osiris zugunsten des Pasteur-Instituts in Paris. Iffla-Osiris hatte dieser Einrichtung im Jahr 1909 insgesamt 36 Millionen Francs (umgerechnet 20 Millionen Mark) hinterlassen. Harnack erwähnte auch die Gründung der Nobel-Stiftung im Jahr 1900 mit einem Kapitalstock von 28 Millionen Kronen (umgerechnet 32 Millionen Mark). Im selben Jahr gab John D. Rockefeller Sr. 80 Millionen Dollar (umgerechnet 320 Millionen Mark) für die Gründung der *University of Chicago*., bevor er 1913 dann auch die Rockefeller-Stiftung ins Leben rief. Harnack sah diese Fortschritte in der privaten Forschungsförderung nicht nur im Kontext des wissenschaftlichen Fortschritts, sondern auch als Wettstreit zwischen den Nationen um die Führungsrolle in der Wissenschaft. Für Harnack besaß die Wissenschaftsförderung damit politische und nationale Bedeutung. Stiften für die Wissenschaft wurde zu einer patriotischen Verpflichtung.

Die Deutsche Orient-Gesellschaft

Wohlhabende Bürger unterstützten nicht nur das Streben des Deutschen Kaiserreiches, den Status einer Weltmacht auf dem Gebiet der naturwissenschaftlichen Forschung zu behalten, sondern auch das Verlangen nach einem deutschen Anteil an der archäologischen Ausgrabung der antiken Zivilisationen in Nordafrika und im Nahen Osten. In der zweiten Hälfte des 19. Jahrhunderts entwickelte sich ein erbitterter Wettstreit zwischen Frankreich, Großbritannien und Deutschland um den Zugang zu Ausgrabungsstätten in Ägypten, Palästina und Mesopotamien. Alle drei Länder entsandten Archäologen, die sensationelle Entdeckungen machten und viele eindrucksvolle Objekte ausgruben, die dann in den Museen in London, Paris und Berlin ausgestellt wurden. Diese archäologischen Ausgrabungsexpeditionen waren Bestandteil des europäischen Kolonialismus und trugen wesentlich zur Konstruktion der Idee einer westlichen Zivilisation bei, die die antiken Kulturen in Mesopotamien und Ägypten mit den europäischen Nationalstaaten am Ende des 19. Jahrhunderts verbinden sollte.

Die englische Ausgrabungsexpeditionen in Ägypten wurden durch Vereine wie die *Egypt Exploration Society* finanziert. Dieser im Jahr 1882 gegründete Verein zählte Hunderte von Mitgliedern in England, den USA und Kontinentaleuropa, die einen Mitgliedsbeitrag von einem Pfund (umgerechnet 20 Mark) jährlich zahlten. Die Fortschritte britischer Archäologen bei der Ausgrabung des ägyptischen Altertums, die durch die *Egypt Exploration Society*, die auch über einige prominente deutsche Mitglieder verfügte, finanziert wurde, veranlassten deutsche Gelehrte und Museumsdirektoren, die Gründung ähnlicher Vereine anzugehen. Um der deutschen Archäologie und dem Deutschen Kaiserreich einen Anteil an der Ausgrabung der alten Kulturen und Zivilisationen in Ägypten und Mesopotamien zu sichern, setzte sich der Direktor der ägyptischen Sektion des Königlichen Museums in Berlin, Adolf Erman, ab den 1880er Jahren für die Gründung eines Fördervereins für archäologische Ausgrabungen im Nahen Osten ein. Ermans erster großer Erfolg bestand darin, dass er den Berliner Unternehmer Louis Simon, den Onkel von James Simon, dazu bewegen konnte, 30.000 Mark zur Unterstützung der ersten deutschen Ausgrabungsexpedition in Mesopotamien im Jahr 1888 beizusteuern.

Erman ging es jedoch um mehr als nur um sporadische Spenden zugunsten einzelner Ausgrabungen. Dem englischen Vorbild folgend, schlug Erman im Jahr 1887 die Bildung des Orient-Komitees vor, das die Finanzierung der deutschen Ausgrabungen in Mesopotamien sicherstellen sollte. Im Gegensatz zu seinem englischen Vorbild, das sich aufgrund niedriger Mitgliedsbeiträge auf eine breite Mitgliederbasis stützen konnte, erwartete Erman von den Mitgliedern des Orient-Komitees einmalige und hohe Beiträge zwischen 1.000 und 5.000 Mark. Mit Hilfe dieser einmaligen Beiträge sollte ein Stammkapital aufgebaut werden, aus dem die Ausgrabungsexpeditionen finanziert werden könnten. Die Ausgrabungsobjekte sollten dann an deutsche Museen verkauft werden, um so die Ausgrabungskosten wieder hereinzuholen. Damit sollte der Kapitalstock des Orient-Komitees permanent erhalten werden. Diese Finanzplanung schien bestechend klar und überzeugte Stifter wie James Simon und die Bankiers Karl von der Heydt und Georg von Bleichröder, die jeweils 5.000 Mark zu dem Fonds beitrugen.

Erman übersah in seiner finanziellen Kalkulation allerdings, dass die Berliner Museen nur über sehr begrenzte Finanzmittel zum Erwerb von archäologischen Objekten verfügten. Denn mit den fortschreitenden Ausgrabungen gelangten immer mehr Objekte in die Reichshauptstadt, die die Museen infolge fehlender Finanzmittel nicht erwerben konnten. Bereits Ende des Jahres 1891 beliefen sich die Schulden der Berliner Museen beim Orient-Komitee auf fast 200.000 Mark. Damit wurde Erman und seinen Unterstützern deutlich, dass dieses Finanzierungskonzept schlichtweg nicht funktionierte. Um eine bessere Grundlage für die Finanzierung von archäologischen Expeditionen zu schaffen, schlug daher James Simon im Jahr 1897 die Gründung der Deutschen Orient-Gesellschaft vor, die sich viel enger an das englische Vorbild der *Egypt Exploration Society* anlehnte. Die Deutsche Orient-Gesellschaft sollte so wie die *Egypt Exploration Society* eine große Zahl von Mitgliedern durch einen niedrigen Jahresbeitrag von 20 Mark anziehen. Simon und seine Unterstützer zeigten sich optimistisch, dass durch diese Gesellschaft zwischen 50.000 und 60.000 Mark jährlich zusammenkommen würden. Die Deutsche Orient-Gesellschaft wurde von Anfang an als eine Vereinigung angepriesen, die das Deutsche Kaiserreich im Wettbewerb um die Ausgrabung der antiken Welt mit den anderen beiden Kulturnationen Frankreich und Großbritannien unterstützen würde.

Im Gegensatz zur Kaiser-Wilhelm-Gesellschaft, die sich auf eine vergleichsweise kleine Zahl von Stiftern verließ, von denen enorm hohe Finanzbeiträge erwartet wurden, war die Deutsche Orient-Gesellschaft eine auf eine große Mitgliederbasis – sie zählte immerhin mehr als 1.300 Mitglieder im Jahr 1910 – aufbauende Vereinigung. Eine große Zahl ihrer Mitglieder kam wie auch im Fall der Kaiser-Wilhelm-Gesellschaft aus Berlin, dessen Museen auch am meisten von den durch diese Gesellschaft unterstützten archäologischen Aktivitäten profitierten. So wurde das Pergamon-Museum zur neuen Heimat des berühmten Ishtar-Tores, das von

Robert Koldewey in Babylon vor dem Ersten Weltkrieg ausgegraben und in Berlin in den 1920er Jahren wiederaufgebaut wurde.

Die Meyersche Stiftung für Erbauung billiger Wohnungen

Stifter finanzierten aber nicht nur Bildungseinrichtungen, um damit bestehende Klassenstrukturen zu erhalten, und Museen, um städtische Räume der Unterhaltung zu schaffen, sondern auch soziale Einrichtungen, die der Verbesserung der Lebensverhältnisse von Arbeiterfamilien dienten. Die Bereitstellung von gesundem und erschwinglichem Wohnraum für Arbeiterfamilien war die um 1900 wohl dringendste Herausforderung für die Gesellschaft. Bis zum Vorabend des Ersten Weltkrieges konnte der Bau von neuen Wohnhäusern und Wohnungen in den Städten nicht mit der stetig wachsenden Nachfrage mithalten. Dies trieb die Mieten in die Höhe und zwang Familien oftmals dazu, ein Zimmer oder auch nur ein Bett an »Schlaf- und Kostgänger« unterzuvermieten.

Hinzu kam, dass die neugebauten Wohnungen nicht auf die Bedürfnisse der Mieter ausgerichtet waren. Die Mehrzahl der neuen Wohnungen war nicht nur zu teuer, sondern auch zu groß und entsprachen selten elementaren hygienischen Standards. Sie verfügten nicht über ein Badezimmer oder fließendes Wasser in der Wohnung. Toiletten befanden sich in der Regel im Treppenhaus und wurden von mehreren Familien geteilt. Städte wie Berlin hatten aufgrund der Grundstückstiefen die Entstehung von tief gestaffelten Wohnhäusern mit umbauten Hinterhöfen zu gewärtigen, in denen die Sonne kaum hineinschien. Die Wohnungen in den unteren Geschossen waren dunkel und schlecht belüftet. Besonders in der Reichshauptstadt kam es zur Vermietung von Kellerwohnungen, die feucht, dunkel und kalt waren. Die Wohnbedingungen der Städte des 19. Jahrhunderts machten es Krankheiten wie Cholera leicht zu grassieren. Waren diese Krankheiten erst einmal ausgebrochen, konnten sie sich aber auf das gesamte Stadtgebiet ausweiten und auch die Viertel der wohlhabenden Bürger bedrohen.

Der Mangel an Kleinwohnungen zwang Arbeiterfamilien dazu, eine für sie zu große Wohnung zu mieten und dann Räume oder Betten an Untermieter zu vermieten, um so den Mietpreis für die Wohnung aufzubringen. So waren im Jahr 1895 zum Beispiel mehr als 30 Prozent aller Haushalte im Stadtgebiet von Leipzig darauf angewiesen, ein Zimmer oder ein Bett an einen Untermieter zu vermieten. Ein weit verbreitetes Phänomen dieser Zeit war das Schlafgängerwesen. Schlafgänger hatten nicht genug Geld, um ein Zimmer zu mieten, daher zahlten sie nur für die Benutzung eines Betts in der Wohnung des Vermieters. Dies führte dazu, dass Betten von mehreren Personen im Schichtsystem benutzt wurden.

Die architektonische Gestaltung der Wohnungen sowie das Sozialverhalten der Arbeiterfamilien, die auf die Untervermietung eines Zimmers oder eines Betts zurückgreifen mussten, alarmierten bürgerliche Sozialreformer, die nicht nur die gesundheitlichen, sondern auch die sozialen und sittlichen Gefahren, die hiervon ausgingen, erkannten. Arbeiterviertel waren in den Augen der bürgerlichen Sozialreformer nicht nur ein Herd gefährlicher Krankheiten wie etwa der Cholera, sondern auch ein Ort moralischen Verfalls, der den Zusammenhalt der Gesellschaft gefährdete. Das Fehlen von Grenzen zwischen Arbeiterfamilien, Untermietern und Schlafgängern stand im krassen Gegensatz zu den Normen bürgerlicher Familien, die auf eine strikte Abgrenzung der Sozialkontakte setzten.

Daher sprachen sich Wohnungsreformer für den Bau von kleinen und erschwinglichen Wohnungen aus, die auch über grundlegende sanitäre Einrichtungen verfügten. In allen Städten fanden sich wohlhabende Bürger zusammen, die zur Linderung der Wohnungsnot der Arbeiterfamilien bereit waren, Finanzmittel einzusetzen und private soziale Wohnungsunternehmen zu gründen. Diese Wohnungsunternehmen boten nicht nur eine moderne Architektur, sondern forcierten auch die Akzeptanz und Verfestigung bürgerlicher Sozialnormen. So durften Mieter in diesen Wohnungen weder Zimmer noch Betten untervermieten.

Das weit über Deutschland aufgrund seiner Größe, Architektur und innovativen Mietberechnung bekannt gewordene soziale Wohnungsunternehmen aus dieser Zeit war die von dem Verleger Herrmann Julius Meyer begründete Wohnstiftung in Leipzig. Meyer war der Inhaber des bekannten Bibliographischen Instituts, das unter anderem mit der Publikation des *Dudens* berühmt geworden war. Nachdem Meyer seinen Verlag an seine Söhne übergeben hatte, begann er sich als Wohnungsreformer und Gründer einer Wohnstiftung zu engagieren. Diese Wohnstiftung entwickelte sich nach 1900 zu einem der größten Wohnungsunternehmen in Leipzig, das am Ende der 1920er Jahre fast 2.700 Wohnungen vermietete.

Die Meyer'sche Wohnstiftung folgte Ideen der Wohnungsreform, die zuerst in London in einer von George Peabody in den 1860er Jahren errichteten Wohnstiftung entwickelt worden waren. Sowohl Peabody als auch

Meyer sahen in der Wohnungsnot der Arbeiterfamilien die größte Herausforderung ihrer Zeit. Und beide Stifter waren bereit, einen signifikanten Teil ihrer Vermögen zur Bewältigung der Wohnungskrise einzusetzen. Beide Stifter schufen eine Stiftung, die zum Eigentümer der Wohnhäuser wurde und somit die ewige Existenz dieser Unternehmen gewährleistete.

Die von der Meyer'schen Stiftung vermieteten Wohnungen waren Kleinwohnungen, die in der Regel aus zwei Zimmern, einer Küche und einem Flur bestanden, der mit einer abschließbaren Wohnungstür versehen war. Die abschließbare Wohnungstür und der Flur sollten den Wohnungen und der dort jeweils wohnenden Familie eine abgeschlossene Privatsphäre geben. Untervermietung war grundsätzlich verboten, und Familien, die in den Wohnungen der Meyer'schen Stiftung wohnen wollten, mussten nachweisen, dass sie nur über ein Jahreseinkommen zwischen 900 und 1.600 Mark verfügten.

Die wohl revolutionärste Innovation der Meyer'schen Stiftung war die Mietpreisberechnung. Meyer war davon überzeugt, dass der Mietpreis einer Wohnung nicht von deren Größe, sondern vom Einkommen der Mieter bestimmt werden sollte. Daher bestimmte er, dass die Miete nicht nach der Größe der Wohnung zu veranschlagen sei, sondern immer ein Siebtel des Einkommens der Mieter betragen sollte. Diese Regelung sowie die Wohnungsarchitektur weckten das Interesse von Wohnungsreformern in verschiedenen Ländern für die Stiftung. Als im Jahr 1908 die britische Handelskammer eine Studie über die Wohnbedingungen in deutschen Großstädten veröffentlichte, würdigten die Autoren Meyers innovative Mietpreisformel. Amerikanische Wohnungsreformer wie Elgin Gould, der im Auftrag der amerikanischen Regierung die Wohnbedingungen in deutschen Großstädten studierte, pries die Wohnungsarchitektur der Meyer'schen Stiftung mit seiner abschließbaren Wohnungstür und seinem Flur als vorbildhaft für amerikanische soziale Wohnungsunternehmen.

Die transnationale Vorbildwirkung der deutschen Zivilgesellschaft

Öffentliche Einrichtungen wie Gymnasien, Universitäten, Museen, Krankenhäuser und Wohnstiftungen wurden zu einem großen Teil durch die stifterischen Aktivitäten wohlhabender Bürger finanziert, die damit die

Einrichtungen nach ihren Vorstellungen gestalten konnten. Stifterisches Engagement ermöglichte das Entstehen eines dichten Netzwerks sozialer und kultureller Institutionen vor allem in den Städten, die aufgrund dieser Einrichtungen Besucher aus dem In- und Ausland anzogen. Eine stetig wachsende Zahl amerikanischer Besucher ließ sich im 19. Jahrhundert in Städten wie Dresden nicht nur für wenige Wochen, sondern für Monate und Jahre nieder, weil sie das Kulturleben dieser Städte genossen. Die hier gemachten Erfahrungen flossen später in Städten wie New York in die Gründung von Museen und Bildungseinrichtungen ein. Insbesondere die Kunstvereine, die zur Unterstützung der Kunstmuseen gegründet worden waren, wurden zu einem Vorbild für Museumsvereine in den USA. Das Metropolitan Museum of Art in New York war das erste amerikanische Museum, das basierend auf dem Modell des deutschen Kunstmuseums und Kunstvereins gegründet und dann zum Vorbild für weitere derartige Museumsgründungen in anderen amerikanischen Großstädten wurde.

Auch die Institution der Stipendienstiftung, die an Realschulen, Gymnasien und Universitäten entstanden war, beindruckte amerikanische Beobachter des deutschen Bildungswesens wie etwa den Harvard-Professor George Ticknor. Ticknors Beschreibungen der Stipendienstiftungen an den Universitäten zu Göttingen und Leipzig, die er während seines Studienaufenthalts in den deutschen Staaten zwischen 1815 und 1817 anfertigte, beeinflussten die Gründung von Stipendienstiftungen an der Harvard-Universität, an der Ticknor als Professor für romanische Sprachen und Literatur lehrte, in der zweiten Hälfte des 19. Jahrhunderts und trugen damit zur Entwicklung der modernen Bildungsfinanzierung in den USA bei.

Soziale Wohnungsunternehmen wie die Meyer'sche Stiftung in Leipzig zogen das Interesse von englischen und amerikanischen Wohnungsreformern auf sich, die in diesem Unternehmen ein Vorbild hinsichtlich der Mietkalkulation sowie der Wohnungsarchitektur sahen. Dabei nahm gerade dieses Unternehmen eine transnationale Scharnierstellung ein, da es auf Erfahrungen, die in London von der Peabody-Wohnstiftung gewonnen worden waren, aufbaute und diese Erfahrungen in einen deutschen Kontext übertrug, bevor es selbst wieder zu einem Studienobjekt englischer und amerikanischer Beobachter wurde.

Am Vorabend des Ersten Weltkrieges war die deutsche Gesellschaft weit entfernt vom Ruf, eine staatszentrierte Gesellschaft zu sein, in der sich Bürger auf den Staat als verantwortlicher Akteur für die Finanzierung öffentlicher Einrichtungen verließen. Die deutsche Gesellschaft war eine Bürgergesellschaft, in der Bürger die Einrichtung und Finanzierung öffentlicher Einrichtungen, auch wenn sie den Namen eines Herrschers trugen, selbst in die Hand nahmen. Diese zivilgesellschaftlichen Strukturen übten eine Anziehungskraft auf ausländische und insbesondere amerikanische Beobachter aus, die in deutschen Städten zahlreiche Anregungen für die Gestaltung der amerikanischen Gesellschaft fanden.

Um 1900 waren die Deutschen und die deutsche Gesellschaft in ein globales Netzwerk von sozialen, kulturellen, wirtschaftlichen und politischen Verbindungen integriert. Die Auswanderung von Deutschen aus dem Deutschen Kaiserreich nach Nord- und Südamerika, Asien und Australien brachte nicht nur die Auswanderer, sondern auch deren Familienangehörige, die sie in Deutschland zurückließen, in stetig zunehmenden Kontakt mit fremden Kulturen. Briefe der Auswanderer an die Zuhausegebliebenen vermittelten einer wachsenden Zahl von Deutschen einen ersten Eindruck von tropischen Landschaften, exotischen Früchten und fremden Bräuchen und Traditionen. Kolonialwarenläden in deutschen Städten boten einer zahlungskräftigen Kundschaft exotische Früchte wie etwa Bananen oder Ananas, die allmählich Bestandteil der Ernährung wurden.

Auch wenn die Zahl der Reisenden aus Deutschland nach Nord- und Südamerika noch klein war, so teilten die Reisenden nach ihrer Rückkehr ihre Erfahrungen sowohl in Gesprächen als auch in Publikationen mit ihrem deutschen Publikum. Reiseberichte und Reisegeschichten wurden zu einer beliebten Literaturgattung. Transatlantische Reisen waren nicht mehr nur ein Privileg der Oberschichten. Niedrige Preise für eine Überfahrt über den Atlantik ermöglichten es auch sozialistischen Politikern und Funktionären wie etwa Wilhelm Liebknecht und Carl Legien, die USA zu besuchen.

Es waren aber nicht nur deutsche Auswanderer und Reisende, die ihre Heimat mit der Welt verbanden, sondern auch Reisende aus anderen Ländern, die sich in Deutschland aufhielten. So übten zahlreiche deutsche Universitäten in der zweiten Hälfte des 19. Jahrhunderts eine große Anziehungskraft auf Studenten aus aller Welt aus. Insbesondere die Universitäten in Göttingen, Heidelberg, Leipzig und Berlin boten Tausenden ausländischer Studenten aus den USA, England, Russland und Japan eine höhere Bildung. In den Jahrzehnten von 1815 bis 1914 wurden allein 9.000 amerikanische Studenten an deutschen Universitäten ausgebildet.

Amerikanische Studenten wie etwa der spätere Harvard-Professor für romanische Sprachen und Literatur George Ticknor entschieden sich im 19. Jahrhundert für ein Studium an einer deutschen Universität, weil die Hochschulen in den USA in dieser Zeit noch weitgehend Ausbildungsorte für Priester und Lehrer und noch keine Bildungsstätten für Forscher und Wissenschaftler waren. Amerikanische Studenten kamen daher nach Deutschland, um hier Geschichte und Philologie sowie Chemie und Volkswirtschaften zu studieren. Der Anteil ausländischer Studenten an einzelnen Einrichtungen war erheblich. Im akademischen Jahr 1895/96 waren 18 Prozent der an der Universität Heidelberg eingeschriebenen Studenten Ausländer. Im Fall der Akademie der Bildenden Künste in München waren es im akademischen Jahr 1905/06 sogar 38 Prozent. Unter den Studenten der Münchener Akademie befanden sich Studenten aus ganz Europa und Nordamerika. Studenten aus Österreich-Ungarn repräsentierten etwa die Hälfte der ausländischen Studenten, es folgten Studenten aus Russland, aus Schweden und aus den USA als zweit-, dritt- und viertstärkste Gruppen ausländischer Studenten in Deutschland. Die hohen Zahlen ausländischer Studenten an deutschen Universitäten und Hochschulen verweisen auf deren internationale Offenheit und den Charakter deutscher Bildungseinrichtungen als transnationale Bildungseinrichtungen, die nicht nur inländische Studenten, sondern auch solche aus aller Welt ausbildeten.

Diese an deutschen Universitäten ausgebildeten Studenten nahmen nicht nur Fachwissen mit in ihre Heimat, sondern auch Ideen und Vorstellungen über die Organisation von Universitäten, die die Reform und Gründung von Hochschulen in vielen Ländern beeinflussten. So kehrten etwa amerikanische Studenten in die USA mit der Überzeugung zurück, dass amerikanische Hochschulen von einer Reform profitieren würden, die deutsche Elemente der Universitätsausbildung einschließen würde. Insbesondere die Freiheit des Studenten bei der Wahl seiner Studienfächer an deutschen Universitäten hinterließ einen tiefen Eindruck in den Erinnerungen amerikanischer Studenten, die aus ihrer Studienzeit an amerikanischen Hochschulen einen strikten Studienplan sowie die Überwachung durch Tutoren gewöhnt waren. Der hervorgehobene Status des deutschen Professors, der nicht nur von den Studenten, sondern auch außerhalb der Universität ehrfürchtig behandelt wurde, beeindruckte amerikanische Studenten ebenfalls, die darin ein Zeichen der großen gesellschaftlichen Wertschätzung für Bildung allgemein sahen. Und die

Verbindung von Forschung und Lehre machte deutsche Universitäten zu einem global erfolgreichen Modell.

Diese Offenheit der deutschen Hochschulen gegenüber ausländischen Studenten, unter denen sich auch viele englische Studenten befanden, die unter anderem auch das Fußballspiel mit nach Deutschland gebracht hatten, scheint im Widerspruch zur Ablehnung englischer kultureller Importe wie etwa des Fußballspiels zu stehen. Die »Fußlümmelei« (wie es abschätzig hieß) traf auf vehementen Widerstand seitens der konservativen und monarchistischen Eliten, die in dem Spiel etwas Fremdes sahen. Und die Identifizierung als englisches Spiel war schon genug, um es abzulehnen. Aufgeschlossenheit gegenüber ausländischen Studenten sollte daher nicht mit einer generellen Bereitschaft verwechselt werden, kulturelle Praktiken und Traditionen aus anderen Teilen der Welt in die deutsche Gesellschaft und Kultur aufzunehmen. Die Eliten des Deutschen Kaiserreiches sahen die deutsche Gesellschaft als eine hochentwickelte, anderen Gesellschaften wie etwa der englischen und amerikanischen überlegene Kultur. Folglich könnte der Transfer von Wissen und kulturellen Praktiken aus Deutschland in andere Länder zu deren Entwicklung beitragen. Nur wenige Intellektuelle wie etwa der Braunschweiger Gymnasiallehrer und Vater des deutschen Fußballs Konrad Koch waren aber bereit, kulturelle Praktiken und Elemente anderer Kulturen in die deutsche Gesellschaft einzuführen.

Schutzzölle und innenpolitische Stabilität

Die Kriege der 1860er und 1870er Jahre, die zur Gründung des Deutschen Kaiserreiches geführt hatten, sowie die Erlangung des Status einer Kolonialmacht erfolgten mit sehr begrenzten militärischen Mitteln und ließen das Gleichgewicht der Kräfte in Europa weitgehend unberührt. Es war weniger die Gründung des Deutschen Kaiserreiches als dessen rascher Aufstieg zu einer führenden Industrienation mit globalen Ambitionen im letzten Drittel des 19. Jahrhunderts, was zu einer wachsenden Konfrontation zwischen Deutschland und Großbritannien führte. Die Konkurrenz zwischen Deutschland und Großbritannien verstärkte sich zusehends infolge der Einführung deutscher Schutzzölle, die englische Produkte auf dem deutschen Markt teurer machen sollten. Großbritannien führte daraufhin im Jahr 1887 den *Merchandise Stamp Act* ein, der von allen Herstellern erstmals verlangte, dass ihr Produkt mit einem Stempel versehen werden musste, der das Land auswies, in dem das Produkt hergestellt worden war. Damit wurde die Marke »Made in Germany« für alle Produkte, die in Deutschland hergestellt wurden, geschaffen. Die englische Regierung setzte auf den Nationalstolz seiner Bürger und Unternehmen, die Produkte, die in Großbritannien hergestellt wurden und als »Made in England« ausgewiesen wurden, Produkten vorziehen würden, die den Stempel »Made in Germany« trugen.

Schutzzölle entwickelten sich zu einem generellen Streitpunkt zwischen Deutschland und anderen Ländern. So führte die deutsche Regierung etwa Schutzzölle für Getreideimporte ein, um so einen Preisverfall für das im Osten Preußens kultivierte Getreide zu verhindern. Diese Schutzzölle trafen vor allem Russland, Argentinien und die USA, in denen Getreide weit unter dem Preis der deutschen Getreideproduzenten erzeugt wurde. Diese Getreideschutzzölle veranlassten andere Länder wiederum dazu, Schutzzölle auf Industrieprodukte aus Deutschland zu erheben, und schadeten damit der deutschen Exportindustrie erheblich. Diese Schutzzollpolitik war heftig umstritten. Während konservative Politiker, die die Interessen der ostpreußischen Junker vertraten, die Schutzzollpolitik unterstützten, lehnten liberale Politiker, die sich für die Interessen der Industrie einsetzten, die Schutzzölle ab.

Für Otto von Bismarck ging es bei den Schutzzöllen jedoch um mehr als nur um Wirtschaftspolitik. Schutzzölle machten ostpreußisches Getreide nicht nur wettbewerbsfähig mit preiswerterem Getreide aus anderen Ländern, sondern sicherten auch das Überleben der ostpreußischen Landgüter und damit auch der Junkerklasse, die eine wichtige Stütze der preußisch-deutschen Monarchie war. Eine Abschaffung der Schutzzölle auf Getreide hätte die Junker in den Ruin getrieben, die Klassenstruktur der deutschen Gesellschaft zerstört und dem Kaisertum seine wichtigste Stütze entzogen. Schutzzölle dienten damit der innenpolitischen Stabilisierung des monarchischen Systems.

Im Gegensatz zum englischen Adel hatte sich der preußische Adel unter dem Druck der preußischen Monarchie auch nach der industriellen Revolution weitgehend auf landwirtschaftliche Aktivitäten und den Militärberuf beschränkt. Während englische Adlige im 19. Jahrhundert in die Welt des Handels und der Industrie wechselten, waren derartige Karrieren für preußische Adelsfamilien kaum vorstellbar. Die Söhne preußischer Adliger übernahmen das Landgut ihrer Väter und schlugen die Offizierslaufbahn ein. Die ostpreußischen Landgüter waren aber aufgrund der Bodenqualität, der Getreide-Monokulturen und des Klimas nicht sehr profitabel und bedurften daher ständiger staatlicher Subventionierung. Diese Subventionierung behinderte nicht nur die industrielle Entwicklung Deutschlands, sondern auch seine politische Entwicklung. Schutzzölle stabilisierten die Junkerklasse und verhinderten damit auch eine Demokratisierung der deutschen Gesellschaft.

Außenpolitische Bündnisse und Flottenpolitik

Otto von Bismarck war sich des fragilen Kräftegleichgewichts auf dem europäischen Kontinent nach der Gründung des Deutschen Reiches bewusst. Daher ordnete er seine Außenpolitik dem Ziel unter, eine Zerschlagung des gerade erst gegründeten deutschen Nationalstaates zu verhindern. Dabei stellte Frankreich, aufgrund der deutschen Entscheidung des Jahres 1871, die beiden französischen Provinzen Elsass und Lothringen zu annektieren, die größte Gefahr für das Deutsche Kaiserreich dar. Bismarck sah in dieser Entscheidung Wilhelms I. einen außenpolitischen Fehler, da er französische Nationalisten, für die diese Provinzen, auch wenn sie mehrheitlich von einer deutschsprachigen Bevölkerung bewohnt wurde, untrennbar mit Frankreich verbunden waren, keine andere Wahl ließ, als auf deren Rückkehr hinzuarbeiten. Weil sich Bismarck nicht gegen die Befürworter einer Annexion dieser Provinzen durchsetzen konnte, musste er die deutsche Außenpolitik auf eine Isolierung Frankreichs ausrichten, um somit dem Nachbarland die Möglichkeit zu verwehren, Elsass und Lothringen wiederzugewinnen.

Bismarck fürchtete allerdings kaum ein Bündnis zwischen Frankreich und England, da beide Kolonialmächte sich regelmäßig über territoriale Ansprüche in Afrika stritten. Eine englisch-französische Zusammenarbeit schien daher ausgeschlossen. Daher musste sich Bismarck lediglich auf die Verhinderung eines potentiellen Bündnisses Frankreichs mit Österreich-Ungarn und/oder dem russischen Zarenreich konzentrieren. Um eine derartige Zusammenarbeit zu verhindern, schloss Bismarck Bündnisse mit diesen beiden Mächten. Diese Bündnisse waren jedoch problematisch, da beide Imperien sich über ihren Einfluss auf dem Balkan, aus dem das Osmanische Reich zusehends verdrängt wurde, stritten und einer militärischen Konfrontation damit bedenklich nahekamen. Bismarck versuchte zunächst mit dem Drei-Kaiser-Abkommen zwischen Wilhelm I., Alexander II. und Franz Joseph I. im Jahr 1873 eine Zusammenarbeit der drei Kaiserreiche zum Schutz der monarchischen Ordnung in Europa auf den Weg zu bringen. Das wachsende Verlangen Russlands nach Einfluss auf dem Balkan – Russland sah sich zunehmend als Beschützer seiner slawischen Brüder auf dem Balkan – verschärfte in den 1870er Jahren jedoch die Konfrontation zwischen Russland und Österreich-Ungarn, das daraufhin ein engeres Bündnis mit Deutschland suchte. Im Zweibund des Jahres 1879 versprach das Deutsche Kaiserreich militärische Unterstützung für Österreich-Ungarn für den Fall eines russischen Angriffs. Um Russland aber nicht in die Arme Frankreichs zu treiben, entschloss sich Bismarck im Jahr 1887, den Rückversicherungsvertrag mit Russland abzuschließen, in dem Deutschland dem Zarenreich Neutralität für den Fall eines unprovozierten Angriffs Österreich-Ungarns auf Russland zusicherte.

Bismarck war sich bewusst, dass das Deutsche Kaiserreich diese Bündnis- und Neutralitätsverträge im Fall einer kriegerischen Auseinandersetzung nicht einhalten konnte und Deutschland sich dann entweder für die russische oder die österreichisch-ungarische Seite entscheiden müsste. Aber Bismarcks Ziel bestand eben nicht darin, in einen Konflikt zwischen diesen beiden Mächten hineingezogen zu werden. Daher wirkte er immer wieder schlichtend. Das einzige Ziel dieser widersprüchlichen Abkommen lautete, sowohl Russland als auch Österreich-Ungarn von einem Bündnis mit Frankreich abzuhalten. Und um dies zu erreichen, war Bismarck bereit, beiden Seiten alles zu versprechen.

Die diplomatischen Bemühungen Bismarcks um ein Bündnis mit Russland wurden Ende der 1880er Jahre aber zusehends von seiner von innenpolitischen Erwägungen getriebenen Entscheidung, Schutzzölle auf die Einfuhr russischen Getreides nach Deutschland zu erheben, in Frage gestellt. Der Export von Getreide nach Deutschland war eine wichtige Einnahmequelle für Russland, das diese Einkünfte für die Modernisierung des Landes dringend benötigte. Auseinandersetzungen zwischen Russland und Deutschland über den freien Zugang polnischer Saisonlandarbeiter zu ostpreußischen Landgütern verschärften die Krise in den russisch-deutschen Beziehungen. Als dann auch noch deutsche Banken im Jahr 1887 – in dem Jahr, in dem der Rückversicherungsvertrag unterzeichnet wurde – sich dazu entschlossen, keine Kredite mehr an Russland zu vergeben, war das Fass zum Überlaufen voll und Russland bereit, sich von Deutschland abzuwenden. Französische Banken sprangen sofort in die Lücke und waren bereit, als Kreditgeber für Russland einzutreten. Damit bahnte sich eine Annäherung zwischen Russland und Frankreich an, die Bismarck unter allen Umständen hatte verhindern wollen.

Bismarcks außenpolitische Orientierung verlor aber auch die Unterstützung konservativer und monarchischer Kreise. Eine Konzentration auf die Bewahrung des Erreichten reichte vielen Konservativen nicht mehr aus. Der Reichskanzler sah sich zunehmend mit Forderungen nach einer Ausdehnung des deutschen Einflusses in Europa und in der Welt konfrontiert. Kaiser Wilhelm II. entschied daher im Jahr 1890, den Rückversicherungsvertrag mit Russland nicht zu verlängern. Diese Entscheidung machte das Deutsche Kaiserreich zu einem verlässlicheren Partner Österreich-Ungarns, da es die Doppelloyalität Deutschlands beendete, aber es ließ einen Konflikt zwischen Russland und Österreich-Ungarn auch wahrscheinlicher werden. Und es trieb Russland in die offenen Arme Frankreichs.

Wilhelm II. unterschied sich von seinen Vorgängern deutlich. Er hatte eine klare Vision für das Deutsche Reich, das den Status einer Weltmacht einnehmen sollte. Eine aktive Kolonialpolitik und der Aufbau einer Hochseeflotte waren dazu notwendig. Das Kaiserreich verfügte zwar seit seiner Gründung bereits über eine kleine Zahl von Kriegsschiffen, deren Aufgabe bestand aber in den 1870er und 1880er Jahren lediglich darin, die Nord- und Ostseeküste zu verteidigen. Wilhelm II. bestand nach seiner Thronbesteigung auf einem gewaltigen Ausbau der deutschen Kriegsflotte, so dass diese in direkte Konkurrenz zur britischen Flotte treten könnte. Die Aufrüstung der deutschen Flotte brachte Deutschland in direkten Konflikt mit Großbritannien, das daraufhin engere Beziehungen zu Frankreich suchte.

Der Flottenbau war teuer und verschlang Unsummen. Um die notwendigen Finanzmittel aufzubringen, führte die deutsche Regierung eine Sektsteuer ein. Dennoch war der Aufbau der Flotte in der deutschen Bevölkerung populär. Unzählige Eltern steckten ihre Söhne in Kleidung, die Marineuniformen imitierte, und Jungen bewunderten und idealisierten den Dienst auf einem Kriegsschiff der Hochseekriegsflotte. Der Kölner Schokoladenhersteller Stollwerck verkaufte Schokoladentafeln mit Bildern der neuen deutschen Kriegsschiffe, die gesammelt und in Sammelalben geklebt werden konnten. Diese Bildserien waren ein Markenzeichen von Stollwerck, das schon seit den 1840er Jahren Sammelbilder in seinen Schokoladentafeln anbot. Am Anfang waren es Bilder von Bauwerken wie etwa des Kölner Doms. Zu Beginn der 1870er Jahre waren es dann Bilder aus dem Deutsch-Französischen Krieg und in den 1890er Jahren schließlich Ansichten der deutschen Kriegsflotte. Um das Sammeln dieser Bilder zu erleichtern und auch zu steuern, verkaufte Stollwerck ab 1900 auch Sammelalben, in denen die Bilder eingeklebt werden konnten. Stollwerck verband in diesen Bilderserien eine geschickte Verkaufsstrategie, da die Kinder nach der Vervollständigung ihrer Bildreihen strebten und damit weiterhin die Schokoladentafeln kauften, mit einer Werbung für die Militarisierung der deutschen Gesellschaft.

Die deutschsprachige Diaspora in der Welt

Als das Deutsche Reich im Januar 1871 als kaiserliche Monarchie gegründet wurde, bot es etwa 41 Millionen Menschen eine neue Heimat. Das Königreich Preußen war mit 25 Millionen Einwohnern der nach der Bevölkerungszahl größte deutsche Bundesstaat. Während sich die überwältigende Mehrheit der Bevölkerung des Deutschen Kaiserreiches über ihre Muttersprache als deutsch identifizierte, schloss die Bevölkerung auch andere, nicht-deutschsprachige Gruppen ein. Die größte Minderheit stellten mit etwa 3,6 Millionen Menschen die Polen, die seit der Teilung ihres Heimatstaates im 18. Jahrhundert zwischen Preußen, Russland und Österreich im preußischen Osten lebten. In der Zeit der Industrialisierung zog es viele Polen in die Steinkohlenbergwerke des Rheinlandes. Die mit 140.000 Menschen zweitgrößte Minderheit stellten die Dänen in Schleswig und Holstein, die seit dem Krieg von 1866 unumstritten zu Deutschland gehörten. Daneben existierte auch noch die Minderheit der Litauer (101.000 Personen) und der Sorben (137.000 Personen), die zwar schon über Jahrhunderte in deutschsprachigen Staaten lebten, sich aber ihre Sprache und Kultur erhalten hatten. Im Jahr 1905 sprachen etwa 33 Millionen der etwa 37 Millionen Bewohner des Deutschen Kaiserreiches – das entsprach 88 Prozent der Gesamtbevölkerung – Deutsch. Etwa 4 Millionen Einwohner sprachen Polnisch, Dänisch, Litauisch, Sorbisch oder Französisch.

Das Deutsche Kaiserreich war nicht der einzige Staat, der deutschsprachigen Menschen ein Zuhause bot. Im benachbarten Österreich-Ungarn lebten etwa elf Millionen Menschen, für die das Deutsche die Muttersprache war. Sowohl österreichische und russische Herrscher wie etwa Katharina II. hatten über Jahrhunderte deutschsprachige Siedler angeworben und diese auf dem Balkan und entlang der Wolga angesiedelt. Im 18. und 19. Jahrhundert begannen Einwohner der deutschen Staaten Zentraleuropas dann auch nach Nord- und Südamerika auszuwandern, wo sie sich vom Süden Brasiliens bis zu den Ufern der Großen Seen in Kanada und den USA ein neues Zuhause aufbauten. Am Ende des 19. Jahrhunderts war damit eine deutschsprachige Diaspora entstanden, die von den Ufern der Wolga im Russischen Reich bis an die Ufer der Großen Seen in Nordamerika und den Süden Brasiliens reichte. Diese Diaspora wurde durch die deutsche Sprache in vielen Dialekten und das Praktizieren deutscher Traditionen zusammengehalten.

Die Bereitschaft, von einem Ort zu einem anderen weiterzuziehen, wenn sich dort bessere wirtschaftliche Bedingungen – besserer Boden für die Landwirtschaft oder Steuerbefreiung für Neuankömmlinge – boten, war ein Grundmerkmal der deutschsprachigen Bevölkerung in Zentraleuropa seit dem frühen Mittelalter. Seit dem 8. Jahrhundert suchten die Herrscher des Frankenreiches die östlichen Grenzen ihres Imperiums weiter und weiter nach Osten zu verlegen. Die Spaltung des Frankenreiches in ein westliches und ein östliches Reich, das später zum Heiligen Römischen Reich wurde, beförderte das Verlangen der ottonischen Herrscher nach einer Ostexpansion ihres Imperiums. In diesem Prozess wurden in langwierigen Auseinandersetzungen die östlich der Elbe gelegenen Territorien in das Heilige Römische Reich integriert und von Bauern besiedelt, die norddeutsche Dialekte sprachen. Die Verlegung des Ordens der Deutschen Ritter von Jerusalem nach Masowien, wo der Orden bei der Christianisierung der baltischen Stämme eingesetzt wurde, was letztlich zur Gründung des Deutschen Ordensstaates führte, bot neue Siedlungsperspektiven für Bauern aus den deutschsprachigen Staaten westlich der Elbe. Weil die Mehrzahl der Siedler, die es in die Gebiete östlich der Elbe und später auch östlich der Weichsel zog, aus den Gebieten stammte, in denen norddeutsche Dialekte dominierten, fanden damit auch norddeutsche Dialekte eine geographische Ausweitung entlang der Südküste der Ostsee. Die Ausweitung der österreichischen Herrschaft in die Regionen des Balkans bot Bauern vor allem aus den südlichen Staaten des Heiligen Römischen Reiches neue Perspektiven und führte damit zu einer Ausweitung des süddeutschen Sprachraums in Südosteuropa.

Auswanderung aus Deutschland

Die Auswanderung von Untertanen aus den deutschen Staaten Zentraleuropas nahm am Ende des 17. Jahrhunderts mit der Gründung von Germantown in der englischen Kolonie von Pennsylvania in Nordamerika als der ersten deutschsprachigen Siedlung auf dem amerikanischen Doppelkontinent globale Dimensionen an. Im 18. Jahrhundert folgten zahlreiche Auswanderer vor allem aus den westlichen und mittleren Regionen des Heiligen Römischen Reiches, um eine neue Heimat in den englischen Kolonien und dann in den USA zu finden. Im Jahr der amerikanischen Staatsgründung (1776) waren immerhin etwa sieben Prozent der amerikanischen Bevölkerung deutschsprachige Einwanderer oder Nachkommen deutschsprachiger Einwanderer.

Die transatlantische Migration deutschsprachiger Auswanderer wurde durch das englische System der »indentured servitude« befördert, das es Auswanderungswilligen erlaubte, die Kosten für ihre Überfahrt von einem Sponsor vorgeschossen zu bekommen. Dieser erhielt im Gegenzug dafür eine Verpflichtung des Auswanderers zu einem siebenjährigen Dienstverhältnis. Dieses System ermöglichte es vor allem Bauern, die über keinerlei finanzielle Rücklagen verfügten und sich von ihren Landesherren zudem auch noch freikaufen mussten, das Wagnis der Auswanderung auf sich zu nehmen. Nach ihrer Ankunft in New York oder Philadelphia hatten sie sieben Jahre Zeit, um ihre Schulden bei ihrem finanziellen Sponsor abzuarbeiten. Dieses häufig auch als System der »weißen Sklaverei« bezeichnete System ermöglichte es zahlreichen europäischen Auswanderern, im 17. und 18. Jahrhundert nach Nordamerika zu kommen. Nach der Gründung der USA wurde das System der »indentured servitude« abgeschafft, was sich zunächst negativ auf das Volumen der Wanderungsbewegung nach 1800 auswirkte.

Die Auswanderung von deutschsprachigen Bauern aus dem Heiligen Römischen Reich war jedoch nicht nur in ihrem Volumen, sondern auch in ihrem Herkunftsgebiet stark begrenzt, da Staaten wie etwa Brandenburg-Preußen die Auswanderung von Untertanen aus ihren Territorien unter Strafe stellten. Preußen, die ihr Heimatland verlassen wollten, wurden mit der Todesstrafe bedroht. Derartig harte Strafen resultierten aus dem merkantilistischen Grundverständnis dieser Zeit, in dem Menschen als Rohstoff und als Quelle wirtschaftlicher Prosperität galten. Auswanderung erschien in dieser Perspektive als ein Verlust an Rohstoffen, den es zu verhindern galt. Brandenburg-Preußen hatte im Dreißigjährigen Krieg (1618–1648) etwa die Hälfte seiner Bevölkerung verloren und versuchte daher gezielt Einwanderer anzuwerben, um den Staat wieder allmählich zu bevölkern und somit die Wirtschaftsleistung zu erhöhen. Aus diesem Bedürfnis, die Zahl der Bevölkerung Brandenburg-Preußens wieder zu erhöhen, ging das »Edikt von Potsdam« des Jahres 1685 hervor. In diesem Edikt des Großen Kurfürsten Friedrich Wilhelm lud dieser die in Frankreich verfolgten und aus dem Land getriebenen Hugenotten ein, nach Preußen zu kommen. Für Friedrich Wilhelm ging es hierbei nicht nur darum, die Bevölkerung seines Landes mit hochqualifizierten Handwerkern anzureichern, sondern auch darum, Glaubensgenossen – der Große Kurfürst war ebenso wie die französischen Hugenotten Calvinist – zu helfen. Friedrich Wilhelm versprach denjenigen französischen Glaubensflüchtlingen, die nach Brandenburg-Preußen kommen würden, nicht nur die freie Glaubensausübung, sondern auch finanzielle Anreize wie die Steuerbefreiung und Beihilfen für den Bau von Wohnhäusern und Kirchen. Etwa 20.000 Hugenotten nahmen dieses Angebot an und siedelten sich am Ende des 17. Jahrhunderts in der Region um Berlin an. Mit der Dorotheenstadt entstand in Berlin sogar ein neues Stadtviertel, das den Flüchtlingen ein neues Zuhause bot. Unter diesen Glaubensflüchtlingen befanden sich auch die Vorfahren des Schriftstellers Theodor Fontane, der vor allem mit seinem Roman *Effie Briest* bekannt werden sollte.

Die Überquerung des Atlantiks war im 18. Jahrhundert gefährlich und langwierig. Segelschiffe brauchten mehr als einen Monat, um von einem europäischen Hafen nach Nordamerika zu gelangen. Und nicht jedes Schiff erreichte auch sein Ziel. Schiffe konnten in schlechtem Wetter untergehen und Krankheiten die Passagiere hinwegraffen. Deutschsprachige Auswanderer aus dem Heiligen Römischen Reich, die nach Nordamerika auswandern wollten, mussten zunächst nach England gelangen, um dann von hier auf einem englischen Schiff ihre Reise über den Atlantik anzutreten. Auf ihrem Weg nach Nordamerika passten die Auswanderer ihre Identität oftmals an die Ansprüche der sie umgebenden Welt an und wechselten daher regelmäßig ihre Identität.

Unter den deutschsprachigen Auswanderern, die zu Beginn des 18. Jahrhunderts nach Nordamerika aufbrachen, befanden sich etwa 15.000 Menschen aus dem Südwesten des Heiligen Römischen Reiches, die im Jahr 1709 ihre Heimat verließen, da sie Gerüchte vernommen hatten, nach denen die englische Königin Ann auswanderungswilligen Menschen nicht nur die Überfahrt bezahlen, sondern ihnen auch Land in den englischen Kolonien unentgeltlich zur Verfügung stellen würde. Von diesen Gerüchten animiert, verließen sie ihre Heimat in der Pfalz, in Hessen, Nassau und Württemberg und machten sich auf den Weg nach London. Diese Gruppe von Auswanderern stammte nicht nur aus verschiedenen Regionen, sondern setzte sich auch aus Angehörigen verschiedener Religionen zusammen. Etwa 39 Prozent der Auswanderer gehörten der reformierten Kirche, 31 Prozent der lutherischen Kirche und 29 Prozent der katholischen Kirche an. Diese regionalen und religiösen Unterschiede wurden von der englischen Gesellschaft kaum wahrgenommen und die ankommenden Auswanderer mitunter als »arme pfälzische Protestanten« betrachtet, die auf der Flucht vor katholischer Verfolgung waren. Diese Identität armer pfälzischer Protestanten wurde bereitwillig von den Auswanderungswilligen, gleichgültig ob sie tatsächlich aus der Pfalz stammten oder Protestanten oder Katholiken waren, angenommen, weil sie ihnen die Überfahrt nach Amerika und die Vergabe von Land in den Kolonien in Aussicht stellte.

Nachdem diese Gruppe von Auswanderern in der Kolonie von New York angekommen waren, begannen Kolonialbeamte aufgrund der von den Neuankömmlingen gesprochenen Sprache diese als deutsche Auswanderer zu bezeichnen. Und die Betroffenen nahmen diese Identität wiederum aus pragmatischen Gründen bereitwillig an, weil sie ihnen Unterstützung durch die Kolonialverwaltung zusicherte. Die Identität dieser Auswanderer wurde somit wesentlich durch die Aufnahmegesellschaft, aber auch durch die gemeinsamen Erfahrungen der Auswanderer auf dem Weg nach Amerika und nach ihrer Ankunft dort geprägt. Die Idee einer deutschen Identität entstand dabei außerhalb Europas und fast 100 Jahre vor der berühmten Rede von Johann Gottlieb Fichte, in denen auch er die Muttersprache zur Grundlage nationaler Identitäten erklärte.

Die Auswanderung aus Europa nach Amerika im 18. und 19. Jahrhundert erfolgte weitgehend unreguliert. Auswanderer benötigten weder Reisepässe noch ein Visum. Die Grenzen der englischen Kolonien und später der USA wurden noch nicht kontrolliert, so dass Auswanderer, die auf Schiffen in New York oder New Orleans ankamen, ihre Schiffe, ohne Einreisekontrollen passieren zu müssen, verlassen konnten. Erst die globale Cholera-Epidemie, die in den Jahren von 1881 bis 1896 sich von Indien kommend über den europäischen Kontinent ausbreitete, bevor sie auch die USA erreichte, führte zu grundlegenden und nachhaltigen Verände-

149

rungen in der Behandlung von Auswanderern, die in den USA eintrafen. Nachdem die Cholera-Epidemie 1892 auch die Hafenstadt Hamburg erreicht hatte, von wo Hunderttausende von Auswanderern nicht nur aus Deutschland an Bord der Schiffe gingen, die sie in die USA brachten, reagierte die amerikanische Regierung im selben Jahr mit der Einrichtung einer Quarantänestation auf der dem Hafen von New York vorgelagerten Insel Ellis Island. Sie wurde nun zur Ankunftsstation für alle europäischen Einwanderer in die USA. Hier wurden fortan alle europäischen Einwanderer nicht nur medizinisch untersucht und gegebenenfalls bei Verdacht auf Infektionskrankheiten unter Quarantäne gestellt, sondern auch nach ihren Qualifikationen und Fähigkeiten befragt. Jeder Einwanderer musste nun einen 29 Fragen umfassenden Fragebogen ausfüllen, die sich vor allem auf die finanzielle Lage der Einwanderer bezogen. Auch wenn die Aufnahme- und Quarantäne-Station auf Ellis Island als Reaktion auf die Ausbreitung der Cholera entstanden war und vor allem das Überspringen dieser Infektionskrankheit auf die USA verhindern sollte, hatte deren Einrichtung weit darüber hinausreichende Konsequenzen. Als die Cholera-Epidemie überwunden war, wurde Ellis Island nicht wieder geschlossen. Die Ankunft, Untersuchung und Befragung der Einwanderer in dieser Station wurden nun zu einem festen Bestandteil des Einwanderungsprozesses. Die amerikanische Regierung begann damit die Kontrolle über ihre Landesgrenzen an sich zu ziehen und zu überwachen, wer in das Land kam. Viel schwerwiegender war der Wandel, der sich in der öffentlichen Wahrnehmung der amerikanischen Gesellschaft gegenüber der Einwanderung vollzog. Einwanderung wurde zunehmend mit Infektionskrankheiten und damit verbundener Gefahren in Verbindung gebracht. Einwanderer aus Deutschland und Europa wurden in den Augen der Amerikaner zu Trägern gefährlicher Krankheiten, die entweder zunächst isoliert werden mussten oder aber sogar überhaupt nicht erst in das Land gelassen werden sollten.

Koloniale Visionen in Nordamerika

Deutschsprachige Siedler in Nordamerika unterschieden sich deutlich von englisch-, französisch- und spanischsprachigen Siedlern in ihrem Verhältnis zu den indigenen Einwohnern Nordamerikas. Während die anderen europäischen Siedlergruppen in den Indianern Nordamerikas nur

Gegner und Objekte der Ausbeutung sahen, behandelten deutschsprachige Siedler diese Menschen als potentielle Verbündete, ernstzunehmende Verhandlungspartner, Nachbarn und wichtige Informationsquelle. Diese spezifische Haltung war wohl vor allem der europäischen Erfahrung der deutschsprachigen Einwanderer geschuldet, die im 18. Jahrhundert nicht aus größeren und unabhängigen Staaten stammten, sondern aus kleineren Territorien innerhalb des Heiligen Römischen Reiches deutscher Nation, die immer wieder zum Objekt der Begierde größerer Nachbarstaaten geworden waren. Krieg und Unterwerfung war eine Grunderfahrung dieser Auswanderer, die daher mit den Indianern sympathisierten, die ebenso zum Objekt spanischer, französischer und britischer Unterwerfung geworden waren.

Noch wichtiger war, dass deutschsprachige Auswanderer im Gegensatz zu spanisch-, französisch- und englischsprachigen Siedlern Nordamerikas sich nicht auf den Schutz durch eine europäische Kolonialmacht verlassen konnten. England, das anfangs nur wenig Interesse an einer Besiedlung Nordamerikas gezeigt und nicht aktiv die Etablierung von Siedlungskolonien betrieben hatte, bot der wachsenden Zahl von englischsprachigen Siedlern Schutz gegen die indigene Bevölkerung Nordamerikas und entwickelte Pläne für die Verwaltung der englischen Kolonien sowie des Lebens in den englischen Kolonien. Deutschsprachigen Siedlern fehlte dieser Schutz, da das Heilige Römische Reich deutscher Nation, der Deutsche Bund und später das Deutsche Kaiserreich zwar Auswanderer in alle Teile des amerikanischen Kontinents entsandten, aber eben nicht als Kolonialmacht auftraten. Deshalb waren deutschsprachige Auswanderer immer darauf angewiesen, sich in koloniale Strukturen anderer europäischer Mächte einzugliedern und sich mit Menschen verschiedenster Herkunft anzufreunden. Aus pragmatischen Erwägungen verließen sich die deutschsprachigen Einwanderer aber nicht nur auf den Schutz durch die europäischen Kolonialmächte, sondern suchten auch gute Beziehungen zu Familien der indigenen Bevölkerung.

Deutschsprachige Siedler in der Neuengland-Region und in Texas behandelten die Angehörigen der Indianerstämme mit Respekt und schlossen wiederholt Verträge mit diesen Stämmen. Zahlreiche deutschsprachige Siedler erlernten die Sprachen der Indianer und schickten ihre Kinder für längere Zeit zu Indianerfamilien, so dass sie deren Sprache und Kultur direkt erlernen konnten. Johann Conrad Weiser, der mit den »armen pfälzischen Protestanten« am Anfang des 18. Jahrhunderts nach New York gekommen war und eine Führungsposition in der Gemeinschaft einnahm, handelte einen Vertrag mit dem Stamm der Mohawks aus und sicherte so seinen Mitstreitern Zugriff auf Land im Tal des Schoharie Creek im Norden der New Yorker Kolonie. Im Gegensatz zu englischsprachigen Siedlern erkannten die deutschsprachigen Siedler unter Weisers Führung den Anspruch der indigenen Bevölkerung als Besitzer des Landes an und suchten unter Umgehung der englischen Kolonialregierung eine direkte Beziehung zu den Mohawks. Dies wurde auch durch interpersonelle Beziehungen untermauert. So schickte Weiser seinen 16-jährigen Sohn Conrad Weiser zu einer Familie der Mohawks, bei der er für längere Zeit lebte. Diese Zeit gab ihm Einblick in die Kultur der Mohawks and half ihm, sich später in seinem Leben in der Kolonie von Pennsylvania als Vermittler zwischen der indigenen Bevölkerung und europäischen Siedlern zu positionieren. Auch wenn nicht alle der zwischen der deutschsprachigen Siedlergruppe und den indigenen Stämmen ausgehandelten Verträge eingehalten wurden, unterschied sich doch die koloniale Vision der deutschsprachigen Siedler in Nordamerika deutlich von denen der anderen europäischen Siedlergruppen, die kaum auf Verhandlungen mit gleichberechtigten Partnern setzten, sondern auf Eroberung und Unterwerfung.

Die guten Beziehungen zwischen deutschsprachigen Siedlergruppen und indigenen Bevölkerungsgruppen in der New Yorker Kolonie im 18. Jahrhundert waren keineswegs ein Einzelfall. Auch in Texas, das in der Mitte des 19. Jahrhunderts zu einem Zentrum der deutschsprachigen Auswanderung wurde, entwickelten deutschsprachige Siedler Beziehungen, die auf gegenseitiger Achtung und Respekt aufbauten und zu direkten Verhandlungen und Verträgen führten. So verhandelte Otfried Hans Freiherr von Meusebach für den Verein zum Schutze deutscher Einwanderer in Texas mit den Comanchen im Jahr 1847 einen Kaufvertrag für Siedlungsland in Zentraltexas, der es Tausenden von deutschsprachigen Siedlern ermöglichte, hier ein neues Leben anzufangen. Der Vertrag rief beide Seiten zu einem friedlichen Miteinander auf und ermutigte sogar zur Gründung von Familien zwischen Deutschen und Comanchen. Zum Zentrum der deutschen Siedlung in Texas wurden die beiden Städte Friedrichsburg und Neu Braunfels.

Meusebach war wohl auch aufgrund der politisch instabilen Lage in Texas dazu bereit, mit den Comanchen zu verhandeln. Texas wurde, nachdem es seine Unabhängigkeit von Mexiko 1836 erlangt hatte, 1845 als

Bundesstaat in die USA aufgenommen. Der Vertrag zwischen dem Verein zum Schutze deutscher Einwanderer in Texas und den Comanchen wurde immerhin während der anhaltenden kriegerischen Auseinandersetzungen zwischen den USA und Mexiko um die Zukunft von Texas geschlossen, die erst 1848 mit dem Sieg der USA endeten. Meusebach erkannte damit die Comanchen zu einem Zeitpunkt als Verhandlungspartner an, zu dem nicht sicher war, wer die politische Kontrolle über Texas – Mexiko oder die USA – erlangen würde.

Söldner aus Hessen

Die hessischen Söldner, die von ihrem Landesherren in der zweiten Hälfte des 18. Jahrhunderts an die englische Krone verkauft wurden, nahmen eine besondere Stellung in der deutschsprachigen Auswanderung nach Nordamerika ein. Sie stammten aus der kleinen und rohstoffarmen Landgrafschaft Hessen-Kassel, deren Herrscher in ihrer männlichen Bevölkerung einen Rohstoff sahen, den sie meistbietend als Soldaten an andere europäische Herrscher verkauften. Der Verkauf von hessischen Soldaten an den englischen König war also keineswegs etwas Neues. König George III. benötigte militärische Verstärkung, um der Rebellion der englischen Siedler in den nordamerikanischen Kolonien zu begegnen. Daher kaufte er von Landgraf Friedrich II. in den 1770er Jahren insgesamt 19.000 Soldaten, die dann, über den Atlantik geschickt, die britischen Armeen verstärken sollten. Diese hessischen Söldner machten etwa ein Drittel aller englischen Truppen in Nordamerika aus. Unter den hessischen Söldnern befand sich auch der Dichter Johann Gottfried Seume, der seinen Aufenthalt in Nordamerika dazu nutzte, eine Beschreibung der nordamerikanischen Landschaften und Einwohner zu verfassen, die seinen Landsleuten in Europa ein erstes Stimmungsbild des fremden Kontinents bot.

Damit kämpften deutschsprachige Soldaten auf beiden Seiten des Konflikts zwischen England und seinen nordamerikanischen Kolonien. Während die Seite der Engländer durch die hessischen Söldner verstärkt wurde, die gegen ihren Willen nach Amerika verbracht worden waren, fanden sich bei den amerikanischen Rebellen deutsche Siedler wie etwa die »armen pfälzischen Protestanten«. Die Schlacht von Yorktown im

153

Jahr 1781 gilt als die deutscheste Schlacht im Amerikanischen Unabhängigkeitskrieg. In dieser Schlacht standen sich auf der englischen Seite die hessischen Söldner und auf der anderen Seite verschiedene deutsche Regimenter gegenüber. Diese deutschen Regimenter standen unter dem Kommando des preußischen Offiziers Friedrich Wilhelm von Steuben, der 1778 in den Dienst der Kontinentalarmee der amerikanischen Rebellen getreten war.

Nach der Niederlage der Briten in Nordamerika kehrten etwa 10.000 dieser hessischen Söldner wieder in ihre europäische Heimat zurück. Etwa 7.000 waren während des Krieges getötet worden. Die verbleibenden 2.000 Soldaten entschieden sich dafür, in Nordamerika zu bleiben, doch ließen sich nur einige wenige von ihnen in den USA nieder. Die Mehrzahl wanderte in die weiterhin von England kontrollierten Provinzen von Ontario und Neuschottland weiter.

Siedlungszentren und kulturelle Begegnung

Obwohl der Anteil der deutschsprachigen Einwanderer an der Bevölkerung von Ländern wie den USA, Kanada und Brasilien recht gering war, so gab es in diesen Ländern doch auch Regionen, in denen diese Bevölkerungsgruppe die Mehrheit der lokalen Bevölkerung stellte. Die Gründung der USA und die Auflösung des Heiligen Römischen Reiches deutscher Nation veränderten die Rahmenbedingungen für die Auswanderung grundsätzlich. Mit der Gründung der USA fiel das etablierte System der »indentured servitude« weg. Auswanderer mussten nun ihr Schiffsticket selbst bezahlen oder aber Familie oder Freunde haben, die ihnen die nötigen Auslagen vorstreckten. Mit den Stein-Hardenberg'schen Reformen im Königreich Preußen endete auch die Rechtstradition, die es den Untertanen des Landes nicht gestattete, das Land zu verlassen. Die Ausdehnung der Bewegungsfreiheit auf die östlichen Regionen der nun im Deutschen Bund zusammengefassten deutschen Staaten war eine Voraussetzung für die Ausweitung des Einzugsgebietes der Amerika-Auswanderung. Technologische Verbesserungen in der Schifffahrt, wie die Verwendung von Stahl anstelle von Holz zum Schiffbau, die Nutzung von Dampfmotoren und die Einführung des Schraubenpropellers, machten im Lauf des 19. Jahrhunderts Schiffe nicht nur schneller und die Überfahrt sicherer, sondern auch wesentlich preiswerter. Am Anfang des 19. Jahrhunderts betrug die Überfahrtszeit noch etwa einen Monat, dagegen war sie an dessen Ende auf etwas mehr als eine Woche zusammengeschrumpft. In der zweiten Hälfte des 19. Jahrhunderts wurde es auch leichter, den Kontakt zwischen Auswanderern und den zurückgebliebenen Familienmitgliedern, Nachbarn und Freunden zu halten. Auch wenn das 19. Jahrhundert das Jahrhundert des Briefeschreibens war, war es doch bis in die 1860er Jahre sehr schwierig, Briefe von Amerika nach Württemberg oder Preußen zu schicken. Briefeschreibern standen zwei Transportmöglichkeiten offen: Entweder sie vertrauten den Brief einem Reisenden an, der diesen an seinen Bestimmungsort mitnahm, oder aber sie mussten den Brief mit Briefmarken derjenigen Länder frankieren, durch den der Brief reisen würde, bevor er sein Ziel erreichte. Ein internationales System des Brieftransportes entstand erst in den 1870er Jahren auf Initiative des deutschen Generalpostdirektors Heinrich von Stephan. Stephan organisierte im Jahr 1874 den ersten Weltpostkongress in Bern, der zur Gründung des Weltpostvereins und zum Abschluss des Weltpostvertrages führte. Der Weltpostvertrag regelte erstmals die internationale Zusammenarbeit der nationalen Postunternehmen, schuf einen Rahmenvertrag für den grenzüberschreitenden Postverkehr und klärte die Verrechnung der anfallenden Kosten für den internationalen Postverkehr. Dieser Vertrag ermöglichte es Briefeschreibern, einen Brief, der mit den Briefmarken seines Heimatlandes frankiert war, in seinem Land aufzugeben und sich darauf zu verlassen, dass der Brief von den Postunternehmen anderer Länder zu seinem Zielort transportiert würde. Damit entstand ein ununterbrochenes Informationsnetzwerk, das Auswanderer und Zurückgebliebene miteinander verband und Informationen in beide Richtungen fließen ließ. Die Briefe der Auswanderer wurden zu einem Anreiz für viele andere, es ihnen gleichzutun.

Insbesondere die USA und Kanada zogen im 19. Jahrhundert Hunderttausende deutschsprachiger Auswanderer nicht nur aus den deutschen Staaten, sondern auch aus dem Russischen Reich (Wolgadeutsche) an. Von 1815 bis 1914 kamen mehr als 5,5 Millionen deutschsprachige Auswanderer aus den deutschen Staaten Zentraleuropas nach Nordamerika. Die kanadische Provinz Ontario wurde zu einem der Siedlungsgebiete deutschsprachiger Migranten. In der Volkszählung aus dem Jahr 1871 gaben etwa 25 Prozent der Einwohner in dieser Provinz an, dass sie deutscher Abstammung wären. Besonders die Region zwischen Toronto und den Niagara-Wasserfällen entwickelte sich zu einer Gegend mit einer ausgeprägten deutschen Kultur mit Turn-, Schützen- und Gesangsvereinen. Berlin – die größte Stadt in diesem deutschen Teil der Provinz Ontario – wurde zum regelmäßigen Austragungsort von Sängerfesten, die Gesangsvereine und Chöre zum Wettstreit zusammenbrachten.

Die Siedlungsschwerpunkte deutschsprachiger Migranten in Kanada und den USA entwickelten sich eher zufällig und waren nicht das Resultat staatlicher oder privater Steuerung. Deutschsprachige Auswanderer fanden sich in Städten und Regionen zusammen, weil dort schon eine deutsche Enklave existierte. Davon unterschied sich deutlich die deutsche Ansiedlung in Texas, die sich gerade dadurch auszeichnete, dass sie von einem deutschen Verein gesteuert wurde und Tausende deutscher Auswanderer in den 1840er Jahren gezielt in das Hill Country von Texas führte. Dieses Siedlungsprojekt wurde durch den Verein zum Schutze deutscher Einwanderer in Texas, der es sich auf die Fahnen geschrieben hatte, eine deutsche Siedlungskolonie in Texas zu etablieren, im Jahr 1842 initiiert. Der Verein, der auf Anregung von Herzog Adolf von Nassau von 21 Fürsten begründet worden war, sandte in den 1840er Jahren Agenten nach Texas, die Land und Ausrüstung für die Landwirtschaft erwerben und somit den Transfer von Auswanderern vorbereiten sollten. Auch wenn die Organisatoren nur wenig Wissen über die klimatischen, landwirtschaftlichen und politischen Verhältnisse in Texas besaßen, schickten sie im Jahr 1844 – ein Jahr bevor die Republik Texas als Bundesstaat in die USA aufgenommen wurde – die erste Gruppe deutscher Siedler unter Führung des Prinzen Karl von Solms-Braunfels nach Texas. Jede Familie, die sich diesem Unternehmen anschloss, musste für die Überfahrt, die Bereitstellung einer Unterkunft und von landwirtschaftlichen Geräten sowie von Saatgut 100 Gulden zahlen. Die Verwaltung der deutschen Siedlungskolonie wurde von Otfried Freiherr von Meusebach übernommen, der auch die Hauptstadt der Kolonie Friedrichsburg – nach dem Prinzen Friedrich von Preußen benannt – gründete.

Das ursprüngliche Ziel, in Texas eine sich selbstversorgende deutsche Kolonie unter Kontrolle des Vereins zum Schutze deutscher Einwanderer in Texas zu errichten, musste letztlich aufgegeben werden. Dazu trugen im Wesentlichen die sich verändernden politischen Rahmenbedingungen bei. Erste Pläne für dieses Projekt entstanden in den 1830er Jahren, als Texas noch Teil von Mexiko war. Die im Jahr 1836 erlangte Unabhängigkeit Texas' und seine Aufnahme in die USA im Jahr 1845 behinderten den Aufbau einer selbständigen deutschen Siedlungskolonie in Texas. Dazu kam der Umstand, dass sowohl die klimatischen und landwirtschaftlichen Gegebenheiten als auch die Lage des Siedlungsgebiets an der Grenze zwischen europäischen Siedlungsbieten und Siedlungsgebieten der indigenen Stämme die Verwirklichung des Projekts erschwerten. Die deutschen Siedler waren weder auf die klimatischen noch auf die landwirtschaftlichen Gegebenheiten vorbereitet – also auf Sommerhitze von um die 40 Grad Celsius, eine Bodenqualität, die nicht den Anbau von Gemüse und Obst zuließ, mit dem die Siedler vertraut waren, auf die weit verbreiteten Giftschlangen wie etwa der Klapperschlange sowie auf Wasserknappheit. Der Verein zum Schutze deutscher Einwanderer in Texas löste sich schließlich im Jahr 1853 auf und überließ die Siedler ihrem eigenen Schicksal.

In den neun Jahren von 1844 bis 1853 war es dem Verein dennoch gelungen, insgesamt 20.000 Migranten nach Texas zu bringen. Damit waren etwa drei Prozent der texanischen Bevölkerung, die sich auf etwas mehr als 600.000 Menschen belief, deutscher Abstammung. In der Region um Friedrichsburg und Neu Braunfels stellten aber die deutschen Einwanderer, die hier weit ab von den Großstädten in einer ländlichen Isolierung lebten, die Mehrheit dar. Die geographische Abgeschiedenheit des deutschen Siedlungsgebiets trug dann auch wesentlich zum Überleben der deutschen Sprache und Kultur bis in das 20. Jahrhundert bei, die sich freilich zu einer deutsch-englischen Mischsprache und Mischkultur entwickelte. Die Nachkommen der deutschen Einwanderer im texanischen Hill Country entwickelten einen spezifischen deutsch-texanischen Dialekt mit einem Wortschatz, der sowohl englische als auch deutsche Wörter umfasst, und mit grammatischen Regeln, die deutsche Strukturen wie etwa das Konjugieren der Verben auf englische Verben anwendete. Das Ergebnis war eine Sprache, wie sie in dem von Kurt A. Stein im Jahr 1926 verfassten Gedicht eher sarkastisch verwendet wurde:

Die schönste Lengevitch

Den andern Abend ging mei Frau
Und Ich a Walk zu nehme'.
Of course, wir könnten a Machine
Affordern, but ich claime

Wer forty Waist hat, wie mei Frau,
Soll exzerseizah, anyhow.

Und wie wir so gemutlich geh'n
Elang die Avenoo,
Da bleibt a Couple vor uns stehn.
Ich notiss gleich ihr' Schuh',
Und sag zu meiner Frau:»Christine,
Ich mach a Wett' das sein zwei Greene.«

A Greenhorn kennt man bei sei Schuhs
(Das muss ich euch erkläre).
Ich wunder wie sie's stende tun
So tighte boots zu weareh.
Es gibt mir jedesmal a pain –
Doch dass iss somet'ing again.

Der Mann stared mich a while lang an
Als wollt er etwas frage,
Denn blushed er wie a Kid bis an
Sei hartgeboilten Krage,
Und macht a Bow, und sagt zu mir:
»Par-dong, Sir, holds ze tranway here?«

»In English«, sag ich,»oder Deutsch
Da kann ich fluent rede,
But die Sprach wo du Talke tuhst
Die musst du mir translehteh.«
»Sie sprechen Deutsch? Na Lieber Mann,
Wo halt den hier die Strassenbahn?«

»Ah, wo die street-car stoppe tut!«
Sag ich,»das willste du wise'!
Well, schneidt hier crast die empty Lots,
Der Wed is hart zu misseh',
Und dort wo du das brick House siehst,
Da turnst du und läufst zwei Block East.«

»Ich fürchte ich beläst'ge Sie,«
Sagt er,»mit meinen Fragen:
Doch würden Sie so gutig sein
Mir das auf Deutsch zu sagen?«

»In Deutsch!« schrei ich. »Na, denkst den du
Ich talk in Tschinese oder Soouh?«

Bieted der Nerf nicht einiges?
By gosh, es iss zum lache'.
In vierzehn Tag' vergisst der fool
Sei eig'ne Muttersprache
Wenn's net for uns old Settlers wär
Gäb's bald kei Schönste Lengewitch mehr.

Deutsch-Amerikaner entwickelten eine spezifische deutsch-amerikanische Kultur, die sich auch in der Errichtung öffentlicher Denkmäler wie
jenem des Hermann-Monumentes in Neu Ulm (Minnesota) widerspiegel-
te. Dieses Monument war dem Hermanns-Denkmal, das bei Hiddesen im
Teutoburger Wald errichtet worden war, nachempfunden. Beide Denkmäler wurden durch Spendensammlungen finanziert und sollten Hermann,
den legendären Anführer der Cherusker, darstellen, der im Jahr 9 n. Chr.
im Teutoburger Wald die römische Armee des Feldherren Varus besiegt
hatte.

In der zweiten Hälfte des 19. Jahrhunderts kamen immer mehr deutsche Auswanderer direkt mit dem Schiff von Hamburg nach New York.
Umwege über englische oder französische Häfen waren nicht mehr nötig.
Dazu trug auch die Gründung der Hamburg-Amerikanischen Paketfahrt-
Aktien-Gesellschaft bei, die ab 1886 auch in das Geschäft des transat-
lantischen Transports von Auswanderern einstieg. Im Gegensatz zu den
deutschen Auswanderern, die sich im 18. Jahrhundert und in der ersten
Hälfte des 19. Jahrhunderts vor allem in ländlichen Regionen New Yorks
und Texas' angesiedelt hatten, ließen sich immer mehr deutsche Auswanderer am Ende des 19. Jahrhunderts in Großstädten wie New York,
Chicago, Milwaukee, Philadelphia und Saint Louis dauerhaft nieder. In
diesen Großstädten entstanden »Germantowns« mit deutschen Kneipen, Biergärten und zahlreichen Vereinen. Diese Vereinskultur war der
in deutschen Städten entstandenen sozialistischen und konservativen
Vereinskultur sehr ähnlich und bot ihren Mitgliedern Freizeitaktivitäten,
die sie bereits vor ihrer Auswanderung in deutschen Städten genossen
hatten. Deutsche Auswanderer trafen sich in Gesangsvereinen, die nicht
nur deutsches Liedgut praktizierten, sondern oftmals auch sozialistische Lieder, in denen die Befreiung des Proletariats von kapitalistischer

Ausbeutung besungen wurde. Die jährlichen Sängerfeste brachten Gesangsvereine und Chöre aus dem ganzen Land zusammen und schufen so eine deutsch-amerikanische Kultur, die nicht nur lokal, sondern auch national war.

Die deutschen Turnvereine, die bereits in den 1850er Jahren in Städten wie New York, Boston, Cincinnati und Philadelphia entstanden waren, ermöglichten ihren Mitgliedern, an der Tradition des in der ersten Hälfte des 19. Jahrhunderts von Friedrich Ludwig Jahn popularisierten Turnens festzuhalten. Das Turnen wurde vor allem von den in den 1850er Jahren in die USA geflüchteten deutschen Liberalen eingeführt, für die das vereinsmäßige Turnen Bestandteil der fehlgeschlagenen Demokratisierung der deutschen Staaten gewesen war. Das auf harmonische und koordinierte Bewegungen ausgerichtete Turnen, in dem es keinen Wettbewerb gab und in dem es nicht um das Erringen eines Sieges ging, versinnbildlichte die Ideale der Gleichheit und einer Gemeinschaft von Gleichgesinnten. Turnvereine aus allen großen Städten der USA trafen sich ab 1854 alljährlich zu Turnfesten, in denen ihre Mitglieder öffentliche Turnvorführungen darboten. Diese Ereignisse erstreckten sich über mehrere Tage und schlossen nicht nur Turnvorführungen, sondern auch Paraden, Konzerte und Ausflüge in das Umland der gastgebenden Stadt ein.

Deutsche Auswanderer brachten auch die Institution der Schützenvereine mit sich, die in den USA ab den 1840er Jahren entstanden. Die ersten deutschen Schützenvereine in den USA bildeten sich in Philadelphia, Neu Braunfels, Milwaukee, San Francisco und San Antonio. In diesen Vereinen konnten Mitglieder nicht nur den Umgang mit Schusswaffen erlernen, sondern sich auch mit gleichgesinnten Schützen zu geselligem Beisammensein treffen. Wie auch die Gesangsvereine und die Turnvereine veranstalteten die Schützenvereine jährliche Treffen, auf denen sie ihre Fertigkeiten öffentlich zur Schau stellten. Diese nationalen Schützenfeste waren im Gegensatz zu den Sängerfesten und den Turnfesten, die jede Form des Wettkampfs ausschlossen, wesentlich stärker auf den Wettstreit zwischen verschiedenen Schützen und Schützenvereinen ausgerichtet.

Die deutsche Vereinskultur in den amerikanischen Städten schloss auch Kriegervereine ein, die von ehemaligen Soldaten, die während der Kriege der 1860er und 1870er Jahre in einer Armee eines deutschen Staates gedient hatten, gebildet worden waren. Diese Kriegervereine entstanden vor allem nach 1871 in Städten wie New York, Baltimore, Cincinnati und Milwaukee. Sie schlossen sich ebenso wie die Gesangs-, Turn- und Schützenvereine in einer landesweiten Organisation zusammen, die ab 1886 jährliche Treffen ihrer Mitglieder veranstaltete, bei denen die Vereine Militärparaden in preußischen Uniformen abhielten, zu denen Militärmusik intoniert wurde. Die Mitglieder der Kriegervereine führten auch militärische Übungen öffentlich vor. Von Jahr zu Jahr stellten die Kriegervereine auch wichtige Schlachten der preußischen Armee nach.

Deutsche Auswanderer in den USA fanden sich aber nicht nur in diesen Vereinen zusammen, um das deutsche Kulturgut hochzuhalten, sondern sie informierten sich auch in einer der vielen deutschsprachigen Zeitungen, die in den USA gedruckt wurden, über die neuesten Entwicklungen in Deutschland. Die *Philadelphische Zeitung*, die in der Druckerei von Benjamin Franklin seit 1732 produziert wurde, war die erste deutsche Zeitung in Nordamerika. In den folgenden 182 Jahren, also bis zum Ausbruch des Ersten Weltkrieges, entwickelte sich in den USA ein dichtes Netzwerk deutscher Zeitungen und Zeitschriften. Besonders in den Jahren nach der fehlgeschlagenen Revolution von 1848/49, die zahlreiche hochgebildete und politisch sehr aktive deutsche Auswanderer ins Land brachte, wuchs die Zahl der deutschsprachigen Zeitungen rasch an. So erhöhte sich die Zahl der deutschsprachigen Zeitungen von 70 im Jahr 1848 auf 144 im Jahr 1860. Die auflagenstärksten Zeitungen etablierten sich mit der *New Yorker Staatszeitung* in New York, dem *Demokrat* in Philadelphia und der *Illinois Staats-Zeitung* in Chicago. Die *New Yorker Staatszeitung* war mit einer Leserschaft von mehr als 50.000 Abonnenten in den 1880er Jahren die erfolgreichste deutschsprachige Zeitung und die sechstgrößte Tageszeitung überhaupt in den USA.

Während sich etwa 90 Prozent der deutschsprachigen Migranten in Nordamerika ansiedelten, zog es eine kleinere Gruppe deutschsprachiger Auswanderer aus den deutschen Staaten und aus Russland nach Argentinien und Brasilien. Im Gegensatz zu den USA und Kanada, die nichts dazu taten, um deutschsprachige Auswanderer gezielt ins Land zu holen, betrieben Argentinien und Brasilien eine aktive Einwanderungspolitik, indem sie Anwerber nach Deutschland schickten, die dort potentielle Auswanderer davon überzeugen sollten, in genau diese südamerikanischen Staaten zu kommen. Die Anwerbung deutschsprachiger Auswanderer war in beiden Fällen Bestandteil staatlicher Strategien, ihre Bevölkerung »weißer« werden zu lassen.

So versuchte insbesondere Brasilien im 19. Jahrhundert, gezielt deutschsprachige Einwanderer anzuwerben, von denen man sich erhoffte, sie würden durch die Heirat dunkelhäutiger Menschen zum »Whitening« der brasilianischen Bevölkerung beitragen. Staatliche Anwerber reisten nach Deutschland und versuchten potentielle Auswanderer mit der Aussicht auf Bauernhöfe in einem exotischen Klima und mit fruchtbaren Böden dazu zu bewegen, nach Brasilien zu kommen. Dieses Werben um Auswanderer brachte im 19. Jahrhundert insgesamt etwa 300.000 deutschsprachige Migranten aus Mittel- und Osteuropa in die beiden südlichen Bundesstaaten Rio Grande do Sul und Santa Catarina.

Da diese beiden Bundesstaaten in der südlichen Hemisphäre liegen, erlebten die Auswanderer eine umgekehrte Folge der Jahreszeiten, was nicht nur für die Landwirtschaft, sondern auch auf Traditionen und Feiertage wie Weihnachten, das plötzlich in die Mitte des Sommers fiel, Auswirkungen hatte. Rio Grande do Sul und Santa Catarina waren vor der Ankunft der deutschsprachigen Migranten nur dünn besiedelt, so dass sie recht große landwirtschaftliche Nutzflächen erhalten und weithin unter sich bleiben konnten. Zur Isolation der deutschsprachigen Einwanderer trugen auch deren Herangehensweise an die landwirtschaftliche Tätigkeit sowie ihre Religion bei. Die deutschsprachigen Bauern veränderten das in Brasilien herrschende Verständnis von landwirtschaftlichem Eigentum und Arbeit. Im Gegensatz zu den portugiesisch-stämmigen Landbesitzern, die ihre Felder nicht selbst bewirtschafteten, sondern farbige Landarbeiter dafür einstellten, bestellten die deutschsprachigen Bauern ihre Felder ohne fremde Hilfe. Diese Praxis machte sie in den Augen der brasilianischen Landbesitzer zu Bürgern zweiter Klasse. Die protestantische Religion der deutschsprachigen Einwanderer trug ebenfalls zu ihrer Isolation in der katholischen Gesellschaft Brasiliens bei. Damit gingen die Hoffnungen, die die brasilianische Regierung angesichts der Vermischung weißer deutschsprachiger Einwanderer und dunkelhäutiger brasilianischer Einwohner hinsichtlich der Vermischung der Hautfarben hegte, letztlich nicht in Erfüllung.

Argentinien wurde ebenso wie Brasilien zum Ziel von deutschsprachigen Migranten aus Zentral- und Osteuropa. Die Mehrzahl der deutschsprachigen Auswanderer kam hier allerdings aus Russland. Im Gegensatz zu Brasilien, wo die Mehrzahl der Auswanderer ein neues Zuhause als Bauern in ländlichen Regionen fanden, siedelten sich in Argentinien die meisten deutschsprachigen Auswanderer in urbanen Zentren und vor allem in der Hauptstadt Buenos Aires an. Hier gründeten sie eine Vielzahl von Vereinen wie zum Beispiel Turnvereine, die ihren Mitgliedern zahlreiche Freizeitaktivitäten anboten. Dieses deutsche Vereinsnetzwerk ähnelte stark den deutschen Subkulturen in Städten wie New York oder Milwaukee in den USA. Im Gegensatz zu diesen schloss die deutsche Subkultur in Argentinien aber auch deutschsprachige Schulen ein.

Deutsche Sehnsucht nach Amerika

Es erscheint erstaunlich, dass selbst, als mit der Einführung restriktiver Maßnahmen wie der Einrichtung von Ellis Island im Jahr 1892 die Auswanderung in die USA deutlich erschwert und die Auswanderung nach Afrika nach dem Erwerb deutscher Kolonien in den 1880er Jahren deutlich leichter wurde, die Mehrzahl der deutschen Auswanderer weiterhin die USA als Zielland wählten. Im Gegensatz etwa zu England, das mit seinen zahlreichen Kolonien in Afrika und Asien denjenigen Bürgern, die Europa verlassen wollten, umfangreiche Möglichkeiten gab, dies innerhalb des kolonialen Reiches zu tun, konnten sich nur wenige Deutsche, die Europa verlassen wollten, dazu durchringen, sich in einer deutschen Kolonie in Afrika oder Asien niederzulassen. Das Deutsche Kaiserreich war in den 1880er Jahren eher widerwillig zu einer Kolonialmacht geworden und hatte vor *(?)* allem Kolonien in Afrika – Tanganjika, Südwestafrika, Kamerun und Togo – erworben. Dazu kamen weitere kleinere koloniale Besitzungen im Südpazifik und in China. Die wohl wertvollste Kolonie war aufgrund reicher Bodenschätze (wie Diamanten) Südwestafrika, das auch die größte Zahl deutscher Siedler beherbergte. Insgesamt belief sich aber am Vorabend *1914* des Ersten Weltkrieges die Zahl der deutschen Siedler in allen deutschen Kolonien zusammengenommen auf lediglich etwa 25.000 Deutsche.

Diejenigen Deutschen, die ihr Heimatland verlassen wollten und bereit waren, sich in exotischen und tropischen Regionen niederzulassen, entschieden sich fast grundsätzlich gegen die Regionen Afrikas oder Asiens, die sich unter deutscher Kontrolle befanden, und für Regionen in Nord- und Südamerika, in denen Englisch, Spanisch und Portugiesisch gesprochen wurden. So verließen zum Beispiel im Jahr 1890 insgesamt 90.000 Deutsche ihre Heimat, um in die USA zu gehen, und 4.000 Deutsche, die dies für Brasilien taten. Aber nur 500 Deutsche waren in jenem Jahr bereit, in eine der deutschen Kolonien Afrikas zu gehen. Die deutschen Kolonien scheinen in der Vorstellungswelt der Deutschen und vor allem in der Vorstellungswelt der Auswanderungswilligen kaum eine Rolle gespielt zu haben.

Dies mag vor allem zwei Gründe gehabt zu haben. Auf der einen Seite hatte sich ein Wanderungsverhalten, in dem Nordamerika dominierte, bereits frühzeitig im 18. Jahrhundert, etabliert. Im 18. und 19. Jahrhundert folgten immer mehr deutschsprachige Auswanderer ihren Vorfahren, die sich in den ländlichen und urbanen Räumen Nordamerikas niedergelassen hatten und mit ihren Familien und Freunden zu Hause in Kontakt geblieben waren. In Familiengeschichten gab es immer mehr Onkel und Tanten, die die Heimat für exotische Orte wie New York oder Chicago verlassen hatten. Kaum eine Familie hatte aber, wohl vor allem aufgrund der kurzen deutschen Kolonialzeit, eine Geschichte zu erzählen, in der ein Verwandter in Südwestafrika eine Rolle spielte. Auf der anderen Seite gab es eine rasch wachsende Tradition von Indianergeschichten, die mit der Übersetzung von James Fenimore Coopers Romanen *Die Pioniere* und *Der Letzte Mohikaner* in den 1820er Jahren einsetzte. Diese Bücher bereiteten den Weg für eine romantisierte Darstellung des Untergangs der Indianerstämme, die von den europäischen Siedlern immer mehr an den Rand gedrängt wurden. Dieses Thema wurde immer wieder von Autoren und Malern wie etwa Heinrich Balduin von Möllhausen aufgegriffen, die in die USA reisten und eindrucksvolle Porträts für ihr deutsches Publikum bereiteten. In dieser Tradition stand auch Karl May, der, ohne in den USA gewesen zu sein, mit seiner *Winnetou*-Trilogie, die in den Jahren von 1876 bis 1893 erschien, einen Bestseller schrieb, der von Generationen deutscher Jugendlicher verschlungen wurde. Mays Prämisse, dass die Indianer eine »aussterbende Rasse« wären, die keine Chance gegen die europäischen Siedler gehabt und auch nicht in die moderne Welt gepasst hätten, korrespondierte mit der Vorstellungswelt deutscher Leser, die in den Indianerstämmen die deutschen Stämme des germanischen Altertums, die Felix Dahn etwa zeitgleich in seinem populären Roman *Ein Kampf um Rom* (1876) so eindringlich beschrieben hatte, wiederzuerkennen glaubten. Winnetou, der einigende Führer der Indianer, wurde so zum Spiegelbild von Hermann dem Cherusker, dem Einiger der germanischen Stämme. Während Hermanns Kampf gegen die römische Zivilisation Erfolg hatte, konnte Winnetou allerdings nicht mehr gegen die europäische Zivilisation gewinnen. Er erschien als eine sympathische und heroische, aber vor allem als eine anachronistische und tragische Figur, die vom Fortschritt überrollt wurde.

Die deutsche Faszination für die USA wurde auch durch Buffalo Bills »Wild West«-Shows gespeist, die in den Jahren 1890/91 nach Deutschland kamen. In diesen Vorführungen, die regelmäßig ausverkauft waren, konnten Zuschauer erstmals diejenigen Figuren sehen, die Karl Mays Romane bevölkerten: Indianer und Cowboys, Buffalos und Wildpferde. Es war wohl vor allem diese Begeisterung für die Indianer, die so manchen deutschen Leser und Zuschauer dazu inspirierte, Deutschland für ein Leben voller Abenteuer zu verlassen.

Wer ist deutscher Staatsbürger?

Obwohl die Kolonien in der öffentlichen Wahrnehmung und Vorstellungskraft der Deutschen kaum eine Rolle spielten und nur wenige Deutsche sich in den Kolonien niederließen, hatte das Verhalten dieser wenigen kolonialen Siedler vor allem in den afrikanischen Kolonien einen gewaltigen Einfluss auf die Diskussionen über die Definition der deutschen Staatsbürgerschaft und deren Kodifizierung im ersten Jahrzehnt des 20. Jahrhunderts. Die Gründung des Deutschen Bundes im Jahr 1815 hatte noch nicht zur Etablierung einer nationalen Staatsbürgerschaft für die in den Staaten des Deutschen Bundes lebenden Menschen geführt. Die Regelung der staatsbürgerlichen Zugehörigkeit wurde jedem einzelnen Bundesstaat überlassen. Während in den meisten Bundesstaaten die Gewährung der Staatsbürgerschaft bereits an die Abstammung von einem Staatsbürger gebunden war, erlaubten jedoch fast alle bundesstaatlichen Regelungen die rasche Einbürgerung von Einwohnern, die nicht die Staatsbürgerschaft des betreffenden Bundesstaates besaßen. So konnte man die Staatsbürgerschaft durch Heirat mit einem Staatsbürger oder auch durch den Eintritt in den Staatsdienst erlangen. Staatsbürger konnten ihre Staatsangehörigkeit allerdings auch dadurch verlieren, dass sie den Staatsbürger eines anderen Staates heirateten oder aber in einen anderen Staat auswanderten.

Das Preußische Untertanengesetz aus dem Jahr 1842 machte die Abstammung von einem preußischen Staatsbürger zur Grundlage für die Vergabe der Staatsbürgerschaft. Dieses Gesetz beendete die bis dahin gängige Praxis, dass Einwohner Preußens, die nicht preußische Staatsbürger waren, die preußische Staatsbürgerschaft nach einer Zahl von

Jahren automatisch erhielten. Sie konnten immer noch die preußische Staatsbürgerschaft erwerben, mussten nun aber zunächst eine Reihe von Bedingungen erfüllen.

Mit der Gründung des Norddeutschen Bundes trat neben das Prinzip der bundesstaatlichen Staatsangehörigkeit (also sächsische, preußische Staatsbürgerschaft etc.) auch erstmals das Prinzip der norddeutschen Staatsangehörigkeit. Das Gesetz über die Bundes- und Staatsangehörigkeit aus dem Jahr 1870 schrieb vor, dass die norddeutsche Staatsangehörigkeit durch die Staatsangehörigkeit in einem Bundesstaat erworben wurde. Um norddeutscher Staatsbürger zu sein, musste man also zuerst Staatsbürger Preußens, Sachsens oder eines anderen Mitgliedsstaates sein. Die Staatsbürgerschaft in einem Bundesstaat konnte fortan durch Abstammung, durch Legitimation (im Fall unehelicher Kinder), durch Heirat mit einem Staatsbürger und durch Naturalisation erworben werden. Dieses Gesetz erkannte auch den im Ausland geborenen Kindern eines norddeutschen Staatsbürgers die norddeutsche Staatsbürgerschaft zu. Damit erhielten zum Beispiel auch die in den USA oder Brasilien geborenen Kinder einer aus dem Norddeutschen Bund ausgewanderten Familie automatisch die norddeutsche Staatsbürgerschaft, wenn die Eltern noch norddeutsche Staatsbürger waren. Auswanderer verloren allerdings die norddeutsche Staatsbürgerschaft, wenn sie mehr als zehn Jahre im Ausland lebten. Dieses Gesetz wurde nach der Gründung des Deutschen Kaiserreiches ohne wesentliche Veränderungen – die einzige bestand in der Ersetzung des Begriffs »norddeutscher Staatsbürger« durch »deutscher Staatsbürger« – übernommen.

Die hohe Zahl von Auswanderern, die in Nord- und Südamerika eine neue Heimat fanden, und die wenigen Siedler, die sich in den afrikanischen Kolonien des Deutschen Kaiserreiches niederließen, stellten diese Regelungen über die deutsche Staatsbürgerschaft durchaus auf die Probe. Nationalisten sahen in der Bestimmung, dass Auswanderer nach zehn Jahren Aufenthalt im Ausland ihrer deutschen Staatsbürgerschaft verlustig gingen, einen Schaden für die deutsche Nation, die dadurch beständig schrumpfen würde. Auf diese Kritik eingehend, entwickelte die deutsche Regierung in den 1880er Jahren den Begriff der Auslandsdeutschen, um auf diejenigen Bürger zu verweisen, die seit dem 17. Jahrhundert aus den deutschsprachigen Regionen Zentraleuropas ausgewandert waren und sich die deutsche Sprache und Kultur in ihrer neuen Heimat bewahrt hatten. Um diese Auslandsdeutschen zu unterstützen und ihre Verbindung zum deutschen Nationalstaat zu pflegen, begann die kaiserliche Regierung Finanzmittel für den Unterhalt deutscher Schulen, für die Erforschung von Geschichte und Zusammensetzung der Auslandsdeutschen in spezifischen Ländern sowie für Publikationen über Auslandsdeutsche und das Deutschtum im Ausland bereitzustellen.

Das Rechtsprinzip, nach dem die deutsche Staatsbürgerschaft vom Vater auf dessen Kinder überging, wurde vor allem in den afrikanischen Kolonien auf die Probe gestellt. Besonders in Südwest-Afrika, wo die größte Zahl deutscher Kolonialsiedler lebte, kam es zu zahlreichen Eheschließungen zwischen weißen Siedlern und dunkelhäutigen Frauen, aus denen dunkelhäutige Kinder hervorgingen, denen die deutsche Staatsbürgerschaft rechtlich zustand. Die deutsche Kolonialregierung reagierte auf diese Entwicklungen 1905 mit einem Verbot der Eheschließung zwischen deutschen Männern und afrikanischen Frauen. Doch war dieses Verbot wenig erfolgreich, da die betroffenen Männer und Frauen in der benachbarten englischen Kolonie heiraten konnten und diese Ehe dann auch in der deutschen Kolonie rechtlich gültig war. Männern, die das Heiratsverbot auf diese Weise umgingen, drohte allerdings der Verlust ihres Wahlrechts.

Sowohl das hohe Volumen an deutschen Auswanderern im letzten Drittel des 19. Jahrhunderts als auch die Ehen deutscher Siedler mit afrikanischen Frauen in den deutschen Kolonien, die zur Zeugung farbiger Deutscher führten, bewogen den Reichstag im Jahr 1913 dazu, die deutsche Staatsbürgerschaft näher zu bestimmen. Das Reichs- und Staatsangehörigkeitsgesetz schuf eine deutsche Staatsbürgerschaft, die nicht mehr durch die Staatsbürgerschaft eines deutschen Bundesstaates bedingt wurde. Sachsen und Preußen erhielten die deutsche Staatsbürgerschaft nicht mehr, weil sie sächsische und preußische Staatsbürger waren, sondern aufgrund ihres Wohnorts im Deutschen Reich. Dieses Gesetz erkannte aber auch Personen, die dort nicht wohnten, die deutsche Staatsbürgerschaft zu, wenn die betreffenden Personen von einem deutschen Staatsbürger abstammten. Mit diesem Gesetz wurde auch die Regelung aufgehoben, nach der Auswanderer automatisch nach zehn Jahren Aufenthalt im Ausland ihr Recht auf die deutsche Staatsbürgerschaft verloren. Auswanderer konnten ihre deutsche Staatsbürgerschaft behalten, wenn sie in der deutschen Armee gedient hatten, sich bei einem deutschen Konsulat registrieren ließen und die Staatsbürgerschaft ihres neuen Heimatlandes nicht annahmen.

Dieses Gesetz löste zwar den Konflikt über den Staatsbürgerschafts-status der Auslandsdeutschen, nicht aber die Frage in Bezug auf das An-recht der farbigen Kinder deutscher Staatsbürger in den Kolonien auf die deutsche Staatsbürgerschaft. Weil das Gesetz das Recht deutscher Aus-wanderer auf die Beibehaltung ihrer deutschen Staatsbürgerschaft aus-weitete und damit das Abstammungsprinzip stärkte, wurde auch das An-recht der farbigen Kinder deutscher Siedler auf die deutsche Staatsbür-gerschaft gestärkt. Das war zwar nicht die Absicht dieses Gesetzes, aber die Abgeordneten des Reichstags konnten sich nicht zu einer wie auch im-mer gearteten rassistischen Beschränkung dieses Abstammungsprinzips durchringen. Dies mag wohl auch an der im Vergleich zur Zahl der deut-schen Auswanderer begrenzten Zahl der Ehen zwischen deutschen Sied-lern und afrikanischen Frauen und den daraus hervorgegangenen Kindern gelegen haben.

Der Erste Weltkrieg

Die Zeit von 1815 bis 1914 repräsentierte für die Deutschen eine erstaunlich lange Friedenszeit, die nur durch kurze, wenige Wochen dauernde Kriege in den 1860er und 1870er Jahren unterbrochen worden waren. Die Erinnerung an die langen Jahre der Napoleonischen Kriege und Besatzung war um 1900 längst erloschen, und die zu deutschen Einigungskriegen stilisierten Kriege gegen Dänemark, Österreich und Frankreich waren kurz gewesen und von schnellen Siegen gekrönt. Die Zahl der Kriegstoten und Kriegsverletzten war gering, die Kriegszerstörungen begrenzt. Im Sommer 1914 lebte niemand mehr, der einen langwierigen militärischen Konflikt durchlebt hatte. Die Aufmerksamkeit der Deutschen richtete sich auf koloniale Kriege in Afrika, die von europäischen Mächten aufgrund ihrer technologischen Überlegenheit leicht gewonnen wurden, und die von Karl May beschriebenen Auseinandersetzungen zwischen europäischen Siedlern und Indianern in Nordamerika. Krieg wurde immer mehr zum Abenteuer für Menschen aller sozialen Schichten verklärt. Insbesondere für Fabrikarbeiter, die an der Monotonie ihres Arbeitsalltags, den langen Arbeitstagen und Arbeitswochen ohne Urlaub und Abwechslung litten, erschien Krieg als eine willkommene Abwechslung. Den erhofften Krieg stellten sich die meisten allerdings als kurzes und durch eine Entscheidungsschlacht rasch gewonnenes Ereignis vor.

August 1914

Die Zeit zwischen 1900 und 1914 sah zahlreiche politische Krisen, die leicht zu einer militärischen Konfrontation zwischen den sich verfestigenden Blöcken des Dreibundes (aus Deutschland, Österreich-Ungarn und Italien) und der aus Frankreich, England und Russland gebildeten Triple Entente hätten eskalieren können. Jeder dieser Konflikte führte zu einer Verhärtung der Fronten und der weiteren Integration der Mitglieder in die entsprechenden Bündnissysteme. So führten Deutschlands Versuch, die französische Vorherrschaft in Nordafrika herauszufordern, Russlands Plan, eine Flotte in das Mittelmeer zu entsenden, und Serbiens Herausforderung der österreichisch-ungarischen Vorherrschaft im Balkan zu einer wachsenden Entschlossenheit auf beiden Seiten, es auf einen Konflikt ankommen zu lassen. Beide Seiten bereiteten sich auf den kommenden Krieg, der als unausweichlich betrachtet wurde, vor und waren von einem schnellen Sieg über die andere Seite fest überzeugt. Die siegreichen Truppen würden, so versprachen beide Seiten, zu Weihnachten 1914 wieder nach Hause zurückkehren.

Derartige romantisierende und weltfremde Erwartungen wurden nicht nur durch die lange Friedenszeit in Zentraleuropa befeuert, sondern auch durch die Ignoranz gegenüber den Erfahrungen des Amerikanischen Bürgerkrieges, der vier Jahre lang von 1861 bis 1865 gedauert und zu unzähligen Toten (etwa 620.000 Soldaten) und Verletzten geführt hatte. Im Amerikanischen Bürgerkrieg hatten sich zwei ungefähr gleichstarke Gegner gegenübergestanden. Und beide Seiten waren mit modernen Waffen wie dem Maschinengewehr, U-Boten, Minen und Torpedos in den Krieg gezogen. Der Amerikanische Bürgerkrieg galt aufgrund dieser modernen Waffen, die die Kriegsführung fundamental umstülpten, als der erste moderne Krieg, in dem Technologie wichtiger war als Menschen. Ein Blick in die Geschichte dieses Krieges hätte den Europäern im Jahr 1914 eine Vorstellung davon geben können, was Krieg im industriellen Zeitalter bedeutete. Aber Europäer waren weder an diesem Wissen interessiert, noch spielte der Amerikanische Bürgerkrieg eine Rolle in den zeitgenössischen Diskussionen.

Das Attentat serbischer Nationalisten auf den österreichischen Erzherzog und Thronfolger Franz Ferdinand Ende Juni 1914 in Sarajevo war der Funke, der das Pulverfass zur Explosion brachte. Nach unzähligen Konflikten, die durch Verhandlungen und Kompromisse gelöst werden konnten, war im Sommer 1914 keine Seite mehr an ernsthaften Verhandlungen interessiert. Beide Lager glaubten, dass die sich verschärfenden Konflikte nur noch durch Krieg gelöst werden konnten. Selbst die sozialistische Arbeiterbewegung, die sich im 19. Jahrhundert als eine dezidiert internationalistische Bewegung etabliert hatte und in den nationalen

Regierungen und nicht in den Armeen der Nationalstaaten ihren Hauptfeind zu sehen glaubte, schwenkte auf die nationalistische Linie ein und unterstützte die nationalen Regierungen in ihren kriegerischen Ambitionen. Pläne, den Ausbruch eines europäischen Krieges zum Anlass für eine kontinentale proletarische Revolution zu nehmen, erschienen plötzlich als lebensfremd, da sich in der Arbeiterschaft kaum Unterstützung für derartige internationalistische Positionen fand. Die deutschen Sozialdemokraten unterstützten die kaiserliche Regierung, stimmten der Kriegsfinanzierung zu und begrüßten den von Wilhelm II. ausgerufenen »Burgfrieden« für die Zeit des Krieges.

Deutsche aus allen sozialen Schichten fanden sich Anfang August in allen Großstädten des Kaiserreiches spontan zu öffentlichen Freudensbekundungen über den Kriegsausbruch zusammen. Millionen junger Deutscher wie Erich Maria Remarque und Ernst Jünger meldeten sich unter dem Einfluss der nationalen Begeisterung und der Romantisierung des Krieges freiwillig zum Kriegsdienst. In den ersten Wochen kam es zu schnellen Truppenbewegungen. Die deutschen Armeen rückten rasch auf Paris vor, bevor sie durch französische und englische Truppen in der Schlacht an der Marne im September aufgehalten werden konnten. Der Krieg an der Westfront nahm damit eine entscheidende Wende vom Bewegungskrieg zum Stellungskrieg, und die Hoffnungen der Soldaten, zu Weihnachten wieder zu Hause zu sein, zerstoben.

Die Finanzierung des Krieges

Die in den kriegerischen Konflikt involvierten Staaten finanzierten den Krieg durch eine Mischung aus Krediten, dem Verkauf von Kriegsanleihen und der Erhöhung der im Umlauf befindlichen Geldmenge (Inflation). Nur die englische Regierung versuchte den Krieg durch eine direkte Besteuerung der Bevölkerung zu finanzieren. Österreich-Ungarn legte insgesamt acht Kriegsanleihen mit einem Gesamtwert von 53 Milliarden Kronen auf. Das Deutsche Kaiserreich gab neun Kriegsanleihen aus, die insgesamt 98 Milliarden Mark in die Kassen des Staates spülten und damit etwa drei Viertel der deutschen Kriegskosten, die auf insgesamt etwa 146 Milliarden Mark geschätzt wurden, abdeckten. Die amerikanische Regierung verkaufte insgesamt fünf Kriegsanleihen mit einem Gesamtwert von 21,5 Milliarden Dollar, womit sie etwa 55 Prozent ihrer Kriegskosten aufbrachte.

Die deutsche Regierung entschloss sich frühzeitig, den Krieg im Wesentlichen durch den Verkauf von Kriegsanleihen zu finanzieren. Da diese Kriegsanleihen als sichere Investition galten und deren Erwerb als eine patriotische Verpflichtung betrachtet wurde, war es anfangs nicht schwierig, Käufer zu finden. Je länger der Krieg dauerte und je deutlicher sich abzeichnete, dass Deutschland den Krieg nicht gewinnen würde, desto schwieriger wurde es, Abnehmer für die Kriegsanleihen zu finden. Daher zwang die Regierung vor allem Stiftungen und Versicherungsgesellschaften, ihre gewaltigen Rücklagen in Kriegsanleihen anzulegen.

Millionen von Kleinsparern wurden durch eine konstante Kriegspropaganda dazu animiert, ihre Sparguthaben, auch wenn es nur wenige hundert Mark waren, in Kriegsanleihen anzulegen. Dieser Transfer von Sparguthaben in Kriegsanleihen wurde auch durch die Erhöhung des Geldumlaufes, der sich von zwei Milliarden im Jahr 1913 auf 50 Milliarden Mark im Jahr 1919 erhöhte, befördert. Die Erhöhung der im Umlauf befindlichen Geldmenge steigerte gezielt die inflationären Tendenzen und trug damit zur Entwertung von Sparguthaben bei. Mit fünf Prozent verzinste mündelsichere Kriegsanleihen boten hingegen eine sichere Geldanlage, die durch den Staat garantiert wurden. Insgesamt 26 Millionen deutsche Sparer – etwa 40 Prozent der Gesamtbevölkerung von 65 Millionen – ließen sich dazu verleiten, ihr Erspartes in Kriegsanleihen anzulegen.

Die Finanzierung des Krieges durch den Verkauf von Kriegsanleihen folgte einem bewährten Muster der Defizitfinanzierung staatlicher Ausgaben, das für die Staatsfinanzierung der deutschen Staaten seit dem frühen 19. Jahrhundert charakteristisch war. Die Regierungen der deutschen Staaten hatten im gesamten 19. Jahrhundert den Verkauf von Staatsanleihen regelmäßig der Einführung oder Erhöhung von Steuern vorgezogen und damit auch einen stetig wachsenden Markt für Anleihen etabliert. Um diesen Markt berechenbar zu machen, setzten die Regierungen der deutschen Staaten von Anfang an auf gesetzliche Regelungen, die die Anlage bestimmter Kapitalien in als mündelsicher deklarierte Staatsanleihen gesetzlich vorschrieben. Institutionen, die ihnen anvertraute Vermögen verwalteten, waren zum Beispiel dazu angehalten, diese Vermögen ausschließlich in Staatsanleihen anzulegen. Universitäten, Gymnasien, Museen, Stadtregierungen sowie die protestantischen und katholischen Kirchen waren verpflichtet, das von ihnen verwaltete Stiftungskapital in Staatsanleihen permanent mündelsicher anzulegen. Diese permanente Investition in Staatsanleihen verschaffte den deutschen Staaten ein milliardenschweres Reservekapital, das zur Defizitfinanzierung von Staatsausgaben verwendet werden konnte. So wurden im Haushaltsjahr 1889/90 etwa 22 Prozent der gesamten Staatsausgaben der Reichsregierung über den Verkauf von Staatsanleihen finanziert. Das gewaltige Wachstum des Stiftungssektors im letzten Drittel des 19. Jahrhunderts und die damit einhergehende Notwendigkeit, die Stiftungskapitalien in Staatsanleihen anzulegen, eröffneten dem deutschen Staat den Zugriff auf diese Kapitalien, die zur Finanzierung militärischer Ausgaben verwendet werden konnten. So wurden etwa zwei Drittel der Einnahmen aus dem Verkauf von Staatsanleihen der deutschen Reichsregierung im Zeitraum von 1875 bis 1896 in Militärausgaben – insbesondere den Aufbau der Seekriegsflotte – und ein Drittel in den Ausbau der Infrastruktur investiert.

Weil die Stiftungskapitalien permanent in Staatsanleihen anzulegen waren und nur die Zinseinnahmen aus diesen Staatsanleihen von den Stiftungen für die Erfüllung des Stiftungszweckes ausgegeben werden durften, konnte der Staat die Stiftungskapitalien ohne Sorge, sie jemals zurückzahlen zu müssen, für Staatsausgaben ausgeben. Wenn Staatsanleihen das Ende ihrer Laufzeit erreicht hatten, wurden sie einfach in neue Staatsanleihen umgetauscht. Der Staat musste lediglich die Zinsen – in der Regel zwischen drei und vier Prozent – an die Stiftungsverwalter auszahlen. Dieses System der permanenten Anlage von Stiftungskapitalien in Staatsanleihen schuf ein finanzielles System der Defizitfinanzierung, das zu einem integralen Bestandteil der deutschen Staatsfinanzierung wurde. Dieses Modell der Defizitfinanzierung wurde nicht nur von der Reichsregierung betrieben, sondern auch von den bundesstaatlichen Regierungen und den Verwaltungsspitzen der Städte. So legte etwa die Reichsregierung zwischen 1875 und 1896 insgesamt 34 Serien von Staatsanleihen auf. Der Bundesstaat Preußen schaffte es sogar, im selben Zeitraum insgesamt 64 Serien von Staatsanleihen zu verkaufen. Die durch die stetige Auflage neuer Staatsanleihen geschaffene Verschuldung für die Reichsregierung, die bundesstaatlichen Regierungen und die kommunalen Haushalte resultierte in immer weiter steigenden Schuldverpflichtungen staatlicher und kommunaler Einrichtungen. Dieses Modell der Defizitfinanzierung wurde ohne Veränderung in den Kriegsjahren fortgeführt und sicherte die Finanzierung des Weltkrieges. Die deutschen Kriegsanleihen wurden aber nicht nur in Deutschland verkauft, sondern weltweit. So erwarben zum Beispiel in den Jahren von 1914 bis 1918 mehr als 3.000 amerikanische Staatsbürger und Unternehmen deutsche Kriegsanleihen im Gesamtwert von mehr als 100 Millionen Mark.

Staatsbeamte im Finanzministerium zeigten sich vor und während des Krieges zunehmend besorgt über die Konsequenzen dieser Defizitfinanzierung der Staatsausgaben für die Zukunft des deutschen Staates und dessen Finanzspielräume. So berechneten Finanzexperten bereits Anfang 1918, dass der deutsche Staat etwa 200 Jahre benötigen würde, um die Kriegsanleihen vollständig zurückzuzahlen. Und ein internes Gutachten von Anfang 1917 kam zu dem Schluss, dass Deutschland dem Staatsbankrott nahe war. Da der Markt für den weiteren Verkauf von Kriegsanleihen nahezu ausgeschöpft war, benötigte Deutschland umfangreiche territoriale Annexionen, um seine Staatsschulden zurückzuzahlen.

Am Kriegsende war der deutsche Staat hochverschuldet. Die staatlich verursachte und beschleunigte Inflation hatte zu einer Geldentwertung geführt, die das deutsche Finanzsystem in Gefahr brachte. Eine Lösung für diese Finanzkrise wurde erst mit dem Anleihenablösungsgesetz des Jahres 1925 gefunden. Dieses Gesetz entwertete Kriegsanleihen pauschal um 97,5 Prozent ihres Nennwertes. Eine Kriegsanleihe, die zu einem Nennwert von 100 Mark verkauft worden war, hatte damit nur noch einen Wert von 2,50 Mark. Mit diesem Gesetz entledigte sich der deutsche Staat seiner internen Verschuldung und wälzte diese Schulden auf die deutschen Bürger und Stiftungen ab, die fast alle ihre in Kriegsanleihen angelegten Ersparnisse verloren. Das Anleihenablösungsgesetz führte zur größten Entschuldung des Staates in der modernen europäischen Geschichte sowie zur umfassenden Enteignung zivilgesellschaftlicher Institutionen, die bis dahin kulturelle und soziale öffentliche Einrichtungen finanziert hatten.

Zwei-Fronten-Krieg in Ost und West

Bereits gegen Jahresende 1914 erstarten die Frontlinien an der Westfront, und der Bewegungskrieg wurde zum Stellungskrieg. Soldaten auf beiden Seiten gruben Stellungen und Schützengräben, die sie bis zum Kriegsende nahezu nicht mehr verlassen würden. Dieses Grabensystem erstreckte sich von der Nordsee bis zu den Alpen und wurde zum Schauplatz eines mechanisierten Krieges mit Maschinengewehrnestern und Gasangriffen, denen Hunderttausende deutscher, französischer, englischer, kanadischer und amerikanischer Soldaten zum Opfer fielen. Da beide Seiten in etwa gleich stark waren, gelang es keiner der beiden Seiten, die Frontlinien des Gegners zu durchbrechen und in einer Entscheidungsschlacht einen Sieg zu erringen. Der Krieg trat auf der Stelle, und in den belgischen und nordfranzösischen Landstrichen, in denen sich die Grabensysteme der Westfront befanden, wurden die Dörfer und Städte, die Wälder und Wiesen fast vollständig zerstört.

Das Kriegsgeschehen an der Ostfront gestaltete sich dagegen völlig anders. Hier kam es nicht zu einer Verfestigung der Frontlinien, und Siege der deutschen und der österreichisch-ungarischen Armeen lösten sich zumindest anfänglich mit Erfolgen der russischen Armeen ab. Die Kriegsvorbereitungen Russlands standen allerdings weit hinter denen Deutschlands und Österreich-Ungarns zurück. Russische Einheiten waren nicht ausreichend auf den Kampf mit den militärtechnisch überlegenen deutschen Truppen vorbereitet und schlecht ausgerüstet. Aufgrund des Mangels an Waffen und Munition waren die russischen Truppen bereits im zweiten Kriegsjahr dazu gezwungen, sich aus Russisch-Polen zurückzuziehen. Auch wenn sich die russische Armee wieder stabilisieren und die russische Rüstungsproduktion gesteigert werden konnte, gelang es der russischen Seite mit der Brussilow-Offensive jedoch nur bedingt, die Initiative an sich zu ziehen. Das Jahr 1917 brachte dann aufgrund der innenpolitischen Krise Russlands den Wendepunkt. Mehr und mehr russische Soldaten begannen zu desertieren, und der Mangel an Nahrungsmitteln für die russische Bevölkerung führte zur Februarrevolution, in der Zar Nikolaus II. zur Abdankung gezwungen wurde. Russland wurde zu einer Republik mit einer Übergangsregierung, der zuerst Fürst Georgi Lwow und später Alexander Kerenski als Ministerpräsident vorstanden. Die Entscheidung der Übergangsregierung, den Krieg weiterzuführen, erwies sich als schwerwiegender politischer Fehler und führte zu einer weiteren Radikalisierung der Bolschewiken, deren Anführer Wladimir I. Lenin den Rückzug aus dem Krieg für den Fall versprach, dass seine Partei die Regierung übernehmen würde.

Lenin, der 1907 aus Russland geflohen war, kehrte mit Unterstützung der deutschen Regierung im April 1917 in seine Heimat zurück. Das Auswärtige Amt ermöglichte es einer Gruppe von Bolschewisten, die sich im

Schweizer Exil befanden, unter denen sich auch Lenin befand, im April mit einem Zug Deutschland zu durchqueren und so nach Russland zu gelangen. Die deutsche Seite hoffte darauf, dass die Ankunft Lenins in St. Petersburg zur Destabilisierung des Gegners beitragen und Deutschland dabei helfen würde, Russland zu besiegen und aus dem Krieg zu drängen. Dieses Kalkül erfüllte sich mit Lenins Entscheidung nach der Oktoberrevolution, einen einseitigen Frieden mit Deutschland zu schließen.

Nachdem Lenin die Macht in St. Petersburg übernommen hatte, veröffentlichte er Anfang November 1917 das berühmte »Dekret über den Frieden«, mit dem er Russland aus dem Krieg, den das von den revolutionären Unruhen erschütterte Land nicht mehr gewinnen konnte, herausziehen wollte. Mit diesem Dekret erfüllte Lenin nicht nur sein Versprechen an die kriegsmüde russische Bevölkerung, einen schnellen Friedensschluss mit Deutschland zu suchen, sondern er akzeptierte auch die strategischen Entwicklungen an der sich rasch auflösenden russischen Westfront. Mehr und mehr Soldaten desertierten, und die zurückbleibenden Soldaten konnten die Front gegen die deutschen Armeen kaum noch halten. Die Front stand vor dem vollständigen Zusammenbruch. Daher blieb Lenin nichts anderes übrig, als Friedensverhandlungen mit Deutschland zu beginnen. Lenin glaubte aber, dass er in der Position war, grundsätzliche Bedingungen für die Friedensverhandlungen, die im Dezember 1917 in Brest-Litowsk begannen, stellen zu können. So bestand er auf einem Frieden ohne Annexionen und Entschädigungszahlungen sowie einem Abkommen, das das Prinzip der nationalen Selbstbestimmung der Völker achtete.

Diese Entwicklungen in Osteuropa alarmierten die Westmächte, denen es auch nach dem Kriegseintritt der USA auf der Seite von Frankreich und Großbritannien im April 1917 nicht gelungen war, eine Wende des Krieges zu erreichen. Die USA fühlten sich vor allem durch Angriffe der deutschen Kriegsmarine auf amerikanische Schiffe sowie durch das Bekanntwerden des sogenannten »Zimmermann-Telegramms« in den Krieg hineingezogen. Jene geheime Mitteilung des deutschen Staatssekretärs im Auswärtigen Amt, Arthur Zimmermann, an den deutschen Botschafter in Mexiko-Stadt, in dem Zimmermann den Botschafter dazu ermächtigte, Verhandlungen über ein deutsch-mexikanisches Bündnis aufzunehmen, besaß eine große Brisanz für die amerikanische Innen- und Außenpolitik. Deutschland versuchte, Mexiko mit Versprechungen auf die Wiedergewinnung der im amerikanisch-mexikanischen Krieg

(1846–1848) verlorenen nordmexikanischen Territorien (Texas, Arizona und Neumexiko) auf seine Seite zu ziehen und so die Aufmerksamkeit der USA vom europäischen Kriegsschauplatz abzulenken.

Der amerikanische Präsident Woodrow Wilson reagierte daher auf Lenins »Dekret über den Frieden« und die begonnenen Friedensverhandlungen in Brest-Litowsk mit der Ankündigung seinen berühmten »Vierzehn Punkte«, die er in seiner Rede vor dem amerikanischen Kongress im Januar 1918 erstmals vorstellte. In diesen »Vierzehn Punkten« entwickelte Wilson ein umfassendes und detailliertes Programm für die europäische Nachkriegsordnung, die auf Friedensverträgen basieren sollte, die zwischen den Kriegsparteien offen und fair auszuhandeln wären. Ähnlich wie Lenin forderte auch Wilson das Recht auf nationale Selbstbestimmung als Grundlage für die territoriale Neuordnung Osteuropas. Eine Definition dessen, was für Wilson eine nationale Gruppe darstellte, entwickelte er zur großen Enttäuschung vieler Osteuropäer jedoch nicht. Wilson schlug, ebenso wie Lenin in seinem »Dekret über den Frieden« vor, dass der Krieg mit Friedensverhandlungen beendet werden sollte, die nicht zu Annexionen oder der Auferlegung von Kriegsentschädigungszahlungen führten. Über den europäischen Rahmen hinausweisend war sein Vorschlag, mit dem Völkerbund erstmals eine internationale Organisation zu schaffen, die in Streitfragen zwischen ihren Mitgliedsstaaten vermitteln und somit künftige Kriege verhindern sollte.

Der Frieden von Brest-Litowsk

Das von Lenin geforderte Prinzip der Selbstbestimmung der Völker entwickelte sich rasch zu einem Streitpunkt zwischen den Verhandlungsparteien in Brest-Litowsk. Beide Seiten beriefen sich auf dieses Prinzip, hatten aber diametral entgegengesetzte Vorstellungen davon, was es bedeutete. Die russische Seite glaubte damit deutsche und österreichische Annexionen russischen Territoriums abwehren zu können, die deutsche und österreichische Seite sah darin eine Grundlage für die Herauslösung von Territorien wie Polen und Estland aus dem russischen Staatenverbund.

Letztlich hatte die deutsche und österreichische Seite einen entscheidenden Vorteil gegenüber dem kriegsmüden und militärisch handlungsunfähigen Russland, das sich zu umfangreichen Zugeständnissen bereitfinden musste. Russland nahm erhebliche Gebietsverluste hin. Es musste nicht nur Finnland, sondern auch die baltische Region einschließlich Polens sowie die Ukraine abtreten. Deutschland und Österreich-Ungarn beanspruchten für sich, das zukünftige Schicksal dieser Gebiete in Abstimmung mit den dortigen Bevölkerungsgruppen zu entscheiden. Für die deutsche Seite war jedoch klar, dass die auf diesen Territorien entstehenden Staaten Vasallen des Deutschen Kaiserreiches werden sollten, die von deutschen Fürsten regiert werden würden. So wurde Wilhelm Karl, der Herzog von Urach, als König von Litauen auserkoren und Adolf Friedrich, Herzog von Mecklenburg, als Herzog des Vereinigten Baltischen Herzogtums bestimmt, während Friedrich Karl, Fürst und Landgraf von Hessen, als König von Finnland vorgesehen war. Alle drei Fürsten konnten sich auf die Unterstützung durch die lokalen Konservativen und Monarchisten in den neuen Staaten stützen und wurden von Landtagen in den zu gründenden Staaten als Herrscher gewählt. Die Konservativen und Monarchisten in den betroffenen Gebieten versprachen sich von einer engen Zusammenarbeit mit Deutschland Schutz vor der russischen Übermacht. Polen, Litauen und andere osteuropäische Territorien waren für Jahrhunderte Teil des Russischen Reiches gewesen und suchten nach der Erringung ihrer Selbständigkeit nach Partnern, wobei als Garant der neuen Unabhängigkeit für sie nur das Deutsche Kaiserreich in Frage kommen konnte. Doch selbst mit dieser lokalen Unterstützung gelang es aufgrund der weiteren Kriegsentwicklungen und des Kriegsendes letztlich keinem der drei Fürsten, ihren neuen Thron in Besitz zu nehmen.

Mit dem Frieden von Brest-Litowsk verlor Russland einen Großteil seiner europäischen – und industriell entwickelten – Provinzen und wurde damit aus Europa verdrängt. Russland, das bis 1914 eine Grenze mit dem Deutschen Reich teilte, wurde dazu gezwungen, seine Westgrenze Hunderte von Kilometern nach Osten zu verlegen und der Gründung einer Vielzahl von Staaten auf ehemals russischem Territorium zuzustimmen, das nun zwischen Russland und Deutschland lag. Auch aufgrund dieser enormen Grenzverschiebungen entschloss sich Lenins Regierung dazu, die Hauptstaat des neuen Staates von St. Petersburg, das nun nur noch wenige Kilometer entfernt von der Grenze zu Finnland lag, nach Moskau zu verlegen.

Lenin war ungehalten über das Ergebnis des Friedensschlusses, der Russland so viel Land kostete, aber er war auch Realist genug, um zu begreifen, dass sein Land den Krieg gegen Deutschland nicht wieder aufnehmen konnte. Darüber hinaus musste Lenin zunächst einmal die Kontrolle seiner neuen Regierung über die inneren Regionen Russlands herstellen, bevor er sich an die Wiederherstellung russischer Vorherrschaft über abtrünnige Regionen wie etwa die Ukraine machen konnte. Und Lenin glaubte auch fest an eine systemische und europaweite Krise des Kapitalismus, die durch den Weltkrieg ausgelöst und zu einer kontinentalen sozialistischen Revolution führen und somit auch die verlorenen Territorien zu Russland zurückbringen würde.

Auch wenn es in verschiedenen Ländern am Ende des Krieges zu Revolutionen und politischen Umstürzen kam, resultierten diese Ereignisse nicht in einer kontinentalen sozialistischen Revolution. Aber Deutschland verlor den Krieg und wurde zur Unterzeichnung des Versailler Friedensvertrages gezwungen, der den Friedensvertrag von Brest-Litowsk ungültig machte. Damit verlor Deutschland die Kontrolle über die osteuropäischen Territorien. Das Kriegsende führte zu Chaos in den osteuropäischen Gebieten, die sich auch Anfang 1919 noch unter deutscher Kontrolle befanden. Der Kollaps des russischen und des deutschen Staates schuf eine Situation, in der die Zukunft der ehemaligen russischen Territorien, die von deutschen Truppen besetzt waren, in Bürgerkriegen und Kriegen zwischen den neuen Staaten ausgefochten wurden. So wurde etwa die neue Grenze zwischen Russland und Polen erst nach kriegerischen Auseinandersetzungen im Vertrag von Riga im Jahr 1921 endgültig bestimmt.

Der Friedensvertrag von Brest-Litowsk bereitete den Boden für die Gründung von Finnland, Estland, Lettland, Litauen und Polen. Weißrussland und größere Teile der Ukraine wurden jedoch wieder von Russland beansprucht und in die im Dezember 1922 gegründete Sowjetunion integriert. Diejenigen Staaten, die mit dem Frieden von Brest-Litowsk ihre Unabhängigkeit erhalten hatten, konnten sich daran – mit der Ausnahme Finnlands –lediglich für zwei Jahrzehnte erfreuen. Polen wurde nach der Unterzeichnung des deutsch-sowjetischen Nichtangriffspaktes im Jahr 1939 wieder zwischen Deutschland und der Sowjetunion aufgeteilt, und die drei baltischen Staaten fielen in die sowjetische Einflusssphäre und wurden 1940 in die Sowjetunion eingegliedert.

Das Kriegsende

Als der Erste Weltkrieg mit dem Waffenstillstand vom 11. November 1918 seinen Abschluss fand, musste die deutsche Bevölkerung hinnehmen, dass ihr Land kurz vor dem militärischen und wirtschaftlichen Zusammenbruch stand. Auch wenn deutsche Truppen immer noch umfangreiche Territorien in Osteuropa besetzt hielten und die deutsche Armee immer noch in den Gräben in Nordfrankreich und Flandern eingegraben war, erkannten sowohl die Oberste Heeresleitung als auch die kaiserliche Regierung, dass Deutschland den Krieg verlieren würde. Die kaiserliche Kriegspropaganda hatte die wachsenden militärischen und wirtschaftlichen Schwierigkeiten geschickt verheimlicht, so dass die deutsche Bevölkerung, die vier Jahre lang auf den deutschen Sieg eingeschworen worden war, große Schwierigkeiten hatte zu verstehen, warum Deutschland plötzlich den Krieg verlieren sollte. Der Friedensschluss von Brest-Litowsk lag weniger als ein Jahr zurück und schien die kaiserliche Kriegspropaganda zu bestätigen.

An der Westfront standen die deutschen Truppen immer noch an der sogenannten »Hindenburg-Linie« auf belgischem und französischem Territorium. Auch wenn die deutschen Truppen nach der Frühjahrsoffensive 1918 die Initiative im Krieg verloren hatten, war es den alliierten Truppen nicht gelungen, auf deutsches Territorium vorzustoßen. Da sich die Kriegsschauplätze im Westen ausschließlich auf belgischem und französischem Territorium befanden, war es im deutschen Westen zu keinerlei Kriegszerstörungen gekommen. Nordfrankreich war durch die Kriegshandlungen hingegen zu einer verwüsteten Einöde geworden, die – wie es in dem berühmten, von John McCrae verfassten Gedicht »In Flanders Fields« hieß – nur noch mit Grabkreuzen und Mohnblumen gefüllt wurde. Flanderns Felder waren zur Grabstätte von Millionen von Soldaten geworden. Der kanadische Militärarzt McCrae, der in dem kanadischen Kontingent der englischen Armee diente, erfasste dieses Opfer in seinem Gedicht, das er im Mai 1915 verfasst hatte und das im Dezember desselben Jahres erstmals in dem Londoner Magazin *Punch* veröffentlicht wurde. Im 20. Jahrhundert wurde dieses Gedicht zum Symbol des Krieges in der englischsprachigen Welt, und Generationen von kanadischen und englischen Schulkindern lernten dieses Gedicht auswendig.

Obwohl es – mit der Ausnahme der Kämpfe und der damit einhergehenden Zerstörungen im fernen Ostpreußen – zu keinen kriegsbedingten

Zerstörungen auf deutschem Boden gekommen war, gab es doch während des Krieges zunehmend Zeichen, dass die wirtschaftliche und militärische Situation Deutschlands weniger rosig war, als von der kaiserlichen Regierung behauptet wurde. Millionen junger Männer – insgesamt 13 Millionen Männer kämpften auf der deutschen Seite – wurden eingezogen, und viele von ihnen erlebten den Schützengrabenkampf an der Westfront hautnah. Insgesamt zwei Millionen deutscher Soldaten wurden in den Grabenkämpfen an der Westfront sinnlos geopfert, mehr als vier Millionen Soldaten vor allem an der Westfront verwundet. Der Verlust von Armen oder Beinen und andere schwerwiegende Verletzungen machten sie zu Krüppeln, die in der deutschen Gesellschaft als Aussätzige behandelt wurden.

Viele deutsche Familien waren von diesen Opfern und Verlusten direkt betroffen. Von den etwa 14 Millionen Familien hatte fast jede Familie (92 Prozent) ein Familienmitglied, das als Soldat im Krieg gedient hatte. Und 14 Prozent aller Familien betrauerten den Tod eines Sohnes, Bruders oder Ehemannes. Etwa 28 Prozent aller Familien sahen einen Soldaten von der Front zurückkehren, der verwundet und versehrt war. Diese Erfahrung wurde wirkungsmächtig Jahrzehnte später von Käthe Kollwitz eingefangen, die im Jahr 1937 eine Skulptur schuf, die eine Mutter zeigt, wie sie ihren toten Sohn umschließt und betrauert. Diese Skulptur war ihrem Sohn Peter gewidmet, der im Oktober 1914 gefallen war. Eine vierfach vergrößerte Version dieser Skulptur steht heute in der Neuen Wache in Berlin und soll an die Opfer von Krieg und Gewaltherrschaft im 20. Jahrhundert erinnern.

Während Monarchisten und selbst einige Sozialdemokraten diese Verluste glorifizierten und als Opfer für die deutsche Nation darstellten, wuchs die Skepsis in so mancher deutscher Familie, ob die Aufopferung ihrer Söhne gerechtfertigt gewesen war. Zudem glaubte nicht jeder Jugendliche im wehrfähigen Alter an die patriotischen Parolen und glorreichen Geschichten über die Kriege der Vergangenheit, die sie von ihren Vätern und Lehrern hörten.

Als klar wurde, dass Deutschland den Krieg nicht mehr gewinnen konnte und kurz vor dem Zusammenbruch stand, drängten im September 1918 der Chef der Obersten Heeresleitung Paul von Hindenburg und sein Stellvertreter Erich Ludendorff den deutschen Kaiser Wilhelm II., einen Waffenstillstand mit den Alliierten anzustreben. Weder Hindenburg noch Ludendorff, die über Jahre Deutschland in einem Krieg gehalten hatten, den sie nicht gewinnen konnten, waren gewillt, die

Verantwortung für ihr Handeln zu übernehmen und schlugen daher die Bildung einer neuen Reichsregierung unter Führung Max von Badens – eines Cousins von Wilhelm II. – vor, die erstmals in der Geschichte des Deutschen Kaiserreiches sich auf die parlamentarische Unterstützung aller Mehrheitsparteien – einschließlich der Sozialdemokratischen Partei – stützen sollte. Aber auch dieser letzte Versuch, die Niederlage abzuwenden und die Monarchie zu retten, schlug fehl. Innerhalb weniger Wochen wurde auch Max von Baden zum Rücktritt gezwungen und durch eine Übergangsregierung unter dem Sozialdemokraten Friedrich Ebert, der zwei Söhne im Krieg verloren hatte, ersetzt.

Obwohl die Armeen des Deutschen Kaiserreiches Frankreich in vier Kriegsjahren gewaltigen Schaden an Land und Menschen zugefügt hatten, glaubte die neue deutsche Regierung unter Friedrich Ebert an die Möglichkeit eines fairen Friedensschlusses, der auf Wilsons »Vierzehn Punkten« basieren sollte. Vor allem die Sozialdemokraten, die dem Krieg nur widerwillig zugestimmt oder ihn sogar abgelehnt hatten, fielen der Illusion zum Opfer, dass die Alliierten die von ihnen gebildete republikanische Regierung nicht für die Fehler der kaiserlichen Regierung in Haft nehmen könnte und werde. Die Abdankung des Kaisers und seine Flucht nach Spa sowie die Transformation des Deutschen Kaiserreiches in eine Republik trugen zu dieser Selbsttäuschung bei.

Novemberrevolution und Ende der Monarchie

Der schleppende Kriegsverlauf an der Westfront, die ständig steigende Zahl der gefallenen Soldaten und die Versorgungsschwierigkeiten im Winter 1916/17 (dem »Kohl- und Steckrübenwinter«) waren Warnsignale, die viele Deutsche bewusst oder unbewusst ignorierten. Die deutsche Kriegspropaganda und die Unfähigkeit der alliierten Armeen, auf deutsches Territorium vorzustoßen, machten den Krieg für die meisten Deutschen zu einem weit entfernten Geschehen. Informationen über den Krieg kamen entweder vom Staat oder von den Soldaten, die während ihres Fronturlaubs ihre Familien in der Heimat besuchen konnten. Beide Quellen ließen – aus ganz unterschiedlichen Gründen – die Deutschen über das Kriegsgeschehen im Dunkeln. Die Ankündigung, dass Deutschland im Oktober 1918 um einen Waffenstillstand nachsuchen musste und Deutschland den Krieg verloren hatte, kam als große Überraschung für die Mehrzahl der Deutschen, die bis dahin bereit gewesen war, ihre Söhne in einen Krieg zu schicken, der immer wieder als heroischer Verteidigungskrieg propagiert worden war.

Die Etablierung der Reichsregierung unter Max von Baden sollte nicht nur dazu dienen, die militärische Führung vom Eingeständnis ihrer Niederlage zu befreien, sondern auch dazu, den Forderungen vor allem der USA nach einer Demokratisierung Deutschlands entgegenzukommen – Woodrow Wilson hatte sie zusammen mit der Abdankung Wilhelms II. als Vorbedingung für die Aufnahme von Friedensverhandlungen formuliert. Max von Baden hatte jedoch kaum Kontrollgewalt über das deutsche Militär. So befahl die Seekriegsleitung Ende Oktober 1918 einen letzten Angriff der deutschen Hochseeflotte auf die englische Hochseeflotte, wohlwissend, dass die deutsche Seite nur verlieren konnte. Dieser Befehl traf auf Widerstand unter den betroffenen Matrosen, die sich auf den in Wilhelmshaven zusammengezogenen Kriegsschiffen befanden und sich dagegen wehrten. Die Meuterei der Matrosen in Wilhelmshaven war der Beginn der Novemberrevolution, die rasch von ihnen auf die Arbeiter in Kiel und Berlin übersprang. Wie schon die russische Revolution begann auch die deutsche Revolution mit dem Widerstand von Soldaten, die sich den Befehlen ihrer Offiziere widersetzten, um von hier auf die Zivilbevölkerung überzuspringen.

Die Revolution erreichte Berlin am 9. November 1918. An diesem Tag überstürzten sich die Ereignisse in der Hauptstadt. Zuerst verkündete Max von Baden die Abdankung von Kaiser Wilhelm II., dann übergab er die Regierungsgeschäfte an Friedrich Ebert. Wenig später rief der Sozialdemokrat Philipp Scheidemann vom Balkon des Reichstags die parlamentarische Republik aus. Doch Scheidemann war nicht der Einzige, der an diesem Tag eine neue Staatsform proklamierte. So rief der linke Sozialdemokrat Karl Liebknecht vor dem Berliner Schloss die sozialistische Republik aus. Diese beiden Proklamationen verdeutlichen nicht nur das Chaos in den letzten Kriegstagen, sondern auch die verschiedenen möglichen Perspektiven für die Nachkriegsentwicklung, die in den folgenden Monaten zu bürgerkriegsähnlichen Zuständen in Städten wie Berlin und München führten. Die Hauptbruchlinie verlief dabei aber nicht zwischen Sozialdemokraten und Monarchisten, sondern, wie auch bereits zuvor in Russland, zwischen Sozialdemokraten und Kommunisten, die sich in Deutschland als politische Kraft erst Ende 1918 im Spartakusbund etabliert hatten. Monarchistische Kräfte unterstützten in der Revolutionszeit die Sozialdemokraten, um eine weitere Radikalisierung der Situation zu verhindern. Für Sozialdemokraten wie Ebert kamen die Revolution und das Ende der Monarchie überraschend. Ebert, der eine konstitutionelle Monarchie der parlamentarischen Republik vorzog, wurde von den Ereignissen regelrecht überrollt. Liebknecht hingegen versuchte die Revolution in die Richtung der bolschewistischen Revolution in Russland voranzutreiben und Deutschland in einen sozialistischen Staat zu verwandeln. Wie schon in Russland entstanden auch in Deutschland Arbeiter- und Soldatenräte, die eine Neuorganisation der Gesellschaft voranzutreiben suchten. Der Versuch, Deutschland in eine sozialistische Republik zu verwandeln, scheiterte aber rasch, da die kommunistischen Kräfte nur eine kleine Minderheit darstellten und die Sozialdemokraten sich im Gegensatz zu den russischen Sozialdemokraten auf eine Massenbewegung stützen konnten, die gegen die linken Kräfte um Karl Liebknecht und Rosa Luxemburg erfolgreich auftraten. Im Gegensatz zu den russischen Sozialdemokraten stellte sich die unpopuläre Frage nach einer Fortführung des Krieges für die deutschen Sozialdemokraten nicht, die mit einer ebenso kriegsmüden Bevölkerung und einer militärischen Übermacht des Gegners konfrontiert waren. Das Kriegsende war eine schon beschlossene Sache, die den Sozialdemokraten erst den Weg zur Macht ermöglicht hatte.

Sozialdemokraten wie Ebert und Scheidemann konnten im russischen Versuch, eine sozialistische Gesellschaftsordnung zu errichten, keine Inspiration für Deutschland finden und sahen in der parlamentarischen Republik die Zukunft Deutschlands. Beide waren sich sicher, dass in dieser Republik ihre Sozialdemokratische Partei eine entscheidende und vielleicht sogar dominierende Rolle spielen würde. In den letzten Reichstagswahlen vor Ausbruch des Krieges hatte ihre Partei immerhin 35 Prozent der Stimmen erhalten, was ihr 110 der 397 Sitze im Reichstag eingebracht hatte. Ohne die Sozialdemokraten, davon waren Ebert und Scheidemann überzeugt, würde im neuen Deutschland keine Regierungsbildung mehr möglich sein.

Ebert war sich aber der fragilen Situation Deutschlands bewusst. Das plötzliche Kriegsende hatte zu Chaos in allen Bereichen der Gesellschaft geführt. Vor allem Vertreter der Monarchie galten als Gefahr für die demokratische Transformation der Gesellschaft. Daher ließ sich Ebert auf Abkommen mit den Militärs und den Großindustriellen ein, die strukturelle Reformen des Militärs und der Volkswirtschaft verhinderten, um die politische Transformation nicht zu gefährden. Eine Säuberung des Staats- und Verwaltungsapparates von Monarchisten wurde aus diesen Gründen ebenso umgangen.

Nur wenige Tage nach der Deklaration der Republik schloss Ebert mit Wilhelm Groener, der die Leitung der Obersten Heeresleitung übernommen hatte, ein Abkommen, dass strukturelle Veränderungen in der Armee sowie eine personelle Erneuerung des Offizierskorps ausschloss. Im Gegenzug sicherte Groener Ebert die Unterstützung des Militärs bei der Verteidigung der neuen Regierung gegen inländische und ausländische Feinde zu. Es war diese Zusammenarbeit zwischen Sozialdemokraten wie Ebert und den Repräsentanten der alten monarchischen Ordnung, die linke Sozialdemokraten wie Liebknecht radikalisierte und nach einer sozialistischen Revolution in Deutschland streben ließ. Liebknecht rief im Januar 1919 zum bewaffnetem Widerstand gegen die neue Regierung in Berlin auf. Drei Monate später – im April 1919 – verkündete eine Gruppe linker Aktivisten um Ernst Toller, Erich Mühsam und Ernst Niekisch in München die Bayerische Räterepublik. In beiden Fällen verließ sich Ebert auf die Niederschlagung dieser Aufstände durch die Reichswehr und die von ehemaligen Offizieren der kaiserlichen Armee gebildeten Freikorps. Deren brutales Vorgehen resultierte im Tod vieler Aufständischer. Die wohl prominentesten Opfer waren Karl Liebknecht und Rosa Luxemburg, die dadurch zu Märtyrer der kommunistischen Bewegung wurden. Der Tag ihrer Ermordung – der 15. Januar 1919 – wurde für Sozialisten und Kommunisten schnell zu einem Gedenktag für die Opfer der Freikorps, der bis auf den heutigen Tag in Berlin alljährlich mit Kranzniederlegungen an ihrem Grab auf dem Friedhof der Sozialisten im Stadtteil Friedrichsfelde begangen wird.

Die Versuche in Berlin und München, sozialistische Republiken zu etablieren, die die bolschewistische Revolution als Inspiration nahmen, war Bestandteil eines kontinentalen Revolutionszyklus, der sich vor allem in Osteuropa entfaltete. Der Sieg Lenins in St. Petersburg im Oktober 1917 ermutigte Sozialisten und Kommunisten in verschiedenen Ländern, einen ähnlichen Weg zu beschreiten. Das wohl bekannteste Beispiel war die Errichtung der Ungarischen Räterepublik durch Béla Kuhn, die sich von März bis August 1919 hielt. Es war diese Ungarische Sowjetrepublik, die Sozialisten in München zum Handeln anspornte.

Die Brutalität, mit der diese Revolutionen unterdrückt wurden – bei der Zerschlagung der Münchener Räterepublik wurden mehr als 1.000 Kommunisten erschossen –, sowie die Einsetzung von Freikorps bei der Niederschlagung dieser Aufstände führten zu einer Polarisierung und Radikalisierung sowohl der extremen Linken als auch der extremen Rechten. So sah die sich etablierende Kommunistische Partei nicht ganz zu Unrecht nicht die Konservativen, sondern die Sozialdemokraten als ihren Hauptgegner. Eberts Zusammenarbeit mit den Militärs des monarchischen Systems und seine Unterstützung der Freikorps in den Auseinandersetzungen mit den Kommunisten brachten ihm viel Kritik seitens inner- und außerparteilicher Kritiker ein und trugen dazu bei, die Spaltung der Sozialdemokratischen Partei zu zementieren – bereits 1917 hatte sich über die Frage der weiteren Bewilligung der Kriegskredite durch die sozialdemokratischen Abgeordneten im Reichstag die Unabhängige Sozialdemokratische Partei (USPD) von der Sozialdemokratischen Partei (MSPD) abgespalten. Ein großer Teil der Mitglieder der USPD schloss sich nach der Spaltung dieser linken Partei im Jahr 1920 der KPD an und half so, die KPD von einer politischen Splittergruppe in eine wahrnehmbare und in Parlamenten vertretene Partei zu verwandeln.

Auch wenn Ebert glaubte, dass er, um einen Bürgerkrieg abzuwehren, die Loyalität der ehemaligen kaiserlichen Offiziere erkaufen musste, ging er wohl doch zu weit, als er im Dezember 1918 anlässlich einer Parade die zurückkehrenden Frontkämpfer mit den Worten begrüßte, dass sie »im Felde unbesiegt« geblieben wären. Mit diesen Worten schloss sich Ebert einer Deutungsweise des Kriegsausgangs an, die von konservativen und monarchistischen Kräften vorangetrieben wurde. Diese Interpretation, die auf Ludendorff zurückging, besagte, dass die deutsche Armee nicht von den äußeren Feinden besiegt worden wäre, sondern durch die inneren Reichsfeinde – die Sozialisten und die Juden –, die der deutschen Armee von hinten in den Rücken gefallen wären (Dolchstoßlegende). Die »Novemberverbrecher«, wie sie Ludendorff nannte, waren für die deutsche Niederlage verantwortlich, nicht jedoch die kaiserlichen Generäle oder gar der Kaiser. Die Dolchstoßlegende wurde in konservativen Kreisen, die sich mit der Kriegsniederlage und dem Ende der Monarchie nicht abfinden konnten, rasch populär. Sie vermittelte denjenigen, die fest an die kaiserliche Kriegspropaganda geglaubt hatten, eine Interpretation, die sinnvoll erschien. Dass Sozialdemokraten wie Ebert diese Legende aufgriffen und vertraten, trug zur Akzeptanz der Dolchstoßlegende in der deutschen Gesellschaft bei und bereitete damit die Grundlage für die revisionistische Propaganda Adolf Hitlers.

Der Friedensvertrag von Versailles

Der Erste Weltkrieg endete offiziell mit der Unterzeichnung des Friedensvertrags von Versailles. Dieser nicht nur von Konservativen als »Diktat von Versailles« disqualifizierte Vertrag war entgegen den Prinzipien, die Woodrow Wilson in seinen »Vierzehn Punkten« entwickelt hatte, hinter verschlossenen Türen von den Vertretern der Siegermächte ohne Beteiligung der deutschen Seite in Paris ausgehandelt worden. Nach Monaten des Wartens und des Hoffens wurden Vertreter der deutschen Regierung am 16. Mai 1919 zur Präsentation des Vertragstextes eingeladen. Für deutsche Politiker aus allen politischen Parteien war dieser Vertragstext ein Schock. Vor allem die Vertreter der ersten demokratischen Regierung der Weimarer Republik, die nach den Wahlen zur Nationalversammlung im Januar 1919 aus Sozialdemokraten, Linksliberalen und Zentrumspartei gebildet worden war, hatten auf einen Vertrag gehofft, der auf Verhandlungen zwischen den Alliierten und Deutschland beruhte und damit der deutschen Seite ein Mitspracherecht eingeräumt hätte. Die Siegermächte waren aber nicht willens gewesen, Deutschland ein Mitspracherecht einzuräumen, und präsentierten den Vertragsentwurf mit einem Ultimatum. Entweder die deutsche Seite stimmte dem Vertrag bedingungslos zu, oder Kriegshandlungen würden nach Ablauf von sieben Tagen wieder aufgenommen. Die deutsche Seite war von diesen Entwicklungen überrumpelt. Sie war weder bereit, den Vertrag zu unterzeichnen, noch in der Lage, sich wieder in eine militärische Auseinandersetzung zu begeben.

Die Bedingungen des Vertrags insbesondere in Bezug auf die territorialen Abtretungen sowie die Festsetzung von Reparationszahlungen waren ohne Zweifel drakonisch, aber eigentlich nicht ungewöhnlich. Das Deutsche Kaiserreich bestand im Vertrag von Frankfurt, das den Deutsch-Französischen Krieg beendete, nicht nur auf der Abtretung von Elsass-Lothringen an Deutschland, sondern auch auf Reparationszahlungen in Höhe von fünf Milliarden Francs. Und der Russland aufgezwungene Vertrag von Brest-Litowsk sah ebenfalls umfassende Gebietsabtretungen Russlands an die deutsche Seite vor. Weder Gebietsabtretungen noch erhebliche Reparationszahlungen waren unüblich für Verträge, die sich europäische Mächte einschließlich Deutschlands gegenseitig nach Kriegen aufnötigten.

Das Problem mit dem Friedensvertrag von Versailles war deshalb nicht so sehr der Inhalt des Vertrags als vielmehr die Deutung des Kriegsendes sowie der fehlende Wille der Siegermächte, den Vertrag auch durchzusetzen. Zu viele Deutsche konnten nicht akzeptieren, dass Deutschland den Krieg wirklich verloren hatte. Und zu viele Deutsche gaben sich der Illusion hin, dass basierend auf Wilsons »Vierzehn Punkten« ein Verhandlungsfriede erreicht werden könnte. Noch wichtiger war jedoch, dass die drakonischen Bedingungen des Versailler Vertrags eine militärische Besetzung Deutschlands erforderten, um die Einhaltung des Vertrags zu garantieren. Es war daher nicht die Härte des Versailler Vertrags, sondern der fehlende Wille der Siegermächte, die harten Bedingungen des Vertrags entschieden durchzusetzen, der diesen Vertrag so umstritten machte. Die fehlende Besetzung Deutschlands durch englische, französische und amerikanische Truppen erlaubte es Deutschland, den Vertrag von Anfang an zu umgehen und aktiv auf seine Annullierung hinzuarbeiten.

Der Versailler Vertrag erlegte Deutschland erhebliche Gebietsabtretungen auf. Wie zu erwarten, wurde Elsass-Lothringen, das nach dem Deutsch-Französischen Krieg 1870/71 von Deutschland annektiert worden war und dessen Bevölkerung zu 87 Prozent deutschsprachig war, wieder an Frankreich zurückgegeben. Im Osten verlor Deutschland große Teile Posens und Westpreußens, die den sogenannten »polnischen Korridor« bildeten, der den wiedergegründeten polnischen Staat mit einem Zugang zur Ostsee versehen sollte, aber gleichzeitig Deutschland in zwei Teile zerschnitt. Diese Gebiete waren im Zug der Teilung Polens im 18. Jahrhundert an Preußen gefallen. Im Gegensatz zum mehrheitlich deutschsprachigen Elsass-Lothringen, in dem die französischsprechende Bevölkerung mit 13 Prozent eine kleine Minderheit ausmachte, war der Anteil der nichtdeutschsprachigen Bevölkerung in Posen und Westpreußen wesentlich höher. Der Anteil der deutschsprachigen Bevölkerung in den Gebieten, die in den 1920er und 1930er Jahren den polnischen Korridor formen sollten, belief sich im Jahr 1910 auf gerade einmal 42 Prozent, während die polnischsprachige Bevölkerung 58 Prozent ausmachte. Während Konservative und Nationalisten den Verlust von Elsass-Lothirngen hinnehmen konnten, war der Verlust der östlichen Provinzen für sie eine inakzeptable Entscheidung, auf deren Revision sie aktiv hinarbeiteten.

Auch wenn dem polnischen Korridor in kultureller und nationaler Perspektive ein hoher Stellenwert zugeschrieben wurde, besaß er aufgrund seines weitgehend landwirtschaftlichen Charakters nur begrenzte wirtschaftliche Bedeutung. Die Verluste von Oberschlesien und des Saarlandes – beide Territorien waren nicht nur hoch industrialisiert, sondern auch an Bodenschätzen reich – waren hingegen ein tiefer Schlag für die deutsche Volkswirtschaft. Die Wirtschaftsleistung beider Territorien entsprach zusammengenommen rund 20 Prozent des deutschen Bergbaus und der deutschen Stahlindustrie. Insgesamt verlor Deutschland mit diesen Gebietsverlusten ein Achtel seines Territoriums und ein Zehntel seiner Bevölkerung.

Aus der deutschen Perspektive wurden diese Verluste als traumatisch empfunden. Dennoch waren sie kaum vergleichbar mit den territorialen und wirtschaftlichen Veränderungen, die dem ehemaligen Bündnispartner Österreich-Ungarn zugemutet wurden. Der Friedensvertrag von St. Germain, der den Krieg zwischen den Alliierten und Österreich-Ungarn beendete, zerschlug das Kaiserreich in zahlreiche Nationalstaaten. Die Republik Österreich wurde einer der Nachfolgestaaten, die den größten Teil, aber eben nicht alle deutschsprachigen Einwohner des Kaiserreiches aufnahm. So wurde etwa das von den Sudetendeutschen besiedelte Gebiet Bestandteil der neu gegründeten Tschechoslowakei, in dem die 3,5 Millionen Sudetendeutschen mit einem Anteil an der Gesamtbevölkerung von 22 Prozent nach den Tschechen (51 Prozent), aber vor den Slowaken (16 Prozent) die zweitstärkste Bevölkerungsgruppe stellten. Die Republik Österreich war nicht nur in Bezug auf sein Territorium, sondern auch mit Blick auf seine Gesamtbevölkerung kaum noch mit dem Vorkriegsstand vergleichbar. So betrug die Gesamtbevölkerung der Republik Österreich gerade einmal sechs Millionen Menschen, verglichen mit den einstmals etwa 30 Millionen Einwohnern Österreich-Ungarns vor dem Ausbruch des Krieges.

Das Schicksal Österreichs und auch dasjenige Ungarns, das im Friedensvertrag von Trianon etwa drei Viertel seines Vorkriegsterritoriums und zwei Drittel seiner Vorkriegsbevölkerung an seine neuen Nachbarstaaten, die Tschechoslowakei, Jugoslawien und Rumänien, verlor, rührten kaum einen deutschen Politiker oder Nationalisten. Von dem Moment an, an dem die Bedingungen des Versailler Vertrags öffentlich bekannt wurden, begannen sich Deutsche fast aller sozialer Schichten und politischer Orientierungen als Opfer französischer Rachepolitik zu sehen.

Der Versailler Vertrag gab den Deutschen eine negative, aber verbindende Identität. Er half dabei Deutschen über Klassenschranken und Parteigrenzen hinweg, sich in der Ablehnung des als ungerecht empfundenen Vertrags zu versammeln. Der Vertrag stieß aber nicht nur in Deutschland auf Kritik, sondern auch in Großbritannien. So sagte etwa der englische Ökonom John Maynard Keynes, der der englischen Verhandlungskommission in Paris angehört hatte, einen Kollaps der deutschen Wirtschaft voraus.

Weil sich die Vertreter der Siegermächte in Paris nicht darüber einig waren, ob Deutschland aufgrund seiner wirtschaftlichen Situation in der Lage war, Reparationszahlungen zu leisten, sahen sie zunächst davon ab, die Reparationen im Versailler Vertrag zu fixieren. Eine Alliierten-Kommission sollte die Fähigkeit Deutschlands, Reparationen zu zahlen, später überprüfen; dabei sollten ein Betrag festgelegt und ein Zahlungsplan aufgestellt werden. Die Alliierten ließen Deutschland fast zwei Jahre Zeit, bevor sie sich bei der Pariser Konferenz der Reparationskommission auf einen Gesamtbetrag an Reparationen von 226 Milliarden Mark einigten, der in einem Zeitraum von 42 Jahren zu zahlen war. Nachdem die deutsche Regierung diese Bedingungen ablehnte, besetzten im März 1921 französische Truppen die Region um Düsseldorf, Duisburg und Ruhrort. Im April setzte die Reparationskommission bei ihrer Tagung in London den Betrag auf 132 Milliarden Mark herab, der in jährlichen Raten von jeweils drei Milliarden Mark beglichen werden sollte.

Prägende Kriegserfahrungen

Weit mehr Opfer als der Erste Weltkrieg, der insgesamt zehn Millionen Soldaten auf allen Kriegsseiten das Leben gekostet hatte, beanspruchte die globale Grippeepidemie, die im Frühjahr 1918 in einem amerikanischen Ausbildungslager in Kansas ausbrach und von hier aus von amerikanischen Soldaten nach Europa gebracht wurde, wo sie sich von Westen nach Osten über den Kontinent verbreitete. Die "Spanische Grippe"– so benannt, weil im Mai 1918 die Nachrichtenagentur Reuters über die Erkrankung des spanischen Königs an einer Grippe berichtete, während die kriegführenden Länder aus militärischen Gründen die Berichterstattung über die Grippewelle unterdrückten – infizierte wohl etwa 500 Millionen Menschen weltweit. Das entsprach etwa einem Drittel der Weltbevölkerung. Ihr fielen zwischen 25 und 40 Millionen Menschen vor allem in Asien und Afrika – das waren zwischen einem und zwei Prozent der Weltbevölkerung – zum Opfer. In Deutschland infizierten sich im Jahr 1918 wohl etwa zwischen 12 und 15 Millionen Menschen, was ungefähr 20–25 Prozent der Gesamtbevölkerung ausmachte. Etwa 320.000–350.000 Deutsche – mehr Zivilisten als Soldaten und mehr Frauen als Männer – starben an der Infektionskrankheit. Damit beklagten etwa 2,3 Prozent aller deutschen Familien ein Todesopfer. Kinder unter fünf Jahre und Erwachsene im Alter von 20 bis 40 Jahren waren am stärksten von dieser Grippe betroffen und stellten die größten Gruppen unter den Todesopfern. Die hohe Infektions- und Todesrate vor allem in der mittleren Altersgruppe (20 bis 40 Jahre) und bei Kindern unter fünf Jahren wird von manchen Historikern mit durch den Krieg bedingten geschwächten Immunsystemen und der jahrelangen Mangelernährung erklärt. Dies mag auf die europäischen Opfer der Grippe zugetroffen haben, aber nicht auf die amerikanischen Opfer.

Die Grippe sprang schnell von den Militärlazaretten und den Frontlinien, in denen Soldaten über Jahre hinweg in unhygienischen Bedingungen vegetiert hatten, auf die Zivilbevölkerung über und verbreitete sich rasant. Zur schnellen Verbreitung trugen das Fehlen eines Impfstoffs ebenso bei wie der Mangel an Antibiotika, um nachfolgende bakterielle Infektionen wie etwa Encephalitis, die durch die Grippe verursacht wurden, zu behandeln. Insgesamt drei Infektionswellen folgten von Anfang 1918 bis Anfang 1920. Sowohl die kaiserlichen als auch die republikanischen Regierungen waren unsicher, wie sie der Infektionskrankheit begegnen sollten. Die Schließung öffentlicher Einrichtungen und Schulen wurde mehrfach diskutiert, aber keine verbindlichen Richtlinien beschlossen. Das Handeln wurde weitgehend den lokalen Behörden überlassen, so dass jede Gemeinde für sich entschied, was zu tun sei. Allerdings waren auch die einzelnen Gemeinden und Städte ganz unterschiedlich stark von der Grippe betroffen. So wies etwa Leipzig eine niedrigere Mortalität auf als Stargard oder Schleswig. Insofern erschien eine lokale Reaktion gerechtfertigt. Die Stadtregierung von Dresden schloss 1918 alle öffentlichen Einrichtungen, während die Stadtregierung von Leipzig derartige Maßnahmen ablehnte. In Köln und Berlin wurde hingegen Ende 1918 der Schulunterricht eingestellt. Auch wenn die kaiserlichen und republikanischen Regierungen keine umfassenden Pläne zur Isolierung und Quarantäne von Infizierten

– den einzigen wirksamen Gegenmaßnahmen zu diesem Zeitpunkt – entwickelten und ein Impfstoff nicht verfügbar wurde, blieb die Zahl der Todesopfer mit 320.000–350.000 Menschen in Deutschland, was in etwa 0,5–0,6 Prozent der Gesamtbevölkerung entsprach, verhältnismäßig gering. Im deutschen Fall starben damit weit weniger Menschen an der Grippe, als Soldaten im Ersten Weltkrieg fielen. Der Krieg hatte immerhin das Leben von zwei Millionen Männern gekostet (etwa drei Prozent der Gesamtbevölkerung), und etwa vier Millionen junger Männer waren im Krieg verwundet und versehrt worden.

Auch wenn diese Pandemie weltweit – mehr in Asien und Afrika als in Europa und Nordamerika – mehr Opfer als die sechs Cholera-Pandemien des 19. und frühen 20. Jahrhunderts zusammengenommen forderte, geriet die Spanische Grippe dennoch schnell in Vergessenheit und wurde allenfalls von Medizinhistorikern behandelt. Dazu mag beigetragen haben, dass die Grippepandemie nicht nur von der Erfahrung des Weltkrieges überschattet wurde, sondern auch politisch folgenlos blieb. So hatte etwa die fünfte Cholera-Pandemie der Jahre 1883–1896, die einen wesentlich schwereren Krankheitsverlauf hatte, aber weniger Todesopfer forderte, schwerwiegende politische Folgen, die sich auf die globalen Migrationsbewegungen von Europa in die USA auswirkten und die amerikanische Einwanderungspolitik grundlegend veränderten. Die Spanische Grippe führte hingegen nicht zu dauerhaften politischen Veränderungen. Die Bekämpfung der Cholera-Epidemie trug zur Verhärtung nationaler Grenzen, der zunehmenden Kontrolle von Reisenden und Auswanderern, der allmählichen Einführung von Reisepässen und Visa sowie der Etablierung einer Unterscheidung in legale und illegale Einwanderung wesentlich bei.

Nicht die Grippewelle, sondern die Erfahrung des Stellungskrieges an der Westfront brannte sich tief in das kollektive Gedächtnis derjenigen Soldaten ein, die daran beteiligt waren – sie bestimmte die Kriegserinnerung für eine ganze Generation von jungen Männern. Das Erlebnis des Stellungskrieges und der mechanisierten Kriegsführung zwang Europäer dazu, sicher geglaubte Annahmen über die Modernität und Überlegenheit Europas erstmals in Frage zu stellen. Maschinengewehre, Flugzeuge, Panzer und Giftgas waren die Produkte einer modernen Wirtschaft und einer als fortschrittlich geltenden Gesellschaft: Aber konnte das wirklich Fortschritt sein?

Viele deutsche, englische und französische Soldaten, die den Krieg überlebt hatten, versuchten ihren Erlebnissen durch die Publikation ihrer autobiographischen Romane Sinn zu geben. Die wohl bekanntesten deutschen Romane, die in dieser Tradition standen, waren Erich Maria Remarques *Im Westen nichts Neues* (1928) und Ernst Jüngers *In Stahlgewittern* (1920). Der 1898 geborene Remarque meldete sich im Alter von 18 Jahren freiwillig zum Kriegsdienst und wurde im Juli 1917 an der Westfront verwundet. Sein Roman und der darauf basierende Film, der 1930 in den USA von Lewis Milestone produziert wurde und dann als einer der ersten amerikanischen Tonfilme für den deutschen Markt synchronisiert wurde, erzählten die Geschichte des Gymnasiasten Paul, der sich freiwillig zum Kriegsdienst meldete, weil ihn seine Eltern und seine Lehrer so indoktriniert hatten, dass er an seine patriotische Verpflichtung und den ruhmreichen Krieg glaubte. Remarque bestand darauf, dass seine Geschichte nicht als eine Anklage oder als ein Geständnis zu verstehen sei, sondern lediglich als eine Geschichte einer verlorenen Generation von jungen Männern. Dennoch beklagte er, dass seine Generation dazu gezwungen wurde, ihr Leben und ihr Wohlergehen für die Ideale ihrer Väter zu opfern. Und selbst diejenigen, die mit heiler Haut davongekommen waren, waren nicht mehr zu retten. Die Überlebenden konnten mit den Erinnerungen an das, was sie erlebt hatten, nicht mehr zu einem normalen Leben zurückfinden. Sie waren verlorene Seelen, die nicht mehr wirklich lebten, sondern nur noch vor sich hinvegetierten.

Die Kriegsbegeisterung des Spätsommers 1914 einfangend, beschrieb Remarque den Krieg als ein Fieber, das schnell von Mensch zu Mensch übersprang und immer mehr Menschen – alte und junge – infizierte. Remarques Roman bot eine Fundamentalkritik der westlichen Zivilisation, in der die Mechanisierung und die sinnlose Zerstörung menschlichen Lebens den Anspruch auf die Überlegenheit des Westens zu konterkarieren schienen. Und Remarque war nicht allein in seiner Ansicht, dass die westliche Zivilisation sich in einer tiefen Krise befand. In den Jahren nach dem Krieg wandten sich viele linke und pazifistische Europäer wie der 1906 geborene Dietrich Bonhoeffer und der 1866 geborene Romain Rolland den Ideen Mahatma Gandhis zu, in dessen Konzept einer friedlichen Konfliktlösung sie eine Alternative zur westlichen, auf Krieg aufbauenden Konfliktlösungsstrategie sahen.

Der französische Schriftsteller Rolland veröffentlichte die erste Biographie Gandhis, die rasch in zahlreiche Sprachen übersetzt wurde. Noch vor

Erscheinen der französischen Originalfassung im Jahr 1924 erschien ein Jahr zuvor eine deutsche Übersetzung. Englische, niederländische, schwedische, dänische, russische, polnische, italienische und spanische Fassungen folgten binnen weniger Jahre. In diesem Buch führte Rolland sein europäisches Publikum in die von Gandhi entwickelte Strategie des gewaltlosen Widerstandes ein. Gandhi war davon überzeugt, dass die Lösung von Konflikten nur auf friedlichem Wege möglich war. Deshalb rief er seine Anhänger dazu auf, die englische Kolonialmacht nur mit friedlichen Protesten herauszufordern. Gandhi erwartete, dass die englische Seite mit brutaler Gewalt auf diese Herausforderung reagieren würde. In dieser unangemessenen Reaktion entlarvte sich, so glaubte Gandhi, die sich selbst als überlegen und fortschrittlich wahrnehmende englische Seite als brutal, unmoralisch und rückständig. Gewaltloser Widerstand – Satyagraha – schloss die Aufopferung der indischen Herausforderer ein und schrieb dem öffentlichen Leiden der Unterdrückten eine zentrale Funktion zu.

Gandhis Konzept der Satyagraha mit der Zentralität des Leidens übte eine große Anziehungskraft auf den protestantischen Theologen Dietrich Bonhoeffer aus. Bonhoeffers Großmutter ermunterte ihren Enkel dazu, nach Indien zu reisen und von Gandhi zu lernen. Sein ständig wachsendes Interesse an Gandhi führte schließlich dazu, dass es ihm gelang, 1935 eine offizielle Einladung zu erhalten, in der Gandhi ihn einlud, ihn zu besuchen und mit ihm in seinem Ashram zu leben. Dass Bonhoeffer letztlich diese Einladung nicht mehr annehmen konnte, lag nach Adolf Hitlers Ernennung zum Reichskanzler im Jahr 1933 allein an den veränderten politischen Rahmenbedingungen.

Gandhis Ideen übten auf Bonhoeffer eine nicht nachlassende Faszination aus, für die Bonhoeffer wiederholt von seinen Vorgesetzten in der lutherischen Kirche kritisiert wurde. Im Jahr 1932 vertrat Bonhoeffer in seiner Vorlesung über Selbstbehauptung an der Technischen Universität Berlin die Ansicht, dass die indische Kultur und Zivilisation der auf Gewalt und Krieg basierenden europäischen Kultur und Zivilisation überlegen sei, weil sie auf Selbstgenügsamkeit, der Achtung vor der Natur und der Unverletzlichkeit des Lebens basierte. Bonhoeffer schlussfolgerte, dass es besser sei zu leiden, als ein gewalttätiges Leben zu führen. Diese Erkenntnis wurde zu einem Leitfaden für Bonhoeffers Theologie und sein Handeln.

Die Erfahrung des Stellungskrieges an der Westfront ließ viele, aber eben nicht alle daran Beteiligte zu Pazifisten werden. Der 1895 geborene

Jünger diente ebenso wie Remarque an der Westfront, wurde wie dieser verwundet, und machte ähnliche Erfahrungen, die er aber zu grundsätzlich anderen Schlussfolgerungen verarbeitete. Im Gegensatz zu Remarque sah Jünger im Kriegserlebnis eine wertvolle Lebenserfahrung. Für seine Generation, die in einer an materiellen Werten ausgerichteten Gesellschaft aufwuchs, bedeutete der Krieg, in Jüngers Vorstellung, eine großartige Erfahrung der Aufopferung für ein Ideal. Jünger verstand sich nicht als ein Opfer der Indoktrination durch seinen Vater oder seine Lehrer, sondern glaubte an die Notwendigkeit menschlicher Selbstaufopferung für die Zukunft der deutschen Nation.

Jünger lernte aus seiner Kriegserfahrung, dass es keinen anderen Sinn im Leben gab, als sich für sein Vaterland aufzuopfern. Und im Gegensatz zu Remarque, der glaubte, dass seine Generation eine verlorene Generation war, die nicht mehr in die Gesellschaft zurückkehren konnte, war Jünger davon überzeugt, dass seine Generation im Feuer des Krieges gestählt worden war. Jünger bestand darauf, dass seine Generation durch Vorsehung dazu auserkoren war, nicht nur diesen Krieg zu überleben, sondern auch aus ihm gestärkt hervorzugehen und für künftige große Heldentaten bereit zu stehen. Beide Autoren – Remarque und Jünger – repräsentierten die zwei Extreme in der Erinnerung des Weltkrieges in den 1920er und 1930er Jahren und darüber hinaus.

Die Weimarer Republik

Das Ende des Ersten Weltkrieges veränderte den europäischen Kontinent tiefgreifend. Mit dem Kriegsende zerfielen die Kaiserreiche, die Europa bis dahin dominiert hatten, und mehrere Kaiser wurden zur Abdankung gezwungen. Das Kaiserreich Österreich-Ungarn verschwand gänzlich von der europäischen Landkarte, und seine ehemaligen Gebiete in Zentral- und Südosteuropa gingen in zahlreichen neuen Nationalstaaten wie etwa die Tschechoslowakei und Ungarn auf. Das Russische Kaiserreich wurde aus Zentraleuropa vollständig herausgedrängt und verlor seine einstmalige Grenze mit dem Deutschen Reich. Russland verlor viele seiner ehemaligen westlichen Provinzen, die nun als unabhängige Staaten auftraten. Und die Türkei wurde zum Nachfolgestaat des Osmanischen Reiches, das ebenfalls weitgehend aus Europa – mit der Ausnahme des Hinterlandes von Istanbul – abgedrängt worden war. Der Erste Weltkrieg markierte damit nicht nur den Untergang des Osmanischen Kaiserreiches, sondern auch das Ende des Einflusses einer islamischen Großmacht in Europa. Europa war fortan ein christliches Projekt.

Die Mehrzahl der neugegründeten Nationalstaaten in Osteuropa war aber kaum die Heimat für jeweils nur eine Nation. Sie wurden vielmehr wie schon das Kaiserreich Österreich-Ungarn oder das Zarenreich zum Zuhause für multikulturelle, multilinguistische und multireligiöse Gesellschaften. So boten etwa Polen und die Tschechoslowakei einer Vielzahl von Bevölkerungsgruppen, die sich jeweils als Nation oder einer anderen Nation, die in einem anderen, oftmals angrenzenden Nationalstaat lebte, zugehörig verstanden, eine Heimat. So waren etwa nur 69 Prozent der Bevölkerung Polens Polen, aber 14 Prozent Ukrainer, 5 Prozent Weißrussen und 2 Prozent Deutsche. Im Fall der Tschechoslowakei waren 51 Prozent der Bevölkerung Tschechen, 22 Prozent Sudetendeutsche und lediglich 16 Prozent Slowaken.

Die Auflösung des Kaiserreiches Österreich-Ungarn sowie die territorialen Abtretungen, die Deutschland im Versailler Vertrag auferlegt wurden, trugen erheblich zur Ausweitung der deutschsprachigen Diaspora in Osteuropa bei. Fast 5,8 Millionen deutschsprachige Personen fanden sich nach dem Ersten Weltkrieg in den neu gebildeten Nationalstaaten wieder, die vor allem auf dem Territorium des Kaiserreiches Österreich-Ungarn entstanden waren. Die größte deutschsprachige Bevölkerungsgruppe (etwa 3,2 Millionen) lebte in der Tschechoslowakei, die kleinste (96.000) lebte in Litauen. Ungarn, Polen, Rumänien und Jugoslawien waren ebenfalls zur neuen Heimat deutschsprachiger Bevölkerungsgruppen geworden.

Während die neuen Nationalstaaten in Europas Osten multinationale Staaten waren, machte die Abtretung von Gebieten, die von Polen, Franzosen und Dänen besiedelt waren, die Bevölkerung Deutschlands wesentlich homogener. Insgesamt wurden mit den Gebieten auch 6,5 Millionen Menschen transferiert. Der größte Nutznießer war Polen, das insgesamt 3,8 Millionen polnisch- und deutschsprachige Bürger erhielt. Der zweitgrößte Nutznießer war Frankreich, das 1,8 Millionen französisch- und deutschsprachige Bürger wiedergewann. Während Deutschlands Nachbarn damit multikultureller wurden, wurde Deutschland, aber auch Österreich homogener.

Deutschlands erste Demokratie

Deutschland teilte mit seinen Nachbarn Polen und der Tschechoslowakei die politische Transformation von der Monarchie zur Republik. Während es Staaten wie etwa Ungarn gelang, am monarchischen System festzuhalten, blieb Deutschland aufgrund der amerikanischen Vorbedingungen für Friedensverhandlungen kaum eine Wahl. Der Übergang von der Monarchie zur Republik fand in Deutschland aber nur wenige Unterstützer. Selbst Sozialdemokraten wie Friedrich Ebert hatten sich im monarchischen System eingerichtet, das sie gern als konstitutionelle Monarchie bewahrt hätten, anstatt diese durch eine Republik zu ersetzen. Die Abdankung und Flucht des Kaisers im November 1918 schufen eine konstitutionelle Krise, die einen Systemwechsel erzwang, ohne dass eine politische Bewegung aktiv für diesen Systemwechsel eingetreten war. Die Abdankung Wilhelms II. zwang Ebert und die Sozialdemokraten, die sich nicht auf diesen Fall vorbereitet hatten, regelrecht dazu, ein republikanisch-parlamentarisches System ohne einen Kaiser zu schaffen. Damit unterschied sich die politische Transformation deutlich von der Demokratisierung des benachbarten Österreichs. Auch hier stellte sich die Frage nach dem Schicksal von Kaiser Karl I. Doch im Gegensatz zu den deutschen Sozialdemokraten betrieben die österreichischen Sozialdemokraten um den Staatskanzler Karl Renner aktiv die Abdankung des Kaisers, die Transformation des Kaisertums in eine Republik und die Exilierung der kaiserlichen Familie. In einem im April 1919 verabschiedeten Gesetz wurde der ehemalige Kaiser auf Dauer des Landes verwiesen und das Eigentum der kaiserlichen Familie auf den Staat übertragen (Habsburgergesetz).

Die politische Transformation Deutschlands verlangte nach einer kulturellen Revolution und der Etablierung neuer republikanischer Traditionen. Eberts Zurückhaltung in Berlin gab Leipziger Sozialdemokraten den Spielraum, eine neue republikanische Tradition zu schaffen. In diesem Bestreben nahm Barnet Licht, der sich in den 1910er Jahren um die Organisierung des Leipziger Arbeiterbildungsinstitutes sowie die Leitung der Leipziger Arbeiterchöre verdient gemacht hatte, eine zentrale Rolle ein. Licht verabredete mit Artur Nikisch, dem Direktor des Leipziger Gewandhauses, die Einführung der Republik mit einem Neujahrskonzert zu begehen. Beide verständigten sich auf Beethovens *Neunte Symphonie* mit seiner bekannten »Ode an die Freude«, die die Gleichheit aller Menschen beschwor. Licht und Nikisch entschieden, das Konzert so zu legen, dass es am 31. Dezember 1918 gegen 23 Uhr begann und am 1. Januar 1919 endete. Das Gewandhausorchester war für die Musik, die Arbeiterchöre für den Gesang verantwortlich. Pünktlich um Mitternacht setzte der Schlusschor »Alle Menschen werden Brüder« ein. Mit dem Konzert wurde ein weit über Leipzig hinweg aufgenommenes Zeichen für eine neue Zeit gesetzt. Zeitgenössische Beobachter sahen in diesem Konzert ein Symbol, dass der politischen Revolution nun auch eine kulturelle Revolution folgen würde. Das Neujahrskonzert entwickelte sich in den nächsten Jahren zunächst zu einer Tradition in Leipzig, bevor es dann in der zweiten Hälfte der 1920er Jahre auch in anderen Städten und selbst in Berlin Nachahmer fand. Damit wurde die Tradition des Neujahrskonzertes geboren, das sich zuerst in Deutschland und später auch global etablierte.

Im Januar 1919 fanden die ersten Wahlen in der neuen Ära statt. Sie waren die ersten Wahlen, in denen Frauen ein Stimmrecht hatten.

Deutschland war damit das erste europäische Land, das – dem Vorbild Neuseelands und Australiens folgend – für nationale Wahlen das Frauenstimmrecht einführte. Diese Wahlen waren auch die ersten Wahlen, die nicht mehr dem Mehrheitswahlsystem folgten, sondern dem Verhältniswahlsystem.

Nach den stetig wachsenden Wahlstimmen für die Sozialdemokraten in den Wahlen vor dem Ersten Weltkrieg sowie der Abschaffung des Mehrheitswahlsystems, das die Sozialdemokraten in der Vorkriegszeit bei der Sitzverteilung im Reichstag immer benachteiligt hatte, glaubte die sozialdemokratische Parteiführung fest daran, dass ihre Partei aus diesen Wahlen als die stärkste Kraft hervorgehen würde. Das Ergebnis – die Sozialdemokraten erreichten »nur« 38 Prozent der Wahlstimmen – wurde als herbe Enttäuschung empfunden und zwang die Sozialdemokraten dazu, sich Bündnispartner für die Regierungsbildung und die Ausarbeitung einer Verfassung zu suchen. So kam es zur Zusammenarbeit der Sozialdemokraten (SPD) mit der katholischen Zentrumspartei, die 20 Prozent der Stimmen auf sich vereinen konnte, und der linksliberalen Deutschen Demokratischen Partei (DDP), die 18,5 Prozent der Stimmen erhalten hatte. Damit verfügte die von diesen drei Parteien gebildete Koalitionsregierung mit 330 der 423 Sitze über eine mehr als komfortable Zwei-Drittel-Mehrheit in der Nationalversammlung.

Zeitgenossen nannten diese Koalitionsregierung aus SPD, Zentrum und DDP die »Weimarer Koalition« und die von der Nationalversammlung in Weimar aus der Taufe gehobene Republik die Weimarer Republik. Die Nationalversammlung war wegen der bewaffneten Auseinandersetzungen zwischen Armee und kommunistischer Aufständischer in der Hauptstadt in die thüringische Mittelstadt Weimar ausgewichen, wo sie sich im Nationaltheater konstituierte und den Verfassungstext beriet. Weimar war aufgrund seiner kulturellen Bedeutung – Wohn- und Wirkungsort von Johann Wolfgang von Goethe – bewusst als Tagungsort der Nationalversammlung gewählt worden, um ein Signal zu senden, dass die neue deutsche Republik sich in die humanistische Tradition Goethes zu stellen und mit der Tradition des preußisch-deutschen Militarismus zu brechen beabsichtigte.

Die unter der Federführung des Verfassungsrechtlers und DDP-Mitgliedes Hugo Preuß entworfene Verfassung für die Weimarer Republik definierte Deutschland als eine Konföderation von Bundesstaaten. Diese Bundesstaaten verfügten über ihre eigenen Verfassungen, parlamentarischen Systeme und republikanischen Regierungen. Damit unterschied sich die deutsche Verfassung deutlich von den Verfassungen, die in anderen osteuropäischen Staaten wie etwa Polen oder Jugoslawien am Anfang der 1920er Jahre ausgearbeitet wurden und die auf einen zentralisierten Staat setzten, in dem die Provinzen weitgehend machtlos waren. Für die Organisation der Reichsebene entwickelte Preuß einen Kompromiss zwischen einem parlamentarischen und einem präsidialen Regierungssystem. Im Zentrum des parlamentarischen Systems stand der Reichstag als nationales Parlament, dessen Abgeordnete in allgemeinen, gleichen, unmittelbaren und geheimen Wahlen nach den Grundsätzen der Verhältniswahl bestimmt wurden.

Das Verhältniswahlsystem löste das Mehrheitswahlsystem ab, das 1871 als Grundlage für die Wahlen zum Reichstag eingeführt worden war. Dieses Mehrheitswahlsystem hatte insbesondere die Sozialdemokraten systematisch benachteiligt. So erhielt die SPD etwa in den Reichstagswahlen des Jahres 1903 insgesamt 31,7 Prozent der Stimmen, aber nur 20 Prozent der Sitze im Reichstag (81 Sitze). Die Zentrumspartei, die in den Wahlen des Jahres 1903 auf 19,8 Prozent der Wählerstimmen kam, erhielt hingegen 25,2 Prozent der Reichstagssitze (100 Sitze).

Die Ersetzung des Mehrheitswahlrechts durch das Verhältniswahlrecht sollte diese Verzerrung des Wählerwillens vor allem in Bezug auf die Sozialdemokraten beseitigen. Befürchtungen, dass dieses neue Wahlrecht zu viele Parteien in das Parlament bringen und damit zu Blockaden in der parlamentarischen Arbeit führen würde, traten nicht ein. So entsandten neun Parteien Abgeordnete in die Anfang 1919 gewählte Nationalversammlung, während der letzte auf der Basis des Mehrheitswahlrechtes gewählte Reichstag im Jahr 1912 durch Abgeordnete von insgesamt zwölf Parteien konstituiert worden war.

Die wohl wichtigste Neuerung war die Praxis der Regierungsbildung. Im kaiserlichen Deutschland war die Reichsregierung allein vom Kaiser abhängig gewesen, der auch den Kanzler ohne Konsultation mit dem Reichstag berufen hatte. Die Weimarer Verfassung etablierte ein parlamentarisches System, in dem die nach Abgeordnetensitzen stärkste Partei mit der Regierungsbildung und der Nominierung des Kanzlers beauftragt werden sollte. Da aufgrund der hohen Zahl von politischen Parteien, die in den Reichstag gewählt wurden, keine Partei auf eine eigenständige Parlamentsmehrheit hoffen konnte, musste sich die stärkste Partei in der Praxis zuerst Bündnispartner suchen, mit denen sie eine Koalitionsregierung bilden konnte. Alle Reichsregierungen in den 1920er Jahren waren Koalitionsregierungen, die aus wenigstens drei und maximal fünf Parteien gebildet wurden.

Die Position des Reichspräsidenten, die häufig mit der Funktion eines »Ersatzkaisers« oder »Wahlkaisers« verglichen worden ist, wurde geschaffen, um das parlamentarische System zu begrenzen, nicht jedoch, um es weiter auszubauen. Die Abdankung Wilhelms II. hatte Politiker aller politischen Richtungen der Möglichkeit beraubt, die Errichtung einer konstitutionellen Monarchie nach englischem Vorbild als Nachfolgesystem für die unbegrenzte Monarchie in Betracht zu ziehen. Die Einrichtung der Position eines Reichspräsidenten, der umfassende Vollmachten besaß, aber vor allem als eine Quelle der Stabilität und der Tradition wirken sollte, war wohl der Versuch, ein System zu schaffen, das sich zwischen der parlamentarischen Demokratie und der konstitutionellen Monarchie ansiedelte. Damit entstand in Deutschland ein politisches System, das sich wesentlich von dem seiner Nachbarstaaten unterschied, in denen entweder Monarchen als Staatsoberhäupter (wie etwa in Dänemark und Italien) oder aber als Staatspräsidenten (wie etwa in Polen und Österreich) vom Parlament und nicht von den Wählern bestimmt wurden.

Der Reichspräsident sollte anders als der Kanzler, der von der Mehrheitspartei nominiert wurde, als Person direkt gewählt werden. Er war im Gegensatz etwa zum präsidialen System der USA aber nicht direkt in die Regierung des Landes involviert. Der Reichspräsident waltete vielmehr als Aufsicht über die Regierung, deren Mitglieder er ernannte und entließ, über den Reichstag, den er auflösen konnte, und als letzte Autorität im Gesetzgebungsverfahren, da alle Gesetze von ihm unterzeichnet werden mussten.

Seine wohl wichtigste und unter Historikern und Verfassungsrechtlern umstrittenste Machtbefugnis gab ihm Artikel 48 der Verfassung, der es dem Reichspräsidenten erlaubte, die in der Verfassung garantierten Grundrechte in einer Notsituation außer Kraft zu setzen und notwendige Maßnahmen zu ergreifen, um die öffentliche Ordnung und Sicherheit, wenn nötig auch mit militärischen Mitteln, wiederherzustellen. Dieser Absatz der Verfassung ermöglichte nicht nur die zeitlich begrenzte Außerkraftsetzung bürgerlicher Grundrechte, sondern erlaubte auch die Formierung einer Reichsregierung ohne parlamentarische Legitimation.

Derartige Regeln für den Notstand gab und gibt es in vielen Verfassungen wie etwa der Verfassung der USA, die in Sektion 9 die Aufhebung bestimmter Grundrechte in einer Notsituation erlaubte. Artikel 48 war daher an sich nicht ungewöhnlich. Was ihn aber ungewöhnlich oder gar gefährlich machte, war das Fehlen einer genauen Bestimmung der Umstände, unter denen es dem Reichspräsidenten erlaubt sein sollte, von diesen Befugnissen Gebrauch zu machen. So gaben die Urheber der Verfassung der USA der Regierung diese Sondergewalten nur im Fall eines Aufstandes oder einer Invasion. Die Autoren der Weimarer Verfassung konnten sich nicht auf einen Katalog von Umständen einigen, der in die Verfassung aufgenommen werden konnte, und vertagten diese Frage auf ein nachfolgendes Reichsgesetz, das aber aufgrund wechselnder politischer Mehrheiten im Reichstag niemals zustande kam. Damit hatte der Reichspräsident unbegrenzte Möglichkeiten darin, wie der diesen Verfassungsabsatz verstand und wann es ihm zustand, den Notstand zu erklären. Dies bot eine Möglichkeit für politisch motivierten Missbrauch dieses Absatzes vor allem durch monarchistische, konservative Politiker. Dazu kam es jedoch erst in den frühen 1930er Jahren nach dem Ausbruch der Weltwirtschaftskrise. In den elf Jahren von 1919 bis 1930, in denen Deutschland zahlreiche bewaffnete Aufstände, Putschversuche, Invasionen und die Hyperinflation erlebte, rief Reichspräsident – der Sozialdemokrat Friedrich Ebert im Jahr 1923 – nur einmal den Notstand aus und setzte die Armee zur Absetzung der aus SPD und KPD gebildeten Linksregierungen in Sachsen und Thüringen ein. Sowohl der Sozialdemokrat Friedrich Ebert als auch der Monarchist Paul von Hindenburg zeigten als Reichspräsidenten zumindest in den 1920er Jahren eine beachtliche Zurückhaltung in der Nutzung von Artikel 48.

Attentate und Putschversuche

Während kommunistische Aufstände in Berlin (1919) und Hamburg (1923) kaum das Potential für einen erfolgreichen Umsturz entwickeln konnten, kam es im Jahr 1920 mit dem von Walter von Lüttwitz und Wolfgang Kapp organisierten Putschversuch, mit dem sie eine Rückkehr zur Monarchie erzwingen wollten, zu einer ernsthaften Bedrohung für die Republik. Die Demobilisierung der Armee sowie die Umwandlung der kaiserlichen Armee, die auf der allgemeinen Wehrpflicht aufgebaut war, in eine Berufsarmee mit einer auf 100.000 Soldaten begrenzten Truppenstärke hatten viele Berufsoffiziere arbeitslos werden lassen. Diese aus der Armee entlassenen Offiziere fanden neue Betätigungsfelder in den Freikorps, die vom konservativen und monarchistischen Milieu unterstützt wurden, oder boten ihre Dienste den Regierungen vor allem südamerikanischer Länder wie etwa Bolivien an. Vor allem in Bolivien trugen deutsche Offiziere wie etwa Wilhelm Kaiser und Ernst Röhm zur Neuorganisation der bolivianischen Armee bei. Bolivien hatte seit 1867 in mehreren kriegerischen Auseinandersetzungen mit seinen Nachbarländern Argentinien, Brasilien und Chile erhebliche territoriale Verluste hinnehmen müssen und wollte von den Kriegserfahrungen deutscher Offiziere profitieren.

Die Mitglieder der Freikorps waren für die Ermordung einiger prominenter Politiker wie etwa des Zentrumspolitikers Matthias Erzberger verantwortlich. Erzberger hatte der deutschen Waffenstillstandskommission vorgestanden und in dieser Funktion den Waffenstillstand am 11. November 1918 unterzeichnet. Im Sommer 1919 sprach er sich auch für die Annahme des Versailler Vertrags aus. Für seine politische Haltung geriet er mehrfach ins Kreuzfeuer konservativer Politiker und Mitglieder der Freikorps. So beschuldigte ihn der rechtskonservative Karl Helfferich, nachdem Erzberger im Juni 1919 als Finanzminister vereidigt worden war und eine umfassende Steuerreform auf den Weg gebracht hatte, private finanzielle mit politischen Interessen zu vermischen. Auch wenn Helfferich keine Beweise für seine Vorwürfe beibringen konnte, scheiterte Erzberger mit seinem Versuch, Helfferich vor Gericht der Verleumdung überführen zu lassen. Die Richter, die ihre Positionen schon in der Vorkriegszeit innegehabt hatten und dem monarchischen System nachtrauerten, sympathisierten mit Helfferich (und kaum mit Erzberger). Dieser Prozess wie so viele andere verwiesen auf den grundlegenden Fehler der republikanischen Regierungen, als sie von einem Austausch der kaiserlichen Beamten abgesehen hatten. So blieben zum Beispiel die Gerichte der 1920er Jahre mit Richtern besetzt, die treue Monarchisten waren und die Wiederherstellung der Monarchie herbeisehnten. Sie sprachen milde Urteile gegen Rechtsextremisten aus, die wörtlich oder tätlich Vertreter der Republik angriffen, und untergruben damit nachhaltig die Stabilität der neuen demokratischen Ordnung. Erzberger wurde im August 1921 von zwei Freikorpsmitgliedern ermordet.

Im März 1920 gelang es Kapp und Lüttwitz, mehrere Freikorps unter ihrer Führung zu vereinen und mit ihnen die Regierungsgebäude in der Hauptstadt Berlin zu besetzen. Dieser Putsch fand viel Unterstützung unter den Beamten der Regierung und vor allem unter den Offizieren der regulären Armee, die sich zwar nicht aktiv an dem Putsch beteiligten, sich aber ausdrücklich weigerten, gegen die Putschisten vorzugehen. Als nach dem Einmarsch der Freikorps in Berlin Reichspräsident Friedrich Ebert die Armeeführung um Hilfe bei der Niederschlagung des Putsches bat, antwortete ihm der Chef der Heeresleitung General Hans von Seeckt, dass deutsche Soldaten niemals auf deutsche Soldaten schießen würden. Ohne den Schutz durch die Armee war die Reichsregierung gezwungen, Berlin zu verlassen. Die Reichsminister versammelten sich in Stuttgart und versuchten von hier den Widerstand gegen Kapp und Lüttwitz zu organisieren.

Ohne die Unterstützung der Beamten und der Soldaten konnte sich die Regierung nur auf die Hilfe der Gewerkschaften, die zu einem Generalstreik aufriefen, stützen. Dieser Generalstreik brachte das gesamte öffentliche Leben zum Erliegen. Kein Brief wurde durch die Post befördert, kein Telefonanruf vermittelt. Innerhalb weniger Tage waren Kapp und Lüttwitz zum Aufgeben gezwungen, so dass die rechtmäßige Regierung nach Berlin zurückkehren konnte.

Dieser fehlgeschlagene Putsch gab der Weimarer Republik eine zweite Chance. Der Geburtsfehler der Republik – der Verzicht auf einen Personalaustausch in der Armee, im Justizwesen und in den staatlichen Verwaltungen – hätte nach dem Putsch behoben werden können. Es waren gerade die fehlende ›Säuberung‹ und die Abwesenheit eines Elitenaustauschs, die den Putsch möglich gemacht hatten. Die Antwort Seeckts auf Eberts legitime Forderung hätte Grund genug sein sollen, um die Angehörigen der Armee, des Justizwesens und der Beamtenschaft auf ihre Eignung für den Staatsdienst in einer Republik hin zu überprüfen und gegebenenfalls durch Republikaner zu ersetzen. Es war der historische Fehler der Regierung unter Kanzler Hermann Müller (SPD), diesen notwendigen Personalaustausch nicht vorangetrieben zu haben. Damit belohnte die Regierung diejenigen, die sich illoyal gegenüber der republikanischen Regierung verhalten hatten, und machte klar, dass derartiges Verhalten auch in der Zukunft nicht bestraft werden würde.

Die Rückkehr zur Friedenswirtschaft

Die Entscheidung der kaiserlichen Regierung, den Krieg im Wesentlichen durch den Verkauf von Kriegsanleihen und die Erhöhung der sich im Umlauf befindlichen Geldmenge zu finanzieren, resultierte in einer staatlich gelenkten Inflation der deutschen Währung. Die sozialdemokratisch geführten Nachkriegsregierungen übernahmen diese Inflation und entschieden sich dafür, zunächst nichts gegen die Inflation zu unternehmen, da sie dem Staat in zweierlei Hinsicht nützlich war. Zum einen hielt die Inflation die Siegermächte von der Festsetzung der Summe der Reparationszahlungen ab. Solange die Inflation anhielt, war die deutsche Währung für französische und englische Politiker wertlos. Zum anderen gab die Inflation den sich schnell ablösenden Regierungen finanziellen und wirtschaftlichen Handlungsspielraum, um die Kriegswirtschaft in eine Friedenswirtschaft zu überführen und um die aus dem Feld zurückkehrenden Soldaten wieder in den Arbeitsmarkt einzugliedern. Die deutsche exportorientierte Wirtschaft profitierte von der Inflation, da sie aufgrund niedriger Lohnkosten deutsche Produkte auf dem Weltmarkt preiswerter machte. Dies führte zu einem wirtschaftlichen Aufschwung und zu einem Wachstum offener Jobs. Dadurch und durch die Verdrängung von Frauen aus Arbeitsplätzen in »Männerberufen«, die die Frauen während des Krieges eingenommen hatten, konnte die Arbeitslosigkeit trotz der Wiedereingliederung von Millionen von Soldaten in den Arbeitsmarkt niedrig gehalten werden. Damit erlebte Deutschland im Gegensatz zu allen anderen am Krieg beteiligten Ländern einen raschen wirtschaftlichen Aufschwung, der wesentlich durch die Inflation begünstigt wurde.

Die Inflation half über den wirtschaftlichen Aufschwung auch dabei, das neue politische System zu stabilisieren. Die Sozialdemokraten verhandelten im November 1918 nicht nur Abkommen mit der Militärführung (Ebert-Groener-Pakt), um eine friedliche Transformation von der Monarchie zur Republik zu erreichen, sondern auch solche mit Vertretern der Großindustrie (Stinnes-Legien-Pakt). Großindustrielle um Hugo Stinnes befürchteten, dass es im Zug der Revolution wie bereits zuvor in Russland zu Nationalisierungen kommen könnte. Um dies zu verhindern, waren Großindustrielle bereit, sich mit den Vertretern der sozialdemokratisch-orientierten Gewerkschaften, die durch Carl Legien vertreten wurden, auf ein Abkommen einzulassen, in dem sie die Gewerkschaften erstmals als legitime Vertreter der Arbeiterschaft anerkannten und sich dazu verpflichteten, mit den Gewerkschaften regelmäßig kollektive Tarifverträge auszuhandeln. Arbeitskonflikte zwischen beiden Seiten sollten fortan durch Vermittler geschlichtet werden. Und die Arbeitgeber ließen sich auch zur Einführung des Achtstundentags bei vollem Lohnausgleich überreden. Die Gewerkschaften versprachen als Gegenleistung, auf Forderungen nach einer Nationalisierung der Unternehmen zu verzichten. Die Entscheidung der Großindustriellen, dieses historische Abkommen, das eine Sozialpartnerschaft zwischen Unternehmern und Arbeitern begründete, einzugehen, wurde durch die Inflation begünstigt. Kollektive Tarifverträge würden die Löhne nach oben treiben und damit die Produkte teurer machen. Doch solange die Inflation anhielt, hatte die deutsche Industrie einen Vorteil und konnte Sozialmaßnahmen wie den Achtstundentag finanzieren. All dies würde jedoch zu dem Zeitpunkt in Frage gestellt werden, wenn die Inflation zu ihrem Ende kommen würde.

Sowohl Unternehmer als auch Arbeiter profitierten in den ersten Nachkriegsjahren von der Inflation, die zur Basis für den sozialen Frieden in den ersten Jahren der Republik wurde. Daher gab es auf Seiten der Regierung kein Bedürfnis, die Inflation einzudämmen oder gar eine Währungsreform durchzuführen. Erst die Hyperinflation des Jahres 1923, die aus der deutschen Reaktion auf die Besetzung des Ruhrgebietes durch französische und belgische Truppen resultierte, markierte einen Wendepunkt in der wirtschaftlichen Entwicklung Deutschlands. Die Hyperinflation bedrohte die Volkswirtschaft und den sozialen Frieden und zwang die Regierung schließlich dazu, Maßnahmen zur Beendigung der Inflation zu ergreifen und die deutsche Währung zu stabilisieren. Diese Entscheidungen veranlassten die Großunternehmer, ihr 1918 eingegangenes Abkommen mit den Gewerkschaften in Frage zu stellen. Nach dem Ende der Hyperinflation sowie der Stabilisierung der Wirtschaft und der Finanzsysteme sahen sich die Unternehmer dazu gezwungen, die 1918 übernommenen finanziellen Zusagen wie den Achtstundentag bei vollem Lohnausgleich nun aus ihren Einnahmen zu finanzieren. Das trieb die Lohnkosten in die Höhe und bedrohte die Wirtschaftlichkeit vieler Unternehmen. Weil die Gefahr einer Revolution in der Mitte der 1920er Jahre nicht mehr bestand, fühlten sich Unternehmer auch sicherer in Bezug auf ihre Position in der Gesellschaft und zögerten nicht mehr, ihre Bedenken gegenüber der Sozialpartnerschaft öffentlich vorzutragen.

Reparationszahlungen und Hyperinflation

Die Entscheidung der Siegermächte, Deutschland Reparationszahlungen aufzuerlegen, bestimmte alle grundlegenden Entscheidungen im politischen und wirtschaftlichen Leben Deutschlands von 1919 bis 1933 und brachte das Land zweimal an den Abgrund des wirtschaftlichen und finanziellen Ruins. Politiker aus allen politischen Parteien waren grundsätzlich nicht gewillt, die Legitimität dieser Reparationszahlungen anzuerkennen und diese Verpflichtungen zu erfüllen. Daher suchten alle Regierungen der Weimarer Republik nach Wegen, diese Zahlungen zu umgehen oder ganz zu vermeiden. Viele Politiker waren sogar gewillt, vermeidbare wirtschaftliche und finanzielle Krisen in Kauf zu nehmen, wenn sie dazu dienten, den Siegermächten zu beweisen, dass Deutschland seinen Zahlungsverpflichtungen nicht nachkommen konnte. Nachdem die deutsche Seite im Jahr 1921 erste Reparationszahlungen an die Siegermächte überwiesen hatte, informierte die deutsche Seite die Gegenseite im darauffolgenden Jahr, dass sie aufgrund der wachsenden Inflation keine weiteren Zahlungen leisten könnte.

Insbesondere die französische Seite, die am schwersten von den Kriegszerstörungen betroffen worden war, zeigte wenig Geduld für die deutsche Verzögerungstaktik. Im Dezember 1922 – es waren nun schon vier Jahre seit Kriegsende vergangen, und Deutschland hatte keine wesentlichen Reparationszahlungen geleistet – beschwerte sich die französische Regierung bei der deutschen Regierung über die unzureichenden Lieferungen an Holz und Steinkohle, mit denen zumindest ein Teil der Reparationszahlungen abgegolten werden sollte. Nach unzureichenden Zusagen der deutschen Seite entschloss sich die französische Regierung zu einem drastischen Durchgreifen und schickte im Januar 1923 eine Besatzungsarmee, die durch belgische Truppen verstärkt wurde, in das industrielle Herzland Westdeutschlands an Rhein und Ruhr. Die Besetzung des Ruhrgebietes sollte dazu dienen, Produkte der Industrieunternehmen als Reparationszahlungen zu konfiszieren. Die Regierung unter Kanzler Wilhelm Cuno, der der nationalliberalen Deutschen Volkspartei angehörte, reagierte auf das französische Vorgehen mit einem Aufruf an die knapp sechs Millionen Deutschen, die in der Rhein- und Ruhrregion lebten, zum passiven Widerstand gegen die Besatzer. Cuno forderte die Einwohner dazu auf, nicht zur Arbeit zu gehen, um so den Franzosen die Möglichkeit zu nehmen, die Industrieproduktion des

Ruhrgebietes zu beschlagnahmen. Er bot denjenigen, die diesem Aufruf folgten, an, sie finanziell zu unterstützen.

Die deutsche Regierung verfügte aber über keine nennenswerten finanziellen Reserven, um diese finanzielle Verpflichtung ihren Bürgern gegenüber wahrzunehmen. Hinzu kam, dass es unklar war, wie lange diese Besetzung dauern würde, wie viele Menschen dem Aufruf der Regierung folgen würden und ob dieser passive Widerstand die Pläne der französischen Regierung vereiteln würde. Mit der französischen Besetzung des Ruhrgebietes hatte die deutsche Regierung nicht nur eine wichtige Industrieregion verloren, sondern auch ein Gebiet, das einen signifikanten Anteil am deutschen Steueraufkommen darstellte. Die Industrieregion war außerdem ein wichtiger Produzent von Steinkohle, die die deutsche Regierung nun aus anderen Ländern für teure Devisen einführen musste. Mit dem Versprechen, die Einkommen derjenigen Arbeiter zu bezahlen, die sich dem Aufruf der Regierung anschlossen und nicht zur Arbeit gingen, erhöhte die Regierung den finanziellen Druck auf den Staatshaushalt, der bereits unter den Forderungen inländischer Gläubiger nach der Zahlung der Zinsen auf die Kriegsanleihen sowie ausländischer Gläubiger nach der Zahlung von Reparationen ächzte. Um ihre finanziellen Verpflichtungen gegenüber den Bürgern zu erfüllen und den passiven Widerstand zu finanzieren, blieb der Regierung nur die bewährte Defizitfinanzierung durch die Erhöhung der Geldmenge, die sich im Umlauf befand.

Diese Entscheidung hatte verheerende Folgen, da der Regierung die Kontrolle über die Inflation rasch entglitt und der Wert der deutschen Währung schnell ins Bodenlose sank. Es wurde mehr und mehr Papiergeld gedruckt und in Umlauf gebracht. So erhöhte sich das Volumen des sich in Umlauf befindenden Geldes von 50 Milliarden Mark im Jahr 1919 auf 496 Trillionen Mark im Jahr 1923, und der Wert der deutschen Währung im Vergleich zu anderen Währungen sank kontinuierlich. So kostete im Januar 1922 ein amerikanischer Dollar noch 190 Mark, im Januar 1923 schon 100.000 Mark, und im November 1923 waren es schließlich der 13-stellige (!) Betrag von sage und schreibe 4.200.000.000.000 Mark. Damit stand das Finanzsystem Deutschlands kurz vor dem Zusammenbruch. Aktien, Staatsanleihen (einschließlich der Kriegsanleihen), Pensionen und Sparguthaben hatten allen Wert verloren. Diese Inflation traf vor allem die Mittelschichten, die in der Inflation viel zu verlieren hatten, nicht aber so sehr die Arbeiterschaft, die wenig zu verlieren hatte, oder die Oberschichten, die Zugang zu ausländischen Währungen und Kapitalanlagen in Grund und Boden sowie in Kunstgegenständen hatten – sie trug zur Enteignung und Proletarisierung weiter Teile der Mittelschichten bei. Es waren die Mittelschichten, die letztlich den Preis einer Politik bezahlen mussten, die auf die Vermeidung der Reparationszahlungen ausgerichtet war. Die Hyperinflation und das finanzielle Chaos des Jahres 1923 überzeugten vor allem die amerikanische Regierung, dass Deutschland nicht in der Lage war, Reparationen zu bezahlen. Sie bot daher der deutschen Seite finanzielle Kredithilfen im Rahmen des Dawes-Plans an. Der von dem amerikanischen Banker Charles G. Dawes entwickelte Plan verschaffte Deutschland nicht nur Zugang zu lukrativen amerikanischen Krediten, die zur Modernisierung der deutschen Wirtschaft verwendet werden sollten, sondern bescherte dem Land auch eine Zahlungspause, da die regulären Zahlungen in Höhe von 2,5 Milliarden Mark erst im Jahr 1928 einsetzen sollten. Die Gewährung amerikanischer Kredite für den wirtschaftlichen Wiederaufbau der deutschen Volkswirtschaft, die Deutschland in die Lage versetzen sollte, Reparationen zu bezahlen, führte zu einer engen Verzahnung der amerikanischen und der deutschen Finanzsysteme, die das rasche Überspringen der Wirtschaftskrise aus den USA nach Deutschland im Jahr 1929 geradezu garantieren sollte.

Durchbruch zur Moderne

Die deutsche Gesellschaft erlebte auf politischer, sozialer, wirtschaftlicher und kultureller Ebene in den 1920er einen enormen Modernisierungsdruck, der jedoch nicht alle Strukturen der Vorkriegszeit abschleifen konnte. So überdauerte etwa die Spaltung der Gesellschaft in sozialistische, katholische und konservative Milieus die Kriegszeit und die Demokratisierung Deutschlands. Diese Milieus waren tief in der Gesellschaft verankert und boten ihren Angehörigen auch in den 1920er Jahren noch eine Vielzahl von Freizeitmöglichkeiten in Sport- und Turnvereinen, in Chören und in Wandergruppen.

Moderne Formen des Sports wie etwa Fußball wurden auch in den 1920er Jahren noch von bürgerlichen und sozialistischen Fußballmannschaften getrennt gespielt. So gab es etwa in Leipzig Mitte der 1920er Jahre insgesamt 79 Turnvereine mit mehr als 43.000 Mitgliedern sowie 63

Sportvereine mit etwa 18.500 Mitgliedern. Diese Vereine zerfielen jedoch in eine sozialistische Vereinskultur, der etwa 12.000 Turner und Sportler angehörten, und eine bürgerliche Vereinskultur, der rund 49.500 Turner und Sportler angehörten. Beide Vereinskulturen existierten parallel nebeneinander, kamen aber nicht miteinander in Berührung. Sozialistische Fußballklubs spielten nicht gegen bürgerliche Fußballklubs, und beide Vereinskulturen entwickelten ihre eigene Infrastruktur mit sozialistischen bzw. bürgerlichen Fußballplätzen und Stadien.

Diese Trennung in einen sozialistischen und einen bürgerlichen Fußballsport stieß allerdings zunehmend auf Widerstand unter der jüngeren Generation des sozialistischen Milieus, die sich offen für Wettkämpfe auch gegen bürgerliche Fußballteams aussprach. Lokale Sportfunktionäre vor allem in Leipzig – der Bezirk Leipzig war der deutschlandweit mitgliederstärkste Bezirk des Arbeiterturn- und Sportbundes – wandten sich auch gegen die Forderung des Bundesvorstands des Arbeiterturn- und Sportbundes, der von seinen Mitgliedern erwartete, dass sie Fußballplätze, auch wenn sie von den Gemeinden unterhalten wurden, dann nicht nutzen würden, wenn diese von bürgerlichen Fußballteams genutzt wurden. Damit mussten sozialistische Fußballmannschaften auf die Nutzung von öffentlichen Fußballplätzen in Städten wie Leipzig verzichten und waren dazu gezwungen, sich ihre eigenen Fußballplätze zu schaffen. Dies erschien einer wachsenden Zahl von sächsischen Fußballfunktionären des Arbeiterturn- und Sportbundes als widersinnig. Der Bundesvorstand des Arbeiterturn- und Sportbundes blieb jedoch hart und untersagte seinen Mitgliedern jede Zusammenarbeit mit bürgerlichen Vereinen.

Während Phänomene wie der moderne Sport noch in die Milieustrukturen eingefügt und von den Organisationen der Milieus kontrolliert werden konnten, war dies weitaus schwerer bzw. sogar unmöglich mit modernen Unterhaltungsformen wie dem Film. Die Filmtheater, die bald in jeder deutschen Stadt ihre Tore öffneten, waren Ausdruck einer die Milieugrenzen überschreitenden Kultur, die Zuschauer aus allen Klassen und Schichten anzog. So gab es im Jahr 1930 etwa 3.500 Kinos, in denen Sozialisten, Katholiken und Konservative Nachrichten und Filme sahen.

Die Universum Film AG (UFA), die sich im südlich von Berlin gelegenen Neubabelsberg angesiedelt hatte, wurde rasch zu Deutschlands größtem Filmunternehmen, das so bekannte Regisseure wie Fritz Lang beschäftigte, der mit Filmen wie *Dr. Mabuse der Spieler* (1922) berühmt wurde. In den frühen 1930er Jahren wurde das Filmgeschäft mit der Aufführung des in den USA produzierten Films *Im Westen nichts Neues* in Berliner Kinos aber dann doch auch in die ideologischen Auseinandersetzungen zwischen Pazifisten, Nationalisten und Nationalsozialisten hineingezogen. Angehörige der SA versuchten die Aufführung dieses Filmes mit lautstarken Protesten und dem Aussetzen von Mäusen in den Kinosälen zu unterbinden. Obwohl viele Strukturen der Vorkriegszeit den Zeitenumbruch überdauerten und Menschen das Gefühl gaben, dass sich die gesellschaftlichen Veränderungen in Grenzen hielten, gab es doch auch deutliche Zeichen eines Aufbruchs in eine neue moderne Welt. Das wohl sichtbarste Zeichen dieses Aufbruchs entstand mit dem Bauhaus-Stil in der Welt der Architektur, der mit tradierten Vorstellungen über Architektur und Formgestaltung brach. Der Bauhaus-Stil ging auf die im Jahr 1919 von Walter Gropius in Weimar begründete Bauhaus-Kunstschule zurück, die einen neuen Zugang zu Kunst, Architektur und Innengestaltung entwarf, der den Alltag des Wohnens grundlegend verändern sollte. Das Bauhaus verwandelte das verschlafene Weimar schnell in ein internationales Zentrum der modernen Kunst und Architektur. Die von Gropius betriebene Schule zog nicht nur Architekten, sondern auch bekannte Künstler wie Paul Klee, Wassily Kandinsky und Laszlo Moholny-Nagy an. Die am Bauhaus tätigen Lehrer und Künstler arbeiteten auf eine neue Vision für das Leben in Städten hin, in der die Architektur von Wohnhäusern durch ihre Funktionalität bedingt werden sollte. Bauhaus-Architekten entwarfen Wohnungen und Wohnhäuser, die durch ihre Einfachheit bestachen und aufgrund großer Fensterflächen sonnendurchflutet waren.

Als das Bauhaus im Jahr 1925 von Weimar nach Dessau verlegt wurde, entwarf Gropius ein weißes und verglastes kubisches Gebäude als neues Zuhause für die Bauhaus-Schule. Die von Gropius und seinen Mitarbeitern favorisierte Architektur stand im starken Kontrast zur Architektur der wilhelminischen Epoche, die sich durch stucküberladene Fassaden, kleine Fenster und dunkle Räume auszeichnete. Gropius entwarf Häuserfronten mit großen Fensterflächen und verglasten Flächen, die Licht und Luft in die Gebäude bringen sollten. Dieser Stil beeinflusste nicht nur die Architektur von Wohnhäusern, sondern auch von öffentlichen Gebäuden wie Schulen, Bibliotheken und Verwaltungsgebäuden in vielen deutschen Städten.

Es war nicht nur die Wohnarchitektur, die sich grundlegend zu verändern begann, auch die Art und Weise, wie Menschen sich anzogen und über ihren Körper dachten, begann sich zu wandeln. Die ungesunden und den Körper einzwängenden Gewänder des 19. Jahrhunderts sowie das Wohnen in dunklen, weder von Sonnenlicht noch von künstlichem Licht ausreichend beleuchteten Wohnungen inspirierten Lebensreformer wie Heinrich Pudor bereits um 1900, eine grundlegende Kleidungsreform zu fordern. Pudor war davon überzeugt, dass die Deutschen durch das Festhalten an überkommenen Traditionen des Kleidens, wie sie als bürgerliche Normen im 19. Jahrhundert (z. B. das Korsett für Frauen) etabliert wurden, ihrem Körper Schaden zufügten. Daher favorisierte er Kleidung, die leicht und luftig war. Er trat auch als einer der ersten Protagonisten für den Nudismus auf und fiel durch Nacktspaziergänge im Leipziger Auenwald immer wieder der örtlichen Polizei ins Auge. Zudem war er einer der frühen Vertreter des Vegetarianismus.

Der physische Schaden, der vor allem bürgerlichen und adligen Frauen durch das Tragen von enganliegenden und die Luftzufuhr einengenden Korsetten entstand, wurde von zahlreichen Lebensreformern diskutiert. Pudor war wohl am konsequentesten, wenn er nicht nur die Abschaffung des Korsetts, sondern auch die Reform der gesamten traditionellen Garderobe für Frauen und Männer forderte. Die auch noch in den Nachkriegsjahren getragene Kleidung passe besser in eine vorindustrielle als in eine industrielle Gesellschaft, in der sich Menschen rasch bewegten und auf engem Raum zusammenlebten. Für Pudor symbolisierte diese Kleidung nicht nur eine Entfremdung des Menschen von der Natur, sondern trug gleichzeitig zu seiner Degeneration bei. Er erkannte aber auch, dass die Reform der Kleidung nur ein erster Schritt war und die Gesundheit der Haut radikale Schritte verlangte. Daher rief er in seinem bereits 1893 veröffentlichen Buch *Nackende Menschen, Jauchzen der Zukunft*, das rasch in mehrere Fremdsprachen übersetzt wurde, seine Leser dazu auf, Sonnenbäder zu nehmen und ihre Haut direkt dem heilenden Sonnenlicht auszusetzen. Mit diesem Buch begann in Deutschland die Nudismus-Bewegung.

Die Erkenntnis, dass Sonnenlicht heilend für die Haut und den Körper wirkte, war eine Überzeugung, die Pudor mit Lebensreformern und Ärzten in der Schweiz und den USA teilte. Bereits im Jahr 1903 hatte der schweizerische Arzt August Rollier in Leysin – hoch in den Schweizer Alpen – ein Sanatorium für unter Hauttuberkulose leidende Kinder eingerichtet. Tuberkulose entwickelte sich vor allem im letzten Drittel des 19. Jahrhunderts zu einer weitverbreiteten Infektionskrankheit, die die Lunge, die Haut und die Knochen angreifen konnte. Es war eine Krankheit, die vor allem unter den städtischen Unterschichten kursierte und zu zahlreichen Infektionen und Todesfällen führte. So stiegen die Zahl der erfassten Tuberkulose-Erkrankungen in Deutschland von etwa 50.000 im Jahr 1877 auf etwa 286.000 im Jahr 1902 und die Zahl der durch Tuberkulose verursachten Todesfälle im gleichen Zeitraum von etwa 27.000 auf knapp 40.000.

Während Ärzte zur Behandlung der Lungentuberkulose Luftkuren empfahlen, setzte Rollier zur Behandlung der Hauttuberkulose vor allem bei Kindern auf Sonnenbäder in der Bergen. Zur Behandlung der Hauttuberkulose ließ er die Kinder mehr oder weniger nackt – nur mit einem Lendenschurz bekleidet – im Schnee der Alpen spielen und sportliche Übungen ausführen. Rollier war fest davon überzeugt, dass das Sonnenlicht diesen Typ der Tuberkulose heilen würde. Und seine Behandlungsstrategie zeitigte Erfolge, da das Sonnenlicht die Bakterien neutralisierte, die Tuberkulose der Haut verursachte. Diese Behandlung der Tuberkulose beeindruckte den amerikanischen Arzt und Lebensreformer John Harvey Kellogg, der mangels der natürlichen Bedingungen, die in den Schweizer Alpen (Elevation) herrschten, auf die Behandlung der Haut und des Körpers in seinem Sanatorium in Battle Creek (Michigan) durch elektrische Lichtquellen setzen musste. Dazu bediente er sich der Erfindung der Finsenlampe, die der dänische Arzt und Dermatologe Niels Ryberg Finsen zur Ganzkörperbestrahlung entwickelt hatte.

Bewegungen wie der Nudismus, der Menschen dazu aufforderte, in der Öffentlichkeit – zumeist in Nudistenvereinen, die sich in der Natur trafen – ihre Kleider abzulegen, hatten im konservativen Klima des Kaiserreiches einen schweren Stand. Weder Monarchisten noch Sozialdemokraten waren daran interessiert, mit Traditionen und Normen zu brechen, die den Menschen vorschrieben, ihren Körper in der Öffentlichkeit vor ihren Mitmenschen zu verstecken. Sonnenbäder und Nacktschwimmen galten daher als Normbruch und Obszönität. Erst die Erfahrung des Ersten Weltkrieges, der alle überkommenen Normen und Traditionen in Frage stellte, führte zu einer Auflösung der prüden Kultur des Kaiserreiches und der Etablierung von Reformbewegungen wie des Nudismus zumindest an den Rändern der Gesellschaft. Nudistenvereine und Nudistenkolonien entstanden in vielen deutschen Städten, so dass diese Vereine im Jahr 1930 mehr als 100.000 Mitglieder zählten. Doch der Krieg öffnete die Gesellschaft nicht nur für Splittergruppen wie die Nudisten, sondern revolutionierte die Art und Weise, wie sich Menschen anzogen, auf breiter Front. Hosen blieben zwar immer noch den Männern vorbehalten, aber Frauen, die während des Krieges Arbeitsstellen in Männerberufen ausgefüllt hatten, ließen sich nicht mehr so einfach vorschreiben, wie sie sich kleiden sollten. Die moderne Frau aus bürgerlichem Haus zog in den 1920er Jahren schon mal Hose und Hemd anstelle eines Kleides an.

Zeitschriften wie der sozialistische *Kulturwille* veröffentlichten in den 1920er Jahren bebilderte Aufsätze über die Praxis und die gesundheitlichen Vorteile des Nudismus. Auf Schwarz-Weiß-Bildern konnten die Leser braungebrannte Frauen und Männer erkennen, die in der Natur nackt Sport trieben. Derartige textliche und bildliche Veröffentlichungen waren vor dem Ersten Weltkrieg selbst in der sozialistischen Presse noch unvorstellbar gewesen. Deutschland war auf dem Weg zu einem neuen Schönheitsideal: dem braungebrannten, schlanken und muskulösen Körper.

In den 1920er Jahren setzte auch ein langsamer und behutsamer Wandel in der Wahrnehmung der Sexualität ein. Es hatte zwar bereits vor dem Ersten Weltkrieg auch öffentliche Debatten über Themen wie Homosexualität gegeben, aber diese Debatten hatte nicht zu einer Liberalisierung der Behandlung Homosexueller geführt, sondern zur Kriminalisierung homosexuellen Verhaltens. Und die Eulenburg-Affäre, in der enge Berater Wilhelms II. der Homosexualität verdächtigt worden waren, trug zur weiteren gesellschaftlichen Ächtung homosexuellen Verhaltens bei. Dennoch gab es bereits seit den 1860er Jahren Bestrebungen, Homosexualität zu entkriminalisieren. Am Anfang dieser Bewegung stand der Rechtsanwalt Karl Heinrich Ulrichs, der schon im Jahr 1867 auf dem Deutschen Juristentag in München erstmals öffentlich die Straffreiheit gleichgeschlechtlicher sexueller Handlungen forderte. Ulrichs führte in die deutsche Diskussion um die Homosexualität auch das Konzept des dritten Geschlechts ein, wofür er unter seinen Zeitgenossen, für die Homosexualität eine Sünde und eine Straftat war, viel Spott und Hohn erntete. Ulrichs Konzept des dritten Geschlechts fand Eingang in Magnus Hirschfelds Theorie über die Homosexualität. Dieser baute diesen Gedanken aber dahingehend aus, dass Homosexualität eine angeborene Veranlagung war, die nicht als eine Krankheit behandelt werden sollte oder konnte. Er verlangte daher von der Gesellschaft, dass sie homosexuelle Liebe und Beziehungen anerkennen und respektieren sollte.

Hirschfeld hatte als Arzt eine große Zahl von homosexuellen Männern und Frauen behandelt, die mit ihm über ihr sexuelles Verlangen diskutierten. Einige seiner Patienten waren verheiratet, andere haderten mit ihren sexuellen Bedürfnissen und einige waren so verzweifelt, dass sie Selbstmord begingen. Letzteres traf laut Hirschfeld auf 300 der 10.000 Patienten zu, die er in den Jahren von 1898 bis 1914 als praktizierender Arzt in Charlottenburg betreut und behandelt hatte. Auf der Grundlage dieser Erfahrungen entwickelte Hirschfeld die Idee für eine Studie über das Sexualverhalten der Deutschen. Dafür entwarf er einen 130 Fragen umfassenden Fragebogen, in dem die Befragten Auskunft etwa über ihre Familiengeschichte, ihre sexuellen Erfahrungen und ihre Gesundheit geben sollten. Hirschfeld gelang es, die Technische Hochschule zu Charlottenburg sowie den Verband deutscher Metalldreher zur Mitarbeit an dieser Studie zu bewegen und ihm Zugang zu den Kontaktdaten ihrer Studenten bzw. Mitglieder zu geben. Er schickte seinen Fragebogen im Dezember 1903 an insgesamt 3.000 Studenten, von denen Hirschfeld 1,5 Prozent als homosexuell und 4,5 Prozent als bisexuell kategorisierte, sowie im Februar 1904 an etwa 5.700 Berliner Metalldreher, von denen Hirschberg 1,1 Prozent als homosexuell und 3,2 Prozent als bisexuell einstufte. Diese Methodologie des Fragebogens zur Kategorisierung der Bevölkerung nach ihrer sexuellen Orientierung wurde drei Jahrzehnte später von dem amerikanischen Sexualforscher Alfred Kinsey aufgegriffen, der sich allerdings nicht mit lokalen Fallstudien zufriedengab, sondern in den 1930er und 1940er Jahren eine national angelegte, von der Rockefeller-Stiftung unterstützte Studie zum Sexualverhalten der Amerikaner vorantrieb.

Die von Hirschfeld in den beiden Befragungen gesammelten Daten fanden Eingang in das 1914 von ihm veröffentliche Buch *Die Homosexualität des Mannes und des Weibes*. Hirschfeld gliederte sein Buch in zwei Teile. Im ersten Teil diskutierte er Homosexualität als ein biologisches Phänomen, während sich der zweite Teil um Homosexualität als ein soziologisches Phänomen drehte. Im ersten Teil ging es damit um die Beschreibung und Diagnose der Homosexualität, im zweiten Teil dagegen um deren gesellschaftliche Verbreitung sowie ihre Entwicklung in der Menschheitsgeschichte. Hirschfeld bestimmte Sexualität, wie später auch Kinsey, nicht als Phänomen in der Polarität zwischen drei klar getrennten Geschlechtern, sondern vielmehr als ein Spektrum mit einer Mischung sexueller Orientierungen, in dem Homosexualität und Heterosexualität die beiden Extremformen sexueller Anziehung darstellten. Dieses Konzept ließ Hirschfeld zu einem international anerkannten Sexualwissenschaftler und Verfechter der sexuellen Freiheit werden.

Im Jahr 1919 eröffnete Hirschfeld mit seinem Institut für Sexualwissenschaft eine weltweit einmalige Einrichtung, die sich dem Studium, der Forschung und der Ausbildung in den Sexualwissenschaften widmete. In dieser Einrichtung nahmen Hirschfeld und sein Team auch die weltweit erste chirurgische Geschlechtsumwandlung vor. Dora Richter, eine Mitarbeiterin des Instituts, war in einem männlichen Körper geboren worden, fühlte sich aber als Frau. Beginnend im Jahr 1922 unterzog Hirschfeld sie mehreren Operationen, die im Jahr 1931 abgeschlossen wurden.

Hirschfeld beschränkte seine Tätigkeit nicht nur auf die Wissenschaft sowie auf die Fürsorge für seine Patienten, er setzte sich auch öffentlich für die Beendigung der strafrechtlichen Verfolgung homosexueller Männer in Deutschland ein. Der Paragraph 175 des Reichsstrafgesetzbuchs aus dem Jahr 1872, der sexuelle Handlungen zwischen Männern unter Strafe stellte, galt auch über das Ende des Kaiserreiches im Jahr 1918 hinaus. Hirschfeld fand Unterstützung für seine Kampagne für eine Reform bzw. Streichung des Paragraphen 175 besonders unter den Reichstagsabgeordneten der Sozialdemokratischen Partei. Konservative Politiker verschlossen sich seinem Anliegen. Im Jahr 1921 gelang es Hirschfeld, den Sozialdemokraten und künftigen Reichsjustizminister Gustav Radbruch für eine Revision des Paragraphen zu gewinnen. Hirschfeld hatte zusammen mit anderen Aktivisten eine Unterschriftenkampagne gestartet, in der eine Revision des Paragraphen 175 gefordert wurde. Diese Kampagne fand die Unterstützung berühmter Männer und Frauen wie Albert Einstein, Gerhart Hauptmann, Hermann Hesse, Käthe Kollwitz sowie Heinrich und Thomas Mann. Radbruch nahm sich dieses Aufrufs an und versuchte die Abgeordneten des Reichstags dazu zu bewegen, eine Gesetzesinitiative einzuleiten, die der Entkriminalisierung homosexuellen Verhaltens dienen sollte. Obwohl sich prominente Sozialdemokraten wie Rudolf Hilferding und Hermann Müller hinter diese Initiative stellten, war die Mehrheit der Reichstagsabgeordneten noch nicht einmal bereit, dieses Ansinnen offen zu diskutieren. Es wurde an einen Ausschuss verwiesen, wo der Antrag versickerte und in der sprichwörtlichen Schublade verstaubte. Damit blieb Paragraph 175 unverändert, und Homosexualität wurde weiterhin als Straftat verfolgt.

Der Weg in die NS-Diktatur

Der Siegeszug der Demokratie in den zentral- und osteuropäischen Nationalstaaten, die nach dem Ende des Ersten Weltkrieges entstanden waren,
war nur von kurzer Dauer. Wirtschaftskrisen, Konflikte zwischen den verschiedenen Nationalitäten, die zum Zusammenleben in den Nationalstaaten gezwungen wurden, sowie politische Krisen beschädigten das Ideal
der Demokratie und förderten Sympathien für autokratische Regierungsformen in fast allen kontinentaleuropäischen Ländern mit der Ausnahme
von Frankreich und der Tschechoslowakei. In den meisten europäischen
Ländern gelang es faschistischen Bewegungen, den öffentlichen Diskurs
hin zu nationalistischen, antiliberalen, antikommunistischen und rassistischen Ideen zu lenken und eine Mehrheit der Bevölkerung ihres jeweiligen Landes für diese Ideen zu begeistern. Der deutsche Nationalsozialismus war Teil dieser Flut, die sich in den 1920er und 1930er Jahren über
den Kontinent ergoss. Die NSDAP entwickelte sich besonders in der Weltwirtschaftskrise zu einer Massenbewegung, die sich aber auch durch ihre
klare Ablehnung der Bedingungen des Versailler Vertrags auszeichnete.

Die Nationalsozialistische Deutsche Arbeiterpartei (NSDAP) entstand
als politische Organisation in München in der Nachkriegszeit. Begründet
im Januar 1919 durch den Werkzeugschlosser Anton Drexler, entwickelte
sich die zunächst als Deutsche Arbeiterpartei (DAP) benannte Organisation als eine unbedeutende Splittergruppe alter Herren, die sich zum politischen Debattieren beim Biertrinken trafen. In diesen Diskussionen setzte
sich Drexler für eine Abspaltung des katholischen Bayerns vom protestantisch geprägten Norddeutschland ein, da beide Seiten sehr unterschiedliche Kulturen repräsentierten. Für die staatlichen Behörden, die diese Par-
teigründung aufgrund ihres marxistisch klingenden Namens zuerst arg-
wöhnisch beäugten, stellte die DAP keine ernstzunehmende Gefahr dar.

Dies änderte sich mit der Aufnahme Adolf Hitlers in diese Organisation, die er zuerst als Spion der bayerischen Armee kennengelernt hatte. In den ersten Jahren ihrer Existenz entwickelte sich die NSDAP zu einer lokalen politischen Größe, die außerhalb Münchens kaum bekannt war. Erst nachdem Hitler im November 1923 mit Gewalt versuchte, die Regierungsgewalt in München und Berlin an sich zu reißen, wurde Hitler und die NSDAP weniger durch den fehlgeschlagenen Putschversuch als durch das nachfolgende Gerichtsverfahren einer breiten deutschen Öffentlichkeit bekannt. Hitler hatte sich für diesen Putschversuch Benito Mussolinis erfolgreichen Marsch auf Rom, mit dem es dem italienischen Führer der Faschisten gelungen war, im Oktober 1922 die Macht in seinem Land zu übernehmen, zum Vorbild genommen. Mussolini hatte ebenso wie Hitler die Gefahr einer kommunistischen Revolution in seinem Land beschworen, die nur er abwenden könnte, und damit die konservativen Eliten unter Druck gesetzt. Hitler ging es aber nicht nur um die kommunistische »Bedrohung«, die sich in der Formierung von sozialdemokratisch-kommunistischen Koalitionsregierungen in Sachsen und Thüringen sowie dem kommunistischen Oktoberaufstand in Hamburg zu manifestieren schien, sondern auch um die Besetzung des Rheinlandes durch französische und belgische Truppen sowie die dadurch verursachte Hyperinflation, die die Lebensverhältnisse aller Deutschen grundlegend gefährdete.

In dem sich an den fehlgeschlagenen Hitler-Putsch anschließenden Gerichtsverfahren im Jahr 1924 bestand Hitler darauf, dass er ein wahrer Patriot wäre und seine Aktionen dem Schutz des deutschen Staates gedient hätten. Die Standhaftigkeit Hitlers und seine Argumentation beeindruckten die Richter, die überzeugte Monarchisten waren, ebenso wie viele konservative und monarchistisch gesinnte Deutsche, die sich nach einer starken politischen Führung sehnten. Nach seiner vorzeitigen Entlassung aus dem Gefängnis im Dezember 1924 schwor Hitler seine Partei darauf ein, fortan innerhalb des legalen Rahmens der Weimarer Republik zu agieren und die Macht auf legalem Weg über Wahlen zu erringen. Damit unterschieden sich Hitler und die deutsche Spielart des Faschismus grundsätzlich vom italienischen oder spanischen Faschismus, die auf Gewalt setzten und denen eine Machtübernahme auf legalem Wege durch Wahlen wohl nicht gelungen wäre.

Anfänglich zahlte sich diese Neuausrichtung für die NSDAP kaum aus, weil sie in den Wahlen zu den Landtagen und zum Reichstag nur eine geringe Zahl an Wählerstimmen erhielt. So gelang es ihr bei den Reichstagswahlen vom Mai 1928, lediglich 2,6 Prozent der Wählerstimmen auf sich zu vereinen und damit gerade einmal zwölf Sitze im 491 Sitze zählenden Reichstag zu erringen. Die Wahlergebnisse in den Ländern waren nicht viel besser. In den Wahlen zum Preußischen Landtag im Jahr 1928 errang die NSDAP lediglich 1,8 Prozent der Wählerstimmen und erhielt damit nur sechs des 450 Sitze zählenden Landtags. Und selbst in Bayern, wo die Wiege der NSDAP stand, belief sich im Jahr 1928 der Anteil der NSDAP an den Wählerstimmen zum Bayerischen Landtag auf gerade einmal 6,1 Prozent. Damit entfielen auf die NSDAP nur neun der 128 Sitze des Bayerischen Landtags. Die NSDAP war bis zum Ausbruch der Weltwirtschaftskrise keine ernstzunehmende Größe in der deutschen Politik. Dies änderte sich aber rasch nach dem Ausbruch der Weltwirtschaftskrise, die die NSDAP von einer marginalen zu einer zentralen politischen Größe werden ließ.

Die Kampagne gegen den Young-Plan

Es wäre allerdings falsch, allein die Weltwirtschaftskrise, die Deutschland im Winter 1928/29 erreichte, für das rasche Wachstum der NSDAP-Wählerschaft Anfang der 1930er Jahre verantwortlich zu machen. Die NSDAP war schließlich nicht die einzige politische Partei, die aus einer Krise des Kapitalismus Profit schlagen konnte. Neben der NSDAP stand auch die Kommunistische Partei (KPD), die ebenso wie die NSDAP ihren Wählern eine radikale Alternative zum wirtschaftlichen und politischen System der Weimarer Republik anbot. Ernst Thälmann, der Vorsitzende der KPD, bezeichnete den Versailler Vertrag genauso wie Adolf Hitler als ein Instrument zur Unterdrückung des deutschen Arbeiters. Die Weltwirtschaftskrise war für Thälmann nicht nur eine Finanzkrise, wie sie in periodischen Abständen die industrialisierte Welt erfasste, sondern eine Systemkrise, die zur Ablösung des Kapitalismus führen würde. Obwohl beide Parteien einen Ausweg aus der Krise skizzierten, der mit strukturellen (System-)Veränderungen verbunden war, gelang es dennoch nur der NSDAP, ihr Wählerpotential erheblich auszubauen, während die KPD nur geringe Zuwächse verzeichnete. Der Stimmenanteil der KPD wuchs von 1928 bis 1930 von 11 auf lediglich 13 Prozent. Der Stimmenanteil der NSDAP hingegen wuchs von knapp 3 auf über 18 Prozent. Das ungleiche Anwachsen der Wählerschaft der KPD und der NSDAP erklärt sich vor allem aus der Rolle, die Hitler in dem von Alfred Hugenberg initiierten Referendum gegen den Young-Plan gegeben wurde. Hugenberg, der sich in den 1920er Jahren zu einem einflussreichen Medienunternehmer entwickelte, der zahlreiche Zeitungen und ebenso die wachsende Filmbranche – durch den Erwerb der UFA – kontrollierte, war 1928 auch zum Vorsitzenden der konservativen und monarchistischen Deutschnationalen Volkspartei (DNVP) aufgestiegen. Als im Frühjahr 1929 die interalliierte Reparationskommission der deutschen Regierung nach Ablauf des Dawes-Planes einen neuen Zahlungsplan – den nach seinem Autor, dem amerikanischen Unternehmer und Vorstandsmitglied der Rockefeller-Stiftung Owen D. Young, benannten Young-Plan – präsentierte, der Deutschland 59 Jahre gab, um eine Gesamtsumme von 112 Milliarden Mark an Reparationen zu zahlen, formierte sich im kommunistischen und im konservativen Lager sofort Widerstand gegen diesen Plan. Er wurde in diesen politischen Lagern als ein Instrument zur Verknechtung der Deutschen gebrandmarkt. Hugenberg initiierte eine Sammlungsbewegung der konservativen und nationalistischen Kräfte, die sich für ein Referendum gegen den Young-Plan einsetzen sollte. Diese Sammlungsbewegung lud auch die NSDAP und ihren »Führer« Hitler zur Mitarbeit ein und gab Hitler damit Zugang zum Medienimperium Hugenbergs.

Der 64 Jahre alte Hugenberg war ein traditioneller Politiker, der keine Erfahrung mit öffentlichen Reden vor einem Massenpublikum hatte. Er war zudem zu alt, um die neue Generation derjenigen Männer aller sozialer Klassen, die gemeinsam in den Schützengräben der Westfront gekämpft hatten, für seine politischen Ziele zu begeistern. Zudem konnte er weder die desillusionierten und von der Demokratie enttäuschten Wähler der Mittelschichten noch die der Arbeiterschaft für sich und die Kampagne gegen den Young-Plan gewinnen. Der 40 Jahre alte Hitler hatte im Gegensatz zu Hugenberg seine politische Karriere auf seinen überragenden Fähigkeiten als öffentlicher Redner begründet, der seine Zuhörer durch seinen Charme und seine Wortgewalt in den Bann zog. Hitlers Charisma begeisterte Arbeiter ebenso wie Bürger und Bauern. Hitler wurde daher sehr schnell zum öffentlichen Gesicht der Kampagne gegen den Young-Plan. Hugenberg ließ ihm den Vortritt bei öffentlichen Auftritten und gab ihm eine Bühne in seinen Zeitungen. Hitler reiste von Stadt zu Stadt und hielt zahlreiche öffentliche Reden. Hugenbergs letztlich fehlgeschlagene Kampagne gegen den Young-Plan machte Hitler zu einem national bekannten Redner und Politiker. Für den Erfolg der Kampagne mussten die Organisatoren die Unterschriften von mindestens zehn Prozent der Wähler sammeln. Nur dann konnten sie die Regierung dazu zwingen, einen Volksentscheid über die Annahme oder Ablehnung des Young-Plans zu veranstalten. Der Entwurf für den Gesetzestext, der in dem Referendum den Wählern vorgelegt werden sollte, drohte Politikern, die den Young-Plan annahmen, mit einer Gefängnisstrafe. Auch wenn es den Organisatoren der Kampagne um Hugenberg so gerade eben gelang (sie sammelten Unterschriften von 10,2 Prozent der Wähler), die notwendige Zahl der Unterschriften für die Abhaltung eines Volksentscheids zu sammeln, erlitt der zur Abstimmung im Volksentscheid vorgelegte Gesetzestext eine herbe Niederlage. In dem am 22. Dezember 1929 abgehaltenen Volksentscheid stimmten lediglich 13,8 Prozent der Wähler gegen die Annahme des Young-Plans und somit für Hugenbergs Gesetzesinitiative. Damit war das Schicksal der von Hugenberg initiierten Kampagne besiegelt.

Hitler und die NSDAP, nicht Hugenberg und seine DNVP gingen als die großen Gewinner aus dieser medienwirksam ausgetragenen Kampagne hervor. Hitler wurde berühmt, und die NSDAP, die vor der Kampagne in finanzielle Schwierigkeiten geraten war, erhielt kostenlose Wahlwerbung im ganzen Land. Am Ende der 1920er Jahre war die NSDAP, die sich im Wesentlichen nur auf die Beiträge ihrer Mitglieder verlassen konnte, ständig in finanziellen Schwierigkeiten. Die Partei erhielt kaum Zuwendungen von Industriellen und Landbesitzern, da diese die Radikalität Hitlers und seiner Partei fürchteten. Das Parteiprogramm der NSDAP enthielt schließlich Forderungen nach der Nationalisierung der Industrie, der Gewinnbeteiligung von Arbeitern und nach einer Landreform. Diese Ziele und Anliegen schreckten Unternehmer und Landbesitzer noch davon ab, diese Partei zu unterstützen.

Die Beteiligung der NSDAP an der Kampagne gegen den Young-Plan war entscheidend für ihre wachsende Popularität unter den Wählern am Ende der 1920er und zu Beginn der 1930er Jahre. Mit der sich von Monat zu Monat verschlimmernden Wirtschaftskrise und der Untätigkeit der Regierung unter Reichskanzler Heinrich Brüning entschieden sich mehr und mehr Wähler für Hitler und die NSDAP. Unter diesen Wählern war auch eine wachsende Zahl von Arbeitern, die in der Krise ihre Arbeitsstelle verloren hatten. Während es der KPD, die ein ebenso radikales Parteiprogramm wie die NSDAP besaß, nicht gelang, Wähler aus verschiedenen sozialen Schichten und Klassen zu gewinnen, war es der NSDAP aufgrund ihres Bündnisses mit Hugenberg und der Kampagne gegen den Young-Plan möglich geworden, Wähler vor allem aus den Mittelschichten an sich zu binden. Hugenberg hatte die NSDAP hoffähig gemacht und ungewollt Ressentiments gegen die NSDAP ausgeräumt. Damit gelang der NSDAP, was zuvor keiner anderen politischen Partei geglückt war: eine Koalition aus Wählern aller sozialer Schichten und Klassen von der Arbeiterschaft über die Mittelschichten bis zum Großbürgertum zu schmieden. Ohne ihre Einbindung in Hugenbergs Kampagne gegen den Young-Plan wäre es der NSDAP wohl nicht gelungen, so viele Wähler aus allen sozialen Schichten und Klassen an sich zu binden.

Eine neue Volkspartei?

Von den 1870er bis zum Ende der 1920er Jahre war das deutsche Parteiensystem stark segregiert. So wählten Arbeiter traditionell nur eine der beiden linken Parteien SPD oder KPD. Angehörige der Mittelschichten wählten in den 1920er Jahren eine der beiden liberalen Parteien – die linksliberale und Bürgerrechte verteidigende Deutsche Demokratische Partei (DDP) oder die rechtsliberale und den Wirtschaftsinteressen der Unternehmer verpflichtete Deutsche Volkspartei (DVP). Monarchistisch und konservativ gesinnte Wähler der Mittel- und Oberschichten vor allem in den ländlichen Regionen wählten traditionell die DNVP. Lediglich die katholische Zentrumspartei war dazu in der Lage, die Unterstützung von Wählern aus verschiedenen sozialen Klassen und Schichten auf sich zu vereinen. Dies betraf allerdings nur katholische Wähler. Diese sozialen Begrenzungen der Wählerschaft schufen auch geographische Grenzlinien. Die linken Parteien waren vor allem in den Städten stark. Die Zentrumspartei agierte vor allem in Süd- und Westdeutschland (Bayern, Württemberg und das Rheinland), während die DNVP ihre Hochburgen im Osten und Norden des Landes (Ostpreußen und Pommern) besaß.

Die NSDAP war die erste Partei, die diese Grenzen durchbrach und Wähler aus allen sozialen Schichten, allen Religionen und allen Regionen anzog. Sie war damit nicht nur die erste Volkspartei, sondern auch die erste landesweite Partei, die sämtliche Regionen Deutschlands repräsentierte. Aber auch wenn die NSDAP eine Volkspartei war, kamen doch verhältnismäßig mehr Wähler aus den Mittelschichten als auch der Arbeiterschaft. Die Anziehungskraft, die die NSDAP auf Wähler aus den Mittelschichten ausübte, erklärt sich aus den Ereignissen des Jahres 1923. Die Hyperinflation hatte zur Enteignung vor allem der Mittelschichten geführt, die ihre Ersparnisse, ihre Pensionen und ihre Aktien- und Staatsanleihen eingebüßt hatten. Viele Deutsche gaben der von den traditionellen Parteien gebildeten Regierung, die zum friedlichen Widerstand gegen die Besetzung des Ruhrgebietes aufgerufen hatte und mit der Finanzierung dieses Widerstandes die Hyperinflation ausgelöst hatte, die Schuld an ihrer Verarmung. Die NSDAP erschien diesen Wählern als eine Alternative zu einem Staat, von dem sie keinen Schutz für ihren Wohlstand erwarten konnten. Hitlers Partei war aber auch unter jungen Männern aus wohlhabenden Familien, die im Ersten Weltkrieg als Offizier gedient hatten, sehr beliebt. Diese Männer identifizierten sich mit Ernst Jüngers Glorifizierung des Kriegserlebnisses in dessen Roman *In Stahlgewittern*. Für diese jungen Männer stellte die Weimarer Republik etwas Fremdes dar, mit dem sie sich nicht anfreunden konnten. Der Versuch der verschiedenen Regierungen, auf die Forderungen der Siegermächte nach Reparationszahlungen einzugehen, entfremdete diese jungen Männer, für die der Versailler Vertrag ein Schanddiktat war, immer mehr von der Republik und trieb sie in die Arme Hitlers, der ihnen eine glorreiche Zukunft versprach.

Die Präsidialkabinette der späten Weimarer Republik

Als im September 1930 die Wähler an die Wahlurnen gerufen wurden, um einen neuen Reichstag zu bestimmen, hatte das Wahlergebnis keinen Einfluss mehr darauf, welche Parteien die künftige Regierung bilden würden und wer die Regierung als Kanzler anführen würde. Reichspräsident Paul von Hindenburg hatte bereits im Frühjahr mittels der ihm in Artikel 48 der Verfassung zugestandenen Vollmachten den Notstand ausgerufen und eine Regierungsbildung mit Heinrich Brüning als Kanzler herbeigeführt, die unabhängig vom Reichstag erfolgte. Dieses Präsidialkabinett, das so genannt wurde, weil es seine Autorität nicht wie seine Vorgängerregierung vom Reichstag, sondern ausschließlich vom Reichspräsidenten bezog, war ermächtigt, Gesetze ohne die Zustimmung des Reichstags nur mit der Unterschrift des Reichspräsidenten zu verabschieden. Die Regierung hatte sich damit vom parlamentarischen System emanzipiert.

Damit begann in Deutschland eine Welle politischer Transformationen, die sich über Mittel- und Osteuropa ergoss und konservative und rechte, nicht-faschistische, Kräfte wie etwa die Vaterländische Front in Österreich in die Lage versetzte, demokratische Systeme durch autoritäre Herrschaftssysteme zu ersetzen. So gelang es etwa Engelbert Dollfuß, der 1932 zum Bundeskanzler Österreichs berufen worden war und zumindest für ein Jahr nach demokratischen Regeln regiert hatte, sein Land nach gewalttätigen Auseinandersetzungen zwischen Regierung und Sozialdemokraten in ein autoritäres Regime zu verwandeln. Hierbei ging er jedoch wesentlich weiter als seine deutschen Gegenspieler: Dollfuß verbot politische Parteien einschließlich der Nationalsozialistischen Partei und führte schließlich auch im Mai 1934 eine neue Verfassung ein, die Österreich in einen Ständestaat verwandelte. Diese Verfassung griff das Modell des Ständestaates auf, der ein Jahr zuvor in Portugal als Grundlage der politischen Reorganisation gedient hatte. Das Parlament wurde durch vier beratende Körperschaften ersetzt, die die Mitglieder einer Ständeversammlung bestimmen sollten; diese erhielten das Recht, Gesetzesvorhaben der Regierung zuzustimmen, hatten aber selbst kein Recht, Gesetzesinitiativen einzubringen. Das war das Ende der Demokratie in Österreich. Aber es war noch nicht der Beginn des Faschismus in diesem Land.

Das Erstarken faschistischer Bewegungen wie der Pfeilkreuzler in Ungarn und der Legion des Erzengels Michael in Rumänien, die ebenso wie die NSDAP in Deutschland aufgrund der Weltwirtschaftskrise eine wachsende Zahl von Mitgliedern und Wählern hinter sich vereinigten, veranlasste konservative und rechte Kräfte, demokratische Systeme zu unterhöhlen und autoritäre Regierungsformen zu etablieren. Im Gegensatz zu Deutschland, wo lediglich die SA und die SS für ein Jahr verboten waren, nicht aber die NSDAP, kam es in Österreich, Ungarn und Rumänien wiederholt zu Verboten der faschistischen und nationalsozialistischen Bewegungen und Parteien, die damit in den 1930er Jahren von einer Machtbeteiligung erfolgreich abgehalten werden konnten. Autoritäre Regierungen in Österreich, Ungarn und Rumänien gelang es damit, eine faschistische Machtübernahme, wie sie 1933 in Deutschland durch konservative Politiker und eine autoritäre Regierungsform befördert wurden, zumindest aufzuschieben.

Der Aufstieg der NSDAP

Heinrich Brünings Entscheidung, den Staatshaushalt zu konsolidieren und Staatsausgaben zu kürzen, hatte katastrophale Folgen für die deutsche Volkswirtschaft und die deutsche Gesellschaft. Sein öffentlich wiederholt vorgetragenes Ansinnen, Deutschland von der Verpflichtung zu befreien, Reparationen zu zahlen, führte 1931 zu einer Finanzkrise und dem Zusammenbruch mehrerer deutscher Banken. Brünings Ankündigung, dass Deutschland seine Zahlungen an die Siegermächte einstellen würde, veranlasste ausländische Investoren dazu, ihr Kapital aus deutschen Banken abzuziehen. Nach dieser Kapitalflucht verfügten viele Banken über eine nur unzureichende Kapitaldeckung, so dass sie zahlungsunfähig wurden. Anleger und Sparer, die ihr Geld von den Banken abheben wollten, standen vor verschlossenen Türen, da den Banken das Bargeld fehlte, um diese Forderungen zu erfüllen. Erst nachdem die Reichsregierung ein gewaltiges Rettungsprogramm mit einem Volumen von fast einer Milliarde Mark auflegte, konnten die Banken ihre Türen wieder öffnen und Zahlungsanforderungen in begrenztem Umfang befriedigen. Für Sparer und Anleger, die ihre Ersparnisse in der Hyperinflation des Jahres 1923 schon einmal verloren hatten, weckte die Finanzkrise des Jahres 1931 bittere Erinnerungen.

Die Wirtschafts- und Finanzkrise half Deutschland, die Verpflichtungen zu Reparationszahlungen abzuschütteln. Diese Krise führte jedoch auch zu einem politischen Erdbeben, das das Parteiensystem der Weimarer Republik nachdrücklich veränderte. Die NSDAP, die in den 1920er Jahren das Dasein einer marginalisierten Splitterpartei ohne jeglichen politischen Einfluss geführt hatte, stieg innerhalb von nur vier Jahren zur stärksten politischen Kraft auf. Sie war die Gewinnerin der Reichstagswahlen vom Juli 1932, bei der sie 37,4 Prozent der Wählerstimmen und 230 der 608 Sitze im Reichstag erlangte. Die KPD hatte zwar ebenfalls zugelegt, aber nur 14,6 Prozent der Wählerstimmen und 89 Sitze im Reichstag errungen. Mit dem Wahlerfolg der NSDAP und dem Zuwachs des kommunistischen Anteils an den Reichstagssitzen wurde Deutschland jedoch unregierbar, da sich im Reichstag eine negative Mehrheit abzeichnete. Die beiden Parteien – NSDAP und KPD – zusammen verfügten mit zusammen 319 Sitzen über mehr als die Hälfte der Reichstagssitze. Auch wenn beide Parteien sich nicht auf eine Zusammenarbeit im Reichstag einigen konnten, war gegen die NSDAP keine Regierungsbildung mehr möglich. Es wurde sogar fast unmöglich, Gesetzesvorlagen durch den Reichstag zu bekommen, weil deren Schicksal von der Zustimmung zumindest einer der beiden Parteien abhing. Die Demokratie, wenn sie denn nicht schon mit der Bildung des ersten Brüning'schen Präsidialkabinetts zwei Jahre zuvor beendet wurde, wäre mit dieser Wahl an einem Endpunkt angekommen.

Das Wahlergebnis des Sommers 1932 war aber sowohl eine Folge der wirtschaftlichen Krise als auch eine Konsequenz der politischen Krise, die durch die Bildung der Präsidialkabinette herbeigeführt worden war. Politiker und Wähler gewöhnten sich langsam an die autoritäre Regierungsform, und mehr und mehr Wähler wandten sich von den etablierten Parteien ab und gaben ihre Stimme in immer stärker wachsender Zahl extremen Parteien wie der NSDAP. Die Erwartungen an die etablierten Parteien und vor allem an die Regierung schwanden immer mehr, da Brüning kaum sichtbare Schritte zur Linderung der Wirtschaftskrise unternahm. Eine Stimme für die NSDAP konnte daher auch als ein Protest gelten, der dazu gedacht war, die Regierung wachzurütteln. Es galt als sicher – zumindest für die Zeit von Brünings Kanzlerschaft –, dass die NSDAP keinen Einfluss auf die Regierung nehmen könnte. Die Praxis der Präsidialkabinette, die nicht nur die extremen Parteien vom politischen Prozess ausschloss, sondern auch alle anderen etablierten Parteien, beförderte eine weitere rhetorische Radikalisierung der Politik, da Politiker, die sicher waren, dass sie keine politische Verantwortung übernehmen würden, ihren Wählern viele Versprechungen machen konnten, da sie wussten, dass sie diese nicht einlösen konnten. Die Präsidialkabinette waren damit weniger eine Konsequenz der wirtschaftlichen und politischen Krise am Anfang der 1930er Jahre, sondern vielmehr ein Auslöser dieser Krise.

Während die Wähler in der Zeit der Präsidialkabinette dreimal zu den Wahlurnen gerufen wurden, um die Abgeordneten des Reichstags zu bestimmen, und obwohl die gewählten Volksvertreter die Entscheidungen der Brüning-Regierung kontrovers diskutierten, verlor der Reichstag zunehmend an Bedeutung. So sank die Zahl der Reichstagssitzungen von 94 im Jahr 1930 auf 42 im Jahr 1931 und auf 13 im Jahr 1932. Die Zahl der vom Reichstag verabschiedeten Gesetze fiel von 98 im Jahr 1930 auf 34 im Jahr 1931 und schließlich auf nur noch fünf im Jahr 1932. Gleichzeitig stieg die Zahl der vom Reichspräsidenten erlassenen Verordnungen von fünf im Jahr 1930 auf 44 im Jahr 1931 und 66 im Jahr 1932. Auch wenn die Debatten der Reichstagsabgeordneten immer hitziger wurden, blieben sie jedoch ohne jede Konsequenz. Der Reichstag, so behaupte es nicht nur Hitler, war ein Schmierentheater geworden. Hitler und die NSDAP wurden zum großen Gewinner von Brünings Politik. In der Zeit von Brünings Kanzlerschaft wuchs Hitlers Ansehen enorm. Als er in den Reichspräsidentenwahlen des Jahres 1932 gegen den populären Amtsinhaber Paul von Hindenburg antrat, erhielt Hitler in der zweiten Runde fast 37 Prozent der Stimmen. Und in den Wahlen zu den Parlamenten der einzelnen Länder erreichte die NSDAP erstaunliche Wahlerfolge. Vor allem in nördlichen und mittleren Kleinstaaten wie etwa Mecklenburg-Schwerin errang die NSDAP im Jahr 1932 fast 49 Prozent der Stimmen, nachdem sie in den vorhergehenden Wahlen im Jahr 1929 gerade einmal 4 Prozent erzielt hatte. Nicht nur in Mecklenburg-Schwerin, sondern auch in Anhalt, Oldenburg und Thüringen wurden schon 1932 NSDAP-Politiker Ministerpräsidenten. Auf der nationalen Ebene hatte die NSDAP aufgrund der Antipathien Hindenburgs gegenüber Hitler und wegen des Präsidialkabinettsystems allerdings wenig Aussichten auf eine Machtbeteiligung.

Hofiert durch die Konservativen

Während autoritäre Herrscher in Österreich und Ungarn wie Engelbert Dollfuß und Miklos Horthy sich gegen die faschistischen und national-sozialistischen Kräfte in ihren Ländern positionierten, suchten die konservativen Kräfte und Organisationen in Deutschland am Ende der 1920er und zu Beginn der 1930er Jahre zunehmend die Nähe und teilweise, wie etwa in der Kampagne gegen den Young-Plan, auch die Zusammenarbeit mit der NSDAP. Das Zusammenwirken in dieser Kampagne beförderte die Integration Hitlers und der NSDAP in die politische Kultur der Konservativen und half Hitler dabei, Akzeptanz und Unterstützung zu gewinnen. Deutsche Konservative und Nationalsozialisten sprachen dieselbe Sprache und verwendeten dieselben Parolen, wenn es um die Gegnerschaft zum

Versailler Vertrag, den Glauben an eine rassische Grundlage des deutschen Volkes, den Antisemitismus und das Verlangen nach einem autoritären Staat ging.

Hitlers Weg zur Macht oder zur Machtbeteiligung blieb dennoch zumindest für einige Zeit durch Hindenburgs Gegnerschaft versperrt. Der 85-jährige Hindenburg hasste den nur etwa halb so alten Hitler, der während des Krieges lediglich als einfacher Soldat gedient hatte. Beide Politiker repräsentierten zwei völlig verschiedene Welten. Hindenburg entstammte einer ostpreußischen Junkerfamilie, während Hitler aus einer mittelständischen, aber inzestuösen österreichischen Familie stammte. Hindenburg war Protestant, Hitler Katholik. Und Hitlers fehlgeschlagene Karriere als Maler und Architekt machte ihn in Hindenburgs Augen noch unerträglicher. Ohne Hochschulausbildung und administrative Erfahrung erschien Hitler einfach unqualifiziert für eine politische Karriere. Hitlers politischer Stil und sein Auftreten auf Massenveranstaltungen erschienen Hindenburg, der nur widerwillig eine politische Karriere eingeschlagen hatte und den politischen Betrieb verachtete, als absurd. Daher widersetzte sich Hindenburg zunächst dem Drängen seiner Berater, Hitler als Reichskanzler in Betracht zu ziehen. Es war aber nicht nur Hindenburg, der Hitler im Weg stand, sondern auch die Vertreter der Industrie, die sich angesichts einer möglichen Beteiligung Hitlers an der Regierung besorgt zeigten. Das Parteiprogramm der NSDAP verlangte die Verstaatlichung von Großunternehmen und schien daher auf eine radikale Transformation nicht nur der deutschen Gesellschaft, sondern auch der Volkswirtschaft hinzudeuten. In den Augen vieler Großindustrieller unterschied sich das Parteiprogramm der NSDAP kaum von dem der KPD. Hitlers Versuche, derartige Befürchtungen auszuräumen, führten anfänglich nicht dazu, dass sich eine Vertrauensbasis zwischen Hitler und der Gruppe der Industriellen entwickelte. Diese sahen ihre Interessen vorerst besser durch die DVP und die DNVP vertreten.

Die erstaunlichen und unerwarteten Wahlerfolge der NSDAP in den Jahren der Weltwirtschaftskrise und der Präsidialkabinette erhöhten den Druck auf die Partei und deren Politiker, nach einer Regierungsbeteiligung auf einzelstaatlicher und nationaler Ebene zu streben. Hitler hatte Schwierigkeiten, die widerstrebenden Interessen innerhalb seiner immer größer und diverser werdenden Partei zusammenzuhalten und die Kontrolle über seine Partei zu bewahren. Mit der wachsenden Zahl der Abgeordneten im Reichstag und in den Länderparlamenten wuchs auch die Vielfalt der Meinungen innerhalb der NSDAP, die sich von Zeit zu Zeit auch lautstark bemerkbar machten. Vor allem mit Ernst Röhm, der 1930 auf Bitten Hitlers aus Bolivien nach Deutschland zurückgekehrt war, um die Führung der SA zu übernehmen, und Otto Strasser erwuchsen Hitler sogar zwei machtvolle und einflussreiche Rivalen, die ihm die Führungsrolle streitig machen konnten. Strasser wandte sich gegen Hitlers Anspruch auf die vollständige Kontrolle über die Partei und bestand, im Gegensatz zu Hitler, darauf, dass das Parteiprogram und insbesondere seine »sozialistischen« Forderungen nach der Nationalisierung von Großunternehmen, der Gewinnbeteiligung der Arbeiter und dem Aufbau eines nationalen Rentensystems nach der Machtübernahme umgesetzt werden sollten. Hitler, der sich gegen strukturelle Veränderungen der Gesellschaft wandte, sah sich einer wachsenden Opposition von Strasser und Röhm gegenüber. Röhm baute mit der SA eine paramilitärische Organisation auf, die nicht nur die Veranstaltungen der NSDAP beschützte, sondern auch zunehmend Kommunisten in Straßenkämpfe verwickelte. Zudem erlebte die SA einen massiven Zulauf in den 1930er Jahren vor allem aus dem Heer der Arbeitslosen. Im Januar 1933 zählte sie etwa zwei Millionen Mitglieder. Röhm teilte Hitlers Orientierung auf eine friedliche »Machtergreifung« durch Teilnahme an den Wahlen nicht und setzte sich stattdessen für eine nationale Revolution ein. Er bestand auch darauf, dass seine SA die reguläre Armee ersetzen sollte.

Diese internen Konflikte innerhalb der NS-Bewegung blieben Beobachtern wie Hindenburgs Beratern Franz von Papen und Kurt von Schleicher nicht verborgen. Papen und Schleicher hofften darauf, dass die NS-Bewegung unter dem Druck der Wahlerfolge zerbrechen würde und dass sie Teile der NS-Bewegung ohne Hitler für eine konservative Revolution und die Umwandlung Deutschlands in einen autoritären Staat gewinnen könnten. Als in den Wahlen im November 1932 die NSDAP erstmals Stimmen verlor, versuchte Schleicher, die Gelegenheit zu nutzen, um die NS-Bewegung zu spalten und Teile der NSDAP unter Strassers Führung in seine Regierung einzubinden.

Die Novemberwahl, in der die NSDAP immerhin fast zwei Millionen Stimmen verloren hatte, schien zu zeigen, dass diese Partei ihren Zenit überschritten hatte und auf dem Weg in die politische Bedeutungslosigkeit war. Die Gründe für den Misserfolg sind nicht klar. Auf der einen Seite könnte diese Entwicklung mit Hindenburgs Haltung zusammenhängen. Seine öffentliche Abneigung gegenüber Hitler mag Wählern klar gemacht zu haben, dass er Hitler wohl niemals als Kanzler in Betracht ziehen würde. Auf der anderen Seite scheint auch eine Erholung der wirtschaftlichen Situation eingesetzt zu haben. Die Arbeitslosenzahl war von mehr als 6 Millionen im Januar 1932 auf 5,1 Millionen Arbeitslose im Oktober 1932 gesunken. Brünings deflationäre Strategie, die der deutschen Wirtschaft eine Schocktherapie verordnet hatte, schien nun Früchte zu tragen. Die Wirtschaft war so weit geschrumpft, dass es von hier aus nur noch aufwärts gehen konnte. Was auch immer die Gründe für die Verringerung des Wählerzuspruchs zur NSDAP gewesen waren, es machte Parteifunktionäre wie Strasser nervös. Als Schleicher Anfang Dezember 1932 diesem das Angebot machte, als Vizekanzler in eine Regierung unter seiner Führung einzusteigen, zeigte sich Strasser gegenüber dieser Option sehr aufgeschlossen. Hitler zwang ihn jedoch, nachdem er über die Gespräche zwischen Strasser und Schleicher informiert worden war, dieses Angebot abzulehnen, da er noch immer auf eine führende Rolle in der nächsten Regierung hoffte.

Schleichers fehlgeschlagener Versuch, mit seinem Angebot an Strasser die NS-Bewegung zu spalten und Hitler in die Defensive zu drängen, beflügelte seinen Rivalen Papen, direkte Gespräche mit Hitler zu suchen. Im Gegensatz zu Schleicher, der als Reichskanzler die Kontrolle über die Regierung behalten wollte, zeigte sich Papen für eine Lösung offen, in der Hitler die Position des Kanzlers zugedacht war. Papen war sich bewusst, dass er mit dieser Idee einen schweren Stand bei Hindenburg haben würde. Deshalb arrangierte er ein Treffen Hitlers mit einer Gruppe einflussreicher Industrieller, um die Befürchtungen auf der Seite der Industrie in Bezug auf eine mögliche Hitler-Regierung auszuräumen. Dieses Treffen war enorm wichtig, um die Ernennung Hitlers als Reichskanzler eines Präsidialkabinetts durchzusetzen.

Als Hitler schließlich am 30. Januar 1933 zum Reichskanzler ernannt wurde, geschah dies zu einem Zeitpunkt, an dem sich die NSDAP in einer tiefen Krise befand. Sie hatte erheblich an Wählerzustimmung verloren, kämpfte mit massiven finanziellen Schwierigkeiten, da die Wahlkämpfe viel Geld gekostet hatten, und einzelne Funktionäre wie Strasser und Röhm widersetzten sich offen Hitlers unumschränktem Führungsanspruch. Hinzu kam, dass sich die Wirtschaft langsam erholte und Deutschland die Krise hinter sich zu lassen schien. Alles deutete auf eine Normalisierung der Wirtschaft und der Gesellschaft hin. Und es war gerade diese Normalisierung, die Papen, Schleicher und auch Hindenburg fürchteten. Papen und Schleicher fürchteten eine wirtschaftliche Erholung, die wohl auch zu einer Rückkehr zur parlamentarischen Demokratie geführt hätte. In dieser Situation wäre es womöglich zu einer Erosion und dem Auseinanderbrechen der NS-Bewegung gekommen. Papen und Schleicher glaubten, dass viele der aus der Arbeiterschaft stammenden Anhänger und Wähler der NSDAP sich wieder linken Parteien wie der SPD und der KPD zuwenden würden. Um dies zu verhindern, glaubte Papen, dass er Hitler und die NS-Bewegung durch die Einbindung in politische Verantwortung stabilisieren musste. Die Angst vor der Rückkehr zur Demokratie, der Stärkung des linken Lagers und einem möglichen kommunistischen Aufstand – ob nun eines wirklichen oder eines eingebildeten – war ein Motiv, das sich in allen faschistischen Machteroberungsszenarien wiederfand.

Die »Machtergreifung« und die Konsolidierung der Diktatur

Nach seiner Ernennung zum Reichskanzler in einem Präsidialkabinett von Hindenburgs Gnaden befand sich Hitler in einer sehr prekären Lage. Auf der einen Seite konnte sich Hitler, im Gegensatz zu Mussolini, dessen Faschistische Partei in demokratischen Wahlen nur eine marginale Rolle gespielt hatte, auf eine Massenpartei stützen, die seit den Juliwahlen die stärkste Fraktion im Reichstag stellte. Auf der anderen Seite strebte aber auch Hitler ebenso wie Mussolini die totale und alleinige Kontrolle über die Regierung und den Staat an. Daher hatte er noch im Herbst 1932 die Avancen von Schleicher, der der NSDAP eine Regierungsbeteiligung angeboten hatte, abgelehnt. Im Januar 1933 zeigte sich Hitler nun aber mehr als bereit, in ein Kabinett einzutreten, in dem er zwar die zentrale Position des Reichskanzlers einnahm, das aber von konservativen Politikern dominiert wurde. Unter den 13 Mitgliedern des ersten Hitlerkabinetts befanden sich mit Adolf Hitler als Reichskanzler, Wilhelm Frick als Innenminister und Hermann Göring als Reichsminister ohne Geschäftsbereich gerade einmal drei NSDAP-Mitglieder. Die anderen zehn Regierungsmitglieder waren wie Franz von Papen, der als Vizekanzler fungierte, und Alfred Hugenberg, der als Wirtschafts- und Landwirtschaftsminister amtierte, Konservative, die an die Möglichkeit einer Zusammenarbeit mit Hitler und der NSDAP glaubten, bei der die Konservativen die dominierende

Rolle innehatten. Auch wenn die NSDAP sich in dieser Regierung in der Minderheit befand, so waren die Mitglieder des Kabinetts sich dennoch darüber einig, dass es nicht um eine Rückkehr zur parlamentarischen Demokratie gehen könnte. Während die Konservativen um Papen auf die Restaurierung der Monarchie hinarbeiten wollten, hatte Hitler seine Pläne auf die Errichtung einer Diktatur ausgerichtet. Hitlers Vorschlag, Reichstagswahlen in der ersten Märzwoche 1933 abzuhalten, traf daher auch auf großen Widerstand unter den Konservativen, die sich prinzipiell gegen weitere Wahlen aussprachen. Hitler gewann ihre Unterstützung nur mit dem Versprechen, dass diese Wahlen vorerst die letzten sein würden.

Hitlers Position war aber nicht nur durch die geringe Präsenz von Nationalsozialisten in seiner Regierung geschwächt, sondern auch durch die Aussicht, dass Hindenburg, dem Hitler seine Ernennung verdankte, ihn auch wieder ohne jeden Grund entlassen konnte. Hindenburg hatte immerhin in nur drei Jahren schon drei Reichskanzler verschlissen. Hitler hatte erlebt, wie schnell Papen, der nach fünfeinhalb Monaten die Kanzlerschaft abgeben musste, und Schleicher, dem gerade einmal zwei Monate als Kanzler eines Präsidialkabinetts gewährt wurden, das Vertrauen des zunehmend senilen Reichspräsidenten und damit ihr Amt eingebüßt hatten. Es war zwar unwahrscheinlich, dass Hindenburg diesen Schritt gehen würde, solange Hitler sich Papen unterordnete und mit den anderen Konservativen zusammenarbeitete, aber Hitler konnte sich in seiner Position nicht sicher wähnen. Daher bestand er auf der Ausschreibung neuer Reichstagswahlen für den März 1933, weil er hoffte, dass die NSDAP aus diesen Wahlen als Gewinner hervorgehen würde. Eine parlamentarische Mehrheit hätte Hitler die Möglichkeit gegeben, sich aus der Abhängigkeit von Hindenburg zu befreien.

Hitlers interner Rivale Ernst Röhm, der mit der legalistischen Revolution unzufrieden war und lautstark eine zweite Revolution forderte, bereitete Hitler großes Kopfzerbrechen. Den konservativen Kräften in seiner Regierung war Röhm ein Dorn im Auge und sie drängten Hitler dazu, die SA und Röhm ruhigzustellen. Aber die SA war aufgrund ihres enormen Mitgliederwachstums zu einem ernstzunehmenden Machtfaktor geworden, der sich von Hitler nicht einfach kaltstellen ließ. Hitler brauchte die SA auch, um Straßenkämpfe gegen linke Gruppierungen zu bestreiten. Es waren gerade diese Straßenunruhen, die Hitler in seinem Wahlkampf im Februar 1933 dazu dienten, sich als ein Politiker darzustellen, der Recht und Ordnung wiederherstellen würde, wenn er denn gewählt würde. Hitler nutzte alle Möglichkeiten, die ihm seine neue Position als Reichskanzler bot, um die Gegner der NSDAP einzuschüchtern, linke Zeitungen mundtot zu machen und Kommunisten und Sozialdemokraten zu verhaften und in wilden Haftstätten und Konzentrationslagern der SA verschwinden zu lassen.

Als am 27. Februar das Reichstagsgebäude in Flammen aufging, konnte Hitler diesen Vorgang als einen Angriff auf die deutsche Nation brandmarken und ihn propagandistisch ausschlachten. Hitler hegte keinerlei Sympathien für den Reichstag, der seit seiner Einweihung im Jahr 1894 das Haus des deutschen Parlaments gewesen war. Die Suche nach dem Brandstifter führte die Ermittler schnell zu einem Tatverdächtigen: Marinus van der Lubbe. Der aus den Niederlanden stammende van der Lubbe war vor seiner Ankunft in Deutschland ein Mitglied der holländischen Kommunistischen Partei gewesen. Nachdem er verhaftet, gefoltert und verhört worden war, verurteilte ihn das Leipziger Reichsgericht im Januar 1934 zum Tode.

Die Frage danach, ob Marinus van der Lubbe das Feuer allein gelegt hatte, ob er Mitverschwörer hatte oder nur eine Marionette der SA gewesen war, beschäftigte Politiker und Historiker seit dem Brand. Gerüchte darüber, dass nicht van der Lubbe, sondern die Nationalsozialisten selbst das Feuer gelegt hätten oder zumindest daran beteiligt gewesen waren, hielten sich seit den 1930er Jahren. Als im Jahr 2019 im Archiv des Amtsgerichts Hannover eine aus dem Jahr 1955 stammende eidesstattliche Versicherung des SA-Mannes Hans-Martin Lennings entdeckt wurde, in dem dieser angab, er habe van der Lubbe zum Reichstag gefahren, erhielt diese Diskussion neuen Zündstoff. Die Erklärung Lennings schien authentisch zu sein, der Inhalt war allerdings recht umstritten und widersprach den Angaben in den mit Vorsicht zu lesenden Ermittlungsunterlagen der Reichsanwaltschaft. Die Täterschaft wird wohl nie eindeutig bewiesen werden können.

Wer auch immer das Feuer gelegt hat, es hat der NSDAP in die Hände gespielt. Hitler konnte das Gespenst eines kommunistischen Umsturzversuches beschwören, den es abzuwenden galt. Innerhalb weniger Stunden gelang es Hitler, Hindenburg von der Notwendigkeit zu überzeugen, die »Verordnung zum Schutz von Volk und Staat«, die gemeinhin als Reichstagsbrandverordnung bekannt wurde, zu unterzeichnen. Diese Notverordnung schränkte die in der Verfassung garantierten Bürgerrechte wie etwa das Recht auf freie Meinungsäußerung, das Vereins- und Versammlungsrecht sowie die Pressefreiheit erheblich ein. Es erlaubte der Polizei, die Wohnungen von Verdächtigen ohne richterliche Autorisierung zu durchsuchen und Verdächtige zu verhaften, ohne sie einem Richter vorzuführen und rechtlichen Beistand zu gewähren. Die Reichstagsbrandverordnung gab nicht nur der ordentlichen Polizei, sondern auch den Einheiten der SA, die die Polizei unterstützten, unbeschränkte Verfügungsgewalt und schuf damit die rechtliche Basis für den Polizeistaat des »Dritten Reiches«.

Kommunisten und Sozialdemokraten, die als Mitverschwörer van der Lubbes gebrandmarkt wurden, waren die ersten Opfer der staatlich organisierten Verfolgung. Sie wurden verhaftet und in den neu eingerichteten Konzentrationslagern interniert, wie sie in der nahe München gelegenen Kleinstadt Dachau und in dem vor den Toren Berlins gelegenen Oranienburg im Frühjahr 1933 entstanden. Das Oranienburger Lager befand sich in der Mitte der nördlich von Berlin gelegenen, 17.000 Einwohner zählenden Kleinstadt auf dem Gelände einer ehemaligen Brauerei. Die Misshandlung der Gefangenen durch SA-Wärter blieb den Oranienburgern wohl kaum verborgen.

Die Einschüchterung politischer Gegner, die Verhaftung und Verschleppung von Kommunisten und Sozialdemokraten sowie der wachsende Einfluss der NSDAP in der Regierung und Verwaltung schufen scheinbar die perfekten Voraussetzungen für einen Wahlerfolg der NSDAP bei den Märzwahlen. Auch wenn die NSDAP einen erheblichen Stimmenzuwachs von 33 Prozent in den Novemberwahlen 1932 auf nun knapp 44 Prozent verbuchen konnte, war Hitler dennoch enttäuscht, da er seinem Ziel einer absoluten Mehrheit im Reichstag nicht wesentlich nähergekommen war. Die Sozialdemokraten errangen trotz der Ausgrenzungsstrategien der Nationalsozialisten etwa 18 Prozent der Stimmen, die Kommunisten etwa 12 Prozent und das Zentrum rund 11 Prozent. Damit war Hitler weiterhin auf die Unterstützung der konservativen Kräfte aus der DNVP und auf den Reichspräsidenten angewiesen.

Hitler verfolgte dennoch seine Ambitionen auf die ungeteilte Regierungskontrolle weiter und ersuchte im März 1933 beim Reichspräsidenten um Unterstützung für die von ihm entworfene »Verordnung zur Behebung der Not von Volk und Reich«. Diese Notverordnung hätte Hitler nahezu unbeschränkte Regierungsgewalt gegeben, da sie ihn ermächtigt hätte, Gesetze ohne Zustimmung des Reichstags und des Reichspräsidenten zu erlassen. Hindenburg verstand, dass Hitler versuchte, seine Regierung von der Macht des Reichspräsidenten loszulösen, der seit der Einführung der Präsidialkabinette die Befugnis hatte, Gesetze zu erlassen. Daher machte er Hitler auf den verfassungsändernden Charakter des Notverordnungsentwurfs aufmerksam und verwies Hitler an den Reichstag. Dieser, so Hindenburg, müsste dem Gesetzesentwurf zustimmen. Hindenburg scheint wohl auch nicht daran geglaubt zu haben, dass Hitler im Reichstag die notwendige Zwei-Drittel-Mehrheit für diesen, die Verfassung ändernden Gesetzesentwurf finden würde. Obwohl Hindenburgs Antwort für Hitler unbefriedigend war, blieb ihm nichts anderes übrig, als sich an die im Reichstag noch verbliebebenen politischen Parteien zu wenden und sich um Unterstützung für seinen Gesetzesentwurf zu kümmern.

Aus den Reichstagswahlen vom März 1933 war ein in sechs Fraktionen geteiltes Parlament hervorgegangen. Eigentlich wären es sogar sieben Fraktionen gewesen, doch die Hitler-Regierung hatte mit der Verfolgung von Kommunisten und der Schließung kommunistischer Organisationen und Zeitungen bereits nach dem Reichstagsbrand begonnen. Die KPD stand zwar noch auf den Wahlzetteln der Reichstagswahl vom 5. März und erzielte mehr als 12 Prozent der abgegebenen Stimmen, aber die 81 kommunistischen Reichstagsabgeordneten konnten ihre Mandate nicht mehr wahrnehmen, da sie verhaftet und in Konzentrationslager interniert wurden. Ihre Sitze wurden der NSDAP-Fraktion zugeschlagen, deren Größe dadurch von 288 auf 369 Sitze anwuchs. Die NSDAP konnte auf die Unterstützung der DNVP-Fraktion hoffen. Doch auch damit verfügte Hitler lediglich über 421 der 647 Sitze und verfehlte damit die nötige Zwei-Drittel-Mehrheit um 64 Sitze. Damit sah sich Hitler gezwungen, Unterstützung für seinen Gesetzesentwurf bei einer der anderen großen Fraktionen zu suchen. Die SPD-Fraktion mit ihren 120 Sitzen fiel aus ideologischen Gründen aus. Allerdings kam die Fraktion des Zentrums mit ihren 73 Sitzen für Hitler als potentieller Partner in dieser entscheidenden Abstimmung in Frage. Daher nahm er Gespräche mit dem Zentrum auf und bot dessen Vertretern einen Deal an. Hitler sagte zu, dass unter seiner Regierung die katholische Kirche von politischer Einflussnahme ausgenommen sein würde. Mit dieser Zusicherung, die sich explizit nicht auf die politische Partei des Zentrums bezog, erkaufte sich Hitler die nötigen Stimmen, die er benötigte, um seinen Gesetzesentwurf für das »Gesetz zur Behebung der Not von Volk und Reich«, das auch als Ermächtigungsgesetz bezeichnet wurde, durch eine Zwei-Drittel-Mehrheit des Reichstags zu verabschieden.

Das Ermächtigungsgesetz und die Reichstagsbrandverordnung boten die rechtliche und konstitutionelle Basis für die Errichtung der nationalsozialistischen Diktatur. Während die Reichstagsbrandverordnung noch ohne Mitwirkung des Reichstags lediglich mit der Unterschrift des Reichspräsidenten eingeführt wurde, erfolgte die Verabschiedung des Ermächtigungsgesetzes gemäß den in der Weimarer Verfassung vorgeschriebenen parlamentarischen Regeln. Politiker verschiedener Parteien, mit Ausnahme der KPD und der SPD, unterstützten Hitler bei der Abschaffung der Republik auf legalem und konstitutionellem Weg. Es war ein geringer Trost, dass das Ermächtigungsgesetz mit einem Enddatum versehen war, das auf den 1. April 1937 datiert wurde. An diesem Datum gab es freilich keinen Reichstag mehr, der Hitler dazu bewegen konnte, die ihm im Ermächtigungsgesetz gegebenen Befugnisse wieder zu übertragen. Die Zustimmung zum Ermächtigungsgesetz durch Parteien wie das Zentrum gab Hitlers Regierung und Diktatur einen rechtmäßigen und konstitutionellen Anstrich. Es war dieser legalistisch-parlamentarische Übergang, der es vor allem für Konservative so schwierig machte, in den frühen 1940er Jahren den Weg in den Widerstand gegen Hitler zu finden.

Obwohl das Ermächtigungsgesetz und die Reichstagsbrandverordnung ein neues politisches System begründeten, überlebten die wesentlichen staatlichen Institutionen den Systemwechsel. Da die NSDAP innerhalb des republikanischen Systems und nicht durch eine Revolution an die Macht gekommen war und weil Hitler tiefgreifende strukturelle Veränderungen ablehnte, entwickelte sich in den 1930er Jahren neben dem eigentlichen Staat (dem Normenstaat) ein zweiter, von der NSDAP und ihren Gliederungen durchherrschter Staat (der Maßnahmenstaat), der Historiker seit dem Erscheinen von Ernst Fraenkels Buch *The Dual State* im Jahr 1941 vom Phänomen eines Doppelstaates sprechen ließ. Diese doppelte Staatsstruktur machte den deutschen Nationalsozialismus einmalig und unterschied ihn von anderen radikalen politischen Systemen, die sich auf eine Revolution gründeten. Er war das Ergebnis einer fehlenden strukturellen Transformation, aus der sich das Überleben tradierter staatlicher Organe ergab und die die Etablierung neuer quasistaatlicher Institutionen ermöglichte. Diese ersetzten die traditionellen Einrichtungen nicht, sondern existierten, ähnliche Funktionen ausführend, neben diesen her. Diese staatliche Doppelstruktur wird bei dem gesamten Komplex der Inhaftierung von Bürgern besonders deutlich. Staatliche Gefängnisse wurden nicht durch Konzentrationslager ersetzt. Beide Einrichtungen existierten nebeneinander und dienten zur Inhaftierung von Personen, die aufgrund von Kriminalität und politischen Verbrechen inhaftiert wurden. Beide Institutionen nahmen eine wachsende Zahl von Gefangenen auf. So stieg die Zahl der in Gefängnissen inhaftierten Personen von 63.000 im Jahr 1932 auf 107.000 im Jahr 1935, und die Konzentrationslager allein in Preußen zählten Ende 1933 immerhin fast 15.000 Inhaftierte. Beide Institutionen – die traditionellen Gefängnisse und die neuen Konzentrationslager – unterschieden sich deutlich in Bezug auf ihre rechtliche Basis und die Behandlung ihrer Insassen. Die Aufenthaltszeit in einem Gefängnis wurde noch immer von einem Gericht in einer Urteilsverkündung bestimmt. Zudem verbüßten in Gefängnissen inhaftierte Personen eine zeitlich befristete Haftstrafe für ein im Strafgesetzbuch eindeutig definiertes und sanktioniertes Vergehen. Konzentrationslager wurden dagegen mit Personen gefüllt, die als Staatsfeinde verdächtigt wurden und von der SA ohne gerichtliche Anordnung verschleppt wurden. Die Inhaftierung in einem Konzentrationslager beruhte nicht auf einem Rechtsakt und war damit auch nicht zeitlich beschränkt. Die Bedingungen in den Konzentrationslagern waren nicht mit den Lebensverhältnissen in Gefängnissen vergleichbar. Misshandlungen, Folter und Tod waren ein integraler Bestandteil der Konzentrationslager.

Die Verfolgung politischer Gegner und die konstitutionelle Umwandlung der Republik in eine Diktatur raubten vielen Politkern den Willen, sich dem Vorgehen Hitlers in den Weg zu stellen. Daher lösten sich politische Parteien wie die DNVP, die DDP, die DVP und die Zentrumspartei selbst auf. Lediglich die KPD und die SPD mussten von der Hitlerregierung offiziell verboten werden. Die sozialdemokratisch orientierten Gewerkschaften wurden am 2. Mai 1933 verboten. Sie wurden durch die Deutsche Arbeitsfront ersetzt, die ein kooperatives Verhältnis zwischen Arbeitern und Unternehmern proklamierte.

Es waren aber nicht nur die politischen und wirtschaftlichen Interessenvertretungen, die sich entweder selbst auflösten oder verboten und zerschlagen wurden, sondern auch kulturelle und soziale Vereinigungen insbesondere des sozialistischen Milieus. Sozialistische Turn- und Sportvereine wurden geschlossen, ihr Eigentum beschlagnahmt und entweder auf bürgerliche Vereine übertragen oder vom Staat vereinnahmt. Dies betraf auch Konsumgenossenschaften, Bildungsvereine und viele andere linke Organisationen, die sich in dem fast einem halben Jahrhundert ihrer Existenz zu festen Bestandteilen des sozialistischen Milieus entwickelt hatten. Mit der radikalen Schließung dieser Einrichtungen wurde die Spaltung der Gesellschaft in Milieus und Teilmilieus beendet. An deren Stelle trat eine nationalisierte und nazifizierte Vereins- und Organisationskultur, in der es nur noch eine von der NSDAP gesteuerte Organisation für alle Freizeitbeschäftigungen gab. Damit endete die aufgrund politischer, ideologischer und religiöser Trennungen entstandene Vielfalt des Vereinslebens in den deutschen Städten.

Gegen Ende des Sommers 1933 war Deutschland zu einem Einparteienstaat geworden, in dem es kaum noch Alternativen zur nationalsozialistischen Lebensweise zu geben schien. Dennoch war Hitlers Macht immer noch angreifbar. Da war zum einen der schwelende Konflikt zwischen der SA und der regulären Armee. Röhm gab nicht nach in seinem Bestreben, die Armee durch die SA zu ersetzen. Und dann war da auch noch Hindenburg, der immer noch die Macht hatte, Hitler als Kanzler eines Präsidialkabinetts jederzeit auch ohne Grund zu entlassen. Hitler war sich der Macht Hindenburgs sehr wohl bewusst und versuchte den greisen, aber in konservativen Zirkeln angesehenen Reichspräsidenten zufriedenzustellen. Hitler, der den Lebensstil der Boheme mit spätem Aufstehen und einem ungeordneten Arbeitsalltag bevorzugte, stand nun früh auf und arbeitete in seinem Reichskanzlerbüro in Berlin, obwohl ihm dieser geordnete Lebensstil zuwider war und er Berlin nicht ausstehen konnte. Er nahm sogar auf Hindenburgs politische Befindlichkeiten Rücksicht. So enthielt zum Beispiel das »Gesetz zur Wiederherstellung des Berufsbeamtentums« vom April 1933 eine Ausnahmeregelung für Beamte jüdischer Abstammung, die ihre Position vorerst behalten durften, wenn sie ihre Position bereits vor 1918 innegehabt oder sie im Weltkrieg gedient hatten. Auch wenn Hitler derartige Ausnahmen nicht mochte, fühlte er sich doch gezwungen, diese Ausnahme zu machen, um Hindenburg nicht zu verärgern. Hindenburg zeigte sich erfreut über diese Rücksichtnahme, allerdings nicht, weil er weniger antisemitisch war, sondern er es für seine Pflicht hielt, monarchistische Beamte zu schützen, die Kaiser Wilhelm II. gedient hatten.

Im Sommer 1934 spitzte sich der Konflikt zwischen Röhm und Hitler zu. Röhm forderte lautstark eine zweite Revolution, die zu tiefgreifenden strukturellen Veränderungen der Gesellschaft führen sollte. Dabei ging es nicht nur um die Ersetzung der Reichswehr durch die SA, sondern auch um einen Elitenaustausch, der die Beamtenschaft des deutschen Staates nicht nur von Juden und Liberalen, sondern auch von Konservativen und Monarchisten ›gesäubert‹ hätte. Röhms Vision für die Diktatur war wesentlich radikaler als die von Hitler vertretenen Vorstellungen, in der immer noch Platz für Konservative und traditionelle staatliche Institutionen war. Im Gegensatz zu Röhm war Hitler ein Pragmatiker, der sich der Nützlichkeit der Konservativen für seine Pläne durchaus bewusst war.

Aus Angst vor den Auswirkungen, die Röhms Äußerungen und Forderungen nicht nur auf die militärische Führung, sondern auch auf Hindenburg haben könnten, entschied sich Hitler im Juni 1934, Röhm gewaltsam auszuschalten. In der Nacht des 30. Juni 1934 wurden daraufhin Röhm und zahlreiche, diesem treu ergebene SA-Führer sowie zudem Politiker wie Schleicher und Strasser, die Hitler in der Vergangenheit gefährlich geworden waren, verhaftet bzw. ermordet. In dieser Nacht starben 89 Männer und Frauen. Mit dieser Säuberung der SA, die nur bedingt mit Säuberungen in anderen politischen Systemen wie dem Stalinismus vergleichbar war, entledigte sich Hitler eines zentralen Problems seiner frühen Herrschaft. Mit dem Tode Röhms verstummten die Forderungen nach einer zweiten Revolution, und das Militär, für das nicht mehr die Gefahr einer Ersetzung durch die SA drohte, zeigte sich bereit, enger mit Hitler zusammenzuarbeiten.

Als Hindenburg am 2. August 1934 starb, konnte Hitler den Moment nutzen, um seine Macht nicht nur zu konsolidieren, sondern sie auch auszubauen. Hitler verkündete, dass nach dem Tod Hindenburgs kein neuer Reichspräsident gewählt würde, sondern er die Position des Reichskanzlers mit der des Reichspräsidenten vereinen und somit die Rolle des »Führers« annehmen würde. Erst mit dieser Entscheidung wurde Hitler zum unumstrittenen Diktator, der keine inneren Feinde mehr zu fürchten brauchte. Die Offiziere der Reichswehr unterwarfen sich Hitler, indem sie sich dazu bereitfanden, einen Eidesschwur auf Hitler anstelle Deutschlands zu leisten.

Mit dieser Machtkonsolidierung war Hitler frei, zu seinem alten Lebens- und Arbeitsstil zurückzukehren. Er konnte den geregelten Arbeitstag in Berlin wieder hinter sich lassen und sich seinen künstlerischen Ideen zuwenden. Die Regierungsarbeit überließ er seinen Untergebenen, die diese Möglichkeit nutzten, um ihre Karrieren zu befördern. Hitler verließ Berlin und kehrte zum Obersalzberg in den Alpen zurück. Beamte, Offiziere und Funktionsträger, die Hitler sprechen wollten oder eine

Entscheidung von ihm benötigten, mussten zum Obersalzberg anreisen und auf eine Audienz warten, die nur selten gewährt wurde. Nur wenige Mitglieder des inneren Zirkels wie etwa Albert Speer hatten direkten und ungehinderten Zugang zu Hitler. Deutschland hatte sich innerhalb von vier Jahren – vom März 1930 bis zum August 1934 – von einer Republik in eine Diktatur verwandelt. Hitler unterschied sich jedoch deutlich von anderen Diktatoren wie Mussolini und Stalin, da er sich kaum im Zentrum der Macht – Berlin – aufhielt, sondern sich an der Peripherie niederließ. Die wichtigen Projekte in Hitlers Staat wurden nicht auf seine Anordnung hin ausgeführt, sondern resultierten aus der Initiative ambitionierter Nationalsozialisten, die eine Idee oder einen Gedanken Hitlers aufgriffen und einen Mechanismus zu dessen Umsetzung entwickelten. Hitler musste dieses Vorgehen nicht genehmigen, sondern überließ seinen Untergebenen die Ausführung dieser Projekte, die zentrale Projekte wie etwa das Euthanasieprogramm und den Holocaust einschlossen. Hitler gab den Anstoß zu diesen Vorhaben, indem er die Ideen formulierte, aber Untergebene wie etwa Philipp Bouhler im Fall der Euthanasie oder Reinhard Heydrich im Fall des Holocausts übernahmen die Initiative und entwickelten Strategien, wie diese Pläne umgesetzt werden könnten. Dieses Element der Initiative unterschied die nationalsozialistische Diktatur deutlich von der stalinistischen Diktatur, die keinen Raum für die Initiative von Funktionären ließ.

Staat und Gesellschaft während der NS-Diktatur

In den 1930er Jahren war Adolf Hitler ein weithin populärer Politiker in Deutschland und auch im Ausland, der im Jahr 1938 durch die amerikanische Zeitschrift *Time* sogar zum »Mann des Jahres« ausgerufen wurde. Die Deutschen sahen in ihm den Architekten der wirtschaftlichen Erholung nach der Weltwirtschaftskrise und den Erbauer der Autobahnen im Reichsgebiet. Als Hitler zum Reichskanzler ernannt wurde, waren in Deutschland etwa sechs Millionen Menschen ohne Arbeit. Diese Zahl fiel während Hitlers Herrschaft rasch auf weniger als eine Million im April 1937. Deutschland war von der Weltwirtschaftskrise härter getroffen worden als jedes andere Industrieland. Während in Deutschland auf dem Höhepunkt der Krise etwa 35 Prozent der arbeitenden Bevölkerung arbeitslos waren, waren dies in den USA nur 25, in Österreich nur 16 und in Großbritannien sogar nur 15 Prozent.

Die Geschwindigkeit der wirtschaftlichen Erholung war in Deutschland ebenfalls wesentlich höher als in anderen Staaten. So fielen die Arbeitslosenzahlen aufgrund der staatlichen Interventionen in nur vier Jahren von 1933 bis 1937 um 29 Punkte von 35 auf unter 6 Prozent, während die Menschen in Ländern wie den USA eine wesentlich langsamere Erholung auf dem Arbeitsmarkt erlebten. So sank etwa die Arbeitslosenrate in den USA im selben Zeitraum um lediglich 10 Prozentpunkte von 25 auf immer noch 15 Prozent und in Großbritannien um 7 Punkte von 16 auf 8 Prozent. Und während in den USA und Großbritannien die Arbeitslosenzahlen ab 1938 wieder anstiegen, setzte sich die wirtschaftliche Erholung Deutschland fort: Im April 1939 fiel die Arbeitslosenzahl sogar unter die Marke von 100.000. Damit lag die Arbeitslosenquote bei nur einem halben Prozent.

Jede Industrienation entwickelte spezifische Strategien, um die Wirtschaftskrise zu überwinden. Nachdem die britische Regierung zuerst einem Ansatz der Krisenbewältigung gefolgt war, der dem von Brüning vertretenen Weg für Deutschland ähnelte und auf Kürzungen der Staatsausgaben setzte, wechselte sie, nachdem die britische Volkswirtschaft ebenso wie die deutsche ins Bodenlose abzustürzen drohte, den Kurs zugunsten einer inflationären Strategie. Im September 1931 beschloss die britische Regierung, den Goldstandard für das britische Pfund aufzugeben und durch die Abwertung der Landeswährung den wirtschaftlichen Absturz aufzuhalten. Dieser entscheidende Schritt erwies sich als Voraussetzung für die langsame wirtschaftliche Erholung der britischen Volkswirtschaft. Die Entscheidung zur Währungsabwertung war für die britische Regierung einfacher als für die deutsche Regierung, die in ihren Entscheidungen durch die Erfahrungen der Hyperinflation des Jahres 1923 geleitet wurde. Es gab in Deutschland in den frühen 1930er Jahren keinen ernstzunehmenden Politiker, der bereit war, eine Abwertung der Landeswährung als Konjunkturprogramm in Erwägung zu ziehen.

Die prinzipielle Entscheidung der Reichskanzler von Brüning bis zu Hitler, von einer Abwertung der Reichsmark abzusehen, führte jedoch zu zahlreichen finanziellen und wirtschaftlichen Problemen für die Erholung der deutschen Volkswirtschaft, die vor allem durch die Arbeitsbeschaffungsprogramme der Jahre 1933/34 vorangetrieben wurde. Hitler hatte von seinem Vorgänger Schleicher eine Volkswirtschaft übernommen, die zwar erste vorsichtige Anzeichen einer Erholung aufwies, aber dennoch weitgehend am Boden lag. Brünings deflationäre Strategie hatte die Volkswirtschaft an den Rand eines Zusammenbruchs gebracht und eine Finanzkrise erzeugt, die 1931 zur Schließung der großen Banken geführt hatte. Die prinzipielle Weigerung Brünings, eine Abwertung der Landeswährung in Betracht zu ziehen, und die Einführung von Arbeitsbeschaffungsprogrammen nach Hitlers Ernennung zum Reichskanzler im Jahr 1933 führten zu enormen wirtschaftlichen und finanziellen Verwerfungen.

Hitler war vor allem durch seine Versprechungen, die Wirtschaftskrise zu beenden, ein populärer Politiker geworden, der mehr und mehr Stimmen in Reichstagswahlen für die NSDAP eingefahren hatte. Er stand für eine Abkehr von der Wirtschaftspolitik seiner Vorgänger und die Einführung von Arbeitsbeschaffungsprogrammen, die die Arbeitslosigkeit beseitigen würden. Das erste Arbeitsbeschaffungsprogramm der Hitler-Regierung wurde aber erst nach vier langen Monaten nach seinem Amtsantritt verabschiedet. In diesem Zeitraum sank die Zahl der Arbeitslosen ohne staatliche Hilfsmaßnahmen bereits um 1,2 Millionen. Diese Verbesserung auf dem Arbeitsmarkt resultierte damit nicht aufgrund staatlicher Eingriffe in die Wirtschaft, sondern scheint auf eine autochthone Erholung der Volkswirtschaft zu verweisen. Der Grund für diese Erholung ist naheliegend, denn Brüning hatte die Wirtschaft mit seiner deflationären Strategie an den Rand des Kollapses gebracht, und von diesem Punkt konnte es nur noch aufwärts gehen.

Die Arbeitsbeschaffungsprogramme der NS-Regierung waren daher nicht die Ursache für die wirtschaftliche Trendwende in Deutschland, sondern begleiteten und verstärkten eine wirtschaftliche Erholung, die bereits vor Hitlers Ernennung zum Reichskanzler zaghaft begonnen hatte und sich vor dem Beginn des ersten Arbeitsbeschaffungsprogrammes fühlbar durchsetzte. Und es waren auch nicht die Autobahn oder die Wiederbewaffnung, die den wirtschaftlichen Aufschwung trugen, sondern traditionelle Infrastrukturprogramme. So wurde mit dem ersten, im Juni 1933 verabschiedeten Arbeitsbeschaffungsprogramm eine Milliarde Mark für landwirtschaftliche Siedlungsprojekte, die Begradigung von Flüssen, den Ausbau der Wasserleitungs-, Gas- und Elektrizitätsnetze sowie die Renovierung von Wohngebäuden bereitgestellt. Der Straßenbau wurde in diesem ersten Programm noch nicht berücksichtigt. Das zweite, im Oktober 1933 beschlossene Arbeitsbeschaffungsprogramm reichte dann 55 Millionen Mark für den Straßenbau aus. Bevor Mitte 1934 die Arbeiten an den ersten Teilstücken des geplanten Autobahnnetzes begannen, war die Arbeitslosenzahl auf etwa 2,5 Millionen gesunken. Damit hatten etwa 60 Prozent der im Januar 1933 registrierten Arbeitslosen eine neue Anstellung gefunden, bevor die Bauarbeiten an den neuen Autobahnstrecken einsetzten. Auch wenn diese Arbeitsbeschaffungsprogramme im Prinzip den etwa zeitgleich in den USA als Teil von Franklin D. Roosevelts»New Deal« eingeführten Arbeitsbeschaffungsprogrammen ähnelten, waren sie doch wesentlich kleinteiliger und weniger auf Großprojekte wie etwa Flughäfen wie den La Guardia-Flughafen in New York, Staudämme wie den Bonneville-Damm in Oregon und Brückenbauten wie die San Francisco-Oakland-Brücke ausgerichtet.

Mythos Autobahn

Im Juni 1933 übernahm Fritz Todt die Position des Generalinspekteurs für das Straßenwesen, der auch für den Bau der Autobahnen zuständig war. Eine eigens für den Bau der Autobahn ins Leben gerufene Gesellschaft verfügte anfangs nur über sehr begrenzte finanzielle Mittel, die aus dem Budget der Arbeitsbeschaffungsprogramme kamen. Im Lauf des Jahres 1934 begannen Arbeiten an verschiedenen Teilstücken, deren Baubeginn medienwirksam mit einem symbolischen ersten Spatenstich entweder von Adolf Hitler oder Hermann Göring inszeniert wurden. Auf den Fotos, die den Baustart dokumentierten, waren Hitler und Göring jeweils von zahlreichen uniformierten Angehörigen des Reichsarbeitsdienstes umgeben. Und die Baustellen wimmelten von Hunderten von Arbeitskräften. Der Bau der Autobahn wurde damit als wichtiges Instrument zur Bekämpfung der Arbeitslosigkeit verkauft. Nach dem Abzug der Kameras und der Fotoapparate verschwanden die Bauarbeiter, und schwere Maschinen übernahmen wieder den größten Teil der Bauarbeiten.

Das Konzept einer Fernstraße, die die Städte des Landes verbinden und auf der der Verkehr ununterbrochen von Kreuzungen auf mehreren Fahrbahnen fließen sollte, war allerdings nicht in Deutschland entstanden, sondern in Italien. Bereits im Jahr 1924 hatte der Ingenieur Piero Puricelli den Bau einer 36,5 Kilometer langen Autobahn nahe Mailand geleitet. Zehn Jahre später belief sich die Länge der privaten Autobahnen in Italien auf 478 Kilometer, für deren Nutzung Autofahrer eine Gebühr entrichten mussten. In Deutschland wurden erste Pläne für eine Autobahn durch die Hafabra-Vereinigung in der zweiten Hälfte der 1920er Jahre entwickelt, die sich für eine Autobahnverbindung von Lübeck und Hamburg via Frankfurt am Main nach Basel einsetzte. Diese Pläne fanden aber zunächst wenig Unterstützung unter Politikern und Planern. Deutschland war auch am Anfang der 1930er Jahre immer noch ein Land, in dem nur wenige Bürger ein Auto besaßen. So besaßen lediglich acht von 1.000 Deutschen im Jahr 1932 ein Auto. In den USA waren es zur gleichen Zeit immerhin 183 von 1.000 Amerikanern. Eine Studie von General Motors vom Beginn der 1930er Jahre kam daher zu dem Schluss, dass Deutschland nicht nur das am wenigsten motorisierte Land in der westlichen Welt war, sondern dass es auch einen Nachholbedarf gegenüber den USA von mindestens 18 Jahren hatte. Autofahren in Deutschland galt als ein Privileg der Reichen, und der Bau von Autobahnen aus staatlichen Mitteln erschien als nicht zu rechtfertigen.

Bereits im Dezember 1932 hatte Todt ein Memorandum verfasst, in dem er den Straßenbau der 1920er Jahre scharf kritisierte. Er hielt die existierende Infrastruktur für ungenügend, um die Motorisierung der Deutschen voranzutreiben, und forderte daher den Bau eines Netzes von Fernstraßen. Todt ging davon aus, dass es nötig sein würde, etwa 5.000 bis 6.000 Kilometer an neuen Straßen unter staatlicher und zentralisierter Aufsicht aus öffentlichen Mitteln zu bauen. Todts Ausbildung als Ingenieur und sein Memorandum über den Zustand der deutschen Straßen machten ihn zum geeignetsten Kandidaten für die Oberaufsicht des Autobahnbauprojektes.

Das erste fertiggestellte Teilstück des geplanten Autobahnnetzes wurde im Mai 1935 zwischen Frankfurt am Main und Darmstadt für den Verkehr freigegeben. Diesem lediglich 22 Kilometer langen Teilstück folgten in den 1930er Jahren weitere Strecken, die sich von bisherigen Straßen dadurch unterschieden, dass sie nur von Autos und nicht von Fahrradfahrern, Pferdewagen und Fußgängern benutzt werden durften. Sie waren ohne Kreuzungen gebaut, die beiden Verkehrsrichtungen waren voneinander getrennt und verfügten über jeweils zwei Bahnen. Insgesamt 3.870 Kilometer Autobahn wurden von 1934 bis 1939 gebaut.

Die Autobahnen waren als eine neue Verkehrsinfrastruktur gedacht, die wie die Eisenbahnen im 19. Jahrhundert zu einer Mobilitätsrevolution führen sollten. Sie sollten Städte und Regionen zuerst in Deutschland und nach dem Ausbruch des Zweiten Weltkrieges auch in Ostmittel- und Osteuropa verbinden und so dem »Lebensraum« als Verbindungsadern dienen. Der Bau der Autobahn wird daher oftmals im Kontext der Kriegsvorbereitung gesehen und den Autobahnen eine kriegswichtige Rolle zugeschrieben. Das erscheint jedoch äußerst problematisch zu sein. Hitler und auch Todt mögen zwar die Autobahnen als innovative Transportwege für Militärtransporte betrachtet haben, aber seine Generäle waren immer noch dem deutschen militärstrategischen Denken des Ersten Weltkrieges verhaftet, in dem Truppentransporte nicht über Straßen, sondern über Eisenbahnlinien bewältigt wurden. Und selbst die Transporte der europäischen Juden zu den Konzentrations- und Vernichtungslagern im Osten erfolgten mittels der Eisenbahn und nicht der Autobahn.

Der Bau der Autobahn veränderte die Landschaften Deutschlands nachdrücklich. Die Trassenführung schnitt quer durch Berglandschaften,

Wälder und Sumpfgebiete. Traditionelle Siedlungsstrukturen wurden zerstört und Verbindungen zwischen benachbarten Ortschaften oftmals durch die Trassenführung zertrennt. Brücken wurden notwendig, um die Siedlungen zu beiden Seiten der Autobahn, deren Verkehr nicht durch Kreuzungen aufgehalten werden durfte, wieder zu verbinden. Waldstriche wurden abgeholzt und zerschnitten, der Wildwechsel unterbrochen und die Habitate von Wildtieren zerstört. Landwirtschaftlich genutztes Land, das zum Autobahnbau benötigt wurde, wurde beschlagnahmt und Felder und Weiden zu Betontrassen.

Der Bau der Autobahn war allerdings auch eine ingenieurtechnische und architektonische Meisterleistung. Hohe Brückenkonstruktionen waren notwendig, um tiefe Täler und weite Flüsse zu überqueren. Tunnelröhren mussten in Berge hineingetrieben werden, um die Autobahn in Tunneln durch das Bergmassiv zu führen. Beton und Eisen wurden zu den wichtigsten Baumaterialien des Autobahnbaus und ersetzten frühere Backsteinkonstruktionen etwa für Brücken. Eisenbeton erlaubte die Konstruktion schlanker Brücken und moderner Tankstellen und führte gleichzeitig zu Material- und Kosteneinsparungen.

Das Arbeitspersonal für den Autobahnbau wurde vor allem durch traditionelle Bauunternehmen gestellt und nur zu einem geringen Teil auch durch den Reichsarbeitsdienst, in den Männer aus der Altersgruppe von 18 bis 25 Jahren strömten. Seit 1935 war der sechsmonatige Dienst im Reichsarbeitsdienst verbindlich für junge Männer, die erst danach in die Armee eingezogen wurden. Am Ende der 1930er Jahre wurden die Angehörigen des Reichsarbeitsdienstes dann durch Häftlinge der Konzentrationslager ersetzt.

Organisationen wie der Reichsarbeitsdienst trugen wesentlich zur Nazifizierung und Militarisierung der deutschen Gesellschaft und der deutschen Sprache bei. Die dort eingezogenen Männer mussten während ihrer Dienstzeit die Uniform dieser Organisation tragen, die der Uniform der Armee zum Verwechseln ähnlich sah. Einheiten des Reichsarbeitsdienstes beteiligten sich an Paraden und Versammlungen wie dem alljährlich stattfindenden Nürnberger Reichsparteitag der NSDAP. Sie marschierten in Reih und Glied wie Soldaten. Anstelle einer Waffe trugen sie Spaten, die sie bei Paraden wie Gewehre hielten und behandelten. Sie wurden in der Propaganda als »Soldaten der Arbeit« vorgestellt, die an der »Arbeitsfront« kämpften und sich in »Arbeitsschlachten« behaupteten. Handarbeit wurde zu einem Kampf stilisiert, in dem der »Soldat der Arbeit« siegen musste.

Militärische Begriffe wurden in den 1930er Jahren mehr und mehr auf das Zivilleben übertragen und sollten Männer und Frauen auf den bevorstehenden Krieg vorbereiten. In diesem Krieg stellte man sich jeden Deutschen als einen Soldaten vor, der an der Front und in der Heimat seine Pflicht erfüllen musste.

Die Arbeitsbeschaffungsprogramme waren dazu angelegt worden, um Arbeitslose wieder in den Arbeitsmarkt zurückzuführen und damit die Kaufkraft der Bevölkerung zu erhöhen – so sollte die Wirtschaft wieder angekurbelt werden. Die Ausweitung der Arbeitsbeschaffungsprogramme erhöhte aber auch den Bedarf für Rohstoffe, die Deutschland importieren musste. Weil die Regierungen von Brüning bis Hitler eine Abwertung der deutschen Währung abgelehnt hatten, konnten Unternehmen und der Staat auf dem Weltmarkt Waren und Rohstoffe nur noch mit Devisen einkaufen. Die Devisenvorräte der deutschen Regierung waren allerdings sehr begrenzt. Um notwendige Rohstoffe auf dem Weltmarkt erwerben zu können, musste Deutschland mit handelswilligen Ländern vor allem in Südosteuropa und Südamerika Warentauschvereinbarungen eingehen, die zum direkten Austausch von Rohstoffen gegen Waren ohne einen Bedarf an Finanzmitteln führte.

Die Zunahme der Beschäftigtenzahl führte ebenso (wie erhofft) zu einem Anstieg der Nachfrage nach Verkaufsgütern, die häufig mit Rohstoffen aus dem Ausland hergestellt wurden. Dies führte zu einem größeren Druck auf den deutschen Staat, der die wirtschaftliche Erholung weiter vorantreiben wollte, aber immer mehr Rohstoffe und Waren aus dem Ausland einkaufen musste, um die Arbeitsbeschaffungsprogramme weiterlaufen zu lassen und um die wachsende Binnennachfrage der Konsumenten zu befriedigen. Die deutsche Regierung sah sich einer wachsenden Finanzkrise gegenüber, die nicht nur die wirtschaftlichen und finanziellen Entscheidungen der 1930er Jahre, sondern auch die militärischen Entscheidungen im Jahr 1939 beeinflusste. Der Krieg gegen Polen im September 1939 war nicht nur von dem Verlangen getrieben, die letzten Überreste des Versailler Vertrags auszuradieren, sondern auch von der wirtschaftlichen Notwendigkeit, die Rohstoffe des Landes auszubeuten und eine drohende Wirtschafts- und Finanzkrise zu vermeiden.

Mit dem Bau der Autobahnen rückte auch die Notwendigkeit der Motorisierung der deutschen Bevölkerung auf die (verkehrs-)politische Tagesordnung. Der »Kraft durch Freude«-Wagen, der Platz für zwei Erwachsene und drei Kinder bieten sollte, war als das Herzstück dieser Motorisierung konzipiert. Dieses Auto sollte in einem eigens für diesen Zweck angelegten Werk in Massenfertigung produziert werden, so dass der Kaufpreis von etwa 1.000 Mark dieses Auto auch für Arbeiterfamilien, die jährlich zwischen 1.500 und 2.000 Mark verdienten, erschwinglich machen würde. Um vor allem Arbeitern den Traum von einem eigenen Auto zu erfüllen, führte die Regierung einen Sparplan ein. Familien mit begrenzten Einkommen sollten monatlich fünf Mark einzahlen, um so über einen Zeitraum von etwa 16 Jahren den Kaufpreis für das Auto aufzubringen. Als Quittung für die eingezahlten fünf Mark erhielten die Sparer eine Briefmarke, die sie in ein Sparbuch einklebten, bis sie die geforderte Kaufsumme nachweisen konnten. Dieser Finanzierungsplan spülte erhebliche Finanzmittel in die Staatskasse und ermöglichte den Bau der Autofabrik und einer neuen Stadt – der »Kraft durch Freude«-Stadt – für die Arbeiter der Autofabrik in Nordwestdeutschland.

Die Fertigung in dieser neuen Fabrik begann aber erst im September 1939 nach dem Ausbruch des Zweiten Weltkrieges; allerdings wurde sie wegen des Kriegsbeginns sofort auf die Produktion kriegswichtiger Transportmittel umgestellt. Die Sparer, die auf ein Auto aus diesem Werk gehofft hatten, wurden bitter enttäuscht: Nachdem das Werk aus ihren Ersparnissen finanziert worden war, produzierte es nur kriegswichtige Fahrzeuge, aber nicht Fahrzeuge für den zivilen Gebrauch. Nicht ein einziges der versprochenen »Kraft durch Freude«-Familienautos wurde vor 1945 an deutsche Kunden ausgeliefert.

Der Besitz eines privaten Autos oder eines Motorrads blieb damit auch in den 1930er und 1940er Jahren das Privileg einer kleinen, wohlhabenden sozialen Gruppe. So besaßen im Jahr 1935 lediglich 16,1 von 1.000 Deutschen ein Auto. In den USA waren es aber 204,4 von 1.000 Amerikanern. Auch in Frankreich besaßen mit 49 von 1.000 Franzosen und in England mit 45,2 von 1.000 Engländern deutlich mehr Bürger ein Auto. Damit war Deutschland weit von der Massenmotorisierung entfernt. Insbesondere die USA waren Deutschland bei der Massenmotorisierung weit voraus. Schon im Jahr 1927 verfügten etwa 54 Prozent aller städtischen Haushalte (in Städten mit mehr als 100.000 Einwohnern) über ein Privatauto. Amerikanische Straßen waren damit bereits am Ende der 1920er Jahre mit Autos gut gefüllt, während die modernen Autobahnen Deutschlands selbst in den 1930er Jahren größtenteils leer blieben und entgegen den verkehrsrechtlichen Bestimmungen von Fußgängern und Fahrradfahrern für einen Sonntagsspaziergang genutzt wurden.

»Kraft durch Freude« für die »Volksgemeinschaft«

Die Integration der Arbeiter in die nazifizierte Gesellschaft – sie hatten dem NS-System anfangs skeptischer gegenübergestanden als die Angehörigen des Mittelstandes und der Oberschichten – wurde vor allem auf zwei Wegen erreicht. Robert Ley, der Führer der Deutschen Arbeitsfront, verwandte viel Zeit und Energie darauf, die öffentliche Wahrnehmung manueller Arbeit zu verbessern. Aus einer notwendigen Tätigkeit sollte eine ehrenhafte und allseits geschätzte Beschäftigung werden. Während die manuelle Arbeit vor allem im marxistischen Diskurs als eine Form der menschlichen Ausbeutung galt, aus der der Arbeiter keine Lebensfreude gewinnen konnte, bot der Nationalsozialismus eine neue Perspektive auf die Handarbeit als eine Tätigkeit, die Stolz und Ehre vermittelte. Harte Handarbeit wurde geschätzt und der Arbeiter öffentlich für seine Arbeit gepriesen. Hitler hob in vielen seiner Reden die bescheidenen Umstände seiner Kindheit und Jugend hervor und zeichnete seinen Lebensweg als einen von vielen Hindernissen gesäumten Pfad. Der Nationalsozialismus bot Arbeitern somit eine neue Perspektive auf ihr Dasein, ohne dessen Umstände etwa durch Lohnerhöhungen oder andere Sozialleistungen wesentlich zu verbessern.

Das »Kraft durch Freude«-Programm, das Gelegenheiten zur Erholung im Urlaub und Freizeitbeschäftigungen schuf, erwies sich als eine noch attraktivere Einladung vor allem an die Arbeiter, sich in die nazifizierte Gesellschaft zu integrieren. Urlaub für Arbeiter etablierte sich mit unterschiedlicher Geschwindigkeit in verschiedenen Industriezweigen seit den 1880er Jahren. Das Buchdruckgewerbe war ein Vorreiter bei der Gewährung von Urlaub unter den Industriezweigen. Nach 1900 gelangten die in Brauereien beschäftigten Arbeiter sowie die in der Eisen- und Stahlindustrie beschäftigen Arbeiter in den Genuss eines bezahlten Jahresurlaubs. In den 1920er Jahren hatten die meisten Arbeiter Anspruch auf ein bis zwei Wochen Jahresurlaub. Reisen und Urlaub waren aber noch nicht miteinander verbunden, da die meisten Arbeiter und Angestellten nicht über die finanziellen Ressourcen verfügten, um sich eine Urlaubsreise leisten zu können. Urlaubsreisen blieben damit auch in den 1920er Jahren ein Privileg wohlhabender Familien.

Das »Kraft durch Freude«-Programm sollte es auch Arbeiterfamilien ermöglichen, sich auf eine Urlaubsreise zu begeben. Dazu bot das Programm seinen Teilnehmern zu erschwinglichen Preisen Reisen in den

Harz oder Schiffsreisen auf der Ostsee und der Nordsee an. Im Jahr 1938 beteiligten sich etwa 1,5 Millionen Deutsche an längeren Urlaubsreisen und etwa 7 Millionen Deutsche an Kurzausflügen. Bei einer Gesamtbevölkerung von etwa 65 Millionen Einwohnern kamen damit etwa 13 Prozent der Deutschen in den Genuss dieser Leistungen.

Mehr als 130.000 Reisende erlebten im Jahr 1938 eine Schiffsreise auf einem der »Kraft durch Freude«-Schiffe. Derartige Seereisen waren selbst für viele mittelständische Familien außerhalb ihrer finanziellen Möglichkeiten gewesen. Auch wenn die Zahl derer, die sich eine derartige Seereise leisten konnten, begrenzt blieb – von 1934 bis 1939 reisten nur etwa 700.000 Deutsche an Bord eines der sechs Schiffe, die der »Kraft durch Freude«-Organisation gehörten –, dienten die Werbeplakate für diese Reisen als machtvolle Instrumente der Propaganda, in der allen Deutschen die Teilnahme an einem exklusiven Urlaubserlebnis versprochen wurde. Derartige Schiffsreisen, die zuvor nur den Reichen und Einflussreichen vorbehalten gewesen waren, standen nun, so vermittelte es jedenfalls die Bewerbung des Programms, jedem offen. Damit begann das Phänomen des Massentourismus.

Die Angebote des »Kraft durch Freude«-Programms waren aber auf diejenigen Deutschen beschränkt, die als Mitglieder der deutschen »Volksgemeinschaft« anerkannt waren. Deutsche jüdischen Glaubens oder Abstammung sowie Deutsche slawischer Abstammung wie etwa die Sorben ebenso wie Sinti und Roma wurden aus dieser »Volksgemeinschaft« aufgrund ihrer Zugehörigkeit zu einer anderen »Rasse« ausgeschlossen. Dies galt auch für Homosexuelle sowie für Menschen mit physischen und psychischen Behinderungen und ebenso für die zu politisch-ideologischen Gegnern erklärten Kommunisten und Sozialdemokraten. All diese Gruppen wurden zum Gegenstand von Verfolgung, Inhaftierung und Mord.

Um als Mitglied der »Volksgemeinschaft« gelten zu können, musste der Betroffene seine »arische« Abstammung nachweisen. Er musste aber auch sportlich und gesund sein. Einer Redewendung folgend, sollte »der Deutsche flink wie ein Windhund, zäh wie Leder und hart wie Kruppstahl sein«. Die Mitglieder der »Volksgemeinschaft« sollten produktive Menschen sein, die durch ihre Arbeit zur Steigerung des »Volkswohls« beitrugen. Aber sie sollten sich auch für die Ideen des Nationalsozialismus begeistern und das System aus vollem Herzen unterstützen. Diejenigen, die Zweifel hatten, den NS-Staat nicht unterstützten oder einfach nicht in die herrschaftskonforme »Volksgemeinschaft« passten und durch eigensinniges Verhalten auffielen, fanden sich schnell unter Beobachtung nicht nur durch die gefürchtete Geheime Staatspolizei (Gestapo) wieder, sondern vor allem durch ihre Nachbarn, ihre Freunde und Kollegen, die kaum zögerten, Fehlverhalten von Bekannten und Verwandten zu denunzieren.

Überwachung und Denunziation

Die Denunziation einer Person durch Nachbarn, Freunde und Verwandte trug zur Schaffung einer Überwachungsgesellschaft bei, in der sich fast jeder Deutsche unter Beobachtung befand. Diese wurde aber nicht durch die Gestapo und andere Polizeieinheiten des NS-Systems ausgeführt, sondern durch die Bevölkerung. Die Gestapo war mit lediglich 7.500 Mitarbeitern im Jahr 1939 zahlenmäßig überhaupt nicht in der Lage, 65 Millionen Deutsche effektiv zu überwachen. Hätte sich die Gestapo bei ihrer Arbeit allein auf ihre eigenen Kapazitäten stützen müssen, wäre sie sprichwörtlich blind gegenüber dem Fehlverhalten vieler Deutscher gewesen. Es war die Unterstützung von Millionen von Frauen und Männern, die sich freiwillig mit Berichten an die Gestapo wandten und ihre Nachbarn, Freunde, Kollegen und Familienmitglieder denunzierten. Diese machten es der Gestapo erst möglich, ein weites und effizientes Überwachungsnetz über die deutsche Gesellschaft zu legen.

Die Praxis des Denunzierens war keineswegs ein Phänomen, das auf die nazifizierte Gesellschaft beschränkt war. In der Menschheitsgeschichte kam es immer wieder dazu, dass Menschen andere Menschen denunzierten, wenn diese in den Augen der Denunzierenden und des Staates soziale oder rechtliche Normen verletzten. Nicht das Denunzieren veränderte sich in der Geschichte, wohl aber die Reaktion des Staates, der diese Denunziationen entweder ignorierte oder wohlwollend aufnahm. Denunziationen spielten eine große Rolle während der Hexenverfolgung, in der Französischen Revolution, bei der Verfolgung von Linken in den USA der McCarthy-Ära (in den Nachkriegsjahren bis zur Mitte der 1950er Jahre) und in den faschistischen und kommunistischen Systemen des 20. Jahrhunderts. Der NS-Staat ermunterte Deutsche, das Fehlverhalten von Nachbarn, Freunden und Kollegen zu denunzieren, was von der deutschen Bevölkerung bereitwillig aufgenommen wurde.

Die Gestapo sah sich rasch einer Flut von anonymen Briefen gegenüber, die eine Vielzahl von Fehlverhalten anzeigten. Dadurch agierte die Gestapo weniger als ein aktives Untersuchungsorgan als vielmehr als eine reaktive Verfolgungsinstitution, die Denunziationen entgegennahm und erst dann Untersuchungen gegen bestimmte Personen einleitete. Geriet eine Person aufgrund einer Denunziation erst einmal in das Blickfeld der Gestapo, konnte dies ernsthafte Folgen haben und zu deren Inhaftierung in einem Konzentrationslager führen.

Denunziationen von Mitmenschen kamen von Männern und Frauen, Erwachsenen und Kindern sowie von Arbeitern und Direktoren. Während Frauen bevorzugt ihre Nachbarn denunzierten, richtete sich das Augenmerk der Männer vor allem auf ihre Kollegen und Vorgesetzten. Denunziationen erfolgten oftmals schriftlich in Form eines Briefs, dessen Absender anonym blieb und der an eine Organisation des Staates adressiert war. Diese Briefe waren immer von einzelnen Personen verfasst worden, da eine von mehreren Personen verfasste und oder unterzeichnete Petition auf eine illegale Gruppierung verweisen und damit die Aufmerksamkeit der Gestapo auf den oder die Verfasser selbst ziehen konnte. Die Autoren bekundeten ihre Loyalität zum Nationalsozialismus und beschuldigten eine konkrete Person, die ein bestimmtes Fehlverhalten an den Tag legte. Es konnte vorkommen, dass eine Person von mehreren Personen mehrmals denunziert wurde. In einigen Fällen schienen Denunzianten wiederholt eine andere Person eines Fehlverhaltens bezichtigt zu haben. Diese wiederholten Denunziationen resultierten aus der Ungeduld des Denunzianten, der eine unmittelbare Reaktion des Staates erwartete. Blieb diese aus oder trat sie erst verzögert ein, dann folgten weitere Denunziationen, in denen das Fehlverhalten immer weiter ausgemalt wurde, bis die Gestapo sich schließlich zum Eingreifen gezwungen sah.

Die Verfasser dieser Denunziationen beklagten stets Fehlverhalten, das vom NS-System als ein solches definiert worden war. Denunzianten beklagten etwa, dass ihre Nachbarn oder Kollegen Witze über Hitler rissen, sich weigerten, den Hitlergruß in der Öffentlichkeit zu zeigen, dass sie vor 1933 Mitglieder kommunistischer oder sozialdemokratischer Organisationen gewesen oder homosexuell waren. In den meisten Fällen war das denunzierte Fehlverhalten nur vorgeschoben und verdeckte andere soziale und zwischenmenschliche Konflikte. Männer und Frauen nutzten die Möglichkeit der Denunziation und der folgenden Untersuchung eines Falles durch die Gestapo dazu, um persönliche Konflikte auszutragen und Nachbarn und Kollegen aus dem Weg zu räumen. Neid und persönliche Animositäten waren wohl die eigentlichen Triebkräfte der sich ausbreitenden Denunziationskultur.

Ein kleiner Teil von Denunziationen diente aber auch dazu, Konflikte zu lösen, für die es noch keine anderen Lösungsstrategien gab. So denunzierten Frauen zum Beispiel ihre Ehemänner, die sie misshandelten und vergewaltigten. Sie zeigten diese nicht dieser Verbrechen an, da diese noch nicht als solche sanktioniert wurden, sondern informierten die Gestapo, dass diese Männer Kommunisten wären. Diese Anklage weckte stets das Interesse der Gestapo und gewährleistete, dass die Beschuldigten in einem Konzentrationslager landen würden. Auch einige von ihren Männern bereits geschiedene Frauen nutzten Denunziationen dazu, um rechtliche Konflikte in Bezug auf das Sorgerecht für ihre Kinder zu lösen. Da das Rechtssystem Vätern grundsätzlich den Vorzug bei der Zuerkennung des Sorgerechtes gab, war die Denunziation des ehemaligen Ehemannes als Kommunist – ob wahr oder nicht – die einzige Möglichkeit für Mütter, das Sorgerecht für ihre Kinder zu übernehmen.

Nur wenige Denunziationen scheinen von der nationalsozialistischen Ideologie motiviert worden zu sein. Darunter befanden sich solche, in denen Söhne, von der Hitlerjugend ermuntert, ihre Väter anti-nationalsozialistischen Verhaltens bezichtigten. Hierher gehören auch die vor allem von Frauen getätigten Denunziationen gegen ihre Nachbarn über Verstöße gegen die Nürnberger Rassengesetze, die sexuelle Handlungen und Liebesbeziehungen zwischen Deutschen und Juden untersagten.

Denunziationen schufen gleichzeitig ein Klima der Angst, des Chaos und der Konformität und ermöglichten eine wirksame Sozialkontrolle, die die Gestapo so mit eigenen Kräften nicht hätte ausüben können. Niemand war vor den Denunziationen sicher. Fabrikarbeiter konnten ihre Vorgesetzten denunzieren, Frauen ihre Ehemänner, Söhne ihre Väter und Nachbarn ihre Nachbarn. Denunziationen zerstörten traditionelle soziale Hierarchien ebenso wie patriarchale Strukturen. Sie gaben Frauen und Kindern eine gewisse Macht und schufen vollkommenes soziales Chaos, was dazu beitrug, dass mehr und mehr Deutsche sich ein solches denunziatorisches Verhalten aneigneten. Die Zahl der bei der Gestapo eingehenden Denunziationen wuchs von Jahr zu Jahr bis zur Niederlage der deutschen Wehrmacht bei Stalingrad im Februar 1942. Als die Deutschen anfingen, am deutschen »Endsieg« zu zweifeln, sank auch die Zahl der Denunziationen – während die Zahl von Akten des Widerstandes anzuwachsen begann.

Während die Sprache und der Inhalt der Denunziationen an sich selbst nur wenig über die eigentliche Motivation und Einstellung des Denunzianten aussagen können, erwiesen sich die Denunziationen als ein wichtiges Instrument zur Integration der Deutschen in die nazifizierte Gesellschaft. Es erscheint nicht entscheidend zu wissen, ob und in welchem Ausmaß diese Denunziationen durch eine nationalsozialistische Weltsicht motiviert waren. Die Denunziationen gaben der Gestapo Ohren und Augen und schufen eine sich selbst überwachende Gesellschaft, in der eine Atmosphäre der Angst herrschte und in der jeder in Furcht vor dem anderen lebte. Dieses System schuf extreme Konformität, da jeder, der sich anders und abweichend verhielt, sofort die Aufmerksamkeit seiner Mitmenschen auf sich zog und damit das Risiko einging, denunziert zu werden.

Die Konzentrationslager

In den Tagen nach dem Reichstagsbrand Anfang März 1933 entstanden erste wilde Konzentrationslager, in denen die SA Kommunisten und Sozialdemokraten gefangen hielt. Diese Lager, die dazu dienen sollten, die Gegner Hitlers zu inhaftieren, umzuerziehen oder zu ermorden, waren als eine temporäre Institution für die Zeit der Transformation Deutschlands von der Demokratie in eine Diktatur gedacht. Weder Hermann Göring noch Adolf Hitler sahen anfangs eine Notwendigkeit für die dauerhafte Einrichtung dieser Lager. Daher stieg die Zahl der in den Lagern Inhaftierten im Lauf des Jahres 1933 zunächst an, um dann im nächsten Jahr rasch und erheblich zu sinken. Ende 1934 waren die Lager nach zahlreichen Amnestien wieder fast leer. Dies änderte sich, nachdem Heinrich Himmler, nach dem Schlag gegen die SA-Führung im Sommer 1934, die Verantwortung für die Konzentrationslager übernommen hatte. Im Gegensatz zu Göring bestand Himmler auf der dauerhaften Nutzung von Konzentrationslagern zur Inhaftierung von Regimegegnern. In den folgenden Jahren wurden die Konzentrationslager, die nicht mehr von der SA, sondern nun von der SS betrieben wurden, neu organisiert. Gewalt und Folter waren zwar schon zuvor Bestandteil des Lageralltags gewesen.

Mit der Unterstellung der Lager unter SS-Verwaltung mehrte sich jedoch die Gewalt- und Folterpraxis, und Lager wurden zu Orten des organisierten Misshandelns, Folterns und Mordens, aus denen Häftlinge nicht mehr lebend entlassen wurden. Diese neuen Konzentrationslager wie etwa das Lager in Sachsenhausen und in Buchenwald wurden außerhalb größerer Städte und Siedlungen errichtet, befanden sich aber häufig noch in Seh- und Hörweite von Menschen, die in ihrem Umfeld lebten. Die in den Konzentrationslagern Inhaftierten wurden zu schwerer und lebensgefährlicher Arbeit innerhalb und außerhalb der Lager eingesetzt, die das Leben vieler Häftlinge kostete. Der Tod der Häftlinge war dabei nicht ein Nebeneffekt, sondern das Ziel.

Das im Jahr 1936 eröffnete Konzentrationslager Sachsenhausen befand sich in der Nähe der Kleinstadt Oranienburg nördlich von Berlin. Der Lagerkomplex umfasste nicht nur Unterkünfte für die Lagerhäftlinge, sondern auch für das Wachpersonal und Wohnhäuser für die SS-Offiziere und deren Familien. Die Häftlinge trugen weiß und blau gestreifte Uniformen sowie ein farbiges Dreieck, dessen Farbe das »Vergehen« des Häftlings anzeigte. Kommunisten mussten rote Dreiecke tragen, Straftäter grüne Dreiecke und Homosexuelle rosa Dreiecke. Da die Zahl der Wachsoldaten gering war, verließ sich der Lagerkommandant auf die Selbstverwaltung der Häftlinge durch sogenannte »Kapos«, die von SS-Offizieren aus der Gruppe der Kriminellen und der Kommunisten ausgewählt wurden. Den Kapos wurde die Verantwortung für die Arbeitstrupps und die Wohnbaracken der Häftlinge übertragen. Einige Häftlinge arbeiteten auch in der Verwaltung des Lagers. Kapos wurden oftmals gezwungen, Entscheidungen über Leben und Tod von Häftlingen zu treffen, verfügten jedoch über nur wenig Autonomie. Die Position eines Kapos hatte einige Vorteile: Sie mussten sich nicht an der anstrengenden und die Lebenskräfte aufzehrenden Arbeit der Häftlinge beteiligen und erhielten eine etwas bessere Verpflegung. Kapos hatten aber ebenso wie die anderen Häftlinge wenig Hoffnung, das Lager einmal wieder lebend zu verlassen.

Die Häftlinge des Lagers in Sachsenhausen waren dazu verdammt, aus den nahegelegenen Lehmgruben Lehm, der zu Ziegeln verarbeitet wurde, zu schaufeln und in Schubkarren aus den Gruben zu fahren. Für die unterernährten und entkräfteten Häftlinge, die täglich mehr als zehn Stunden schufteten, war diese Arbeit tödlich. Die Schubkarren waren groß und schwer. Manche Häftlinge waren einfach zu entkräftet, um sie aus der Grube hinauszuschieben. Andere Häftlinge wurden von den Schubkarren überfahren, wenn diese zurückrollten. Und wenn Häftlinge zurückrollenden Schubkarren auszuweichen versuchten, wurden sie von den Wachmännern erschossen. Einige der Häftlinge in Sachsenhausen wurden unmenschlichen und brutalen medizinischen Experimenten unterzogen. Und dann waren da auch noch die gefürchteten Schießstände der SS, in denen Häftlinge als lebende Ziele verwendet wurden. Auch wenn das Lager in Sachsenhausen kein Todeslager war wie Auschwitz, Treblinka oder Sobibor, war es dennoch ein Ort des Todes, an dem Zehntausende von Häftlingen – unter denen sich auch sowjetische Kriegsgefangene befanden – systematisch getötet wurden.

Die Einrichtung von Lagern für Staatsfeinde war und ist charakteristisch für alle Diktaturen im 20. und 21. Jahrhundert. Lager bestanden in Francos Spanien, Stalins Sowjetunion und Maos China. Die Konzentrationslager in NS-Deutschland unterschieden sich dennoch deutlich von diesen Lagern. Der massenhafte Tod von Häftlingen war charakteristisch für viele, aber nicht alle dieser Lager, und das Wachpersonal behandelte die Häftlinge in der Regel mit großer Brutalität. Die Konzentrationslager in NS-Deutschland waren aber nicht nur dazu angelegt worden, um die Häftlinge durch ihre einheitliche Kleidung und ihre Behandlung zu entmenschlichen, sondern auch, um sie durch Arbeit physisch zu vernichten. Und während die Lagersysteme in anderen Diktaturen wieder verschwanden, wurden sie in NS-Deutschland zu einer dauerhaften und integralen Einrichtung des Systems – u.a. wegen Hitlers und Himmlers Weltanschauung, wonach der Nationalsozialismus und der NS-Staat sich in einen permanenten und Jahrhunderte dauernden Konflikt mit seinen Feinden befände. Während der NS-Staat in seiner kurzen Existenz von nur zwölf Jahren eine beachtliche und ständig zunehmende Radikalisierung erfuhr, zeichneten sich andere Systeme wie der Francismus und der Stalinismus durch eine Radikalisierung aus, auf die eine Liberalisierung folgte. Es bleibt offen, ob es im Fall des Nationalsozialismus zu einer ähnlichen »Normalisierung« hätte kommen können, wenn das System länger existiert hätte. Vieles scheint jedoch dagegen zu sprechen.

Deutsche im Exil

Die Nazifizierung der deutschen Gesellschaft zwang nicht nur linke Politiker und Parteifunktionäre ins Exil, sondern auch Intellektuelle, Gelehrte, Wissenschaftler, Künstler, Schauspieler und Regisseure, die keinen Platz mehr im nazifizierten Deutschland für sich ausmachen konnten. Während einige glaubten, dass die neue politische Ordnung ihnen immer noch genügend Freiraum und künstlerische Freiheit lassen würde, erkannten andere sehr schnell, dass ihre Freiheiten im neuen Deutschland stark eingeengt waren. Das Land zu verlassen, war aber keine einfache Entscheidung für diejenigen, die dieses Land als ihre Heimat ansahen. Und es war auch nicht so einfach ein Land zu finden, in dem Exilanten willkommen waren. Während die Sowjetunion aufgrund der stalinistischen Repressionen nur wenig Anziehungskraft selbst auf linke Intellektuelle ausübte, hatten die USA, in die es viele Exilanten zog, gerade erst im Jahr 1924 ein restriktives Einwanderungssystem eingeführt, das die Zahl der Einwanderer aus jedem Land quotierte. Dieses Quotensystem war zwar in erster Linie dazu angelegt worden, um die Einwanderung vor allem aus Asien und Südeuropa zu beschränken, aber es führte auch Quoten für Mittel- und Nordeuropäer ein. Deutsche, die sich in den USA oder in einem anderen Land niederlassen wollten, mussten zudem nachweisen, dass sie aus eigener Kraft für sich aufkommen konnten. Diese Hürden konnten nur wenige prominente Deutsche nehmen, die über Einfluss und Verbindungen verfügten.

Unter den Prominenten, die Deutschland verließen, war mit Marlene Dietrich eine Schauspielerin, die streng genommen nicht zu den Exilanten gerechnet wird, da sie bereits im Jahr 1930 gegangen war. Ihre öffentliche Gegnerschaft zum Nationalsozialismus ließ sie in den Augen der Amerikaner jedoch zu einer Symbolfigur der aus Deutschland Vertriebenen werden. Dietrich, die für ihre Rolle der schönen Lola in dem Film *Der blaue Engel* international berühmt geworden war, war von Repräsentanten NS-Deutschlands mehrfach eingeladen worden, wieder in ihre Heimat zurückzukehren. Sie lehnte derartige Angebote aber grundsätzlich ab, kritisierte stattdessen die Verfolgung der Juden und unterstützte jüdische Auswanderungsprojekte mit Geldmitteln. Nach dem Eintritt der USA in den Zweiten Weltkrieg reiste sie im Auftrag der *United Service Organization* der amerikanischen Armee nach Europa und gab Unterhaltungsauftritte für die alliierten Truppen in Westeuropa und Nordafrika.

In Hollywood fand sich Dietrich in Gemeinschaft vieler aus Deutschland geflohener Schauspieler wie Peter Lorre, Komponisten wie Friedrich Hollaender und Regisseure wie Max Reinhardt, Billy Wilder, William Dieterle und Fritz Lang wieder. Der Transfer derart vieler deutscher Künstler veränderte die amerikanische Filmindustrie tiefgreifend. Deutsche und österreichische Komponisten wie Friedrich Hollaender und Erich Korngold gaben der Filmmusik eine neue Bedeutung. Insbesondere Korngold verwandelte das Studioorchester von Hollywood in ein Sinfonieorchester, das nicht mehr nur Hintergrundmusik beisteuerte, sondern den Bildern des Films eine stärkere emotionale Wirkungsmacht gab. Korngolds Filmmusik wurde zum Prototyp der modernen musikalischen Untermalung amerikanischer Filme. Deutsche Regisseure schufen das Fundament für moderne Filmkategorien wie den Film Noir, den Gangster-Film und Komödien.

Schriftsteller wie Anna Seghers, Bertolt Brecht, Thomas und Heinrich Mann und Stefan Zweig wurden ebenso aus Deutschland vertrieben. Im Unterschied zu Schauspielern und Regisseuren hatten sie aber einen viel schwereren Stand, eine neue Heimat und ein Auskommen zu finden. Viele zogen von einem Ort zum anderen und wurden nirgendwo sesshaft. Thomas Mann trieb es zuerst nach Frankreich. Von hier zog er in die Schweiz und dann in die USA. Seghers begann ihre Exilerfahrung in Frankreich, bevor sie nach Mexiko ausreisen konnte. Die deutschen Schriftsteller waren politisch wesentlich aktiver als ihre Kollegen in der Filmbranche. Brecht, der im Jahr 1941 in die USA einreiste, schuf im Exil sein berühmtes Stück *Der aufhaltsame Aufstieg des Arturo Ui*, der die Kultur der Verbrecherbanden in Chicago dazu nutzte, um einem amerikanischen Publikum den Aufstieg Hitlers zu erklären. Und Seghers schrieb in ihrer Zeit in Mexiko den Roman *Das Siebte Kreuz*, das die Flucht von sieben Konzentrationslagerhäftlingen erzählte. Der in Österreich geborene Regisseur Fred Zinnemann verfilmte Seghers' Roman für ein amerikanisches Publikum im Jahr 1944. Der Schriftsteller Friedrich Wolf war einer der wenigen, die sich ins sowjetische Exil retteten. Wolf wurde vor allem mit seinem Stück *Professor Mamlock* berühmt. Dieses Stück war eines der ersten literarischen Verarbeitungen und Darstellungen des institutionalisierten Antisemitismus im Deutschland der 1930er Jahre.

Es waren aber nicht nur Künstler, die Deutschland verlassen mussten, sondern auch Wissenschaftler wie Albert Einstein und Architekten wie Ludwig Mies van der Rohe. Und während viele Wissenschaftler und Intellektuelle wie Einstein aufgrund ihrer jüdischen Abstammung vertrieben wurden, gab es auch viele, die aufgrund ihrer politischen Haltung oder wie etwa van der Rohe wegen ihrer Begeisterung für den Stil der Moderne in das Fadenkreuz der Nationalsozialisten geraten waren. Nachdem Einstein in die USA ausgewandert war und an der Princeton University eine neue Anstellung gefunden hatte, unterstützte er alle Bemühungen der amerikanischen Regierung, Deutschland zu besiegen. Als er von den Plänen deutscher Wissenschaftler um Werner Heisenberg erfuhr, eine Atombombe zu bauen, wandte er sich an den amerikanischen Präsidenten Franklin D. Roosevelt und drängte ihn, ebenfalls ein Atomwaffenprogramm zu initiieren.

Architekten wie Mies van der Rohe mischten sich hingegen kaum in die politischen Debatten ein und widmeten sich vielmehr ihrer Karriere. Mies van der Rohe war ein innovativer Architekt, der die Position des Bauhaus-Direktors im Jahr 1930 übernommen hatte. Nachdem das Bauhaus aus ideologischen Gründen von den Nationalsozialisten geschlossen wurde, gelang es ihm im Jahr 1937, Deutschland zu verlassen, und in die USA zu gehen. In Chicago wurde er Direktor der Architekturschule des Armour-Instituts (dem späteren *Illinois Institute of Technology*). In seiner Chicagoer Zeit entwickelte er die für seine Bauten so charakteristische »Haut und Knochen«-Architektur, die bei der Errichtung prominenter Bauten der Stadt verwendet wurde.

Der Exodus von Künstlern, Wissenschaftlern, Architekten und Intellektuellen aus NS-Deutschland hinterließ eine deutlich ärmere Kunst- und Kulturszene. Dennoch gab es auch zahlreiche Intellektuelle und Künstler, die in Deutschland blieben und zur Schaffung einer nazifizierten Kultur beitrugen. Darunter befanden sich Schauspieler wie Heinz Rühmann, Zara Leander, Regisseure wie Leni Riefenstahl und Sängerinnen wie Lale Andersen. Riefenstahl revolutionierte die Filmproduktion mit ihren Filmen *Triumph des Willens* und *Olympia*. Obwohl beide Filme propagandistischen Zwecken dienten und den Nationalsozialismus glorifizierten, waren beide Filme filmtechnische Meisterleistungen. Riefenstahl experimentierte mit neuen Kameratechniken, indem sie nicht mit feststehenden Kameras, sondern erstmals mit beweglichen Kameras arbeitete und auf diese Weise neue Perspektiven erschloss.

Und Lale Andersen wurde mit ihrem Lied »Vor der Kaserne, vor dem großen Tor«, das die Liebesgeschichte eines Soldaten und seiner Geliebten in Zeiten des Krieges erzählte, weltberühmt. Das Lied entwickelte sich zur inoffiziellen Hymne des Zweiten Weltkrieges und wurde von Radiostationen fast aller am Krieg beteiligten Nationen gespielt.

Nach dem Krieg kehrten viele der ins Exil gegangenen Deutschen wieder in das nun geteilte Deutschland zurück. Andere blieben Deutschland weiterhin fern. Für Marlene Dietrich und Thomas Mann stand eine Rückkehr in das Land Hitlers außer Frage. Die Verbrechen der Nationalsozialisten waren einfach zu grausam und die Komplizenschaft der Deutschen zu überwältigend. Andere wie etwa Bertolt Brecht waren gezwungen, sich aus ihrem amerikanischen Exil zu verabschieden, nachdem sie aufgrund ihrer politischen Überzeugungen auch hier ins Fadenkreuz politischer Verfolgung in der McCarthy-Ära geraten waren.

Der Holocaust

Der Nationalsozialismus war mehr als nur eine politische Bewegung. Er präsentierte eine rassistische Vision für die vollständige Neuordnung von Bevölkerungen und Territorien in Zentral- und Osteuropa, die auf dem vorgeblichen Grundsatz aufbaute, dass Osteuropa den Lebensraum für die »arische Rasse« darstelle. Derartige rassistische Vorstellungen für ein von »Ariern« dominiertes Europa waren keineswegs spezifisch deutsch, sondern wurden seit dem letzten Drittel des 19. Jahrhunderts von französischen, englischen und amerikanischen Autoren entwickelt und beschworen. Der Franzose Joseph Arthur de Gobineau entwickelte eine der ersten rassistischen Theorien, in denen die Geschichte der Menschheit als ein Konflikt zwischen verschiedenen Rassen skizziert wurde. Die »arische Rasse« erschien dabei als die einzige kulturschaffende Gruppe, die alle Hochkulturen vom antiken Ägypten bis zur westeuropäischen Zivilisation erschaffen hätte. Die Französische Revolution wurde in diesem Kontext als ein rassisch motivierter Konflikt zwischen dem »arischen Adel« und den »gallischen Massen« interpretiert.

Der Amerikaner Madison Grant präsentierte ebenfalls in seinem 1916 veröffentlichten Buch *The Passing of the Great Race* eine umfassende rassistische Interpretation der europäischen Geschichte, die seit ihren Anfängen durch die Aktivitäten dreier »Rassen« – der »nordischen«, der »alpinen« und der »mediterranen Rasse« – geprägt wurde. Grant ließ keinen Zweifel daran, dass er die »nordische Rasse« als die allen anderen Rassen überlegene Rasse ansah. Wie bereits Gobineau so hielt auch Grant die »nordische Rasse« für die einzige kulturschaffende Rasse, während die »alpine« und die »mediterrane Rasse« für ihn kulturzerstörend waren. Grant beschrieb nicht nur die Französische Revolution, sondern auch die sozialen Konflikte im England des 19. Jahrhunderts als rassistisch motiviert. Die Französische Revolution war für Grant wie schon für Gobineau ein Konflikt zwischen dem rassisch überlegenen (nordischen) Adel und den rassisch unterlegenen Massen, die laut Grant den »alpinen« und »mediterranen Rassen« entstammten. Und auch die sozialen Konflikte im industrialisierenden England des 19. Jahrhunderts erschienen Grant als Konflikt zwischen der »nordischen Oberschicht« und der »radikalen Arbeiterbewegung«, die sich vor allem aus Angehörigen der »mediterranen Rasse« zusammensetzte.

Die Geburt des »Arischen« und der »arischen Rasse«

Rassistische Interpretationen der europäischen Geschichte, wie sie von Gobineau und Grant verbreitet wurden, basierten auf Ideen und Konzepten über den Ursprung der europäischen Sprachfamilie, die am Anfang des 19. Jahrhunderts von Sprachwissenschaftlern entwickelt worden waren. Deutsche Sprachforscher wie Friedrich Max Müller gingen davon aus, dass mit Ausnahme des Estnischen, Finnischen und Ungarischen alle europäischen Sprachen miteinander verwandt seien und auf eine Ursprache – das »Arische« – zurückverfolgt werden könnten. Um diese Ursprache rekonstruieren zu können, begannen Sprachforscher das Vokabular der einzelnen europäischen Sprachen zu vergleichen und ähnliche Begriffe (*mother* im Englischen, *Mutter* im Deutschen und *mater* im Lateinischen) zu identifizieren bzw. deren Verwandtschaft und Abstammung voneinander herzuleiten. Um Veränderungen des Vokabulars über Tausende von Jahren zu erklären, entwickelten Sprachforscher wie Jacob Grimm Regeln und Gesetze, die die Veränderung von Konsonanten und Vokalen und damit die Herausbildung und Differenzierung germanischer Sprachen erklären sollten. So postulierte Grimm, dass sich im Übergang vom indogermanischen zum germanischen Konsonantensystem (die sogenannte »Erste Lautverschiebung«) der Konsonant »p« zu einem »pf« bzw. »f« wandelte.

Nachdem Sprachwissenschaftler die »arische Ursprache« als solche entdeckt und zum Teil deren Vokabular sogar rekonstruiert zu haben glaubten, begaben sie sich auf die Suche nach den Menschen, die diese Ursprache gesprochen hatten. Sprachwissenschaftler waren sich sicher, dass nicht nur die »arische Ursprache«, für die es keinerlei schriftliche Quellenbelege gibt, sondern auch deren Sprecher – also ein »arisches

Urvolk« – existierte. Um die Heimat dieses »arischen Urvolkes« zu identifizieren, versuchten sie die Namen der Pflanzen und Tiere, die in der
»arischen Ursprache« existiert haben sollen, zu identifizieren. Zwei Theorien über die Urheimat des »arischen Urvolkes« waren das Ergebnis dieser
Bemühungen: Eine Theorie sah Skandinavien als die Urheimat der Arier, eine andere, einflussreichere die Gegend um das nördliche Ufer des
Schwarzen Meeres.

Diese Ansichten, die anfangs lediglich sprachwissenschaftliche Theorien waren, entwickelten sich im Lauf des 19. Jahrhunderts allmählich zu
nationalistischen und rassistischen Visionen, in denen die Existenz und
Herkunft der »arischen Rasse« aus dem Raum um das Schwarze Meer zu
unumstößlichen Tatsachen wurden. Von dieser Wiege der »arischen Zivilisation« wanderten germanische Stämme wie die Vandalen, Goten, Zim-
bern und Teutonen in der »Großen Völkerwanderung« westwärts und besiedelten in der zweiten vorchristlichen Jahrtausendhälfte den europäischen Kontinent.

Aus dieser rassistischen Interpretation der europäischen und deutschen Geschichte wurde am Anfang des 20. Jahrhunderts auch die Überzeugung gewonnen, dass der osteuropäische Raum zwischen Deutschland
und dem Schwarzen Meer den deutschen Nachfahren der germanischen
und arischen Stämme gehöre. Das dicht besiedelte und hoch industrialisierte Deutschland sah in den scheinbar endlos weiten und landwirtschaftlich geprägten osteuropäischen Territorien einen Raum, der nach
seiner (Rück-)Eroberung dem deutschen Volk Wachstumsmöglichkeiten
versprach. In den nationalsozialistischen Zukunftsvisionen erschienen
diese osteuropäischen Territorien als von »arischen Wehrbauernfamilien«
besiedelte, landwirtschaftlich geprägte Regionen. Dieser Besiedlung des
Lebensraumes mit »arischen Wehrbauern« sollte zuerst eine Entleerung
der mit Angehörigen der »slawischen« und »jüdischen Rasse« besiedelten
Territorien vorausgehen, die vertrieben, versklavt und ermordet werden
sollten.

Juden zwischen Assimilation und Antisemitismus

Der Völkermord an den europäischen Juden war Bestandteil eines men-
schenverachtenden Plans zur Neuordnung des osteuropäischen Raums,

der weder Juden noch Slawen einen Platz einräumte. Derartige Visionen entwickelten sich nicht aus einer spezifisch deutschen Denktradition, sondern wurden aus westlichen irrationalen Ängsten geboren, in denen die westliche zivilisierte Welt in Gefahr stand, von östlichen, rassisch »minderwertigen« Einwanderern überrannt zu werden. Westeuropäische und amerikanische Wissenschaftler und Politiker glaubten zunehmend, dass sich ost- und südeuropäische Einwanderer schwer in die westlichen Gesellschaften eingliedern ließen, da sie sich einer raschen Assimilation widersetzten. Vor allem amerikanische Politiker begannen um 1900 in Ost- und Südeuropäern nicht mehr nur Menschen aus einer bestimmten geographischen oder kulturellen Region zu sehen, sondern Angehörige einer anderen als »minderwertig« eingestuften Rasse, die einfach nicht assimilierbar war und daher von der Einwanderung in die amerikanische Gesellschaft ausgeschlossen werden sollte. Derartige Vorstellungen führten nicht nur zur dauerhaften Etablierung der Quarantänepflicht für europäische Einwanderer auf der New York vorgelagerten Insel Ellis Island, sondern auch zur Einführung von länderspezifischen Quoten für die Einwanderung in die USA in den 1920er Jahren, die Einwanderer aus Süd- und Osteuropa benachteiligen sollten.

Die Pogrome im Russischen Reich am Anfang des 20. Jahrhunderts zwangen viele russische Juden dazu, ihre Heimat zu verlassen. So stieg die Zahl der russischen Flüchtlinge in Deutschland von 47.000 im Jahr 1900 auf fast 138.000 im Jahr 1910 an. Viele fanden sich in Städten wie Berlin zusammen, wo sie entweder auf eine Weiterreise in die USA warteten oder aber ein neues Leben in Deutschland beginnen wollten. In den frühen 1920er Jahren kamen zudem Hunderttausende Polen und Tschechen nach Deutschland, die aufgrund des Zerfalls Österreich-Ungarns, der Grenzverschiebungen in Ost- und Mitteleuropa sowie des anhaltenden Antisemitismus heimatlos geworden waren. Im Jahr 1925 lebten in Deutschland mehr als 220.000 Tschechen und mehr als 260.000 Polen.

Unter den russischen, tschechischen und polnischen Flüchtlingen befanden sich viele Juden, die sich von ihren deutschen Glaubensgenossen durch ihr äußeres Erscheinungsbild und ihre konservative Glaubenseinstellung abhoben. Im Gegensatz zu den assimilierten deutschen Juden waren diese osteuropäischen Juden aufgrund ihrer Kleidung und ihrer Haartracht im täglichen Leben von Metropolen wie Berlin deutlich zu erkennen. Doch auch wenn diese osteuropäischen Juden sehr sichtbar waren, so vergrößerten sie die jüdische Minderheit in Deutschland nur unwesentlich. Juden repräsentierten im Jahr 1933 lediglich 0,75 Prozent der deutschen Bevölkerung. In Anbetracht dieser Zahlen erscheinen die Befürchtungen der lautstarken Antisemiten, die seit den 1880er Jahren vor einer jüdischen Übernahme der deutschen Gesellschaft sowie einer Überflutung Deutschlands mit jüdischen Flüchtlingen aus Osteuropa warnten, fast lächerlich. Dennoch forderten Antisemiten, dass der Flüchtlingsstrom aus Osteuropa gestoppt und die Assimilation der deutschen Juden wieder rückgängig gemacht werden müsste.

Einflüsse der Eugenik

Der Schritt von der Ausgrenzung der Juden und ihrer Ausweisung aus Deutschland bis zu ihrer Ermordung wurde nur denkbar im Kontext der eugenischen und sozialdarwinistischen Vorstellungen und Praktiken, die sich in der westlichen Welt seit den 1890er Jahren zunehmend durchsetzten. Unter dem Einfluss des englischen Begründers der Eugenik, Francis Galton, der nachzuweisen glaubte, dass soziale Verhaltensweisen ebenso erblich wären wie physische Eigenschaften, entwickelte sich zuerst in den USA ein politisches Klima, in dem die zwangsweise Sterilisation von Kriminellen, Asozialen und Behinderten zuerst sporadisch und dann per Gesetz möglich wurde. Sogenannte »Schwachsinnige«, die sich sowohl in Gefängnissen als auch in Irrenanstalten wiederfanden, wurden Opfer dieser Sterilisationen, die ohne deren Einverständnis vorgenommen wurden. Nachdem erste Sterilisationen bereits in den 1890er Jahren ohne gesetzliche Grundlage in Gefängnissen wie dem Staatsgefängnis des Bundesstaates Indiana praktiziert worden waren, verabschiedete das Parlament des Bundesstaates Indiana im Jahr 1907 das erste Landesgesetz in den USA, das die Sterilisation von Straftätern, »Idioten« und »Schwachsinnigen« erlaubte. Dieses Gesetz ermöglichte es Ärzten, all diejenigen zu sterilisieren, die aufgrund ihrer genetischen Veranlagung zu einem »asozialen« und kriminellen Leben verdammt waren. Diesem ersten Gesetz folgten schnell weitere in Kalifornien, New York und Wisconsin. Gemeinsam war all diesen Gesetzen, dass sie davon ausgingen, dass das kriminelle und asoziale Verhalten von Menschen nicht durch deren Umwelt, sondern durch deren Erbanlagen bestimmt war. Um die Weitervererbung kriminellen und asozialen Verhaltens zu unterbinden und eine Gesellschaft zu schaffen, die frei von derartigen Verhaltensweisen war, erschien es den Gesetzgebern nötig, die Fortpflanzung der Betroffenen zu unterbinden. Diese Gesetze unterschieden sich jedoch in ihrer Reichweite, da jedes Landesgesetz einen spezifischen Kreis von Opfern definierte. In einigen Bundesstaaten galten zum Beispiel alle Empfänger von Armenunterstützung als »schwachsinnig« und konnten damit sterilisiert werden. In anderen Bundesstaaten galt Alkoholismus als Erbkrankheit, und in anderen Bundesstaaten war der Kreis der potentiell zu Sterilisierenden nur auf physisch Behinderte beschränkt.

Carrie Buck, die Tochter einer als »schwachsinnig« diagnostizierten Mutter und Opfer einer Vergewaltigung durch ein Familienmitglied ihrer Pflegefamilie, war das prominenteste Opfer dieser Sterilisationsgesetze. Nachdem ihre Mutter Emma Buck wegen unsittlichen Verhaltens in die Irrenanstalt des Bundesstaates Virginia eingewiesen worden war, wurde Carrie an eine Pflegefamilie gegeben, die sie wie eine Hausangestellte behandelte. Als sich herausstellte, dass Carrie infolge einer Vergewaltigung schwanger war, ließen ihre Pflegeeltern, die die Vergewaltigung vertuschen wollten, sie unter dem Verweis, dass sie »schwachsinnig« sei, in dieselbe Irrenanstalt einweisen, in der sich schon ihre Mutter befand. Der Direktor dieser Anstalt bestand auf der Sterilisation von Carrie Buck nach der Geburt ihres Kindes, um zu verhindern, dass die erbliche »Schwachsinnigkeit« noch auf weitere Kinder der dritten Generation übertragen werden würde. Diese Entscheidung wurde jedoch gerichtlich angefochten und galt als Testfall für die Rechtmäßigkeit der geltenden Sterilisationsgesetze in den USA.

Der »Fall Carrie Buck« ging durch alle Instanzen bis zum Bundesgericht der USA, das in seiner Entscheidung im Jahr 1927 feststellte, dass die zwangsweise Sterilisation von Carrie Buck im Interesse der amerikanischen Gesellschaft notwendig sei. Drei Generationen von »Schwachsinnigen«, schrieb einer der Richter, Oliver Wendell Holmes, mit Verweis auf Carrie Buck, deren Mutter sowie ihrer Tochter, seien schließlich genug. Damit legitimierte das höchste Gericht der USA die Praxis der zwangsweisen Sterilisationen und ermunterte Politiker und Ärzte, diese Praxis auszuweiten. Unmittelbar nach diesem Gerichtsurteil wurden derartige Gesetze in zahlreichen Bundesstaaten eingeführt, und die Zahl der zur Sterilisation vorgesehenen Personen aus Gefängnissen und Irrenanstalten wuchs rasch an. Von 1907 bis 1931 wurden insgesamt etwa 12.000 Amerikaner zwangsweise sterilisiert.

Die Entscheidung des höchsten Gerichts der USA bewog nicht nur die Amerikaner, die Praxis der Sterilisation auszuweiten, sondern zog auch die Aufmerksamkeit von Eugenikern in Kanada und auf dem europäischen Kontinent auf sich. Diese wünschten sich Gesetze, wie sie in den USA auf der bundesstaatlichen Ebene bereits existierten, auch für ihre Länder. Unter diesen Enthusiasten befand sich auch der Zwickauer Arzt Gerhard Boeters, der in den 1920er Jahren intensiv und öffentlich für die Legalisierung der Zwangssterilisation für »Schwachsinnige« in Deutschland warb. Boeters beschränkte sich jedoch nicht nur auf das Werben für seine Position, sondern begann wie auch schon amerikanische Ärzte in den 1890er Jahren mit der Sterilisation von Personen, die er als »schwachsinnig« eingestuft hatte, ohne dass es dafür eine rechtliche Grundlage gab. Im Jahr 1924 wandte sich Boeters zudem mit einem Aufruf an die deutsche Ärzteschaft, in dem er seine Kollegen öffentlich dazu aufforderte, »Schwachsinnige« nicht nur zu identifizieren, sondern auch zu sterilisieren, um so die deutsche Gesellschaft vor einer Überflutung mit physisch und psychisch Kranken zu schützen.

Derartige inhumane Argumente fanden in den 1920er Jahren auch unter deutschen Politikern aus allen politischen Parteien offene Ohren. So debattierte der Reichstag im Jahr 1932 einen Gesetzesentwurf, der die Sterilisation von »Schwachsinnigen« erlauben sollte. Dieser Entwurf ging jedoch in den politischen und parlamentarischen Wirren des letzten Jahres der Weimarer Republik unter. Nach Adolf Hitlers Ernennung zum Reichskanzler erlangte die Praxis der Zwangssterilisation neue Aufmerksamkeit unter Politikern und Ärzten. Im Juli 1933 erließ die NS-Regierung das »Gesetz zur Verhütung erbkranken Nachwuchses«, das im Wesentlichen dem seit 1909 in Kalifornien gültigen Gesetz nachempfunden war. Das deutsche Gesetz erlaubte die Sterilisierung von Personen mit Erbkrankheiten wie »angeborenem Schwachsinn«, Schizophrenie, manisch-depressivem Verhalten, Epilepsie, Huntingtonscher Chorea, erblicher Blind- und Taubheit sowie körperlichen Missbildungen. Der einzige Unterschied zwischen dem deutschen und dem kalifornischen Gesetz bestand in der Identifizierung derjenigen, die auf der Grundlage dieses Gesetzes sterilisiert werden sollten. Während das kalifornische Gesetz die Sterilisierung von Straftätern und von Empfängern von Armenunterstützung erlaubte, fanden diese beiden Zielgruppen keine Aufnahme in das deutsche Gesetz. Alkoholiker, die nicht als »schwachsinnig« im kalifonischen Gesetz galten, wurden hingegen im deutschen Gesetz als »schwachsinnig« definiert und damit zu Zielen der Sterilisationspläne. Das im Sommer 1933 eingeführte Gesetz ermöglichte es von diesen Krankheiten Betroffenen sowie deren Vormündern und den Anstaltsärzten, die für die Pflege der Betroffenen zuständig waren, die Sterilisation zu beantragen. Zwangssterilisierungen waren aber nur eine Seite der eugenischen Praxis im »Dritten Reich«. Während auf der einen Seite die reproduktiven Fähigkeiten der als »minderwertig« definierten Menschen beschränkt wurden, wurden auf der anderen Seite die reproduktiven Fähigkeiten von als rassisch hochwertig definierten Menschen gefördert. Um diese als besonders wertvoll definierten Menschen zu identifizieren, führte das im Jahr 1935 erlassene »Gesetz zum Schutze der Erbgesundheit des deutschen Volkes« einen Ehetauglichkeitstest ein, der von den Ehepartnern verlangte, dass sie einen medizinischen Nachweis darüber erbrachten, dass keiner der Ehepartner unter einer erblichen Krankheit litt. Diejenigen Paare, die diesen Nachweis erbrachten und heiraten durften, erhielten zahlreiche Vorteile wie etwa einen Ehekredit. Ehekredite waren die wohl bekannteste sozialpolitische Innovation dieser Zeit. Junge Ehepaare konnten einen zinslosen Kredit von bis zu 1.000 Mark erhalten, um ihre Wohnung einzurichten. Als Anreiz zur Zeugung von Nachwuchs wurde jedem Paar für jedes geborene Kind jeweils 250 Mark der Kreditsumme erlassen.

Die Vergabe dieser Ehekredite wurde zu Beginn allerdings davon abhängig gemacht, dass die betroffenen Ehefrauen nach ihrer Heirat ihren Beruf aufgaben, um sich der Pflege ihrer Kinder zu widmen. Weil diese Regelung vor allem unter Arbeiterfamilien, die auf zwei Einkommen angewiesen waren, wenig Interesse fand, musste diese Bedingung später aufgehoben werden. In den vier Jahren von 1933 bis 1937 – während dieser Zeit waren Ehefrauen, wenn sie diesen Kredit in Anspruch nehmen wollten, dazu gezwungen, ihren Beruf aufzugeben – beantragte nur etwa ein Drittel aller Ehepaare diesen Ehekredit. Nachdem im Jahr 1937 diese Bedingung wegfiel, stieg die Zahl der Paare, die diesen Kredit in Anspruch nahmen, zügig an. So beantragten im Jahr 1939 immerhin 42 Prozent aller frisch vermählten Ehepaare einen Ehekredit.

Das wohl bekannteste und zugleich erfolgloseste Element der eugenischen Sozialpolitik der Nationalsozialisten war das im Jahr 1939 gestiftete Mutterkreuz, das von der französischen Praxis der öffentlichen Anerkennung von Müttern durch Vergabe des Mutterkreuzes, das in Bronze (für fünf Kinder), Silber (für sechs und sieben Kinder) und Gold (für acht und mehr Kinder) vergeben wurde, beeinflusst war. Ehekredite and Mutterkreuz zielten darauf ab, verheirateten Paaren Anreize zur Zeugung von Kindern zu vermitteln. Der Erfolg dieser Strategien blieb jedoch äußerst begrenzt. So stieg etwa die Zahl der Geburten, die von 1895 von 1,88 Millionen Säuglingen bis 1933 stetig auf 960.000 pro Jahr gefallen war, bis 1937 nur wieder leicht auf 1,28 Millionen Neugeborene an.

Das NS-Euthanasieprogramm

Hitler zeigte schon im Jahr 1935 großes Interesse daran, von der 1933 etablierten Praxis der Sterilisation von als »schwachsinnig« eingestuften Menschen zu deren Tötung (»Euthanasie«) überzugehen. Er war jedoch auch davon überzeugt, dass ein derartiger Schritt zu Friedenzeiten in der Bevölkerung auf Widerstand treffen würde, während es wesentlich einfacher erschiene, derartige Praktiken in Kriegszeiten als notwendig zu rechtfertigen. Hitler änderte seine Ansicht jedoch bereits im Winter 1938/39, als er mit dem Brief eines Vaters aus Leipzig konfrontiert wurde, der Hitler darin um die Erlaubnis bat, seinen missgebildet geborenen Sohn zu töten. Hitler sandte seinen Leibarzt Dr. Karl Brandt nach Leipzig, um das Baby, das blind war und nur mit einem Bein und einem Arm geboren worden war, zu begutachten. Brandt gab seine Zustimmung, und der Säugling wurde wohl wenige Tage nach seiner Geburt getötet.

Die Praxis der Tötung von Neugeborenen, die mit erheblichen physischen Behinderungen geboren wurden, lässt sich in die USA der 1910er Jahren zurückverfolgen. Harry J. Haiselden, der als Chirurg am Deutsch-Amerikanischen Krankenhaus von Chicago tätig war, erlangte im Jahr 1915 dadurch Berühmtheit, dass er sich weigerte, eine lebensrettende Operation an einem Säugling (Bollinger Baby) vorzunehmen, der mit schweren Behinderungen auf die Welt gekommen war. Haiselden vertrat öffentlichkeitswirksam die Meinung, dass es besser wäre, Säuglinge, die mit Behinderungen auf die Welt gekommen waren und nur durch medizinische Eingriffe begrenzt lebensfähig werden könnten, sterben zu lassen. Seinen Worten ließ er Taten folgen. Auch wenn er nicht aktiv an der Tötung der betroffenen Säuglinge mitwirkte, sondern sie durch die Verweigerung medizinischer Eingriffe sterben ließ, stand er am Anfang der modernen Euthanasiebewegung, die sich zuerst in den USA formierte und am Ende der

1930er Jahre in Deutschland auch zur aktiven Tötung von Säuglingen führte.

Der Brief des Leipziger Vaters ermunterte Hitler dazu, seinen Vertrauten Philipp Bouhler mit der Formulierung eines Euthanasie-Programms zu beauftragen, das auf die Tötung von als »schwachsinnig« eingestuften Kindern abzielte. Dieses Programm nahm zuerst Kinder ins Visier, die von ihren Familien staatlichen und kirchlichen Pflegeeinrichtungen anvertraut worden waren. Bouhlers Euthanasie-Programm etablierte Expertengruppen mit jeweils drei Ärzten, die die Krankenakte von als »schwachsinnig« kategorisierten Kindern hinsichtlich ihres physischen und psychischen Zustandes begutachteten und dann Empfehlungen abgaben, ob der Betreffende leben durfte oder getötet werden sollte. Die Tötung dieser Kinder wurde durch Schwestern und Ärzte in den staatlichen und kirchlichen Pflegeanstalten vorgenommen. Einige Kinder ließ man durch Nahrungsentzug zu Tode kommen, andere erhielten starke Betäubungsmittel, die den Tod herbeiführten. Den Eltern dieser ermordeten Kinder wurde mitgeteilt, dass ihre Kinder durch ansteckende Krankheiten gestorben wären.

Dieses Euthanasie-Programm wurde rasch auch auf die Tötung von Erwachsenen ausgeweitet, die sich in staatlichen und kirchlichen Pflegeanstalten befanden. Im Unterschied zur Tötung der Kinder geschah die Tötung der Erwachsenen allerdings mit Kohlenmonoxid in Gaskammern, die in sechs Anstalten, die zu Tötungszentren wurden, eingebaut worden waren. Die erste Vergasung von als »schwachsinnig« kategorisierten Erwachsenen fand in der Anstalt in der Stadt Brandenburg (Havel) im Januar 1940 statt. Die Opfer wurden von anderen Anstalten nach Brandenburg transportiert und hier in eine als Duschraum getarnte Gaskammer geführt. Das Kohlenmonoxid wurde dann von dem Auspuff eines Kraftwagens in die Gaskammer eingeleitet. Die Leichen der vergasten Opfer wurden anschließend in einem Krematorium verbrannt und den Familien mitgeteilt, dass die betreffenden Patienten jeweils an einer ansteckenden Krankheit verstorben seien.

In nur drei Jahren von 1939 bis 1941 wurden etwa 71.000 Menschen getötet. Und auch wenn das Euthanasie-Programm im Gegensatz zur Zwangssterilisation als ein Geheimnis behandelt wurde, drangen doch Gerüchte darüber, was in Anstalten wie Brandenburg und Hadamar vor sich ging, nach außen. Zu viele Schwestern und Ärzte waren in das Programm involviert, und zu viele Busse brachten Tausende von Patienten in diese Anstalten und verließen diese Anstalten wieder leer. Die hohe Zahl von Patienten, die vorgeblich an ansteckenden Krankheiten starben, schürte Gerüchte und Vermutungen darüber, was dort geschah. Diejenigen, die in der näheren Umgebung von Hadamar lebten, begannen die Busse bald als »Todesbusse« zu bezeichnen, und Eltern warnten ihre Kinder, dass, wenn sie nicht brav wären, sie zur Strafe auch »nach Hadamar« geschickt werden könnten. Derartige Redewendungen und Drohungen lassen erahnen, dass viele Menschen durchaus wussten, was unter dem Mantel des Schweigens mit den Insassen derartiger Anstalten passierte.

Eugenik – von der Zwangssterilisation bis hin zur Euthanasie – war kein unpopuläres Programm, das einer unwilligen Bevölkerung aufgezwungen werden musste. Schon lange vor der »Machtergreifung« der Nationalsozialisten gab es in Deutschland Akademiker wie Alfred Hoche und Karl Binding, die sich schon im Jahr 1920 in ihrer Broschüre *Die Freigabe der Vernichtung lebensunwerten Lebens* für die Tötung von als »schwachsinnig« kategorisierten Menschen öffentlich einsetzten. Dennoch gab es auch einige wenige Menschen wie den Münsteraner Bischof Clemens August Graf von Galen, die sich gegen diese Praxis zur Wehr setzten. Im August 1941 kündigte Galen in einer öffentlichen Predigt an, dass er Strafanzeige gegen diejenigen Personen stellen würde, die Personen aus den der katholischen Kirche in seiner Diözese unterstellten Anstalten zur Tötung abtransportieren würden. Galen wandte sich öffentlich gegen die Praxis der Tötung von als »schwachsinnig« kategorisierten Menschen und verwies darauf, dass diese Praxis nicht nur gegen Kirchenrecht, sondern auch gegen staatliches Recht verstieß, da es kein die Euthanasiepraxis legitimierendes Gesetz gab. Damit machten sich diejenige, die an diesen Tötungsaktionen teilnahmen, so jedenfalls Galens Argumentation, des Mordes schuldig. Galens Predigten erreichten ein weites Publikum, da sie nicht nur mündlich von der Kanzel herab von ihm vorgetragen wurden, sondern auch gedruckt unter der Münsteraner Bevölkerung verteilt wurden. Hitler hätte Galen am liebsten verhaften und erschießen lassen, doch fürchtete er einen öffentlichen Skandal und Widerstand seitens der Katholiken. Dies wollte Hitler vor allem nach dem Angriff auf die Sowjetunion nicht riskieren. Daher entschloss sich Hitler, das Euthanasie-Programm offiziell zu beenden und Galen nicht zur Rechenschaft zu ziehen.

In diesem Kontext kam ein Film in die deutschen Kinos, der bis heute die Gemüter bewegt und von den einen als Propagandafilm der Nationalsozialisten angeprangert und von den anderen als ein Plädoyer für den selbstbestimmten Tod beschworen wird. In dem Film *Ich klage an* trifft der Zuschauer auf die junge und wunderschöne Hanna Heyt (gespielt von Heidemarie Hatheyer), die mit einem berühmten Arzt und Wissenschaftler, Professor Thomas Heyt (gespielt von Paul Hartmann), verheiratet ist. Nach einem häuslichen Unfall – Hanna fällt die Kellertreppe hinunter – erfährt sie von dem befreundeten Arzt Dr. Bernhard Lang (gespielt von Mathias Wieman), dass sie unter einer schnell fortschreitenden Multiple Sklerose leide, die sie langsam und grausam töten werde. Ihr Ehemann versucht vergeblich, als Forscher ein Mittel zu finden, das die Erkrankung seiner Frau aufhält, wird aber allmählich in die Verzweiflung getrieben. Als Hanna ihn bittet, ihr Leben zu beenden, bevor die Krankheit ihre Lungen lähmen würde, verweigert er zuerst diese Bitte, lässt sich später aber doch dazu überreden. Nach dem Tod seiner Frau, der durch Betäubungsmittel, die er Hanna verabreicht hatte, verursacht wurde, wird er vor Gericht des Mordes beschuldigt. Aus Schuldempfinden weigert er sich, sein Tun zu verteidigen. In dem Gerichtsprozess geht es jedoch weniger um individuelle Schuld, sondern vielmehr darum, ob ein Arzt einen todkranken, an einer Erbkrankheit leidenden Menschen töten soll und darf.

Es besteht kein Zweifel, dass der Film seinem Publikum die Praxis der Euthanasie nahebringen sollte. Allerdings hatte die Geschichte des Films, in dem ein sich aus Liebe um seine Frau sorgender Ehemann zur Sterbehilfe hinreißen ließ, wenig mit der in den Anstalten dieser Zeit praktizierten barbarischen Tötung von Kindern und Erwachsenen gemein. Diese Opfer der Euthanasie oder deren Vormünder hatten kein Mitspracherecht in den Entscheidungen über ihr Leben, sondern wurden von Ärzten, die die betreffenden Opfer in den meisten Fällen noch nicht einmal persönlich untersucht hatten, zur Tötung aussortiert. Das Euthanasie-Programm der Nationalsozialisten war nicht dazu gedacht, einzelnen Personen wie Hanna in dem Film, die einen leidvollen Tod vermeiden wollten, zu helfen, sondern zielte darauf ab, eine ganze Gruppe von Menschen, die als Ballast der Gesellschaft betrachtet wurden, zu vernichten.

Von der Ausgrenzung zum Völkermord

Infolge des Protests von Bischof Galen wurde das Euthanasie-Programm offiziell im Spätsommer 1941 beendet. Das Personal sowie die Technologie der Gaskammern wurden aber nicht einfach aufgegeben, sondern nach Osten in das besetzte Polen geschickt, wo es bei der Errichtung von Todeslagern wie Auschwitz, in denen ab Ende 1941 nicht nur deutsche, sondern vor allem osteuropäische Juden ermordet wurden, Verwendung fand. Deutsche Juden hatten bereits seit 1933 eine sich stetig verstärkende Diskriminierung, Ausgrenzung und Verfolgung erlitten. Dabei dienten die in den 1930er Jahren erlassenen antisemitischen Gesetze dem einzigen Ziel, die jüdische Minderheit, die sich im 19. Jahrhundert derart stark assimiliert hatte, dass sie fast unsichtbar geworden war, wieder sichtbar und identifizierbar zu machen, um sie dann verfolgen und beseitigen zu können. Die Diskriminierung und Ausgrenzung der Juden begann im April 1933 mit dem »Gesetz zur Wiederherstellung des Berufsbeamtentums«, das Juden aus dem öffentlichen Dienst vertrieb. Die »Nürnberger Gesetze« des Jahres 1935 verboten Heiraten und sexuelle Beziehungen zwischen Deutschen und Juden und beraubten Juden ihrer deutschen Staatsbürgerschaft. Das alltägliche Leben wurde für Juden immer mehr erschwert, etwa durch Beschränkungen der Bildungsangebote und durch Gemeindeerlasse, die Juden den Zugang zu öffentlichen Einrichtungen verwehrten. Jüdische Frauen und Mädchen, die keinen deutlich erkennbaren jüdischen Vornamen führten, wurden gezwungen, den Namen »Sara« anzunehmen, jüdische Männer und Jungen dazu, den Namen »Israel« zu tragen. Diese Gesetze ließen keinen Zweifel daran, dass Juden in Deutschland unerwünscht waren. Diejenigen, die finanzielle Möglichkeiten oder Familienangehörige in anderen Ländern hatten, setzten alles daran, Deutschland zu verlassen. In den sechs Jahren von 1933 bis 1939 gelang es etwa 150.000 Juden zu emigrieren und so der Verfolgung durch die Nationalsozialisten zu entfliehen.

Die von der NS-Propaganda sogenannte »Reichskristallnacht« des 9. Novembers 1938 war ein erster Wendepunkt. In dieser Nacht wurden in allen deutschen Städten Synagogen, jüdische Geschäfte und die Wohnungen jüdischer Mitbürger zerstört und Tausende von Juden verhaftet und in Konzentrationslagern interniert. Die Identifizierung und Ausgrenzung der Juden waren abgeschlossen. Ihre Verfolgung und Beseitigung konnten beginnen. Dies bedeutete im Jahr 1939 aber noch nicht Völkermord.

Die Nationalsozialisten favorisierten zuerst die Auswanderung der Juden, die jedoch durch die Enteignung der Juden sowie durch Einwanderungsbeschränkungen wie etwa im Fall der USA durch das Quotensystem erheblich erschwert wurde. Die USA erlaubten etwa 200.000 jüdischen Flüchtlingen aus Europa in den Jahren von 1933 bis 1941 die Einreise in das Land. Der fortschreitende Weltkrieg, in dem Deutschland sich mehr und mehr Feinde machte, führte dazu, dass die Zahl der potentiellen Länder, die jüdische Flüchtlinge aufzunehmen bereit waren, kleiner und kleiner wurde. Gleichzeitig wuchs die Zahl der Juden, die in Gebieten lebten, die unter deutsche Kontrolle kamen.

Infolge des raschen Vormarsches der deutschen Truppen in Polen im Jahr 1939 und in der Sowjetunion im Jahr 1941 gerieten umfangreiche osteuropäische Territorien mit einer hohen jüdischen Bevölkerungsdichte unter deutsche Besatzungsherrschaft. Der Anteil der Juden an der deutschen Bevölkerung war mit 0,75 Prozent im Jahr 1939 im Vergleich zum Anteil der Juden in Polen, wo er 9,5 Prozent betrug, oder in der Ukraine, wo er bei 4,4 Prozent lag, vergleichsweise gering. Diese osteuropäischen Juden fielen den SS-Einsatzgruppen zum Opfer, die einzig und allein mit der Tötung von jüdischen Zivilisten beauftragt worden waren. Gleichzeitig entstanden in Städten wie Warschau Gettos, in denen Juden unter unmenschlichen Bedingungen zusammengepfercht wurden. Die physische Vernichtung der europäischen Juden begann lange, bevor die Vernichtungslager ihre Arbeit aufnahmen.

Der Spätsommer 1941 war ein zweiter Wendepunkt. Das Euthanasie-Programm musste (wie erwähnt) wegen der Proteste des Münsteraner Bischofs Galen beendet werden. Der Überfall auf die Sowjetunion hatte Millionen Juden unter deutsche Kontrolle gebracht, und die Einsatzgruppen erwiesen sich als physisch und psychisch unzureichend vorbereitet auf die Ermordung von Millionen von Zivilisten. In dieser Situation entstand die Idee der Todeslager, die die im Kontext der Euthanasie entwickelte Technologie (Gaskammern, die als Duschräume getarnt waren) sowie das Personal des Euthanasie-Programms übernahm und anstelle von Kohlenmonoxid Zyklon B einsetzte. Nachdem an verschiedenen Orten in Polen und Serbien noch mobile Gaskammern zur Ermordung von Juden eingesetzt worden waren, bei denen die Abgase von Kraftwagen in einen darauf installierten, luftdicht abgeschlossenen Container geleitet wurden, entstanden in Auschwitz im Spätsommer 1941 die ersten stationären, als Duschkabinen getarnten Gaskammern, die speziell zur Vergasung von

Menschen konstruiert wurden. Wie bereits im Euthanasie-Programm wurden auch hier die Opfer der Gaskammern in Krematorien verbrannt, um so jede Spur der Verbrechen zu verwischen.

Insgesamt sechs Millionen Juden – die meisten waren osteuropäische Juden – wurden in den Jahren von 1939 bis 1945 ermordet. Das entsprach etwa zwei Dritteln der jüdischen Vorkriegsbevölkerung in Europa. Sie starben bei Massenerschießungen, in Gettos und in den Vernichtungs- und Konzentrationslagern. Dieser Vernichtungsfeldzug gegen die europäischen Juden war Bestandteil einer rassistischen Vision, in der die (Rück-)Eroberung Osteuropas und die Entleerung dieses »Lebensraumes« von seinen slawischen und jüdischen Bewohnern als die historische Mission des deutschen Volkes verstanden wurden. Dieser Lebensraum gehörte dieser Auffassung nach der »arischen Rasse«, die diesen Raum wieder besiedeln sollte und in ein von Wehrbauern dominiertes, landwirtschaftlich geprägtes Utopia verwandeln sollte.

Aufgrund dieser rassistischen Utopie war die deutsche Kriegsführung im Osten von Anfang an auf die Vernichtung der als »minderwertig« kategorisierten Bevölkerung ausgerichtet, die im besten Fall versklavt und im schlimmsten Fall getötet werden sollte. In Hitlers Denken war diese Auseinandersetzung ein Krieg zwischen zwei Rassen – der »arischen Rasse« und der »slawischen Rasse«, in der es keinen Unterschied zwischen Zivilisten und Soldaten geben sollte. Soldaten wie die der Roten Armee wurden deshalb auch nicht entsprechend der internationalen Vereinbarungen über die Behandlung von Kriegsgefangenen behandelt, sondern als Angehörige einer unterlegenen Rasse. Von den etwa 5,7 Millionen von den Deutschen gefangengenommenen Rotarmisten wurden etwa 3,3 Millionen in Kriegsgefangenen- und Konzentrationslagern, oft durch gezielten Nahrungsmittelentzug, ermordet.

Der Zweite Weltkrieg

Der europäische Kontinent wurde in den 1930er Jahren von politischen Konflikten beherrscht, die zum Untergang der Demokratie und dem Aufstieg des Faschismus führten. Am Anfang der faschistischen Welle, die allmählich über Europa schwappte, standen Italien und Benito Mussolinis Ernennung zum Ministerpräsidenten im Jahr 1922. In den folgenden Jahren entstanden faschistische Bewegungen in fast allen europäischen Ländern. Westeuropäische Länder wie Frankreich gerieten an den Rand eines Bürgerkriegs, während sich in Spanien die Fronten zwischen den Lagern so weit verhärteten, dass es im Jahr 1936 tatsächlich zum Bürgerkrieg kam. Die Demokratie, die noch wenige Jahre zuvor als die Zukunft der politischen Herrschaftsausübung galt, war fast völlig von der politischen Landkarte Kontinentaleuropas verschwunden.

Adolf Hitlers Aufstieg zum Reichskanzler und »Führer« Deutschlands spiegelte nicht nur diese gesamteuropäische Hinwendung zu autoritären und faschistischen Strukturen wider, sondern auch das Verlangen der Deutschen, den Versailler Vertrag zu überwinden. Obwohl die Deutschen sich in den 1920er Jahren über viele grundsätzliche Dinge wie etwa darüber stritten, ob nun die Demokratie oder die Monarchie die bessere Regierungsform wäre, einte sie doch ihre über Parteiengrenzen hinwegreichende Gegnerschaft zum Versailler Vertrag, der immer wieder als Versailler »Diktat« oder »Schandfrieden« diffamiert wurde. Nach zehn Jahren deutscher Fundamentalopposition gegen den Versailler Vertrag begannen in den frühen 1930er Jahren englische Politiker damit, die Ablehnung des Vertrags durch die deutsche Seite ernst zu nehmen und die deutschen Klagen als berechtigt anzuerkennen. Dieser Sinneswandel wurde vor allem durch den kometenhaften Aufstieg Hitlers befeuert, der in der englischen Wahrnehmung nur mit den drakonischen Bedingungen des Versailler Vertrags erklärt werde konnte. Politiker wie Neville

Chamberlain folgerten daraus, dass Hitler an Zustimmung verlieren würde, wenn die für Deutschland schlimmsten Bedingungen des Versailler Vertrags entkräftet oder annulliert werden würden. Chamberlains Beschwichtigungspolitik (»Appeasement«) gegenüber Hitler war das Ergebnis dieser Überlegungen. Dieser Sinneswandel zumindest auf der englischen Seite erklärt auch, warum es Hitler so leicht fiel, in den 1930er Jahren wichtige Bestimmungen des Versailler Vertrags ohne Widerstand der Westmächte zu annullieren. Es begann mit der Wiedereingliederung des Saargebiets in den deutschen Staat. Der Versailler Vertrag bestimmte, dass das Saargebiet für die Dauer von 15 Jahren durch den Völkerbund verwaltet würde. Die in den Bergwerken des Saargebiets abgebaute Kohle sollte während dieser Zeit als Kompensation für die Zerstörung seiner Steinkohlenbergwerke während des Krieges an Frankreich gehen. Obwohl das Saarland in den 1920er Jahren folglich durch eine französisch-englische Regierungskommission verwaltet wurde, ließen die Westmächte die Wahl eines Landesrats zu, der zwar als Interessenvertretung der deutschen Bevölkerung galt, jedoch keine politischen Entscheidungsbefugnisse besaß. Die Wahlergebnisse geben uns aber immerhin einen Einblick in die politischen Neigungen der Wählerschaft im Saargebiet. In den vier Wahlen zum Landesrat in den Jahren 1922, 1924, 1928 und 1932 errang die katholische Zentrumspartei jeweils um 45 Prozent der abgegebenen Stimmen und stellte damit die stärkste Fraktion im Landesrat. Die SPD und KPD folgen mit weitem Abstand auf den Plätzen zwei und drei. Die NSDAP nahm an den Wahlen erstmals im Jahr 1932 teil und lag weit abgeschlagen hinter allen anderen Parteien. Während die NSDAP in diesem Jahr in Deutschland zur stärksten Partei bei den Wahlen zum Reichstag aufstieg, fristete sie im Saargebiet mit rund sechs Prozent der Wählerstimmen immer noch ein Schattendasein.

Etwa 60 Prozent der Wahlberechtigten beteiligten sich an den vier Wahlen der 1920er und 1930er Jahre. Eine überwältigende Mehrheit dieser Wähler entschied sich für die dem Nationalsozialismus fernstehenden Parteien des Zentrums, der SPD und der KPD. Als im Januar 1935 das Mandat des Völkerbundes zur Verwaltung des Saargebiets ablief, wurden die Wähler wieder zu den Urnen gerufen, um in einer Volksabstimmung über die Zukunft ihrer Region zu entscheiden. Die Saarländer mussten sich zwischen drei Optionen entscheiden: erstens Beibehaltung der Völkerbundverwaltung; zweitens der Anschluss an Frankreich oder drittens die Rückkehr nach Deutschland. Obwohl sich die drei traditionell starken

Parteien im Vorfeld der Volksabstimmung für die Beibehaltung des Status quo ausgesprochen hatten, siegte in der Abstimmung der Patriotismus über die Abneigung gegenüber Hitlers Nationalsozialismus. Von den fast 98 Prozent der Wahlberechtigten, die sich an der Abstimmung beteiligten, stimmten etwa 90 Prozent für die Rückkehr des Saargebiets nach Deutschland.

Die Wiedereingliederung des Saargebiets im März 1935 erwies sich als ein enormer Erfolg für Hitler. Er konnte der Welt zeigen, dass, wenn man Menschen wie den Deutschen im Saargebiet die Wahl zwischen Demokratie und Diktatur gab, eine überwältigende Mehrheit sich für letztere aussprach. Dieser Erfolg ermunterte Hitler dazu, öffentlich die Wiedereinführung der Wehrpflicht für alle deutschen Männer sowie den Wiederaufbau der deutschen Armee bis auf 36 Divisionen zu verkünden, was mehr als dem Sechsfachen der im Versailler Vertrag erlaubten deutschen Truppenstärke entsprach.

Nur ein Jahr später gelang Hitler ein weiterer Erfolg bei der Aufweichung des Versailler Vertrags, indem er die Remilitarisierung des Rheinlands anordnete. Im März 1936 entsandte Hitler ein kleines Truppenkontingent von 20.000 Soldaten über die Rheinbrücken, um so zumindest symbolisch die militärische Hoheit über das westlich des Rheins gelegene Deutschland zu beanspruchen. Hitlers Entscheidung war unter seinen militärischen Beratern heftig umstritten, da sie befürchteten, dass Frankreich diese Aktion zum Vorwand nehmen würde, um militärisch zu intervenieren. Hitler setzte sich jedoch über die Einwände der Generalität hinweg und bestand darauf, dass dies der richtige Zeitpunkt für die Wiedererlangung der militärischen Kontrolle über die westlich des Rheins gelegenen Territorien sei. Die Entscheidung war dennoch risikoreich, da auch Hitler sich nicht völlig sicher sein konnte, dass die französische und die englische Regierung stillhalten würden. Er war sich aber bewusst, dass Frankreich von einer tiefen politischen und wirtschaftlichen Krise erschüttert wurde, in der das Land nicht dazu in der Lage erschien, gegen Deutschland militärisch vorzugehen. Und England sah wenig Anlass, sich einzumischen, da das Rheinland letztlich, auch wenn dessen Remilitarisierung einen Bruch des Versailler Vertrags bedeutete, deutsches Territorium war. Hitler hatte keinen anderen Staat angegriffen oder Territorien eines anderen Staates okkupiert. Für die englische Regierung war die Remilitarisierung des Rheinlands schlichtweg eine innerdeutsche Angelegenheit.

Die Rückkehr des Saargebiets, die Remilitarisierung des Rheinlands und der Wiederaufbau der deutschen Armee machten Hitler in der deutschen Bevölkerung durchaus populär. Ihm war es innerhalb von wenigen Jahren gelungen, was all seinen Vorgängern im Amt des Reichskanzlers in mehr als einem Jahrzehnt verwehrt geblieben war. Und er hatte es geschafft, diese Erfolge friedlich, ohne Krieg und Konfrontation zu erzielen. Hitler konnte sich damit nach außen hin als ein friedliebender Staatsmann darstellen, dem nur das Wohlergehen der deutschen Bevölkerung am Herzen lag. Im Geheimen aber bereitete er den Krieg vor.

Im November 1937 lud Hitler den deutschen Kriegsminister Werner von Blomberg, den Oberbefehlshaber des Heeres Werner von Fritsch, den Oberbefehlshaber der Kriegsmarine Erich Raeder, den Oberbefehlshaber der Luftwaffe Hermann Göring und Außenminister Konstantin von Neurath zu einem Geheimtreffen (bekannt geworden durch das sogenannte »Hoßbach-Protokoll«) ein. Dieses war notwendig geworden, weil Deutschland sich am Rand einer Wirtschaftskrise wiederfand. Die Arbeitsbeschaffungsprogramme und die Wiederbewaffnung erforderten die Einfuhr erheblicher Mengen an Rohstoffen, die sich Deutschland aber nicht leisten konnte. Es musste eine Richtungsentscheidung entweder zugunsten der Wiederaufrüstung oder der Bereitstellung von Konsumgütern für die Bevölkerung getroffen werden. Beides konnte sich Deutschland gleichzeitig nicht leisten. Hitler weigerte sich aber, eine derartige Richtungsentscheidung zu treffen. Er forderte stattdessen, dass das an Rohstoffen arme Deutschland eine autarke Wirtschaftspolitik entwickeln müsste, die auf die synthetische Gewinnung von Rohstoffen wie Öl und Gummi setzte. In diesem Zusammenhang entwickelte Hitler auch verschiedene Szenarien für den bevorstehenden und unausweichlichen Kriegsbeginn und forderte, dass Deutschland im Zeitraum von 1943 bis 1945 kriegsbereit sein müsste. Er ließ sich aber die Tür für einen früheren Kriegsbeginn für den Fall offen, dass die Umstände sich entsprechend entwickelten.

Das nächste Jahr bot Hitler eine weitere Gelegenheit, seinen Machtbereich friedlich zu erweitern. Die innere Verfassung Österreichs schien weiter und weiter zu erodieren, und das Land rückte näher und näher an den Rand eines Bürgerkrieges zwischen den Nationalsozialisten unter der Führung von Arthur Seyß-Inquart und der Vaterländischen Front unter Führung von Kurt Schuschnigg. Schuschnigg, der nach der Ermordung von Engelbert Dollfuß durch Nationalsozialisten das Amt des

Bundeskanzlers übernommen hatte, war von Mussolinis Faschismus beeinflusst und versuchte in Österreich ein ähnliches System zu etablieren, das ihm die absolute Gewalt über den Staat gab. Eine Vereinigung Österreichs mit Deutschlands stand für ihn nicht zur Debatte. Nachdem Mussolini seinen Widerstand gegen das Zusammengehen Österreichs mit Deutschland aufgegeben hatte, entschied sich Hitler am 12. März 1938, deutsche Truppen in sein ehemaliges Heimatland zu entsenden und somit die Vereinigung beider Länder unter seiner Führung durchzusetzen. Mit diesem Schlag verhinderte er eine auf den nächsten Tag angesetzte Volksbefragung, in der die Österreicher über den Anschluss ihres Landes an Deutschland abstimmen sollten. Hitler war sich sicher, dass dieses Referendum nicht zu Deutschlands Gunsten ausgehen würde. Dennoch wurde Hitler am 15. März von Hunderttausenden jubelnden Menschen in Wien empfangen. Die langen und tiefen Reihen der jubelnden Wiener lassen Österreich eher als einen willigen Partner im Anschluss des Landes als ein erstes Opfer deutscher Aggression erscheinen.

Der Anschluss Österreichs an Deutschland machte Hitler über Nacht zu einem international angesehenen Politiker, dem das schier Unmögliche zu gelingen schien. Er hatte schnell und entschlossen gehandelt und auch wenn das Militär in den Anschluss einbezogen war, war dennoch der Anschluss Österreichs wie schon die Rückkehr des Saargebiets friedlich und ohne Blutvergießen abgelaufen. Die deutschen Soldaten wurden von den jubelnden Massen willkommen geheißen und trafen auf keinen Widerstand der österreichischen Armee. Hitler konnte sich aufgrund dieser Meisterleistung als ein Staatsmann darstellen, der den historischen Fehler Otto von Bismarcks, der 1871 Österreich bewusst aus dem deutschen Nationalstaat ausgeschlossen hatte, im Jahr 1938 korrigierte. Hitler hatte damit in den Augen vieler Beobachter des In- und Auslands die Einheit der deutschen Nation erreicht.

Münchener Abkommen und Deutsch-Sowjetischer Nichtangriffsvertrag

Die Vereinigung von Deutschland und Österreich ermutigte die deutschsprachige Bevölkerung der benachbarten Tschechoslowakei, ihre Forderungen nach weitgehender Autonomie lautstark vorzutragen. Die

Sudetendeutschen fanden sich nach dem Ende des österreichisch-ungarischen Kaisertums in einer ihrer Sprache und Kultur feindlich eingestellten tschechoslowakischen Gesellschaft wieder. Sie teilten damit das Schicksal vieler deutschsprachiger Siedler in den ostmittel-, ost- und südosteuropäischen Staaten, die nach dem Ende des Ersten Weltkrieges entstanden waren. Mit dem Zerfall des österreichisch-ungarischen Kaiserreiches fanden sich Millionen deutschsprachiger Siedler, die sich in Jahrhunderten über das gesamte Herrschaftsgebiet Österreich-Ungarns verteilt hatten, in den neuen Nationalstaaten wieder, deren Bevölkerungen und Regierungen wenig Sympathien für die nun deutschsprachigen Minderheiten innerhalb ihrer Grenzen hegten. Die Situation in der Tschechoslowakei unterschied sich aber deutlich von der in anderen osteuropäischen Staaten durch die Doppelnation der Tschechen und Slowaken und der relativ großen deutschsprachigen Minderheit, die mit 22 Prozent Bevölkerungsanteil stärker war als die slowakische Bevölkerungsgruppe, die nur 16 Prozent der Bevölkerung ausmachte.

Die Sudetendeutschen hatte sich in den Gebirgszügen, gelegen rund um Böhmen und Mähren, über Jahrhunderte angesiedelt. Sie pflegten ihre Sprache, hatten ihre eigenen Schulen und entwickelten eine distinktive Kultur. Nach dem Ersten Weltkrieg erlebten Sudetendeutsche die Diskriminierung und Unterdrückung ihrer Sprache und Kultur. Von Hitler angestachelt und durch Deutschland finanziell unterstützt, entwickelte sich die Sudetendeutsche Partei unter der Führung von Konrad Henlein zum Sprachrohr der deutschsprachigen Minderheit und forderte weitgehende Autonomierechte. Diese Forderungen der Sudetendeutschen Partei boten Hitler den Vorwand, um die Zerschlagung der Tschechoslowakei auf die außenpolitische Tagesordnung zu setzen.

Im Gegensatz zur Rückkehr des Saargebiets, das als Bestandteil Deutschlands galt, und im Gegensatz zum Anschluss Österreichs, der zumindest in den Augen der Zeitgenossen als ein natürlicher, sogar logischer Vorgang erschien, gingen Hitlers Forderungen in Bezug auf die Zerschlagung der Tschechoslowakei und die Eingliederung der sudetendeutschen Gebiete in das Deutsche Reich weit über traditionelle Gebietsansprüche hinaus und zielten auf die Zerstörung der internationalen Staatenordnung ab, die auf der Grundlage von Woodrow Wilsons »Vierzehn Punkten« nach dem Ende des Ersten Weltkrieges in Europa etabliert worden war. Aber es war gerade das von dem amerikanischen Präsidenten heraufbeschworene Prinzip der nationalen Selbstbestimmung, das Hitler und den Sudetendeutschen in die Hände spielte. Die Klagen der Sudetendeutschen in Bezug auf ihre Diskriminierung waren nicht unbegründet und warum sollten sie nicht über ihre Zukunft selbst entscheiden können, wenn auch anderen ethnischen Gruppen dieses Recht zugesprochen wurde.

Hitlers Forderungen nach der Annexion der sudetendeutschen Gebiete rief sowohl die englische als auch die französische Regierung auf den Plan. Insbesondere Frankreich hatte ein Interesse an der Lösung des Konflikts, da es seit der Konferenz von Locarno im Jahr 1925 durch einen Defensivvertrag mit der Tschechoslowakei verbunden war, in dem es dem mitteleuropäischen Land militärischen Schutz im Fall eines Angriffs von deutscher Seite zugesichert hatte. Aus Angst vor einem neuen Krieg in Europa, in den auch Großbritannien wieder hineingezogen werden würde, entschloss sich der britische Premierminister Neville Chamberlain dazu, eine diplomatische Lösung des Konflikts zu finden. Damit signalisierte die englische Seite aber auch, dass sie nicht willens war, die Tschechoslowakei, wenn nötig auch mit militärischer Macht, gegen die deutschen Gebietsforderungen zu verteidigen. Mussolini sah in dieser Situation seine Chance, als Vermittler zwischen Adolf Hitler auf der einen Seite und dem englischen Premierminister Neville Chamberlain sowie dem französischen Premierminister Édouard Daladier auf der anderen Seite zu agieren. Hitler erhielt letztlich, was er wollte: die Zustimmung der beiden Westmächte, das Sudetenland zu annektieren.

Unmittelbar nach der Unterzeichnung des Münchener Abkommens wählte die amerikanische Zeitschrift *Time* Hitler zum »Mann des Jahres« 1938. In der nicht unbedingt wohlwollend formulierten Begründung für diese Entscheidung wurde Hitler als ein willensstarker Politiker beschrieben, der die geopolitische Landkarte Europas verändert hatte, ohne auch nur einen einzigen Schuss abzufeuern. Er hatte innerhalb von nur fünf Jahren rücksichtslos, aber erfolgreich die Annullierung des Versailler Vertrags betrieben. Hitler wurde aber auch für die Einführung eines institutionalisierten Antisemitismus sowie die weitgehende Einschränkung der Demokratie und individueller Grundrechte in Deutschland verantwortlich gemacht. Er hätte sich daher zur größten Bedrohung der freien Welt entwickelt. Zudem endete der Artikel mit den prophetischen Worten, dass der Mann des Jahres 1938 das folgende Jahr gewiss zu einem Jahr machen würde, das man nicht vergessen würde.

Nach seiner Rückkehr nach England pries Chamberlain das Münchener Abkommen als einen Erfolg in den Bemühungen, einen neuen Krieg zu verhindern. Für ihn bedeutete es »Friede für unsere Zeit«. Die Rückkehr der Saar sowie die Remilitarisierung des Rheinlands sah Chamberlain als Schritte, um berechtigte Klagen der deutschen Seite auszuräumen. Die Annexion des Sudetenlands ging aber weit über den Rahmen des Versailler Vertrags hinaus, da das Sudetenland niemals Teil Deutschlands gewesen war. Sie stellte die gesamten Locarno-Verträge in Frage, die eine Stabilisierung und Anerkennung der deutschen West- und Ostgrenzen zum Ziel gehabt hatten.

Mit dem Münchener Abkommen, das nicht nur zur deutschen Inbesitznahme des Sudetenlands führte, sondern auch zur Errichtung des deutschen »Protektorats Böhmen und Mähren« sowie zur Abspaltung der Slowakei, die zu einem Satellitenstaat Deutschlands wurde, wurde darüber hinaus mit der Tschechoslowakei die letzte funktionierende Demokratie Osteuropas zerschlagen. Die Zusammenarbeit von Großbritannien, Frankreich und Deutschland bei der Zerstörung dieses mitteleuropäischen Landes sandte ein klares Signal in Richtung Osten: Die militärischen Garantien, die Frankreich in den Locarno-Verträgen sowohl der Tschechoslowakei als auch Polen gegeben hatte, erwiesen sich als leere Versprechen. Polen war daher auf sich selbst angewiesen, sollte es zu einer militärischen Auseinandersetzung mit Deutschland kommen.

Der sowjetische Diktator Josef Stalin zog seine eigenen Konsequenzen aus dem Münchener Abkommen. Für ihn schien dieses Abkommen die Furcht vor einer Verschwörung der kapitalistischen Mächte gegen Osteuropa und damit auch die Sowjetunion zu bestätigen. Für Stalin gab es kaum einen Unterschied zwischen den kapitalistischen, aber demokratischen Staaten Großbritannien und Frankreich auf der einen Seite und dem kapitalistischen, aber autoritären Deutschland auf der anderen Seite. Stalin schlussfolgerte, dass er sich auf westliche Hilfe im Fall eines deutschen Angriffs nicht würde verlassen können. Daher zeigte er sich mehr als interessiert, als Hitler ihm im nächsten Jahr unerwartet einen Nichtangriffspakt anbot.

Nach der Rückkehr des Saargebiets und der Remilitarisierung des Rheinlands war das nächste große Ziel für die Annullierung des Versailler Vertrags die Rückkehr des Polnischen Korridors und der Freien Stadt Danzig ins Reichsgebiet. Der Polnische Korridor war für Deutschland nicht nur wegen seiner landwirtschaftlichen Produktion wichtig, er besaß vielmehr eine große symbolische und historische Bedeutung. Er schnitt darüber hinaus Ostpreußen von Deutschland ab. Die Rückkehr des Polnischen Korridors nach Deutschland war ein zentrales Ziel von Hitlers Politik. Die Auflösung der Tschechoslowakei sowie die Eingliederung und Besetzung großer Teile ihres Staatsgebiets durch Deutschland hatte aber die Bedenken gegenüber Hitler und dessen ständig wachsenden Forderungskatalog auf Seiten der Westmächte erhöht. Auch englische Politiker realisierten, dass Hitler immer neue Forderungen aufstellen würde. Die friedliche Annullierung des Versailler Vertrags schien einen Endpunkt erreicht zu haben.

Es war allerdings fraglich, ob Großbritannien und Frankreich, nachdem sie die Tschechoslowakei so einfach hatten fallen lassen, bereit waren, Polen gegen einen deutschen Angriff zu verteidigen. Hinzu kam, dass besonders im Fall der Freien Stadt Danzig der Stadtrat bereits durch einen Ableger der NSDAP dominiert wurde, der seit den Stadtratswahlen des Jahres 1933 die Mehrheitsfraktion stellte und die Nazifizierung der Danziger Stadtgesellschaft betrieb. So war Danzig ab 1936 ein Ein-Parteien-Staat, und zwei Jahre später führte Danzig auch die Nürnberger Rassengesetze ein: Wer wollte ein bereits nazifiziertes Danzig gegen eine Übernahme durch NS-Deutschland verteidigen?

Bei der Rückgewinnung des Polnischen Korridors und Danzigs ging Hitler dennoch pragmatisch vor, da er unbedingt einen Zweifrontenkrieg mit den Westmächten und der Sowjetunion vermeiden wollte. Daher schlug er Stalin im August 1939 die Vereinbarung eines Nichtangriffspaktes vor. Innerhalb weniger Tage waren die Verhandlungen dieses Vertrags, in dem sich beide Seiten zur gegenseitigen Neutralität verpflichteten, sollte eine Seite in einen Krieg verwickelt werden, abgeschlossen. Hitler ging es mit diesem Vertrag darum, die Sowjetunion von einem militärischen Eingreifen im Fall eines deutschen Angriffs auf Polen abzuhalten. Der Abschluss des Vertrags war die Vorbedingung für den deutschen Überfall auf Polen am 1. September 1939. Hitler konnte sich sicher sein, dass Deutschland zu diesem Zeitpunkt aufgrund der Neutralisierung der Sowjetunion nicht wie im Ersten Weltkrieg in einen Zweifrontenkrieg verwickelt werden würde.

Zu dem Vertrag gehörte aber auch ein Geheimprotokoll, das verheerende Folgen für die politische Zukunft vor allem Nordosteuropas hatte. In diesem Geheimprotokoll vereinbarten beide Seiten die Aufteilung Osteuropas in zwei Einflusssphären. Die sowjetische Seite beanspruchte die drei baltischen Staaten, Bessarabien und den östlichen Teil Polens als Teil ihrer Einflusszone. Damit gewann die Sowjetunion aus ihrer Perspektive viele, aber nicht alle derjenigen Territorien zurück, die Russland am Ende des Ersten Weltkrieges verloren hatte.

Der Vernichtungscharakter des Krieges

Wenn man den von Hitler im November 1937 entwickelten Zeitplan für die Kriegsvorbereitung, den er während des Geheimtreffens mit einem Teil seines Kabinetts sowie den Oberbefehlshabern der Land-, See- und Luftstreitkräfte präsentierte, ernst nimmt, dann kam der Krieg gegen Polen vier Jahre zu früh und Deutschland war für den Krieg noch nicht vollständig vorbereitet. In seinen Bemerkungen aus dem Jahr 1937 hatte sich Hitler aber die Tür zu einem früheren Kriegsbeginn für den Fall offengelassen, dass die Umstände dies ermöglichten. Und dies traf sicher auf die Situation im September 1939 zu. Dennoch war Deutschland zu diesem Zeitpunkt weder militärisch noch wirtschaftlich auf einen Krieg vorbereitet, der länger als fünf bis sechs Wochen dauern würde. Der rasche Zusammenbruch der polnischen Armee und die präzise Ausführung der neuen Strategie des sogenannten »Blitzkrieges« erlaubten es Deutschland, einen schnellen, aber entscheidenden Militärschlag zu führen und somit die Umstellung der Volkswirtschaft von einer Friedens- auf eine Kriegswirtschaft zu vermeiden. Dies war für Hitler von entscheidender Bedeutung, da er diese Umstellung der Wirtschaft unter allen Umständen verhindern wollte. In den wirtschaftlichen Schwierigkeiten, in die Deutschland während des Ersten Weltkrieges geraten war und die eine erhebliche Verschlechterung der Lebensverhältnisse der Zivilbevölkerung verursacht hatten, die zu Nahrungsmittelknappheiten, Hunger und Unterernährung führten, sah Hitler den Hauptgrund für die deutsche Niederlage von 1918. Daher bestand Hitler darauf, dass die deutsche Wirtschaft zumindest in den ersten Kriegsjahren sowohl den notwendigen militärischen Nachschub als auch die Konsumgüter für die Zivilbevölkerung liefern musste. Diese Entscheidung begrenzte aber auch die Möglichkeiten der Kriegsführung auf kurze Militärschläge in Form des »Blitzkrieges«.

Die von dem Wehrmachtsoffizier Heinz Guderian entwickelte Strategie des »Blitzkrieges«, der diese in seinem Buch *Achtung Panzer!* im Jahr 1937 erstmals vorgestellt hatte, sah die Aufteilung der militärischen Kräfte in vier aufeinander folgenden Wellen vor: (1) die Luftwaffe; (2) die Panzerarmee; (3) die motorisierte Infanterie; und (4) die Fußtruppen. Ein Angriff in diesen vier Wellen sicherte dem Angreifer ein rasches Vordringen sowie einen schnellen Sieg. In Guderians »Blitzkriegsstrategie« fiel der Luftwaffe die Aufgabe zu, in einem ersten Militärschlag die Luftwaffe des Gegners außer Gefecht zu setzen, dessen Nachrichtenverbindungen und Nachschublinien zu unterbrechen sowie seine Produktionszentren zu zerstören. Die den Luftangriffen folgenden Panzerarmeen wurden zum Herzstück des »Blitzkrieges«. Losgelöst von der Infanterie, bewegten sie sich rasch vorwärts und führten die zweite Angriffswelle aus. Auf die Panzerarmeen folgten dann die motorisierte Infanterie und die Fußsoldaten. Präzise ausgeführt, konnten mit dieser Strategie Feldzüge innerhalb weniger Wochen gewonnen werden.

Der deutsche Überfall auf Polen gab Guderian die erste Gelegenheit zu zeigen, dass diese Strategie, die die volle Unterstützung Hitlers besaß, funktionierte. Und wenn es auch einige Pannen gab, zeigte das rasche deutsche Vorrücken in Polen, dass die »Blitzkriegsstrategie« erfolgreich sein konnte. Deutsche Soldaten erreichten die polnische Hauptstadt in weniger als zwei Wochen, und der polnische Widerstand brach innerhalb von nur fünf Wochen zusammen. Mit der erfolgreichen militärischen Operation hatte Hitler die Annullierung des letzten entscheidenden Aspekts des Versailler Vertrags – die Rückkehr Danzigs und des Polnischen Korridors ins Reichsgebiet – erreicht. Aber Deutschland hatte wesentlich mehr Land als nur den Polnischen Korridor besetzt und damit auch Zugriff auf das reiche landwirtschaftliche Potential des östlichen Nachbarn erhalten. Die Eroberung Polens verbesserte die wirtschaftliche Situation Deutschlands erheblich. Gleichzeitig hatten Frankreich und Großbritannien Deutschland den Krieg erklärt. Damit wurde aus dem Krieg gegen Polen rasch ein gesamteuropäischer Konflikt, in den nun auch die Westmächte involviert waren. In den folgenden zwei Jahren gelang es Deutschland, seine Dominanz in Kontinentaleuropa durch weitere Eroberungen und Bündnisschlüsse von Norwegen im Norden bis nach Griechenland im Süden, von Frankreich im Westen bis nach Bulgarien im Osten auszudehnen.

Obwohl der Zweite Weltkrieg sowohl Ost- als auch Westeuropa erfasste, besaß er doch in beiden Teilen des Kontinents einen völlig unterschiedlichen Charakter. Während die Zivilbevölkerung im Westen – mit Ausnahme der jüdischen Bevölkerung – aufgrund ihrer Zugehörigkeit zur »arischen Rasse« von den deutschen Besatzungstruppen ordentlich behandelt wurde, erfuhr die Zivilbevölkerung im Osten, die der »slawischen Rasse« zugeordnet wurde, von Anfang an eine Behandlung, die auf deren Versklavung und Vernichtung ausgerichtet war. Der Osten Europas sollte von Slawen gesäubert und als Lebensraum für Arier erschlossen werden. Osteuropa galt in der rassistischen Weltsicht der Nationalsozialisten schließlich als Wiege der »arischen Zivilisation«, die zurückerobert werden sollte.

Diese rassistische Perspektive auf die Bevölkerung Osteuropas bot die Grundlage für einen Vernichtungsfeldzug. Als deutsche Truppen im Juni 1941 die Sowjetunion angriffen, wurden die deutschen Soldaten vor allem in der Ukraine, aber auch in den drei baltischen Staaten, die erst im Juni 1940 von der Sowjetunion annektiert worden waren, als Befreier vom stalinistischen Terror gefeiert. Sie waren aber nicht als Befreier gekommen, die Sympathien für die Ukrainer und Balten aufbrachten. In ihren Augen gehörten vor allem die Ukrainer wie auch die Russen der »slawischen Rasse« an und waren damit Untermenschen, für die es keinen Platz im künftigen, nochmals erweiterten Großdeutschen Reich (als das Deutschland bereits seit Mitte März 1939 firmierte) geben würde. Die Misshandlung und Ermordung der slawischen Bevölkerung brachten die Bevölkerung in den besetzten Ostgebieten erst allmählich gegen die deutschen Besatzer auf. Erst als die Ukrainer erfuhren, wie die deutschen Besatzer über sie dachten, formte sich Widerstand, und es entstanden Partisaneneinheiten aus versprengten, von der deutschen Front überrannten Soldaten der Roten Armee und Zivilisten, die die deutschen Besatzer bekämpften und ihren Nachschub zu sabotieren suchten.

Deutschlands Krieg gegen die Sowjetunion wurde von Anfang an als ein »Krieg der Rassen« geführt, in dem »Arier gegen Slaven« kämpften. Hitler instruierte die Generäle der Armeen, die an dem Überfall auf das Land beteiligt waren, dahingehend, dass dieser Krieg als ein epischer »Kampf ums Überleben« zu verstehen wäre, in dem die traditionellen Regeln des Krieges nicht angewendet werden sollten und durften. Die sowjetischen Soldaten sollten nicht nur als Feinde behandelt werden, sondern als Angehörige einer als »minderwertig« eingestuften Rasse, die es auszulöschen galt.

Für Hitler kamen in diesem Krieg gegen die Sowjetunion mehrere Perspektiven zusammen. Die Russen waren für ihn zum einen der Repräsentant einer angeblich »minderwertigen Rasse«. Sie verkörperten aber auch seinen ideologischen Erzfeind, den Kommunismus. Die größere Konzentration der jüdischen Bevölkerung im Osten machte diesen Krieg ferner auch zu einem antisemitischen Krieg, in dem es für Hitler ebenso um die Auslöschung der »jüdischen Rasse« ging. Das sowjetische Territorium repräsentierte aber auch den Lebensraum, den es für die »arische Rasse« zurückzugewinnen galt, und die Sowjetunion war letztlich auch ein Land mit enormen Rohstoffvorkommen wie etwa Öl und Kohle, die Deutschland für die Kriegsführung benötigte.

Als der Angriff auf die Sowjetunion am 22. Juni 1941 begann, rückten auf einer Tausende Kilometer zählenden Front insgesamt 3,5 Millionen deutsche Soldaten vor. Fast 90 Prozent aller deutschen Soldaten wurden im Zweiten Weltkrieg an der Ostfront eingesetzt. Für die Deutschen war der Zweite Weltkrieg deshalb vor allem der Krieg gegen die Sowjetunion. Fast jede deutsche Familie verlor jemanden, der an der Ostfront eingesetzt worden war. Anfangs rückten die deutschen Truppen rasch vor und erreichten Leningrad im August 1941. Deutsche Einheiten stießen bis auf 48 Kilometer auf Leningrad vor, waren jedoch nicht in der Lage, die Stadt einzunehmen. Daher kesselten sie die Stadt ein und schnitten damit die Versorgung der Stadt für die folgenden zwei Jahre ab. Es war das Ziel der deutschen Einkesselung, die Stadtbewohner auszuhungern und die Stadtspitze zur Kapitulation zu zwingen. Im Dezember erreichten deutsche Truppen auch die sowjetische Hauptstadt, wobei sie lediglich 24 Kilometer vor Moskau zum Stehen kamen. Der kalte russische Winter sowie die fehlende Winterausrüstung der deutschen Armeen – Hitler hatte an einen schnellen Sieg geglaubt – stoppten das weitere Vordringen der deutschen Truppen.

Auch wenn Wehrmachtsangehörige in die Misshandlung und Ermordung von Zivilisten involviert waren, fiel es vor allem den SS-Einsatzgruppen zu, die Ermordung der osteuropäischen Juden auszuführen. Die Einsatzgruppen waren nach dem Angriff auf Polen als Sondereinheiten der SS aufgestellt worden, um den Mord an den Juden auszuführen. Sieben Einsatzgruppen mit insgesamt 4.250 bewaffneten Mitgliedern folgten der vorrückenden Frontlinie und ermordeten zunächst Angehörige der polnischen Führungsschichten sowie polnische Juden. Nach dem Angriff auf die Sowjetunion wurden vier Einsatzgruppen mit einer

Gesamtstärke von 3.000 Mann mit der Ermordung der politischen Kommissare der Roten Armee sowie der Juden in den besetzten sowjetischen Gebieten beauftragt. Sowohl in Polen als auch in der Sowjetunion wurde die Ermordung der Juden durch die SS-Einsatzgruppen von der lokalen Bevölkerung unterstützt. Die Einsatzgruppen erhielten aber auch Unterstützung durch deutsche Ordnungspolizeieinheiten, die aus Städten wie Hamburg in die besetzten Ostgebiete abkommandiert wurden. Die Einheiten der Ordnungspolizei, die aus gewöhnlichen deutschen Männern bestand, erschossen unzählige jüdische Männer, Frauen und Kinder verschiedenen Alters, die dann in Massengräbern verscharrt wurden. Etwa 1,5 Millionen Juden wurden das Opfer von Massenerschießungen in den Jahren von 1939 bis 1941.

Polen, Ukrainer, Russen und viele andere Menschen, die als Angehörige der »slawischen Rasse« galten, wurden zur Zwangsarbeit in kriegswichtigen Fabriken im besetzten Osteuropa sowie in Deutschland verpflichtet. Sie sollten die Positionen füllen, die durch die Einziehung der wehrfähigen Männer zum Kriegsdienst unbesetzt waren und die die NS-Führung aus ideologischen Gründen nicht mit Frauen auffüllen wollte. Im Jahr 1944 stellten Zwangsarbeiter nahezu ein Viertel der gesamten Arbeiterschaft in Deutschland. Viele bekannte Unternehmen wie Thyssen, Krupp und Siemens profitierten von der Ausbeutung der insgesamt etwa zwölf Millionen Zwangsarbeiter, die keine Kompensation für ihre Arbeitsleistung erhielten und in Lagern unter unmenschlichen Bedingungen untergebracht waren. Kaum jemand interessierte sich für das Schicksal dieser Menschen, die als Angehörige der »slawischen Rasse« als »Untermenschen« galten, die mittels Arbeit zu Tode gebracht werden sollten. Die nationalsozialistische Vision für Osteuropa sah keinen Platz für Slawen vor. Ihre Ausrottung war eine beschlossene Sache.

Während der Krieg im Osten ein rassistischer Vernichtungsfeldzug war, wandelte sich der Krieg im Westen rasch von einer militärischen Konfrontation zu einem Terrorkrieg, in dem die Zivilbevölkerung zuerst von englischen Städten wie Coventry zu Zielen und Opfern deutscher Luftangriffe wurden. Nachdem Hitler erkannte, dass er Großbritannien nicht besiegen konnte, befahl er, um den Widerstandswillen der englischen Bevölkerung zu brechen, der deutschen Luftwaffe, ihre Angriffe nicht mehr auf militärische Zielobjekte zu beschränken, sondern auf zivile Ziele auszudehnen. Die englische Zivilbevölkerung in den Städten wurde damit zum erklärten Ziel deutscher Bombenangriffe. Die Industriestadt Coventry im Zentralwesten Englands mit ihrer Bevölkerung von fast 240.000 Einwohnern war eine der am schwersten getroffenen Städte. In der Nacht vom 14. November 1940 griffen mehr als 500 deutsche Bomber die Stadt an und zerstörten ihr Zentrum weitgehend. Mehr als zwei Drittel der Gebäude in der Stadt wurden stark beschädigt und über 500 Menschen getötet.

Diese deutschen Terrorangriffe provozierten die englische Seite, die ihre Bombenangriffe ebenfalls auf die deutsche Zivilbevölkerung ausdehnte. Ob dies nun letztlich gezielte Strategie oder Nebenprodukt einer fehlenden Präzision der Bombenangriffe war, spielte zumindest für die Opfer nur eine sekundäre Rolle. Drei Tage nach dem deutschen Angriff auf Coventry griff die *Royal Air Force* mit 130 Bombern die Stadt Hamburg an. Vordergründig ging es bei englischen Angriffen immer noch um die Zerstörung von Nachschublinien und Stätten der Rüstungsproduktion. Die Bombardierung dieser Ziele war aber kaum Präzisionsarbeit. So verwies etwa ein englischer Regierungsbericht aus dem August 1941 darauf, dass lediglich ein Drittel aller Bomber das von ihnen anvisierte Ziel auch wirklich traf. Und dies war sogar noch recht großzügig definiert. Als Erfolg galt jede Bombe, die innerhalb eines Radius von fünf Meilen (= acht Kilometer) um das Ziel herum einschlug. Damit wurde die Bombardierung ziviler Ziele, die sich in diesem Radius befanden, bewusst in Kauf genommen. Und zwei Drittel aller Bomber trafen Ziele, die sich außerhalb dieses Radius befanden, und damit noch mehr zivile Objekte. Die Bombardierung von Zielen – ob nun militärisch oder zivil – war ein unglaublich unpräzises Unternehmen, bei dem es mehr Kollateralschaden gab als bewusst angestrebte Schäden. Beide Seiten nahmen die Tötung von Zivilisten in Kauf und machten Zivilisten in den Kriegsjahren mehr und mehr zum Ziel ihrer Angriffe.

Die alliierten Luftangriffe auf Hamburg im Juli 1943 und auf Dresden im Februar 1945 haben die Gemüter auf beiden Seiten immer wieder erhitzt. In beiden Fällen warfen englische und amerikanische Bomber Spreng- und Brandbomben ab, die einen Feuersturm entfachten, dem Menschen und Gebäude zum Opfer fielen. So schufen die Brandbomben, die auf Hamburg abgeworfen wurden, nicht nur einzelne Feuerherde, sondern einen Feuersturm, der Windgeschwindigkeiten von bis zu 240 km/h und Temperaturen von bis zu 800 Grad Celsius erreichte. Menschen und Gebäude waren diesem Feuertornado hilflos ausgeliefert. Hamburger, die in Luftschutzkellern Zuflucht gesucht hatten, erstickten, da der Feuersturm den Sauerstoff aus der Luft abzog. Mehr als 40.000 Menschen starben bei den Angriffen, und die halbe Stadt wurde in Schutt und Asche gelegt. Dresden ereilte im Februar 1945 ein ähnliches Schicksal.

Das Ziel dieser Bombenangriffe war es, den Widerstands- und Durchhaltewillen der Zivilbevölkerung zu brechen, den Gegner zur Kapitulation zu zwingen und somit den Krieg nicht unnötig zu verlängern. Die deutschen Luftangriffe auf englische Städte wie auch die englischen und amerikanischen Luftangriffe auf deutsche Städte scheinen jedoch genau das Gegenteil bewirkt zu haben. Diese Angriffe gaben beiden Seiten propagandistische Argumente, die es ihnen erlaubten, den Gegner als unmenschlich und barbarisch zu klassifizieren, und halfen beiden Seiten somit, die Unterstützung durch ihre Zivilbevölkerung zu festigen. Letztlich scheinen die Luftangriffe den Krieg eher verlängert als verkürzt zu haben. Diese Form der Kriegsführung veränderte den Charakter des Krieges grundlegend und nachhaltig. Luftangriffe machten keinen Unterschied mehr zwischen Soldaten und Zivilisten. Beide wurden zu legitimen Zielen erklärt. Dies beeinflusste nicht nur die Kriegsführung im Zweiten Weltkrieg, sondern auch das strategische Denken in der zweiten Hälfte des 20. Jahrhunderts. Die am Ende des Zweiten Weltkrieges entwickelte und erstmals in Japan eingesetzte Atombombe wurde von amerikanischen Bombern auf zwei Städte – Hiroshima und Nagasaki – abgeworfen und damit gegen die Zivilbevölkerung eingesetzt. Der Krieg wandelte sich damit von einer Konfrontation zwischen gegnerischen Armeen zu einem totalen Konflikt zwischen Bevölkerungen.

Widerstand gegen die Diktatur

Es gab nur wenige Deutsche, die sich eingestanden, dass Hitler eine Gefahr für das deutsche Volk war, und bereit waren, ihr Leben zu riskieren, um Hitler zu töten und so den Krieg zu beenden und Menschenleben zu retten. Attentate auf Hitler wurden seit 1938 vor allem von Offizieren der Wehrmacht geplant und ausgeführt. Einer der ersten Versuche, Hitler seines Amtes zu entheben, wurde von Ludwig Beck, dem Generalstabschef des Heeres, gemeinsam mit Hans Oster, der als Offizier in der Abwehr – dem militärischen Geheimdienst – diente, im Jahr 1938 entwickelt. Beck hatte Hitlers Pläne für die Annexion der Tschechoslowakei kritisiert und sah in ihnen eine Gefahr für die deutsche Außenpolitik. Hitlers Erfolg und der Abschluss des Münchener Abkommens verhinderten jedoch, dass Beck und Oster gegen Hitler vorgehen konnten, da Hitler als der allwissende und erfolgreiche Politiker auftreten konnte, dem ein Coup gelungen war, den seine militärischen Berater für unmöglich gehalten hatten.

Nur ein Jahr später, im August 1939, begann Georg Elser mit seinen Vorbereitungen eines Bombenanschlags auf Hitler im Münchener »Hofbräuhaus«. Zwei Monate lang verbrachte Elser jede Nacht in dem Bierkeller, in dem Hitler wie jedes Jahr am 8. November eine Rede zum Andenken an die Opfer seines fehlgeschlagenen Putsches im Jahr 1923 hielt. Elser höhlte in mühsamer Handarbeit eine Säule hinter dem Rednerpodest aus, so dass er in dem entstandenen Hohlraum eine Bombe mit Zeitzünder verstecken konnte. Elser war ein einfacher Handwerker gewesen, der Uhren und Präzisionsinstrumente reparierte. Er hatte zwar in den Wahlen der 1920er Jahren seine Stimme der KPD gegeben, war aber keiner politischen Organisation beigetreten. Er war zeitlebens ein Einzelgänger, der nicht aus politischen Gründen handelte, sondern aus dem Bauchgefühl, dass etwas mit der deutschen Gesellschaft unter Hitlers Führung nicht stimmte und er gegen Hitler vorgehen müsste. Elser hatte alles akribisch vorbereitet. Die Bombe war in der Säule so nahe am Rednerpodium untergebracht, dass die Wucht der Explosion Hitler hätte töten müssen. Hitlers Entscheidung, seine Rede dreizehn Minuten früher zu beenden, war der Grund, dass das Attentat fehlschlug. Als die Bombe um 21 Uhr 20 explodierte, befand sich Hitler bereits wieder auf dem Weg zurück nach Berlin. Sieben Zuhörer, die nahe am Rednerpodium gesessen hatten, wurden getötet. Elser wurde auf der Flucht – er hatte München bereits frühzeitig verlassen, nachdem er den Zeitzünder aktiviert hatte – kurz vor der Schweizer Grenze gefasst und verhaftet. Weder die Gestapo noch Hitler konnten oder wollten Elser glauben, dass er das Attentat allein geplant und ausgeführt hatte. Sie beschuldigten ihn, allerdings ohne Beweise dafür zu haben, im Auftrag des britischen Geheimdiensts gehandelt zu haben. Elser bestand jedoch in den Verhören und unter Folter darauf, dass er ein Einzeltäter gewesen war. Nach dem Abschluss der Untersuchung wurde er in das Konzentrationslager Dachau außerhalb Münchens gebracht, wo er bis nahe dem Kriegsende inhaftiert war. Am 9. April 1945 wurde er auf Hitlers direkten Befehl ermordet.

Kein anderer Attentäter, außer Claus von Stauffenberg, kam seinem Ziel so nahe wie Elser. Doch auch wenn sich Stauffenberg im Gegensatz zu Elser auf Mitstreiter verlassen konnte und ein Programm für die Zeit nach Hitler hatte, waren seine Erfolgsaussichten noch geringer als Elsers. Stauffenberg war typisch für den Widerstand gegen Hitler, der sich im konservativen Milieu während des Krieges formierte. Wie viele andere Widerständler hatte Stauffenberg Hitler zuerst bewundert und als Offizier zu seinen militärischen Erfolgen aktiv beigetragen. Erst spät in seiner militärischen Karriere – nach seiner Verwundung in Nordafrika und nach der deutschen Niederlage in Stalingrad – begann sich Stauffenberg aktiv an Plänen für ein Attentat auf Hitler zu beteiligen. Nach seiner Genesung von den Kriegsverletzungen, die er in Nordafrika erlitten hatte, wurde Stauffenberg in Berlin stationiert. Hier traf er auf einen Kreis von Offizieren und Politikern wie dem ehemaligen Leipziger Oberbürgermeister Carl Goerdeler und General Ludwig Beck, die sich gegen Hitler verschworen hatten. Stauffenberg entwickelte für diese Gruppe einen Plan, der auf die Tötung Hitlers, der sich in seinem Hauptquartier in der Wolfsschanze nahe Rastenburg in Ostpreußen aufhielt, und die Machtübernahme durch die Verschwörer abzielte. Stauffenbergs Plan war letztlich zum Scheitern verurteilt, weil ihm die Unterstützung der Soldaten und der Zivilbevölkerung fehlte. Sein Attentat war die Aktion einer geheimen Verschwörergruppe von Offizieren und Politikern ohne Massenbasis. Es fehlte in Hitlers Deutschland generell nicht an Widerständlern, aber es mangelte an Unterstützung für diese mutigen Menschen. Als dann auch noch bekannt wurde, dass Hitler das Attentat überlebt hatte, fiel der Putsch innerhalb weniger Stunden in sich zusammen.

Widerstand war aber nicht gleichbedeutend mit dem Versuch, Hitler zu töten. Widerständler wie die Mitglieder der Münchner Studentengruppe der Weißen Rose fielen dadurch auf, dass sie Flugblätter verteilten, in denen sie die Verbrechen der Nationalsozialisten anprangerten. Und Mitglieder der Widerstandsgruppe der Roten Kapelle versuchten, geheime und kriegswichtige Informationen an die Sowjetunion weiterzugeben. Viele Widerständler beteiligten sich an den Praktiken des NS-Regimes und versuchten es gleichzeitig zu sabotieren. Kurt Gerstein war hierbei wohl der umstrittenste Fall. Als ein Spezialist für chemische Desinfektion und als SS-Offizier fand sich Gerstein wider Willen im Zentrum des Mordes an den Juden. Er organisierte, anfangs ohne zu wissen, wofür es verwendet wurde, die Versorgung der Vernichtungslager im besetzten Polen mit Zyklon B – dem Gas, das in den Gaskammern zur Ermordung der Juden eingesetzt wurde. Nachdem er herausfand, wozu das Zyklon B verwendet wurde, riskierte er sein Leben, um sich mit Diplomaten und Kirchenvertretern in Verbindung zu setzen, um über sie die Alliierten über die Vergasung der Juden in den Konzentrationslagern zu informieren. Doch all dies war vergebens.

Als Gerstein am Ende des Krieges von französischen Soldaten im April 1945 gefangen genommen wurde, schrieb er einen umfassenden Bericht über die Vernichtungslager und die Gaskammern nieder, der als Beweismaterial in den Nürnberger Kriegsverbrecherprozessen sowie im Prozess gegen Adolf Eichmann in Jerusalem verwendet wurde. Im Juli 1945 beging Gerstein, der sich seiner Schuld und Verantwortung bewusst war, Selbstmord.

Es war die Schwäche des Widerstands gegen Hitler, dass er nur aus individuell handelnden Deutschen oder aus kleinen geheimen Gruppen bestand, die zwar bereit waren, ihr Leben zu opfern, aber über wenig Rückhalt in der Bevölkerung verfügten. Doch auch wenn Elser und Stauffenberg ihrem Ziel, Hitler zu töten, sehr nahekamen, konnten beide nur vage Andeutungen über die Zeit nach Hitler anbieten. Elser hatte kein Programm für eine politische Ordnung nach Hitler entwickelt, da für ihn Hitlers Tod das Endziel war. Was danach kam, sollten andere entscheiden. Stauffenberg war Teil einer größeren Gruppe von Verschwörern, die ein detailliertes, aber völlig unrealistisches Programm für ein neues Deutschland entworfen hatten, dass sich nur graduell von der nationalsozialistischen Realität unterschied. So sprachen sich die Verschwörer um Stauffenberg explizit nicht für eine Rückkehr zur Demokratie aus und schrieben Deutschland eine Führungsposition in Europa zu. Die Verschwörer gingen auch davon aus, dass Deutschland Kolonien in Afrika zuständen, und sprachen ebenfalls von der Notwenigkeit, die »jüdische Frage« zu lösen. Dazu sollten alle Juden aus Europa nach Kanada oder Südamerika ausgesiedelt werden, wo sie einen eigenständigen jüdischen Staat gründen könnten. Derartige Visionen erinnerten nicht nur zu sehr an die nationalsozialistische Vision für Deutschland und Europa, sondern waren im Sommer 1944 auch völlig unrealistisch geworden. Als Stauffenbergs Bombe in der Wolfsschanze explodierte, standen Einheiten der Roten Armee bereits auf polnischem Boden und amerikanische und britische Einheiten waren im Süden bereits bis nach Norditalien vorgedrungen und im Norden in der Normandie gelandet. Deutschland war auf dem Weg, den Krieg zu verlieren. Die Alliierten hatten sich auch auf Drängen des amerikanischen Präsidenten Franklin D. Roosevelt bereits darauf geeinigt, dass sie von Deutschland die bedingungslose Kapitulation erwarteten. Selbst wenn Stauffenbergs Attentat geglückt wäre, hätte die neue Regierung immer noch auf diese Forderung der Alliierten eingehen müssen.

Bedingungslose Kapitulation und Teilung in Besatzungszonen

Als sich die militärische Niederlage Deutschlands deutlich abzeichnete, begannen die Regierungen der Sowjetunion, Großbritanniens und der USA ihr militärisches Vorgehen zu koordinieren und Pläne für die Behandlung Deutschlands nach dem Krieg zu entwickeln. Im Januar 1943 gab Roosevelt während seines Treffens mit dem britischen Premierminister Winston Churchill in Casablanca öffentlich bekannt, dass die beiden Mächte auf der bedingungslosen Kapitulation Deutschlands bestehen würden. Im November 1943 trafen sich erstmals Churchill, Roosevelt und Stalin in Teheran, um ihre militärische Zusammenarbeit zu besprechen. Stalins Hauptanliegen war es, Großbritannien und die USA von der Notwendigkeit einer Invasion im Westen Europas zu überzeugen, um so deutsche Truppen im Westen zu binden und damit den deutschen Druck auf die Ostfront zu verringern. Stalin und Churchill besprachen aber auch die Neuziehung europäischer Grenzen – insbesondere Polens – in der Nachkriegszeit. Beide einigten sich auf eine neue Westgrenze Polens, die durch die Flüsse Oder und Neiße markiert wurde, sowie auf eine neue Ostgrenze Polens, die durch den Fluss Bug gebildet werden sollte. Diese Einigung gab der Sowjetunion Gebiete zurück, die Russland nach dem Ersten Weltkrieg verloren hatte. Sie hatte aber auch einschneidende Konsequenzen für die Zukunft Polens und Deutschlands. Deutschland würde durch diese neue Grenzziehung seine östlich der Oder und Neiße gelegenen Gebiete wie Ost- und Westpreußen sowie Pommern und Schlesien, die über Jahrhunderte zu Preußen bzw. Österreich gehört hatten und mehrheitlich von einer deutschsprachigen Bevölkerung besiedelt waren, verlieren. Und Polen sollte umfangreiche Gebiete im Osten des Landes einbüßen, um wiederum mit den ehemals deutschen Gebieten entschädigt zu werden. Entscheidungen wie diese verursachten enorme Bevölkerungsaustauschprozesse in den Nachkriegsjahren, da die neuen Grenzziehungen auch mit ethnischen Säuberungen verbunden waren.

Diese Grenzziehungen und Bevölkerungstransfers brachen fundamental mit den Prinzipien über die nationale Selbstbestimmung, die Woodrow Wilson im Januar 1918 zur Neuordnung Europas nach dem Ersten Weltkrieg aufgestellt hatte und die zumindest teilweise in den Pariser Friedensverhandlungen auf Osteuropa angewandt worden waren. Roosevelt ging noch weiter und schlug die Zerschlagung des deutschen Staates in fünf autonome Staaten vor. Er wollte Deutschland deindustrialisiert sehen, um so zu verhindern, dass von deutschem Boden ein neuer Krieg ausgehen könnte. Roosevelts radikale Ziele waren vor allem der Unsicherheit geschuldet, ob die amerikanische Bevölkerung eine langwierige militärische Besetzung Deutschlands unterstützen oder ob die USA sich wie bereits nach dem Ersten Weltkrieg nach dem Kriegsende wieder schnell aus Europa zurückziehen würden. Die Diskussionen über die Zerschlagung Deutschlands und die Gründung einer Zahl kleinerer deutscher Staaten wurden auch von Henry Morgenthau Jr., der im Kabinett Roosevelts als Finanzminister diente, in dem von ihm entwickelten »Program to Prevent Germany from Starting World War III« aufgegriffen. Morgenthaus Plan bot die umfassendste und detaillierteste von den Alliierten entwickelte Strategie für die Behandlung Deutschlands nach dessen militärischer Niederlage. Morgenthau ging davon aus, dass Deutschland sich nach seiner Niederlage wirtschaftlich und militärisch – wie schon in den 1920er und 1930er Jahren – wieder rasch erholen könnte und über kurz oder lang eine erneute Gefahr für den Frieden in Europa und der Welt darstellen würde. Daher erschien es unumgänglich, den deutschen Staat aufzulösen und Deutschlands Wirtschaftsmacht zu brechen. Nachdem Morgenthaus Plan Anfang 1944 öffentlich gemacht wurde, traf er auf enormen öffentlichen Widerstand in den USA. Roosevelt, der den Plan anfänglich unterstützt hatte, fühlte sich dazu gezwungen, ihn aufzugeben.

Bei dem zweiten Treffen von Churchill, Roosevelt und Stalin im Februar 1945 in Jalta galt die deutsche Niederlage bereits als sicher. Da die amerikanischen Pläne zur Auflösung des deutschen Staates aufgegeben werden mussten, einigten sich die drei Verbündeten auf die militärische Besetzung Deutschlands und die Einrichtung von Besatzungszonen. Die Teilnehmer verständigten sich auch auf die Notwendigkeit, die deutsche Gesellschaft zu demilitarisieren und zu entnazifizieren. Stalins durchaus berechtigtes Verlangen nach Reparationszahlungen für die Kriegszerstörungen in seinem Land, das am meisten unter der deutschen Besatzung gelitten hatte, wurde ebenfalls von Churchill und Roosevelt akzeptiert.

Das letzte Treffen der Alliierten wurde nach dem Kriegsende im Juli 1945 in Potsdam abgehalten. Nach der deutschen Niederlage und seiner militärischen Besetzung besprachen Churchill, der bald durch Clement Attlee ersetzt wurde, Harry S. Truman, der Roosevelt nach dessen Tod ersetzte, und Stalin in Potsdam die politische Zukunft Deutschlands. Die Teilnehmer bekräftigten ihre Pläne, Deutschland sowie Österreich in vier Besatzungszonen und Berlin und Wien in vier Sektoren aufzuteilen. Frankreich sollte die vierte Besatzungsmacht sowohl in Deutschland als auch in Österreich werden. In beiden Ländern wurde ein Alliierter Kontrollrat als Militärregierung gebildet, der sich aus den vier Militärgouverneuren der vier Besatzungszonen zusammensetzte. Alle Entscheidungen des Alliierten Kontrollrats sollten einstimmig getroffen werden.

Die drei Siegermächte wurden sich zudem darüber einig, Deutschland zu demilitarisieren, die Gesellschaft zu entnazifizieren, das politische Leben zu demokratisieren und die Wirtschaftskartelle zu zerschlagen. Weil sich die Teilnehmer jedoch nicht auf ein koordiniertes Vorgehen bei der Umsetzung dieser Ziele einigen konnten, überließen sie die Umsetzung und Interpretation dieser Prinzipien den vier Besatzungsmächten, die für ihre jeweilige Besatzungszone konkrete Strategien entwickelten. Da die Amerikaner und die Sowjets grundverschiedene Auffassungen über das Wesen des Nationalsozialismus hatten – die Amerikaner glaubten, er sei ein individuelles Problem gewesen, während die Sowjets im Nationalsozialismus ein strukturelles Problem zu erkennen glaubten –, entwickelten beide Seiten auch grundverschiedene Strategien, um die Gesellschaft in ihren Besatzungszonen zu entnazifizieren. Ein Grundkonsens unter den vier Besatzungsmächten bestand lediglich in der Überzeugung, dass herausgehobene Nationalsozialisten wie Hermann Göring, die am Ende des Krieges von alliierten Kräften verhaftet worden waren, von einem internationalen Tribunal für die NS-Verbrechen angeklagt werden sollten. Damit war die Idee für die Nürnberger Kriegsverbrecherprozesse geboren.

Die Potsdamer Konferenz bestätigte auch die neuen Grenzen des polnischen Staates sowie die neuen Ostgrenzen des deutschen Staates. Die Alliierten einigten sich ebenfalls darauf, dass mit diesen Grenzverschiebungen auch Transfers der deutschsprachigen Bevölkerung einhergehen sollten, so dass diese aus ihren angestammten Siedlungsgebieten nicht nur in Polen, sondern auch in der Tschechoslowakei nach Deutschland umgesiedelt werden sollten. Diese Entscheidung führte in den Jahren 1946 und 1947 zur Vertreibung von mehr als 3 Millionen Sudetendeutschen aus der Tschechoslowakei sowie von mehr als 3,3 Millionen Deutschen aus Ost- und Westpreußen, Pommern und Schlesien, die nun Bestandteil des polnischen Staates wurden. Diese mehr als 6,3 Millionen Vertriebenen machten sich auf den Weg nach West- und Mitteldeutschland, wo sich bereits 5,5 Millionen Flüchtlinge aus dem Osten aufhielten, die vor den näherkommenden Frontlinien der Roten Armee geflohen waren. Im zerstörten Deutschland fanden diese Menschen mit ihrem ostpreußischen und schlesischen Akzent nur wenig Hilfe bei ihrer Integration.

Der Transfer der deutschsprachigen Bevölkerung von Ost- und Ostmitteleuropa nach Deutschland war Bestandteil eines umfangreichen Prozesses, in dem die multinationalen und multikulturellen Gesellschaften der osteuropäischen Staaten, wie sie im Nachgang des Ersten Weltkrieges geformt worden waren, in homogene Nationalstaaten verwandelt wurden. Es waren nicht nur Deutsche, die aus ihren angestammten Siedlungsgebieten vertrieben wurden. Auch Polen, die sich plötzlich aufgrund der Verschiebung der Ostgrenze Polens nach Westen außerhalb ihres Vaterlands wiederfanden, wurden nach Polen umgesiedelt. Und Ukrainer, Weißrussen und Litauer, die sich auf polnischem Boden wiederfanden, wurden nach der neuen Grenzziehung in die jeweilige, ihrer Nationalität zugewiesenen Sowjetrepublik expatriiert. Etwa 530.000 Menschen (483.000 Ukrainer, 30.000 Weißrussen und 17.000 Litauer) wurden so in die Sowjetunion umgesiedelt. Gleichzeitig wurden fast 1,5 Millionen Polen von der Sowjetunion nach Polen vertrieben. Und die Tschechoslowakei vertrieb nicht nur die große Gruppe der Sudetendeutschen, sondern auch die kleinere Gruppe der 165.000 Ungarn, die zuvor auf tschechoslowakischem Territorium gelebt hatten. Insgesamt verloren mehr als 31 Millionen Ost- und Ostmitteleuropäer aufgrund der neuen Grenzziehungen und der folgenden ethnischen Säuberungen ihre angestammte Heimat.

Diese Entwicklungen beeinflussten die Bevölkerungsstruktur aller osteuropäischen Länder und veränderten die ehemals multikulturellen und multilingualen Gesellschaften ganz fundamental. Ein Blick auf die polnische Gesellschaft lässt diese Transformation sehr deutlich werden. Im Jahr 1931 war Polen die Heimat nicht nur von Polen, sondern auch von Ukrainern, Juden, Weißrussen und Deutschen gewesen. Polen stellten zwar mit 69 Prozent der Bevölkerung die absolute Mehrheit. Hinzu kamen aber auch noch 14 Prozent Ukrainer, 9 Prozent Juden, 5 Prozent Weißrussen und 2 Prozent Deutsche. Im Jahr 1991 waren mehr als 97

Prozent der Bevölkerung des polnischen Staates Polen. Eine über Jahrhunderte gewachsene multikulturelle Gesellschaft war damit zu einer monokulturellen Gesellschaft geworden. Dieser Wandel stellte auch einen ungeheuren kulturellen und intellektuellen Verlust für die polnische Gesellschaft dar.

Innerhalb von nur 30 Jahren hatte Deutschland gleich zwei Weltkriege verloren. Aus der Geschichte lernend, wollten die Siegermächte diesmal sicherstellen, dass die Deutschen, im Gegensatz zu 1918, ihre Niederlage anerkannten und akzeptierten. Doch die Situation im Jahr 1945 unterschied sich grundlegend von 1918. Der Zweite Weltkrieg hatte das Leben jeder deutschen Familie berührt und alle deutschen Regionen betroffen. Im Gegensatz zum Ersten Weltkrieg, in dem es fast keine Kriegszerstörungen auf deutschem Boden gegeben hatte, hatte der Luftkrieg des Zweiten Weltkrieges die Mehrzahl der deutschen Städte in Schutt und Asche versinken lassen. Die Anwesenheit von Besatzungstruppen in Deutschland, die Teilung Deutschlands in Besatzungszonen, der vollständige Zusammenbruch des deutschen Staates sowie die auch formale Auflösung des Deutschen Reiches ließen wenig Zweifel an einer kompletten deutschen Niederlage. Und da Elsers und Stauffenbergs Attentate auf Hitler fehlgeschlagen waren, konnte auch keine neue Dolchstoßlegende entstehen, in der den inneren Feinden die Schuld an der Niederlage gegeben werden konnte.

Die Sieger des Zweiten Weltkrieges zwangen Deutschland einen drakonischen Frieden auf, der nicht nur, wie bereits der Versailler Vertrag, Reparationszahlungen enthielt, sondern auch umfassende Gebietsabtretungen wiederum im Osten. In dieser Entscheidung könnte man die Unfähigkeit der Siegermächte wähnen, aus den Fehlern der Geschichte zu lernen. Aber es war das Gegenteil: Die Alliierten hatten aus der Geschichte gelernt. Denn es war nicht der Versailler Vertrag an sich, der ein historischer Fehler gewesen war, sondern der fehlende Wille der Siegermächte des Ersten Weltkrieges, diesen drakonischen Friedensvertrag gegen deutsche Widerstände auch durchzusetzen. Deutschlands Gebietsverluste nach dem Zweiten Weltkrieg waren viel umfangreicher als nach dem Ersten Weltkrieg. Und die westdeutsche Regierung tat sich äußerst schwer mit der Anerkennung der neuen Oder-Neiße-Ostgrenze, die erst im Kontext der deutschen Wiedervereinigung im Jahr 1990 endgültig besiegelt wurde. Die jahrzehntelange Besetzung Deutschlands, seine Teilung, der Kalte Krieg und die europäische Integration zunächst Westdeutschlands verhinderten jedoch, dass Deutschland wie schon nach dem Ersten Weltkrieg die Rückkehr der verlorenen Territorien im Osten erzwingen konnte.

Die Gründung und die Anfangsjahre der beiden deutschen Staaten

Während der Potsdamer Konferenz einigten sich die Teilnehmer auf die Notwendigkeit, die deutsche Gesellschaft vom Nationalsozialismus zu befreien. Ein derartiges Projekt der ideologischen bzw. politischen Säuberung einer Gesellschaft nach einem verlorenen Krieg war ein Novum in der Weltgeschichte. Dennoch erschien das Vorhaben angesichts der von Deutschen begangenen Verbrechen unumgänglich zu sein. Schon während des Krieges hatten Churchill, Roosevelt und Stalin mehrmals Möglichkeiten ausgelotet, wie man mit den Verantwortlichen umgehen müsste. Stalin schlug in diesem Zusammenhang einmal die Liquidierung des gesamten deutschen Offizierskorps vor. Derartige radikale und brutale Vorschläge fanden vor allem auf der amerikanischen Seite wenig Unterstützung. Es war letztlich der amerikanische Präsident Harry S. Truman, der auf der Potsdamer Konferenz die Idee von Kriegsverbrecherprozessen ins Spiel brachte.

Noch vor Kriegsende begingen Schlüsselfiguren des NS-Staates, etwa Hitler und Goebbels, Selbstmord. Andere prominente NS-Politiker wie Reinhard Heydrich waren während des Krieges von Widerstandskämpfern getötet worden. Vielen gelang es, Deutschland zu verlassen und nach Südamerika zu entkommen, wo sie vor allem in Argentinien und Brasilien ein neues Leben anfangen konnten. Adolf Eichmann und Josef Mengele waren die wohl bekanntesten Kriegsverbrecher, denen es gelang, nach Südamerika zu fliehen. Und dann waren da auch noch die »nützlichen« Nationalsozialisten, die entweder in Deutschland von amerikanischen Institutionen angestellt wurden oder aber in die USA einwandern durften. Unter diesen »nützlichen« Nationalsozialisten befand sich etwa Klaus Barbie, der von einem französischen Gericht in Abwesenheit zum Tod verurteilt worden war, aber von amerikanischen Behörden, die ihm nicht nur eine neue Identität verschafften, sondern auch seine Ausreise nach

Bolivien im Jahr 1957 ermöglichten, geschützt wurde. Barbie hatte in den Nachkriegsjahren im *US Army Counter Intelligence Corps* in Deutschland einen neuen Arbeitgeber gefunden, der Barbies Fähigkeiten, Kommunisten in Westdeutschland aufzuspüren, schätzte.

Der wohl bekannteste »nützliche« Nationalsozialist, dem es gelang, seiner Verantwortung zu entkommen, war Wernher von Braun, der während des Krieges für Deutschland an der Entwicklung der V2-Rakete arbeitete. Diese Waffe war im Krieg zur Bombardierung Londons eingesetzt worden und hatte das Leben von Tausenden englischer Zivilisten gekostet. Die Raketen wurden zuerst in der Heeresversuchsanstalt in Peenemünde auf der Insel Usedom an der Ostsee entwickelt und produziert. Nach britischen Luftangriffen auf Peenemünde im August 1943 wurde die Anlage rasch in eine von Häftlingen aus dem Buchenwald-Außenlager Mittelbau-Dora errichtete unterirdische Fertigungsanlage nahe Nordhausen in Thüringen verlegt. In beiden Produktionsanlagen wurden KZ-Häftlinge zur Fertigung der Raketen eingesetzt. Insbesondere die Arbeits- und Lebensbedingungen in der unterirdischen Fertigungsanlage bei Nordhausen waren unmenschlich und tödlich. Mehr als 20.000 Häftlinge, die permanent in den dunklen Stollen ohne Tageslicht schuften mussten, starben an Unterernährung. Obwohl Braun in führender Stellung an einem militärischen Prestigeprojekt der Nationalsozialisten mitgearbeitet hatte, das Terror über London gebracht hatte, und obwohl er für die unmenschliche Behandlung der Konzentrationslagerhäftlinge mitverantwortlich war, wurde er von der amerikanischen Seite mit offenen Armen begrüßt. Nachdem er sich freiwillig amerikanischen Truppen gestellt hatte, wurden Braun und sein Team von Wissenschaftlern und Ingenieuren in die USA gebracht. Dort wurden sie zuerst in Huntsville (Alabama) stationiert, wo er an der Entwicklung der Raketentechnologie sowohl für militärische als auch für zivile Zwecke weiterarbeitete. Im Gegensatz zu anderen Nationalsozialisten, die öffentliche Rollen und Auftritte in der Nachkriegszeit mieden, um unentdeckt und unbelästigt zu bleiben, nahm Braun eine zentrale und öffentliche Rolle in der Präsentation des amerikanischen Weltraumfahrtprogramms an und wurde im Jahr 1960 sogar der erste Direktor des *George C. Marshal Space Flight Center*.

Während mit Hitler, Goebbels und Heydrich zentrale Größen des NS-Staates bei Kriegsende tot waren und anderen die Flucht aus Europa gelungen war, konnten die Alliierten lediglich Hermann Görings und Heinrich Himmlers habhaft werden. Himmler gelang es jedoch kurz nach seiner Verhaftung durch britische Soldaten, Selbstmord zu begehen. Damit blieb nur Göring als der ranghöchste Repräsentant des NS-Staates übrig, der im sogenannten »Hauptkriegsverbrecherprozess« in Nürnberg angeklagt werden konnte. Vom November 1945 bis zum Oktober 1946 dauerte das Verfahren gegen Göring und seine 20 Mitangeklagten, zu denen auch Albert Speer und Karl Dönitz gehörten. Die 21 übriggebliebenen Vertreter des NS-Staates wurden der Begehung von Kriegsverbrechen wie die Misshandlung und Tötung von Kriegsgefangenen, von Verbrechen gegen die Menschlichkeit wie die Verfolgung und Vernichtung der Juden sowie von Verbrechen gegen den Frieden wie die Ausführung eines unprovozierten Angriffskrieges angeklagt. Von den 21 Angeklagten wurden zwölf zum Tode verurteilt, während sechs Angeklagte zu Zuchthausstrafen zwischen 10 und 25 Jahren verurteilt wurden. Drei Angeklagte – Franz von Papen (Hitlers Vizekanzler), Hjalmar Schacht (Reichsbankpräsident und Reichswirtschaftsminister) und Hans Fritzsche (ranghoher Beamter im Reichspropagandaministerium) – wurden sogar freigesprochen.

Historiker und Juristen haben mehrfach auf die problematischen rechtlichen Grundlagen der Nürnberger Kriegsverbrecherprozesse hingewiesen, da hier zum einen Personen Verbrechen beschuldigt wurden, die zur Zeit ihrer Ausführung noch nicht als solche anerkannt und rechtlich kodifiziert worden waren. Zum anderen stellte die Seite, die den Krieg gewonnen hatte, ausschließlich Vertreter der Besiegten vor Gericht, was nicht nur nach Siegerjustiz roch, sondern auch in der Legende resultierte, dass Kriegsverbrechen lediglich von der Seite, die den Krieg verloren hatte, verübt worden waren. Das war vor allem in Bezug auf die englischen und amerikanischen Luftangriffe auf deutsche Städte, die Ermordung Tausender polnischer Offiziere in den Wäldern bei Katyn durch sowjetische Einheiten sowie die massenweisen Vergewaltigungen von Frauen durch Soldaten der Roten Armee äußerst fraglich. Dennoch waren die Nürnberger Kriegsverbrecherprozesse entscheidend für die Ausrottung des Nationalsozialismus. Sie boten ein internationales Podium, um die Verbrechen der Nationalsozialisten in den Vernichtungslagern wie Auschwitz zu dokumentieren und öffentlich zu machen. In den öffentlichen Verhandlungen wurden nicht nur Dokumente über die Existenz der Konzentrations- und Todeslager präsentiert, sondern auch Zeugen angehört, die die Todeslager überlebt hatten. Diese Offenlegung des mörderischen Charakters des NS-Staates verhinderte eine Verklärung des Nationalsozialismus unter den Angehörigen künftiger Generationen.

Prozesse wie die Nürnberger Kriegsverbrecherprozesse waren nur eine Methode der Entnazifizierung. Daneben trat auch die Überprüfung umfassender Teile der deutschen Bevölkerung. So verlangte etwa das in der amerikanischen Besatzungszone im März 1946 eingeführte »Law for the Liberation from National Socialism and Militarism«, dass alle Erwachsenen einen Entnazifizierungsfragebogen ausfüllten, in dem sie freiwillig Angaben über ihre Mitgliedschaften in nationalsozialistischen Organisationen und über ihre Beteiligung an Verbrechen machen sollten. Die Praxis der Fragebögen beruhte auf der Grundlage, dass jeder Deutsche als schuldig angesehen wurde und durch wahrheitsgemäße Angaben über sein Leben im NS-Staat seine Unschuld beweisen musste. Auf der Basis der Antworten wurden Personen in vier Kategorien in Bezug auf ihre Verstrickung in das NS-System eingeteilt: Sie waren entweder Schwerverbrecher (»major offenders«), Verbrecher (»offenders«), Kleinverbrecher (»minor offenders«) oder Mitläufer (»fellow travelers«).

Während das amerikanische Verfahren von dem Grundgedanken geleitet wurde, dass der Nationalsozialismus ein individuelles Problem war, das auch nur individuell etwa durch die Säuberung des Beamtenapparats von Nationalsozialisten und Strafverfahren gegen Einzelpersonen gelöst werden müsste, gingen die Sowjets davon aus, dass der Nationalsozialismus ein strukturelles Problem war, dass auch nur durch tiefgreifende Reformen der Volkswirtschaft, der Eigentumsverhältnisse in Industrie und Landwirtschaft und des Bildungssystems überwunden werden könnte. Daher kam es in der Sowjetischen Besatzungszone zu weitreichenden Wirtschaftsreformen und einer Bodenreform sowie zu einer Säuberung der Beamtenschaft. Die Bodenreform begann im Herbst 1945 und führte zur Enteignung von Landbesitzern, die über mehr als 100 Hektar Land verfügten, und zur Enteignung von Landbesitzern, die als Kriegsverbrecher eingestuft wurden. Das von diesen Großgrundbesitzern konfiszierte Land wurde an Neubauern verteilt, die entweder bereits zuvor auf den Gütern der Großgrundbesitzer gearbeitet hatten oder aber einen Beruf in der Industrie gegen den Beruf des Landwirts tauschten. Angesichts der mangelnden Versorgung der Stadtbevölkerung mit Nahrungsmitteln war die Entscheidung, in Zeiten des Hungers als Bauer neu anzufangen, für viele attraktiv. Die Bodenreform, die vor allem im Norden zur Enteignung von weitgehend unrentablen Agrarunternehmen führte und lange überfällig war, betraf etwa 35 Prozent der Landbesitzer in der Sowjetischen Besatzungszone.

Die Bodenreform war jedoch nur ein erster Schritt der von den Sowjets eingeleiteten strukturellen Reformen, um den Nationalsozialismus auszurotten. Der zweite Schritt betraf die Veränderung der Besitzverhältnisse in der Industrie. Das Vorhaben, Großindustrielle zu enteignen, wurde im Gegensatz etwa zur Bodenreform allerdings zuerst zum Gegenstand einer Volksabstimmung in Sachsen gemacht. Im Juni 1946 durften die Bürger darüber abstimmen, ob Großindustrielle, die durchweg als Kriegsverbrecher dargestellt wurden, enteignet werden sollten oder nicht. 77 Prozent derjenigen, die sich an der Abstimmung beteiligten, stimmten mit einem Ja.

Beide Herangehensweisen an die Entnazifizierung der deutschen Gesellschaft – sowohl die individualisierte Strategie der Amerikaner als auch die auf strukturelle Veränderungen zielende der Sowjets – waren radikal. Aber in einem Land, in dem Hitler für die Mehrzahl der zwölf Jahre seiner Herrschaft ein populärer Landesvater gewesen war und in dem Millionen von Deutschen nicht nur der NSDAP, sondern auch den zahlreichen NS-Organisationen beigetreten waren, gab es nicht mehr sehr viele Deutsche, die keine Schuld auf sich geladen hatten.

Es gelang den Siegermächten zwar, das politische System von den Überresten des Nationalsozialismus zu befreien und ein Wiederaufleben nationalsozialistischer Organisationen weitgehend zu verhindern, aber es war letztlich unmöglich, alle Nationalsozialisten aus der deutschen Gesellschaft dauerhaft zu verbannen. Nach einer ersten Phase der radikalen Denazifizierung unter der Ägide der Siegermächte entschlossen sich beide deutschen Staaten in den 1950er Jahren stillschweigend, frühere Nationalsozialisten, vor allem Personen mit technisch-administrativem Fachwissen, wieder in die Gesellschaft zu integrieren.

Die Beteiligung der Deutschen an den Verbrechen der Nationalsozialisten durch bereitwillige Denunziationen oder ihre direkte Teilnahme an der Unterdrückung und Ermordung der Juden blieb weitgehend ungeahndet. Dies wurde insbesondere bei der Behandlung derjenigen Männer und Frauen deutlich, die in den 1930er und 1940er Jahren in den Konzentrations- und Vernichtungslagern als Wärter und Aufsichtspersonal eingesetzt worden waren. Insgesamt 55.000 Männer und Frauen dienten von 1933 bis 1945 in den genannten Funktionen in einem der vielen Lager. Nur eine verschwindend geringe Zahl dieser Personen wurde in der Nachkriegszeit zur Verantwortung gezogen. So mussten sich zum Beispiel nur etwa 800 der mehr als 7.000 Wärter und Aufsichtspersonen des Vernichtungslagers

Auschwitz jemals vor Gericht verantworten. Das erste Verfahren gegen die dortigen Wärter begann im November 1947 im polnischen Krakau. 46 Männer, einschließlich des Lagerkommandanten Rudolf Höss, und fünf Frauen wurde hier der Prozess gemacht. Das Gericht verurteilte 24 Angeklagte – unter ihnen auch Höss – zum Tode. Das zweite Verfahren gegen Wärter des Todeslagers in Auschwitz begann im Dezember 1963 im westdeutschen Frankfurt am Main. Nach fast zwei Jahren verurteilte das Gericht 21 der 25 Angeklagten zu Gefängnisstrafen zwischen drei und 25 Jahren.

Spannungen im Kalten Krieg

Der anfängliche Wille zur Entnazifizierung der deutschen Gesellschaft, den alle Siegermächte teilten, fiel rasch den sich verschärfenden Spannungen zwischen den Westmächten und der Sowjetunion zum Opfer. Die Ausweitung der sowjetischen Einflusssphäre im Osten Europas sowie die militärische Okkupation zahlreicher osteuropäischer Länder veranlassten den abgewählten britischen Premierminister Winston Churchill im Jahr 1946, vor der sowjetischen Unterjochung Osteuropas zu warnen. Noch im Oktober 1944 hatten Stalin und Churchill sich auf die Einrichtung einer sowjetischen und einer britischen Einflusssphäre in Osteuropa verständigt. So sollte Bulgarien und Rumänien unter sowjetische Kontrolle fallen, in Ungarn und Jugoslawien sollten sich die Sowjetunion und Großbritannien die Kontrolle teilen, während Griechenland vollständig unter britische Kontrolle fiel. Die Entscheidung Churchills und Roosevelts zugunsten einer Landung der Alliierten zuerst im südlichen Italien im Juli 1943 und dann in der französischen Normandie im Juni 1944 teilte den Kontinent faktisch in eine westliche Sphäre, die ostwärts von den Armeen der USA und Großbritanniens befreit wurde, und eine östliche Sphäre, die westwärts von der Roten Armee befreit wurde. Als sich beide Fronten im April 1945 an der Elbe trafen, hatte Stalin die Kontrolle über fast ganz Osteuropa mit der Ausnahme Jugoslawiens, während die Amerikaner und Briten große Teile Westeuropas – mit der Ausnahme Spaniens und Portugals – kontrollierten.

Diese zunächst rein geographische Teilung Europas, die das Resultat des Kriegsverlaufs und strategischer Entscheidungen der Regierungen war, schuf letztlich zwei Europas, indem der Osten unter sowjetischer

Vorherrschaft sich dem Kommunismus zuwandte, während sich der Westen unter amerikanischer und britischer Kontrolle an den Prinzipien der Demokratie orientierte. Eine Konfrontation zwischen diesen beiden Lagern, die gar auf einen Kalten Krieg hinauslief, war jedoch nicht unumgänglich. Es waren die Ereignisse in Griechenland, die Churchill und Truman dazu bewogen, ihr Verhältnis zu Stalin, das auch nach dem Krieg noch vom Geiste der Zusammenarbeit bestimmt wurde, zu überdenken.

Die Besetzung Griechenlands durch deutsche Kräfte im April 1941 war auf massiven Widerstand durch verschiedene Widerstandsgruppen wie die kommunistisch orientierte Griechische Volksbefreiungsarmee (ELAS) getroffen. Stalin, der sich an das Abkommen mit Churchill, laut dem Griechenland der britischen Einflusszone zufallen sollte, gebunden fühlte, hatte kein Interesse daran, die ELAS militärisch oder finanziell zu unterstützten. Der Anführer des kommunistischen Widerstandes gegen die deutschen Besatzer in Jugoslawien, Josef Broz Tito, sah in der Unterstützung der griechischen Bundesgenossen jedoch eine Chance für die Errichtung eines südosteuropäischen kommunistischen Blocks außerhalb Stalins Kontrolle. Nicht nur in Jugoslawien und Griechenland, sondern auch in Italien hatten kommunistische Widerstandsgruppen und Untergrundkämpfer eine Rolle bei der Befreiung ihrer Länder von den deutschen Besatzern gespielt. Die Idee des Kommunismus war sehr attraktiv in diesen südeuropäischen Ländern.

Nachdem Griechenland von den deutschen Besatzern befreit worden war, rutschte das Land schnell in einen Bürgerkrieg ab, in dem sich die kommunistischen und die westlich orientierten Gruppierungen feindlich gegenüberstanden. Stalin sah keinen Grund, zugunsten der ELAS in den griechischen Bürgerkrieg einzugreifen, und warnte seinen Verbündeten Tito ebenfalls, die Finger davon zu lassen. Tito verfolgte aber seine eigenen Pläne und unterstützte die ELAS in ihrem Kampf für ein kommunistisches Griechenland. Diese Zusammenarbeit zwischen griechischen und jugoslawischen Kommunisten wurde im Westen als kommunistische Verschwörung zwischen allen Kommunisten einschließlich Stalins Sowjetunion betrachtet. Es ist nicht klar, ob Churchill verstand, dass die kommunistischen Kräfte in Griechenland lediglich von jugoslawischer, nicht aber von sowjetischer Seite unterstützt wurden oder ob er willentlich diesen Unterschied nicht wahrhaben wollte. Wie dem auch war: Churchill prangerte die Unterstützung der kommunistischen Kräfte in Griechenland an und stellte diese Unterstützung als Stalins (und nicht

Titos) Versuch dar, den Kommunismus weiter zu verbreiten und die Menschen in Griechenland ihrer Demokratie zu berauben. Weil Großbritannien aus dem Krieg erheblich geschwächt hervorgegangen war, so dass es den Schutz von Ländern wie Griechenland gegen eine mutmaßliche sowjetische Intervention nicht mehr gewährleisten konnte, wandte sich Churchill an Truman und bat die USA, sich bei der Bekämpfung des Kommunismus in Griechenland zu engagieren.

Am 5. März 1946 hielt Churchill eine seiner bedeutendsten Reden auf dem Campus des Westminster College in Fulton (Missouri). In dieser Rede betonte Churchill, dass sich ein »Eiserner Vorhang« über Europa lege, der den Kontinent von Stettin an der Ostsee bis nach Triest an der Adria in zwei feindliche Lager des Kommunismus und der Demokratie teilte. Die Länder hinter dem Eisernen Vorhang wurden, so Churchill, von Moskau gesteuert und kontrolliert. Er warnte seine Zuhörer vor dem Streben des Sowjetkommunismus nach osteuropäischer Dominanz und der Unterwerfung der Völker und Nationen Osteuropas unter die sowjetische Vorherrschaft.

Wenige Tage später reagierte Stalin auf Churchills Rede in einem Interview, das das führende sowjetische Staats- und Parteiorgan *Prawda* veröffentlichte. In diesem Interview bestritt Stalin keineswegs, dass sich der Kommunismus auch außerhalb der sowjetischen Einflusssphäre ausbreitete, er schrieb dies aber den Erfahrungen der Menschen mit dem Faschismus und der Rolle von Kommunisten im bewaffneten Widerstand zu. Und hierin hatte Stalin durchaus recht: Auch wenn der Nichtangriffspakt zwischen Deutschland und der Sowjetunion des Jahres 1939 die Kommunisten in Europa in eine tiefe Glaubwürdigkeitskrise gestürzt hatte, spielten in Ländern wie Frankreich, Italien, Griechenland und Jugoslawien Kommunisten eine wichtige Rolle im Widerstand gegen die deutschen Besatzer. Nach dem Ende des Krieges erlebten kommunistische Parteien in Frankreich und Italien erheblichen Zuspruch in den ersten demokratischen Wahlen. Kommunistische Ideen waren zumindest in den ersten Nachkriegsjahren durchaus populär – und zwar weil die konservativen Parteien aufgrund ihrer Zusammenarbeit mit faschistischen Systemen diskreditiert waren und aufgrund der verbreiteten Erinnerungen an die Weltwirtschaftskrise am Ende der 1920er und während der 1930er Jahre, die sich den Menschen als eine tiefe Strukturkrise des Kapitalismus eingeprägt hatte.

Der amerikanische Präsident Truman bekräftigte im Jahr 1947, dass die antikommunistischen Kräfte im griechischen Bürgerkrieg auf amerikanische Unterstützung hoffen könnten und die Ausbreitung des Kommunismus gestoppt werde müsse. Diese sogenannte »Truman-Doktrin« bot Menschen, die um ihre Freiheit kämpften, Unterstützung an und war nicht auf Griechenland beschränkt. Stalin sah in den osteuropäischen Staaten ohne Zweifel einen Verteidigungsgürtel gegen eine erneute Invasion, die aus Zentral- oder Westeuropa kommen könnte. Derartige Befürchtungen waren nach drei derartigen Angriffen zuerst durch Napoleon, dann zweimal durch die Deutschen nicht ganz unbegründet. Um diesen Schutzgürtel zu errichten, musste Stalin aber nicht unbedingt den betreffenden Nachbarländern das kommunistische System aufzwingen. Er erwartete mit Sicherheit aber von den betroffenen Ländern wie etwa Polen oder Rumänien, das sie zumindest freundliche Beziehungen zu ihrem östlichen Nachbarn entwickelten.

Die von Churchill vorangetriebene Ideologisierung der Neuordnung Europas nach dem Zweiten Weltkrieg veranlasste Stalin ebenfalls dazu, sein Vorgehen zu überdenken und größeren Druck auf die politischen Akteure der unter sowjetischer Kontrolle stehenden osteuropäischen Länder auszuüben. Unmittelbar nach der Verkündung der Truman-Doktrin wurden die Koalitionsregierungen, die in Polen, der Tschechoslowakei und in Ungarn zunächst aus bürgerlichen und kommunistischen Parteien gebildet worden waren, entmachtet und durch Moskau-treue kommunistische Regierungen ersetzt. Diese kommunistischen Säuberungen schufen erst ein monolithisches kommunistisches Lager, das zuvor nicht existiert hatte. Einzig Jugoslawien, das unter Tito von Anfang an einen von Moskau unabhängigen Kurs verfolgt hatte, setzte sich von diesem Machtblock ab.

Die Verschärfung der Beziehungen zwischen den Westmächten und der Sowjetunion belastete auch die Verhältnisse zwischen den Okkupationsmächten in Deutschland und in Österreich. Anfangs zeigte Stalin wenig Interesse an der Teilung Deutschlands in zwei Staaten. Die zunehmende Integration der Amerikanischen und der Britischen Besatzungszone sowie die Währungsreform führten allerdings zu wachsenden Spannungen auch in Deutschland. Als einen ersten Schritt zum wirtschaftlichen Wiederaufbau Westdeutschlands mit Hilfe des Marshall-Plans einigten sich die Westmächte auf die Einführung einer neuen Währung, die nicht nur in den drei westlichen Besatzungszonen die alte Währung ersetzen sollte, sondern auch in den drei Westsektoren Berlins, die sich inmitten der Sowjetischen Besatzungszone befanden.

Es bestand kein Zweifel an der Notwendigkeit einer Währungsreform, da die alte Währung wertlos geworden und ein unkontrollierter Schwarzmarkt entstanden war, auf dem Waren gegen Waren getauscht wurden. Nur die Art und Weise der Währungsreform war umstritten. Die Einführung der D-Mark in den drei westlichen Besatzungszonen sowie in den drei westlichen Sektoren Berlins sollte nicht nur das Finanzsystem wieder stabilisieren, sondern auch dem blühenden Schwarzmarkt seine Grundlage entziehen und somit zur wirtschaftlichen Erholung beitragen. Zugleich wurde mit der D-Mark-Einführung das Finanzsystem in der Sowjetischen Besatzungszone unter Druck gesetzt, wo noch die alte Währung galt. Das in den westlichen Sektoren Berlins wertlos gewordene Geld konnte daher leicht in die umliegende Sowjetische Besatzungszone abfließen und hier zu wirtschaftlichen Schwierigkeiten führen. Um einen Zusammenbruch des Finanz- und Wirtschaftssystems der Sowjetischen Besatzungszone zu verhindern, entschloss sich Stalin, die drei Westsektoren von der Sowjetischen Besatzungszone abzuriegeln.

Die sowjetische Berlin-Blockade dauerte fast ein ganzes Jahr vom Juni 1948 bis zum Mai 1949. In dieser Zeit wurden die Menschen in den drei Westsektoren der Stadt nur durch die amerikanische Luftbrücke versorgt, über die nicht nur Lebensmittel, sondern auch Heizmaterial in die belagerte Stadt geflogen wurden. Die Berlin-Blockade trug erheblich zur Verschärfung der Spannungen zwischen beiden Seiten bei und führte letztlich zur Spaltung Deutschlands und Berlins. Doch selbst nach der Gründung zweier deutscher Staaten sah Stalin dieses Ergebnis immer noch als verhandelbar. Die sogenannte »Stalin-Note« aus dem Jahr 1952, in der er die Vereinigung der beiden deutschen Staaten unter der Bedingung in Aussicht stellte, dass das vereinte Deutschland ein neutraler Staat, der die Oder-Neiße-Grenze anerkannte, werden müsste, sowie der Staatsvertrag betreffend die Widerherstellung eines unabhängigen und demokratischen Österreichs, der im Jahr 1955 die Voraussetzung für den Abzug aller vier Besatzungsmächte bildete, deuten darauf hin, dass auch Anfang der 1950er Jahre die deutsche Spaltung noch nicht endgültig war.

Neue politische Strukturen

Während die amerikanische und britische Besatzungsmacht anfänglich große Zurückhaltung bei der Wiederzulassung politischer Parteien und Organisationen an den Tag legten, erlaubte die sowjetische Besatzungsmacht bereits im Juni 1945 die Wiedergründung antifaschistischer politischer Parteien. Die erste von den Sowjets wieder zugelassene Partei war die Kommunistische Partei (KPD), die von der sowjetischen Besatzungsadministration gefördert und unterstützt wurde. Darauf folgte die Wiederzulassung der Sozialdemokratischen Partei (SPD). Die Sowjets erlaubten auch die Neugründung von Parteien wie der Christlich-Demokratischen Union (CDU) und der Liberaldemokratischen Partei (LDP). Diese bürgerlichen Parteien wurden von den Sowjets allerdings dazu gezwungen, mit der KPD zusammenzuarbeiten und sich ihr unterzuordnen. Zwei Monate später – im August 1945 – erlaubte die amerikanische Besatzungsmacht die Wiederzulassung politischer Parteien. Auch in der amerikanischen Besatzungszone wurden damit die SPD, die KPD, die CDU sowie die Freie Demokratische Partei (FDP) wieder- bzw. neugegründet. Daneben traten auch einige regionale Parteien.

Die Besatzungsmächte entschieden sich auch dafür, die föderale, auf deutsche Einzelstaaten aufbauende staatliche Ordnung wiederzubeleben und deutsche Länder innerhalb der einzelnen Besatzungszonen zu gründen. Während sich einige dieser Einzelstaaten wie etwa Sachsen an die Tradition historischer Vorgängerländer anknüpfen konnten, führte die Zerschlagung des Staates Preußen zur Neugründung zahlreicher kleinerer Länder in der Sowjetischen Besatzungszone bzw. in der Britischen Besatzungszone wie etwa Brandenburg und Nordrhein-Westfalen sowie zur Zusammenlegung disparater Gebiete zur Neugründung von Ländern wie etwa Niedersachsen. Die Notwendigkeit, diese Gebiete innerhalb einer Besatzungszone und nicht als zonenübergreifende Länder zu etablieren, führte zu weiteren historischen Verschiebungen wie zum Beispiel im Fall Württembergs. So wurde der ehemalige Einzelstaat Württemberg in zwei Teile geteilt: die nördliche Hälfte (Württemberg-Baden) wurde der amerikanischen Besatzungszone zugeschlagen und die südliche Hälfte (Württemberg-Hohenzollern) der Französischen Besatzungszone.

In den Jahren 1946 und 1947 wurden in diesen neugebildeten Ländern Verfassungen erarbeitet und Wahlen zu den Landtagen abgehalten. Diese Wahlen sowie die Formierung von Landesregierungen bereiteten den Weg für den Wiederaufbau der deutschen Selbstverwaltung auf Landesebene. In den Wahlen entstanden aber auch länderspezifische Parteiensysteme, die die politische Kultur im Westen und im Osten des Landes für die nächsten vier Jahrzehnte bestimmte. In den Ländern der vier Besatzungszonen entwickelten sich Mehrparteiensysteme. In den drei westlichen Besatzungszonen wurde dieses Mehrparteiensystem im Wesentlichen durch die CDU, die SPD und die FDP dominiert, die sich in die Tradition politischer Parteien wie etwa des Zentrums, der SPD sowie der DDP und der DVP stellten, die bis 1933 in Deutschland existiert hatten. Leidglich der Bund der Heimatvertriebenen und Entrechteten (BHE) stellte hier eine Ausnahme dar. Diese 1950 gegründete Partei, die die Interessen der Millionen aus den Gebieten östlich von Oder und Neiße vertriebenen Deutschen vertrat, war vor allem in den 1950er Jahren in den westlichen Bundesländern wie Schleswig-Holstein, Niedersachsen, Hessen und Bayern erfolgreich, die die Mehrzahl der Vertriebenen aufgenommen hatten. Von 1953 bis 1957 war diese Partei auch im Deutschen Bundestag vertreten.

Das Grundgesetz des Jahres 1949 gab der Bundesrepublik Deutschland einen demokratischen und föderalen Charakter. Das Parlament wurde dazu in zwei Kammern gegliedert: den Bundestag, dessen Abgeordnete in allgemeinen Wahlen bestimmt wurden, und den Bundesrat, dessen Mitglieder durch die Regierungen der Bundesländer bestimmt wurden. Gesetze mussten von beiden Kammern bestätigt werden. Das Grundgesetz überließ die Ausgestaltung der Wahlen einem nachfolgenden Wahlgesetz. Die ersten Wahlen zum Deutschen Bundestag im Jahr 1949 folgten dem Modell der Verhältniswahl, bei der die Wähler, wie schon in den 1920er Jahren, nicht für einen spezifischen Kandidaten, sondern für eine Wahlliste einer Partei stimmen konnten.

Die Verfasser des Grundgesetzes waren von dem Gedanken beseelt, die Fehler der Weimarer Demokratie nicht zu wiederholen. Daher bestanden sie auf bestimmten konstitutionellen Garantien, die ein erneutes Abdriften in eine Diktatur verhindern sollten. So erlaubte etwa das Grundgesetz in seinem Artikel 21, im Gegensatz zur Verfassung der Weimarer Republik, das Verbot einer politischen Partei, die es sich zum Ziel setzte, die verfassungsmäßige Ordnung zu zerstören. Dieser Paragraph wurde bislang nur einmal – im Jahr 1956 auf die Kommunistische Partei – angewandt. Weiterhin bestanden die Autoren des Grundgesetzes darauf, die Position des Bundespräsidenten im Vergleich zur Position des Reichspräsidenten erheblich zu schwächen und dem Amt des Staatsoberhauptes einen weitgehend zeremoniell-repräsentativen Charakter zu geben. Der Bundespräsident sollte daher nicht wie der Reichspräsident direkt vom Volk gewählt werden, sondern von der Bundesversammlung, die sich aus Abgeordneten des Bundestags und der Landtage zusammensetzte.

Das Wahlgesetz aus dem Jahr 1949 folgte ebenfalls dem Ansinnen, aus der Geschichte zu lernen, indem es eine Fünf-Prozent-Hürde einführte. So sollte mit der Fünf-Prozent-Hürde nicht nur eine als für die Demokratie als gefährlich empfundene Zersplitterung des Parlaments, wie es in den 1920er Jahren geschehen war, verhindert, sondern auch radikale Parteien, die als marginale Splitterparteien angesehen wurden, aus dem Parlament herausgehalten werden. In seiner ersten Anwendung der Fünf-Prozent-Hürde sollten nur die Parteien in den Bundestag einziehen können, denen es gelungen war, in mindestens einem Bundesland mehr als fünf Prozent der Wählerstimmen zu erlangen. Mit der zweiten Bundestagswahl im Jahr 1953 wurde diese Fünf-Prozent-Hürde dann aber auf die Gesamtzahl der Wählerstimmen angewendet. Parteien mussten fortan mindestens fünf Prozent der Gesamtwählerstimmen erhalten, um in den Bundestag einzuziehen. Die Anwendung der Fünf-Prozent-Hürde bei den zweiten Wahlen zum Bundestag veränderte die Zusammensetzung des Parlaments erheblich. Waren im ersten Bundestag noch insgesamt elf Parteien vertreten gewesen – darunter befanden sich Abgeordnete regionaler Parteien wie etwa der Bayernpartei sowie Abgeordnete des Südschleswigschen Wählerverbandes –, fiel die Zahl der im Bundestag vertretenen Parteien nach der Anwendung der Fünf-Prozent-Hürde auf föderaler Ebene rasch auf sieben nach den zweiten Bundestagswahlen im Jahr 1953 und weiter auf vier nach den vierten Bundestagswahlen des Jahres 1961.

Das Grundgesetz erkannte den unvollständigen Charakter des westdeutschen Teilstaates nicht nur mit seinem Namen an – es war ein Grundgesetz und keine Verfassung –, sondern auch im Artikel 23, der die Aufnahme deutscher Bundesländer in den westdeutschen Staatenverband zuließ. Und Artikel 146 schrieb vor, dass eine Verfassung zu dem Zeitpunkt erarbeitet werden sollte, wenn alle Deutschen die Freiheit dazu erhalten hätten.

Im Gegensatz zum westdeutschen Grundgesetz, das als innovativ, aus den Fehlern der Geschichte lernend und als Provisorium gedacht war, projizierte die ostdeutsche Verfassung Kontinuität und Permanenz. Die Verfassung der DDR schuf allerdings ebenso wie das westdeutsche

Grundgesetz ein föderales System mit einem aus zwei Kammern bestehenden Parlament, das aus der Volkskammer und der Länderkammer bestand. Die Abgeordneten der Volkskammer sollten ähnlich wie die Abgeordneten des Bundestags über Parteilisten gewählt werden. Die Zusammensetzung der Länderkammer wurde ebenso wie die des Bundesrats durch die Regierungen der Bundesländer bestimmt. Im Gegensatz zum westdeutschen Gesetzgebungsverfahren besaß im ostdeutschen Gesetzgebungsverfahren allerdings nur die Volkskammer die Autorität, Gesetze zu verabschieden. Der Präsident wurde wie auch der Bundespräsident von den Abgeordneten der Volkskammer und der Länderparlamente gewählt.

Wahlen im ostdeutschen System unterschieden sich jedoch grundsätzlich von Wahlen im westdeutschen System. Nach den Landtagswahlen von 1946, in denen die KPD weniger Stimmen erhalten hatte als von den sowjetischen Besatzungsmächten erhofft, durften politische Parteien nicht mehr miteinander um Wählerstimmen konkurrieren. Die Zahl der Sitze in einem Parlament, die einer Partei zustanden, wurde bereits vor den Wahlen festgelegt. Alle in den ostdeutschen Ländern agierenden politischen Parteien wurden in der Wahlliste der Nationalen Front vereinigt, die dann zu den Wahlen eine Gesamtliste aller Abgeordneten vorlegte. Dem Wähler blieb damit nur noch die Wahl, diesem Wahlvorschlag zuzustimmen oder ihn abzulehnen.

In den Volkskammerwahlen des Jahres 1949 wurden der Sozialistischen Einheitspartei Deutschlands (SED), die aus der Zwangsvereinigung von KPD und SPD hervorgegangen war, 100 Sitze zugeteilt. Der CDU und der LDPD wurden jeweils 60 Sitze gegeben. Der Deutsche Bauernbund (DBD) und die Nationaldemokratische Partei Deutschlands (NDPD) erhielten jeweils 30 Sitze. Doch es waren nicht nur politische Parteien, die Sitze in der Volkskammer erhielten, sondern auch sogenannte »gesellschaftliche Organisationen« wie die Freie Deutsche Jugend (FDJ), der Freie Deutsche Gewerkschaftsbund (FDGB), der Kulturbund (KB) und die Deutsch-Sowjetische Freundschaft (DSF). Diese Massenorganisationen verfügten zusammen über 180 Sitze. In den Wahlen, die ebenso wie in der Bundesrepublik alle vier Jahre abgehalten wurden, entschieden die Wähler nicht über den Sitzanteil einer Fraktion. Die Wahlen waren weder demokratisch, noch waren die politischen Parteien unabhängig von der dominierenden SED. Der Wahlausgang hatte auch keinen Einfluss auf die Regierungsbildung. Die Regierung der DDR wurde permanent von einer Koalitionsregierung geführt, an der alle politischen Parteien – also die SED, die CDU, die LDPD, der DBD und die NDPD – beteiligt waren, die aber von der SED dominiert wurde. Damit gab es in der Volkskammer keine Opposition, die die Regierung kontrollieren konnte.

Das Mehrparteiensystem der DDR stellte unter den osteuropäischen kommunistischen Staaten bei weitem keine Ausnahme dar. Auch die benachbarte Volksrepublik Polen verfügte zumindest offiziell über ein Mehrparteiensystem, das neben der Kommunistischen Polnischen Vereinigten Arbeiterpartei auch die landwirtschaftliche Vereinigte Volkspartei und die Demokratische Partei umfasste. Und das politische System der Tschechoslowakei kannte ebenfalls eine Zusammenfassung verschiedener Parteien unter der Vorherrschaft der Kommunistischen Partei in einer Nationalen Front. Diese Mehrparteiensysteme waren nicht dazu angelegt, um nicht-kommunistischen Parteien ein Mitspracherecht bei der Regierungsbildung oder bei Entscheidungen über die Zukunft des Landes zu geben, sondern um den von kommunistischen Parteien dominierten Regierungen Legitimität zu verschaffen und um die verschiedenen sozialen Gruppen, die sich nicht an die Kommunistische Partei binden ließen, in das politische System zu integrieren. So war zum Beispiel die ostdeutsche NDPD dazu gegründet worden, um ehemaligen Mitgliedern der NSDAP und anderen NS-Organisationen, ehemaligen Wehrmachtsoffizieren sowie aus den ehemaligen deutschen Ostgebieten vertriebenen Deutschen eine politische Heimat zu geben und sie in das politische System zu integrieren. Die NDPD sollte ihnen eine Möglichkeit geben, sich von ihrer politischen Vergangenheit loszusagen und sich am Wiederaufbau der DDR-Gesellschaft zu beteiligen.

Der Föderalismus in der DDR war im Gegensatz zum Föderalismus in der Bundesrepublik nur von kurzer Dauer. Mit der Verwaltungsreform des Jahres 1952 wurden die fünf Länder durch 14 Bezirke ersetzt, die im Gegensatz zu den Ländern, die über eigene Verfassungen verfügten und eigene Gesetzgebungsverfahren hatten, lediglich exekutive Funktionen besaßen und die in Ost-Berlin getroffenen Entscheidungen ausführten. Die Länderkammer wurde 1958 abgeschafft, ebenso wie das Amt des Präsidenten, und zwar nach dem Tod des ersten Präsidenten der DDR, Wilhelm Pieck, im Jahr 1960. Damit wurde die DDR zu einem zentralisierten Staat, in der die Regierung in Ost-Berlin alle Entscheidungen traf. Die zweite Verfassung der DDR, die im Jahr 1968 eingeführt wurde, schrieb dann schließlich die führende Rolle der SED im politischen System fest.

Rebellionen

Sowohl die Bundesrepublik als auch die DDR versuchten, oppositionelle Gruppen und Meinungen in das politische System zu integrieren. Diese Integration schuf in den 1950er Jahren zwei unterschiedliche politische Kulturen. In Westdeutschland entstand eine repräsentative Demokratie, die durch einen starken Antikommunismus als Grundkonsens zusammengehalten wurde. Deutsche, die vormals Hitler unterstützt hatten, integrierten sich nicht in die westdeutsche Gesellschaft, weil diese eine Demokratie war, sondern vielmehr, weil sie antikommunistisch war. Diese Ausrichtung des politischen Systems bereitete letztlich den Boden für die Studentenrevolution des Jahres 1968 und die Radikalisierung einzelner Aktivisten, die Anfang der 1970er Jahre die Rote-Armee-Fraktion (RAF) gründeten und zu einem Terrorkrieg gegen die staatliche Ordnung und das kapitalistische System aufriefen.

In Ostdeutschland entstand eine Diktatur, die auf dem Grundkonsens des Antifaschismus aufgebaut war. Die Integration der Deutschen in die ostdeutsche Diktatur wurde zum einen durch die Doktrin des Antifaschismus erreicht und zum anderen durch die Massenmobilisierung zugunsten von Megaprojekten wie etwa dem Bau von »Stalinstadt« (dem späteren Eisenhüttenstadt) nahe der polnischen Grenze. Diese erste sozialistische Stadtgründung überhaupt, die neben einem modernen Stahlwerk errichtet wurde, sollte Arbeiterfamilien moderne und anspruchsvolle Wohnungen bereitstellen. Zu diesen Großprojekten gehörte auch die Errichtung moderner Wohnhäuser entlang der Stalinallee in Ost-Berlin. Diese Projekte konkretisierten die Vision für eine sozialistische Gesellschaft, die mit der Wohnungskultur der bürgerlich-kapitalistischen Vergangenheit brechen sollte. Derartige Projekte sprachen die Menschen an, die in Berliner Hinterhöfen oder Kellerwohnungen aufgewachsen und in vom Krieg zerstörten und nur halbwegs reparierten Wohnungen einquartiert waren, und boten ihnen einen Ausweg aus der Wohnungsnot. Es waren aber gerade auch die Bauarbeiter auf diesen Baustellen, die im Juni 1953 zu Protesten gegen das ostdeutsche politische System aufriefen.

Im Juni 1953 entschlossen sich die auf den Baustellen der Berliner Stalinallee beschäftigen Bauarbeiter, in den Streik zu treten. Sie wandten sich damit gegen erhöhte Arbeitsnormen und Gehaltssenkungen, die Bestandteil der wirtschaftlichen Neuorientierung der ostdeutschen Wirtschaft auf den Aufbau des Sozialismus waren und zu einer Wirtschaftskrise in der DDR führten. Nach der Ablehnung der Stalinnote durch den westdeutschen Bundeskanzler Konrad Adenauer im Jahr 1952 ermunterte Stalin seine ostdeutschen Verbündeten, die ostdeutsche Volkswirtschaft und Gesellschaft rasch auf einen sozialistischen Weg zu lenken. Die DDR-Regierung beschloss daraufhin, die Zentralisierung der Verwaltung, die Verstaatlichung privater Unternehmen, die Fusion privater Bauernhöfe in Landwirtschaftlichen Produktionsgenossenschaften sowie den Aufbau der Schwerindustrie auf Kosten der Konsumgüterproduktion voranzutreiben. Diese Entscheidungen veranlassten viele Deutsche dazu, ihre Heimat in Ostdeutschland zu verlassen und nach Westdeutschland überzusiedeln.

Die Wanderungsbewegung von Ostdeutschland nach Westdeutschland war extrem hoch in den 1950er Jahren. Fast 2,7 Millionen Deutsche verließen in diesem Jahrzehnt das Land. Viele gingen aus politischen und wirtschaftlichen Gründen. Unter ihnen waren die Bauern, die sich der Kollektivierung in der Landwirtschaft widersetzten, Unternehmer, die ihre Unternehmen verloren hatten, und Familien, deren Kinder aus politischen Gründen nicht zum Besuch der Universität zugelassen wurden. Viele Menschen verließen Ostdeutschland aber auch, weil sie Familienangehörige in Westdeutschland hatten. Die Zeit nach dem Zweiten Weltkrieg mit Wellen von Flüchtlingen und Vertriebenen aus den vormaligen deutschen Ostgebieten hatte dazu geführt, dass viele Familien über ganz Deutschland verstreut wurden und sich erst langsam wieder zusammenfanden. Die Aussicht auf finanzielle Entschädigung für verlorenes Land und Eigentum in Ostpreußen, Pommern und Schlesien, die die westdeutsche Regierung den Vertriebenen versprach, trug ebenfalls dazu bei, dass viele Deutsche aus den ehemaligen Ostgebieten sich in Westdeutschland niederließen. Und in den Jahren der massiven Wanderung von Ost nach West gab es aus ähnlichen Gründen wie eben der Zusammenführung versprengter Familienmitglieder oder der Aussicht auf Arbeit und wirtschaftliches Auskommen auch einen, allerdings wesentlich kleineren Wanderungsstrom von etwas mehr als 600.000 Menschen von West nach Ost.

Stalins Tod im März 1953 und das öffentliche Eingeständnis der ostdeutschen Regierung, bei der wirtschaftlichen Neuorientierung Fehler gemacht zu haben, trugen zur Formierung öffentlicher Opposition gegen die Regierung im Juni 1953 bei. Es war allerdings weniger die Entscheidung der Regierung, die Normen ohne zugleich auch die Löhne zu erhöhen, als vielmehr das Eingeständnis, dass dies ein Fehler gewesen sei, was zu einer politischen Existenzkrise der DDR führte. Die Führung der SED hatte Schwäche gezeigt und mit dem Tod Stalins auch ihren politischen Kompass verloren. In dieser Situation entfalteten sich die Proteste der Ost-Berliner Bauarbeiter der Stalinallee, die höhere Löhne und niedrigere Normen forderten. Von Berlin aus sprangen diese Proteste rasch auf andere Städte und Industriezentren über, und die Forderungen der Streikenden und Protestierenden bewegten sich rasch von konkreten wirtschaftlichen Sorgen zu politischen Rufen nach freien Wahlen und deutscher Einheit. Wirtschaftliche Streiks schlugen damit in eine politische Rebellion um, die nur noch durch das Eingreifen sowjetischer Panzer aufgehalten werden konnte. Diese militärische Krisenbewältigung, mit der sowjetische Truppen öffentliche Proteste in den osteuropäischen, kommunistischen Ländern niederschlugen, wurde in der DDR 1953 erstmals praktiziert und wiederholte sich in Ungarn 1956 und in der Tschechoslowakei 1968. Dieses militärische Eingreifen der sowjetischen Truppen in Ungarn und der Tschechoslowakei forderte allerdings wesentlich mehr Opfer als die Niederschlagung des Aufstandes in der DDR im Juni 1953.

Der fehlgeschlagene Aufstand in der DDR führte zu einer Verstärkung stalinistischer Tendenzen im ostdeutschen System zu einer Zeit, in der die anderen kommunistischen Länder einschließlich der Sowjetunion nach Stalins Tod einen Prozess der behutsamen Entstalinisierung einschlugen. Aufgrund der besonderen Situation – der Existenz zweier deutscher Staaten – verfügte die ostdeutsche Führung grundsätzlich nur über einen begrenzten Spielraum, wenn es um Reformen des kommunistischen politisch-ökonomischen Systems ging: Denn diese Reformen, die immer in Richtung einer Marktwirtschaft bzw. einer Demokratisierung des politischen Systems gingen, stellten die Existenz eines separaten ostdeutschen Staates grundsätzlich in Frage. Es bedurfte nicht zweier deutscher Staaten, die dasselbe oder zumindest ein ähnliches politisches und wirtschaftliches System aufwiesen. Der amerikanische Historiker Charles Maier hat dies einmal auf den Punkt gebracht, als er darauf verwies, dass Polen minus Kommunismus immer noch Polen war, aber Ostdeutschland minus Kommunismus aber Westdeutschland sein würde. Die deutsche Teilung in der zweiten Hälfte des 20. Jahrhunderts konnte nur mit zwei grundsätzlich verschiedenen politischen und wirtschaftlichen Systemen begründet und aufrechterhalten werden. Dieser Grundsatz war sowohl den Reformern wie auch den Hardlinern in der SED bewusst.

Dem Vorsitzenden der SED, Walter Ulbricht, gelang es daher nach der Niederschlagung des Aufstandes vom 17. Juni 1953, Kritiker seiner Führung aus dem Staats- und Parteiapparat auszuschließen und die Militarisierung der ostdeutschen Gesellschaft voranzutreiben. Die DDR hatte bis dahin noch nicht über eigene Streitkräfte verfügt, dem nun durch die Bildung der Kampfgruppen abgeholfen wurde, also bewaffnete Einheiten, die auf der Ebene von Betrieben durch die männlichen Arbeiter und Angestellten des betreffenden Betriebes gebildet wurden. Die Mitglieder der Kampfgruppen erhielten eine militärische Grundausbildung und sollten im Fall einer politischen Krise ihre Einrichtungen verteidigen. Im Jahr 1956 entstand dann auch die Nationale Volksarmee, die bis zur Einführung der Wehrpflicht im Jahr 1962 – ein Jahr nach dem Bau der Berliner Mauer – zunächst eine Freiwilligenarmee war.

Der fehlgeschlagene Aufstand ließ die Wanderungsbewegung von Ost- nach Westdeutschland erheblich anwachsen. So verzeichnete das Jahr 1953 mit mehr als 330.000 die höchste Zahl von Flüchtlingen in den 1950er Jahren, die nach Westdeutschland übersiedelten. Die meisten verließen Ostdeutschland via Berlin, wo die vier Sektoren noch nicht durch Grenzanlagen und Mauern abgeschottet waren. S-Bahnen verbanden den sowjetischen Sektor mit den drei Westsektoren, und Reisende konnten noch ungehindert zwischen den Sektoren verkehren. Dies war an der Grenze zwischen Ostdeutschland und Westdeutschland schon ganz anders. Dort wurde die Grenze seit 1952 zunehmend mit Stacheldraht befestigt und durch Grenzpolizisten bewacht. Reisen zwischen beiden deutschen Staaten war zwar noch möglich, es wurde aber immer schwerer.

Die Abwanderung von Menschen, die dem ostdeutschen System kritisch gegenüberstanden und ihre Ansichten auch nicht verheimlichten, nach Westdeutschland trug sowohl zur Destabilisierung als auch zur Festigung des ostdeutschen Systems bei. Die Möglichkeit des Weggangs enthob auf der einen Seite die Kritiker der Notwendigkeit, Druck auf das politische System auszuüben und auf Veränderungen zu drängen; die Herrschenden sahen sich damit weniger Kritik ausgesetzt. Die Abwanderung war dennoch auf der anderen Seite auch ein großes wirtschaftliches Problem für den ostdeutschen Staat, da es sich bei der Mehrzahl derjenigen, die die DDR verließen, um gut ausgebildete und vor allem junge Menschen handelte. Damit entstand allmählich ein Fachkräftemangel in der DDR. Die Möglichkeit insbesondere von Berlinern und Bewohnern der Vororte, zwischen beiden Welten – dem Sozialismus der DDR und der freien Marktwirtschaft West-Berlins – täglich hin und her zu pendeln, gab ihnen auch die einmalige Gelegenheit, in beiden Welten zu leben und zu arbeiten und diese miteinander zu vergleichen. Und bei diesem Vergleich konnte der »freie Westen« nur gewinnen.

Nachdem die Grenze zwischen den beiden deutschen Staaten immer undurchlässiger geworden war, entschloss sich die ostdeutsche Regierung im August 1961, die drei Westsektoren Berlins durch eine Mauer vom sowjetischen Sektor abzutrennen und damit den Ostdeutschen die Möglichkeit zu nehmen, nach West-Berlin oder die Bundesrepublik zu reisen. Damit wurde den Ostdeutschen die Reisefreiheit sowie die Freiheit der Wohnortwahl genommen. Die Berliner Mauer trennte nicht nur zwei Staaten und Welten, sondern zerschnitt auch Familien, deren Angehörige in beiden Staaten lebten und sich auf Jahre und Jahrzehnte kaum oder überhaupt nicht sehen konnten. Sie stabilisierte zumindest auf kurze Sicht das ostdeutsche System, gab der deutschen Spaltung Dauer und trug zur Entstehung separater ostdeutscher und westdeutscher Identitäten bei.

Rebellion gegen die Ordnung war aber längst nicht nur ein Phänomen der ostdeutschen Gesellschaft. Im Gegensatz zur Opposition in der DDR war die Opposition in der Bundesrepublik aber nicht gegen das politische System als Ganzes, sondern vielmehr gegen seine autoritären Tendenzen und seine Infiltration durch ehemalige Nationalsozialisten gerichtet. In der Adenauer-Ära kam es schnell zu einem Ende der Entnazifizierungsbemühungen. Ehemalige Nationalsozialisten wurden rehabilitiert und erhielten entweder ihre Stellung zurück oder wurden mit Pensionen bedacht. Diese Integration von Nationalsozialisten war aber keineswegs eine Rehabilitation des Nationalsozialismus an sich. Die Nürnberger Kriegsverbrecherprozesse hatten es unmöglich gemacht, den Nationalsozialismus zu verklären oder seine Verbrechen zu leugnen.

Die »Spiegel«-Affäre des Jahres 1962 zeigte allerdings die Bereitschaft konservativer Politiker wie etwa des Verteidigungsministers Franz Josef Strauß, sich über die in der Verfassung garantierten Grundrechte hinwegzusetzen und mit faschistischen Machthabern wie dem spanischen Diktator Francisco Franco zusammenzuarbeiten. Nachdem das Wochenmagazin *Der Spiegel* im Oktober 1962 einen Artikel veröffentlicht hatte, in dem der Autor Conrad Ahlers die Verteidigungsbereitschaft der Bundeswehr in Frage gestellt hatte, wies Strauß, dem als Verteidigungsminister die Zuständigkeit dazu fehlte, die Hamburger Polizei an, die Büros des Magazins zu durchsuchen und Journalisten und Redakteure einschließlich des Herausgebers Rudolf Augstein zu verhaften. Strauß glaubte in dem Artikel Geheimnisverrat erkannt zu haben und wollte ein Exempel statuieren. Ahlers befand sich zur Zeit der Polizeiaktion gegen das Magazin auf einer Urlaubsreise in Spanien. Strauß kontaktierte die spanischen Behörden – Spanien war zu diesem Zeitpunkt immer noch eine faschistische Diktatur unter Franco – und forderte die spanische Polizei dazu auf, Ahlers zu verhaften und an die Bundesrepublik auszuliefern.

Die Vorgänge in dieser Affäre warfen ein schlechtes Licht nicht nur auf Strauß, sondern auch auf die gesamte Regierung. Der ehemalige Wehrmachtsoffizier Strauß suchte und fand Unterstützung im faschistischen Spanien bei der Verhaftung eines kritischen Journalisten. Augstein, der keinen Hehl aus seiner Verachtung für Strauß machte und diesen mehrfach der Korruption verdächtigt hatte, sah in dem bayerischen CSU-Politiker eine Gefahr für die westdeutsche Demokratie. Und Strauß bestätigte mit seinem Handeln in Augsteins Augen diese Befürchtungen. Augstein verbrachte mehrere Monate im Gefängnis, ohne angeklagt zu werden. Der öffentliche Druck wurde so stark, dass Adenauer keine andere Wahl hatte, als Strauß zu entlassen. Das Verfahren gegen Augstein wurde letztlich eingestellt. Am Ende bestätigte und festigte das Ergebnis der »Spiegel«-Affäre die Unabhängigkeit und Freiheit der Presse.

Die Wiederbesinnung auf konservative Werte in Bezug auf die Familie sowie auf die Rollenverteilung der Geschlechter in der Gesellschaft und die wachsende Integration Westdeutschlands in die NATO wurden jedoch nicht von allen Deutschen begrüßt. Die Gründung der Bundeswehr im Jahr 1955 sowie die Überlegungen, die westdeutschen Streitkräfte auch mit Atomwaffen auszurüsten, waren der Anlass für die Formierung einer Friedensbewegung, die 1960 – inspiriert von englischen Protesten gegen die atomare Aufrüstung, die in einem Protestzug nach London zu Ostern 1958 kulminierten – zu Ostermärschen für den Frieden aufrief. Diese Bewegung erhielt mehr und mehr Unterstützung in der Bevölkerung, als der Bundestag im Mai 1968 dann auch noch die Einführung von Notstandsgesetzen beschloss, die im Fall einer Krisensituation die Kontinuität der Regierung sichern sollte. Diese Notstandsgesetze, die im Krisenfall nicht nur elementare Grundrechte der Bürger beschnitten, sondern auch das Regieren ohne parlamentarische Kontrolle ermöglichen sollten, erinnerten zu viele Westdeutsche an den Artikel 48 der Weimarer Verfassung, der dem Reichspräsidenten umfassende Vollmachten für den Fall einer nationalen Notlage gegeben und über die Präsidialkabinette Anfang der 1930er Jahre in die NS-Diktatur geführt hatte. Hinzu kam, dass im westdeutschen politischen System zahlreiche ehemalige Nationalsozialisten neue Karrieren begonnen hatten. So leitete etwa Hans Globke, der die Nürnberger Rassengesetze mitausgearbeitet hatte, von 1953 bis 1963 als Chef das Bundeskanzleramt, und Kurt Georg Kiesinger, der im Reichsaußenministerium als stellvertretender Leiter der Rundfunkpolitischen Abteilung gearbeitet hatte, stieg nicht nur zum Vorsitzenden der CDU auf, sondern wurde im Jahr 1966 auch Bundeskanzler. Damit fiel es auf ihn – einen ehemaligen Nationalsozialisten –, die Notstandsgesetze durch den Bundestag zu bringen. In dieses Klima des Vergebens und Vergessen drang 1961 die Nachricht von der Aufspürung und Entführung von Adolf Eichmann, der als einer der Ingenieure des Holocaust galt, durch den israelischen Geheimdienst in Argentinien. Eichmann, der nicht ein verblendeter Ideologe, sondern ein unauffälliger Beamter gewesen war, wurde in Jerusalem vor Gericht gestellt und zum Tode verurteilt. Die etwas später beginnenden Frankfurter Auschwitz-Prozesse brachten die Erinnerung an die NS-Verbrechen den Westdeutschen dann noch viel näher und erinnerten sie daran, dass sie ihrer Vergangenheit nicht ewig ausweichen konnten. In dieses Klima platzte im Jahr 1962 Rolf Hochhuth mit seinem Stück *Der Stellvertreter*, der seine Zuschauer an das Versagen von Papst Pius XII. erinnerte, der sich geweigert hatte, öffentlich gegen die Verfolgung der Juden durch die Nationalsozialisten und den Judenmord Stellung zu beziehen.

Der brutale Krieg der französischen Kolonialmacht in Algerien sowie die wachsende militärische Intervention der USA in Vietnam trugen zur Radikalisierung einer wachsenden Zahl junger Studenten bei, die sich gegen autoritäre und faschistische Tendenzen in der westdeutschen Gesellschaft wandten. Als dann sich auch noch im Jahr 1966 CDU und SPD auf die Bildung einer Großen Koalition verständigten, die die kleine FDP als einzige Oppositionspartei übrigließ, war das Fass zum Überlaufen voll; lautstarker Protest vor allem aus dem Milieu der Universitäten war die Folge.

Nachdem im Juni 1967 während einer Protestdemonstration gegen den Besuch des iranischen Schahs in West-Berlin der Student Benno Ohnesorg von einem Polizisten erschossen wurde und die Zeitungen und Zeitschriften des Springer-Konzerns dem Studenten die Schuld für seinen Tod in die Schuhe schoben, kam es zu einer Studentenrebellion, die die politische Kultur Westdeutschlands nachhaltig prägen sollte. Die westdeutsche Studentenrevolution war Bestandteil einer transnationalen Rebellion, die Studenten in vielen westlichen Ländern verband und Formen des friedlichen Protests aus den USA nach Westdeutschland einführte. So wurden etwa die Idee und Praxis des »Sit-in« (Sitzstreik) von deutschen Austauschstudenten, die ein Jahr an einer amerikanischen Universität studiert hatten, in die westdeutsche Gesellschaft eingeführt. Die Studentenrevolution in den USA und in Westdeutschland war auch durch die gemeinsame Opposition gegen die amerikanische Intervention in Vietnam verbunden. Die Bilder von Zivilisten, die von amerikanischen Soldaten getötet wurden, sowie der weit verbreitete Einsatz von chemischen Kampfstoffen gegen die Natur und Bevölkerung Vietnams schienen in den Augen vieler Amerikaner und Westdeutscher den Idealen der amerikanischen Demokratie grundsätzlich zu widersprechen. Westdeutsche und amerikanische Studenten waren aber auch durch einen Generationenkonflikt motiviert. Im Fall Westdeutschlands war dieser Generationenkonflikt allerdings von der fehlenden Konfrontation mit der NS-Vergangenheit überlagert. Westdeutsche Studenten wurden von Fragen danach geplagt, was ihre Eltern in der NS-Diktatur getan hatten.

Diese Konflikte führten zu einem Dialog zwischen den Generationen, der viele, aber längst nicht alle Westdeutsche dazu zwang, ihre Rolle in der NS-Diktatur offenzulegen. Damit war der Boden bereitet für die längst überfällige historische Aufarbeitung des Nationalsozialismus und des Judenmordes, die aber erst in den frühen 1970er Jahren ernsthaft einsetzte. Es gab zwar schon einige Darstellungen wie etwa Karl Dietrich Brachers *Die deutsche Diktatur* (1969). Aber dieses Werk war eine reine politische Strukturgeschichte, in der weder die Integration der Deutschen in den NS-Staat noch der Antisemitismus beleuchtet wurden. So fand der Judenmord kaum Platz in der immerhin 580 Seiten umfassenden Studie. Gerade einmal zwölf Seiten waren dem Holocaust gewidmet.

Die wohl wichtigste Initiative zur Erforschung des alltäglichen Lebens während der NS-Zeit wurde mit dem von der Körber-Stiftung im Jahr 1973 initiierten Geschichtswettbewerb des Bundespräsidenten geleistet. Bundespräsident Gustav Heinemann und der Unternehmer und Stifter Kurt A. Körber, der die Körber-Stiftung im Jahr 1959 ins Leben gerufen hatte, um die westdeutsche Zivilgesellschaft zu stärken, glaubten daran, dass Kinder und Jugendliche an die demokratischen Traditionen der deutschen Geschichte durch aktives Lernen und eigenständiges Entdecken herangeführt werden sollten. Aus diesem Grund organisierte die Körber-Stiftung alljährlich einen nationalen Geschichtswettbewerb, der sich immer auf spezifische Themen bezog. Im Jahr 1980/81 etwa wurde das Alltagsleben in der NS-Zeit als Thema gewählt. Zahlreiche Schüler, die sich an diesem Wettbewerb beteiligten, befragten Eltern, Lehrer und Nachbarn über deren Erlebnisse während des Nationalsozialismus. Dieser Wettbewerb brachte einen Stein ins Rollen.

Doch nicht jeder Student und Aktivist konnte sich mit dem langsamen Tempo der Aufarbeitung der NS-Vergangenheit zufriedengeben. Einige Aktivisten wie Andreas Baader und Ulrike Meinhof waren entsetzt über die zahlreichen personellen Kontinuitäten zwischen dem NS-Staat und der westdeutschen Nachkriegsgesellschaft. Zusammen mit einer kleinen Gruppe Gleichgesinnter gründeten sie im Jahr 1970 die Rote-Armee-Fraktion (RAF). Die RAF war eine terroristische Vereinigung, die über gewalttätige Angriffe auf Repräsentanten von Staat und Wirtschaft den bundesdeutschen Staat und seine Regierung provozieren wollte, so dass er in seinen Reaktionen seinen »wahren«, angeblich faschistischen Charakter offenbaren würde. Die Gründung derartiger terroristischer Vereinigungen war bei weitem kein spezifisches Phänomen der westdeutschen Gesellschaft. In Italien formierten sich zeitgleich die Roten Brigaden, die es sich zum Ziel gesetzt hatten, die italienische Regierung zu beseitigen. Die Mitglieder beider Gruppierungen – der RAF und der Roten Brigaden – fanden Inspiration in dem städtischen Guerillakampf südamerikanischer Organisationen wie der Tupamaros in Uruguay und wurden in Lagern der Palästinensischen Befreiungsorganisation (PLO) in Nordafrika und im Nahen Osten ausgebildet.

Sowohl die RAF als auch die Roten Brigaden entführten und ermordeten prominente Repräsentanten des Staates und der Industrie. So ermordeten Mitglieder der RAF im Jahr 1977 den Bundesstaatsanwalt Siegfried Buback, den Bankmanager Jürgen Ponto und den Arbeitgeberpräsidenten Hanns-Martin Schleyer. Bundeskanzler Helmut Schmidt reagierte mit drakonischen Maßnahmen. Die Reaktion des Staates traf vor allem in intellektuellen Kreisen auf Widerstand – nicht, weil linke Intellektuelle mit den Terroristen sympathisierten, sondern weil sie die Reaktion des Staates als zu weitgehend betrachteten, da sie die Grundrechte der Bürger unverhältnismäßig einschränkten. In einer Szene des großartigen Filmes *Deutschland im Herbst* aus dem Jahr 1978 sieht der Zuschauer ein Ehepaar in einem Auto auf die deutsch-französische Grenze zufahren. An der

Grenzkontrolle wird das Paar von Grenzkontrolleuren empfangen, die mit Maschinengewehren ausgerüstet sind. Bilder wie diese schienen auf eine Gesellschaft zu verweisen, die durch Angst und übermäßige Sicherheitsvorkehrungen gekennzeichnet war – eine Gesellschaft, in der jeder einzelne Bürger in den Augen des Staates eine Gefahr darstellen konnte. Der Film *Deutschland im Herbst* war das Ergebnis der Zusammenarbeit der bekanntesten westdeutschen Filmemacher Rainer Werner Fassbinder, Volker Schlöndorff und Alexander Kluge. Er zeigte auch verschiedene Szenen, in denen Fassbinder seine Mutter interviewt. Diese sehr persönlichen Szenen gaben dem fiktiven Film einen dokumentarischen Anstrich und verweisen auf das Überleben autoritären Denkens aus der NS-Zeit. In einer dieser Szenen beklagte Fassbinders Mutter etwa das Fehlen eines starken »Führers« in einer Zeit, in der der Staat von Terroristen bedroht wurde. Es waren Ansichten wie diese, die von der älteren Generation vertreten wurden, die die jüngere Generation in Angst und Schrecken versetzte. Nur wenige Jahre später filmte Margarethe von Trotta ihren Film *Die bleierne Zeit*, in der sie die Doppelbiographie der beiden Ensslin-Schwestern – Christiane und Gudrun – nachzeichnete. Beide Schwestern wuchsen in einem typischen Elternhaus der 1950er Jahre auf, in dem der autoritäre Vater, ein evangelischer Pfarrer, die übermächtige Figur war. Beide Schwestern fanden ihren Weg, sich mit der NS-Vergangenheit auseinanderzusetzen: Christiane wurde Journalistin und Gudrun Terroristin.

Beide Filme fanden nicht nur Zuspruch, sondern auch viel Kritik. Kritiker dieser Filme erblickten in ihnen eine gefährliche Faszination für den Terrorismus auf Kosten der Opfer. Sie übersahen jedoch, dass Filme wie diese und Erzählungen wie Heinrich Bölls *Die verlorene Ehre der Katharina Blum* eine Warnung für die Gesellschaft sein sollten – der Schriftsteller hatte darin die hetzerische Berichterstattung der Boulevardpresse sowie die Behandlung von Bürgern, die als Sympathisanten der Terroristen verdächtigt wurden, durch staatliche Sicherheitsorgane literarisch verarbeitet. Die Errungenschaften der westdeutschen Demokratie sollten nicht der Bekämpfung des Terrorismus geopfert werden und damit letztlich die Erwartungshaltung der Terroristen erfüllen, wonach der Staat bei seiner Reaktion auf den Terrorismus sein »wahres Antlitz« enthüllen würde. Eine Gesellschaft, die es den Terroristen überlässt, die Freiheiten der Gesellschaft zu bestimmen, gibt sich letztlich selbst auf.

Das Auseinanderdriften der Gesellschaft in Ost und West

Auch wenn viele Deutsche in den Nachkriegsjahren nur ungern an die Zeit des Nationalsozialismus und ihre Rolle im System des Nationalsozialismus erinnert werden wollten, war die Gedankenwelt vieler Menschen mit den Folgen des Krieges überladen. Die Vertreibung von Millionen Deutschen aus den ehemaligen deutschen Ostgebieten, die Erfahrung der Luftangriffe, die die Mehrzahl der Städte in Schutt und Asche gelegt hatten, und die hohe Zahl von Opfern der Kriegshandlungen verleiteten zu viele Deutsche, sich als Opfer des Krieges zu sehen. Insbesondere die Luftangriffe auf Städte wie Dresden vom Februar 1945 wurden zu einem Symbol der deutschen Opferrolle, die nicht nur die Bewohner Dresdens, sondern auch anderer Städte und Regionen allzu rasch und bereitwillig annahmen. Die systematische Vergewaltigung deutscher Frauen durch Soldaten der Roten Armee in der Sowjetischen Besatzungszone, wie es zuerst in der autobiographischen Darstellung *Eine Frau in Berlin* (erstmals 1953 anonym veröffentlicht) breit geschildert wurde, erschwerte vereinfachende Darstellungen über schuldige Deutsche und sowjetische Befreier: Denn wer wollte einer von einem sowjetischen Soldaten vergewaltigten deutschen Frau die Rolle des Opfers absprechen? Der Verlust der Heimat, den die aus Ostpreußen, Pommern, Schlesien und dem Sudetenland vertriebenen Menschen erlitten hatten, verwandelte Täter und Mitläufer in Opfer, die so viel verloren und so viel Leid erfahren hatten und nun in einem Land lebten, dessen Alltag noch lange von Ruinen geprägt war. Auch wenn derartige Einstellungen und Ansichten eher im privaten Familien- und Freundeskreis als in der Öffentlichkeit geäußert wurden, waren derartige Einstellungen weit verbreitet.

Nach den Zerstörungen des Krieges erlebten beide deutsche Staaten in den 1950er und 1960er Jahren einen erstaunlichen wirtschaftlichen Wiederaufbau. Die nach der Währungsreform des Jahres 1948 einsetzende wirtschaftliche Erholung in Westdeutschland verlief schneller als diejenige in Ostdeutschland und stellte erheblich mehr Konsumgüter für die Bevölkerung bereit, aber auch die ostdeutsche Wirtschaft erholte sich allmählich. Zum Hindernis für die ostdeutsche Wirtschaft wurde aber nicht nur die Einführung zentraler Planungsmechanismen, sondern auch die Orientierung auf den Aufbau einer schwerindustriellen Basis, für die die Produktion von Konsumgütern vernachlässigt wurde. Prestigeprojekte wie die Errichtung von Stalinstadt und anderen kosteten viel Geld und erforderten Rohstoffe, die an anderer Stelle fehlten.

Frauen als Arbeiterinnen und Mütter

Frauen spielten in den ostdeutschen Städten eine große Rolle beim Wiederaufbau. Weil die Männer entweder an der Front kämpften oder in Kriegsgefangenschaft geraten waren, waren es in Städten wie Berlin und Leipzig Trümmerfrauen, die unmittelbar nach den Bombenangriffen mit dem Wegräumen der Trümmer begannen. In Ostdeutschland wurden Frauen von Anfang an als ein integraler Bestandteil der Arbeiterschaft angesehen. Der Anteil der Frauen an der erwerbstätigen Bevölkerung in der DDR unterlag nur geringen Schwankungen. Bereits Anfang der 1950er Jahre belief sich der Frauenanteil unter den Arbeitern, Angestellten und Selbständigen auf immerhin 44 Prozent. In den 1950er Jahren – und damit in dem Jahrzehnt, in dem die ostdeutsche Volkswirtschaft zahlreiche Arbeitskräfte an Westdeutschland verlor – verharrte der Frauenanteil an der erwerbstätigen Bevölkerung konstant bei 44 Prozent. Damit wurden die freigewordenen Stellen derjenigen, die von Ost nach West abgewandert waren, wohl nicht durch ostdeutsche Frauen besetzt, die zuvor noch nicht berufstätig waren. In den 1960er und 1970er Jahren erhöhte sich der Frauenanteil an der erwerbstätigen Bevölkerung nur langsam. Im Jahr 1970 erreichte er 48 Prozent und im Jahr 1978 schließlich 50 Prozent.

Die umfassende Einbeziehung der ostdeutschen Frauen in das Erwerbsleben scheint daher weniger wirtschaftlichen Zwangslagen geschuldet zu sein als vielmehr proletarischen Traditionen. Das ostdeutsche System griff schlichtweg das Leitbild der großstädtischen Arbeiterfamilie des 19. und frühen 20. Jahrhunderts auf, in der nicht nur der Ehemann, sondern auch seine Frau in einer Fabrik arbeitete und zum Familieneinkommen beitrug. Diese Beteiligung der Frauen am Erwerbsleben bot den Betroffenen jedoch nur beschränkte Karriereaussichten. Viele Betriebe wie etwa in der Textilindustrie waren Frauenbetriebe, in denen fast die gesamte Belegschaft durch Frauen gestellt wurde, und bestimmte Berufe wie Kindergärtnerinnen oder Sekretärinnen wurden als Frauenberufe abqualifiziert. Nur wenigen Frauen glückte es, in Verwaltungs- oder gar Direktorenpositionen zu gelangen.

Die Beteiligung der Mehrzahl der ostdeutschen Frauen am Erwerbsleben wurde durch die Einführung umfassender sozialpolitischer Maßnahmen vor allem in den 1970er Jahren gewährleistet. Diese Maßnahmen sollten die Gleichberechtigung der Frauen ermöglichen, waren aber vor allem darauf ausgerichtet, Frauen in die Lage zu versetzen, einen Beruf auszuüben und gleichzeitig den Haushalt zu führen. Fast flächendeckend wurden deshalb Kinderkrippen und Kindergärten eingerichtet, um jungen Müttern in den ersten Erziehungsjahren auch weiterhin die Erwerbstätigkeit zu ermöglichen. Bezahlter Schwangerschaftsurlaub von bis zu einem Jahr nach der Geburt des Kindes versetzte Frauen in die Lage, ihren Beruf zeitweise zu verlassen und nach einem Jahr wieder an ihren Arbeitsplatz zurückzukehren. Schulspeisung und Hortprogramme für Schulkinder trugen dazu bei, dass vor allem Kinder in den ersten vier Schuljahren auch nach Schulschluss bis zum Arbeitsschluss der Mütter betreut wurden. Derartige Einrichtungen waren in den 1970er Jahren in ganz Europa einmalig.

Ostdeutsche Frauen hatten weiterhin ein Anrecht auf bezahlte Krankentage für den Fall, dass ihr Kind krank wurde und Betreuung benötigte, sowie auf einen bezahlten sogenannten »Haushaltstag« pro Monat. Diese Privilegien deuten allerdings auf das fundamentale Problem dieser sozialpolitischen Maßnahmen hin. Die Integration der Frauen in das Erwerbsleben und die Gewährung zahlreicher Privilegien, die Müttern die Vereinbarkeit von Beruf und Haushalt ermöglichen sollte, hatten wenig Einfluss auf die traditionelle Rollenverteilung zwischen Frauen und Männern in Familie und Gesellschaft. Ostdeutsche Frauen erfuhren damit die Doppelbelastung von Beruf und Familie, da Männer sich kaum an der Erledigung der Hausarbeit beteiligten und die Privilegien wie etwa der Haushaltstag oder die Krankschreibung im Fall der Krankheit des Kindes nur auf Mütter, nicht aber auf Väter angewandt werden konnten. Die sozialpolitischen Maßnahmen beruhten damit nicht nur auf einem traditionellen Familienbild, sondern kodifizierten und reproduzierten es auch. Damit wurde die

Chance vertan, wirklich emanzipatorische Vorstellungen über die Rollenverteilung in den Familien und in der Gesellschaft zu entwickeln. Die Vollbeschäftigung ostdeutscher Frauen hatte dennoch einige emanzipatorische Auswirkungen. So wies die DDR in den 1960er und 1970er Jahren die höchste Scheidungsrate in Europa auf. Die vom Staat garantierte wirtschaftliche und finanzielle Sicherheit, die Frauen im Fall einer Scheidung erwarten konnten, ließ ostdeutsche Frauen den Schritt zur Scheidung schneller tun als westdeutsche Frauen, die auf Unterhaltsleistungen ihrer Ex-Ehepartner angewiesen waren. Damit entwickelte sich die Ehe in der DDR weg von einer wirtschaftlichen Einheit und hin zu einer emotionalen Verbindung. Wenn allerdings diese emotionale Einheit verschwand, zögerten ostdeutsche Frauen nur wenig, den Schritt zum Scheidungsrichter zu tätigen.

Westdeutsche Frauen spielten im Gegensatz zu ostdeutschen Frauen kaum eine Rolle bei der Trümmerbeseitigung in ihren zerbombten Städten. Das traditionelle Frauenbild, das auch von den drei westlichen Besatzungsmächten geteilt wurde, verbot den Einsatz von Frauen für die schwere Arbeit der Enttrümmerung, die durch das professionelle Bauhandwerk übernommen wurde. Nach der Rückkehr ihrer Ehemänner aus der Kriegsgefangenschaft wurden Frauen auch wieder aus den Betrieben verdrängt, in denen sie die wenigen von Männern freigelassenen Stellen übernommen hatten. Der Anteil der Frauen an der erwerbstätigen Bevölkerung der Bundesrepublik unterlag von den frühen 1950er Jahren bis in die 1980er Jahre fast keinen Schwankungen. Auch wenn die Bevölkerung der Bundesrepublik vor allem in den 1950er und 1960er Jahren gewaltig anwuchs – von 1950 bis 1960 wuchs die Bevölkerung um etwa 5 Millionen Menschen und von 1960 bis 1970 dann noch einmal um weitere etwa 5 Millionen Menschen – wirkte sich dieses Wachstum kaum auf die Beschäftigungsstruktur aus. Die Zahl der westdeutschen Erwerbstätigen erhöhte sich von etwa 22 Millionen im Jahr 1950 auf etwa 26 Millionen im Jahr 1970 und stagnierte dann auf diesem Niveau. Der Anteil der Frauen an der Zahl der Erwerbstätigen in einer Volkswirtschaft, die sich von einer Industrie- zu einer Dienstleistungsgesellschaft wandelte und damit auch mehr Beschäftigungsangebote für Frauen hätte bereitstellen können, veränderte sich aber kaum und verblieb bei konstant 36 Prozent von 1950 bis 1980.

Für die überwältigende Mehrzahl der westdeutschen Frauen blieb eine Erwerbstätigkeit außerhalb ihrer Wohnungen und Wohnhäuser nur eine temporäre Erfahrung. Westdeutsche Frauen wurden mehrheitlich zu

Hausfrauen, die sich um ihre Kinder und ihre Ehemänner kümmern sollten. Die 1950er Jahre waren durch eine Rückkehr von Rollenbildern und sozialen Normen geprägt, die für bürgerliche Familien im wilhelminischen Kaiserreich gegolten hatten. So bedurften Frauen der Erlaubnis des Ehemannes, wenn sie einen Beruf außerhalb ihrer Wohnung annehmen wollten. Ehefrauen waren gesetzlich zur Pflege und Unterstützung ihrer Ehemänner sowie ihrer Kinder verpflichtet, und eine Scheidung wurde wesentlich dadurch erschwert, dass hierzu die Einwilligung des Ehemannes notwendig war. Filme und Fernsehwerbung feierten die Rolle der Ehefrau als umsorgende Gattin, die nicht nur die Wohnung sauber hielt und für ihren Ehemann und die Kinder kochte, sondern ihn auch emotional unterstützte. Frauen wurde damit kein selbstbestimmtes Leben zugestanden.

Damit boten beide deutschen Staaten ihren Frauen zwei entgegengesetzte Modelle über das Frausein an, was sich auch in den Feiertagen des westdeutschen Muttertags (dem zweiten Sonntag im Mai) und des ostdeutschen Frauentags (am 8. März) niederschlug. Die Tradition des Muttertags begann in den USA in den 1920er Jahren; er wurde in Deutschland erstmals im Jahr 1923 begangen. Die Anregung dazu kam von der Berufsvereinigung der Blumenhändler, die im Muttertag eine willkommene Marketingkampagne für den Absatz von Schnittblumen sah. In den 1930er Jahren wurde der Muttertag dann zu einem offiziellen Feiertag und trug zur Glorifizierung der »arischen Mutterschaft« bei. Dieser Feiertag war damit Bestandteil der NS-Maßnahmen zur Förderung arischer Familien, um so die Geburtenrate des Landes zu erhöhen. Dazu gehörte auch die finanzielle Unterstützung von Familien mit einer umfangreichen Zahl von Kindern durch Ehekredite und die Verleihung des Mutterkreuzes an Mütter, die wenigstens fünf Kinder auf die Welt gebracht hatten.

Die Tradition des Frauentags nahm ebenfalls ihren Anfang in den USA. Bereits vor dem Ersten Weltkrieg entstanden innerhalb der Sozialistischen Partei der USA Pläne für einen Kampftag um das Wahlrecht für Frauen. Im Jahr 1910 schlug dann die deutsche Sozialdemokratin Clara Zetkin die Schaffung eines Internationalen Frauentags vor. Dieser Vorschlag fand offene Ohren bei den Vertretern sozialistischer Bewegungen und Parteien weltweit und führte zur Feier des ersten Internationalen Frauentags am 19. März 1911. Diese Tradition des Frauentags wurde in der Sowjetischen Besatzungszone aufgegriffen und auf den 8. März gelegt, der ab 1946 als solcher begangen wurde.

Die Tradition des Frauentags und des Muttertags repräsentierten zwei grundverschiedene Konzepte in Bezug auf die Rolle der Frau in der Gesellschaft. Der Muttertag würdigte Frauen lediglich für ihre reproduktiven Fähigkeiten und engte das Frausein auf die Rolle als Mutter und Ehefrau ein. Dieser Tag ist Müttern – und natürlich verheirateten Müttern – und nicht alleinstehenden Müttern oder Frauen allgemein gewidmet. Der Frauentag würdigte hingegen alle Frauen: Mütter und Nicht-Mütter, verheiratete und unverheiratete Frauen. Und dennoch wurden beide Frauenbilder von ganz ähnlichen Anliegen und Motivationen getragen. Beide deutsche Staaten kämpften mit einer stetig sinkenden Geburtenrate. In historischer Perspektive hatte Deutschland seit dem Jahr 1900 das schärfste Absinken der Geburtenrate eines Landes unter allen europäischen Ländern zu verzeichnen. So fiel die Geburtenrate von etwa zwei Millionen Neugeborenen im Jahr 1900 auf unter eine Million Kinder im Jahr 1933. Die sozialpolitischen Maßnahmen des NS-Staates und der beiden deutschen Staaten nach dem Zweiten Weltkrieg waren auf die Umkehr dieses Negativtrends ausgerichtet. Doch auch die umfassenden sozialpolitischen Maßnahmen der DDR-Regierung zeitigten nur einen begrenzten Erfolg bei dem Bestreben, die Geburtenrate wieder zu erhöhen. Dies hing vor allem damit zusammen, dass dieser Trend durch die Industrialisierung, die Ausweitung des staatlichen Rentensystems und die immer länger werdende Ausbildungszeit der Jugendlichen und nicht etwa durch die Weltwirtschaftskrise der 1930er Jahre sowie die zwei Weltkriege ausgelöst wurde. Kinder, die in vorindustrieller Zeit als eine Rentenversicherung für die Alten gegolten hatten, wurden in der industrialisierten Gesellschaft mit einem immer komplexer werdenden Ausbildungssystem zu einer finanziellen Last für die Eltern. Daher entschieden sich mehr und mehr Ehepaare, nur ein oder zwei Kinder zu haben.

Aufbruch an den Universitäten

Im Jahr des Mauerbaus – 1961 – begann der ostdeutsche Filmemacher Winfried Junge und seine Frau Barbara ein weltweit einmaliges filmisches Dokumentationsprojekt, in dem er die Schüler einer Klasse in dem nahe der polnischen Grenze gelegenen Dorf Golzow vom Tag ihrer Einschulung über den Schulabschluss hinaus in das Arbeitsleben über mehrere

Jahrzehnte hinweg begleitete und ihre Lebensläufe dokumentierte. Die in diesen Lebensläufen erfassten Kinder und späteren Erwachsenen waren in den Jahren 1954 und 1955 geboren worden und wurden im Herbst 1961 eingeschult. Sie waren zehn Jahre nach Kriegsende zur Welt gekommen und hatten kaum eine Erinnerung an die offene Grenze zu Westdeutschland. Sie waren damit die erste genuin ostdeutsche Generation. Junge besuchte seine Golzower im Abstand von zunächst wenigen Jahren, später in größeren Abständen und befragte sie, was sich in der verflossenen Zeit in ihrem Leben verändert hatte. Er dokumentierte wichtige Ereignisse wie die Jugendweihe, den Schulabschluss, den Übergang in die sozialistische Arbeitswelt, die Heirat oder auch eine berufliche Reise in die Sowjetunion. Dieses Golzower Filmprojekt erfasste die Erfahrung des Aufwachsens und des sich an die Gesellschaft Anpassens in eindrucksvoller Weise.

Diese Golzower Kinder besuchten die zehnklassige allgemeinbildende Polytechnische Oberschule, die 1959 aus den Strukturreformen des ostdeutschen Bildungswesens als Einheitsschule hervorgegangen war. Nach der Auflösung des traditionellen dreizügigen Schulsystems, das mit dem Gymnasium, der Realschule und der Volksschule drei unterschiedliche Bildungseinrichtungen und Bildungswege für die Heranwachsenden aus den drei sozialen Klassen anbot, wurde 1946 zunächst eine achtklassige Grundschule eingerichtet, die Kindern der Altersgruppe von 6 bis 14 Jahren aus allen sozialen Schichten und Klassen offenstand. Diejenigen Schüler, die ihre Bildung an einer Universität fortsetzen wollten, konnten nach dem Abschluss dieser Grundschule ihren Schulweg auf einer vierklassigen Oberschule bis zum Abitur fortsetzen und dann eine universitäre Ausbildung beginnen.

Der Zugang zu einer universitären Ausbildung stand jedoch nicht jedem offen und wurde auch nicht ausschließlich auf der Basis der schulischen Leistungen gewährt. Die ostdeutsche Bildungspolitik war von dem Ziel getragen, das Monopol des Adels und des Bürgertums beim Zugang zu höherer Bildung zu brechen und die Universitäten für Kinder aus Arbeiterfamilien zu öffnen. Dies war jedoch – zumindest in den Augen der ostdeutschen Bildungspolitiker – nur möglich, indem der Zugang von Kindern aus bürgerlichen Familien zur universitären Ausbildung beschränkt wurde. Um Arbeiter, denen die nötige akademische Vorbereitung fehlte, an die Universitäten heranzuführen, wurden Arbeiter- und Bauernfakultäten eingerichtet, die in Schnellkursen begabten und bildungsinteressierten Arbeitern und Bauern ein akademisches Grundwissen vermitteln und sie so auf ein Universitätsstudium vorbereiten sollten. Diese Bildungsangebote, die darauf abzielten, den Anteil von Arbeitern und Arbeiterkindern an der Studentenschaft der Universitäten zu erhöhen, führten rasch zu großen Erfolgen. In der Mitte der 1950er Jahren stammte bereits mehr als die Hälfte der ostdeutschen Studenten aus Arbeiterfamilien. In Westdeutschland betrug hingegen der Anteil von Arbeiterkindern an der Studentenschaft in der Mitte der 1950er Jahre weniger als vier Prozent.

Die Arbeiter- und Bauernfakultäten waren das innovativste Instrument der ostdeutschen Bildungspolitik. Sie trugen zur sozialen Öffnung der Universitäten ebenso bei wie zu deren Strukturreform. Die Aufbruchsstimmung an diesen Einrichtungen wurde von Hermann Kant, der von diesen Initiativen der ostdeutschen Bildungspolitik profitiert hatte und dank dieser Möglichkeiten zu einem der prominentesten Schriftsteller der DDR wurde, in seinem Roman *Die Aula* eindrucksvoll eingefangen.

Während sich damit in Ostdeutschland nicht nur ein Umbau des Bildungssystems vollzog, der Auswirkungen auf die soziale Zusammensetzung der Bildungseliten hatte, erfuhr das Bildungssystem in Westdeutschland keine Veränderungen in den 1950er und 1960er Jahren. Im Gegensatz zur Einheitsschule in Ostdeutschland war das westdeutsche Schulsystem weiterhin durch die drei Einrichtungen des Gymnasiums, der Realschule und der Volksschule bestimmt. Auch die soziale Verteilung der Schulkinder über diese Schultypen folgte historischen Vorbildern, so dass das Gymnasium weiterhin eine exklusive Schule der Kinder aus den wohlhabenden bürgerlichen Familien blieb und die Volksschule weiterhin für die Arbeiterkinder vorgesehen war. Im Jahr 1955 besuchten lediglich 12 Prozent aller westdeutschen Schüler das Gymnasium, 6 Prozent die Realschule, 79 Prozent die Volksschule und 3 Prozent Sonderschulen. Damit blieb die universitäre Ausbildung in Westdeutschland bis in die frühen 1970er Jahre ein Privileg der bürgerlichen, wohlhabenden Schichten.

Die Finanzierung des Studiums besaß eine Schlüsselstellung in beiden Bildungssystemen. Die Bildungsreform in Ostdeutschland und in Westdeutschland war direkt mit der Studienfinanzierung verbunden. Arbeiterfamilien in beiden deutschen Staaten verfügten in den 1950er und 1960er Jahren nur über begrenzte Einkommen, die es ihnen kaum ermöglichten, ihre Kinder während einer langwierigen Universitätsausbildung zu unterstützen. Daher führte die ostdeutsche Regierung bereits im Jahr 1950 ein staatliches Stipendienprogramm ein, das es Studenten aus Arbeiterfamilien finanziell ermöglichen sollte, eine Universität zu besuchen. Studenten mussten zwar keine Studiengebühren bezahlen, aber die Lebenshaltungskosten waren dennoch eine finanzielle Hürde für Arbeiterkinder, die studieren wollten. Das staatliche Stipendienprogramm der DDR vergab Stipendien in Höhe von 130 Mark monatlich an jeden Studenten, der aus einer Arbeiterfamilie stammte. Derartige finanzielle Anreize versetzten auch junge Arbeiter, die studieren wollten, in die Lage, ihren Beruf aufzugeben und sich an einer Universität einzuschreiben.

Umfangreiche Stipendienprogramme wie diese fehlten in Westdeutschland bis in die frühen 1970er Jahre. Universitäten verfügten zwar über begrenzte Stipendienfonds, aus denen bedürftige Studenten unterstützt werden konnten, diese waren jedoch im Krieg und nach der Währungsreform erheblich zusammengeschmolzen. So verfügte etwa die Tübinger Universität im Jahr 1960 über lediglich 40 Stipendienstiftungen mit einem Gesamtstiftungskapital von gerade einmal 44.000 Mark. Derartige Stiftungsvermögen waren bei weitem nicht mehr ausreichend, um die wachsende Zahl bedürftiger Studenten zu unterstützen. Diese Stipendien waren aber auch traditionell auf Studenten aus bürgerlichen Familien oder gar aus den Familien der Stifter beschränkt. Universitäten durften daher aus diesen Mitteln Studenten aus Arbeiterfamilien nicht unterstützen. Die Einführung der Bundesausbildungsförderung im Jahr 1971 veränderte die finanzielle Situation von Studenten grundlegend und ermöglichte es einer wachsenden Zahl von Arbeiterkindern, sich an einer Universität einzuschreiben.

Das Bundesausbildungsförderungsgesetz (Bafög) war die wohl progressivste und innovativste Maßnahme der westdeutschen Bildungspolitik. Studienkredite waren keine westdeutsche Erfindung, sondern existierten in einer Reihe westlicher Länder wie zum Beispiel den USA, wo private Studienkredite bereits seit der Mitte des 19. Jahrhunderts zur Studienfinanzierung beitrugen. Am Anfang mussten Studenten, die diese staatlichen Kredite in Anspruch genommen hatten, diese auch vollständig zurückzahlen. Später wurde das Programm dahingehend abgeändert, dass Studenten nach dem Abschluss ihres Studiums lediglich eine Hälfte des Kredits, der nicht verzinst wurde, zurückzahlen mussten. Studenten wurde zudem ein Anteil des Kredits erlassen, wenn sie gute Abschlussnoten im Staatsexamen vorweisen konnten und sie ihr Studium in der Regelstudienzeit beendet hatten. Damit stellten diese Beihilfen eine Mischung aus Kredit und Stipendium dar und belohnten gute akademische Leistungen.

Im Jahr 1977 erhielten etwa eine halbe Million Studenten und damit etwa die Hälfte aller westdeutschen Studenten finanzielle Beihilfen aus dem Bafög-Programm. Daneben standen Studenten aber auch andere Finanzierungsquellen offen, die aufgrund begrenzter finanzieller Spielräume nur eine kleine Klientel fördern konnten. Politische Parteien verfügten über ihnen nahestehende Stiftungen, wie etwa die SPD die Friedrich-Ebert-Stiftung, die eigene Stipendienprogramme finanzierten. Sowohl das Bafög-Programm als auch Stipendienprogramme von Stiftungen wie der Friedrich-Ebert-Stiftung ermöglichten es einer stetig wachsenden Zahl von Studenten aus Arbeiterfamilien, sich auf das Wagnis eines Universitätsstudiums einzulassen. In den 1970er und 1980er Jahren wuchs der Anteil der Studenten aus Arbeiterfamilien erheblich. Diese soziale Öffnung der westdeutschen Universitäten erfolgte zu einer Zeit, in der es für Kinder aus Arbeiterfamilien in der DDR wieder schwerer wurde, Zugang zu einer universitären Ausbildung zu erlangen. In den 1970er und 1980er Jahren versuchten die Eltern, die selbst von der Öffnung der Universitäten für Arbeiterkinder profitiert hatten und darüber in die intellektuelle Elite aufgestiegen waren, sicher zu stellen, dass ihre Kinder – die nun keine Arbeiterkinder mehr, sondern der Nachwuchs der staatstragenden Eliten waren – auch Zugang zur Universität haben würden. Damit setzte in Ostdeutschland eine Verdrängung von Arbeiterkindern aus den Erweiterten Oberschulen und den Universitäten ein.

Während westdeutsche Studenten freie Auswahl in Bezug auf ihre Universität und ihr gewünschtes Studienfach hatten, wurden diese Entscheidungen in Ostdeutschland nicht von den betreffenden Schülern oder deren Eltern getroffen, sondern vom Staat und der Staatspartei SED, die studienlenkend in die Biographien der künftigen Studenten und Intellektuellen eingriffen. Und während Restriktionen in Bezug auf die Zahl der potentiellen Studenten für die meisten Studienfächer an westdeutschen Universitäten – mit Ausnahme der Medizin – weggefallen waren, bestanden sie für jedes Studienfach an ostdeutschen Universitäten. Die Zahl der verfügbaren Studienplätze in der DDR war so kalkuliert, dass sie genau dem Bedarf an ausgebildeten Fachkräften im ostdeutschen Arbeitsmarkt entsprach. Damit war die Zahl derjenigen Studenten, die etwa Jura studieren durften, auf die Zahl der benötigten Rechtsanwälte begrenzt. Dies gab zwar jedem Studenten eine Arbeitsplatzgarantie, aber keinen

Einfluss auf den Ort seiner zukünftigen Arbeitsstelle. Die Studienlenkung begann frühzeitig, und Schüler wurden bereits in der Schule in bestimmte Studienrichtungen gedrängt, die oftmals nicht mit ihren Bedürfnissen und Interessen übereinstimmten. Die Entscheidung zugunsten eines unbeliebten Studienganges oder einer ungeliebten beruflichen Karriere, die Schüler in der 8. Klasse treffen mussten, garantierte dem betreffenden Schüler aber die Zulassung zum Besuch der Erweiterten Oberschule, die über die Vergabe des Abiturs die Türen zur Universität öffnete. Diejenigen Schüler, denen der Zugang zur Erweiterten Oberschule verwehrt wurde, hatten zwar begrenzte alternative Wege zum Abitur. Doch die Wege über die Berufsausbildung mit Abitur oder die Abendschule waren nicht einfach und kräftezehrend.

Gastarbeiter und politische Flüchtlinge

Das westdeutsche Wirtschaftswunder der 1950er Jahre sorgte schnell für eine stetig wachsende Nachfrage nach Arbeitskräften, die aus der westdeutschen Bevölkerung allein nicht gedeckt werden konnte. In den 1950er Jahren wurden offene Stellen vor allem mit den aus den Ostgebieten Vertriebenen und den aus der DDR Geflüchteten gefüllt. Doch auch dieser Pool an Arbeitskräften war bereits in der Mitte der 1950er Jahre voll ausgeschöpft. Daher begann die Bundesregierung bereits im Jahr 1955, Abkommen mit südeuropäischen und nordafrikanischen Staaten über die Entsendung von Gastarbeitern nach Westdeutschland abzuschließen. Der erste derartige Vertrag brachte italienische Gastarbeiter ins Land. Dem folgten in den 1960er Jahren ähnliche Vereinbarungen mit Spanien, Griechenland, der Türkei, Marokko, Portugal, Tunesien und Jugoslawien. Diese Abkommen sicherten deutschen Unternehmen einen stetigen Nachschub an Arbeitskräften für die expandierende westdeutsche Industrie. Insbesondere nach dem Bau der Berliner Mauer, der den Strom ostdeutscher Übersiedler stoppte, wurde der Nachschub von Arbeitskräften aus der Mittelmeerregion essenziell für das nachhaltige Wirtschaftswachstum des Landes. Auf diese Art und Weise kamen bis zum Jahr 1964 insgesamt eine Million Gastarbeiter nach Westdeutschland. Der größte Anteil kam mit 296.000 Menschen aus Italien. Auf den Plätzen zwei und drei folgten Griechenland mit 155.000 und Spanien mit 151.000

Menschen. In den folgenden zehn Jahren wuchs die Zahl der Gastarbeiter dann auf insgesamt vier Millionen Menschen, was in etwa sieben Prozent der westdeutschen Bevölkerung entsprach.

Die Wanderung von Arbeitskräften aus dem Süden nach dem Norden Europas wurde zwar primär durch die Nachfrage nach Arbeitskräften in Ländern wie der Bundesrepublik motiviert, doch verfolgten die mediterranen Länder, die sich an den Abkommen mit Westdeutschland beteiligten, ihre eigenen politischen Ziele. Im Fall Italiens sahen die von konservativen Parteien dominierten Landesregierungen in den Gastarbeiterabkommen mit der Bundesrepublik eine willkommene Gelegenheit, Arbeitskräfte, die in Italien nicht benötigt wurden, loszuwerden und damit die Arbeitslosenrate des Landes zu verringern. Konservative Politiker hofften aber auch, dass mit dieser Abwanderung das Wählerpotential der linken Parteien verringert werden könnte. Weniger entwickelte Länder wie etwa Marokko erhofften sich von diesen Programmen die Ausbildung und Qualifizierung von Arbeitskräften, die nach ihrer Rückkehr zum Aufbau der heimischen Volkswirtschaft beitragen könnten. Derartige Erwartungshaltungen seitens der entsendenden Länder wurden aber größtenteils enttäuscht, da nur wenige Gastarbeiter in ihre Heimatländer zurückkehrten. Und im Fall Jugoslawiens kam es dazu, dass hoch qualifizierte Arbeitskräfte Berufe in Westdeutschland ausübten, die weit unter ihrer Qualifikation lagen.

Die Anwerbung der Gastarbeiter war nicht Bestandteil eines Einwanderungsprogramms, das die betreffenden Arbeitskräfte permanent nach Westdeutschland bringen sollte, sondern war als eine vorübergehende Lösung für den Arbeitskräftemangel in der Bundesrepublik gedacht. Daher kamen Gastarbeiter anfänglich mit Kurzzeitvisa und zeitlich begrenzten Aufenthaltsgenehmigungen. Mit der Ölpreiskrise der frühen 1970er Jahre endete die wirtschaftliche Expansion der Bundesrepublik mit ihrem hohen Bedarf an zusätzlichen Arbeitskräften. Daher wurden die Gastarbeiterprogramme aus westdeutscher Sicht nicht länger benötigt.

Die Einwanderung nach Westdeutschland kam dennoch nicht zum Erliegen. So wuchs die Zahl der Ausländer in Westdeutschland auf 4,5 Millionen im Jahr 1980. Dieses Wachstum erklärte sich aus dem Verbleiben der Gastarbeiter in Westdeutschland, die auch ihre Familien nachholten und sich in westdeutschen Städten eine neue Heimat einrichteten. Die Mehrzahl dieser Einwanderer kam aus der Türkei (592.000), Jugoslawien (357.000) und Italien (309.000). In den 1970er und 1980er Jahren kamen

Einwanderer nicht mehr primär aus wirtschaftlichen Gründen nach Westdeutschland, sondern weil sie der politischen Instabilität ihrer Heimatländer wie zum Beispiel der Türkei, des Iraks und Jugoslawiens zu entkommen versuchten und daher in Westdeutschland um Asyl baten. Hatten am Anfang der 1970er Jahre Asylsuchende lediglich ein Prozent aller Einwanderer in Westdeutschland ausgemacht, waren es in den frühen 1990er Jahren immerhin 30 Prozent.

Westdeutschland zog jedoch nicht nur Gastarbeiter und Asylsuchende an, sondern akzeptierte auch Hunderttausende deutscher Aussiedler aus osteuropäischen Ländern wie Polen, Rumänien, der Tschechoslowakei und der Sowjetunion. Von 1953 bis 1987 kamen im Durchschnitt jedes Jahr etwa 37.000 Aussiedler in die Bundesrepublik, wo sie im Gegensatz zu anderen Ausländern aufgrund ihrer ethnischen Abstammung sofort ein Anrecht auf die deutsche Staatsbürgerschaft genossen. Diese deutschen Aussiedler hatten die Wellen der ethnischen Säuberung in Osteuropa nach dem Zweiten Weltkrieg, die zur Vertreibung von fast zwölf Millionen Deutscher geführt hatten, vorerst überlebt, erfuhren aber Diskriminierungen verschiedener Art. Viele Aussiedler hatten über Generationen und Jahrhunderte in ihrer Heimat gelebt, bevor sie sich dazu entschlossen, diese zu verlassen und in das ferne, ihnen unbekannte Westdeutschland überzusiedeln. Die größte Zahl der Aussiedler kam im Zeitraum von 1953 bis 1987 mit 848.000 Menschen aus Polen, die zweit- und drittgrößte Gruppe stellten Rumänien mit 206.000 und die Sowjetunion mit 110.000 Personen.

Während die Aufnahme dieser deutschen Aussiedler aus Osteuropa selbst in Zeiten wirtschaftlicher Krisen auf wenig Skepsis oder gar Widerstand in der westdeutschen Bevölkerung traf, zog die wachsende Zahl türkischer Einwanderer den offenen Fremdenhass von nationalistischen Gruppen und Einzelpersonen auf sich. So erfasste die Bundesregierung mehr als 1.500 Fälle fremdenfeindlicher Übergriffe und Straftaten zwischen 1980 und 1990. Mit wachsenden wirtschaftlichen Schwierigkeiten entwickelte sich eine Ausländerfeindlichkeit, die nicht nur hinter vorgehaltener Hand geäußert wurde, sondern sich auch in tätlichen Angriffen auf Personen und die Zerstörung von Asylbewerberheimen mittels Brandstiftung und Ähnlichem niederschlug.

Neben diese nationalistische und rechte Opposition gegen die Einwanderung von Ausländern nach Westdeutschland trat in den 1980er Jahren auch eine linke Kritik an den Arbeits- und Lebensbedingungen der Aus länder in westdeutschen Großstädten. So berichtete etwa der Journalist Günter Wallraff, der sich als türkischer Gastarbeiter ausgab, über die Diskriminierungen seitens seines Arbeitgebers, seines Vermieters und sogar durch Staatsbedienstete, die er als solcher zu erdulden hatte, in seinem Buch *Ganz unten* (1985). Nur ein Jahr später kam Tevfik Başers Film *40 qm Deutschland* in die Kinos, in dem das Schicksal einer jungen türkischen Frau gezeigt wurde, die von ihrem türkischen Ehemann, der traditionelle Vorstellungen über das Eheleben befolgen wollte, in ihrer 40 Quadratmeter großen Wohnung in Hamburg eingesperrt worden war.

Das Recht auf Asyl war nicht nur im westdeutschen Grundgesetz verankert, sondern auch in der ersten ostdeutschen Verfassung aus dem Jahr 1949. Und es war nicht nur die Bundesrepublik, die Flüchtlinge und Asylsucher anzog, sondern im Fall von linken Flüchtlingen auch die DDR. So wurde die DDR etwa zur zweiten Heimat für kommunistische Flüchtlinge des griechischen Bürgerkrieges in den 1950er Jahren und für Verfolgte des Pinochet-Regimes in Chile in den 1970er Jahren. Die griechischen Flüchtlinge waren die ersten Asylsuchenden überhaupt, die Anfang der 1950er Jahre in der DDR eintrafen. Sie gehörten zu einem größeren Kontingent von insgesamt etwa 50.000 Flüchtlingen, die in verschiedenen kommunistischen Ländern, vor allem aber in der Sowjetunion Aufnahme fanden. Auf die DDR entfielen nur wenige tausend Griechen, die zuerst im sächsischen Radebeul ankamen und hier Unterkunft, Einweisung und Berufsausbildung erhielten. Da eine baldige Rückkehr der Flüchtlinge in ihre Heimat nicht in Frage kam, setzte die ostdeutsche Regierung auf die rasche und weitgehende Integration der griechischen Flüchtlinge in die ostdeutsche Gesellschaft.

Nachdem Anfang der 1950er Jahre die französische Regierung die, in ihrem Land Ende der 1930er Jahre aufgenommenen, Flüchtlinge des Spanischen Bürgerkrieges auswies, gelangte eine kleine Gruppe dieser Flüchtlinge in die DDR. Dazu kamen auch Flüchtlinge aus dem Iran und aus Algerien. Die wohl prominenteste Flüchtlingsgruppe war die der knapp 2.000 Chilenen, die nach dem Putsch von Augusto Pinochet im Jahr 1973 ihr Land verlassen mussten und in Ländern wie der DDR Asyl fanden. Sie erhielten umfangreiche Unterstützung durch die DDR-Regierung wie etwa Wohnungen in den modernen Plattenbauten, zinslose Darlehen und Zugang zu universitärer Ausbildung. Unter diesen Flüchtlingen befand sich auch Michelle Bachelet, die im Jahr 1975 nach Potsdam kam. In den Jahren ihres Asyls in der DDR absolvierte sie ein Medizinstudium und kehrte im Jahr 1979 nach Chile zurück. Bachelet wurde Präsidentin Chiles im Jahr 2006.

Diese politischen Flüchtlinge repräsentierten aber nur einen verschwindend kleinen Anteil der etwa 200.000 Ausländer, die in der DDR in den 1980er Jahren lebten und arbeiteten. Die DDR-Regierung hatte ähnlich dem westdeutschen Gastarbeiter-Programm ein Vertragsarbeiter-Programm eingerichtet, das Arbeitskräfte aus kommunistischen Ländern Afrikas und Asiens nach Ostdeutschland brachte. Diese Arbeitskräfte wurden benötigt, um die freien Stellen in ostdeutschen Betrieben zu füllen. Sie boten den betreffenden Personen aber auch Möglichkeiten zur Ausbildung und Qualifizierung. Die ostdeutschen Vertragsarbeiter sollten ähnlich wie die westdeutschen Gastarbeiter nicht permanent in die DDR kommen, sondern hier nur für eine Reihe von Jahren verbleiben und dann wieder in ihre Heimatländer zurückkehren. Das größte Kontingent dieser Gastarbeiter kam in den 1980er Jahren aus Vietnam (59.000 Menschen), die zweitgrößte Gruppe stammte aus Mozambik (15.000 Personen). Kleinere Gruppen wurden von Kuba und Angola entsandt.

Weil diese Vertragsarbeiter und auch die wenigen politischen Exilanten nur für eine kurze Zeit in die DDR kamen, wurden keine Anstrengungen unternommen, sie in die ostdeutsche Gesellschaft zu integrieren. Sie lebten in isolierten Gemeinschaften und hatten nur geringen Kontakt mit ihren ostdeutschen Nachbarn und Kollegen. Ostdeutsche schauten auf sie mit Neid und Verachtung. Ihre Hautfarbe unterschied sie deutlich und ließ sie in der homogenen ostdeutschen Gesellschaft auffallen. Ihre Sitten und ihre Speisen waren den Ostdeutschen fremd. Die bevorzugte Behandlung von chilenischen Flüchtlingen bei der Vergabe der begehrten Plattenbauwohnungen, auf die viele ostdeutsche Familien über Jahre warten mussten, sorgte für Unruhe und Ablehnung. Ostdeutsche sahen in den Fremden Konkurrenten um begehrte, aber rare Dinge wie etwa die modernen Wohnungen. Die Möglichkeit dieser Fremden, in den Westen zu reisen, und ihre Herkunft aus exotischen Ländern wie Vietnam oder Chile, in die Ostdeutsche nicht reisen durften, boten Anlass für mehr Neid und Eifersucht.

Der Amerikaner Dean Reed war der wohl bekannteste und weithin populäre Flüchtling, der in der DDR lebte. Reed hatte die amerikanische Intervention in Vietnam abgelehnt und unterstützte linke Regierungen und Bewegungen in Südamerika. Im Jahr 1972 verließ er seine amerikanische Heimat und siedelte in die DDR über, wo er bis zu seinem Tod im Jahr 1986 lebte. In der DDR wurde er zu einem populären Sänger und Schauspieler, der auch eine prominente Rolle in den ostdeutschen Indianerfilmen spielte, die auf Liselotte Welskopf-Henrichs Romanzyklus *Die Söhne der Großen Bärin* basierten. Diese Filme waren als Gegenbild zu den westdeutschen Karl-May-Filmen angelegt und zeigten den Widerstand der Indianer gegen die weißen Eindringlinge und die Vernichtung der Indianer.

Protestbewegungen und Öffentlichkeit

Beide deutsche Staaten erlebten ein gewaltiges Wachstum nicht nur der Stahlproduktion, sondern auch des Kohleabbaus in den 1950er und 1960er Jahren. Im Westen hatte sich seit dem 19. Jahrhundert das Ruhrgebiet in ein Zentrum der Schwerindustrie verwandelt, das von Stahlwerken und Kohlenzechen dominiert wurde. Der Zollverein eröffnete im Jahr 1847 sein erstes Steinkohlenbergwerk in Essen, in dem bis 1986 unterirdisch Kohle abgebaut wurde. Im Ruhrgebiet entstanden auch die gewaltigen Krupp-Werke, die sich zu Deutschlands wichtigster Waffenschmiede entwickelten.

In den 1970er Jahren begann sich dann aber ein Ende des Industriezeitalters mit seiner Konzentration auf die Stahlproduktion und den Kohlebergbau nicht nur in den westdeutschen Industrieregionen an Rhein und Ruhr abzuzeichnen. Die Schwerindustrie starb in den westlichen Industrienationen fast vollständig aus und wurde in sich industrialisierende Länder wie etwa China verlegt. Und auch der Kohlenbergbau verlor allmählich an Bedeutung. So verringerte sich etwa im Ruhrgebiet die Zahl der dort beschäftigten Bergleute von über einer halben Million in der Mitte der 1950er Jahre auf etwa 128.000 Kumpel in der Mitte der 1970er Jahre. Höhere Effizienz bei der Kohleverbrennung und Energiegewinnung, technologische Fortschritte im Bergbau und die Ausschöpfung der Kohlevorräte trugen nicht nur in Westdeutschland zur Verringerung des Kohleabbaus bei. Diese Veränderungen hatten Auswirkungen auf das Leben der Menschen, die Volkswirtschaften und die Stabilität politischer Systeme in ganz Europa von Großbritannien im Westen bis zur Sowjetunion im Osten. Jedes europäische Land und die beiden politisch-ideologischen Systeme des Kommunismus und der Demokratie reagierten mit unterschiedlichen Strategien auf dieses Ende des

Industriezeitalters. Während die westdeutsche Regierung den Steinkohlenbergbau seit den 1960er mit umfangreichen direkten und indirekten Subventionen am Leben erhielt, stellte der Staat ab den 1970er Jahren auch Mittel für die Umstrukturierung der Wirtschaft sowie die Umschulung von Bergleuten bereit.

Ostdeutschland hatte im Gegensatz zu Westdeutschland keine umfangreichen unterirdischen Steinkohlevorkommen, sondern nur Braunkohlereviere vor allem in der Lausitz und in Sachsen, die in Tagebauen abgebaut wurden. Bei der Verbrennung der in diesen Tagebauen gewonnenen Braunkohle wurde wesentlich weniger Energie freigesetzt als bei der Verbrennung der in Bergwerken gewonnenen Schwarzkohle (also der Steinkohle). Die Verbrennung der Braunkohle setzte zudem auch wesentlich mehr chemische Schadstoffe wie Schwefeldioxide, Stickstoffoxide und Schwermetalle frei, die im »sauren Regen« auf die ostdeutschen Wälder niederfielen, zum Waldsterben führten und damit zu einer Gefahr für die Umwelt, aber auch für den Menschen wurden. Diese Schadstoffe erhöhten die Zahl der Atemwegserkrankungen in den südlichen Ballungsgebieten der DDR wie zum Beispiel Leipzig erheblich. Der Abbau der Braunkohle in Tagebauen zerstörte intakte ökologische Systeme, da Wälder gerodet, Sumpfgebiete zerstört und selbst menschliche Siedlungen weggebaggert wurden.

Ostdeutsche Regionen um Leipzig und Cottbus fanden sich inmitten von Tagebaulandschaften wieder, in denen die Bagger näher und näher an diese Städte heranrückten. Viele Dörfer und Kleinstädte fielen den Baggern zum Opfer und verschwanden von der Landkarte. Braunkohle wurde zwar nicht nur in Ostdeutschland abgebaut, aber im Gegensatz zu Westdeutschland, wo es sowohl Braun- als auch Steinkohlevorkommen gab, war es in Ostdeutschland der einzige einheimische Energieträger. Daher waren im Osten auch die Auswirkungen auf die Umwelt höher und die Regierung nicht bereit, Abstriche an der Gewinnung dieses Brennstoffs zu machen. In beiden deutschen Staaten entwickelte sich dennoch in den 1970er und 1980er Jahren Opposition gegen die Tagebaue. Einwohner, die ihre Häuser verlassen sollten, weil ihr Dorf dem Bagger zum Opfer fallen sollte, sowie Naturschützer widersetzten sich wie zum Beispiel im westdeutschen Hambach der stetigen Ausweitung der Braunkohletagebaue.

Aber es war nicht nur der Braunkohleabbau, der die Gemüter vor allem in Westdeutschland erhitzte. Auch die westdeutschen Atomkraftwerke, die von ihren Betreibern und allen politischen Parteien der Bevölkerung als eine sichere und im Vergleich zur Verbrennung von Kohle umweltschonende Alternative zur Energieerzeugung angepriesen wurden, erzeugten eine starke Gegenreaktion. Es war zumindest anfänglich nicht so sehr der Betrieb dieser Anlagen, der vielen Menschen Angst machte, sondern vielmehr die Lagerung der ausgebrannten Brennstäbe, die hoch radioaktiv waren und über Jahrhunderte gefährlich blieben. Als im Jahr 1977 die Bundesregierung ein geschlossenes Salzbergwerk nahe dem niedersächsischen Gorleben als Endlagerstätte für diesen atomaren Müll bestimmte, formierte sich schnell Protest gegen diese Entscheidung. Im März 1979 erlebte die Stadt Hannover den größten Protestzug gegen die Nutzung der Atomenergie in der Geschichte der Bundesrepublik. Mehr als 100.000 Menschen kamen aus allen Teilen des Landes, um sich an diesem Protest zu beteiligen.

Die Proteste gegen die Braunkohlentagebaue und die Atomkraft trugen zur Formierung einer neuen politischen Kraft in der Bundesrepublik bei. Die alternative Partei der Grünen entstand aus den verschiedenen Umweltschutzgruppen und Protestbewegungen gegen die Energiegewinnung aus Braunkohle und Atomkraft sowie aus den wachsenden Protestbewegungen gegen den NATO-Doppelbeschluss, der gleichzeitig auf einen Ausbau der nuklearen Bewaffnung der NATO und Abrüstungsverhandlungen mit der Sowjetunion setzte. Dieser NATO-Doppelbeschluss traf in beiden deutschen Staaten auf wenig Gegenliebe, da Ost- und Westdeutsche die ersten Opfer in einem nuklearen Krieg, der immer wahrscheinlicher zu werden schien, sein würden. Im Oktober 1981 kamen mehr als 300.000 Menschen in Bonn zusammen, um gegen die Stationierung von »Cruise Missiles« auf westdeutschem Boden zu protestieren. Die Westdeutschen waren nicht die einzigen in Westeuropa, die sich dem NATO-Doppelbeschluss widersetzten. Westeuropa erlebte die Formierung einer transnationalen Friedensbewegung, die westdeutsche und englische Pazifisten miteinander verband und in der sich spezifische Proteststrategien verbreiteten. So entstanden Lager von Friedensaktivisten außerhalb von NATO-Stützpunkten in England und in Westdeutschland, auf denen die neuen Atomwaffen stationiert werden sollten. Darüber hinaus wurde in Westdeutschland auch die Ostermarschbewegung der 1960er Jahre wiederbelebt.

Diese Proteste reflektierten die Unzufriedenheit der Westdeutschen mit den etablierten politischen Parteien, die den NATO-Doppelbeschluss mittrugen. Viele wandten sich enttäuscht von ihnen ab und trugen zur Gründung der Grünen im Januar 1980 bei. Im Jahr zuvor hatte die Bremer Grüne Liste bereits genügend Stimmen gewonnen, um erstmals in die Bremer Bürgerschaft einzuziehen. Das war erst das zweite Mal in der Geschichte der Bundesrepublik, dass eine neue politische Partei in ein Landesparlament gewählt wurde. In den 1980er Jahren gelang es der neuen Partei, in die Landesparlamente in West-Berlin, Hamburg, Hessen und Niedersachsen einzuziehen, und im Jahr 1983 gelang den Grünen bei Bundestagswahlen erstmals der Einzug in den Bundestag. Die Grünen-Abgeordneten setzten sich deutlich von den Mandatsträgern der anderen drei etablierten Parteien nicht nur durch ihre Programmatik, sondern auch deutlich sichtbar durch ihre Kleidung ab. Anstelle von Anzügen und Krawatten trugen sie Jeans und Pullover. Der Einzug der Grünen in den Bundestag war mehr als nur die Erweiterung des Parteienspektrums, es war der Beginn eines Kulturwandels.

Öffentliche Proteste gegen die Zerstörung der Natur und die Gefährdung menschlichen Lebens sowie Verschiebungen im Parteiensystem waren im politischen System der DDR bis in die späten 1980er Jahre unmöglich. Die Regierung der DDR, die aus Mangel an Devisen keine Alternative zum Braunkohlenabbau zur Sicherung der Energieversorgung sah, unterdrückte jede Form von öffentlichem Protest. Menschen, die sich für die Umwelt einsetzten, waren dazu gezwungen, entweder hinter vorgehaltener Hand zu klagen oder geheime Zirkel zu gründen, die sich wie etwa der Arbeitskreis Frieden und Umwelt unter dem Mantel der protestantischen Kirche in Berlin-Lichtenberg im Jahr 1983 etablierten. Der genannte Arbeitskreis richtete 1986 eine Umweltbibliothek im Gemeindehaus der Ost-Berliner Zionskirchengemeinde ein. Seine Mitglieder druckten Informationsblätter, die die Leser über die fortschreitende Zerstörung der Natur unterrichteten und Informationen über deren wirtschaftliche und soziale Auswirkungen anbot.

Die Furcht vor einem nuklearen Krieg in Europa und der wachsenden Militarisierung der ostdeutschen Gesellschaft wie etwa durch die Einführung des Faches Wehrkunde an ostdeutschen Schulen veranlasste Gläubige und Regimekritiker in Städten wie Erfurt und Dresden in den späten 1970er Jahren dazu, Friedensgebete zu initiieren. Die Leipziger Nikolaikirche wurde ab 1982 zum Zentrum von Friedensgebeten, zu denen sich an jedem Montag junge Christen und eine wachsende Zahl von Atheisten zum Gebet und zu politischen Diskussionen trafen. Entwicklungen wie diese wurden vom ostdeutschen Geheimdienst – der Staatssicherheit (Stasi) – mit wachsamen Augen beobachtet. Um über die Aktionen dieser Bewegungen informiert zu sein, schleuste die Stasi informelle Mitarbeiter in diese Arbeitsgruppen und Zirkel ein, die dann regelmäßig Berichte für ihre Führungsoffiziere verfassten.

Inoffizielle Mitarbeiter wurden von der Stasi aus allen Bereichen der Gesellschaft teils mit Druck, teils mit Versprechungen angeworben. Viele betätigten sich aus politischer Überzeugung und verrieten ihre Freude, Kollegen und sogar Familienmitglieder an die Geheimpolizei. Auch wenn diese inoffiziellen Mitarbeiter, deren Zahl auf etwa 100.000 Männer und Frauen geschätzt wurde, nicht direkt bezahlt wurden, bezogen sie doch Vorteile aus ihrer Tätigkeit.

Die DDR-Opposition, die sich aus der Sorge um die Umweltzerstörung, das Wettrüsten sowie die Militarisierung der Gesellschaft entwickelte, entstand weitgehend unter dem Mantel der protestantischen Kirche, weil diese außerhalb des Staates operierte, eigene Vervielfältigungsmaschinen hatte sowie die Verteilung von Informationsblättern innerhalb des kirchlichen Raumes gestattete. Außerhalb der Kirchen gab es kaum Freiräume oder eine geeignete Infrastruktur, die die Produktion, die Verteilung und den Austausch von unzensierten Informationen ermöglicht hätten. Gruppen wie etwa der Ost-Berliner Arbeitskreis Frieden und Umwelt konnten nur so die allgegenwärtige Zensur von Druckerzeugnissen umgehen. Die in den Arbeitszirkeln organisierten Aktivisten waren in einigen, aber nicht in allen Fällen bekennende Christen. Die Opposition in der DDR war damit nicht ausschließlich und auch nicht primär christlich motiviert. Es war aber die Kirche, die der Opposition ein Zuhause gab und vor dem staatlichen Zugriff schützte. Diese oppositionellen Gruppen entstanden in fast allen ostdeutschen Städten und versuchten auch ein nationales Netzwerk zu etablieren, das, wie es Peter Wensierski in seinem Buch *Die unheimliche Leichtigkeit der Revolution* beschrieben hat, auch Kontakte zu Dissidenten in Prag entwickelte.

Als im April 1986 das Atomkraftwerk im ukrainischen Tschernobyl explodierte, wurde Menschen in ganz Europa deutlich vor Augen geführt, dass die Nutzung der Atomenergie nicht nur eine nationale Frage war, die einzelne Länder für sich entscheiden konnten, sondern alle Europäer betraf, da die Auswirkungen einer Katastrophe wie die in Tschernobyl nicht auf ein einzelnes Land beschränkt blieben, sondern ganz Europa beeinflussten. Die sowjetische Regierung war nicht dazu bereit, die anderen

Staaten unmittelbar nach dem Unglück über die Katastrophe zu informieren, und hatte versucht, den Vorfall zu verheimlichen. Erst nachdem in Schweden erhöhte Strahlungswerte gemessen wurden, sah sich der sowjetische Partei- und Staatschef Michail Gorbatschow gezwungen, die Welt über das Ausmaß des Reaktorunglücks zu informieren. Im nächsten Jahr wurden in allen Teilen Europas höhere Strahlungswerte gemessen. Radioaktiver Regen fiel über weiten Teilen Europas, kontaminierte das Grundwasser und gefährdete Flora und Fauna. Tschernobyl erinnerte Europäer daran, wie gefährlich der Betrieb von Atomkraftwerken sein kann, und trug zum wachsenden Widerstand gegen die Nutzung der Atomkraft sowie gegen die Stationierung von Nuklearwaffen bei, national freilich in unterschiedlichem Ausmaß. Es half dabei, die festgefahrenen Abrüstungsverhandlungen zwischen den USA und der Sowjetunion wiederzubeleben und die Vision eines atomwaffenfreien Europas zu beschwören.

Der Umgang mit Dissidenten

Während die Protestbewegungen in Westdeutschland von der Studentenrevolution des Jahres 1968 bis zu den Friedens- und Umweltprotesten der 1970er und 1980er Jahre zur Ausformung einer lebendigen Zivilgesellschaft beitrugen, die aus einer repräsentativen Demokratie eine partizipatorische Demokratie werden ließ, wurde der Protest in Ostdeutschland rücksichtslos unterdrückt und Dissidenten entweder verhaftet oder aus der DDR ausgebürgert. Die Gründung der Grünen im Westen trug zu einer langsamen, weiteren Transformation der westdeutschen Demokratie bei, die zur wachsenden Beteiligung der Bürger an demokratischen Entscheidungsprozessen führte und das Konzept der nachhaltigen Entwicklung in das politische Denken einführte. Traditionelle Modelle wirtschaftlicher Entwicklung hatten dem Umweltschutz keine Bedeutung zugemessen. Wirtschaftliches Wachstum wurde um seiner selbst willen sowie wegen seiner günstigen Auswirkungen auf die Entwicklung der öffentlichen Haushalte von Bund, Ländern und Kommunen ohne Rücksicht auf die Kosten für Menschen und Umwelt geschätzt. Dies begann sich mit der Etablierung der Grünen als einer neuen politischen Kraft allmählich zu ändern.

Dennoch wurden auch in Westdeutschland Kritiker der politischen Ordnung, die als Radikale eingestuft wurden, von der Regierung aus dem beruflichen und gesellschaftlichen Leben ausgegrenzt. Der sogenannte »Radikalenerlass« des Jahres 1972 gestattete es, Personen, die sich um Karrieren im Beamtenapparat bewarben, auf ihre politischen Überzeugungen hin zu überprüfen und – falls sie Mitglieder in als radikal eingestuften Organisationen wie etwa der von der DDR gesteuerten und finanzierten Deutschen Kommunistischen Partei waren – von diesen Berufen auszuschließen. Der »Radikalenerlass« sollte die westdeutsche Demokratie vor linken und rechten Extremisten beschützen. In der Praxis wurde dieses Gesetz aber nur auf linke Aktivisten angewandt.

Ab 1972 mussten alle Personen, die sich um eine Anstellung im Staatsdienst bewarben, nachweisen, dass sie keine extremistischen Ansichten vertraten. Kommunisten und Mitglieder kommunistischer Organisationen wurden als Extremisten eingestuft und konnten daher nicht auf eine Anstellung im öffentlichen Dienst hoffen. Diese Praxis des Berufsverbots wurde auf Länderebene bis in die frühen 1990er Jahre fortgeführt. Bayern war das letzte Bundesland, das sie im Jahr 1991 beendete.

Insgesamt zeigte das westdeutsche politische System dennoch eine beachtenswerte Fähigkeit, soziale Protestbewegungen und individuelle Rebellen in die Gesellschaft zu integrieren und deren weitere Radikalisierung abzuwenden. Damit war die westdeutsche Gesellschaft offen für politische und wirtschaftliche Transformationen, während das ostdeutsche politische System sich als wandlungsunfähig erwies und jeden Versuch politischer und wirtschaftlicher Reformen letztlich verhinderte. So wurden zum Beispiel vielversprechende marktwirtschaftliche Reformen in den 1960er Jahren in der DDR nicht aufgegeben, weil sie nicht funktionierten, sondern gerade weil sie funktionierten, aber die Stabilität des politischen Systems bedrohten.

Der Bau der Berliner Mauer hatte anfänglich zu einer Stabilisierung der ostdeutschen Wirtschaft und Gesellschaft geführt. Ostdeutsche, denen die Möglichkeit des Weggehens genommen worden war, mussten sich nun in der ostdeutschen Gesellschaft einrichten und an ihr teilnehmen. Doch auch wenn die Berliner Mauer sowie die innerdeutsche Grenze zur langsamen Entfremdung der Menschen in Ost und West beitrugen, suchten Familienmitglieder auf beiden Seiten von Mauer und Stacheldraht, den Kontakt zu ihren Verwandten im anderen Teil Deutschlands aufrecht zu erhalten. Die für die Westdeutschen bestehende Möglichkeit, fast ungehindert in die DDR einzureisen und ihre Verwandten zu besuchen, sowie der fast flächendeckende Zugang zu westdeutschen Fernseh- und Radioprogrammen in der DDR schufen eine Situation, in der Ostdeutsche über die Freiheiten des Westens ebenso wie über den höheren Lebensstandard im westlichen Deutschland recht gut informiert waren, ohne daran teilhaben zu können. Viele deutsche Familien waren durch die Wanderungsbewegungen in den 1940er und 1950er Jahren sowie durch den Mauerbau getrennt worden. Mit dem Mauerbau war Ostdeutschen die Fähigkeit genommen worden, ihre Verwandten in Westdeutschland zu besuchen. Lediglich ostdeutsche Rentner durften ab September 1964 in den Westen reisen, um Verwandte zu besuchen. Mit seiner Unterschrift unter die Schlussakte der Konferenz über Sicherheit und Zusammenarbeit in Europa (KSZE) in Helsinki im Jahr 1975 erkannte der ostdeutsche Staatschef Erich Honecker zumindest offiziell die Reisefreiheit der Bürger an, ohne diese allerdings in die Praxis umzusetzen. Auch wenn die DDR-Regierung aus Angst vor einem Massenexodus nicht willens war, ihren Bürgern dieses Grundrecht einzuräumen, schuf dieses Abkommen dennoch die Basis für die Option, sich um eine permanente Ausreisegenehmigung zu bewerben. Damit wurde es für eine begrenzte Zahl von Ostdeutschen möglich, in die Bundesrepublik dauerhaft überzusiedeln.

Am Anfang der 1980er Jahre führte die DDR-Regierung dann weitere Reiseerleichterungen ein, die es einer wachsenden Zahl von Ostdeutschen ermöglichte, Verwandte in Westdeutschland zu besuchen. Damit konnte vor allem in den 1980er Jahren eine immer größer werdende Zahl der Ostdeutschen nach Westdeutschland reisen oder das Land verlassen. Der Besuch in Westdeutschland führte den ostdeutschen Besuchern deutlich vor Augen, wie weit ihre Heimat in wirtschaftlich-materieller Hinsicht dem westdeutschen Nachbarn hinterherhinkte und wie viele Konsumgüter sie entbehrten. Besuche und – für diejenigen, denen das Reisen weiterhin verwehrt blieb – das Anschauen von westdeutschen Filmen und Dokumentationen im Fernsehen führten zur Entwicklung eines Minderwertigkeitskomplexes unter Ostdeutschen. Das Leben der westdeutschen Verwandten, die ein großes Auto fuhren, zum Urlaub nach Spanien flogen und sich auch Luxusgüter leisten konnten, erschien den Ostdeutschen nicht nur erstrebenswert, sondern auch unerreichbar fern.

Das Einschalten des Fernsehers in den meisten ostdeutschen Haushalten war gleichbedeutend mit der Auswahl eines der drei westdeutschen

Programme. Nur wenige Ostdeutsche schalteten die zwei ostdeutschen Sender des DDR-Fernsehens ein. In den 1970er Jahren hatte die DDR-Regierung es aufgegeben, ihre Bürger durch das Abbauen der Fernsehantennen, wie es noch in den 1960er Jahren erfolgt war, vom Einschalten der Westsender abzuhalten. Als sich mit der Einführung des Farbfernsehens und von Farbfernsehgeräten eine zweite Chance bot, den Zugang der Ostdeutschen zum Westfernsehen durch die Entscheidung zugunsten des französischen SECAM-Farbensystems anstelle des in Westdeutschland genutzten PAL-Systems zu behindern, schlug dies rasch fehl. Die ostdeutschen Fernsehgeräte, die auf das SECAM-System ausgerichtet waren, fanden keine Käufer. Die ostdeutsche Farbfernsehproduktion musste schließlich stillschweigend auf das PAL-System umgestellt werden. Die DDR-Regierung hatte sich auf einen sozialen Kompromiss einlassen müssen, der jedem Ostdeutschen das Anschauen der Westprogramme ermöglichte, solange dies nicht öffentlich geschah oder diskutiert wurde.

Fast alle Ostdeutschen hatten Zugang zu den westlichen Fernsehsendern des ZDF, der ARD und des NDR. Nur eine kleine Region südöstlich von Dresden – das von den Ostdeutschen als das »Tal der Ahnungslosen« tituliert wurde – war aufgrund ihrer geographischen Lage vom Empfang der Westsender ausgeschlossen. Damit entwickelte sich in den 1970er und 1980er Jahren eine schizophrene Situation. Ostdeutsche schalteten nach ihrem Arbeitstag die westdeutschen Programme ein und schauten westdeutsche Nachrichtensendungen, Dokumentarfilme über Entwicklungen in der Bundesrepublik und in der DDR sowie westdeutsche und amerikanische Spielfilme. Und wenn sie nicht westdeutsche Fernsehsender schauten, hörten sie Nachrichten oder Musik westdeutscher Radiosender. Die Nachrichten erfuhren Ostdeutsche daher aus den westdeutschen und nicht von ostdeutschen Nachrichtensendungen. Damit wussten sie, lange bevor es von den offiziellen DDR-Nachrichten der *Aktuellen Kamera* zugegeben wurde, dass das Atomkraftwerk in Tschernobyl explodiert war.

Der Zugang sowohl zu westdeutschen als auch zu ostdeutschen Nachrichtensendungen schuf für Ostdeutsche einige ungewöhnliche und manchmal auch problematische Situationen im Betrieb oder im Büro. Wenn zum Beispiel westdeutsche Nachrichtensendungen über eine politische Entwicklung berichteten, die in den ostdeutschen Nachrichten verschwiegen oder noch nicht berichtet wurde, mussten Ostdeutsche so agieren, als ob sie davon noch nichts wüssten. Ostdeutsche mussten sich sehr darum bemühen, in offiziellen Gesprächen das zu verheimlichen, was sie vom Westfernsehen her wussten, um politischen Maßregelungen zu entgehen. Dies schuf eine wahrhaft schizophrene Situation und schulte Ostdeutsche in der Selbstzensur ihrer Sprache und ihrer Gedanken, eine Praxis, die von einer Generation an die nächste weitergegeben wurde. Eltern ermahnten etwa ihre Kinder, in der Schule nicht darüber zu sprechen, welche Nachrichtensender sie zu Hause schauten und was sie von diesen Nachrichten gelernt hatten.

Ostdeutsche Politiker und ostdeutsche Filmemacher befanden sich dadurch aber auch in einem stetigen unsichtbaren und unausgesprochenen Wettbewerb mit westdeutschen Politikern und Filmemachern. Es war den ostdeutschen Politikern bewusst, dass bestimmte Nachrichten im Westfernsehen gebracht wurden und die DDR-Bevölkerung diese Nachrichten auch gesehen hatte. Dies konnte man nicht ignorieren. Und ostdeutsche Filmemacher versuchten Filme und Fernsehserien zu entwickeln, die sich an westdeutschen Vorbildern anlehnten, ohne auf diese zu verweisen.

Ostdeutsche – und hierin unterschied sich die Situation der Ostdeutschen von der der Menschen in den anderen kommunistischen Staaten – lebten immer in zwei Welten. Sie existierten physisch im Osten, wo sie arbeiteten und lebten. Aber sie existierten mental im Westen, wenn sie westdeutsche Fernsehsender schauten und westdeutsche Radiosender hörten. Der im Fernsehen vorgestellte Westen, den die meisten selbst nicht besuchen konnten, war aber nicht ein Abbild der Realität, sondern ein idealisierter und fiktionaler Westen. Die wichtigste und populärste Fernsehserie der 1980er Jahre war unter Ostdeutschen die amerikanische Fernsehserie *Dallas*, die gleichzeitig zur wichtigsten Informationsquelle über das Leben in den USA wurde. Ohne Reisefreiheit fiel es Ostdeutschen schwer, Fiktion von Fakten zu unterscheiden.

Doch es waren nicht nur Ostdeutsche, die der Fernsehserie *Dallas* verfielen. In den 1980er Jahren waren die Straßen in den Städten beider deutscher Staaten wie leergefegt, wenn die im Wochentakt laufende Serie um die Familie und Ränkespiele des texanischen Erdölindustriellen John R. Ewing im Fernsehen anstand. Zumindest in der fiktionalen Fernsehwelt fanden sich Ostdeutsche und Westdeutsche als Mitglieder derselben Fangemeinschaft zusammen. Ostdeutsche und Westdeutsche sahen dieselben Filme wie etwa *Krieg der Sterne* und dieselben Fernsehsendungen wie etwa *Die Hitparade* oder *Dalli Dalli*. Sie begeisterten sich für dieselben Schauspieler, Sänger und Bands, und die privaten Gespräche in Ost und West drehten sich darum, was wohl in der nächsten Episode von *Dallas* passieren würde. Der Tod des polarisierenden und zugleich liebenswerten Scheusals »J. R.« am Ende von *Dallas* sorgte für wochenlange Unruhe unter den Zuschauern in Ost und West.

Doch ostdeutsche Zuschauer fanden in ihrer allabendlichen westdeutschen Fernsehunterhaltung auch eine wachsende Zahl von Schauspielern, die die DDR verlassen und in Westdeutschland eine neue Heimat gefunden hatten. In den frühen 1970er Jahren hatte sich nach dem Machtwechsel von Walter Ulbricht zu Erich Honecker zunächst eine Liberalisierung der Gesellschaft und des intellektuellen Lebens abgezeichnet. Honecker sorgte für mehr künstlerische Freiheit. Der strikte sozialistische Realismus, der Künstler und Schriftsteller darauf verpflichtete, Arbeiter und Bauern zu glorifizieren und eine aufstrebende Gesellschaft voll historischen Optimismus, in der es keinen Raum für Niederlagen persönlicher oder gesellschaftlicher Art gab, darzustellen, kam damit zu einem zaghaften Ende. Bereits im Jahr 1968 gelang es Christa Wolf ihre Erzählung *Nachdenken über Christa T.* zu veröffentlichen, die sich eben nicht um die Heroisierung des sozialistischen Aufbaus drehte, sondern um das Schicksal einer Schulfreundin, die sich an der ostdeutschen Gesellschaft rieb, an Leukämie erkrankte und verstarb.

Doch nach einer kurzen Tauwetterperiode entschied sich die ostdeutsche Regierung, die Kunst- und Kulturproduktion wieder strenger zu kontrollieren und systemkritische Künstler mundtot zu machen oder in den Westen abzuschieben. Die wohl kontroverseste und hohe Wellen schlagende Entscheidung der DDR-Regierung war die Ausbürgerung des Liedermachers Wolf Biermann im Jahr 1976, der von einer Konzertreise im Westen nicht mehr in die DDR zurückkehren durfte. Biermann, der im Alter von 17 Jahren aus kommunistischer Überzeugung von West- nach Ostdeutschland gezogen war, hatte Stücke und Gedichte geschrieben, die den real existierenden Sozialismus in der DDR kritisierten und von Partei und Staat als feindlich eingestuft wurden. Biermann wurde mit Auftrittsverbot belegt und seine Texte verboten. Die Entscheidung, ihm seine ostdeutsche Staatsbürgerschaft zu entziehen und ihn nicht mehr in die DDR zurückkehren zu lassen, verursachte Proteste und Solidaritätsbekundungen einiger weniger mutiger ostdeutscher Intellektueller und Künstler, die dadurch selbst Berufsverbot und Exilierung riskierten. Die Entscheidung, Biermann auszubürgern, veranlasste aber vor allem andere prominente ostdeutsche Schauspieler wie Manfred Krug und Armin Müller-Stahl, sich um eine Ausreisegenehmigung zu bemühen. Krug war ebenso wie Biermann in jungen Jahren in die DDR gekommen und wurde hier zu einem regelrechten Superstar als Schauspieler und Sänger. Seine Meisterrolle spielte er 1966 als aufmüpfiger Baubrigadier in dem Film *Spur der Steine*, der die wirtschaftlichen und sozialen Schwierigkeiten des sozialistischen Aufbaus analysierte. Da der Film auf grundlegende Probleme der ostdeutschen Gesellschaft verwies und persönliche Probleme in den Mittelpunkt rückte, wurde der Film nach seiner Fertigstellung verboten. Nachdem Krug die DDR im Jahr 1977 verlassen hatte, setzte er seine Fernsehkarriere im westdeutschen Fernsehen fort und spielte in verschiedenen Fernsehserien wie *Liebling Kreuzberg* und *Tatort* die tragenden Rollen als Anwalt bzw. Kommissar, die sowohl bei ostdeutschen als auch unter westdeutschen Zuschauern beliebt waren.

Armin Müller-Stahl war ein bekannter ostdeutscher Schauspieler, der 1963 in dem antifaschistischen Film *Nackt unter Wölfen* über das Schicksal eines Kindes im Konzentrationslager Buchenwald und 1975 in der ostdeutsch-tschechischen Koproduktion *Jakob der Lügner* – der ersten deutschen filmischen Darstellung des Schreckens des Holocaust – in tragenden Rollen gespielt hatte. *Jakob der Lügner* war der einzige ostdeutsche Film, der für einen »Academy Award for Best Foreign Film« im Jahr 1977 nominiert worden war. Von 1973 bis 1979 spielte er in der ostdeutschen Spionageserie *Das unsichtbare Visier* einen Agenten des ostdeutschen Geheimdienstes, der im Westen agierte. Diese in Ostdeutschland beliebte Filmserie war als ostdeutsches Gegenstück zu den »James Bond«-Filmen entworfen worden. Als Müller-Stahl seinen Unmut über die Ausbürgerung Biermanns kundtat, wurde er kaum noch mit Rollenangeboten bedacht. Im Jahr 1980 verließ er die DDR und setzte seine Filmkarriere zuerst in Westdeutschland und später auch in den USA fort. Deutsche Zuschauer konnten ihn in Filmen wie *Night on Earth* (1991), *Peace Maker* (1997), *X Files* (1998) und *Angels & Demons* (2009) sehen.

Der Schriftsteller Jurek Becker, der den Roman *Jakob der Lügner* verfasst hatte, auf dem der gleichnamige Film basierte, fühlte sich ebenso gezwungen, nach der Biermann-Ausbürgerung die DDR zu verlassen. Becker kam aus einer polnisch-jüdischen Familie. Seine Mutter war von den Deutschen umgebracht worden, er selbst hatte die Lager zusammen mit seinem Vater überlebt. Nach dem Krieg entschloss sich sein Vater, nicht nach Polen zurückzukehren, weil dort – so glaubte er – die Antisemiten nicht besiegt worden waren, sondern in Ostdeutschland zu bleiben. Er wählte bewusst einen Wohnort, der nahe dem letzten Lager lag, in dem er inhaftiert gewesen war – das Konzentrationslager Sachsenhausen. In seinem autobiographischen Roman *Irreführung der Behörden* stellte Becker seinen Werdegang als Autor in der DDR ebenso dar wie seine wachsende Entfremdung vom ostdeutschen Herrschaftssystem, das von ihm Unterordnung und Selbstzensur verlangte. Nach seiner Übersiedlung von Ost- nach West-Berlin – von einer Welt in die andere – setzte Becker seine Arbeit fort und schrieb Drehbücher für zahlreiche Fernsehfilme und Fernsehserien, u.a. für die meisten Staffeln von *Liebling Kreuzberg* mit Manfred Krug.

Die Praxis der Ausbürgerung kritischer Intellektueller und Künstler aus der DDR stabilisierte die ostdeutsche Gesellschaft nur kurzzeitig, da es nie einen Mangel an Kritik gab. Sie bedeutete aber auch einen enormen Verlust an kreativer Energie und Talent. Für die ostdeutschen Zuschauer waren die Schauspieler und Filmemacher aber nie ganz verschwunden. Sie wechselten lediglich vom wenig geschauten ostdeutschen zum populären westdeutschen Fernsehprogramm.

Die friedliche Revolution in der DDR

Der Lebensstandard in der Deutschen Demokratischen Republik war im Vergleich zu vielen europäischen Ländern in Ost und West vergleichsweise hoch. Während die monatlichen Einkommen recht niedrig erschienen, waren viele staatliche Dienstleistungen wie die Kinderbetreuung, Bildung und medizinische Versorgung kostenfrei. Und die Ausgaben für Mietzahlungen sowie für Grundnahrungsmittel waren niedrig. Mehr als die Hälfte aller ostdeutschen Haushalte besaß im Jahr 1988 ein Auto, und fast alle Haushalte nannten einen Fernseher und eine Waschmaschine ihr Eigen. Und dennoch waren die Ostdeutschen zutiefst unzufrieden mit ihren Lebensverhältnissen. Das westdeutsche Fernsehen führte ihnen täglich eine schönere Welt vor Augen, in der Menschen Zugriff auf bessere Konsumgüter und Luxusartikel hatten. Westdeutsche konnten sich bessere Autos leisten, auf die sie nicht zehn Jahre lang warten mussten. Sie konnten exotische Früchte wie Bananen und Ananas in den Regalen der Supermärkte finden, die vor Produkten geradezu überquollen, während in der DDR die Auswahl beschränkt war. Und sie konnten vor allem freizügig in alle Himmelsrichtungen reisen. Die Berliner Mauer und die damit einhergehende Beschränkung der Reisefreiheit hatten nur kurzzeitig zu einer Stabilisierung der ostdeutschen Gesellschaft geführt. Am Anfang der 1980er Jahre war sie zu einem Hassobjekt unter der DDR-Bevölkerung geworden, die in ihr eine Gefängnismauer und nicht den von der DDR-Regierung proklamierten »antifaschistischen Schutzwall« erkannten.

Die Ostdeutschen fühlten sich aber nicht nur vom Westen abgeschnitten. Auch innerhalb der kommunistischen Welt geriet die DDR immer mehr aufs Abstellgleis. Die von Michail Gorbatschow initiierten Reformen des kommunistischen Systems in der Sowjetunion und seine Unterstützung für eine Liberalisierung des Kommunismus in den osteuropäischen Staaten wurden von der DDR-Regierung rundweg abgelehnt. Die benachbarte Volksrepublik Polen erlebte hingegen bereits seit Anfang der 1980er Jahre einen Transformationsprozess, der mit der Gründung der ersten nicht-kommunistischen Gewerkschaft *Solidarność* einsetzte. Während sich in den anderen kommunistischen Ländern eine Aufbruchsstimmung verfestigte, herrschte in der DDR Totenstille. Die Notwendigkeit wirtschaftlicher und politischer Reformen wurde von Staatschef Erich Honecker rundweg verneint.

Die ungebremst fortschreitende Zerstörung ganzer Natur- und Siedlungslandschaften durch Braunkohletagebaue, die Verschmutzung der Luft durch das Verbrennen der Braunkohle in Braunkohlekraftwerken, die Verseuchung von Flüssen sowie das Waldsterben führten in den 1980er Jahren zur Gründung zahlreicher Oppositionsgruppen, in denen sich mehr und mehr Menschen zusammenfanden. Dazu kam, dass Städte wie Leipzig, die über eine umfangreiche Altbausubstanz verfügten, mehr und mehr in sich zusammenfielen. Leipzig war weniger als andere deutsche Großstädte von den Luftangriffen im Zweiten Weltkrieg in Mitleidenschaft gezogen worden. Damit waren in der Stadt umfangreiche Altbaugebiete erhalten geblieben. Immerhin etwa 80 Prozent der in den 1980er Jahren noch vorhandenen Wohnungssubstanz der Stadt stammten aus der Zeit vor 1900. Diese Wohnungen aus der Gründerzeit waren verfallen. Die Dächer waren löchrig und ließen Regenwasser in die Häuser fließen. Tauben nisteten in den offenen Dächern, Fenster mit Holzrahmen waren undicht und sorgten im Winter für unterkühlte Räume, die nur mit Kohleöfen beheizt wurden. Die meisten Wohnungen besaßen keine Innentoiletten oder Badezimmer, sondern die WC's befanden sich in der Regel auf halber Treppe im Treppenhaus und mussten oftmals von mehreren Haushalten geteilt werden. Die Erhaltung und Renovierung dieser Wohnungen waren teuer, der Neubau von Plattenbauwohnungen außerhalb des Stadtzentrums hingegen wesentlich billiger, weshalb er forciert wurde. Damit verfielen die Leipziger Altbaugebiete, während in Grünau eine vollständige, neue Satellitenstadt mit Plattenbausiedlungen entstand. Im Stadtzentrum war der Verfall der Gründerzeithäuser derweil so weit fortgeschritten, dass Gehwege mit Holzdächern überdacht wurden, um die Passanten vor herabfallenden Steinen zu schützen.

Dazu kam, dass Städte wie Leipzig zu einer Insel in sich immer weiter ausbreitenden Tagebauen wurden, die sich aus allen Richtungen auf die Stadt zubewegten. Die Verbrennung der in diesen Tagebauen gewonnenen Braunkohle resultierte in einer Luftverschmutzung, die in Leipzig einen stetigen Dunst erzeugte, der sich permanent über die Stadt legte. Tage mit blauem Himmel und Sonnenschein waren die absolute Ausnahme in der Stadt und Region. Pflanzen und Häuser waren von einem ständigen Schmutzfilm bedeckt. Diese Probleme der Umweltverschmutzung, des Verfalls der Wohnhäuser und der Unzufriedenheit mit den Lebensverhältnissen waren nicht begrenzt auf Leipzig, aber dort waren sie ausgeprägter als etwa in Ost-Berlin, der Hauptstadt der DDR. Daher wurde Leipzig und nicht Berlin zum Zentrum der ostdeutschen Revolution.

Die Auflösung des Ostblocks

Die Ernennung Gorbatschows zum sowjetischen Staats- und Parteichef im Jahr 1985 veränderte die internationalen Verhältnisse grundlegend. Seit dem Ende des Zweiten Weltkrieges hatte die sowjetische Führung in den USA ihren Erzfeind erblickt, der die Sowjetunion mit militärischen Stützpunkten einzukreisen suchte. Die USA unterstützte, so jedenfalls war es die sowjetische Wahrnehmung, Gruppen und Organisationen in Ländern auf der ganzen Welt, die gegen Gruppierungen kämpften, die von der Sowjetunion gefördert wurden. Dieser Wettkampf zwischen den beiden Systemen – dem sowjetischen Kommunismus und der amerikanischen Demokratie – wurde zu einem Kalten Krieg, der in Europa zur Stationierung von immer mehr und immer tödlicheren Nuklearwaffen und in Asien, Afrika und Zentralamerika zu bewaffneten Konflikten zwischen Anhängern beider Seiten führte. Dieser Teufelskreislauf wurde erst in der zweiten Hälfte der 1980er Jahre durchbrochen, als Gorbachov und der amerikanische Präsident Ronald Reagan sich darauf verständigen konnten, die Zahl der Nuklearwaffen in Europa spürbar zu verringern und den Kalten Krieg zu beenden.

Ebenso wichtig für die Zukunft Europas war Gorbatschows Entscheidung, die Breschnew-Doktrin, die das Überleben des Weltkommunismus über die Interessen der Bevölkerung eines einzelnen kommunistischen Landes stellte und militärische Interventionen der Sowjetunion zum Schutz des Kommunismus rechtfertigte, aufzugeben und jedes kommunistische Land seinen eigenen Weg gehen zu lassen. Die Breschnew-Doktrin war im Nachgang zur militärischen Intervention in der Tschechoslowakei im Jahr 1968 entstanden, um die sowjetische Niederschlagung des Prager Frühlings zu rechtfertigen. Sie hatte für fast zwei Jahrzehnte die Handlungsfähigkeit einzelner kommunistischer Staaten eingeschränkt und notwendige Reformen verhindert. Gorbatschows Entscheidung, diese Doktrin aufzugeben, öffnete wirtschaftlichen und politischen Reformen Tür und Tor und führte letztlich zum Zusammenbruch des Kommunismus in Osteuropa.

Die Transformation Osteuropas begann in Polen. Nachdem Lech Wałęsa im Jahr 1980 die Gründung der *Solidarność* vorangetrieben hatte, kam es rasch zu Konflikten zwischen ihr und dem kommunistischen Staat. In dieser Situation drohte der alternde sowjetische Staatschef Leonid Breschnew, in Polen militärisch einzugreifen. Um diesem Schlag zuvorzukommen, übernahm im Jahr 1981 Wojciech Jaruzelski die Führung des Landes und verhängte das Kriegsrecht. Dissidenten wurden verhaftet, die Zensur verschärft und die Gewerkschaft *Solidarność* verboten.

Acht Jahre später einigten sich die kommunistische Regierung und die Gewerkschaft *Solidarność* auf einen politischen Transformationsprozess, der mit Diskussionen am »Runden Tisch« im Jahr 1989 einsetzte. Diese Verhandlungen, die zum Vorbild für ähnliche Verhandlungen zwischen Staat und Oppositionellen in der DDR wurden, führten zur Legalisierung der Gewerkschaft *Solidarność*, zum Ende des Kriegsrechts und zu halbfreien Wahlen, in denen die Gewerkschaft als politische Partei antreten durfte. Beide Seiten einigten sich darauf, die Sitzverteilung in den beiden Kammern des Parlaments – dem Sejm und dem Senat – bereits vor der Wahl festzusetzen. Im Sejm sollten 65 Prozent aller Sitze an Abgeordnete der Kommunistischen Polnischen Vereinigten Arbeiterpartei und ihre zwei verbündeten Parteien – die Vereinigte Volkspartei und die Demokratische Partei – fallen und die restlichen 35 Prozent an Abgeordnete der *Solidarność*. Im Senat sollten alle Sitze frei durch die Wähler bestimmt werden.

Beobachter erwarteten, dass es der kommunistischen Partei mit diesem Abkommen gelingen würde, die Kontrolle über die Regierungsbildung zu behalten. Es kam jedoch anders. Die Kandidaten der *Solidarność* gewannen nicht nur die ihnen zugesprochenen Sitze im Sejm, sondern auch 99 der 100 Sitze des Senats. Damit wurden alle vor der Wahl getroffenen Absprachen über die Regierungsbildung hinfällig. Als dann auch noch die beiden mit der Kommunistischen Polnischen Vereinigten Arbeiterpartei verbündeten Parteien unerwartet die Seiten wechselten, war das Ende des kommunistischen Systems in Polen besiegelt.

Während das kommunistische System in Polen durch eine nicht-kommunistische Bewegung erfolgreich herausgefordert und überwunden wurde, begann der Transformationsprozess in Ungarn innerhalb der Ungarischen Sozialistischen Arbeiterpartei, in der sich am Ende der 1980er Jahre Reformkräfte gegen den langjährigen Partei- und Staatschef János Kádár durchgesetzt hatten und diesen von seinem Posten enthoben. Auf Kádár folgte Károly Grósz, der weitreichende wirtschaftliche und politische Reformen durchsetzte, die zur Wiederbelebung eines Mehrparteiensystems und der Wiedereinführung freier Wahlen führten. Die für die ostdeutsche Regierung gefährlichste Entscheidung Grósz' war die Öffnung der ungarischen Grenze zu Österreich im Juni 1989. Damit wurde der freie Reiseverkehr über diese Grenze wieder möglich. Ungarn zählte zu den beliebtesten Ferienländern für ostdeutsche Urlauber. Als Grósz die Grenze öffnete, kam es sofort zu einem Massenexodus ostdeutscher Urlauber, die diese Grenzöffnung nutzten, um über Österreich nach Westdeutschland auszureisen. Damit begann für die DDR im Sommer 1989 eine existentielle Krise.

Die Krise der DDR

Gorbatschows Werben für wirtschaftliche und politische Strukturreformen, die nicht auf die Überwindung des Kommunismus, sondern auf dessen Verbesserung angelegt waren, sowie die Entwicklungen in Polen und Ungarn, die sich auf dem Weg in eine postkommunistische Ordnung befanden, verursachten nicht nur umfassende Debatten innerhalb der SED, sondern führten zur Gründung zahlreicher nicht-kommunistischer Oppositionsgruppen in der DDR. Bei der Führung der SED trafen die Rufe nach Veränderungen allerdings immer noch auf taube Ohren. Erich Honecker wurde nicht müde zu erklären, dass der Sozialismus in der DDR keiner Reformen bedürfte und die Mauer, die so viel Unruhe und Lethargie in der ostdeutschen Gesellschaft verursachte, wohl auch noch in hundert Jahren stehen würde. Diese Haltung reflektierte nicht nur eine generelle Abneigung gegenüber notwendigen Reformen, sondern auch die Erkenntnis, dass marktwirtschaftliche und demokratische Reformen die Existenz der DDR in Frage stellten. Diese Erkenntnis hatte schon mehrfach zum Abbruch von Reformen und Liberalisierungsversuchen in der DDR geführt.

Die Blockadehaltung der ostdeutschen Regierung brachte sie selbst in Konflikt mit der Sowjetunion, die nicht nur Reformen forderte, sondern auch in die Tat umsetzte. In diesem Kontext erlaubte Gorbatschow auch die Infragestellung historisch-ideologischer Leitsätze und Tabus. So hatte die sowjetische Führung fast ein halbes Jahrhundert lang die Existenz des geheimen Zusatzprotokolls zum Nichtangriffspakt mit Hitler-Deutschland aus dem Jahr 1939 geleugnet. Nachdem ein Artikel in der sowjetischen Zeitschrift *Sputnik*, die nicht nur in der Sowjetunion, sondern in allen kommunistischen Ländern in der jeweiligen Landessprache veröffentlicht wurde, Ende 1988 erstmals die Existenz dieses Zusatzprotokolls bestätigte und dessen Inhalt analysierte, verbot die DDR-Regierung kurzentschlossen das Erscheinen dieser sowjetischen Zeitschrift in der DDR. Damit setzte sich die DDR nicht nur weiter von Gorbatschows Reformkurs ab, sondern zeigte auch eine ideologische Härte in Bezug auf die Geschichte des Zweiten Weltkrieges, die nicht mehr in die geschilderten Entwicklungen des Aufbruchs passte.

Im Januar 1989 erlebte die SED-Führung zum ersten Mal auch öffentliche Proteste von Dissidenten, die sich in die staatlich organisierte alljährliche Gedenkveranstaltung anlässlich der Ermordung von Karl Liebknecht und Rosa Luxemburg am 15. Januar 1919 einreihten. Die Demonstranten hatten Plakate angefertigt, auf denen sie das berühmte Zitat Rosa Luxemburgs aus ihrer Abrechnung mit der Russischen Revolution, dass »Freiheit immer auch die Freiheit der Andersdenkenden sei«, geschrieben hatten. Damit griffen Oppositionelle den SED-Staat mit den Worten einer Säulenheiligen seiner eigenen Ideologie an und nutzten die von der DDR-Regierung vereinnahmte linke Ikone als ihre Schutzheilige.

Die Kommunalwahlen im Mai 1989 gerieten zu einem ersten großen Konflikt zwischen oppositionellen Gruppen und dem Staat. Diese Wahlen fanden alle vier Jahre statt, und in der Vergangenheit hatten sich die Ostdeutschen mehr widerwillig, aber stillschweigend an ihnen beteiligt. Bei den Wahlen gab es nichts zu entscheiden, denn die Gewinner standen schon vor der Wahl fest, und Wähler konnten dem Wahlvorschlag der Nationalen Front, in der alle Kandidaten der verschiedenen Parteien vereinigt waren, entweder nur zustimmen oder ihn ablehnen. Und selbst die Ablehnungen spielten nicht wirklich eine Rolle, da die Wahlergebnisse geschönt wurden. Die Wahlbeteiligung lag immer über 99 Prozent, und so hoch war auch die Zustimmung zu den Kandidaten der Nationalen Front. Nach Jahren und Jahrzehnten dieser manipulierten

Wahlen entwickelte sich 1989 erstmals ein Interesse unter verschiedenen oppositionellen Gruppen, die in der Verfassung der DDR garantierte Möglichkeit der Wahlbeobachtung auch wahrzunehmen. Am Wahltag fanden sich in verschiedenen Städten Oppositionelle zusammen, die erstmals die Auszählung der abgegebenen Stimmen verfolgten. Sie sammelten die Daten der von den unabhängigen Wahlbeobachtern zusammengestellten Zahlen in Bezug auf Wahlbeteiligung und die abgegebenen Ja- und Nein-Stimmen und verglichen sie mit den offiziellen Zahlen, die die Regierung im Fernsehen der DDR verkündete. Wie nicht anders zu erwarten war, ergab sich eine erhebliche Diskrepanz zwischen den offiziellen Ergebnissen und den von den Oppositionellen erhobenen Ergebnissen. Es ging bei dieser Aktion aber auch nicht darum, nachzuweisen, dass die Wahlen manipuliert wurden – daran bestand kein Zweifel. Die Frage war nur, wie umfangreich die Manipulation wirklich war.

Der 77 Jahre alte Staats- und Parteichef Erich Honecker verbrachte einen großen Teil des Sommers 1989 im Krankenhaus, um eine Gallenblasenentzündung behandeln zu lassen. In seiner Abwesenheit war sich die Führungsriege der SED uneins darüber, wie mit der Opposition im Land umgegangen werden sollte. Einige sahen in der chinesischen Antwort auf die Proteste einen Ausweg, andere waren sich darüber im Klaren, dass Reformen unumgänglich waren. Als sich im Juni chinesische Studenten zu friedlichem Protest auf dem Platz des Himmlischen Friedens in Peking versammelt hatten, griff die chinesische Regierung mit aller Härte und Gewalt durch. Dieses Vorgehen fand wenig Zustimmung in der Sowjetunion und in anderen kommunistischen Ländern Osteuropas. Nur die Regierung der DDR entsandte eine Delegation nach Peking, die unter Leitung von Egon Krenz, Honeckers engstem Vertrauten, den chinesischen Genossen zu ihrem Erfolg beim Umgang mit der »Konterrevolution« gratulierte. Die in den Nachrichten des DDR-Fernsehen übertragene Reise der Krenz-Delegation nach China sandte eine deutliche Botschaft an die Oppositionellen in der DDR, die eine ähnliche Reaktion der DDR-Regierung auf Proteste im eigenen Land befürchteten.

Viele Ostdeutsche waren der Versprechungen auf ein besseres Leben in einer wie auch immer gearteten kommunistischen Zukunft überdrüssig und müde geworden. Und diejenigen, die im Kommunismus immer noch ein hehres Ziel erblickten, begannen zu glauben, dass sie dieses Ziel aus den Augen verloren hatten. Der ostdeutsche Schriftsteller Christoph Hein fing diese Atmosphäre in seinem Stück *Die Ritter der Tafelrunde* geschickt ein. In dem Stück werden die Ritter der Artusrunde als alte und desillusionierte Ritter gezeigt, die der Suche nach dem Heiligen Gral müde geworden sind. Einige Ritter sind immer noch auf der Suche, doch sind sie sich nicht mehr sicher, ob der Heilige Gral überhaupt existiert oder jemals gefunden werden kann. Andere haben aufgegeben und sind in ein benachbartes Königreich entflohen, wo sie ein Leben im Luxus genießen. Der runde Tisch der Ritter wackelt und müsste repariert werden, aber niemand ist dazu in der Lage. König Artus beklagt sich über die Isolation seines Königreiches und über seine eigene Einsamkeit, da er selbst an seinem Hof keine Freunde und Verbündete mehr hatte. Er ist dennoch unwillens anzuerkennen, dass er Fehler gemacht hat.

Im Sommer 1989 befand sich die DDR in ihrer tiefsten Krise seit 1953. Die Mehrzahl der ostdeutschen Betriebe war hoffnungslos überaltert. Die Staatsverschuldung war so hoch, dass die Regierung vor der Zahlungsunfähigkeit stand. Die sozialen Programme waren nicht mehr finanzierbar, und seit der ungarischen Grenzöffnung liefen dem Staat auch wieder die Menschen davon. Die Führung war paralysiert und unfähig, einen Ausweg aus der Krise zu finden.

Die Montagsdemonstrationen

In dieser Krisensituation zogen die Friedensgebete an der Nikolaikirche im Stadtzentrum Leipzigs immer mehr Menschen an. Aus diesen Veranstaltungen heraus war es schon vorher zu öffentlichen Protest- und Gedenkveranstaltungen gekommen. Im Herbst 1989 wurden diese Gebete jedoch zum Nukleus für die Leipziger Montagsdemonstrationen, die am 4. September 1989 begannen. Im September gelang es den Sicherheitskräften noch, diese Demonstrationen durch Verhaftungen und Einschüchterungen zu »neutralisieren«. Mit der Demonstration vom 9. Oktober wendete sich dann jedoch das Blatt.

Angesichts der wachsenden Unruhe in der Stadt und des Zulaufs zu den Friedensgebeten in der Nikolaikirche bereitete sich die Leipziger Staatssicherheit auf eine Konfrontation und ein gewaltsames Vorgehen gegen die Demonstranten vor. Im September entwickelten die Sicherheitskräfte Pläne zu einer Massenverhaftung von Oppositionellen und deren Inhaftierung in provisorischen Gefängnissen. Gerüchte über die

Sammlung von Blutkonserven an Leipziger Krankenhäusern ließen die Menschen Schlimmes befürchten. Am 9. Oktober 1989 – dem 40. Jahrestag der Gründung der DDR, der mit einem Staatsakt im Ost-Berliner Palast der Republik begangen wurde, bei dem auch Michail Gorbatschow zu Gast war – bereiteten sich die Menschen in Leipzig auf einen Konflikt mit der Staatsmacht vor. Tagsüber wurden Einheiten der Bereitschaftspolizei, Einheiten der Kampfgruppen sowie Armeeeinheiten nach Leipzig verlegt. Die Stadt war mit Angehörigen der bewaffneten Organe der DDR gefüllt. Dennoch kamen immer mehr Menschen in die Innenstadt, um an der für den Abend geplanten Protestdemonstration teilzunehmen. Die Topographie der Stadt mit ihrer das Stadtzentrum einfassenden Ringstraße bot den Demonstranten einen geeigneten öffentlichen Straßenraum, auf dem Hunderttausende von Demonstranten im Kreis laufen konnten. Die Ausfallstraßen der Stadt waren allerdings mit Polizei- und Militäreinheiten abgeriegelt, und die Atmosphäre in der Stadt war angespannt. Während des Tages ermahnten Partei- und Staatsfunktionäre die Bürger Leipzigs, nach der Arbeit nach Hause zu gehen und am Abend nicht in die Innenstadt zu kommen. Hinter den Kulissen verhandelten Funktionäre der SED-Bezirksleitung mit Intellektuellen wie dem Dirigenten Kurt Masur, um einen friedlichen Verlauf der Demonstration am Abend zu ermöglichen. Beide Seiten einigten sich darauf, einen friedlichen Verlauf der Demonstration zu ermöglichen. Am Abend wurde den Einheiten der Polizei und der Armee dann befohlen, sich zurückzuziehen. Damit war die Gefahr eines Blutbades gebannt. 70.000 Menschen zogen über eine Stunde lang auf dem Leipziger Ring um die Innenstadt, in der sich nicht nur das Rathaus, sondern – in der sogenannten »Runden Ecke« – auch die Bezirksverwaltung der Staatssicherheit befand, und forderten Reformen. Die Demonstration wurde von den Rufen »Wir sind das Volk« und »Keine Gewalt« geprägt.

Die Beteiligung an dieser Demonstration verlangte viel Mut von den Betroffenen, die sich bis zuletzt nicht sicher sein konnten, dass die Sicherheitskräfte die Demonstranten unbehelligt ließen. Und selbst nach dem Befehl, sich zurückzuziehen, hätte nur ein kleiner Konflikt zwischen einem Demonstranten und einem Polizisten zu einer Kettenreaktion führen können, die in einem Blutbad geendet hätte. Jeder, der an diesem Abend auf der Straße in Leipzig war, hatte die Bilder von der Niederschlagung der friedlichen Proteste in Peking und von der Krenz'schen Gratulation an die chinesische Partei- und Staatsführung zu diesem Entschluss vor Augen. Es war der Disziplin der Protestierenden, die Menschenketten um die Gebäude der Polizei und der Staatssicherheit bildeten und die Demonstranten davon abhielten, die Gebäude anzugreifen, zu verdanken, dass die Situation nicht eskalierte. Damit gaben die Demonstranten den Organen des Staates keinen Vorwand, brutal gegen sie vorzugehen.

Das Versagen der Regierung, diese Massendemonstration in Leipzig zu verhindern, veränderte das Kräfteverhältnis zwischen Staat und Opposition. Weil die Demonstration am 9. Oktober friedlich verlaufen war, trauten sich eine Woche später noch mehr Menschen auf die Straße. Am 16. Oktober wurde die Teilnehmerzahl an der Montagsdemonstration auf 120.000 Menschen geschätzt, die nicht nur aus Leipzig stammten, sondern auch aus vielen kleineren und größeren Städten nach Leipzig angereist waren. Und eine Woche später waren es sogar 300.000 Menschen, die sich in Leipzig, das etwa 600.000 Einwohner zählte, zur Montagsdemonstration trafen.

Angesichts dieses massiven Protests, der sich nicht mehr auf Leipzig begrenzen ließ und in anderen Städten der DDR zu ähnlichen Demonstrationen führte, wurde Honecker von seinen engsten Vertrauten zum Rücktritt gezwungen und durch Krenz ersetzt. Einen Monat später – am 9. November 1989 – gab dann Gerhard Schabowski den erstaunten Teilnehmern einer abendlichen Pressekonferenz bekannt, dass die DDR-Regierung ihren Bürgern die Reisefreiheit wiedergeben würde und Ostdeutsche ab sofort wieder nach West-Berlin und Westdeutschland reisen dürften. Die DDR-Führung wollte diese Regelung erst allmählich einführen. Schabowski war sich dessen wohl nicht bewusst gewesen und erklärte auf Nachfrage eines Reporters, dass diese Regelung ab sofort gelten würde. Als er dies vor laufenden Fernsehkameras bekannt gab, waren die Grenztruppen an der West-Berliner Grenze sowie an den Grenzübergangsstellen nicht über diese Regelung informiert worden. Sie sahen sich plötzlich Ost-Berlinern gegenüber, die nach Schabowskis Pressekonferenz zu den Grenzübergangsstellen wie etwa an der Bornholmer Brücke gekommen waren und darauf bestanden, nach West-Berlin gehen zu dürfen. Die Grenzsoldaten waren ratlos, da sie keine Befehle erhalten hatten, wie sie mit dieser Situation umgehen sollten. Nach stundenlangem Überlegen entschieden sich die diensthabenden Offiziere ohne konkrete Anweisungen ihrer Vorgesetzten, die DDR-Bürger passieren zu lassen und damit die Grenze zu öffnen. Bis zu dieser Nacht noch war die Grenze ein lebensgefährlicher Ort gewesen, an der Ostdeutsche, die nach Westdeutschland flüchten wollten, daran auch mit Waffengewalt gehindert wurden. Noch neun Monate zuvor – im Februar – war der 20 Jahre alte Ost-Berliner Chris Gueffroy bei seinem Versuch, nach West-Berlin zu fliehen, erschossen worden. Dass in der Nacht des 9. November kein Blut vergossen wurde, war ein Zeichen, dass sich die Zeiten geändert hatten.

Die Öffnung der Berliner Mauer für Ost-Berliner, die nun nach 28 Jahren wieder von einem Teil Berlins in den anderen Teil reisen durften, war für Kritiker ein Schachzug, der darauf ausgerichtet war, die Ostdeutschen von den Problemen in der DDR abzulenken und dem angestauten Frust ein Ventil zu verschaffen. Wenn dem wirklich so gewesen war, dann erwies sich dieser Schachzug als eine totale Fehlkalkulation. Bis zur Maueröffnung hatten sich die Forderungen der Oppositionellen auf die Erneuerung des ostdeutschen Systems gerichtet. Die deutsche Zweistaatlichkeit wurde von den meisten Oppositionellen noch nicht in Frage gestellt. Die Öffnung der Grenze veränderte jedoch die Dynamik der Proteste, und die Rufe »Wir sind *das* Volk« wandelten sich bald zu »Wir sind *ein* Volk«. Forderungen nach der Demokratisierung der DDR wurden von der Forderung nach Wiederherstellung der deutschen Einheit abgelöst.

Ende 1989 akzeptierte auch die ostdeutsche Regierung den schon im benachbarten Polen beschrittenen Weg der Runden Tische, an denen sich die Vertreter der alten Parteien mit Repräsentanten der Oppositionsgruppen zu Verhandlungen über den Transformationsprozess versammelten. Wie in Polen hatte sich auch in Ostdeutschland eine große Opposition in Gestalt des Neuen Forums, des Demokratischen Aufbruchs und anderer gegründet. Anders als in Polen zerfiel die Opposition in der DDR aber rasch in kleinere Oppositionsgruppen und Parteien wie der Sozialdemokratischen Partei (SDP) und der Deutschen Sozialen Union (DSU). Daneben kam es parallel zur Demokratisierung der einstigen Bündnispartner der SED wie der Christlich-Demokratischen Union (CDU), der Liberaldemokratischen Partei Deutschlands (LDPD) und der Nationaldemokratischen Partei Deutschlands (NDPD), die sich von der SED distanzierten und eigene Wege suchten. Derartige Runde Tische entstanden nicht nur in der ostdeutschen Hauptstadt, sondern auch in den Bezirksstädten und bildeten eine Art Übergangsregierung für das Land von Dezember 1989 bis zu den Wahlen im März 1990.

Revolution oder Zusammenbruch?

Die Leipziger Montagsdemonstrationen zwangen die ostdeutsche Regierung zuerst zu einem personellen Wechsel an der Spitze von Partei und Staat und wiesen den Weg für die Demokratisierung des Landes. Letztlich kam es aber nicht zur Demokratisierung der DDR, sondern zur Auflösung des Landes und dem Beitritt der fünf neugegründeten ostdeutschen Länder sowie Ost-Berlins zur Bundesrepublik gemäß Artikel 23 des Grundgesetzes. Das Verschwinden der DDR und die Leichtigkeit der Revolution – das ostdeutsche System schien angesichts der Proteste in sich zusammenzufallen – ließen Historiker und Politikwissenschaftler daran zweifeln, dass die Ereignisse des Herbstes 1989 eine Revolution darstellten.

Die Proteste in der DDR, die auf ein geschwächtes System trafen, das nicht mehr handlungsfähig war, unterschieden sich aber kaum von den Protesten in anderen osteuropäischen Ländern wie etwa der Tschechoslowakei. Mit der Ausnahme von Rumänien und Jugoslawien, in denen Überwindung des kommunistischen Systems von Gewalt und Bürgerkriegen begleitet wurde, starb der Kommunismus in allen anderen Staaten friedlich. Sein Tod wurde durch friedliche Proteste, vor allem aber durch Wahlen besiegelt.

Die Leichtigkeit der Revolution erklärt sich aus der Verweigerungshaltung kommunistischer Regierungen in den 1970er und 1980er Jahren, überfällige wirtschaftliche und politische Reformen einzuleiten, die das System hätten stabilisieren können. Am Ende der 1980er Jahre war dies zu spät. Und Reformer, die 1989 und 1990 an die Macht drängten, hatten ihre Visionen für eine kommunistische Gesellschaft verloren. Sie setzten auf westliche Werte wie Marktwirtschaft, Pluralismus und Demokratie und waren unfähig, zukunftsfähige Alternativen zu diesen zu entwickeln. Der Heilige Gral des Kommunismus war in der Tat selbst für diejenigen, die daran geglaubt hatten, verloren, und die Herrscher in Warschau, Prag und Ost-Berlin waren am Ende nicht mehr bereit, wie ihre Genossen in Peking mit militärischer Gewalt gegen die Demonstranten vorzugehen. Die Entscheidung zugunsten einer friedlichen Krisenbewältigung unter den osteuropäischen Regierungen war die Voraussetzung für die friedliche Transformation und das Ende des Kommunismus in Osteuropa.

Dieser friedliche Transformationsprozess verlangte von beiden Seiten – den Regierenden und den Regierten –, dass sie auf Gewalt verzichteten. Ohne die Bereitschaft der kommunistischen Eliten, ihre Macht freiwillig abzugeben, wäre dieser Prozess nicht so friedlich verlaufen. Aufgrund dieser Haltung gelang es ihnen anfangs, Positionen in den postkommunistischen Systemen zu besetzen. Die ehemaligen kommunistischen Parteien waren in allen osteuropäischen Ländern in der Lage, sich zu reformieren und in demokratische Parteien zu verwandeln, die in den post-kommunistischen Demokratien um Wähler warben und sogar Regierungsverantwortung übernahmen.

Die Vorstellung, dass die regierenden Eliten im Vollbesitz ihrer Handlungsfähigkeit sein müssten, um ein Ereignis wie die Systemtransformation im Herbst 1989 als Revolution gelten zu lassen, scheint ahistorisch zu sein. Die Mehrzahl der Revolutionen von der Französischen Revolution des Jahres 1789 bis zu den beiden Russischen Revolutionen des Jahres 1917 ereigneten sich in Situationen, in denen die Herrscher geschwächt waren und der Status quo nicht länger aufrechterhalten werden konnte. So war es im Fall der Französischen Revolution eine tiefe Finanzkrise, die Louis XVI. dazu zwang, die Generalstände einzuberufen, um das Steuersystem zu reformieren. Mit der Einberufung der Generalstände öffnete Louis XVI. ungewollt die Tür zur Revolution. Und die zwei russischen Revolutionen des Jahres 1917 wurden durch die Schwächung des Landes im Ersten Weltkrieg ermöglicht. In beiden Fällen wurden die Revolutionen durch eine Opposition vorangetrieben, die in sich fragmentiert war und sehr verschiedene Ziele verfolgte, was auch zu unterschiedlichen Zukunftsentwürfen führte, die zu verschiedenen Zeiten im revolutionären Prozess dominierten.

Die ostdeutsche politische Landschaft sah zwischen September 1989 und März 1990 ein exponentielles Wachstum politischer Organisationen und Parteien, die den Willen der Ostdeutschen unterstrichen, die Gestaltung ihrer Gesellschaft in die Hand zu nehmen und sich dafür einzusetzen. Anfänglich waren die Visionen über gesellschaftliche Veränderungen noch von der Idee einer Reform des Sozialismus getragen und es wurden Ideen und Programme diskutiert, die wenig mit westlichen Modellen wirtschaftlicher Organisation gemein hatten. So beinhaltete etwa der den Vertretern des Runden Tisches in Ost-Berlin unterbreitete Vorschlag von Wolfgang Ullmann zur Bildung einer Treuhandanstalt zur Wahrung der Anteilsrechte der Bürger mit DDR-Staatsbürgerschaft am »Volkseigentum« der DDR vom 12. Februar 1990 die Idee, jedem DDR-Bürger einen Anteilsschein am staatlichen Vermögen zu geben. Damit sollte das staatliche »Volkseigentum« in das Eigentum des Volkes verwandelt werden. Derartige wirtschaftsdemokratische Visionen wurden aber schnell beiseitegeschoben und durch die Übernahme des westlichen Modells des Privateigentums ersetzt. Es gab allerdings kaum Erfahrungen mit der Privatisierung einer kompletten volkseigenen Wirtschaftsordnung, in der es kaum noch private Unternehmer gab, und dies in einem Land, in dem es kaum Personen gab, die als Investoren und Käufer von Unternehmen hätten auftreten können.

Die ostdeutsche Revolution unterschied sich allerdings deutlich von ihren historischen Vorläufern in Frankreich und Russland durch den Ort ihres Ausbruchs. Die Französische Revolution begann in der Hauptstadt Paris und die beiden russischen Revolutionen in der Hauptstadt St. Petersburg. Die ostdeutsche Revolution hatte ihren Ausgangspunkt dagegen nicht in der Hauptstadt Ost-Berlin, sondern in der Bezirksstadt Leipzig, das nie den Status einer Landeshauptstadt besessen hatte. Aufgrund der hier zweimal jährlich stattfindenden internationalen Messen war Leipzig aber eher eine internationale Metropole als ein zu groß geratenes Provinzzentrum. Und die ostdeutsche Revolution brach vor allem deswegen in Leipzig aus, weil sich in dieser Stadt die Probleme der ostdeutschen Gesellschaft wie in einem Brennglas verstärkten. Nirgendwo anders in der DDR trafen die wirtschaftlichen, ökologischen und sozialen Probleme der ostdeutschen Gesellschaft so geballt aufeinander wie hier.

Der wohl wichtigste Einwand gegen die Wahl des Begriffs der Revolution, um die Ereignisse in Ostdeutschland im Herbst 1989 zu charakterisieren, war das Verschwinden des Staates nach der Revolution. Und es stimmt ja auch, dass die letzte Regierung der DDR nur mit der Aufgabe betraut wurde, die Auflösung ihres Staates und den Beitritt der ostdeutschen Länder zur Bundesrepublik voranzutreiben und nicht ein neues politisches und wirtschaftliches System einzuführen. Dies war eine in der Weltgeschichte seltene Situation, die nur mit der Situation nach der Texanischen Revolution der Jahre 1835/36 vergleichbar scheint. In beiden Fällen rebellierten Menschen gegen eine Regierung, die sie als aufgezwungen und fremd empfanden – englischsprechende Siedler in Texas lehnten sich gegen die mexikanische Regierung ebenso auf wie die ostdeutschen Bürger gegen eine von der Sowjetunion aufgezwungene Regierung. In beiden Fällen wollten die Oppositionellen Unabhängigkeit und Selbstbestimmung erlangen. Sowohl in Texas als auch in Ostdeutschland gelang es den Oppositionellen, sich von der Fremdbestimmung zu befreien und kurzzeitig die Unabhängigkeit zu erlangen. Und in beiden Fällen wurden Regierungen installiert – in Texas unter Führung von Sam Houston, in der DDR unter Führung von Lothar de Maizière –, die damit beauftragt waren, den Beitritt ihrer Länder zu einem benachbarten Staat – den USA im Fall Texas' und der Bundesrepublik im Fall Ostdeutschlands – herbeizuführen.

Die friedliche Revolution, die in Leipzig begann und zum Verschwinden der DDR von der europäischen Landkarte führte, war Bestandteil eines globalen Transformationsprozesses in den 1980er und 1990er Jahren, in dem Menschen auf der ganzen Welt die von Mahatma Gandhi entwickelte Strategie des friedlichen Widerstands in ihrem Kampf gegen autoritäre Systeme sich zu eigen machten. Diese Transformation autoritärer Systeme begann im Jahr 1986 mit dem Sturz des philippinischen Diktators Ferdinand Marcos. Sie umfasste die friedliche Transformation der kommunistischen Staaten Osteuropas und endete mit dem Ende des Apartheid-Systems in Südafrika im Jahr 1994. Die Demonstranten in Leipzig skandierten lautstark »Keine Gewalt« und versuchten damit ihrem Verlangen nach einer friedlichen Lösung der Krise in der DDR Ausdruck zu verleihen. Wie Gandhis Anhänger in der ersten Hälfte des 19. Jahrhunderts lehnten die ostdeutschen Oppositionellen Gewalt als Konfliktlösungsstrategie kategorisch ab. Es war diese Einstellung, die es den Vertretern der alten Partei- und Staatsführung so schwer machte, auf diese Herausforderung zu reagieren. Gewalt wie zum Beispiel Terrorismus oder ein bewaffneter Aufstand kann immer mit Gewalt beantwortet werden, aber wie reagiert ein Staat auf eine friedliche Herausforderung?

Die ersten freien Wahlen

Die ersten und zugleich letzten freien Wahlen in der DDR wurden von den Vertretern des Ost-Berliner Runden Tisches auf den 18. März 1990 gelegt. In den ersten zwei Monaten des Jahres 1990 erlebten Ostdeutsche einen bislang nie dagewesenen politischen Wettbewerb um Wählerstimmen zwischen 24 politischen Parteien, die zur Wahl Kandidaten aufstellten. Diese Wahlen entwickelten sich jedoch rasch nicht zu solchen, in der eine neues, zumindest für eine Legislaturperiode arbeitendes Parlament mit einer daraus zu wählenden Regierung für den ostdeutschen Staat bestimmt wurde, sondern vielmehr zu einer Volksabstimmung über die Existenz des Landes. Fast alle Parteien waren sich darüber einig, dass die DDR zugunsten eines vereinigten Deutschlands aufgegeben werden sollte. Einzig die Geschwindigkeit dieses Prozesses stand noch zur Frage. Auf der einen Seite stand die aus den drei Parteien der Christlich-Demokratischen Union (CDU), dem Demokratischen Aufbruch (DA) und der Deutschen Sozialen Union (DSU) gebildete »Allianz für Deutschland«, die von der westdeutschen CDU unterstützt wurde und die einen raschen Beitritt der neu zu bildenden ostdeutschen Länder zur Bundesrepublik via Artikel 23 des Grundgesetzes favorisierte. Auf der anderen Seite stand die Sozialdemokratische Partei (SDP), die von der westdeutschen Sozialdemokratischen Partei Deutschlands (SPD) unterstützt wurde und für einen langsameren Weg zur deutschen Einheit durch die Vereinigung zweier deutscher Staaten und die Ausarbeitung einer gesamtdeutschen Verfassung gemäß Artikel 146 des Grundgesetzes eintrat. Der vom westdeutschen Bundeskanzler und CDU-Politiker Helmut Kohl entwickelte und von der »Allianz für Deutschland« mitgetragene Vorschlag hatte den Vorteil, dass er rasch und ohne konstitutionelle Herausforderungen beschritten werden könnte. Aber er würde auch das westdeutsche System ohne Änderungen den ostdeutschen Ländern überstülpen. Der sozialdemokratische Vorschlag hätte wesentlich mehr Zeit in Anspruch genommen sowie umfassende wirtschaftliche und soziale Probleme geschaffen, aber beiden Seiten eine gleichberechtigte Rolle verschafft.

Die »Allianz für Deutschland« hatte zwei sehr ungleiche Akteure zusammengebracht. Da waren auf der eine Seite mit dem DA und der DSU zwei politische Parteien, die erst in den Herbstmonaten des Jahres 1989 entstanden waren. Der DA war von protestantischen Pfarrern wie etwa Rainer Eppelmann begründet worden, die sich für konservative politische Ansätze begeisterten. Die DSU war als eine konservative Partei von dem protestantischen Pfarrer Hans-Wilhelm Ebeling mit dem Ziel gegründet worden, in Ostdeutschland eine der bayerischen CSU ähnliche Partei zu etablieren. Beide Parteien hatten keine Verbindung zum alten politischen System der DDR, erklärten sich aber dennoch dazu bereit, mit der CDU, die in der Vergangenheit als Verbündete der SED gewirkt und Ende 1989 einen umfassenden politischen Erneuerungsprozess begonnen hatte, zusammenzuarbeiten. Das von diesen drei Parteien gebildete Wahlbündnis hatte die uneingeschränkte Unterstützung Helmut Kohls, der auf vielen Wahlveranstaltungen auftrat und seinen Zuhörern ein zweites Wirtschaftswunder und »blühende Landschaften« versprach.

Nach einem anfänglich vorsichtigen Agieren setzte sich Kohl, der von den Entwicklungen in der DDR ebenso überrascht worden war wie alle anderen westdeutschen Politiker, Anfang 1990 für einen raschen Beitritt der neu zu bildenden ostdeutschen Länder zur Bundesrepublik ein. Er lehnte Forderungen west- und ostdeutscher Politiker nach einem langsamen Integrationsprozess ab, weil er 1990 eine einmalige historische Chance für die Vereinigung Deutschlands sah und Angst hatte, dass diese Chance verpasst werden könnte. Anfang 1990 konnte niemand mit Sicherheit sagen, wie sich das politische Establishment in der Sowjetunion entwickeln und ob Gorbatschow mit seinem Kurs der wirtschaftlichen und politischen Reformen erfolgreich sein würde. Nach Wahlen in der Litauischen Sowjetrepublik, in der die Vertreter litauischer Unabhängigkeit von Moskau siegten und im März 1990 die Unabhängigkeit Litauens ausriefen, reagierte der sonst so liberale Gorbatschow anfangs mit wirtschaftlichem und militärischem Druck.

Kohl war aber auch fest von der Überlegenheit des westdeutschen Modells überzeugt, dessen Attraktivität durch die friedliche Revolution in der DDR bestätigt zu werden schien. Daher sah er keine Notwendigkeit, irgendetwas am bewährten westdeutschen politischen System oder am Grundgesetz zu ändern. Für Kohl gab es keine Notwendigkeit, eine neue gesamtdeutsche Verfassung auszuarbeiten. Die deutsche Wiedervereinigung war für ihn, daran ließ er keinen Zweifel aufkommen, nicht das Zusammenkommen zweier gleichberechtigter Seiten, sondern die Aufnahme des gescheiterten und rückständigen Ostens in die erfolgreiche und attraktive Bundesrepublik.

Während die ostdeutsche CDU gezielt die Unterstützung der westdeutschen CDU suchte, verhielt sich die ostdeutsche SDP, die sich auch in ihrer Namensgebung anfänglich von der westdeutschen Sozialdemokratie absetzen wollte, diesbezüglich erst einmal zögerlich. Die ostdeutschen Gründer der Sozialdemokratischen Partei entschieden sich bewusst gegen die Wiederbelebung des Parteiennamens SPD, weil sie sich klar von der 1946 in die SED aufgegangenen ostdeutschen SPD absetzen und im Jahr 1989 einen Neuanfang wagen wollten. Die Gründer der SDP sprachen sich daher auch gegen die Aufnahme von Personen als Mitglieder auf, die zuvor in der SED aktiv gewesen waren. Anfang 1990 rangen sich die ostdeutschen Sozialdemokraten dann doch dazu durch, ihren Parteinamen an ihre westdeutsche Schwesterpartei anzupassen. Die SDP wurde damit zur SPD. Prominente westdeutsche Sozialdemokraten wie Willy Brandt, dessen Ausspruch, dass nun »zusammenwächst, was zusammengehört«, Berühmtheit erlangt hatte, unterstützten die ostdeutschen

Sozialdemokraten und traten als Redner auf Wahlkampfveranstaltungen auf.

Die »Allianz für Deutschland« ging unerwartet – viele Politiker und Historiker hatten aus historischen und sozialstrukturellen Gründen die Sozialdemokraten als Favoriten ausgemacht – aus den Volkskammerwahlen im März mit einem Stimmenanteil von 48 Prozent als eindeutiger Sieger hervor. Da die Aufgabe der Staatsauflösung und des Beitritts zur Bundesrepublik eine Herkulesaufgabe war, die innerhalb weniger Wochen und Monate bewältigt werden sollte, entschloss sich der Spitzenkandidat der »Allianz für Deutschland« und designierte Regierungschef Lothar de Maizière, der SPD und dem Bund Freier Demokraten eine Zusammenarbeit anzubieten und sie an der Regierungsbildung zu beteiligen. Diese Große Koalition verfügte in der Volkskammer über eine komfortable Zwei-Drittel-Mehrheit.

Der Wahlsieg für die »Allianz für Deutschland« setzte den Verhandlungsprozess über die deutsche Einheit in Gang, an dem nicht nur Vertreter der beiden deutschen Staaten, sondern auch der vier Besatzungsmächte der Nachkriegszeit, die immer noch umfangreiche militärische Kontingente auf deutschem Boden stationiert hatten, teilnahmen. Diese »Zwei-plus-Vier-Gespräche« brachten die Staatschefs George Bush Sr., François Mitterand, Michail Gorbatschow und Margaret Thatcher zusammen, um die Rahmenbedingungen der deutschen Einheit abzustecken. Jede Seite hatte ihre eigenen Hoffnungen und Ängste in Bezug auf die Wiederherstellung der deutschen Einheit. Bush sagte seine Unterstützung zu, Gorbatschow war skeptisch, Mitterand insgeheim gegen die Vereinigung, ohne es öffentlich auszusprechen, und Thatcher nahm kein Blatt vor den Mund, wenn sie sich gegen die deutsche Einheit positionierte. Die Verhandlungen waren langwierig, endeten aber schließlich mit dem Zwei-plus-Vier-Vertrag vom September 1990, der die Zustimmung der einstigen Alliierten zur Wiederherstellung der deutschen Einheit gab. Das Abkommen zwang die westdeutsche Regierung die durch die Flüsse Oder und Neiße gebildete Ostgrenze Deutschlands erstmals offiziell und endgültig anzuerkennen und den Artikel 23 des Grundgesetzes, der den Beitritt der fünf ostdeutschen Länder ermöglichte, ersatzlos zu streichen, um damit klarzustellen, dass die deutsche Einheit erreicht war und keine weiteren Gebietsansprüche seitens Deutschlands an Polen oder die Sowjetunion gerichtet werden konnten.

Mit dem Abkommen gaben die vier Besatzungsmächte alle Rechte an Berlin auf und sicherten dem deutschen Staat zu, dass sie sämtliche Kontrollrechte über Berlin abgeben würden. Die sowjetische Seite versprach, alle sowjetischen Truppen, die auf dem Gebiet der DDR stationiert waren, bis zum Jahr 1994 abzuziehen. Die westdeutsche Seite versprach im Gegenzug, bis zum vollständigen sowjetischen Truppenabzug keine westdeutschen Einheiten auf ostdeutschen Boden zu verlegen. Die beiden deutschen Regierungen sicherten zu, dass sie in der Zukunft keine nuklearen, biologischen und chemischen Waffen entwickeln würden. Der Vertrag gab Deutschland die freie Wahl in Bezug auf seine Mitgliedschaft in einem militärischen Bündnis, sicherte der sowjetischen Seite aber zu, dass keine NATO-Truppen auf ostdeutschem Territorium stationiert würden. Dieser Vertrag beendete nicht nur offiziell den Zweiten Weltkrieg – ein Friedensvertrag war aufgrund der deutschen Teilung nicht ausgehandelt worden –, sondern auch den Kalten Krieg. Es war aber auch der Anfang der Verdrängung der Sowjetunion bzw. Russlands aus Europa.

Der Weg zum raschen Beitritt der ostdeutschen Länder zur Bundesrepublik war mit dem Abschluss des Vertrages geebnet. Die Deutsche Mark war bereits zum 1. Juli aufgrund der Währungs-, Wirtschafts- und Sozialunion als gültiges Zahlungsmittel in der DDR eingeführt worden. Am 3. Oktober traten die fünf ostdeutschen Länder Mecklenburg-Vorpommern, Brandenburg, Sachsen-Anhalt, Sachsen und Thüringen der Bundesrepublik bei. Damit verschwand die DDR, und eine neue Ära in der deutschen Geschichte begann.

Der Beitritt der DDR zur Bundesrepublik

Das Ende des Kommunismus in Europa beschleunigte zwei sich scheinbar widersprechende Entwicklungstendenzen, die die europäische Geschichte seit dem Ende des Ersten Weltkrieges geprägt hatten. Auf der einen Seite stand der teilweise oder vollständige Zerfall von multikulturellen Imperien wie Österreich-Ungarn und Russland in eine Vielzahl von Nationalstaaten wie Polen, die Tschechoslowakei oder die baltischen Staaten. Und auch wenn im Lauf des 20. Jahrhunderts neue multiethnische Staaten wie Jugoslawien oder die Sowjetunion entstanden, so ging der Zerfall des Kommunismus auch mit deren Desintegration einher. So zerfiel etwa das multikulturelle und multiethnische Jugoslawien in den 1990er Jahren in sieben Staaten. Und selbst kleinere Staatsgebilde wie die Tschechoslowakei teilten sich in die Tschechische Republik und die Slowakische Republik. Deutschland war das einzige Land Europas, das entgegen diesem Zerfallstrend am Ende des 20. Jahrhunderts das Zusammengehen zweier Staaten in einer größeren nationalen Einheit erlebte.

Auf der anderen Seite entstanden – zeitgleich zur Desintegration von Staaten wie Jugoslawien und der Sowjetunion – post-imperiale, kontinentale Vereinigungen wie die Europäische Union, die eine große Anziehungskraft auf Nationalstaaten ausübten, die sich gerade von imperialer Herrschaft befreit hatten. Der Prozess der europäischen Integration hatte mit den Römischen Verträgen des Jahres 1957 begonnen, die die Grundlage für eine Zollunion sowie die wirtschaftliche Integration der westeuropäischen Staaten schufen. Mit dem Maastricht-Vertrag von 1992 wurde nicht nur die Europäische Union begründet, sondern auch der Weg für die Aufnahme postkommunistischer Länder in diese vorrangig westeuropäische Organisation geebnet. Ostdeutschland war strenggenommen das erste osteuropäische Land, das durch seine Integration in die Bundesrepublik automatisch in die Europäische Wirtschaftsgemeinschaft – der mit den Römischen Verträgen begründeten Vorläuferorganisation der Europäischen Gemeinschaft bzw. der Europäischen Union – aufgenommen wurde. Andere osteuropäische Länder wie etwa Slowenien und die Slowakei bemühten sich in den 1990er Jahren um Aufnahme in die Europäische Union, die ihnen finanzielle Unterstützung für die Entwicklung ihrer Volkswirtschaften einbrachte. In den 1990er Jahren war die Mitgliedschaft in der Europäischen Union noch mit dem Ideal der wirtschaftlichen Prosperität verbunden.

Ostdeutschland unterschied sich von den anderen postkommunistischen Ländern durch seine Integration in ein bestehendes westeuropäisches Land, das auch die ostdeutsche Volkswirtschaft grundlegend veränderte. Während die anderen osteuropäischen Länder einen langsamen Transformationsprozess durchliefen, in dem die staatlich gelenkte Wirtschaft allmählich in eine Privatwirtschaft verwandelt wurde, erlebte die ostdeutsche Volkswirtschaft eine Schocktherapie, die mit der Schließung einer großen Zahl ostdeutscher Betriebe, Massenarbeitslosigkeit, Deindustrialisierung und Entvölkerung der ostdeutschen Länder einherging.

Die Transformation der Volkswirtschaft der DDR

Die Einführung der westdeutschen Währung in der DDR zum 1. Juli 1990 befriedigte ostdeutsche Forderungen nach ihrer Aufnahme als Konsumenten in das westdeutsche Wirtschaftssystem. Auf ostdeutschen Protest- und Wahlveranstaltungen im Februar 1990 wurden Spruchbänder mit der Aufschrift »Kommt die D-Mark, bleiben wir, kommt sie nicht, geh'n wir zu ihr« immer häufiger. Der Vertrag über die Währungs-, Wirtschafts- und Sozialunion schrieb vor, dass Löhne und Renten sowie Sparguthaben bis zu 4.000 Mark zu einem – ökonomisch nicht zu rechtfertigenden – Kurs von 1:1 umgetauscht werden sollten. Sparguthaben über 4.000 Mark wurden zu einem Kurs von 1:2 umgetauscht. Die Entscheidung Helmut Kohls, die Einkommen, Renten und Sparguthaben nicht zu entwerten, war letztlich politischen Erwägungen geschuldet. Ostdeutsche wurden vor allem als Konsumenten und weniger als Arbeitskräfte gesehen, die nach Jahren der Entbehrung Zugang zu westdeutschen Konsumgütern suchten und somit auch einer krisengeschüttelten westdeutschen Volkswirtschaft zum Aufschwung verhalfen. Ostdeutsche Familien, die jahrelang auf Autos wie den Trabant (vom Volksmund auch als »Rennpappe« bezeichnet) oder den Wartburg hatten warten müssen, wollten eines der begehrten westdeutschen Volkswagen- und Opel-Automobile kaufen. Sie stürmten nach der Einführung der D-Mark die Autohändler, die mit der Nachfrage kaum mithalten konnten. Die Preise für Autos schossen folglich in die Höhe, und Ostdeutsche kauften nicht nur Neuwagen, sondern auch Gebrauchtwagen. Für westdeutsche Autoproduzenten kam die Einführung der D-Mark in Ostdeutschland einem Konjunkturprogramm gleich, das die Absatzzahlen in die Höhe schnellen ließ und die Autoindustrie aus einer Krise rettete.

Während die Einführung der D-Mark die Ostdeutschen über Nacht zumindest kurzfristig in kaufkräftige Konsumenten verwandelte und der westdeutschen Konsumgüterproduktion zu einem Aufschwung verhalf, führte sie zur Zerstörung der ostdeutschen Industriekombinate und -betriebe, die vor allem für osteuropäische Abnehmer produziert hatten und mit der Einführung der D-Mark ihren gesamten Absatzmarkt über Nacht verloren. Ostdeutsche Fabriken hatten Eisenbahnwagen, Schiffe und optische Instrumente für sowjetische und polnische Abnehmer hergestellt, die diese Produkte nun nicht mehr bezahlen konnten. Und ostdeutsche Betriebe, die schon für westeuropäische Märkte produziert und von den geringen Arbeitskosten profitiert hatten, waren nun auch nicht mehr wettbewerbsfähig.

Die Qualität ostdeutscher Produkte war ein weiteres Problem. Die ostdeutsche Computerproduktion mag zwar innerhalb des kommunistischen Wirtschaftsraums – dem Rat für gegenseitige Wirtschaftshilfe (RGW), der die wirtschaftliche Integration der kommunistischen Länder vorantreiben sollte – als fortgeschritten gegolten haben, aber auf dem internationalen Markt waren die ostdeutschen Erzeugnisse durchweg antiquiert. Mit der Öffnung der osteuropäischen Märkte für westeuropäische Produkte konnten ostdeutsche Produkte ebenfalls nicht mehr konkurrieren. Insgesamt erschien die Situation der ostdeutschen Volkswirtschaft aber noch nicht völlig hoffnungslos. So ergab eine Analyse des amerikanischen Beratungsunternehmens Arthur D. Little & McKinsey aus dem Jahr 1990, dass etwa ein Drittel der ostdeutschen Unternehmen profitabel arbeiten konnte. Etwa die Hälfte der ostdeutschen Unternehmen benötigte umfangreiche Investitionen, um profitabel zu werden, und lediglich rund 20 Prozent waren hoffnungslos veraltet.

Die ostdeutsche Volkskammer hatte noch vor den Wahlen im März die Gründung einer Treuhand-Anstalt beschlossen, der das gesamte staatliche Volkseigentum zur Verwaltung übertragen wurde. Die Treuhand-Anstalt verwaltete mehr als 8.000 Betriebe und war damit der Arbeitgeber von etwa zwei Dritteln der ostdeutschen Beschäftigten. Sie verwaltete ebenso den Land- und Grundbesitz der DDR-Regierung sowie der staatlichen Massenorganisationen und Parteien. Anfangs sollte die Treuhand-Anstalt die ihr übertragenen Betriebe verwalten und durch Investitionen in profitable Unternehmen umwandeln. Im Juni 1990 wurde sie dann dazu angehalten, alle ihr anvertrauten Betriebe zu privatisieren. Mit diesem Mandat ausgestattet, verkaufte die Treuhand oftmals für einen symbolischen Preis von einer D-Mark die ostdeutschen Betriebe an westdeutsche Unternehmen und Konkurrenten sowie an ausländische Investoren. Einige wenige Käufer investierten in die von ihnen erworbenen Betriebe und schufen profitable Unternehmen mit Arbeitsplätzen für Ostdeutsche. Zu viele der Unternehmen wurden aber aufgekauft und dann geschlossen. Das Mandat der Treuhand-Anstalt, die ostdeutschen Unternehmen ohne Wenn und Aber zu privatisieren, führte zur weitflächigen Deindustrialisierung Ostdeutschlands in den 1990er Jahren.

Das Privatisierungsmandat der Treuhand-Anstalt war jedoch nicht allein für den Kollaps der ostdeutschen Industrie verantwortlich. Die ostdeutsche Industrie hätte, um konkurrenzfähig zu bleiben, Strukturreformen in den 1970er und 1980er Jahren bedurft. Dieser Reformstau in Verbindung mit der Einführung der D-Mark im Juli 1990 und dem Privatisierungsmandat der Treuhand-Anstalt besiegelte das Schicksal der ostdeutschen Volkswirtschaft. Die ostdeutsche Situation war aber keineswegs einmalig. Alte Industrieregionen in Westeuropa erlebten ebenfalls einen tiefgreifenden Strukturwandel aufgrund des Aussterbens der Schwerindustrie und des Bergbaus. So durchlief das Ruhrgebiet seit den 1970er Jahren eine ähnliche Umorientierung, die zur Schließung von Zechen und Fabriken führte. Es war nicht die Transformation, die der Situation in Ostdeutschland ihre Spezifik gab, sondern ihre Geschwindigkeit und die Verbindung mit der Transformation von Gesellschaft und politischem System. Die Zahl der Ostdeutschen, die arbeitslos wurden, stieg rasch an. In den vier Jahren von 1990 bis 1994 fiel die Zahl der verfügbaren Stellen in Industrie und Landwirtschaft von 9,75 auf 5,4 Millionen. Damit wurden 45 Prozent aller Arbeitsplätze in Ostdeutschland unwiederbringlich zerstört. Die Zahl der Arbeitsstellen in der Landwirtschaft sank von 976.000 auf lediglich 282.000 und in der Industrie von 8 Millionen auf 3,7 Millionen. Aufgrund des hohen Frauenanteils an den ostdeutschen Erwerbstätigen betraf die Arbeitslosigkeit Frauen mehr als Männer. So sank etwa der Anteil der erwerbstätigen Frauen von 90 Prozent im Jahr 1989 auf 36 Prozent im Jahr 1992. Weil viele Frauen, die ihre Anstellung verloren hatten, aufhörten, nach einer neuen Arbeitsstelle zu suchen, verschwanden sie nach und nach aus den Arbeitslosenstatistiken. Millionen Ostdeutsche, die Jahrzehnte der Arbeitsplatzsicherheit genossen hatten und weder Arbeitslosigkeit noch Fabrikschließungen erlebt hatten, standen plötzlich vor verschlossenen Werkstoren.

Die ostdeutsche Gesellschaft hatte soziale Identitäten kultiviert, in der der Wert eines jeden Bürgers über dessen Arbeit in einer Fabrik definiert wurde. Fabrikarbeit wurde heroisiert und durch den Staat belohnt. Dieses Wertesystem war keineswegs spezifisch ostdeutsch, sondern existierte in verschiedenen Industriegesellschaften, wie etwa der amerikanischen und der sowjetischen Gesellschaft. Im Kommunismus entstand jedoch ein Kult um die Fabrikarbeit, der andere Formen der Arbeit entwertete und Fabrikarbeit zur alleinigen Quelle individuellen Stolzes und persönlicher Zufriedenheit werden ließ. So wurden Studenten der ostdeutschen Universitäten regelmäßig zu Produktionseinsätzen herangezogen, um sie nicht nur geistiger Arbeit zu überlassen. Diese Einstellungen verschwanden nicht mit der DDR, sondern wurden in die postkommunistische Gesellschaft überführt. Der Wert eines Menschen wurde immer noch anhand seines Beitrags zur Gesellschaft durch Arbeit in einer Fabrik bewertet.

In der ersten Hälfte der 1990er Jahre erreichte das Ausmaß der Arbeitslosigkeit in Ostdeutschland ein Niveau, das seit der Weltwirtschaftskrise zu Beginn der 1930er Jahre nicht mehr erreicht worden war. Dass es dennoch nicht zu sozialen Unruhen und politischen Verwerfungen kam wie in den 1930er Jahren, lag allein an dem umfassenden westdeutschen Sozialstaat, der Arbeitslosengeld ebenso wie Frührenten bereitstellte und damit die Mehrzahl der Arbeitslosen zumindest materiell auffing.

Die Auswanderung aus den ostdeutschen Ländern

Die Deindustrialisierung der ostdeutschen Länder zwang eine gewaltige Zahl von Menschen dazu, ihre Heimat zu verlassen und Arbeit in den westlichen Bundesländern oder auch außerhalb Deutschlands zu suchen. Die Massenabwanderung aus dem Osten begann im Jahr 1989. In den zwei Jahren 1989 und 1990 verließen fast 600.000 Menschen – das entsprach etwa vier Prozent der ostdeutschen Bevölkerung – die DDR und zogen in den Westen. Diese Abwanderung wurde vor allem durch die politische Unsicherheit und Transformation der ostdeutschen Gesellschaft motiviert. In den ersten fünf Jahren nach der deutschen Vereinigung sank die Abwanderung wieder. Die fünf ostdeutschen Länder verloren zusammen nur etwa eine halbe Million Menschen in dieser Zeit. Der Lebensstandard vieler Ostdeutscher, auch wenn sie ihre Arbeit verloren hatten, verbesserte sich.

Dies änderte sich aber in den Jahren nach 1997. Stagnierende Löhne, die weit unter dem Niveau der westdeutschen Vergütungen lagen, und ein erneutes Anwachsen der Arbeitslosigkeit ließen viele Menschen in den ostdeutschen Ländern daran zweifeln, dass sie in ihrer Heimat eine Zukunft haben könnten. Die offizielle Arbeitslosenquote in Ostdeutschland stieg von 15 Prozent im Jahr 1995 auf 18 Prozent im Jahr 2002 und war damit rund doppelt so hoch wie die Arbeitslosenquote in den westlichen Bundesländern. Von 1995 bis 2015 verließen daher mehr als 1,5 Millionen Menschen Ostdeutschland und fanden eine neue Heimat in Westdeutschland. Aufgrund dieser Wanderungsbewegungen verringerte sich die ostdeutsche Bevölkerung (ohne Berlin) in den dreißig Jahren von 1985 bis 2015 um fast drei Millionen Menschen.

Ganze Landschaften und vor allem ländliche Gegenden wurden entvölkert. Kleinstädte und Dörfer, in denen sowohl die industrielle als auch die landwirtschaftliche Basis weggebrochen waren, wurden die großen Verlierer. Und mit dem Wegzug vor allem der jüngeren Menschen kam es zum Anstieg des Durchschnittsalters der ostdeutschen Bevölkerung. So war im Jahr 2015 mehr als ein Viertel der Bevölkerung in den fünf ostdeutschen Ländern über 65 Jahre alt. Das lag deutlich über dem Niveau westdeutscher Länder wie etwa Baden-Württemberg und Hamburg, wo der Anteil der Menschen über 65 Jahre unter 20 Prozent der Landesbevölkerung lag. In den Altersgruppen der 18 bis 25 Jahre alten Menschen belegten die ostdeutschen Länder die letzten Plätze im Ländervergleich. Während der Anteil dieser Altersgruppe an der Gesamtbevölkerung im gesamtdeutschen Durchschnitt 7,7 Prozent ausmachte, lag er in Brandenburg bei 4,7 Prozent, in Mecklenburg-Vorpommern bei 5,2 Prozent und in Sachsen, Sachsen-Anhalt und Thüringen bei jeweils 5,3 Prozent.

Diese Zahlen verdecken den dramatischen strukturellen Wandel in vielen ostdeutschen Kommunen. Außerhalb großer und prosperierender Städte wie Berlin, Dresden und Leipzig verloren in den 1990er und 2000er Jahren viele Kommunen Einwohner und damit Steuerzahler. Dieser Verlust zwang ostdeutsche Landesregierungen wiederholt dazu, Kommunalverwaltungsreformen anzugehen, die zur Zusammenlegung von Landkreisen, Kleinstädten und Dörfern führten. Auch wenn diese Reformen von dem Ziel geleitet wurden, die Verwaltungskosten zu verringern, bedeuteten sie für diejenigen, die in den ostdeutschen Kommunen zurückgeblieben waren, längere Wege zu Verwaltungsbehörden des Landes und des Bundes. Aber nicht nur die Verwaltung wurde ausgedünnt. Auch die spärlicher werdende Versorgung durch Lebensmittelmärke und vor allem Arztpraxen wurde angesichts der Überalterung der ostdeutschen Bevölkerung zu einem großen sozialen Problem.

Diese Entwicklungen sind allerdings keineswegs spezifisch ostdeutsche Herausforderungen. Mit dem Ende des Kalten Krieges und der Wiedererlangung der Reisefreiheit für alle Osteuropäer erlebte Europa eine Rückkehr zu den traditionellen Migrationsmustern des 19. Jahrhunderts, die von Ost nach West gerichtet waren. Diese Migrationsmuster waren nur kurzzeitig durch den Kalten Krieg unterbrochen worden. Die Ost-West-Migration hatte zur Durchmischung der europäischen Bevölkerung im 19. Jahrhundert beigetragen und wird die Durchmischung der europäischen Bevölkerung auch im 21. Jahrhundert nachhaltig beeinflussen. Polnische Migranten strömten auf den westeuropäischen Arbeitsmarkt, wie ihre Vorfahren es schon im 19. Jahrhundert getan hatten, als sie in die Industrieregionen an Ruhr, Emscher und Rhein gezogen waren, um in den Zechen und Montanwerken zu arbeiten. Sie wanderten aber nicht nur nach Westdeutschland und Großbritannien, sondern auch in die USA, wo sie Teil der sich seit dem ausgehenden 19. Jahrhundert etablierenden polnischen Diaspora wurden.

Die Migration der Ostdeutschen setzte sich von diesen globalen Migrationsbewegungen der anderen osteuropäischen Bevölkerungsgruppen ab, weil es im Wesentlichen eine Wanderungsbewegung innerhalb eines Staates war. Und Ostdeutsche waren in dieser Wanderung nach dem Westen frei. Sie benötigten keine Visa, Arbeitserlaubnisse oder Ähnliches. Und auch wenn sie fremd wirkten und in den Ohren der Westdeutschen eigenartige Dialekte wie etwa das Sächsische sprachen, waren sie doch keine Ausländer, sondern Landsleute und hatten etwaige Benachteiligungen und Diskriminierung nicht zu fürchten. Ostdeutsche verblieben damit im Gegensatz zu Polen, Ungarn und Russen auch wesentlich näher an ihrem Herkunftsort, den sie jederzeit besuchen konnten. Während damit die anderen osteuropäischen Migranten globale Diaspora-Gemeinschaften wiederbelebten, die sich im 19. Jahrhundert herausgebildet hatten, trugen die ostdeutschen Migranten wenig zur Stärkung und Wiederbelebung der deutschsprachigen Diaspora etwa in Nord- und Südamerika bei.

Diejenigen Ostdeutschen, die in ihrer Heimat verblieben, riskierten nicht nur den Verlust ihres Arbeitsplatzes, sondern in einigen Fällen auch den Verlust ihres Wohnhauses. In dieser Hinsicht machten Ostdeutsche eine spezifische Erfahrung, die in dieser Form nicht auf die Menschen in anderen osteuropäischen Ländern wie Polen oder die Tschechoslowakei zukam. Nach dem Zweiten Weltkrieg kam es in allen osteuropäischen Ländern zu einer mehr oder minder tiefgreifenden Neuorganisation der Eigentumsverhältnisse, die mit Enteignungen und der Neuverteilung von Land- und Wohneigentum einherging. Und auch wenn sich in diesem Prozess vor allem in Bezug auf die Eigentumsverhältnisse in der Landwirtschaft und Industrie unterschiedliche Muster mit der Entstehung von privaten Bauerngütern in Polen bzw. genossenschaftlicher Produktionsgenossenschaften (LPG) in der DDR sowie staatlicher Betriebe in der DDR bzw. genossenschaftlicher Unternehmen in Jugoslawien herausbildeten, erlebten die Menschen in allen osteuropäischen Ländern die weitreichende Nationalisierung von Grund und Boden. In diesem Zusammenhang kam es auch in Ländern wie Polen und der Tschechoslowakei zur umfangreichen Enteignung der deutschsprachigen Bevölkerungsgruppen, die aus beiden Ländern vertrieben wurden.

Die Vertreibung der Sudetendeutschen aus der Tschechoslowakei betraf mehr als drei Millionen Menschen, die nicht nur ihre angestammte Heimat, sondern auch ihr Eigentum an Land und Immobilien verloren. Die Vertreibung der Sudetendeutschen ging Hand in Hand mit ihrer Enteignung. Dasselbe traf auf die mehr als drei Millionen Deutschen zu, die aus den Gebieten vertrieben wurden, die bei der Potsdamer Konferenz dem polnischen Staat zugeschlagen wurden. Deutsche, die ihre Heimat in Ostpreußen, Westpreußen, Pommern und Schlesien verlassen mussten, ließen alles zurück, was sie besessen hatten. In beiden Fällen forderten die Vertriebenen und ihre Interessenvertreter erfolglos über Jahrzehnte Entschädigungszahlungen von der tschechischen und polnischen Regierung.

Um Forderungen nach Entschädigungszahlungen durch westdeutsche Bürger, die ihr Eigentum in Ostdeutschland nach dem Zweiten Weltkrieg verloren hatten, abzuwehren, bestand die westdeutsche Regierung in den 1990er Jahren auf der Durchsetzung des Prinzips, wonach dieses Eigentum an ihre vormaligen Besitzer zurückgegeben werden müsse. Dies betraf alle diejenigen, deren Eigentum von der DDR-Regierung aus verschiedenen Gründen – vor allem aber weil sie Ostdeutschland legal oder illegal verlassen hatten – konfisziert und enteignet worden war. Ausgenommen waren lediglich die Enteignungen der Großgrundbesitzer durch die sowjetische Militäradministration (Bodenreform), die im Jahr 1945 einsetzte. Der von den Sowjets enteignete Großgrundbesitz sollte nicht wieder an ihre vormaligen Eigentümer zurückgegeben werden, und die betroffenen Familien sollten auch kein Anrecht auf Entschädigungszahlungen haben.

Das Prinzip der »Rückgabe vor Entschädigung« schuf jedoch einige komplizierte Situationen, die aufgrund der verschiedenen Enteignungswellen des 20. Jahrhunderts entstanden waren. So waren einzelne Grundstücke und Gebäude nicht nur einmal enteignet und wiederverkauft worden, sondern zwei- oder gar dreimal. Dies traf insbesondere auf die in der NS-Zeit enteigneten jüdischen Eigentümer zu. In vielen Fällen wurden diese enteigneten Häuser an »arische« Deutsche verkauft, die sie dann an ihre Kinder und Enkelkinder vererbten. In den 1990er Jahren sahen sich diese Enkelkinder mit Rückgabeansprüchen auf ihre Häuser konfrontiert, in denen ihre Familien drei Generationen lang gelebt hatten. Dieser Rückgabeprozess dauerte Jahrzehnte: So machte im Januar 2019 der Fall der kleinen Gemeinde Groß-Gaglow bei Cottbus Schlagzeilen, deren Bewohner darüber informiert wurden, dass auf ihre Wohnhäuser Rückgabeforderungen durch die Erben der Alteigentümer angemeldet wurden.

Die Geschichte von Groß-Gaglow begann im Jahr 1928, als eine Gruppe jüdischer Berliner die Jüdische Landarbeiter-Gesellschaft mit dem Ziel gründeten, diejenigen jüdischen Mitbürger, die aufgrund der Wirtschaftskrise keine Arbeit in der Stadt finden konnten, mit einer Bauernstelle zu versorgen. Diese Gesellschaft erwarb dazu Land in der Nähe von Cottbus und entwickelte einen Siedlungsplan für insgesamt 29 Wohnhäuser mit Gartengrundstücken. In den 1930er Jahren wurden die Besitzer dieser Grundstücke durch den NS-Staat enteignet, ihre Grundstücke und Häuser wurden verkauft. Als acht Jahrzehnte später im Jahr 2019 die Erben der ursprünglichen Besitzer ihre Rechte an diesen Grundstücken anmeldeten, waren diejenigen, die diese Häuser in den 1930er Jahren erworben hatten, lange verstorben. Sie waren zu Häusern der Kinder und Enkelkinder geworden, die hier aufgewachsen waren.

Es besteht kein Zweifel, dass die ursprünglichen Besitzer dieser Wohnhäuser und Grundstücke unrechtmäßig enteignet wurden und dass sie bzw. ihre Erben Anspruch zumindest auf eine finanzielle Entschädigung für dieses Unrecht haben. Fraglich ist, ob die Besitzer dieser Wohnhäuser im Jahr 2019, die durch ein oder zwei Generationen von dem Akt des Unrechts getrennt sind, dafür verantwortlich gemacht werden können oder sollten. Ihre Väter und Großväter hatten die Häuser nicht unentgeltlich erhalten, sondern sie vom Staat erworben. Viel wichtiger war jedoch, dass sie in der Zeit nach dem Zweiten Weltkrieg jahrzehntelang für die Instandhaltung dieser Häuser sorgten. Dies war angesichts des konstanten Material- und Handwerkermangels und aufgrund der hohen Kosten der Instandhaltung eine Herausforderung. Aus der Perspektive der dritten Generation der Hausbesitzer nach der Enteignung der ursprünglichen Hausbesitzer in den 1930er Jahren betrachteten sich die gegenwärtigen Hausbesitzer, die ihr Leben in diesen Gebäuden verbracht hatten und diese nun verlieren sollten, als enteignete Hausbesitzer.

Die Situation in Ostdeutschland wurde zusätzlich durch die Rechtspraxis der DDR erschwert, die zwar den Verkauf von Gebäuden gestattete, nicht aber den Verkauf des Grundes und Bodens, auf dem diese Gebäude standen. Der Grund und Boden blieb Staatseigentum und wurde an die Besitzer der Gebäude dauerhaft auf 99 Jahre verpachtet. Die von der letzten SED-geführten DDR-Regierung unter Ministerpräsident Hans Modrow getroffene Entscheidung, die es Hausbesitzern in der DDR erlaubte, den Grund und Boden unter ihren Häusern zu kaufen, wurde von der Bundesregierung später wieder rückgängig gemacht: Dies galt ihr als ein illegaler Vorgang, der vor allem privilegierten Vertretern des DDR-Staates zugutegekommen war. Damit war das grundsätzliche Problem, dass Hausbesitzern nicht der Grund und Boden gehörte, allerdings nicht gelöst worden. Zum Problem wurde dies in den Fällen, wo Wohnhäuser auf staatlichem Grund und Boden errichtet worden waren, die zuvor von privaten Eigentümern enteignet worden waren, welche nun ein Anrecht auf Rückübertragung dieser Landflächen besaßen.

Damit bahnte sich eine Welle von Gerichtsprozessen an, in denen Alteigentümer auf Rückgabe von Grund und Boden und/oder Wohngebäuden klagten. Auch wenn viele dieser Klagen – nach verschiedenen Schätzungen wurden drei Viertel aller Klagen abgewiesen – erfolglos blieben, verursachte das Gespenst der möglichen Rückgabe an Alteigentümer erhebliche soziale Unruhe insbesondere im Speckgürtel Berlins. Dort hatten viele Berliner Alteigentümer Grundstücke in Gemeinden und Städten wie etwa Kleinmachnow oder Potsdam besessen, die sie aufgrund der deutschen Teilung verloren hatten. Aber auch in Städten wie Leipzig standen die Alteigentümer vor den Türen ihrer Wohnhäuser und forderten deren Rückgabe. Die Rückgabe von Wohnhäusern und Grundstücken war bei weitem kein marginales Phänomen. In Kleinstädten wie etwa Kleinmachnow im Berliner Raum waren etwa 22 Prozent aller Wohnhäuser davon betroffen. Für die ostdeutschen Bewohner dieser Häuser waren sie ihr Zuhause, in das sie viel Arbeit und Geld gesteckt hatten, um sie instandzuhalten. Für die Erben der Alteigentümer, die in der Vergangenheit gezwungen waren, sie zu verlassen, waren sie auch wertvolle Spekulationsobjekte, deren Wert schnell in die Höhe schoss.

Die politische Entscheidung,»Rückgabe vor Entschädigung« zu setzen, ersparte der deutschen Regierung erhebliche Geldzahlungen. Und im Jahr 1990 konnte niemand klar vorhersagen, wie viele der ostdeutschen Grundstücke und Wohnhäuser von dieser Entscheidung betroffen sein würden. Für diejenigen Ostdeutschen, die aufgrund dieser Entscheidung ihre Wohnung verloren, führte dies zu einer Entfremdung von der gesamtdeutschen Gesellschaft und schuf langandauernde Verwerfungen in der ostdeutschen Gesellschaft.

Die Entfernung belasteten Personals im öffentlichen Dienst

Parallel zur Transformation der ostdeutschen Industrie und Landwirtschaft erfolgten auch eine Transformation und ein personeller Umbruch im öffentlichen Dienst. Auf der Praxis des bundesdeutschen »Radikalenerlasses« aufbauend, wurden potentielle Angestellte und Beamte im öffentlichen Dienst der ostdeutschen Länder daraufhin überprüft, ob sie in der Vergangenheit mit der Staatssicherheit offiziell oder inoffiziell zusammengearbeitet hatten. Zu diesem Zweck verabschiedete der Bundestag im November 1991 das Stasi-Unterlagen-Gesetz, das die Erfassung, Erschließung, Verwaltung und Verwendung der Akten der Staatssicherheit regelte. Dieses Gesetz schuf die Behörde des Bundesbeauftragten für die Stasi-Unterlagen als ein Archiv für die Akten der Staatssicherheit und als eine Forschungs- und Bildungseinrichtung. Das Gesetz gab jedem Ostdeutschen das Recht, die über ihn von der Staatssicherheit angelegten Akten einzusehen. Damit betrat Deutschland Neuland im Umgang mit den von einer Geheimpolizei angelegten Akten sowohl im Vergleich mit anderen post-kommunistischen Ländern als auch in Bezug auf die Behandlung der Akten der NS-Verfolgungsbehörden aus der Zeit des Nationalsozialismus. Nach dem Ende des Zweiten Weltkrieges wurden diese Akten nicht für die Öffentlichkeit geöffnet, so dass Deutsche, die die Lager überlebt hatten, nicht erfahren konnten, dass ihre Nachbarn, Kollegen, Freunde und Familienmitglieder für ihre Verhaftung und Inhaftierung in Konzentrationslagern mitverantwortlich waren.

Postkommunistische Länder wie die Tschechische Republik setzten zunächst auf einen Verschluss der Akten der kommunistischen Geheimpolizei und begrenzten die Nutzung der dort angelegten Akten auf Anfragen des Innenministeriums, die dazu dienten, ehemalige Mitarbeiter der Geheimpolizei von Anstellungen im öffentlichen Dienst auszuschließen. In der Tschechischen Republik erhielten Bürger erst im Jahr 2002 das Recht, die über sie angelegten Akten einzusehen.

Die Möglichkeit der Akteneinsicht, die von mehr als 2,8 Millionen Ostdeutschen in den Jahren von 1991 bis 2011 wahrgenommen wurde, erlaubte es denjenigen, die in der DDR aufgrund ihrer politischen Ansichten verfolgt, verhaftet, eingesperrt und ausgebürgert wurden, die Informationen zu lesen, die inoffizielle und offizielle Mitarbeiter der Staatssicherheit in jahrelanger Überwachung über sie zusammengetragen hatten. In diesen Akten fanden sich oftmals Hinweise auf Verrat durch Familienmitglieder, Freunde und Kollegen. Dieser freie Zugang zu den Akten der Staatssicherheit war eine Errungenschaft der ostdeutschen Bürgerbewegung und schuf eine einmalige Situation, in der die Rolle der Geheimpolizei in der DDR-Gesellschaft offengelegt wurde.

Das Gesetz erlaubte es staatlichen Behörden, Bewerber um Stellen im öffentlichen Dienst auf ihre Vergangenheit hin zu überprüfen. Dazu machte das Stasi-Unterlagen-Gesetz die Behörde des Bundesbeauftragten für die Stasi-Unterlagen zur Auskunftsstelle für diesbezügliche Anfragen der Arbeitgeber. Von 1991 bis 2011 wurden mehr als 1,7 Millionen Mitarbeiter des öffentlichen Dienstes bzw. Bewerber um Stellen im öffentlichen Dienst auf eine mögliche Zusammenarbeit mit der Staatssicherheit hin überprüft. Bewerber, die als offizielle oder inoffizielle Mitarbeiter für die

Staatssicherheit tätig gewesen waren, wurden von einer Anstellung im öffentlichen Dienst grundsätzlich ausgeschlossen. Diese Praxis charakterisierte nicht nur die Herangehensweise der deutschen Gesetzgeber, wenn es um den Umgang mit dem Personal der ehemaligen kommunistischen Geheimpolizei ging. Auch die nationalen Parlamente der Tschechischen Republik und Estlands verabschiedeten umfangreiche Gesetze, die die Lustration des öffentlichen Dienstes regelten. In diesen drei Ländern wurden Staatsbeamte sowie Bewerber für Positionen im Staatsdienst sowie im politischen Leben auf ihre eventuellen Verstrickungen im kommunistischen System auf der Basis der von den kommunistischen Geheimdiensten hinterlassenen Akten hin überprüft. Beamte und Angestellte, die mit kommunistischen Geheimdiensten zusammengearbeitet hatten, verloren in diesen drei Ländern ihre Anstellung und wurden von Karrieren im öffentlichen Leben ausgeschlossen. Diese Strategie der Lustration wurde aber nicht von allen osteuropäischen Ländern gewählt. So kam es etwa in Polen und Ungarn nicht zu einer derartigen Überprüfung und ggf. Entfernung der Beamtenschaft oder öffentlicher Amtsträger.

Die »Säuberung« der ostdeutschen Schulen und Hochschulen von Lehrern und Professoren, die als informelle Mitarbeiter der Stasi enttarnt wurden, geschah im Zug des Umbaus des ostdeutschen Bildungssystems mit seinen Schulen und Universitäten. Die fünf ostdeutschen Länder übernahmen ohne signifikante Veränderungen das Schulsystem sowie das System der universitären Bildung der Bundesrepublik, das nicht ohne Kritiker war und manchen als reformbedürftig erschien. Der Aufbau dieser neuen Strukturen ging Hand in Hand mit dem Transfer westdeutscher Lehrkräfte. Existierende Institutionen in den ostdeutschen Ländern, die nicht in das westdeutsche Modell passten, wurden abgewickelt und die Lehrkräfte entlassen. Professoren, die Mitglieder der SED gewesen waren, wurden oftmals aufgrund ihrer politischen Einstellung entlassen und durch Professoren aus dem Westen ersetzt. Diejenigen ostdeutschen Professoren, die als qualifiziert galten, um ihre Positionen zu behalten, mussten Evaluierungen ihrer wissenschaftlichen Leistungen durch mit westdeutschen Professoren besetzten Kommissionen durchlaufen. Diese Überprüfungen und Abwicklungen waren Bestandteil einer umfassenden personellen Erneuerung der ostdeutschen Bildungseinrichtungen. Und auch wenn diese notwendig war, bleibt es fraglich, ob die Modalitäten und der Umfang dieser Evaluierungen und Abwicklungen nicht zu weit gesteckt waren. Um die freigewordenen Stellen an ostdeutschen Universitäten zu füllen, wurden westdeutsche Wissenschaftler eingesetzt, die aufgrund einer Überproduktion qualifizierter Kräfte in den 1980er Jahren kaum Karriereaussichten an westdeutschen Universitäten besaßen. Die Auflösung der DDR und die Umstrukturierung der ostdeutschen Universitäten waren ein Glücksfall für viele westdeutsche Wissenschaftler.

Diese personelle Verwestlichung war aber nicht nur auf die Bildungseinrichtungen beschränkt, sondern erfolgte auch in anderen Bereichen der ostdeutschen Gesellschaft wie dem Journalismus, dem Justizwesen, in der Industrie und in der Politik. Es gab kaum Zweifel daran, dass in den ersten Jahren der deutschen Vereinigung westliche Experten und Aufbauhelfer in allen Bereichen der Gesellschaft gebraucht wurden. Aber diejenigen, die in den frühen 1990er Jahren in die ostdeutschen Länder kamen, kamen nicht für eine begrenzte Zeit, sondern richteten sich auf Dauer – bis zu ihrer Pensionierung – ein. Mehr und mehr Führungspositionen wurden so mit Westdeutschen besetzt, womit Ostdeutschen Karrieremöglichkeiten genommen wurden. Und diejenigen Westdeutschen, die als Angestellte und Beamte im öffentlichen Dienst in den fünf ostdeutschen Ländern arbeiteten, erhielten Sonderzahlungen, die im Volksmund bald als »Buschzulage« verschrien waren. Der Osten erschien Westdeutschen als eine unzivilisierte, mit »Barbaren« besiedelte Landschaft, in der die kultivierten Westdeutschen nur dann arbeiteten, wenn sie zusätzliche finanzielle Anreize erhielten.

Im Jahr 2019 – dreißig Jahre nach der friedlichen Revolution in der DDR – war die überwältigende Mehrheit der Führungspositionen im höheren Bildungswesen, der Justiz, der Staatsverwaltung, der Industrie und der Politik in Ostdeutschland bzw. in Deutschland insgesamt fast ausschließlich mit Westdeutschen besetzt. Lediglich 1,7 Prozent dieser Führungspositionen in ganz Deutschland wurden von Ostdeutschen, die immerhin 17 Prozent der deutschen Bevölkerung ausmachten, eingenommen. Die Gründe für die andauernde westdeutsche Dominanz sind vielfältig. Im höheren Bildungswesen, um nur ein Beispiel herauszugreifen, hatte die erste Generation der Professoren, die nach 1990 Stellen an ostdeutschen Universitäten einnahmen, kaum ostdeutsche Promotionsstudenten akzeptiert, sondern westdeutsche Doktoranden mitgebracht. Akademische Netzwerke, die von westdeutschen Wissenschaftlern dominiert waren, halfen Westdeutschen, Positionen an ostdeutschen Universitäten zu erhalten. Ostdeutsche Bewerber hatten dadurch oftmals kaum eine Chance. Auswahlkommissionen für Professuren suchten den am besten qualifizierten Bewerber, der über Auslandserfahrungen in Großbritannien oder den USA verfügte. Derartige Auslandsaufenthalte waren seit spätestens den 1980er Jahren Standard einer westdeutschen universitären Laufbahn, aber außerhalb der Vorstellungskraft und Reichweite ostdeutscher Wissenschaftler. Damit war der bestqualifizierte Bewerber immer ein westdeutscher Bewerber.

Die Herausbildung einer ostdeutschen Identität

Nach der anfänglichen Euphorie über die deutsche Einheit machte sich rasch eine Katerstimmung unter den Ostdeutschen breit. Zu viele hatten den Versprechungen Bundeskanzler Kohls von einem schnellen wirtschaftlichen Aufschwung und dem Entstehen »blühender Landschaften« geglaubt. Die Ostdeutschen waren nach Jahrzehnten wirtschaftlicher Sicherheit völlig unvorbereitet für die Verwandlung der zentralisierten Planwirtschaft in eine Marktwirtschaft bzw. von einer Industriegesellschaft in eine postindustrielle Gesellschaft gewesen. Arbeitslosigkeit, die Entwertung ostdeutscher Biographien und die Ersetzung aller ostdeutschen Einrichtungen und Strukturen mit westdeutschen Institutionen, selbst in Fällen wie etwa der Polikliniken oder der zehnjährigen Einheitsschule, die von einigen Experten als bewahrenswert eingestuft wurden, entfremdeten eine wachsende Zahl von Ostdeutschen vom Einigungsprozess.

Das ostdeutsche Schulsystem, in dem alle Schüler eines Jahrgangs eine Einheitsschule besuchten, bedurfte sicherlich wegen der Politisierung und Ideologisierung der ostdeutschen Lehrpläne und Lehrinhalte einer umfangreichen Neuorientierung, aber die Institution an sich war vom pädagogischen Standpunkt her eine wertvolle Einrichtung. Und auch wenn das dreigliedrige Schulsystem des Westens zahlreiche Kritiker besaß, die sich vor allem an der frühzeitigen Trennung der Schüler in drei verschiedene Schultypen stießen, wurde es mit nur wenigen Veränderungen in den fünf ostdeutschen Ländern eingeführt. Dem ostdeutschen Schulsystem wurde keine Chance gegeben, obwohl es als Vorbild für die Reform der Schulsysteme in anderen westlich orientierten europäischen Ländern wie etwa Finnland gedient hatte. Es galt als ein verfehltes System, weil es aus der DDR stammte. Auch die Schließung vieler Kinderkrippen und Kindergärten wurde durch politische und ideologische Motive geleitet: Konservative Politiker sahen den Platz der meisten Frauen zu Hause, wo sie sich um die Kinder kümmern sollten, und nicht in der Arbeitswelt.

Ostdeutsche, die im September und Oktober 1989 ihre körperliche und geistige Unversehrtheit riskiert hatten, als sie sich auf die Straßen Leipzigs wagten, um die Reform der ostdeutschen Gesellschaft zu fordern, fühlten sich mehr und mehr marginalisiert im vereinigten Deutschland, in dem der »Reform«-Begriff zu einem Sinnbild für die Überstülpung westdeutscher Institutionen und Modelle geworden war. Ein Gefühl, »Bürger zweiter Klasse« zu sein, machte sich allmählich in Ostdeutschland breit. Ostdeutsche Arbeiter und Angestellte erhielten niedrigere Einkommen als Westdeutsche und arbeiteten dafür länger. Und auch ostdeutsche Rentner erhielten niedrigere Renten als ihre westdeutschen Altersgenossen.

Ost- und westdeutsche Identitäten waren mehr als nur Ansichten. Ost- und Westdeutsche waren auf verschiedenen Wegen sozialisiert worden. In den meisten ostdeutschen Familien hatten sowohl die Mutter als auch der Vater einen Beruf ausgeübt und dieses Familienmodell den Kindern vorgelebt. Junge Kinder verbrachten aufgrund dieses Berufsalltags der Eltern viel Zeit im Kindergarten, der Schule und dem Hort, bevor sie am Abend nach Hause kamen. Auch wenn die ostdeutsche Gesellschaft kein Modell der vollen Emanzipation entwickelte, da die Hausarbeit immer noch den Frauen überlassen blieb, half es dennoch dabei, traditionelle Ansichten über die vornehmliche gesellschaftliche Rolle von Frauen als Hausfrau zu überwinden. Ostdeutsche Frauen waren daher selbstbewusster und unabhängiger als westdeutsche Frauen, und ostdeutsche Männer suchten im Gegensatz zu ihren westdeutschen Pendants nicht nach Ehepartnern, die als Hausfrauen dienten, sondern als gleichberechtigte Partner, die zum Familieneinkommen beitrugen.

Ost- und Westdeutsche entwickelten auch unterschiedliche Ansichten über soziale Ungleichheit sowie eine spezifische Haltung zur Religion. Die Mitgliedschaft in einer religiösen Gemeinschaft und die Teilnahme an religiösen Zeremonien von der Taufe bis zur Trauung gingen in Ostdeutschland von 1945 bis 1989 beständig zurück. So verringerte sich etwa die Zahl der Mitglieder der Evangelischen Kirche von 14,2 Millionen Gläubige im Jahr 1946 auf lediglich 3,22 Millionen Gläubige im Jahr 1989. Die Zahl der Mitglieder in der katholischen Kirche sank im gleichen Zeitraum von 2,1 Millionen Gläubigen auf 750.000. Im Jahr 1989 gehörten 75 Prozent aller

Ostdeutschen keiner religiösen Gemeinschaft an. Die DDR-Gesellschaft war damit eine weithin atheistische Sozialformation geworden.

Die Wurzeln für die Abwendung der Ostdeutschen von der Religion lagen jedoch weniger in der Diskriminierung von Religion und Kirche durch den Staat, sondern in der allmählichen Entkirchlichung in protestantischen Industriegebieten, die sich bereits ab dem Ende des 19. Jahrhunderts entfaltete. In Städten wie Leipzig besuchten schon zu Beginn der 1920er Jahre immer weniger Menschen vor allem aus der Arbeiterschaft die Gottesdienste ihrer protestantischen Kirchengemeinden. In einigen Arbeitervierteln fiel schon im Jahr 1927 die Teilnahme am Gottesdienst auf etwa zehn Prozent der Gläubigen. Diese Abwendung von der Kirche resultierte aus der Unfähigkeit der Evangelischen Kirche, aufgrund ihrer Obrigkeitsnähe auf die Nöte der Arbeiterschaft einzugehen und diejenigen, die unter den negativen Auswirkungen der Industrialisierung zu leiden hatten, zu unterstützen. Diese Arbeiter wandten sich mehr und mehr dem Sozialismus als einer neuen, heilsbringenden Zivilreligion zu. Daher verließen vor allem in den Industrieregionen der nördlichen und östlichen Regionen Deutschlands mehr und mehr Menschen ihre Kirche. So entwickelte sich schon seit der Jahrhundertwende eine Kirchenaustrittsbewegung unter anderem in den Regionen, die 1949 die DDR bildeten. Diese Entwicklung beschleunigte sich und wurde durch die staatliche Diskriminierung in den vier Jahrzehnten, in denen die DDR existierte, noch befördert.

Arbeiterfamilien, die aus der protestantischen Kirche ausgetreten waren, vermissten dennoch die religiösen Rituale der Taufe, der Konfirmation und der Trauung, die entscheidende Lebensetappen absteckten und einleiteten. Daher suchten sie nach atheistischen Ritualen, die den kirchlichen Ritualen ähnlich waren und den Beginn bestimmter Lebensabschnitte markierten. Insbesondere das atheistische Äquivalent der Konfirmation – die Jugendweihe – nahm eine zentrale Stellung im Reigen dieser atheistischen Rituale ein. Bereits in den 1910er Jahren begannen Freidenker in Leipzig die Jugendweihe als eine Alternative zur Konfirmation für Kinder aus Arbeiterfamilien anzupreisen. Die Zeremonie der Jugendweihe wurde von Kindern begangen, die im Alter von 14 Jahren die Volksschule verließen und in das Arbeitsleben einstiegen. Bereits in den 1920er Jahren wählte etwa ein Drittel aller Leipziger Jugendlichen die Jugendweihe anstelle der Konfirmation. Und dies war nicht nur in Leipzig so. Auch in Berlin und

Hamburg entschieden sich in den 1920er Jahren mehr und mehr Arbeiterkinder für die Jugendweihe.

Im Jahr 1955 wurde die Jugendweihe in der DDR als offizielle Zeremonie für alle Jugendlichen in ihrem 14. Lebensjahr eingeführt. Die Zeremonie wurde damit zu einer staatlich verordneten Feier, an der alle Kinder, auch die einer Kirche angehörenden Kinder, teilnehmen mussten. Die Erwartung, dass die Jugendweihefeier mit der DDR untergehen würde, erwies sich aufgrund der langen Tradition dieses Rituals als falsch. Obwohl die Zahl der Teilnehmer an der Jugendweihe in der ersten Hälfte der 1990er Jahre fiel, weil vor allem ein institutioneller Rahmen für dieses Ritual fehlte, erfreut sich die Jugendweihe seit der zweiten Hälfte der 1990er Jahre, nachdem sich Vereine wie etwa der Sächsische Verband für Jugendarbeit und Jugendweihe der Pflege dieser Tradition angenommen hatten, wieder wachsender Beliebtheit unter ostdeutschen Jugendlichen.

Die Entstehung einer ostdeutschen Partei

Das Gefühl der Benachteiligung im vereinten Deutschland sowie das Überdauern von Visionen für eine Gesellschaft, die nicht nur politische Gleichheit, sondern auch ökonomische Gleichheit bringen würde, trugen zum Überleben der Sozialistischen Einheitspartei Deutschlands (SED) bei: Sie durchlief einen Reformprozess und verwandelte sich in die »Partei des Demokratischen Sozialismus« (PDS). Die Transformation der ehemaligen kommunistischen Partei in Ostdeutschland unterschied sich allerdings deutlich von derjenigen der anderen kommunistischen Parteien in Ländern wie Polen, Rumänien oder Ungarn. Diese konnten sich erfolgreich in sozialistische und sozialdemokratische Parteien verwandeln und in den 1990er Jahren Wahlen gewinnen und Regierungen stellen. Dies war der PDS nicht möglich, weil sie im vereinten Deutschland mit der SPD konkurrierte, die im Westen die Interessen der Arbeitnehmer vertrat. Damit gab es eine Grenze im Prozess der Liberalisierung der PDS, denn eine zweite sozialdemokratische Partei konnte sie nicht werden. Hinzu kam, dass zumindest in den ersten Jahren die PDS als politischer Paria behandelt wurde. Westdeutsche Politiker aller Parteien hatten nicht mit dem Überleben dieser Partei gerechnet und waren davon ausgegangen, dass sie mit der DDR verschwinden würde. In den 1990er

Jahren lehnten daher alle Parteien eine Zusammenarbeit mit der PDS aus grundsätzlichen Erwägungen aus. Damit war die PDS im Gegensatz zu anderen reformierten kommunistischen Parteien in Osteuropa für fast ein Jahrzehnt von der Möglichkeit der Regierungsbeteiligung oder Regierungsbildung ausgeschlossen.

In den 1990er Jahren durchlebten die Ostdeutschen schmerzhafte und tiefgreifende Veränderungsprozesse, in denen sie nicht nur materieller, sondern auch seelischer Unterstützung bedurften. Diese fanden viele nur bei der PDS, die sich derjenigen annahm, die sich als Verlierer der Einheit sahen, weil sie ihren Beruf, ihre Karriere oder ihren Lebensmittelpunkt verloren hatten und Schwierigkeiten hatten, sich im vereinten Deutschland einzurichten. Mit der dauerhaften Etablierung der PDS entstand in den ostdeutschen Bundesländern und Berlin eine politische Landschaft, die sich deutlich von der in den westlichen Bundesländern unterschied. Die Landtage der westdeutschen Länder waren seit den 1960er Jahren nur durch drei politische Parteien dominiert worden: die Christlich-Demokratische Union (CDU), die Sozialdemokratische Partei Deutschlands (SPD) und die Freie Demokratische Partei (FDP). Landesregierungen wurden oftmals unter Beteiligung der FDP gebildet, die entweder mit der CDU oder der SPD koalierte. Erst in den 1980er Jahren kam mit den Grünen eine neue Partei hinzu, die parlamentarische Debatten und die Regierungsbildung spannender werden ließen.

In den ostdeutschen Ländern und Berlin entstand in den 1990er Jahren hingegen ein Fünf-Parteien-System, in dem vor allem die SPD, aus westdeutscher Perspektive unerwartet, erhebliche Schwierigkeiten hatte, Wähler dauerhaft an sich zu binden. Die anfängliche Entscheidung der SPD, ehemalige Mitglieder der SED nicht in die SPD aufzunehmen, verhinderte das Überwechseln von desillusionierten Kommunisten, die damit, wenn sie politisch aktiv bleiben wollten, zum Verbleib in der PDS gezwungen waren. Damit wurde das Überleben der PDS praktisch garantiert. Als sich die Sozialdemokraten nach der Jahrtausendwende dann doch dazu durchrangen, Mitglieder der PDS bzw. der Linken in ihre Reihen aufzunehmen und sogar aktiv und öffentlichkeitswirksam Mitglieder wie etwa die in der PDS an den Rand gedrängte Europapolitikerin Sylvia-Yvonne Kaufmann und die stellvertretende parlamentarische Geschäftsführerin der Bundestagsfraktion, Angela Marquardt, zum Übertritt aufriefen, war es zu spät. Die PDS hatte sich etabliert, und die neoliberale Politik der SPD unter Bundeskanzler Gerhard Schröder hatte die SPD vor eine Zerreißprobe gestellt. Die strategische Entscheidung der SPD, auf der Landesebene nicht mit der PDS zu koalieren, schränkte die Handlungsfähigkeit der Sozialdemokraten erheblich ein, da ihr die Bündnispartner fehlten, um Regierungen ohne die andere große Partei – die CDU – zu bilden.

Zum Niedergang der SPD in den ostdeutschen Ländern trugen aber auch die »Rote Socken«-Kampagnen der CDU bei. Die Wahlkampfmanager der CDU präsentierten den Wählern erfolgreich eine Vision, in der die SPD nicht nur als potentieller Verbündeter der PDS gesehen, sondern in der selbst die Unterschiede zwischen den beiden Parteien verwischt wurden. Die SPD geriet zwischen die Mühlen der CDU und der PDS. Am Ende verlor sie mehr und mehr Wähler an beide Konkurrenten.

Das laute und öffentliche Klagen konservativer Politiker in Bonn und insbesondere in München über die undankbaren Ostdeutschen, die auf Kosten des westdeutschen Staates ein besseres Leben erhalten hatten, aber dennoch die PDS unterstützten, trieb der Partei mehr und mehr Wähler in die Arme. Am Ende der 1990er Jahre hatte die PDS ein erhebliches und stabiles Wählerpotential aufgebaut, das sie in den ostdeutschen Landesparlamenten zu einem nicht mehr zu übersehenden politischen Faktor hatte werden lassen. In dieser Situation geriet die Entscheidung der Sozialdemokraten, nicht mit der PDS zusammenzuarbeiten, ins Wanken. Bereits im Jahr 1994 hatte sich die SPD in Sachsen-Anhalt, die nach der Landtagswahl vor der Frage stand, ob sie mit der CDU eine Große Koalition bilden oder ob sie andere Modelle der Regierungsbildung ausloten wollte, für eine durch die PDS tolerierte Minderheitsregierung entschieden. Dieser unerwartete Kurswechsel schien auf der einen Seite die »Rote Socken«-Kampagne der CDU zu bestätigen, auf der anderen Seite gewann die SPD mit dieser Entscheidung erstmals eine strategische Wahlmöglichkeit zwischen verschiedenen Koalitionsoptionen und überwand damit ihre exklusive Festlegung auf die Kooperation mit der CDU. Diese Minderheitsregierung, die bald als »Magdeburger Modell« bezeichnet wurde, gab den Abgeordneten der PDS keine Sitze in der Regierung. Ein Tolerierungsabkommen zwischen den Parteien legte aber fest, dass beide Parteien bei wesentlichen Abstimmungen im Landtag zusammenarbeiten würden. Diese Minderheitsregierung war ein Wendepunkt in der politischen Kultur Ost- und Gesamtdeutschlands. Erstmals nach dem Ende des Sozialismus waren Mitglieder der postkommunistischen Partei wieder in der Position, auf Regierungsentscheidungen – zumindest auf der Landesebene – Einfluss zu nehmen. Vier Jahre später kam es zur ersten von der SPD und der PDS vereinbarten Koalitionsregierung im nordöstlichen Bundesland Mecklenburg-Vorpommern, und im Jahr 2002 wurde die erste Koalitionsregierung der SPD mit der PDS für Berlin gebildet. Damit regierte die PDS zum ersten Mal in einem Bundesland, das zumindest zur Hälfte westdeutsch gewesen war. Diese Berliner Koalition besaß großen symbolischen Wert, da sie in der Stadt zustande kam, die am meisten unter der Teilung Deutschlands im Kalten Krieg gelitten hatte.

Mit der Inklusion der PDS in die ostdeutschen Landesregierungen folgten diese Regierungen dem Entwicklungstrend, der für die meisten osteuropäischen Länder typisch war. In Ländern wie Polen, Rumänien, Ungarn und Bulgarien gelang es reformierten postkommunistischen Parteien, die sich als sozialistische oder sozialdemokratische Parteien wie die Sozialdemokratie der Republik Polen, die Demokratische Partei Rumäniens, die Ungarische Sozialistische Partei und die Bulgarische Sozialistische Partei etablierten, sich an der Regierung zu beteiligen bzw. die Regierung ihrer Länder anzuführen. Im vereinten Deutschland, das im Wesentlichen ein westdeutsch dominiertes politisches System war, kam die Regierungsbeteiligung der PDS in Schwerin und Berlin einem politischen Erdbeben gleich. Die tief antikommunistisch geprägte politische Kultur Westdeutschlands war weder auf die Existenz noch auf die Regierungsbeteiligung einer postkommunistischen Partei vorbereitet. Für die CDU, aber auch für einige SPD-Politiker kam dies einem Verrat am Gründungskonsens der Bundesrepublik gleich.

Die Beschränkung dieser Zusammenarbeit auf die ostdeutschen Länder und die Begrenzung des politischen Einflusses der PDS auf Ostdeutschland erlaubten es westdeutschen Politikern, die sich mit dieser Entwicklung nicht anfreunden konnten, sie dennoch zu akzeptieren. Doch auch wenn die PDS eine Regionalpartei mit Landtagsfraktionen ausschließlich in den ostdeutschen Ländern und in Berlin war, hatte sie über ihre Beteiligung an den Landesregierungen dennoch Einfluss auf die Entscheidungen des Bundesrats. Und sie verfügte zumindest bis 2002 über eine wachsende Repräsentanz im Bundestag (1990: 17 der 662 Sitze; 1994: 30 der 672 Sitze; 1998: 36 der 669 Sitze). In den 1990er Jahren wurde die PDS-Bundestagsgruppe jedoch weitgehend isoliert, und ihre Abgeordneten hatten kaum Einfluss auf Entscheidungen des Parlaments. Dies änderte sich erstmals im Kontext der Abstimmung des Bundestags über die Verlegung des Regierungssitzes von Bonn nach Berlin, in der die Stimmen der PDS-Abgeordneten, die geschlossen für die Verlegung des Regierungssitzes nach Berlin stimmten, mit den Ausschlag für die Entscheidung gaben.

Die Wahl des deutschen Regierungssitzes

Während die Vereinigung Deutschlands das Leben jedes Ostdeutschen grundlegend umgekrempelt hatte, blieben die Lebens- und Karriereverläufe der meisten Westdeutschen davon weitgehend unberührt. Lediglich diejenigen westdeutschen Aufbauhelfer, die freiwillig in den Osten zogen, um hier in der Industrie, im Bildungs- und Justizwesen oder auch in der Politik am Aufbau neuer Strukturen mitzuwirken, oder diejenigen, die ihre von der DDR-Regierung enteigneten Grundstücke und Unternehmen wiedererlangten, wurden direkt von den für sie durchweg positiven Veränderungen berührt. Aber die Mehrzahl der Westdeutschen war weitaus eher Zuschauer als Teil dieses Veränderungsprozesses, den sie auch ignorieren konnten.

Westdeutsche gingen davon aus, dass sich mit der Aufnahme der ostdeutschen Länder in die Bundesrepublik für sie nichts grundlegend verändern würde. Die Versprechungen eines schnellen wirtschaftlichen Aufschwungs durch Bundeskanzler Helmut Kohl gaben der Hoffnung Nahrung, dass die deutsche Vereinigung ohne größere Schulden oder gar Steuererhöhungen zu finanzieren wäre. Derartige Überlegungen stellten sich jedoch rasch als Wunschdenken heraus. Daher sah sich die Bundesregierung im Jahr 1991 gezwungen, zur Finanzierung des Aufbaus in den ostdeutschen Bundesländern einen Solidaritätszuschlag einzuführen. Die Einnahmen aus dieser Steuer, die 5,5 Prozent der Einkommensteuer betrug, sollten für ambitionierte Infrastrukturprojekte wie den Bau von ICE-Eisenbahnstrecken und Autobahnen ausgegeben werden. Die Erhebung dieser Steuer, die sich allmählich von einer zeitlich befristeten in eine dauerhafte Steuer verwandelte, hat für viel Verwirrung und Missgunst gesorgt. So glaubten etwa westdeutsche Steuerzahler anfänglich, dass nur sie diese Sondersteuer bezahlten, da sie ja ausdrücklich dazu gedacht war, den Aufbau in den ostdeutschen Bundesländern zu finanzieren. Der Solidaritätszuschlag wurde aber von Anfang an von allen Einkommen und Gehältern erhoben, so dass auch die ostdeutschen Steuerzahler zu diesem gesonderten Steueraufkommen beitrugen. Die Einnahmen aus dieser Steuer wurden nicht ausschließlich für den »Aufbau Ost« festgelegt und konnten auch für andere Zwecke verwendet werden. Insbesondere nach 2011, als aufgrund des wirtschaftlichen Aufschwungs die Einnahmen aus dieser Steuer enorm anwuchsen, überstiegen die Steuereinnahmen die Gelder, die in die ostdeutschen Infrastrukturprojekte flossen. Und dann waren da auch noch westdeutsche Regionen wie das Ruhrgebiet und das Saarland, die ebenfalls einen Strukturwandel durchmachten, aber keine spezifischen Umbauhilfen aus einer Sondersteuer wie der Osten (allerdings bereits seit Jahrzehnten Hilfen auf anderen Wegen) erhielten. Mit den Jahren wuchs die öffentliche Kritik an der Praxis und Idee des Solidaritätszuschlags aus verschiedenen politischen Richtungen. Dennoch ist die Aufgabe einer einmal eingeführten Sondersteuer äußerst schwierig, wie uns das die Erfahrung der Sektsteuer aus dem Jahr 1902 lehrt, einer zeitlich begrenzten Sondersteuer, die zum Aufbau der deutschen Hochseeflotte vor dem Ersten Weltkrieg dienen sollte, aber noch heute erhoben wird.

Die Frage nach dem Standort der deutschen Hauptstadt nach der deutschen Vereinigung machte deutlich, wie sehr die westdeutschen Eliten am Status quo festhalten wollten. Mit der deutschen Vereinigung war Berlin zumindest offiziell wieder zur deutschen Hauptstadt geworden. Doch der Regierungssitz befand sich in der gemütlich-kleinen Großstadt Bonn am Rhein. Westdeutsche Politiker hatten sich über Jahrzehnte dort eingerichtet und versuchten, den Regierungssitz in Bonn zu belassen. Berlin war ihnen zu weit entfernt von den westdeutschen Metropolen. Im Gegensatz zum idyllischen Bonn war es zu groß, zu laut und politisch zu weit links. Es waren immerhin die Wählerstimmen der Ost-Berliner, die in den 1990er Jahren die Präsenz der PDS im Bundestag durch drei Berliner Direktmandate garantierten.

Die Wahl Bonns als Hauptstadt der Bundesrepublik war aber auch von dem Verlangen nach 1945 motiviert worden, ein klares Signal an die europäischen Nachbarn zu senden. Bonn war nicht Berlin und stand im Gegensatz zur vormaligen Reichshauptstadt für Bescheidenheit und Zurückhaltung. Berlin war von 1871 bis 1945 Deutschlands Hauptstadt gewesen, und in dieser Zeit waren von dort zwei Weltkriege ausgegangen. Für die europäischen Nachbarn war Berlin mit Krieg und Konflikt verbunden. Die Verlegung des Regierungssitzes von Bonn nach Berlin in den 1990er Jahren hätte Erinnerungen und Ressentiments in einer Atmosphäre, in der viele europäische Politiker und Bürger eher skeptisch auf die deutsche Vereinigung blickten, wieder zum Leben erwecken können. Dazu kam auch noch der designierte Ort des Deutschen Bundestags. Wie einstmals würde das deutsche Parlament wieder in den Reichstag einziehen, der nicht nur mit Demokratie, sondern auch mit deren Zerstörung identifiziert wurde. Hier hatte zwar Philipp Scheidemann im November 1918 die erste deutsche Republik ausgerufen, hier hatte aber auch Adolf Hitler im Januar 1939 die Vernichtung der europäischen Juden beschworen und im September desselben Jahres den Krieg gegen Polen erklärt und damit den Zweiten Weltkrieg ausgelöst. Und der Reichstagsbrand des Jahres 1933 hatte die Rechtfertigung für die Proklamation der Reichstagsbrandverordnung geboten, die die demokratischen Grundrechte der Deutschen beschnitt.

Die Diskussionen im Bundestag um die Rückkehr der deutschen Regierung nach Berlin teilte die Abgeordneten nicht entlang ihrer parteipolitischen Zugehörigkeit, sondern vielmehr entlang ihrer regionalen Herkunft. Abgeordnete aus dem Norden und Osten stimmten für die Rückkehr nach Berlin, Abgeordnete aus den Süden und Westen dagegen. Letztlich wurde die Entscheidung, nach Berlin zurückzukehren, im Juni 1991 nur mit einer hauchdünnen Mehrheit von 18 Stimmen erreicht.

Bevor der Umzug der Bundesregierung nach Berlin beginnen konnte, musste in Berlin zuerst ein Regierungsviertel aus dem Nichts erbaut werden. Viele der Regierungsgebäude aus der Zeit vor 1945 waren im Zweiten Weltkrieg zerstört oder nach dem Krieg auf Anordnung der DDR-Regierung abgerissen worden. Die Alte Reichskanzlei und die Neue Reichskanzlei waren im Krieg so schwer beschädigt worden, dass sie nach dem Krieg nur noch abgebrochen werden konnten. Der Bendlerblock war eines der wenige Gebäude, die noch existierten und genutzt werden konnten. Das Reichstagsgebäude war nach dem Reichstagsbrand des Jahres 1933 wieder instandgesetzt worden, wurde dann aber während des Krieges ausgebombt. Das Bild der sowjetischen Soldaten, die am 2. Mai 1945 auf den Ruinen des ausgebrannten Reichstags die Rote Fahne hissten, ging um die Welt und zeigte den Untergang NS-Deutschlands.

Mit der Ankunft der drei westlichen Alliierten, die im Sommer 1945 die ihnen zugewiesenen Sektoren in Besitz nahmen, fiel das Reichstagsgebäude in den britischen Sektor. Nach dem Bau der Berliner Mauer im August 1961 befand sich das Gebäude für Jahrzehnte im Schatten der Grenzmauer. Die Entscheidung, die bundesdeutsche Regierung, das Parlament und den Bundesrat in Bonn unterzubringen und dort ein Gebäude für den Bundestag zu finden, ließ das Reichstagsgebäude, das auch aufgrund alliierter Abkommen nicht als Sitz des westdeutschen Parlaments genutzt werden durfte, in der Bedeutungslosigkeit verschwinden. Erst der Fall der Berliner Mauer im Herbst 1989 und die Vereinigung Deutschlands rückten das Reichstagsgebäude wieder in die Mitte der Stadt und des Landes. Das Gebäude war aber nicht nur stark reparaturbedürftig, sondern benötigte auch ein neues Image. Nachdem im Jahr 1992 der Stararchitekt Norman Foster den Auftrag erhalten hatte, das Gebäude zu renovieren und umzubauen, erhielt das Künstlerehepaar Christo und Jeanne-Claude die Genehmigung, das Gebäude für zwei Wochen im Sommer 1995 zu verhüllen. Dieses Kunstwerk lockte mehr als fünf Millionen Besucher an und half dabei, den Reichstag von seiner dunklen Geschichte zu befreien und ihm einen Neuanfang zu ermöglichen.

Die Berliner Republik

Die erste Zusammenkunft des Bundestags im rekonstruierten und umgebauten Reichstagsgebäude am 19. April 1999 markierte den Beginn der Berliner Republik. Das Reichstagsgebäude war im Lauf der Umbauten erheblich verändert worden, weithin sichtbar wurde das Gebäude nun von einer Glaskuppel überwölbt. Im Zug der Rekonstruktionsarbeiten wurde das gesamte Gebäude entkernt, lediglich seine Außenwände wurden stehen gelassen. Die Rekonstruktion des Gebäudes zerstörte damit seinen architekturhistorischen Wert. Als das Reichstagsgebäude im Jahr 1894 eröffnet wurde, galt es unter Architekten und Ingenieuren als ein Meisterwerk moderner Baukunst für seine Eisenstahlkonstruktion, die hinter einer von Modernisten belächelten neoklassizistischen Hülle versteckt wurde. Es war nun aber gerade die vielgepriesene Eisenstahlkonstruktion, die beim Umbau des Gebäudes in den 1990er Jahren vollständig weggeräumt wurde, während die neoklassizistische Hülle, der in den 1890er Jahren nur ein geringer architektonischer Wert zugestanden worden war, erhalten wurde.

Im Jahr 2000 zog dann auch der Bundesrat in sein neues Berliner Quartier. Wie im Fall des Bundestags zog auch die Länderkammer in ein historisches Gebäude, das eine lange Geschichte besaß. Es war das Gebäude, das ab 1904 die Erste Kammer des Preußischen Landtags beherbergt hatte. Das Bundeskanzleramt zog hingegen in einen Neubau am Spreebogen. Sein erster Hausherr war nach der Fertigstellung der Sozialdemokrat Gerhard Schröder.

Während die Transformation der ostdeutschen Gesellschaft und Industrie in den 1990er Jahren vor allem die Ostdeutschen betroffen hatte, kamen in den Jahren nach 2000 grundlegende Veränderungen wie etwa die neoliberalen Hartz-Reformen, die Energiewende, die Flüchtlingskrise sowie die Corona-Pandemie auf alle Deutschen zu.

Die Hartz-Reformen

Das Wirtschaftswunder der 1950er Jahre in Westdeutschland und der folgende wirtschaftliche Aufschwung in den 1960er Jahren sorgten für extrem niedrige Arbeitslosenzahlen. So lag die Arbeitslosenquote in den 1960er Jahren zwischen lediglich 0,7 bis 2,1 Prozent. Die Ölpreiskrise der frühen 1970er Jahre und die Abkühlung der westdeutschen Konjunktur sowie die Strukturkrise in der Schwer- und Bergbauindustrie führten ab den 1970er Jahren zu ständig steigenden Arbeitslosenzahlen. Es war aber nicht nur die Zahl der Arbeitslosen, die beständig wuchs, sondern auch die Dauer der Arbeitslosigkeit. Langzeitarbeitslosigkeit wurde zu einem weit verbreiteten Phänomen in der westdeutschen Gesellschaft.

Im Jahr 1989 waren etwa zwei Millionen westdeutsche Erwerbstätige – etwa acht Prozent aller Erwerbstätigen Westdeutschlands – arbeitslos. Die deutsche Vereinigung und die Deindustrialisierung Ostdeutschlands ließen die Arbeitslosenzahlen dann noch weiter in die Höhe klettern. Im Jahr 1991 wurden 2,6 Millionen Arbeitslose in ganz Deutschland gezählt. Innerhalb von nur drei Jahren – von 1991 bis 1994 – stieg diese Zahl auf 4,4 Millionen. Damit waren 11,4 Prozent aller Erwerbstätigen ohne Arbeit. Erwerbstätige, die ihre Arbeit verloren, hatten Anrecht auf umfangreiche Sozialleistungen, die aus den Mitteln der Arbeitslosenversicherung bereitgestellt wurden. Die wachsende Zahl der Arbeitslosen sowie das Fehlen offener Stellen für die Arbeitsuchenden nagten allerdings an der finanziellen Basis des deutschen Sozialstaates. Um den finanziellen Kollaps des Sozialstaates ebenso wie Steuererhöhungen zu vermeiden, entschlossen sich wirtschaftspolitisch konservative Sozialdemokraten um Gerhard Schröder, die Sozialleistungen erheblich zu kürzen.

Die Arbeitslosenunterstützung wurde aus Finanzmitteln der Arbeitslosenversicherung gezahlt, die sich aus Beiträgen von Arbeitnehmern und Arbeitgebern speisten. Wurden Erwerbstätige arbeitslos, hatten sie Anspruch auf Arbeitslosengeld und Arbeitslosenhilfe. Das Arbeitslosengeld betrug 60 Prozent des letzten Einkommens und wurde bis zu zwei Jahren gezahlt. Konnte der betreffende Erwerbstätige innerhalb von zwei Jahren keine neue Anstellung finden, hatte er Anrecht auf Arbeitslosenhilfe, die keine zeitliche Begrenzung kannte und ein Grundeinkommen für den betreffenden Arbeitslosen garantierte. Als Arbeitslosengeld und Arbeitslosenhilfe im Jahr 1956 eingeführt worden waren, wurden diese aufgrund der geringen Arbeitslosenquote von sehr wenigen Arbeitslosen in Anspruch genommen. Dies hatte sich in den 1990er Jahren grundlegend geändert.

Die Mehrzahl der Christdemokraten, Sozialdemokraten und Liberalen waren sich darin einig, dass vor allem die unbefristete Gewährung von Arbeitslosenhilfe nicht länger finanzierbar war und zudem die Betroffenen davon abhielt, sich wieder in den Arbeitsmarkt zu integrieren. Daher beauftragte die Bundesregierung eine von dem Volkswagen-Manager Peter Hartz geleitete Kommission, einen Reformvorschlag für die Arbeitslosenförderung zu erarbeiten. Das von dieser Kommission entwickelte Programm wurde zur Grundlage der sogenannten »Hartz-Gesetze«, die die Förderung von Arbeitslosen durch Arbeitslosenhilfe beendeten und anstelle dessen die Hartz-Unterstützung, die anfangs lediglich 374 Euro pro Monat betrug, einführte.

Diese Reform einer wichtigen Säule des Sozialstaates wurde von Anfang an mit viel Kritik von Seiten der Gewerkschaften, des linken Flügels der SPD sowie der PDS begleitet. In diesen Auseinandersetzungen kam es dazu, dass im Jahr 2005 eine Gruppe linker Sozialdemokraten ihre Partei verließ und die Partei »Arbeit & Soziale Gerechtigkeit – Die Wahlalternative« (WASG) gründete, die mit Oskar Lafontaine einen langjährigen prominenten Sozialdemokraten als Protagonisten gewann, der zuvor als Ministerpräsident des Saarlands, als Parteivorsitzender der SPD sowie zuletzt als Bundesfinanzminister in herausgehobenen Positionen seine Partei vertreten hatte.

Nur wenige Jahre zuvor war es der PDS bei den Bundestagswahlen des Jahres 2002 erstmals nicht gelungen, in Fraktionsstärke in den Bundestag gewählt zu werden. Lediglich zwei Direktkandidatinnen aus Berlin – Petra Pau und Gesine Lötzsch – gelang es, ihre Sitze im Parlament zu halten. Schuld an der verheerenden Wahlniederlage der PDS waren tiefgreifende ideologische Grabenkämpfe innerhalb der Partei zwischen Reformern und Kommunisten, der Rückzug Gregor Gysis aus der politischen Arena sowie ein aggressiver Wahlkampf der SPD, die mit ihrer Ablehnung einer deutschen Beteiligung an der von den USA geführten Invasion im Irak der PDS die linken pazifistischen Wähler erfolgreich abwarb. Die Bundestagswahl des Jahres 2002 schien der Endpunkt in der Geschichte der PDS zu sein, die sich bis dahin erfolgreich als Stimme des Ostens etabliert hatte.

Die Proteste gegen die Hartz-Reformen in Ost und West ließen jedoch die Notwendigkeit einer politischen Partei deutlich werden, die links von der SPD diejenigen vertreten konnte, die die Hartz-Reformen ablehnten.

In dieser Situation schlug Oskar Lafontaine ein Zusammengehen der westdeutschen WASG mit der ostdeutschen PDS vor, um so eine vereinte gesamtdeutsche linke Kraft zu schaffen. Dies ebnete den Weg für die Gründung der Linken im Jahr 2007.

Die anfängliche Euphorie unter den Mitgliedern der neuen Partei sowie derjenigen Wähler, die die Hartz-Gesetze ablehnten, führte zu einer Reihe von Wahlerfolgen, als die neue Partei in die Landtage großer westdeutscher Flächenländer wie Niedersachsen, Nordrhein-Westfalen und Hessen gewählt wurde. Bei den Bundestagswahlen des Jahres 2005 zog die Linke auch in den Bundestag ein und erreichte ein Wahlergebnis, das rund doppelt so hoch war wie die Wahlergebnisse der PDS in den 1990er Jahren. Diese neue Dynamik bereitete auch den Weg für die Zusammenarbeit von Linken und Sozialdemokraten in mehreren Landesregierungen, zunächst im Osten des Landes. Da hier die SPD in Ländern wie etwa in Thüringen erheblich schwächer war als die Linke, kam es auch zu der, bis dahin unvorstellbaren Konstellation, dass sich Sozialdemokraten an einer von einem linken Ministerpräsidenten geführten Landesregierung beteiligten. Dies geschah erstmals im Jahr 2014, als die Abgeordneten von Linken, SPD und Grünen den (westdeutschen) Linken Bodo Ramelow zum Ministerpräsidenten wählten. Im Jahr 2019 wurde erstmals auch die Landesregierung in einem westdeutschen Land – Bremen – unter Beteiligung der Linken gebildet. Dies war ein Dammbruch in der politischen Kultur Deutschlands und verwies auf eine erhebliche Erosion des Antikommunismus in der Berliner Republik, der einstmals so bestimmend für die westdeutsche Gesellschaft in der Bonner Republik gewesen war.

Die Hartz-Reformen hatten nicht nur die Struktur des Sozialstaates, sondern auch die politische Kultur der Berliner Republik nachhaltig verändert. Die Reformen trugen zu einer Senkung der Arbeitslosenzahlen bei. Aber selbst im Jahr 2017 waren immer noch mehr als 2,5 Millionen Deutsche ohne Arbeit. Und die Unterschiede zwischen den Reichen und den Armen wurden immer größer. Für die SPD wurden die Hartz-Reformen, die sie zu verantworten hatte, zu einem Wackerstein am Fuß eines Ertrinkenden. Obwohl die Reformen die Grundlage für eine wachsende Volkswirtschaft legten, konnten die Sozialdemokarten nicht von diesem Erfolg profitieren. Die SPD wurde mit den negativen Auswirkungen der Hartz-Reformen identifiziert, nicht aber mit ihren positiven Effekten. Die Unterstützungszahlungen für Hartz-Empfänger waren zweifelsohne zu niedrig und schlossen die betroffenen Menschen und Familien von der Teilhabe an sozialen und kulturellen Angeboten aus. Die SPD verlor folglich in den Jahren von 1998 bis 2017 etwa die Hälfte ihrer Wähler. Gelang es ihr noch in den Bundestagswahlen des Jahres 1998, 40,9 Prozent der Stimmen zu erhalten, waren es im Jahr 2017 nur noch 20,5 Prozent. Bei den Wahlen auf der Landesebene fiel die SPD in einzelnen Ländern wie etwa in Bayern, Sachsen und Thüringen sogar unter die Marke von 10 Prozent und wurde von anderen Parteien wie den Grünen oder der AfD überholt.

Stuttgart 21 und Fukushima

Der Umbau und die Neugestaltung des Stuttgarter Hauptbahnhofs, der im Februar 2010 beginnen und den Bahnhof unter die Erdoberfläche verlegen sollte (zwecks Verwandlung des bisherigen Kopfbahnhofs in einen Durchgangsbahnhof), verursachte ungeahnte Proteste, der in diesen Ausmaßen zuletzt im Widerstand gegen das Atomendlager in Gorleben und der Studentenrevolution des Jahres 1968 gesehen worden war. In Stuttgart waren es aber nicht langhaarige und bärtige Jugendliche und junge Erwachsene, sondern Männer und Frauen mittleren und höheren Alters, die sich gegen den Staat zur Wehr setzten. Die Planer von Staat und Bahnkonzern hatten den Umbau des Bahnhofs als das Herzstück einer Neuorganisation des regionalen Schienennetzes gesehen, der den Bahnverkehr den Erfordernissen des 21. Jahrhunderts anpassen sollte. Um diese Pläne umzusetzen, musste das alte Bahnhofsgebäude vollständig abgerissen werden. Die überirdischen Bahngleise sollten abgebaut werden und Platz für ein neues Stadtquartier machen.

Die umfassenden stadtplanerischen und baulichen Veränderungen des Stadtbildes und vor allem die ständig steigenden Kosten für das Projekt, das ohne jede zusätzliche Bürgerbeteiligung zustande gekommen war, verursachte wachsende Kritik in der Stadtbevölkerung. Im Oktober 2007 begannen schließlich Protestdemonstrationen um den alten Bahnhof. Auch wenn diese Proteste mehr und mehr Menschen mobilisierten und das Projekt »Stuttgart 21« zum Sinnbild einer an den Bürgern vorbei getroffenen Entscheidung wurde, gelang es den Stuttgartern nicht mehr, das Projekt zu verhindern. Die Proteste führten aber zu einem politischen Erdbeben in Baden-Württemberg, das über Jahrzehnte fest in der Hand der CDU gewesen war, die nun von den Grünen als stärkste politische

Kraft abgelöst wurde. Es begann auf der lokalen Ebene in Stuttgart. Im Stuttgarter Stadtrat war die CDU von 1975 bis 2009 die führende politische Kraft gewesen. Aus den Kommunalwahlen des Jahres 2009 gingen aber die Grünen, die sich hinter die Proteste gegen den Umbau des Bahnhofs gestellt hatten, erstmals als stärkste Stadtratsfraktion hervor. Damit war Stuttgart auch die erste Stadt mit einer Bevölkerung von mehr als einer halben Million Einwohnern deutschlandweit, in der die Grünen zur stärksten Partei aufstiegen. Im Jahr 2012 gelang es dann dem Bewerber der Grünen um das Amt des Oberbürgermeisters, Fritz Kuhn, die Wahl zu gewinnen. Damit wurde Stuttgart die erste Großstadt und die erste Landeshauptstadt, die von einem grünen Oberbürgermeister regiert wurde.

Die Grünen in Baden-Württemberg schafften es, nicht nur auf der lokalen Ebene zur ersten politischen Kraft aufzusteigen, sondern auch auf der Landesebene. So glückte es den Grünen bei den Landtagswahlen des Jahres 2011, mit über 24 Prozent der Stimmen den zweiten Platz vor der SPD zu erringen. Dieser Wahlsieg ermöglichte die Bildung einer Regierung mit den Sozialdemokraten, die von dem ersten grünen Ministerpräsidenten in Deutschland, Winfried Kretschmann, angeführt wurde. Fünf Jahre später gelang es den Grünen in Baden-Württemberg, erstmals eine Landtagswahl zu gewinnen und die CDU als Juniorpartner in eine Koalition zu locken. Diese Koalition war sowohl für die Grünen, die seit der ersten Koalition mit der SPD in Hessen im Jahr 1985 lediglich die Sozialdemokraten als potentielle Bündnispartner betrachtet hatten, als auch für die CDU, die es nicht gewohnt war, als Juniorpartner in einer Koalition aufzutreten, ein Novum. Auch wenn Koalitionen zwischen den Grünen und der CDU in beiden Parteien umstritten waren, kam es in den folgenden Jahren in Ländern wie Hessen, Schleswig-Holstein und Sachsen-Anhalt dennoch zu weiteren Koalitionsregierungen, in denen sich sowohl die CDU als auch die Grünen zusammenfanden. Die wachsende Koalitionsfähigkeit der Grünen, die sich nicht länger nur auf eine linksorientierte Regierung mit der SPD festlegten, zeigt auch den Wandel der Grünen von einer einstmals linken Sammlungsbewegung und Anti-Partei zu einer politischen Kraft, die allmählich in die politische Mitte gerückt war und damit mit allen politischen Parteien außer der AfD zusammenarbeiten konnte.

Der Erfolg der Grünen in Baden-Württemberg war aber nicht nur durch den Widerstand gegen das Bahnprojekt in Stuttgart, sondern auch durch die Katastrophe von Fukushima im März 2011, als ein Tsunami auf die japanische Küste traf und es zu einer Kernschmelze im Kernkraftwerk Fukushima kam, befördert worden. Dieser Reaktorunfall rief das Reaktorunglück in Tschernobyl und die damit verbundenen Gefahren der Energiegewinnung aus Kernkraft in Erinnerung. Die Nutzung der Kernenergie in fast allen europäischen Ländern in Kernkraftwerken, die Jahrzehnte alt waren und deren Sicherheit bedenklich erschien, sowie die Frage nach der sicheren Endlagerung des Atommülls zwangen Politiker und Bürger, sich nach Alternativen zur Kernenergie umzusehen. Die Grünen waren als Partei u.a. aus der Oppositionsbewegung gegen die Nuklearenergie entstanden und konnten in den 2010er Jahren deshalb eine Führungsrolle bei der Entwicklung von Forderungen und Programmen für die Überwindung der Kernenergiegewinnung spielen.

Opposition formierte sich aber nicht nur gegen die Kernenergie, sondern auch gegen den Braunkohleabbau in Regionen wie der ostdeutschen Lausitz und am westdeutschen Niederrhein. In beiden Regionen fielen nicht nur Wälder, sondern auch Siedlungen den Baggern zu Opfer. Und Braunkohle war und ist ein stark umweltverschmutzender Brennstoff, der auch nur geringe Mengen Energie freisetzt. Die öffentliche Meinung über die Energiegewinnung in Deutschland kippte zugunsten der Nutzung erneuerbarer Energien wie Wind- und Sonnenenergie. Dieser Sinneswandel der Deutschen zwang auch die CDU und Bundeskanzlerin Angela Merkel dazu, eine Energiewende einzuleiten, in der nicht-erneuerbare Energieträger wie Kohle und Atomkraft durch erneuerbare Energieträger wie Wind und Sonne ersetzt würden. Die damit gesteckten Ziele waren sehr ambitioniert. So erklärte Bundeskanzlerin Angela Merkel etwa im Mai 2011, dass die 17 Kernkraftwerke in Deutschland bis zum Jahr 2022 abgeschaltet werden sollten. Und im Januar 2019 veröffentlichte die Bundesregierung auch einen Plan für die Stilllegung aller 84 Kohlekraftwerke bis zum Jahr 2038.

Diese Wende in der Energiegewinnung von Kohle und Atomkraft hin zu Wind und Sonne war mehr als nur ein Wandel in der Energieerzeugung. Sie eröffnete auch eine Perspektive, die die Energiegewinnung zumindest teilweise aus den Händen großer Energiekonzerne nehmen würde und in die Hände der Besitzer von Wohnhäusern legte, die ihren Energiebedarf aus Solarzellen befriedigen könnten. So wurden etwa im Jahr 2016 insgesamt 42 Prozent der gesamten, aus erneuerbaren Energiequellen gewonnenen Energie durch private Haushalte erzeugt. Traditionelle Energiekonzerne erzeugten lediglich 15 Prozent der aus erneuerbaren Quellen gewonnenen Energie. In dieser Transformation liegt damit die Chance für eine Demokratisierung der Energieerzeugung sowie für den Beginn einer neuen Ära, in der das Monopol der großen Energiekonzerne gebrochen und diese durch individuelle und lokale Energieerzeuger ersetzt werden.

Dieser Kurswechsel rief dennoch viele Kritiker auf den Plan, die bedenkenswerte Argumente vorbrachten. Einige Politiker sahen in der Abkehr von der traditionellen Energieerzeugung einen Fehler, da die erneuerbaren Energiequellen noch nicht weit genug entwickelt wären, um den Energiebedarf einer entwickelten Industriemacht wie Deutschland vollständig abdecken zu können. Andere Politiker sahen strukturelle Probleme in der Speicherung der Energie und dem Transport der Energie etwa von den norddeutschen Windturbinenanlagen in der Nordsee in den industriellen Süden des Landes. Und der Bau neuer Überlandleitungen, die den Windstrom vom Norden in den Süden bringen sollten, trafen allerorts auf Widerstand von Anwohnern, die in der Nähe dieser geplanten Trassen wohnten und gegen deren Bau protestierten und klagten. Der Übergang von der Nutzung nicht-erneuerbarer zu erneuerbaren Energiequellen schritt dennoch schnell voran. So kamen etwa 30 Prozent der erzeugten Energie im Jahr 2016 aus erneuerbaren Quellen. Die Energiegewinnung aus Braunkohle repräsentierte hingegen nur 23 Prozent, die Energiegewinnung aus Steinkohle lediglich 17 Prozent, und die Nuklearenergie stand sogar nur für einen Anteil von 13 Prozent.

Die Flüchtlingskrise

Bürgerkriege und politische Instabilität in Ländern wie Syrien und Irak schufen im Jahr 2015 aufgrund des Ansturms von Flüchtlingen in Europa und Deutschland eine Krise, die die politische Kultur des Landes nachdrücklich veränderte und zu Verschiebungen im Parteiensystem beitrugen. Die Aufnahme von Flüchtlingen war keineswegs ein neues Phänomen für die deutsche Gesellschaft. Nach dem Zweiten Weltkrieg mussten fast zwölf Millionen Flüchtlinge und Vertriebene aus den östlich der Oder und Neiße gelegenen ehemaligen deutschen Gebieten ein neues Zuhause in Ost- und Westdeutschland finden. Und in den 1950er Jahren kamen fast drei Millionen ostdeutsche Flüchtlinge aus der DDR in die Bundesrepublik. In den folgenden Jahrzehnten wurde die Bundesrepublik obendrein zum Ziel von Aussiedlern aus Polen, Rumänien und der Sowjetunion sowie von Gastarbeitern und Flüchtlingen aus verschiedenen Teilen der Welt. Der Kalte Krieg und die nahezu unüberwindliche Grenze zwischen dem östlichen und dem westlichen Europa schienen dennoch den Fluss potentieller Flüchtlinge und Migranten zu begrenzen. Die Öffnung des »Eisernen Vorhangs«, die im Juni 1989 mit der symbolischen Zerschneidung des Stacheldrahtzauns an der Grenze zwischen Ungarn und Österreich durch die Außenminister beider Länder, Gyula Horn und Alois Mock, begann, eröffnete ein neues Kapitel in der europäischen Migrationsgeschichte. Mit dem Verschwinden des Kommunismus im östlichen Europa erhielten die dortigen Bürger die Freiheit zu reisen und zu leben, wo immer sie mochten, solange sie von dem betreffenden Land aufgenommen wurden. Der Abbau der Grenze ermöglichte aber auch Menschen aus Asien und Afrika wieder frei über Europa zu reisen und in Westeuropa um Asyl zu bitten. Die erste Welle von Flüchtlingen kam aus der DDR. Zehntausende Ostdeutsche nutzten die Öffnung der Grenze zwischen Ungarn und Österreich, um so in die Bundesrepublik zu fliehen. Diese ostdeutschen Flüchtlinge waren allerdings privilegiert, da sie nach ihrer Ankunft ein sofortiges Anrecht auf die bundesdeutsche Staatsbürgerschaft hatten. Flüchtlinge aus allen anderen Staaten mussten einen Asylantrag stellen. Insgesamt 4,7 Millionen Menschen kamen im Zeitraum von 1990 bis 2017 als Asylsuchende in das vereinte Deutschland.

Das Anwachsen des Migrationsvolumens nach dem Ende des Kalten Krieges bedeutete im Wesentlichen eine Rückkehr zu den europäischen Migrationsströmen vor 1933. Deutschland hatte traditionell Migranten aus Ost- und Südeuropa angelockt. So waren von den 65 Millionen Menschen, die im Jahr 1910 in Deutschland lebten, etwa 1,3 Millionen Ausländer. Das entsprach etwa zwei Prozent der Bevölkerung. Etwa die Hälfte dieser Ausländer kam aus Österreich-Ungarn, größere Kontingente kamen aus Russland, den Niederlanden und Italien. Im Jahr 1925 wurden in Deutschland etwa 920.000 Ausländer gezählt. Das entsprach 1,4 Prozent der 64 Millionen Einwohner Deutschlands. Die meisten stammten aus osteuropäischen Ländern wie Polen und der Tschechoslowakei. Diese Ausländer genossen jedoch nicht den Status eines Flüchtlings oder eines Asylsuchenden, da diese rechtlichen Kategorien noch nicht geschaffen worden waren.

Bürgerkriege, ethnische Säuberungen und die Verfolgung von religiösen Minderheiten in Osteuropa, Afrika und Asien nach dem Ende des Kalten Krieges veranlassten mehr und mehr Menschen, sich auf den Weg nach

Deutschland zu machen und hier Asyl zu beantragen. Damit kamen diese Flüchtlinge nach Deutschland, als ein Teil dieses Landes – Ostdeutschland – einen gewaltigen wirtschaftlichen und gesellschaftlichen Umbruch erlebte, der zu Massenarbeitslosigkeit im Osten führte. Ostdeutsche sahen in den Flüchtlingen Konkurrenten um die wenigen verbleibenden Arbeitsplätze und die finanziellen Leistungen des Sozialstaates. Daher kam es vor allem im Osten zu ausländerfeindlichen Übergriffen und Anschlägen auf die Unterkünfte von Flüchtlingen und Vertragsarbeitern aus Vietnam. Diese Entwicklung erreichte mit dem Angriff auf die Unterkünfte vietnamesischer Vertragsarbeiter in Rostock-Lichtenhagen ihren Tiefpunkt.

Hunderte Neonazis griffen im August 1992 ein Wohnheim in Rostock-Lichtenhagen an, in dem sich nicht nur vietnamesische Vertragsarbeiter befanden, sondern auch Asylbewerber. Als sie Brandsätze auf das Wohnheim warfen, wurden sie von Tausenden Zuschauern angefeuert, die auch die herbeieilenden Polizei- und Feuerwehrkräfte bei ihrer Hilfeleistung behinderten. Und die Ereignisse in Rostock-Lichtenhagen waren kein Einzelfall. Überall in Deutschland wurden die Unterkünfte von Asylbewerben und Gastarbeitern angegriffen, angesteckt und ihre Bewohner bedrängt und angegriffen. Nur wenige Deutsche hatten die Courage, sich den Angreifern in den Weg zu stellen.

Doch auch die Polizei griff in vielen Fällen, in denen Ausländer attackiert wurden, nicht ein und überließ die Straßen den Neonazis. Unter den Opfern dieser Angriffe war Amadeu Antonio Kiowa, der als Vertragsarbeiter im Jahr 1987 aus Angola in die DDR gekommen war. Als er im November 1990 im brandenburgischen Eberswalde von 20 Neonazis angegriffen und tödlich verletzt wurde, fühlten sich die lokalen Polizisten nicht zum Eingreifen verpflichtet. Kiowa verstarb an seinen Verletzungen im Krankenhaus.

Derartige xenophobe Ansichten und Praktiken wurden von konservativen Politkern bereitwillig aufgegriffen, um eine Begrenzung der Zuwanderung nach Deutschland zu fordern. So verlangte etwa der Vorsitzende der brandenburgischen CDU, Jörg Schönbohm, Ende der 1990er Jahre die Einführung von Einwanderungsquoten, die den Zuzug von Einwanderern nach Deutschland auf maximal 200.000 Personen pro Jahr begrenzen sollten. Nur eine solche Quote würde, so glaubte es Schönbohm, die erfolgreiche Integration der Einwanderer in die deutsche Bevölkerung ermöglichen. Ab den frühen 2000er Jahren machte dann der Begriff der »Leitkultur« unter konservativen Politikern die Runde, der auf die Idee einer normativen und von der Mehrheit akzeptierten deutschen Kultur verweist, die von Einwanderern angenommen und verinnerlicht werden müsste.

Die Debatte um den Platz von Ausländern und Einwanderern in der deutschen Gesellschaft wurde schließlich durch die Veröffentlichung von Thilo Sarrazins Buch *Deutschland schafft sich ab* im Jahre 2010 befeuert. Der bekannte, vormals als Berliner Finanzsenator amtierende Sozialdemokrat Sarrazin argumentierte in seinem Buch, dass die Einwanderung nach Deutschland die Integrität des deutschen Volkes beschädigen würde. Im Islam sah Sarrazin eine gefährliche Religion, deren Anhänger in Deutschland keinen Platz hätten. Der Erfolg Sarrazins, dessen Buch ein Bestseller wurde und der in vielen Fernseh-Talkshows als Gast eingeladen wurde, zeigte, wie sehr Deutschland sich verändert hatte. Ausländerfeindlichkeit und tätliche Übergriffe auf Ausländer hatte es auch in den 1980er Jahren schon gegeben, aber die weite und öffentliche Akzeptanz kruder nationalistischer und sozialdarwinistischer Ideen, wie sie Sarrazin einem weiten Leserpublikum anbot, machte deutlich, wie hoffähig derartige Ideen wieder geworden waren.

Dieses Klima der Fremdenfeindlichkeit bereitete das Feld für Wahlerfolge rechtsextremer Parteien wie etwa der Deutschen Volksunion (DVU), die in den Landtagswahlen des Jahres 1998 in Sachsen-Anhalt für Wahlbeobachter überraschend beinahe 13 Prozent der Stimmen erhielt. Ein Jahr später zog diese Partei auch in den Landtag von Brandenburg ein. In Sachsen und Mecklenburg-Vorpommern gelang es der Nationaldemokratischen Partei Deutschlands (NPD) einige Jahre später, in die dortigen Landtage einzuziehen und sich für jeweils zwei Legislaturperioden zu halten. Im Westen waren es die Republikaner, die im Jahr 1992 mit knapp elf Prozent Wähleranteil in den Landtag von Baden-Württemberg einzogen und sich dort für zwei Wahlperioden halten konnten. Die 1990er und 2000er Jahre sahen damit bemerkenswerte Wahlerfolge verschiedener rechtsradikaler Parteien auf der Landesebene, die sich offen oder versteckt mit Ideen des Nationalsozialismus identifizierten.

Dennoch schaffte es keine dieser drei Parteien, sich auf Dauer im Parteiensystem der Berliner Republik einzurichten. Letztlich führte ihre offene Bewunderung für nationalsozialistische Ideen zur Abschreckung der Wähler. Erst mit der Alternative für Deutschland (AfD), die im Jahr 2013 von dem Ökonomen Bernd Lucke, dem konservativen, vormals der CDU angehörenden Politiker Alexander Gauland und dem Journalisten Konrad Adam als eine europakritische Partei gegründet worden war, die sowohl die europäische Gemeinschaftswährung als auch das europäische Krisenmanagement in der Finanzkrise ablehnte, entstand eine Partei, die sich, insbesondere nach der Flüchtlingskrise der Jahre 2015/16, auf Dauer als nationalistische Partei auf der Länder- wie auch auf der Bundesebene etablieren konnte. Im Gegensatz zu Parteien wie der DVU, der NPD und der Republikaner versuchte die AfD sich einen demokratischen Anstrich zu geben, sich als konservative statt als nationalistische Partei darzustellen und sich öffentlich von nationalsozialistischem Gedankengut zu distanzieren. Damit erschien sie vielen Wählern als eine konservative und bürgerliche Partei, die Wähler aus allen Milieus und allen sozialen Schichten der Gesellschaft anzog.

Seit ihrer Gründung hat sich die AfD aber nicht weiter auf die Mitte zubewegt, sondern ganz im Gegenteil sich weiter und weiter nach rechts entwickelt und Positionen und Programme aufgesogen, die von Bewegungen wie etwa der PEGIDA (Patriotische Europäer gegen die Islamisierung des Abendlandes) formuliert worden waren. Gegründet im Oktober 2014 in Dresden, organisierte PEGIDA wöchentliche Demonstrationen, auf denen prominente rechtsradikale Redner aus dem In- und Ausland sowie die anwesenden Demonstranten forderten, die Einwanderung von Menschen aus islamischen Ländern nach Deutschland und Europa zu stoppen. Diese Dresdner Demonstrationen inspirierten ähnliche Bewegungen und Kundgebungen nicht nur in verschiedenen deutschen Groß- und Kleinstädten, sondern auch in anderen europäischen Großstädten.

Als im Herbst 2015 Hunderttausende Flüchtlinge aus Syrien und Irak sich auf den Weg nach Europa machten, um hier Zuflucht zu finden, positionierte sich die AfD rasch gegen Merkels Kurs der Aufnahme dieser Flüchtlinge in Deutschland. Insgesamt kam wohl etwas mehr als eine Million Flüchtlinge nach Deutschland, von denen etwa die Hälfte Asyl beantragte, während die andere Hälfte sich um Asyl in anderen europäischen Ländern bemühte. Dies waren durchaus geringe Zahlen, wenn man es mit dem Umfang vorhergehender Flüchtlingsströme vergleicht. Nur handelte es sich bei den vorhergehenden Flüchtlingsströmen um deutsche oder deutschsprachige Flüchtlinge. Für Merkel, die sich in der Vergangenheit nur wenig für Flüchtlinge eingesetzt hatte, war es ein humanitäres Gebot, diese Flüchtlinge in Deutschland aufzunehmen. Für die Vertreter der AfD und PEGIDA war dies der Beginn des Untergangs Deutschlands. Aber die Kritik kam nicht nur von rechtsnationalen Politikern wie Frauke Petry und Beatrix von Storch, die die Aufnahme von Flüchtlingen grundsätzlich ablehnten und die Ablösung Merkels als Bundeskanzlerin forderten. Auch innerhalb der CDU und ihrer Schwesterpartei, der CSU, war Merkels Kurs heftig umstritten.

Forderungen, Deutschlands Grenzen zu schließen und Flüchtlinge nicht ins Land zu lassen, erwiesen sich bei einer wachsenden Zahl von Wählern als durchaus populär. Es war ja nicht so, dass diese konservativen und nationalistischen Ideen aus dem Nichts kamen, denn sie waren in den Diskussionen an den Stammtischen und im Freundeskreis immer präsent gewesen. Was sich nun änderte, war lediglich, dass diese Ideen aus privaten Diskussionen in den öffentlichen Diskurs getragen wurden und plötzlich in den Parlamenten und in Fernseh-Talkshows offen vorgetragen wurden. Mit der Aufgabe konservativer und nationalistischer Positionen innerhalb der CDU/CSU in der Ära Kohl und Merkel rückte die Partei auch immer mehr in die politische Mitte und machte damit rechtskonservative Wähler politisch heimatlos. Es waren aber nicht nur diese Wähler, sondern Wähler aller Parteien, die sich zur AfD bewegten. So wanderten auch traditionelle Wähler aus den Arbeiterschichten, die bisher für die SPD oder die Linke gestimmt hatten, zur AfD. Und es wäre falsch, dies nur als eine Protestwahl abzutun. Die politische Programmatik der AfD spiegelte durchaus Ansichten, die auch unter Wählern aus der Arbeiterschaft populär waren.

Führende Politiker der AfD wie etwa Björn Höcke verbanden konservative und nationalistische Positionen mit extrem rechten und rassistischen Ansichten. So haben sich AfD-Politiker zum Beispiel Begriffe und Konzepte aus dem Vokabular des Nationalsozialismus wie etwa dem der »Umvolkung«, der auf die vorgeblich drohende Marginalisierung und Unterjochung der deutschstämmigen Bevölkerung durch fremde Bevölkerungsgruppen verweisen soll, angeeignet. Derartige Begriffe verbinden Gedankengut und Ideen aus dem Repertoire des Nationalsozialismus mit Konzepten rechtsextremer Verschwörungstheorien wie etwa der von dem französischen Autor Renaud Camus in die Welt gesetzten Vorstellung, dass die europäischen Regierungen aktiv daran arbeiten würden, die weiße und christliche Bevölkerung durch eine dunkelhäutige und islamische Bevölkerung aus Asien und Afrika zu ersetzen.

Die AfD ist die erste rechtsnationale Partei, die seit 1949 in den Bundestag gewählt wurde. Und auch wenn dieser Rechtsruck manchen als für die Demokratie bedenkliche Entwicklung erscheint, hat er doch die Diskussionskultur im Bundestag belebt und spiegelt auch eine europaweite Tendenz wider. Rechtsnationale Parteien haben signifikante Erfolge in verschiedenen westeuropäischen Ländern errungen und in Ländern wie Österreich und Italien sich an der Regierungsbildung beteiligt. So wuchs der Wählerzuspruch zum *Front National* in Frankeich, der Freiheitlichen Partei in Österreichs und der *Lega Nord* in Italien beständig. Die ebenso erfolgreichen osteuropäischen Parteien wie etwa die *Fidesz*-Partei in Ungarn und die »Recht und Gerechtigkeit«-Partei in Polen verfolgen eine Programmatik, die denen ihrer westeuropäischen Pendants ähnelt und in denen Xenophobie und Rassismus offen verteidigt werden. Und auch wenn es erhebliche programmatische und in Bezug auf ihre Basis signifikante sozialstrukturelle Unterschiede gibt, verweisen die Existenz und Popularität dieser Parteien primär auf die unterschwelligen Konflikte über die europäische Integration, die Zukunft der Nationalstaaten im vereinten Europa sowie die Haltung in Bezug auf die Migrationspolitik und die Integration von Flüchtlingen vor allem aus der islamischen Welt

Konservative Politiker aus der CDU und der AfD haben im zweiten Jahrzehnt des 21. Jahrhunderts immer wieder das ahistorische Argument vorgetragen, dass Europa ein ausschließlich christliches Projekt gewesen sei und bleiben müsse. Derartige Ansichten ignorieren grundsätzlich den Anteil der islamischen Kultur und Zivilisation an der Formierung der europäischen Zivilisation im frühen Mittelalter, als weite Teile Europas wie die Iberische Halbinsel unter islamischem Einfluss standen und zur Vermittlung islamischen Wissens in allen Bereichen der Wissenschaften von der Medizin bis zur Mathematik beitrugen. Die europäische Zivilisation entstand eben nicht nur auf christlichen Fundamenten, sondern auch auf islamischen. Und selbst heute alltägliche Dinge wie etwa der Kaffee fanden Eingang in die europäische Kultur nur durch die Vermittlung der islamischen Welt. Die Ansicht, dass Europa ein christliches Projekt bleiben müsste, trug auch zum Fehlschlag der Verhandlungen über die Aufnahme der Türkei in die Europäische Union bei. Und als im Oktober 2010 der damalige Bundespräsident Christian Wulff in seiner Rede auf der Festveranstaltung zur Feier von 20 Jahren Deutscher Einheit betonte, dass nicht nur das Christentum, sondern auch der Islam zur deutschen Gesellschaft und Kultur gehöre, löste dies einen vorhersehbaren Proteststurm aus.

Der AfD gelang es im zweiten Jahrzehnt des 21. Jahrhunderts, genau diese Proteststimmen zu sammeln und zu bündeln. Politiker der AfD wie Alexander Gauland hängen aber nicht nur der Illusion nach, dass Europa ein christliches Projekt war und bleiben müsste, sondern sie wollen auch die europäische Einigung durch eine Rückkehr zum Nationalismus des 19. Jahrhunderts überwinden. Gauland vertritt die Ansicht, dass politische Entscheidungen nicht durch das Europäische Parlament, sondern vielmehr durch die Parlamente der Nationalstaaten getroffen werden sollten. Das Problem an seiner Sichtweise ist nur, dass in einer globalisierten Welt viele elementare Herausforderungen wie etwa der Klimaschutz, die Industriepolitik, die Energieerzeugung, die Migration, der Terrorismus und auch die Bekämpfung von Pandemien nicht mehr im nationalen Alleingang bewältigt werden können.

Die Corona-Pandemie

Im Frühjahr 2020 wurden Menschen auf der ganzen Welt vom Auftreten eines neuen und bis dahin nicht bekannten Corona-Virus überrascht. Menschen in China und in Deutschland teilten plötzlich dieselben Ängste und Erfahrungen. Da niemand wusste, wie sich das Virus übertrug, kauften Menschen in den reicheren Ländern Reinigungs- und Desinfektionsmittel, so dass diese Produkte überall knapp wurden. So standen Einkäufer in Hongkong und Berlin plötzlich vor leeren Supermarktregalen, in denen es kaum noch Reinigungsmittel oder Toilettenpapier gab. Regierungen reagierten fast überall mit derselben Strategie einer weitgehenden Schließung des öffentlichen Lebens (»Lockdown«). Arbeiten vom Homeoffice, Homeschooling und Online-Shopping wurden zumindest für die, die es sich leisten konnten und über diese Möglichkeiten verfügten, plötzlich zu globalen Schlagwörtern. Und während fast 95 Prozent aller deutschen Haushalte einen Internetzugang haben und damit zumindest theoretisch am Online-Shopping teilnehmen konnten, war die Zahl der Arbeitnehmer, die ihren Beruf auch von zu Hause ausüben konnten, weit geringer. Während der Corona-Pandemie war es lediglich 25 Prozent aller Arbeitnehmer möglich, ihrem Beruf von zu Hause aus nachzugehen. Weitere 20 Prozent konnten dies zumindest teilweise tun. Damit waren 55 Prozent aller Arbeitnehmer gezwungen, auch während der Pandemie ihre Wohnung zu verlassen, um zu ihrer Arbeitsstelle zu gelangen oder aber auf Kurzarbeit umzuschwenken.

Die Pandemie begann im chinesischen Wuhan und breitete sich von dort rasch über die ganze Welt aus. An dieser zügigen Verbreitung des Virus war aber keineswegs, wie dies einige populistische und nationalistische Politiker behaupteten, ein neuer Globalismus Schuld, der zu unkontrollierbaren Menschen- und Warenströmen geführt hätte. Pandemien wie etwa die Cholera-Pandemien des 19. Jahrhunderts hatten sich ebenfalls in regelmäßigen Abständen von Indien ausgehend über den eurasischen Raum ausgebreitet und Millionen Menschen infiziert. Die Gefährlichkeit derartiger Pandemien und die Möglichkeit ihrer raschen globalen Verbreitung waren vor allem in Europa aufgrund umfassender Impfkampagnen, die viele der ansteckenden und todbringenden Infektionskrankheiten ausgemerzt hatten, sowie der Verfügbarkeit von Antibiotika und verbesserter hygienischer Bedingungen in der zweiten Hälfte des 20. Jahrhunderts in Vergessenheit geraten. Und dennoch fielen auch in der zweiten Hälfte des 20. Jahrhunderts und in den ersten Jahrzehnten des 21. Jahrhunderts – von der Öffentlichkeit weithin ignoriert – in so manchen Jahren Tausende Menschen Grippeepidemien zum Opfer. So wurde etwa die Zahl der Opfer der Grippewelle im Jahr 2017/18 in Deutschland vom Robert-Koch-Institut auf insgesamt 25.000 Tote geschätzt.

Die Pandemie der Jahre 2020/21 unterschied sich aber deutlich von vorhergehenden Epidemien wie etwa der Spanischen Grippe am Ende des Ersten Weltkrieges oder den Choleraepidemien des 19. Jahrhunderts. Im Gegensatz zu diesen früheren global verbreiteten Seuchen, für die wir lediglich grobe Schätzungen in Bezug auf die Zahl der Infizierten und die Zahl der Todesopfer haben, gibt es im Fall der Corona-Pandemie aufgrund einer besseren medizinischen und staatlichen Überwachung genaue Zahlen in Bezug auf beide Kategorien. So waren bis zum 31. Mai 2021 insgesamt 3,69 Millionen Menschen in Deutschland positiv auf das Corona-Virus getestet worden und 88.431 an oder mit dem Virus gestorben. Diese amtlichen Zahlen müssen dennoch mit Vorsicht betrachtet werden, da Experten darauf hinweisen, dass die Tests nur einen geringen Teil der tatsächlich Infizierten ermitteln. Aber auch diese Dunkelziffern wurden in lokalen Studien ausgelotet, so dass Mediziner zumindest Schätzungen hinsichtlich des wahren Ausmaßes der Infektion abgeben können.

Damit liegt die Zahl der Infizierten und der an der Corona-Pandemie Gestorbenen Ende Mai 2021 weit unter den Opfern vergangener Seuchen. Nach mehr als einem Jahr, in dem die Corona-Pandemie in mehreren Wellen auftrat, starben in Deutschland etwas mehr als 88.000 Menschen – das entsprach etwas mehr als einem Viertel der Opfer der Spanischen Grippe, die aus der deutschen kollektiven Erinnerung völlig verschwunden war und auch unter Historikern bis zum Ausbruch der Corona-Pandemie wenig Beachtung gefunden hatte. Und auch die Zahl der Infizierten belief sich auf 30 Prozent derjenigen, die sich mit der Spanischen Grippe infiziert hatten.

Die Reaktion der Gesellschaft und der Politik auf den Ausbruch der Pandemie war ebenfalls neuartig, auch wenn es einige Kontinuitäten vor allem zur Bekämpfung der Cholera-Pandemien des 19. Jahrhunderts gab. Besonders im 19. Jahrhundert war die Frage nach der richtigen Reaktion auf Krankheiten wie die Cholera, deren Ursache noch nicht vollständig erkannt war, unter Medizinern heftig umstritten. Da die Natur von Infektionskrankheiten noch nicht wissenschaftlich erschlossen war, war auch die Wirkungsmacht von Quarantänen noch nicht universell anerkannt. Mediziner in verschiedenen europäischen Ländern wandten sich gegen die Einführung von Quarantänen bei der Bekämpfung von Cholera und Gelbfieber. Die Gründe dafür waren aber nicht primär medizinischer, sondern vielmehr politischer Natur. Diejenigen Mediziner, die sich gegen die Einführung von Quarantänen aussprachen, glaubten in ihnen ein Instrument des absolutistischen Staates des 18. Jahrhunderts wiederzuerkennen. Diese Mediziner sahen sich als Vertreter des politischen und wirtschaftlichen Liberalismus und traten deshalb für den freien Verkehr der Bürger ebenso ein wie für den freien Warenaustausch. Die Auseinandersetzungen um die Nützlichkeit von Quarantänen bei der Bekämpfung der Cholera wurde erst am Ende des 19. Jahrhunderts zugunsten der Quarantäne entschieden.

Im Kontext der Corona-Pandemie scheint diese überwunden geglaubte Konfrontation eine Neuauflage gefunden zu haben. Auf die globale Ausbreitung des Virus folgte die globale Verbreitung der staatlichen und gesellschaftlichen Reaktionen, die von China ausgehend mit wenigen Ausnahmen – wie etwa Schweden – im Stillstand ganzer Volkswirtschaften und Gesellschaften resultierte. Fast alle von der Pandemie betroffenen Länder schlossen Schulen, Kinderbetreuungseinrichtungen, Restaurants und ermunterten Arbeitnehmer, von zu Hause aus zu arbeiten. Die Strategie war die einer weitestgehenden Beschränkung menschlicher Kontakte, um so die Übertragung des Virus zu vermindern und dadurch die Krankenhäuser vor einer Überlastung zu bewahren.

Damit wurden erstmals bei der Bekämpfung einer ansteckenden Krankheit nicht kranke Menschen oder Menschen, die als Träger des Virus vermutet wurden, unter Quarantäne gestellt, sondern eine ganze Bevölkerung. Das Corona-Virus war auf Gesellschaften getroffen, in denen neoliberale Leit- und Glaubenssätze zu einem enormen Abbau von Ressourcen in den Krankenhäusern und Pflegeeinrichtungen geführt hatten. In den meisten westlichen Ländern waren nicht genügend Ärzte, Krankenschwestern und Krankenbetten verfügbar, um die Opfer einer Pandemie effektiv zu behandeln. In Staaten wie den USA fehlte es an allem, sogar an Beatmungsgeräten. Doch selbst elementare Dinge wie Mundschutzmasken, Handschuhe und Schutzkleidung für das medizinische Personal waren knapp. Und auch wenn Deutschland im Gegensatz zu den anderen westlichen Ländern eine wesentlich höhere Zahl von Intensivbetten zur Verfügung hatte und damit besser auf eine Pandemie vorbereitet war, gab es auch hier erhebliche Mängel in der Personalausstattung der Krankenhäuser und der angemessenen Bezahlung des Pflegepersonals. Die Corona-Pandemie legte damit die strukturellen Schwachstellen einer verfehlten Politik im Gesundheitsbereich offen.

Die aus der Erkenntnis, dass das Gesundheitswesen nicht auf eine Pandemie vorbereitet war, resultierende Entscheidung der Bundesregierung, die Volkswirtschaft herunterzufahren und die Menschen zum Zuhausebleiben aufzufordern, war von Anfang an heftig umstritten. Diese Entscheidung war mit umfassenden finanziellen Risiken verbunden. Geschlossene Unternehmen von Restaurants bis hin zu Fluggesellschaften standen plötzlich vor dem wirtschaftlichen Aus ohne Finanzhilfen der Bundesregierung. Und wie die Regierungen aller anderen Länder, so entschied sich auch die Bundesregierung dafür, ein umfassendes finanzielles Rettungsprogramm in Höhe von 600 Milliarden Euro bereitzustellen. Umfassende Finanzhilfen für Arbeiternehmer über die Bereitstellung von Kurzarbeitergeld verhinderten zudem, dass in Deutschland – wie etwa in den USA – die Erwerbslosenzahlen innerhalb weniger Wochen das Niveau der Weltwirtschaftskrise der 1930er Jahre erreichten. Mit diesen umfassenden staatlichen Eingriffen in die Volkswirtschaft kam der Neoliberalismus, in dessen Geist eine Schuldenbremse eingeführt worden war, zu einem krachenden Ende. Der Staat, der sich vor allem seit den 1980er Jahren zusehends aus vielen Bereichen der Gesellschaft zurückgezogen hatte, war plötzlich wieder ins Zentrum der Gesellschaft zurückgerückt.

Der »Lockdown« war jedoch wie schon die Quarantänen des 19. Jahrhunderts heftig umstritten. Bereits im März 2020 warnte der FDP-Vorsitzende Christian Lindner davor, die Grundrechte der Bürger nur so lange wie unbedingt nötig einzugrenzen. Mit dem allgemeinen Stillstand kamen nicht nur die wirtschaftliche Tätigkeit zu einem Ende, sondern auch (staats-)bürgerliche Freiheiten wie etwa die Versammlungsfreiheit oder die Reisefreiheit. Derartige Freiheiten konnten nach Ansicht von FDP-Politikern wie Lindner und Wolfgang Kubicki und Linken-Politikern wie Bodo Ramelow zwar zeitweilig aus guten Gründen beschränkt werden, aber nicht auf längere Dauer. Es war auch nicht verwunderlich, dass diese Lockdown-Beschlüsse vor allem unter ostdeutschen Bürgerrechtlern wie Vera Lengsfeld und Arnold Vaatz, die sich 1989 ihre Bürgerrechte unter Risiken erkämpfen mussten, auf Kritik und Unverständnis trafen. Aber auch Verfassungsrechtler wie Uwe Volkmann wiesen auf die verfassungsrechtlichen Dimensionen der »Lockdown«-Maßnahmen hin und mahnten Politiker dazu, bei den Einschränkungen der Bürgerrechte nicht zu weit zu gehen. So verwies Volkmann im April 2020 etwa darauf, dass es keine Verpflichtung zum Schutz des Lebens um jeden Preis gebe, sondern nur ein Mandat zum Schutz des Lebens in Würde.

Diesen Kritikern standen vor allem in der zweiten Infektionswelle Ende 2020 die Forderungen von Karl Lauterbach (SPD) und Markus Söder (CSU) gegenüber, die sich erfolgreich für einen zweiten »Lockdown« einsetzten und für Verordnungen eintraten, die die zwischenmenschlichen Kontakte weitgehend einschränken sollten. Lauterbach ging im Oktober 2020 sogar so weit, polizeiliche Kontrollen von Privatwohnungen zu fordern, sollte es einen Verdacht geben, dass sich die Bewohner nicht an die Kontaktverbote hielten und zu geselligem Beisammensein zusammenkamen. Damit zeigte sich Lauterbach bereit, die im Artikel 13 des Grundgesetzes garantierte Unverletzlichkeit der Wohnung außer Kraft zu setzen. Lauterbach argumentierte, dass in Zeiten einer Pandemie derartige Bestimmungen die Handlungsfähigkeit der Behörden zu sehr beschränkten. Verordnungen, die es Bürgern verboten, ihre Wohnung zu verlassen, sich mit anderen Personen zu treffen oder Familienmitglieder und Freunden zu besuchen, waren keineswegs nur deutsche Antworten auf die Pandemie. Derartige Verordnungen griffen nicht nur in ungekannter Weise in das Privatleben der Bürger ein, sondern waren zugleich auch kaum durchsetzbar.

Derartige Regeln und zunehmende Ängste unter den Bürgern führten zu einer Wiederbelebung der Denunziation und zu gesellschaftlichen Debatten darüber, ob das Denunzieren nun Bürgerpflicht sei oder Verrat am Mitbürger. So geriet im Dezember 2020 etwa Jutta Ditfurth in die Schlagzeilen, nachdem sie einen Tweet ausgesandt hatte, in dem sie sich über ihre Nachbarn beklagte, die – die Corona-Regeln missachtend – zu Besuchen und Reisen aufgebrochen waren. Die einen sahen in Ditfurths Wortmeldung eine »Blockwartmentalität« am Werk, während andere darin verantwortungsvolles Handeln erkennen wollten. Diese Auseinandersetzungen spiegeln den der Denunziation innewohnenden Fundamentalwiderspruch zwischen staatsbürgerlichem Handeln zum Schutz von Staat und Gesellschaft und egoistischem Handeln, das sich im Anschwärzen von Nachbarn, Freunden und Verwandten niederschlug.

Auch wenn es im 19. Jahrhundert schon in Städten wie New York zu vereinzelten Protesten gegen die Quarantäne von Menschen, die mit Cholera infiziert waren, kam, war die sich in den USA und in Deutschland entwickelnde Ablehnung der »Lockdown«-Bestimmungen der Regierungen etwas Neuartiges. Gegner des Stillstands, Verschwörungstheoretiker und Leugner der Existenz des Corona-Virus organisierten wiederholt Demonstrationen in verschiedenen Großstädten, um ihrem Unmut über die staatlichen Eingriffe in das Privatleben der Bürger Luft zu machen. Diese Demonstrationen, die teilweise Zehntausende Menschen anzogen, wurden rasch wegen des unverantwortlichen Handelns der Organisatoren sowie der Demonstranten, die keinen Mundschutz trugen und keinen Mindestabstand einhielten, von Politikern als wirklichkeitsfremd und irrational abqualifiziert. Es besteht gar kein Zweifel, dass diese Proteste irrational waren, nur sind Einschränkungen elementarer Bürgerrechte wie etwa des Versammlungsrechts – oder dessen wenn auch temporäre Aufhebung – tiefgreifende Eingriffe in das demokratische Gemeinwesen, die sorgfältig abgewogen sein müssen.

Auch das absehbare Ende der Pandemie unterscheidet sich deutlich von früheren Epidemien. Während etwa die Spanische Grippe nach zwei Jahren, in der die Bevölkerung nicht nur Deutschlands, sondern auf der ganzen Welt unter großen Opfern vor allem in Asien und Afrika durchseucht wurde und sich somit eine globale Herdenimmunität entwickelte, wieder verschwand, gelang es Medizinern im Fall der Corona-Pandemie innerhalb weniger Tage, einen Impfstoff zu entwickeln. Bereits Anfang Januar 2020 hatte der chinesische Wissenschaftler Yong-Zhen Yang die von ihm entschlüsselte genetische Struktur des Corona-Virus öffentlich gemacht und damit Forschern in anderen Ländern wie etwa den USA die Möglichkeit gegeben, einen Impfstoff gegen dieses neuartige Virus zu entwickeln. Die Verfügbarkeit dieser Informationen ermöglichte es Forschern des Biotechnologie-Unternehmens Moderna in Massachusetts, innerhalb weniger Tage – der Impfstoff war bereits am 13. Januar fertiggestellt – einen Impfstoff zu entwickeln, der dann im Lauf des Jahres 2020 in drei Testphasen eingesetzt wurde, bevor er Ende 2020 zur Massenimpfung eingesetzt werden konnte. Mit Beginn der Pandemie, und darin unterscheidet sich diese Pandemie grundsätzlich von vorangegangenen, entbrannte ein globaler Wettlauf zwischen Biotechnologie-Unternehmen und Ländern auf der ganzen Welt, einen Impfstoff zu entwickeln und zu testen. Und in weniger als zwölf Monaten wurden verschiedene Impfstoffe wie etwa der von Biontech/Pfizer nicht nur entwickelt, sondern auch in Tests auf ihre Wirksamkeit und Verträglichkeit hin überprüft. Mit den ersten Impfungen im Dezember 2020 in Russland, China, Großbritannien, den USA und in Deutschland zeichnete sich damit ein Ausweg aus der Pandemie ab, der sich deutlich von dem Ende der Spanischen Grippe unterschied.

Der Einsatz des Impfstoffes gegen das Corona-Virus hat die Pandemie nicht verkürzt – sowohl die Spanische Grippe als auch die Corona-Pandemie zogen sich über fast zwei Jahre hin und traten in jeweils mehreren Wellen auf –, aber die Zahl der Todesopfer wird wohl durch den Einsatz des Impfstoffes weit unter der Opferzahl der Spanischen Grippe liegen. Ende Mai 2021 betrug die Zahl der weltweit an dem Corona-Virus Gestorbenen etwa 3,54 Millionen Menschen – das sind etwa 15 Prozent der Opferzahlen der Spanischen Grippe.

Doch auch der Weg aus der Pandemie wird von schwierigen moralischen und verfassungsrechtlichen Fragen begleitet. Seit dem Sommer 2020 diskutierten Politiker nicht nur über Impfstrategien, sondern auch darüber, ob diejenigen, die die Krankheit überstanden und damit eine gewisse Immunität erworben haben, sowie diejenigen Menschen, die geimpft wurden, Sonderrechte erhalten sollten. Es gab Vorschläge für Impfausweise und Diskussionen darüber, dass bestimmte Privatunternehmen von ihren Mitarbeitern oder Kunden einen Impfnachweis erwarten könnten. Der Bundesinnenminister Horst Seehofer sprach sich im Dezember 2020 deutlich gegen Sonderrechte für Geimpfte sowie eine Vorzugsbehandlung von Geimpften durch private Unternehmen wie etwa Lufthansa aus. In diesen Sonderrechten sah er eine versteckte Impfpflicht, die er grundsätzlich ablehnte. Der deutsche Außenminister Heiko Maas und der Verfassungsrechtler Steffen Augsberg hielten dem entgegen, dass es sich hierbei keineswegs um Sonderechte oder Privilegien handelte, sondern um im Grundgesetz verbriefte Bürgerrechte, die Personen, die geimpft wurden und von denen keine Gefahr für andere mehr ausgeht, nicht länger vorenthalten werden dürften. Für Maas und Ausgberg entfielen mit der Immunisierung die rechtlichen Grundlagen für die Einschränkung der Bürgerrechte für individuelle Bürger. Denn hier ginge es lediglich um eine Rückkehr zum Normalzustand.

Derartige Diskussionen, die keineswegs auf Deutschland beschränkt sind, gab es im Umfeld der Spanischen Grippe oder anderer Seuchen im 19. Jahrhundert nicht. Und während viele politische Kommentatoren eine Politisierung der Pandemie bzw. der Maßnahmen gegen die Pandemie beklagen, verweisen diese Auseinandersetzungen auf eine veränderte politische Kultur, in der Bürgerrechte zu einem hohen gesellschaftlichen Gut geworden sind. Es sind aber wohl auch die Erfahrungen mit autoritären Herrschaftsformen im 20. Jahrhundert und die Leichtigkeit, mit der aus einer Demokratie eine Diktatur werden kann, die Menschen nicht nur in Deutschland bei der Abwägung zwischen dem Schutz der Gesundheit und dem Einklagen von Bürgerrechten bewegen. In Anbetracht dieser die gesamte Gesellschaft erfassenden Diskussionen und der niedrigen Todesrate der Pandemie, die im Gegensatz zum Lockdown eben nicht jede Familie – von etwa 41 Millionen Haushalten wiesen im Mai 2021 etwa 9 Prozent ein Familienmitglied auf, das positiv auf das Corona-Virus getestet wurde, und 0,2 Prozent verloren einen Angehörigen aufgrund des Corona-Virus – traf, stellt sich die Frage, wofür in zehn oder zwanzig Jahren die Jahre 2020/21 in der öffentlichen Erinnerung stehen werden. Werden sie für die Erfahrung einer tödlichen Pandemie stehen oder für die umfassende Einschränkung von grundlegenden Bürgerrechten?

Ausblick

Die Erfahrung der Atomreaktorunglücke in Tschernobyl (Ukraine) und Fukushima (Japan) sowie die globale Corona-Pandemie machen vielen Deutschen und Europäern bewusst, dass auch sie von Ereignissen in weit entfernten Gebieten und Ländern direkt betroffen sein können. Die radioaktive Strahlung, die sich nach dem Reaktorunglück in Tschernobyl rasch über den gesamten europäischen Kontinent ausbreitete, kontaminierte die Flora und Fauna und beeinflusste damit das Wohlergehen und Verhalten der Menschen in ganz Europa. Doch es bedarf gar nicht derartiger Katastrophen, um die globalen Dimensionen menschlicher Aktivitäten anzuerkennen. Die fortschreitende Verschmutzung der Luft und der Atmosphäre durch Industrieabgase wie Kohlenmonoxid in Deutschland und in Ländern wie China beeinflusst das Leben nicht nur der Deutschen, sondern aller Menschen auf der Welt, da hiermit das Klima weiter erwärmt wird, die Meeresspiegel der Ozeane weiter ansteigen und damit die Lebensgrundlagen aller Menschen unterminiert werden.

Europäer und Deutsche fühlten sich in Zeiten des Kalten Krieges durchaus behütet. Scheinbar undurchdringliche Grenzen und Mauern hielten Migrationsströme nicht nur aus Osteuropa, sondern auch aus Afrika und Asien auf, die anderenfalls ihren Weg nach Europa gefunden hätten. Mit der Unterbrechung dieser Migrationsströme kam es auch zu einer Begrenzung der globalen Verbreitung von Infektionskrankheiten. Die hohe Qualität der medizinischen Vorsorge in den meisten europäischen Ländern, hohe Impfraten und Grenzen machten Europa zu einem Kontinent, auf dem viele Krankheiten als ausgestorben galten. Mit dem Ende des Kalten Krieges, der Menschen in Osteuropa die Reisefreiheit wiedergab, wurden Migrationsströme wiederbelebt. Und es waren nicht nur Menschen, die wieder von Ost nach West wanderten. Auch Tiere wie der Wolf kehrten wieder aus Osteuropa nach Zentraleuropa zurück, wo sie

Deutsche in Angst und Schrecken versetzten. Und mit Menschen und Tieren kamen auch wieder Krankheiten wie Gelbfieber oder die afrikanische Schweinepest.

Diejenigen Kritiker der Globalisierung, die behaupten, dass all dies ein Ergebnis der neuartigen Globalisierung sei, in der Warenströme Produktionsstätten in Südostasien mit Supermärkten in Deutschland und Menschenströme Gemeinschaften in Asien und Afrika mit Gesellschaften in Zentraleuropa verbinden, scheinen die historische Situation des Kalten Krieges, in der sowohl Menschen- als auch Warenströme für nahezu vier Jahrzehnte scheinbar eingefroren waren, als Normalzustand zu empfinden. Aber dieser vier Jahrzehnte andauernde Ausnahmezustand war nicht die historische Normalität. Globalisierung ist keine neue Erfahrung am Ende des 20. und zu Beginn des 21. Jahrhunderts. Das 19. Jahrhundert war durch umfassende Migrationsprozesse, Austauschprozesse und Handelsnetzwerke gekennzeichnet, in denen Städte und Regionen auf der ganzen Welt miteinander verbunden waren und sowohl Menschen, Ideen, Krankheiten und Waren kontinuierlich austauschten. Deutsche Städte und Bürger waren in diese Netzwerke tief eingebunden und trugen zur globalen Verbreitung von Innovationen wie etwa des Weihnachtsfestes oder der Institution des Kindergartens bei. Gleichzeitig fanden viele Ideen aus anderen, vor allem westlichen Kulturen wie etwa das Fußballspiel ihren Weg in deutsche Städte und trugen damit zur Modernisierung Deutschlands bei. Die deutsche Gesellschaft des 19. und frühen 20. Jahrhunderts war eine für Menschen und Ideen aufgeschlossene Gesellschaft. Das wird wohl auch im 21. Jahrhundert nicht anders sein.

Literatur

Einleitung

Thomas Adam, Transnational History: A Program for Research, Publishing, and Teaching, in: *Yearbook of Transnational History* 1 (2018), S. 1–10.

Thomas Adam, *Buying Respectability: Philanthropy and Urban Society in Transnational Perspective, 1840s to 1930s*, Bloomington/Indianapolis 2009.

Stefan Berger, The German tradition of historiography, 1800–1995, in: Mary Fulbrook (Hg.), *German History since 1800*, London 1997, S. 477–492.

Sebastian Conrad/Jürgen Osterhammel (Hg.), *Das Kaiserreich transnational. Deutschland in der Welt 1871–1914*, Göttingen 2004.

Andreas Fahrmeir (Hg.), *Deutschland. Globalgeschichte einer Nation*, München 2020.

Ulrike Jureit, *Das Ordnen von Räumen. Territorium und Lebensraum im 19. und 20. Jahrhundert*, Hamburg 2012.

Stefan Kühl, *Die Internationale der Rassisten: Aufstieg und Niedergang der internationalen Bewegung für Eugenik und Rassenhygiene im 20. Jahrhundert*, Frankfurt am Main/New York 1997.

Daniel T. Rodgers, *Atlantic Crossings: Social Politics in a Progressive Age*, Cambridge/London 1998.

Industrialisierung und Urbanisierung

Hans-Heinrich Bass, *Hungerkrisen in Preußen während der ersten Hälfte des 19. Jahrhunderts*, St. Katharinen 1991.

Wolfgang Behringer, *Tambora und das Jahr ohne Sommer. Wie ein Vulkan die Welt in die Krise stürzte*, München 2015.

Peter Beyer, *Leipzig und die Anfänge des deutschen Eisenbahnbaus. Die Strecke nach Magdeburg als zweitälteste deutsche Fernverbindung und das Ringen der Kaufleute um ihr Entstehen 1829–1840*, Weimar 1978.

Harald Bodenschatz/Harald Kegler (Hg.), *Planungskultur und Stadtentwicklung. 100 Jahre Groß-Berlin*, Berlin 2020.

Franz-Josef Brüggemeier, *Grubengold. Das Zeitalter der Kohle von 1750 bis heute*, München 2018.

Hans Wolfram Graf Finck von Finckenstein, *Die Entwicklung der Landwirtschaft in Preußen und Deutschland 1800–1930*, Würzburg 1967.

Rainer Fremdling/Ruth Federspiel/Andreas Kunz (Hg.), *Statistik der Eisenbahnen in Deutschland 1835–1989*, St. Katharinen 1995.

Rudolf Forberger, *Die industrielle Revolution in Sachsen 1800–1861, Bd. 2, Erster Halbbd.: Die Revolution der Produktivkräfte in Sachsen 1831–1861*, Leipzig 1999.

Hans-Werner Hahn, *Geschichte des Deutschen Zollvereins*, Göttingen 1984.

Hans-Werner Hahn, *Die industrielle Revolution in Deutschland*, München 2005.

Friedrich-Wilhelm Henning, *Deutsche Wirtschafts- und Sozialgeschichte im 19. Jahrhundert*, Paderborn u.a. 1996.

Steve Hochstadt, *Mobility and Modernity: Migration in Germany, 1820–1989*, Ann Arbor 1999.

Hubert Kiesewetter, *Industrielle Revolution in Deutschland 1815–1914*, Frankfurt am Main 1989.

Hubert Kiesewetter, *Industrialisierung und Landwirtschaft. Sachsens Stellung im regionalen Industrialisierungsprozeß Deutschlands im 19. Jahrhundert*, Köln/Wien 1988.

William K. Klingaman/Nicholas P. Klingaman, *The Year Without Summer: 1816 and the Volcano that Darkened the World and Changed History*, New York 2013.

Stefan W. Krieg/Dieter Pommer/Veronique Töpel (Hg.), *Max Pommer. Architekt und Betonpionier*, Leipzig 2015.

Andrew Lees/Lynn Hollen Lees, *Cities and the Making of Modern Europe, 1750–1914*, Cambridge 2007.

Hans-Erhard Lessing, What Led to the Invention of the Early Bicycle, in: *Cycle History 11* (2000), S. 28–36.

Paul C. Martin, Die Entstehung des preußischen Aktiengesetzes von 1843, in: *Vierteljahrschrift für Sozial- und Wirtschaftsgeschichte* 56, 4 (1969), S. 499–542.

Jürgen Reulecke, *Geschichte der Urbanisierung in Deutschland*, Frankfurt am Main 1985.

Wolfgang Ribbe (Hg.), *Geschichte Berlins, Zweiter Bd.: Von der Märzrevolution bis zur Gegenwart*, Berlin 2002.

Ralf Roth, *Das Jahrhundert der Eisenbahn. Die Herrschaft über Raum und Zeit 1800–1914*, Ostfildern 2005.

Susanne Schötz (Hg.), *Geschichte der Stadt Leipzig, Bd. 3: Vom Wiener Kongress bis zum Ersten Weltkrieg*, Leipzig 2017.

Henry Stommel/Elizabeth Stommel, *Volcano Weather: The Story of 1816, The Year Without a Summer*, Newport 1983.

Volker Then, *Eisenbahnen und Eisenbahnunternehmer in der Industriellen Revolution. Ein deutsch-englischer Vergleich*, Göttingen 1997.

Hans-Ulrich Wehler, *Deutsche Gesellschaftsgeschichte, Bd. 2: Von der Reformära bis zur industriellen und politischen »Deutschen Doppelrevolution« 1815–1845/49*, München 2005.

C. S. Zerefos/V. T. Gerogiannis/D. Balis/S. C. Zerefos/A. Kazantzidis, Atmospheric effects of volcanic eruptions as seen by famous artists and depicted in their paintings, in: *Atmospheric Chemistry and Physics* 7 (2007), S. 4027–4042.

Die Gründung des Deutschen Bundes

Thomas Adam, From Weihnachten to Christmas: The Invention of a Modern Holiday Ritual and Its Transfer from Germany to England and the United States, in: Ders. (Hg.), *Approaches to the Study of Intercultural Transfer*, New York 2020, S. 155–177.

Benedict Anderson, *Imagined Communities*, London/New York 2006.

Jürgen Angelow, *Der Deutsche Bund*, Darmstadt 2003.

Celia Applegate, *A Nation of Provincials: The German Idea of Heimat*, Berkeley 1990.

Joachim Bauer/Stefan Gerber/Christopher Spehr (Hg.), *Das Wartburgfest von 1817 als europäisches Ereignis*, Stuttgart 2020.

Marco Bellabarba, *Das Habsburgerreich 1765–1918*, Berlin 2020.

Martijn van der Burg, *Napoleonic Governance in the Netherlands and Northwest Germany. Conquest, Incorporation, and Integration*, New York 2021.

Otto Büsch (Hg.), *Handbuch der Preußischen Geschichte, Bd. II: Das 19. Jahrhundert und große Themen der Geschichte Preußens*, Berlin/New York 1992.

Martina Eberspächer, *Der Weihnachtsmann. Zur Entstehung einer Bildtradition in Aufklärung und Romantik*, Stuttgart 2002.

Manfred Görtemaker, *Deutschland im 19. Jahrhundert. Entwicklungslinien*, Bonn 1989.

Ewald Grothe, Model or Myth? The Constitution of Westphalia of 1807 and Early German Constitutionalism, in: *German Studies Review* 28, 1 (2005), S. 1–19.

Peter Claus Hartmann, *Kulturgeschichte des Heiligen Römischen Reiches 1648–1806: Verfassung, Religion, Kultur*, Wien 2011.

Georg Heer/Paul Wentzcke, *Geschichte der deutschen Burschenschaft*, Bde. 1 und 2, Heidelberg 1917/1927.

Siegfried Hoyer, *Kleine Geschichte der Leipziger Studentenschaft 1409–1989*, Leipzig 2010.

Wilhelm G. Jacobs, *Johann Gottlieb Fichte. Eine Biographie*, Berlin 2012.

Konrad H. Jarausch, The Sources of German Student Unrest 1815–1848, in: Lawrence Stone (Hg.), *The University in Society*, Bd. 2, Princeton 1974, S. 533–569.

Ernst Jung, *Wartburgfest 1817. Aufbruch zur deutschen Einheit*, Stuttgart 1991.

Alan Kirkness/Peter Kühn/Herbert Ernst Wiegand (Hg.), *Studien zum Deutschen Wörterbuch von Jacob Grimm und Wilhelm Grimm*, 2 Bde., Tübingen 1991.

Arnulf Krause, *Der Kampf um die Freiheit. Die Napoleonischen Befreiungskriege in Deutschland*, Darmstadt 2013.

Steffen Martus, *Die Brüder Grimm: Eine Biografie*, Berlin 2009.

Helmut Neuhaus, *Das Reich in der frühen Neuzeit*, München 2003.

Thomas Nipperdey, *Deutsche Geschichte 1800–1866. Bürgerwelt und starker Staat*, München 1998.

Paul Nolte, *Staatsbildung als Gesellschaftsreform. Politische Reformen in Preußen und den süddeutschen Staaten 1800–1820*, Frankfurt am Main 1990.

Joe Perry, *Christmas in Germany: A Cultural History*, Chapel Hill 2010.

Markus J. Prutsch, *Making Sense of Consitutional Monarchism in Post-Napoleonic France and Germany*, Houndmills 2013.

Stefan Reiß, *Fichtes »Reden an die deutsche Nation« oder vom Ich zum Wir*, Berlin 2006.

Dorothee A. E. Sattler, *Der Nassauische Zentralstudienfonds. Entstehung und Entwicklung einer Bildungsstiftung*, Wiesbaden 2011.

Wolfram Siemann, *Vom Staatenbund zum Nationalstaat. Deutschland 1806–1871*, München 1995.

Barbara Vogel (Hg.), *Preußische Reformen 1807–1820*, Königstein (Taunus) 1980.

Hans-Ulrich Wehler, *Deutsche Gesellschaftsgeschichte, Bd. 2: Von der Reformära bis zur industriellen und politischen »Deutschen Doppelrevolution« 1815–1845/49*, München 2005.

Johannes Zechner, *Der deutsche Wald. Eine Ideengeschichte zwischen Poesie und Ideologie*, Darmstadt 2016.

Die Revolutionen von 1830 und von 1848/49

Thomas Adam (Hg.), *Germany and the Americas. Culture, Politics, and History*, 3 Bde., Santa Barbara/Denver/Oxford 2005.

Marco Bellabarba, *Das Habsburgerreich 1765–1918*, Berlin 2020.

Robert Beachy, *The Soul of Commerce. Credit, Property, and Politics in Leipzig 1750–1840*, Leiden 2005.

Heike Bungert, *Festkultur und Gedächtnis. Die Konstruktion einer deutschamerikanischen Ethnizität*, Paderborn 2016.

Heike Bungert, *The German Forty-Eighters in American Society and Politics*, in: *Yearbook of Transnational History* 4 (2021), S. 69–112.

Ute Daniel, *Postheroische Demokratiegeschichte*, Hamburg 2020.

Suzanne Drehwald/Christoph Jestaedt, *Sachsen als Verfassungsstaat*, Berlin 1998.

Manfred Görtemaker, *Deutschland im 19. Jahrhundert. Entwicklungslinien*, Bonn 1989.

Barbara S. Groseclose, *Emanuel Leutze, 1816–1868: Freedom Is the Only King*, Washington D.C. 1975.

Rüdiger Hachtmann, *Berlin 1848. Eine Politik- und Gesellschaftsgeschichte der Revolution*, Bonn 1997.

Michael Hammer, *Volksbewegungen und Obrigkeiten. Revolution in Sachsen 1830–31*, Weimar/Köln/Wien 1996.

Kathrin Keller, *Landesgeschichte Sachsen*, Stuttgart 2002.

Ulrich Klemke, »*Eine Anzahl überflüssiger Menschen*«: *Die Exilierung politischer Straftäter nach Übersee, Vormärz und Revolution 1848/49*, Frankfurt am Main 1994.

Thomas Kühne, *Dreiklassenwahlrecht und Wahlkultur in Preußen 1867–1914. Landtagswahlen zwischen korporativer Tradition und politischem Massenmarkt*, Düsseldorf 1994.

Herbert Reiter, *Politisches Asyl im 19. Jahrhundert: Die deutschen politischen Flüchtlinge des Vormärz und der Revolution von 1848/49 in Europa und den Vereinigten Staaten*, Berlin 1992.

Susanne Schötz (Hg.), *Geschichte der Stadt Leipzig, Bd. 3: Vom Wiener Kongress bis zum Ersten Weltkrieg*, Leipzig 2018.

Wolfram Siemann, *Die deutsche Revolution von 1848–49*, Frankfurt am Main 1993.

Hans L. Trefousse, *Carl Schurz: A Biography*, New York 1998.

Hans-Ulrich Wehler, *Deutsche Gesellschaftsgeschichte, Bd. 2: Von der Reformära bis zur industriellen und politischen »Deutschen Doppelrevolution« 1815–1845/49*, München 2005.

Roberta Wollons (Hg.), *Kindergartens and Culture. The Global Diffusion of an Idea*, New Haven/London 2000.

Die Spaltung des Deutschen Bundes und die Reichsgründung

Celia Applegate, *A Nation of Provincials: The German Idea of Heimat*, Berkeley/Los Angeles 1990.

Tillman Bendikowski, *1870/71. Der Mythos der deutschen Einheit*, München 2020.

Alexandra Bleyer, *Das System Metternich. Die Neuordnung Europas nach Napoleon*, Darmstadt 2014.

Christopher Clark, *Preußen. Aufstieg und Niedergang 1600–1947*, Bonn 2007.

Elvira Döscher/Wolfgang Schröder, *Sächsische Parlamentarier 1869–1918. Die Abgeordneten der II. Kammer des Königreichs Sachsen im Spiegel historischer Photographien*, Düsseldorf 2001.

Michael Epkenhans, *Die Reichsgründung 1870–71*, München 2020.

Robert-Tarek Fischer, *Wilhelm I. Vom preußischen König zum ersten Deutschen Kaiser*, Köln 2020.

Lothar Gall, Bismarck. *Der weiße Revolutionär*, Berlin 2002.

Manfred Görtemaker, *Deutschland im 19. Jahrhundert. Entwicklungslinien*, Bonn 1989.

Robert Hofmann, *Geschichte der deutschen Parteien. Von der Kaiserzeit bis zur Gegenwart*, München 1993.

Christoph Jahr, *Blut und Eisen. Wie Preußen Deutschland erzwang, 1864–1871*, München 2020.

Thomas Kühne, *Dreiklassenwahlrecht und Wahlkultur in Preußen 1867–1914. Landtagswahlen zwischen korporativer Tradition und politischem Massenmarkt*, Düsseldorf 1994.

Simone Lässig, *Wahlrechtskampf und Wahlreform in Sachsen (1895–1909)*, Weimar/Köln/Wien 1996.

Friedrich Lenger/Philipp Kufferath (Hg.), *Sozialgeschichte des Kapitalismus im 19. und 20. Jahrhundert*, Bonn 2016.

Thomas Nipperdey, *Deutsche Geschichte 1800–1866. Bürgerwelt und starker Staat*, München 1998.

Christoph Nonn, *Bismarck. Ein Preuße und sein Jahrhundert*, München 2015.

Kalus Erich Pollmann, *Parlamentarismus im Norddeutschen Bund 1867–1870*, Düsseldorf 1985.

Wolfram Siemann, *Metternich. Stratege und Visionär. Eine Biographie*, München 2016.

Hartwin Spenkuch, *Preußen – eine besondere Geschichte. Staat, Wirtschaft, Gesellschaft und Kultur 1648–1947*, Göttingen 2019.

Hans-Peter Ullmann, *Das Deutsche Kaiserreich 1871–1918*, Frankfurt am Main 1995.

Hans-Peter Ullmann, *Der deutsche Steuerstaat. Geschichte der öffentlichen Finanzen*, München 2005

Hans Rudolf Wahl, *Die Religion des deutschen Nationalismus. Eine mentalitätsgeschichtliche Studie zur Literatur des Kaiserreichs: Felix Dahn, Ernst von Wildenbruch, Walter Flex*, Heidelberg 2002.

Hans-Ulrich Wehler, *Das Deutsche Kaiserreich 1871–1918*, Göttingen 1988.

Hans-Ulrich Wehler, *Deutsche Gesellschaftsgeschichte, Bd. 3: Von der Deutschen Doppelrevolution bis zum Beginn des Ersten Weltkrieges 1849–1914*, München 2007.

Siegfried Weichlein, *Nation und Region. Integrationsprozesse im Bismarckreich*, Düsseldorf 2004.

Staat und Gesellschaft im Kaiserreich

Thomas Adam, *Arbeitermilieu und Arbeiterbewegung in Leipzig 1871–1933*, Köln/Weimar/Wien 1999.

Thomas Adam, *Zivilgesellschaft oder starker Staat? Das Stiftungswesen in Deutschland (1815–1989)*, Frankfurt am Main/New York 2018.

Thomas Adam/Manuel Frey/Rupert Graf Strachwitz (Hg.), *Stiftungen seit 1800. Kontinuitäten und Diskontinuitäten*, Stuttgart 2009.

Christa Berg (Hg.), *Handbuch der deutschen Bildungsgeschichte, Bd. IV: 1870–1918. Von der Reichsgründung bis zum Ende des Ersten Weltkriegs*, München 1991.

Ulrich Borsdorf (Hg.), *Geschichte der deutschen Gewerkschaften von den Anfängen bis 1945*, Köln 1987.

Manuel Borutta, *Antikatholizismus. Deutschland und Italien im Zeitalter der europäischen Kulturkämpfe*, Göttingen 2011.

Frank Bösch, *Das konservative Milieu. Vereinskultur und lokale Sammlungspolitik in ost- und westdeutschen Regionen (1900–1960)*, Göttingen 2002.

Werner Bramke, Konservatives Milieu in einer weltoffenen Stadt. Das Beispiel Leipzig zur Zeit der späten Monarchie und der Weimarer Republik, in: Bert Becker/Horst Lademacher (Hg.), *Geist und Gestalt im historischen Wandel. Facetten deutscher und europäischer Geschichte 1789–1989*, Münster u.a. 2000, S. 201–210.

Lothar Burchardt, *Wissenschaftspolitik im Wilhelminischen Deutschland. Vorgeschichte, Gründung und Aufbau der Kaiser-Wilhelm-Gesellschaft zur Förderung der Wissenschaften*, Göttingen 1975.

Christopher Clark/Wolfram Kaiser (Hg.), *Kulturkampf in Europa im 19. Jahrhundert*, Leipzig 2003.

Herbert Dierker, *Arbeitersport im Spannungsfeld der Zwanziger Jahre*, Essen 1990.

Manuel Frey, *Macht und Moral des Schenkens. Staat und bürgerliche Mäzene vom späten 18. Jahrhundert bis zur Gegenwart*, Berlin 1999.

Thomas W. Gaehtgens/Martin Schieder (Hg.), *Mäzenatisches Handeln. Studien zur Kultur des Bürgersinns in der Gesellschaft*, Berlin 1998.

Marcus Gräser, *Wohlfahrtsgesellschaft und Wohlfahrtsstaat. Bürgerliche Sozialreform und Welfare State Building in den USA und in Deutschland 1880–1940*, Göttingen 2009.

Helga Grebing, *Geschichte der deutschen Arbeiterbewegung. Von der Revolution 1848 bis ins 21. Jahrhundert*, Berlin 2007.

Robert Hofmann, *Geschichte der deutschen Parteien. Von der Kaiserzeit bis zur Gegenwart*, München 1993.

Dieter Hoffmann/Birgit Kolboske/Jürgen Renn (Hg.), *»Dem Anwenden muss das Erkennen vorausgehen.« Auf dem Weg zu einer Geschichte der Kaiser-Wilhelm-/Max-Planck-Gesellschaft*, Berlin 2014.

Thomas Höhne/Clemens Striebing (Hg.), *Stiftungen im Schulwesen*, Weinheim 2020.

Karsten Hommel, *Carl Lampe. Ein Leipziger Bildungsbürger, Unternehmer, Förderer von Kunst und Wissenschaft zwischen Romantik und Kaiserreich*, Beucha 2000.

Fanny Isensee/Andreas Oberdorf/Daniel Töpper (Hg.), *Transatlantic Encounters in History of Education. Translations and Trajectories from a German-American Perspective*, New York/London 2020.

Frank Jacob/Alexander Friedman (Hg.), *Fußball. Identitätsdiskurse, Politik und Skandale*, Stuttgart 2020.

Karl-Ernst Jeismann/Peter Lundgreen (Hg.), *Handbuch der deutschen Bildungsgeschichte, Bd. III: 1800–1870. Von der Neuordnung Deutschlands bis zur Gründung des Deutschen Reiches*, München 1987.

Günter Katsch/Johann B. Walz, *Kleingärten und Kleingärtner im 19. und 20. Jahrhundert. Bilder und Dokumente*, Leipzig 1996.

Kathrin Keller (Hg.), *Feste und Feiern. Zum Wandel städtischer Festkultur in Leipzig*, Leipzig 1994.

Bernhard Kirchgässner/Hans-Peter Becht (Hg.), *Stadt und Mäzenatentum*, Sigmaringen 1997.

Susanne Knackmuß/Peter P. Rohrlach, *Die Streitsche Stiftung zu Berlin*, Berlin 2008.

Jürgen Kocka/Manuel Frey (Hg.), *Bürgerkultur und Mäzenatentum im 19. Jahrhundert*, Berlin 1998.

Jürgen Kocka/Gabriele Lingelbach (Hg.), *Schenken, Stiften, Spenden*, Göttingen 2007 (Themenheft Geschichte und Gesellschaft 33, Heft 1, 2007).

Margret Kraul, *Das deutsche Gymnasium 1780–1980*, Frankfurt am Main 1984.

Elisabeth Kraus, *Die Familie Mosse. Deutsch-jüdisches Bürgertum im 19. und 20. Jahrhundert*, München 1999.

Simone Lässig, *Jüdische Wege ins Bürgertum. Kulturelles Kapital und sozialer Aufstieg im 19. Jahrhundert*, Göttingen 2004.

Andreas Ludwig, *Der Fall Charlottenburg. Soziale Stiftungen im Städtischen Kontext (1800–1950)*, Köln/Weimar/Wien 2005.

Ekkehard Mai/Peter Paret (Hg.), *Sammler, Stifter und Museen. Kunstförderung in Deutschland im 19. und 20. Jahrhundert*, Köln 1993.

Olaf Matthes, *James Simon. Mäzen im Wilhelminischen Zeitalter*, Berlin 2000.

Trude Maurer, *Die Entwicklung der jüdischen Minderheit in Deutschland (1780–1933)*, Tübingen 1992.

Trude Maurer, *Ostjuden in Deutschland, 1918–1933*, Hamburg 1986.

Jürgen Nitsche/Ruth Röcher (Hg.), *Juden in Chemnitz. Die Geschichte der Gemeinde und ihrer Mitglieder*, Dresden 2002.

Malte Oberschelp, *Der Fußball-Lehrer. Wie Konrad Koch im Kaiserreich den Ball ins Spiel brachte*, Göttingen 2010.

Cornelia Rauh-Kühne, *Katholisches Milieu und Kleinstadtgesellschaft. Ettlingen 1918–1939*, Sigmaringen 1991.

Gerhard A. Ritter/Klaus Tenfelde, *Arbeiter im Deutschen Kaiserreich 1871 bis 1914*, Bonn 1992.

Michael Rudloff/Thomas Adam/Jürgen Schlimper, *Leipzig – Wiege der Deutschen Sozialdemokratie*, Berlin 1996.

Karsten Rudolph, *Die sächsische Sozialdemokratie vom Kaiserreich zur Republik 1871–1923*, Weimar/Köln/Wien 1995.

Frank Trommler, *Kulturmacht ohne Kompass. Deutsche auswärtige Kulturbeziehungen im 20. Jahrhundert*, Wien 2014.

Hans-Peter Ullmann, *Das Deutsche Kaiserreich 1871–1918*, Frankfurt am Main 1995.

Shulamit Volkov, *Die Juden in Deutschland 1780–1918*, München 1994.

Michael Werner, *Stiftungsstadt und Bürgersinn. Hamburgs Stiftungskultur vom Kaiserreich bis in den Nationalsozialismus*, München 2011.

Siegfried Weichlein, *Nation und Region. Integrationsprozesse im Bismarckreich*, Düsseldorf 2004.

Hartmann Wunderer, *Arbeitervereine und Arbeiterparteien. Kultur- und Massenorganisationen in der Arbeiterbewegung 1890–1933*, Frankfurt am Main/New York 1980.

Die deutschsprachige Diaspora in der Welt

Thomas Adam (Hg.), *Germany and the Americas. Culture, Politics, and History*, 3 Bde., Santa Barbara/Denver/Oxford 2005.

Inge Auerbach, *Die Hessen in Amerika 1776–1783*, Darmstadt 1996.

James D. Boyd (Hg.), *Fleeing Europe, Finding Philadelphia: Integration, Crisis, and the Migration of 1816–17* (Yearbook of German-American Studies Supplemental Issue, Bd. 5), Clarksville 2019.

Heike Bungert, *Die Indianer. Geschichte der indigenen Nationen in den USA*, München 2020.

Heike Bungert, *Festkultur und Gedächtnis. Die Konstruktion einer deutschamerikanischen Ethnizität*, Paderborn 2016.

Colin G. Calloway/Gerd Gemünden/Susanne Zantop (Hg.), *Germans and Indians. Fantasies, Encounters, Projections*, Lincoln/London 2002.

Sebastian Conrad, *Deutsche Kolonialgeschichte*, München 2008.

György Dalos, *Geschichte der Russlanddeutschen. Von Katharina der Großen bis zur Gegenwart*, München 2014.

Albert Bernhardt Faust, *The German Element in the United States with special reference to its political, moral, social, and educational influence*, 2 Bde., Boston/New York 1909.

Dirk Hoerder, *Geschichte der deutschen Migration vom Mittelalter bis heute*, München 2010.

Dirk Hoerder, The German-Language Diasporas. A Survey, Critique, and Interpretation, in: *Diaspora: A Journal of Transnational Studies* 11, 1 (2002), S. 7–44.

Dirk Hoerder/Diethelm Knauf (Hg.), *Aufbruch in die Fremde. Europäische Auswanderung nach Übersee*, Bremen 1992.

Christoph Kleßmann, *Polnische Bergarbeiter im Ruhrgebiet, 1870–1945. Soziale Integration und nationale Subkultur einer Minderheit in der deutschen Industriegesellschaft*, Göttingen 1978.

Walter Kamphoefner, *Westfalen in der Neuen Welt. Eine Sozialgeschichte der Auswanderung im 19. Jahrhundert*, Göttingen 2006.

Walter Kamphoefner/Wolfgang Helbich/Ulrike Sommer (Hg.), *Briefe aus Amerika. Deutsche Auswanderer schrieb aus der Neuen Welt, 1830–1930*, München 1988.

Susanne Lachenicht, *Hugenotten in Europa und Nordamerika. Migration und Integration in der Frühen Neuzeit*, Frankfurt am Main/New York 2010.

Stefan Manz, *Constructing a German Diaspora. The »Greater German Empire«, 1981–1918*, Oxford 2013.

Philip L. Otterness, *Becoming German. The 1709 Palatine Migration to New York*, Ithaca/London 2006.

H. Glenn Penny/Stefan Rinke (Hg.), *Rethinking Germans Abroad*, Göttingen 2015 (Themenheft Geschichte und Gesellschaft 41, Heft 2, 2015).

Winfried Schüler, Auswanderung als Geschäft? Herzog Adolf von Nassau und der Adelsverein zum Schutz deutscher Einwanderer in Texas, in: *Nassauische Annalen. Jahrbuch des Vereins für Nassauische Altertumskunde und Geschichtsforschung* 105 (1994), S. 161–178.

Frank Trommler (Hg.), *Amerika und die Deutschen. Bestandsaufnahme einer dreihundertjährigen Geschichte*, Opladen 1986.

Frank Trommler/Elliott Shore (Hg.), *The German-American Encounter. Conflict and Cooperation between Two Cultures 1800–2000*, New York/Oxford 2001.

Jürgen Zimmerer (Hg.), *Kein Platz an der Sonne. Erinnerungsorte der deutschen Kolonialgeschichte*, Frankfurt am Main 2013.

Der Erste Weltkrieg

Thomas Adam/Nils H. Roemer (Hg.), *Crossing the Atlantic. Travel and Travel Writing in Modern Times*, College Station 2011.

Arnd Bauerkämper/Eloise Julien (Hg.), *Durchhalten! Krieg und Gesellschaft im Vergleich 1914–1918*, Göttingen 2010.

Eberhard Bethge, *Dietrich Bonhoeffer. Theologe – Christ – Zeitgenosse*, München 1967.

Kristian Blickle, *Pandemics Change Cities: Municipal Spending and Voter Extremism in Germany, 1918–1933*, New York 2020.

Marcel Bois/Frank Jacob (Hg.), *Zeiten des Aufruhrs (1916–1921). Globale Proteste, Streiks und Revolutionen gegen den Ersten Weltkrieg und seine Auswirkungen*, Berlin 2020.

Werner Bramke/Silvio Reisinger, *Leipzig in der Revolution von 1918/19*, Leipzig 2009.

Peter J. Brenner, *Reisen in die neue Welt: Die Erfahrung Nordamerikas in deutschen Reise- und Auswanderungsberichten des 19. Jahrhunderts*, Tübingen 1991.

Konrad Canis, *Bismarcks Außenpolitik 1870–1890. Aufstieg und Gefährdung*, Paderborn u.a. 2004.

Roger Chickering, *Freiburg im Ersten Weltkrieg. Totaler Krieg und städtischer Alltag 1914–1918*, Paderborn 2009.

Lothar Gall, *Bismarck. Der weiße Revolutionär*, Frankfurt am Main 1980.

Jörg Ganzenmüller (Hg.), *Verheißung und Bedrohung. Die Oktoberrevolution als globales Ereignis*, Köln 2019.

Carl Ludwig Holtfrerich, *Die deutsche Inflation 1914–1923. Ursachen und Folgen in internationaler Perspektive*, Berlin (West)/New York 1980.

Ernst Jünger, *Kriegstagebuch 1914–1918*, hg. von Helmuth Kiesel, Stuttgart 2010.

Ian Kershaw, *Höllensturz*, München 2019.

Harry Graf Kessler, *Das Tagebuch 1880–1937*, Fünfter Band: *1914–1916*, hg. von Günter Riederer und Ulrich Ott, Stuttgart 2008.

Sabine Kienitz, *Beschädigte Helden. Kriegsinvalidität und Körperbilder 1914–1923*, Paderborn 2008.

Jürgen Kocka, *Klassengesellschaft im Krieg. Deutsche Sozialgeschichte 1914–1918*, Göttingen 1978.

Eberhard Kolb, *Der Frieden von Versailles*, München 2005.

Eberhard Kolb/Dirk Schumann, *Die Weimarer Republik*, München 2013.

Friedrich Lenger/Philipp Kufferath (Hg.), *Sozialgeschichte des Kapitalismus im 19. und 20. Jahrhundert*, Bonn 2016.

Sonja Levsen, Elite, *Männlichkeit und Krieg. Tübinger und Cambridger Studenten, 1900–1929*, Göttingen 2006.

Margaret MacMillan, *Die Friedensmacher. Wie der Versailler Vertrag die Welt veränderte*, Berlin 2015.

Peter Meusburger/Thomas Schuch (Hg.), *Wissenschaftsatlas of Heidelberg University: Spatio-Temporal Relations of Academic Knowledge Production*, Knittlingen 2012.

Wolfgang Michalka (Hg.), *Der Erste Weltkrieg. Wirkung, Wahrnehmung, Analyse*, München/Zürich 1994.

Eckard Michels, »Die Spanische Grippe« 1918/19. Verlauf, Folgen und Deutungen in Deutschland im Kontext des Ersten Weltkriegs, in: *Vierteljahrshefte für Zeitgeschichte* 58, 1 (2010), S. 1–33.

Sönke Neitzel, *Weltkrieg und Revolution 1914–1918/19*, Berlin 2008.

Christoph Nübel, *Die Mobilisierung der Kriegsgesellschaft. Propaganda und Alltag im Ersten Weltkrieg in Münster*, Münster 2008.

Konrad Roesler, *Die Finanzpolitik des Deutschen Reiches im Ersten Weltkrieg*, Berlin (West) 1967.

John C. G. Röhl, *Wilhelm II., Bd. 2: Der Aufbau der Persönlichen Monarchie 1888–1900*, München 2001.

John C. G. Röhl, *Wilhelm II., Bd. 3: Der Weg in den Abgrund, 1900–1941*, München 2008.

Walter Rüegg (Hg.), *Geschichte der Universität in Europa, Bd. 3: Vom 19. Jahrhundert bis zum Zweiten Weltkrieg (1800–1945)*, München 2004.

Karl Rosner, *Heilig soll der Grundsatz »Krieg dem Krieg« sein! Die Erinnerungen Karl Rosners an seine Kriegserlebnisse im Jahr 1916*, hg. von Andrea Sauer, Erfurt 2008.

Alexander Schmidt, *Reisen in die Moderne: Der Amerika-Diskurs des deutschen Bürgertums vor dem Ersten Weltkrieg im europäischen Vergleich*, Berlin 1997.

Hagen Schulze, *Weimar. Deutschland 1917–1933*, München 2000.

Klaus Weinhauer/Anthony McElligott/Kirsten Heinsohn (Hg.), *Germany 1916–23. A Revolution in Context*, Bielefeld 2015.

Anja Werner, *The Transatlantic World of Higher Education: Americans at German Universities*, New York/Oxford 2013.

Robert F. Wheeler, *USPD und Internationale. Sozialistischer Internationalismus in der Zeit der Revolution*, Frankfurt am Main 1975.

Heinrich August Winkler, *Von der Revolution zur Stabilisierung. Arbeiter und Arbeiterbewegung in der Weimarer Republik 1918 bis 1924*, Berlin (West)/Bonn 1984.

Marc Zirlewagen, »*Wir siegen oder fallen.« Deutsche Studenten im Ersten Weltkrieg*, Köln 2008.

Die Weimarer Republik

Thomas Adam, *Arbeitermilieu und Arbeiterbewegung in Leipzig 1871–1933*, Köln/Weimar/Wien 1999.

Theo Balderston, *Economics and Politics in the Weimar Republic*, Cambridge 2002.

Robert Beachy, *Das andere Berlin. Die Erfindung der Homosexualität. Eine deutsche Geschichte 1867–1933*, München 2015.

Karl Dietrich Bracher/Manfred Funke/Hans-Adolf Jacobsen (Hg.), *Die Weimarer Republik 1918–1933. Politik, Wirtschaft, Gesellschaft*, Düsseldorf 1987.

Christoph Cornelißen/Dirk van Laak (Hg.), *Weimar und die Welt. Globale Verflechtungen der ersten deutschen Republik*, Göttingen 2020.

Norman Domeier, *Der Eulenburg-Skandal. Eine politische Kulturgeschichte des Kaiserreichs*, Frankfurt am Main 2010.

Christopher Dowe, *Matthias Erzberger. Ein Leben für die Demokratie*, Stuttgart 2011.

Magdalene Droste, *Bauhaus 1919–1933. Reform und Avantgarde*, Köln 2006.

Jörg Ganzenmüller (Hg.), *Verheißung und Bedrohung. Die Oktoberrevolution als globales Ereignis*, Köln 2019.

Klaus Gietinger, *Kapp-Putsch. 1920 – Abwehrkämpfe – Rote Ruhrarmee*, Stuttgart 2020.

Frank Heidenreich, *Arbeiterkulturbewegung und Sozialdemokratie in Sachsen vor 1933*, Weimar u.a. 1995.

Manfred Herzer, *Magnus Hirschfeld und seine Zeit*, Berlin/Boston 2017.

Robert Hofmann, *Geschichte der deutschen Parteien. Von der Kaiserzeit bis zur Gegenwart*, München 1993.

Hansjoachim W. Koch, *Der deutsche Bürgerkrieg. Eine Geschichte der deutschen und österreichischen Freikorps 1918–1923*, Dresden 2002.

Eberhard Kolb/Dirk Schumann, *Die Weimarer Republik*, München 2013.

Klaus Kreimeier, *Die Ufa-Story. Geschichte eines Filmkonzerns*, München 1992.

Klaus Kreimeier, *Traum und Exzess. Die Kulturgeschichte des frühen Kinos*, Wien 2011.

Jörg-Detlef Kühne, *Die Entstehung der Weimarer Reichsverfassung. Grundlagen und anfängliche Geltung*, Düsseldorf 2018.

Mark Lehmstedt/Andreas Herzog (Hg.), *Das bewegte Buch. Buchwesen und soziale, nationale und kulturelle Bewegungen um 1900*, Wiesbaden 1999.

Ulrich Linse, *Barfüßige Propheten. Erlöser der Zwanziger Jahre*, Berlin (West) 1983.

Hans Mommsen, *Aufstieg und Untergang der Republik von Weimar 1918–1933*, Berlin 2001.

Albrecht Ritschl, *Deutschlands Krise und Konjunktur 1924–1934. Binnenkonjunktur, Auslandsverschuldung und Reparationsproblem zwischen Dawes-Plan und Transfersperre*, Berlin 2002.

Hagen Schulze, *Freikorps und Republik 1918–1920*, Boppard am Rhein 1969.

Hagen Schulze, *Weimar. Deutschland 1917–1933*, München 2004.

Dirk Schumann, *Politische Gewalt in der Weimarer Republik 1918–1933. Kampf um die Straße und Furcht vor dem Bürgerkrieg*, Essen 2001.

Matthias Sprenger, *Landsknechte auf dem Weg ins Dritte Reich? Zur Genese und Wandel des Freikorpsmythos*, Paderborn u.a. 2008.

Frank Trommler, *Kulturmacht ohne Kompass. Deutsche auswärtige Kulturbeziehungen im 20. Jahrhundert*, Wien 2014.

Hans-Peter Ullmann, *Der deutsche Steuerstaat. Geschichte der öffentlichen Finanzen*, München 2005.

Klaus Weinhauer/Anthony McElligott/Kirsten Heinsohn (Hg.), *Germany 1916–23. A Revolution in Context*, Bielefeld 2015.

Eric D. Weitz, *Weimar Germany: Promise and Tragedy*, Princeton/Oxford 2007.

Heinrich August Winkler, *Von der Revolution zur Stabilisierung. Arbeiter und Arbeiterbewegung in der Weimarer Republik 1918 bis 1924*, Berlin (West)/Bonn 1984.

Heinrich August Winkler, *Weimar 1918–1933. Die Geschichte der ersten deutschen Demokratie*, München 2018.

Der Weg in die NS-Diktatur

Wolfang Benz/Barbara Distel (Hg.), *Der Ort des Terrors. Geschichte der nationalsozialistischen Konzentrationslager*, Bd. 2: *Frühe Lager, Dachau, Emslandlager*, München 2005.

Knut Borchardt, Zwangslage und Handlungsspielräume in der großen Weltwirtschaftskrise der frühen dreißiger Jahre. Zur Revision des überlieferten Geschichtsbildes, in: Ders. (Hg.), *Wachstum, Krisen, Handlungsspielräume der Wirtschaftspolitik. Studien zur Wirtschaftsgeschichte des 19. und 20. Jahrhunderts*, Göttingen 1982, S. 165–205.

Karl Dietrich Bracher/Manfred Funke/Hans-Adolf Jacobsen (Hg.), *Die Weimarer Republik 1918–1933. Politik, Wirtschaft, Gesellschaft*, Düsseldorf 1987.

Jürgen W. Falter, *Hitlers Wähler*, München 1991 (überarb. und erw. Neuaufl. Frankfurt am Main/New York 2020).

Ernst Fraenkel, *Der Doppelstaat*, Hamburg 2001.

Ulrich von Hehl, *Nationalsozialistische Herrschaft*, München 2001.

Detlev Heiden/Gunther Mai (Hg.), *Nationalsozialismus in Thüringen*, Weimar 1995.

Robert Hofmann, *Geschichte der deutschen Parteien. Von der Kaiserzeit bis zur Gegenwart*, München 1993.

Ian Kershaw, *Hitler 1889–1936*, Stuttgart 1998.

Ian Kershaw, *Höllensturz: Europa 1914 bis 1949*, München 2019.

Victor Klemperer, *Man möchte immer weinen und lachen in einem. Revolutionstagebuch 1919*, Bonn 2016.

Eberhard Kolb/Dirk Schumann, *Die Weimarer Republik*, München 2013.

Gerhard Lindemann/Mike Schmeitzner (Hg.), *... da schlagen wir zu. Politische Gewalt in Sachsen 1930–1935*, Göttingen 2020.

Peter Longerich, *Wannseekonferenz. Der Weg zur »Endlösung«*, München 2016.

Peter Manstein, *Die Mitglieder und Wähler der NSDAP 1919–1933. Untersuchungen zu ihrer schichtenmäßigen Zusammensetzung*, Frankfurt am Main 1990.

Werner Maser, *Hindenburg. Eine politische Biographie*, Rastatt 1989.

Hans Mommsen, *Aufstieg und Untergang der Republik von Weimar 1918–1933*, Berlin 2001.

Marcus Mühle, *Ernst Röhm. Eine biographische Skizze*, Berlin 2016.

Stanley G. Payne, *A History of Fascism, 1914–1945*, Madison 1995.

Joseph Rothschild, *East Central Europe between the Two World Wars*, Seattle/London 1974.

Daniel Siemens, *Sturmabteilung. Die Geschichte der SA*, München 2019.

Albert Speer, *Erinnerungen*, Berlin (West) 1969.

Nikolaus Wachsmann, *KL. Die Geschichte der nationalsozialistischen Konzentrationslager*, München 2016.

Eric D. Weitz, *Weimar Germany: Promise and Tragedy*, Princeton/Oxford 2007.

Staat und Gesellschaft während der NS-Diktatur

Thomas Adam (Hg.), *Germany and the Americas. Culture, Politics, and History, 3 Bde.*, Santa Barbara u.a. 2005.

Rosmarie Beier, *aufbau west aufbau ost. Die Planstädte Wolfsburg und Eisenhüttenstadt in der Nachkriegszeit*, Berlin 1997.

Klaus Dietrich Bracher/Manfred Funke/Hans-Adolf Jacobsen, *Deutschland 1933–1945. Neue Studien zur nationalsozialistischen Herrschaft*, Bonn 1993.

Frank Caestecker/Bob Moore (Hg.), *Refugees from Nazi Germany and the Liberal European States*, New York 2010.

Annemone Christians, *Das Private vor Gericht. Verhandlungen des Eigenen in der nationalsozialistischen Rechtspraxis*, Göttingen 2020.

Sheila Fitzpatrick/Robert Gellately, *Accusatory Practices. Denunciation in Modern European History, 1789–1989*, Chicago 1997.

Robert Gellately, *Backing Hitler. Consent and Coercion in Nazi Germany*, New York/Oxford 2001.

Robert Gellately, *Die Gestapo und die deutsche Gesellschaft. Die Durchsetzung der Rassenpolitik 1933–1945*, Paderborn/München/Wien/Zürich 1994.

Adi Gordon, Exile Has No Panorama. On the Historiography of the Forced Migration from Nazi Germany, in: *Yearbook of Transnational History* 4 (2021), S. 163–197.

Ulrich von Hehl, *Nationalsozialistische Herrschaft*, München 2001.

Hansjoachim Henning, Kraftfahrzeugindustrie und Autobahnbau in der Wirtschaftspolitik des Nationalsozialismus 1933 bis 1936, in: *Vierteljahrschrift für Sozial- und Wirtschaftsgeschichte* 65 (1978), S. 217–242.

Klaus Hildebrand, *Das Dritte Reich*, München 2009.

Vandana Joshi, Changing Perspectives on the Role of Women in Nazi Germany: The Case of Women Denouncers, in: *Studies in History* 18 (2002), S. 209–230.

Victor Klemperer, *LTI. Notizen eines Philologen*, Stuttgart 2010.

Victor Klemperer, *Ich will Zeugnis ablegen bis zum letzten. Tagebücher 1933–1945 in 2 Bänden*, Berlin 1995.

Claus-Dieter Krohn/Patrik von zur Mühlen/Gerhard Paul/Lutz Winckler (Hg.), *Handbuch der deutschsprachigen Emigration 1933–1945*, Darmstadt 1998.

Alf Lüdtke, *Eigen-Sinn. Fabrikalltag, Arbeitererfahrungen und Politik vom Kaiserreich bis in den Faschismus*, Hamburg 1993.

Klaus-Michael Mallmann/Gerhard Paul, Allwissend, allmächtig, allgegenwärtig? Gestapo, Gesellschaft und Widerstand, in: *Zeitschrift für Geschichtswissenschaft* 41 (1993), S. 984–999.

Reinhard Mann, *Protest und Kontrolle im Dritten Reich. Nationalsozialistische Herrschaft im Alltag einer rheinischen Großstadt*, Frankfurt am Main 1987.

Lutz Niethammer (Hg.), *Der »gesäuberte« Antifaschismus. Die SED und die roten Kapos von Buchenwald. Dokumente*, unter Mitarbeit von Karin Hartewig, Harry Stein und Leonie Wannemacher, Berlin 1995.

Kiran Klaus Patel, *»Soldaten der Arbeit«. Arbeitsdienste in Deutschland und den USA 1933–1945*, Göttingen 2003.

Gerhard Paul/Klaus-Michael Mallmann, *Die Gestapo. Mythos und Realität*, Darmstadt 2003.

Detlev J. K. Peukert, *Volksgenossen und Gemeinschaftsfremde. Anpassung, Ausmerze und Aufbegehren unter dem Nationalsozialismus*, Köln 1982.

Dan P. Silverman, *Hitler's Economy. Nazi Work Creation Programs, 1933–1936*, Cambridge 1998.

Hans-Peter Ullmann, *Der deutsche Steuerstaat. Geschichte der öffentlichen Finanzen*, München 2005.

Nikolaus Wachsmann, *KL. Die Geschichte der nationalsozialistischen Konzentrationslager*, München 2016.

Der Holocaust

Götz Aly (Hg.), *Aktion T4 1939–1945. Die »Euthanasie«-Zentrale in der Tiergartenstraße 4*, Berlin (West) 1987.

Udo Benzenhöfer, *Der Fall Leipzig (alias Fall »Kind Knauer«) und die Planung der NS-»Kindereuthanasie«*, Münster 2008.

Gisela Bock, *Zwangssterilisation im Nationalsozialismus. Studien zur Rassenpolitik und Geschlechterpolitik*, Münster 2010.

Michael Burleigh, *Tod und Erlösung. Euthanasie in Deutschland 1900–1945*, München und Zürich 2002.

Michael Burleigh/Wolfgang Wippermann, *The Racial State: Germany 1933–1945*, Cambridge 1991.

Hans Eggers, *Deutsche Sprachgeschichte in zwei Bänden*, Reinbek bei Hamburg 1991.

Dorothy M. Figueira, *Aryans, Jews, Brahmins: Theorizing Authority through Myths of Identity*, Albany 2002.

Henry Friedlander, *Der Weg zum NS-Genozid. Von der Euthanasie zur Endlösung*, Berlin 1997.

Margret Hamm (Hg.), *Lebensunwert zerstörte Leben. Zwangssterilisation und »Euthanasie«*, Frankfurt am Main 2005.

Randall Hansen/Desmond King, *Sterilized by the State: Eugenics, Race, and the Population Scare in Twentieth-Century North America*, Cambridge 2013.

Klaus-Dietmar Henke (Hg.), *Tödliche Medizin im Nationalsozialismus. Von der Rassenhygiene zum Massenmord*, Köln/Weimar/Wien 2008.

Raul Hilberg, *Die Vernichtung der europäischen Juden*, Frankfurt am Main 1990.

Ulrike Jureit, *Das Ordnen von Räumen. Territorium und Lebensraum im 19. und 20. Jahrhundert*, Hamburg 2012.

Egbert Klautke, »The Germans are beating us at our own game«: American eugenics and the German sterilization law of 1933, in: *History of the Human Sciences* 29, 3 (2016), S. 25–43.

Ernst Klee, *»Euthanasie« im NS-Staat. Die »Vernichtung lebensunwerten Lebens«*, Frankfurt am Main 1983.

Stefan Kühl, *Die Internationale der Rassisten. Aufstieg und Niedergang der internationalen Bewegung für Eugenik und Rassenhygiene im 20. Jahrhundert*, Frankfurt am Main/New York 1997.

Trude Maurer, *Ostjuden in Deutschland 1918–1933*, Hamburg 1986.

Martin S. Pernick, *The Black Stork. Eugenics and the Death of »Defective« Babies in American Medicine and Motion Pictures Since 1915*, New York/Oxford 1996.

Hans-Walter Schmuhl, *Rassenhygiene, Nationalsozialismus, Euthanasie. Von der Verhütung zur Vernichtung »lebensunwerten Lebens«, 1890–1945*, Göttingen 1987.

Angela Schwarz (Hg.), *Streitfall Evolution. Eine Kulturgeschichte*, Köln/Weimar/Wien 2017.

Michael Schwarz, »Euthanasie«-Debatten in Deutschland (1895–1945), in: *Vierteljahrshefte für Zeitgeschichte* 46, 4 (1998), S. 617–665.

Günther Schweikle, *Germanisch-deutsche Sprachgeschichte im Überblick*, Stuttgart 1990.

Jonathan Peter Spiro, *Defending the Master Race: Conservation, Eugenics, and the Legacy of Madison Grant*, Hanover/London 2009.

Moshe Zimmermann, *Die deutschen Juden 1914–1945*, München 1997.

Der Zweite Weltkrieg

Paul Addison/Jeremy A. Crang (Hg.), *Firestorm. The Bombing of Dresden 1945*, Chicago 2006.

Wolfgang Benz (Hg.), *Die Vertreibung der Deutschen aus dem Osten. Ursachen, Ereignisse, Folgen*, Frankfurt am Main 1995.

Wolfgang Benz/Walter H. Pehle (Hg.), *Lexikon des deutschen Widerstands*, Frankfurt am Main 2001.

Jochen Böhler, *Auftakt zum Vernichtungskrieg. Die Wehrmacht in Polen 1939*, Frankfurt am Main 2006.

Martin Broszat, *Nationalsozialistische Polenpolitik 1939–1945*, München 2010.

Christopher Browning, *Ganz normale Männer. Das Reserve-Polizeibataillon 101 und die »Endlösung« in Polen*, Berlin 2020.

Wolfgang Curilla, *Die deutsche Ordnungspolizei und der Holocaust im Baltikum und Weißrussland 1941–1944*, Paderborn 2006.

Wolfgang Curilla, *Der Judenmord in Polen und die deutsche Ordnungspolizei 1939–1945*, Paderborn 2001.

Sophia Dafinger, *Die Lehren des Luftkriegs. Sozialwissenschaftliche Expertise in den USA vom Zweiten Weltkrieg bis Vietnam*, Stuttgart 2020.

Michael Epkenhans/John Zimmermann, *Die Wehrmacht – Krieg und Verbrechen*, Stuttgart 2019.

Björn Michael Felder, *Lettland im Zweiten Weltkrieg. Zwischen sowjetischen und deutschen Besatzern 1940–1946*, Paderborn 2009.

Saul Friedländer, *Kurt Gerstein oder die Zwiespältigkeit des Guten*, München 2007.

Jörg Friedrich, *Der Brand. Deutschland im Bombenkrieg 1940–1945*, Berlin 2004.

Anthony Clifford Grayling, *Among the Dead Cities. The History and Moral Legacy of the WWII Bombing of Civilians in Germany and Japan*, New York 2006.

Christian Hartmann, *Unternehmen Barbarossa. Der deutsche Krieg im Osten 1941–1945*, München 2013.

Christian Hartmann/Johannes Hürter/Ulrike Jureit, *Verbrechen der Wehrmacht. Bilanz einer Debatte*, München 2015.

Hannes Heer/Klaus Naumann (Hg.), *Vernichtungskrieg. Verbrechen der Wehrmacht 1941 bis 1944*, Hamburg 1995.

Hannes Heer/Christian Streit, *Vernichtungskrieg im Osten. Judenmord, Kriegsgefangene und Hungerpolitik*, Hamburg 2020.

Ulrich Herbert, *Fremdarbeiter. Politik und Praxis des »Ausländer-Einsatzes« in der Kriegswirtschaft des Dritten Reiches*, Berlin (West)/Bonn 1985.

Klaus Hildebrand, *Das Dritte Reich*, München 2009.

Walter Hubatsch (Hg.), *Hitlers Weisungen für die Kriegführung 1939–1945. Dokumente des Oberkommandos der Wehrmacht*, Frankfurt am Main 1983.

Rolf Keller, *Sowjetische Kriegsgefangene im Deutschen Reich 1941/42. Behandlung und Arbeitseinsatz zwischen Vernichtungspolitik und kriegswirtschaftlichen Erfordernissen*, Göttingen 2011.

Christoph Kleßmann (Hg.), *September 1939. Krieg, Besetzung, Widerstand in Polen*, Göttingen 1997.

Andreas Kossert, *Kalte Heimat. Die Geschichte der deutschen Vertriebenen nach 1945*, Berlin 2008.

Wendy Lower, *Hitler's Furies. German Women in the Nazi Killing Fields*, Boston/New York 2013.

Paul Robert Magosci, *Historical Atlas of Central Europe*, Seattle 2002.

Catherine Merridale, *Iwans Krieg. Die Rote Armee 1939–1945*, Frankfurt am Main 2006.

Rolf-Dieter Müller/Gerd R. Ueberschär, *Hitlers Krieg im Osten 1941–1945. Ein Forschungsbericht*, Darmstadt 2000.

Rolf-Dieter Müller/Hans-Erich Volkmann (Hg.), *Die Wehrmacht. Mythos und Realität*, München 1999.

Gerhard Paul, *Die NSDAP des Saargebietes 1920–1935. Der verspätete Aufstieg der NSDAP in der katholisch-proletarischen Provinz*, Saarbrücken 1985.

Janusz Piekałkiewicz, *Polenfeldzug. Hitler und Stalin zerschlagen die Polnische Republik*, Augsburg 1998.

Richard Overy, *Russlands-Krieg 1941–1945*, Reinbek bei Hamburg 2003.

Richard Overy, *Der Bombenkrieg. Europa 1939–1945*, Berlin 2014.

Stanley G. Payne, *A History of Fascism, 1914–1945*, Madison/London 1995.

Alexander von Plato/Almut Leh/Christoph Thonfeld, *Hitlers Sklaven. Lebensgeschichtliche Analysen zur Zwangsarbeit im internationalen Vergleich*, Wien 2008.

Ines Reich, *Carl Friedrich Goerdeler. Ein Oberbürgermeister gegen den NS-Staat*, Köln 1997.

Brendan Simms, *Hitler. Eine globale Biographie*, München 2020.

Peter Steinbach, *Der 20. Juli. Gesichter des Widerstands*, Berlin 2004.

Peter Steinbach/Johannes Tuchel (Hg.), *Widerstand gegen die nationalsozialistische Diktatur 1933–1945*, Berlin 2004.

Peter Steinbach/Johannes Tuchel, *Georg Elser. Der Hitler-Attentäter*, Berlin 2010.

Mark Spoerer, *Zwangsarbeit unter dem Hakenkreuz. Ausländische Zivilarbeiter, Kriegsgefangenen und Häftlinge im Dritten Reich und im besetzten Europa 1938–1945*, Stuttgart/München 2001.

Claudia Weber, *Der Pakt. Hitler, Stalin und die Geschichte einer mörderischen Allianz 1939–1941*, München 2019.

Die Gründung und die Anfangsjahre der beiden deutschen Staaten

Thomas Adam, *Germany and the Americas. Culture, Politics, and History*, 3 Bde., Santa Barbara u.a. 2005.

Thomas Ahbe/Michael Hoffmann, *Hungern, Hamstern, Heiligabend. Leipziger erinnern sich an die Nachkriegszeit*, Leipzig 1996.

Hannah Arendt, *Eichmann in Jerusalem. Ein Bericht von der Banalität des Bösen*, München/Zürich 2011.

Stefan Aust, *Der Baader-Meinhof-Komplex*, Hamburg 2017.

Magnus Brechtken, *Albert Speer. Eine deutsche Karriere*, München 2017.

Brian E. Crim, *Our Germans. Project Paperclip and the National Security State*, Baltimore 2018.

Ralph Dobrawa, *Der Auschwitz-Prozess. Ein Lehrstück deutscher Geschichte*, Berlin 2013.

Johannes Frackowiak, *Verfassungsdiskussionen in Sachsen nach 1918 und 1945*, Köln 2005.

John Gimbel, Project Paperclip: German Scientists, American Policy, and the Cold War, in: *Diplomatic History* 14, 3 (Sommer 1990), S. 343–365.

Hermann Graml, *Die Alliierten und die Teilung Deutschlands. Konflikte und Entscheidungen 1941–1948*, Frankfurt am Main 2016.

Rainer Gries, *Die Rationen-Gesellschaft. Versorgungskampf und Vergleichsmentalität: Leipzig, München und Köln nach dem Kriege*, Münster 1991.

Jürgen Frölich (Hg.), *»Bürgerliche« Parteien in der SBZ/DDR. Zur Geschichte von CDU, LDP(D), DBD und NDPD, 1945–1953*, Köln 1995.

Robert Hofmann, *Geschichte der deutschen Parteien. Von der Kaiserzeit bis zur Gegenwart*, München 1993.

Beate Ihme-Tuchel, *Die DDR*, Darmstadt 2010.

Manfred Kittel, *Stiefkinder des Wirtschaftswunders? Die deutschen Ostvertriebenen und die Politik des Lastenausgleichs (1952 bis 1975)*, Düsseldorf 2020.

Christoph Kleßmann, *Die doppelte Staatsgründung. Deutsche Geschichte 1945–1955*, Bonn 1986.

Christoph Kleßmann, *Zwei Staaten, eine Nation. Deutsche Geschichte 1955–1970*, Bonn 1988.

Monique Laney, *German Rocketeers in the Heart of Dixie: Making Sense of the Nazi Past During the Civil Rights Era*, New Haven 2015.

Aleksander Lasik, The Apprehension and Punishment of the Auschwitz Concentration Camp Staff, in: Wacław Długoborski/Franciszek Piper (Hg.), *Auschwitz 1940–1945: Central Issues in the History of the Camp*, Bd. 5, Oświęcim 2000, S. 99–117.

Hanne Leßau, *Entnazifizierungsgeschichten. Die Auseinandersetzung mit der eigenen NS-Vergangenheit in der frühen Nachkriegszeit*, Göttingen 2020.

Wilfried Loth, *Stalins ungeliebtes Kind. Warum Moskau die DDR nicht wollte*, Berlin 1994.

Wilfried Loth, *Die Teilung der Welt. Geschichte des Kalten Krieges 1941–1955*, München 2000.

Charles S. Maier, *Dissolution. The Crisis of Communism and the End of East Germany*, Princeton 1997.

Andreas Malycha/Peter Jochen Winters, *Die SED. Geschichte einer deutschen Partei*, München 2009.

Michael R. Marrus, *The Nuremberg War Crimes Trial, 1945–46: A Brief History with Documents*, Boston 2018.

Holger M. Meding, *Flucht vor Nürnberg? Deutsche und österreichische Einwanderung in Argentinien, 1945–1955*, Köln/Weimar/Wien 1992.

Matthias Meusch, *Von der Diktatur zur Demokratie. Fritz Bauer und die Aufarbeitung der NS-Verbrechen in Hessen (1956–1968)*, Wiesbaden 2001.

Brendan Murphy, *The Butcher of Lyon. The Story of Infamous Nazi Klaus Barbie*, New York 1983.

Michael J. Neufeld, *Wernher von Braun. Visionär des Weltraums, Ingenieur des Krieges*, München 2009.

Lutz Niethammer/Alexander von Plato, *»Wir kriegen jetzt andere Zeiten.« Auf der Suche nach der Erfahrung des Volkes in nachfaschistischen Ländern*, Berlin (West) 1985.

Heidi Roth, *Der 17. Juni in Sachsen 1953 in Sachsen*, Köln/Weimar/Wien 1999.

Axel Schildt/Detlef Siegfried/Karl-Christian Lammers (Hg.), *Dynamische Zeiten. Die 60er Jahre in den beiden deutschen Gesellschaften*, Hamburg 2000.

Edith Sheffer, *Burned Bridge. How East and West Germans Made the Iron Curtain*, Oxford 2011.

Hermann Weber, *DDR. Grundriß der Geschichte 1945–1990*, Hannover 1991.

Petra Weber, *Getrennt und doch vereint. Deutsch-deutsche Geschichte 1945–1989/90*, Berlin 2020.

Annette Weinke, *Die Nürnberger Prozesse*, München 2008.

Annette Weinke, *Die Verfolgung von NS-Tätern im geteilten Deutschland. Vergangenheitsbewältigung 1949–1969 oder: Eine deutsch-deutsche Beziehungsgeschichte im Kalten Krieg*, Paderborn 2002.

Gerhard Werle/Thomas Wandres, *Auschwitz vor Gericht. Völkermord und bundesdeutsche Strafjustiz*, München 1995.

Das Auseinanderdriften der Gesellschaft in Ost und West

Werner Abelshauser, *Wirtschaftsgeschichte der Bundesrepublik Deutschland (1945–1980)*, Frankfurt am Main 1983.

Anonyma, *Eine Frau in Berlin. Tagebuchaufzeichnungen vom 20. April bis 22. Juni 1945*, Frankfurt am Main 2003.

Melanie Arndt, *Tschernobylkinder. Die transnationale Geschichte einer nuklearen Katastrophe*, Göttingen 2020.

Matthias Asche/Stefan Gerber (Hg.), *Studienförderung und Stipendienwesen an deutschen Universitäten von den Anfängen bis zur Gegenwart*, Stuttgart 2013.

Rosmarie Beier, *aufbau west aufbau ost. Die Planstädte Wolfsburg und Eisenhüttenstadt in der Nachkriegszeit*, Berlin 1997.

Agnes Bresselau von Bressensdorf (Hg.), *Über Grenzen. Migration und Flucht in globaler Perspektive seit 1945*, Göttingen 2019.

Franz-Josef Brüggemeier, *Grubengold. Das Zeitalter der Kohle von 1750 bis heute*, München 2018.

Gunnar Decker, *Zwischen den Zeiten. Die späten Jahre der DDR*, Berlin 2020.

Mike Dennis, *The Stasi. Myth and Reality*, London 2003.

Gerd Dietrich, *Kulturgeschichte der DDR*, Bonn 2020.

Mary Fulbrook, *German History since 1800*, London 1997.

Curt Gasteyger, *Europa zwischen Spaltung und Einigung 1945 bis 1993*, Bonn 1994.

Rolf Henrich, *Der vormundschaftliche Staat*, Leipzig/Weimar 1991.

Jana Hensel, *Zonenkinder*, Reinbek bei Hamburg 2002.

Ulrich Herbert, *Geschichte der Ausländerpolitik in Deutschland. Saisonarbeiter, Zwangsarbeiter, Gastarbeiter, Flüchtlinge*, München 2001.

Ulrich Hess/Michael Schäfer (Hg.), *Unternehmer in Sachsen. Aufstieg – Krise – Untergang – Neubeginn*, Leipzig 1998.

Ulrich van der Heyden, *Das gescheiterte Experiment. Vertragsarbeiter aus Mosambik in der DDR-Wirtschaft (1979–1990)*, Leipzig 2019.

Dirk Hoerder, *Cultures in Contact. World Migrations in the Second Millenium*, Durham/London 2002.

Uwe Hoßfeld/Tobias Kaiser/Heinz Mestrup (Hg.), *Hochschule im Sozialismus. Studien zur Geschichte der Friedrich-Schiller-Universität Jena (1945–1990)*, Köln/Weimar/Wien 2007.

Beate Ihme-Tuchel, *Die DDR*, Darmstadt 2010.

Katrin Jordan, *Ausgestrahlt. Die mediale Debatte um »Tschernobyl« in der Bundesrepublik und in Frankreich 1986/87*, Göttingen 2018.

Rainer Karlsch/Michael Schäfer, *Wirtschaftsgeschichte Sachsens im Industriezeitalter*, Leipzig 2006.

Astrid Mignon Kirchhof (Hg.), *Pathways into and out of Nuclear Power in Western Europe. Austria, Denmark, Federal Republic of Germany, Italy, and Sweden*, München 2020.

Sebastian Koch, *Zufluchtsort DDR? Chilenische Flüchtlinge und die Ausländerpolitik der SED*, Paderborn 2016.

Charles S. Maier, *Dissolution. The Crisis of Communism and the End of East Germany*, Princeton 1997.

Jost Maurin, Die DDR als Asylland: Flüchtlinge aus Chile 1973–1989, in: *Zeitschrift für Geschichtswissenschaft* 51 (2003), S. 814–831.

Jennifer A. Miller, *Turkish Guest Workers in Germany. Hidden Lives and Contested Borders, 1960s to 1980s*, Toronto 2018.

Christian Th. Müller/Patrice G. Poutrus (Hg.), *Ankunft – Alltag – Ausreise. Migration und interkulturelle Begegnung in der DDR-Gesellschaft*, Köln 2005.

Maren Möhring, *Fremdes Essen. Die Geschichte der ausländischen Gastronomie in der Bundesrepublik Deutschland*, München 2012.

Lutz Niethammer/Alexander von Plato/Dorothee Wierling, *Die volkseigene Erfahrung. Eine Archäologie des Lebens in der Industrieprovinz der DDR. 30 biographische Eröffnungen*, Berlin 1991.

Bill Niven (Hg.), *Germans as Victims. Remembering the Past in Contemporary Germany*, New York 2006.

Lisa Pine (Hg.), *The Family in Modern Germany*, London 2020.

Patrice G. Poutrus, Asylum in Postwar Germany: Refugee Admission Policies and Their Practical Implementation in the Federal Republic and the GDR Between the Late 1940s and the Mid-1970s, in: *Journal of Contemporary History* 49 (2014), S. 115–133.

Claudia Rusch, *Meine freie deutsche Jugend*, Frankfurt am Main 2003.

Günther Rüther, *»Greif zur Feder, Kumpel«. Schriftsteller, Literatur und Politik in der DDR 1949–1990*, Düsseldorf 1991.

Roberto Sala, Vom »Fremdarbeiter« zum »Gastarbeiter«. Die Anwerbung italienischer Arbeitskräfte für die deutsche Wirtschaft (1938–1973), in: *Vierteljahrshefte für Zeitgeschichte* 55 (2007), S. 93–120.

Axel Schildt/Detlef Siegfried/Karl Christian Lammers (Hg.), *Dynamische Zeiten. Die 60er Jahre in den beiden deutschen Gesellschaften*, Hamburg 2000.

Axel Schildt/Arnold Sywottek (Hg.), *Modernisierung im Wiederaufbau. Die westdeutsche Gesellschaft der 50er Jahre*, Bonn 1998.

Michael C. Schneider, *Bildung für neue Eliten. Die Gründung der Arbeiter- und Bauernfakultäten in der SBZ/DDR*, Dresden 1998.

Annegret Schüle, *»Die Spinne«. Die Erfahrungsgeschichte weiblicher Industriearbeit im VEB Leipziger Baumwollspinnerei*, Leipzig 2001.

Leonie Treber, *Mythos Trümmerfrauen. Von der Trümmerbeseitigung in der Kriegs- und Nachkriegszeit und der Entstehung eines deutschen Erinnerungsortes*, Essen 2014.

Tamás Vonyó, *The Economic Consequences of the War. West Germany's Growth Miracle after 1945*, Cambridge 2018.

Petra Weber, *Getrennt und doch vereint. Deutsch-deutsche Geschichte 1945–1989/90*, Berlin 2020.

Jana Woywodt, *Die Arbeiter- und Bauernfakultät der Friedrich-Schiller-Universität Jena 1949–1963. Eine Geschichte der ABF aus Sicht ihrer Studenten und Dozenten*, Hamburg 2009.

Die friedliche Revolution in der DDR

Timothy Garton Ash, *We the People: The Revolution of 89 Witnessed in Warsaw, Budapest, Berlin und Prague*, Cambridge 1990.

Wolfgang Herzberg/Patrik von zur Mühlen (Hg.), *Auf den Anfang kommt es an. Sozialdemokratischer Neubeginn in der DDR 1989*, Bonn 1993.

Hans-Hermann Hertle, *Der Fall der Mauer. Die unbeabsichtigte Selbstauflösung des SED-Staates*, Opladen 1996.

Hans-Hermann Hertle/Gerd-Rüdiger Stephan (Hg.), *Das Ende der SED. Die letzten Tage des Zentralkomitees*, Berlin 1997.

Beate Ihme-Tuchel, *Die DDR*, Darmstadt 2010.

Konrad Jarausch/Martin Sabrow (Hg.), *Weg in den Untergang. Der innere Zerfall der DDR*, Göttingen 1999.

Hans Joas/Martin Kohli (Hg.), *Der Zusammenbruch der DDR*, Frankfurt am Main 1993.

Olaf Georg Klein, *Plötzlich war alles ganz anders. Deutsche Lebenswege im Umbruch*, Köln 1994.

Karl-Rudolf Korte, *Die Chance genutzt? Die Politik zur Einheit Deutschlands*, Frankfurt am Main 1994.

Hans-Joachim Maaz, *Der Gefühlsstau. Ein Psychogramm der DDR*, Berlin 1991.

Charles S. Maier, *Dissolution. The Crisis of Communism and the End of East Germany*, Princeton 1997.

Erhardt Neubert, *Geschichte der Opposition in der DDR 1949–1989*, Berlin 1998.

Dragoş Petrescu, *Entangled Revolutions. The Breakdown of the Communist Regimes in East-Central Europe*, Bukarest 2014.

Dirk Philipsen (Hg.), *We Were the People: Voices from East Germany's Revolutionary Autumn of 1989*, Durham 1993.

Corey Ross, *The East German Dictatorship. Problems and Perspectives in the Interpretation of the GDR*, London 2002.

Qinna Shen, Tiananmen Square, Leipzig, and the »Chinese Solution«: Revisiting the *Wende* from an Asian-German Perspective, in: *German Studies Review* 42 (2019), S. 37–56.

Franz Walter/Tobias Dürr/Klaus Schmidtke, *Die SPD in Sachsen und Thüringen zwischen Hochburg und Diaspora. Untersuchungen auf lokaler Ebene vom Kaiserreich bis zur Gegenwart*, Bonn 1993.

Peter Wensierski, *Die unheimliche Leichtigkeit der Revolution. Wie eine Gruppe junger Leipziger die Rebellion in der DDR wagte*, München 2017.

Frank Wilhelmy, *Der Zerfall der SED-Herrschaft. Zur Erosion des marxistisch-leninistischen Legitimitätsanspruches in der DDR*, Münster 1995.

Hartmut Zwahr, *Ende einer Selbstzerstörung. Leipzig und die Revolution in der DDR*, Göttingen 1993.

Der Beitritt der DDR zur Bundesrepublik

Marcus Böick, *Die Treuhand. Idee – Praxis – Erfahrung 1990–1994*, Göttingen 2018.

Roland Czada, *Das Prinzip »Rückgabe«. Die Tragweite des Eigentums*, Tübingen 1998.

Axel Fair-Schulz/Mario Kessler (Hg.), *East German Historians since Reunification. A Discipline Transformed*, Albany 2017.

Naika Foroutan/Jana Hensel, *Die Gesellschaft der Anderen*, Berlin 2020.

Johannes Frackowiak, *Wanderer im nationalen Niemandsland. Polnische Ethnizität in Mitteldeutschland von 1880 bis zur Gegenwart*, Paderborn 2011.

Curt Gasteyger, *Europa zwischen Spaltung und Einigung 1945 bis 1993*, Bonn 1994.

Dirk Hoerder, *Cultures in Contact. World Migrations in the Second Millenium*, Durham/London 2002.

Thorsten Holzhauser, *Die »Nachfolgepartei«. Die Integration der PDS in das politische System der Bundesrepublik Deutschland 1990–2005*, Berlin/Boston 2019.

Konrad H. Jarausch/Matthias Middell (Hg.), *Nach dem Erdbeben. Rekonstruktion ostdeutscher Geschichte und Geschichtswissenschaft*, Leipzig 1994.

Konrad Jarausch/Matthias Middell/Annette Vogt (Hg.), *Sozialistisches Experiment und Erneuerung in der Demokratie – die Humboldt-Universität zu Berlin 1945–2010* (Geschichte der Universität Unter den Linden 1810–2010, Bd. 3), Berlin 2012.

Marc Kemmler, *Die Entstehung der Treuhandanstalt. Von der Wahrung zur Privatisierung des DDR-Volkseigentums*, Frankfurt am Main 1994.

Christoph Kleßmann, *Polnische Bergarbeiter im Ruhrgebiet, 1970–1945. Soziale Integration und nationale Subkultur einer Minderheit in der deutschen Industriegesellschaft*, Göttingen 1978.

Bernhard Köppen/Norbert F. Schneider, *Demographics of Korea and Germany. Population Changes and Socioeconomic Impact of two Divided Nations in the Light of Reunification*, Opladen u.a. 2018.

Simone Lässig, Between Two Scholarly Cultures: Reflections on the Reorganziation of the East German Historical Profession after 1990, in: *Central European History* 40 (2007), S. 499–522.

Wilfried Loth, *Europas Einigung. Eine unvollendete Geschichte*, Frankfurt am Main 2020.

Charles S. Maier, *Dissolution. The Crisis of Communism and the End of East Germany*, Princeton 1997.

Michael Rudloff, Die Entstehung des Jugendweihegedankens am Beispiel Leipzigs, in: *Mitteldeutsches Jahrbuch für Kultur und Geschichte* 6 (1999), S. 97–121.

Wolfgang Seibel, *Verwaltete Illusionen. Die Privatisierung der DDR-Wirtschaft durch die Treuhandanstalt und ihre Nachfolger 1990–2000*, Frankfurt am Main 2005.

Hans-Peter Ullmann, *Der deutsche Steuerstaat. Geschichte der öffentlichen Finanzen*, München 2005.

Die Berliner Republik

Erwin H. Ackerknecht, Anticontagionism between 1821 and 1867, in: *Bulletin of the History of Medicine* 22, 5 (1948), S. 562–593.

Frank Brettschneider/Wolfgang Schuster (Hg.), *Stuttgart 21. Ein Großprojekt zwischen Protest und Akzeptanz*, Wiesbaden 2013.

Richard W. Bulliet, *The Case for Islamo-Christian Civilization*, New York 2004.

Nicholas A. Christakis, *Apollo's Arrow. The Profound And Enduring Impact Of Coronavirus On The Way We Live*, New York/Boston/London 2020.

Sheila Fitzpatrick/Robert Gellately, Introduction to the Practices of Denunciation in Modern European History, in: *The Journal of Modern History* 68 (1996), S. 747–767.

Axel Gehring, *Vom Mythos des starken Staates und der europäischen Integration der Türkei. Über eine Ökonomie an der Peripherie des euro-atlantischen Raumes*, Wiesbaden 2019.

Matthias Kaufmann, *Kein Recht auf Faulheit. Das Bild von Erwerbslosen in der Debatte um die Hartz-Reformen*, Wiesbaden 2013.

Howard Markel, »Knocking Out the Cholera«: Cholera, Class, and Quarantines in New York City, 1892, in: *Howard Bulletin of the History of Medicine* 69 (1995), S. 420–457.

Maria Pesthy/Matthias Mader/Harald Schoen, Why Is the AfD so Successful in Eastern Germany? An Analysis of the Ideational Foundations of the AfD Vote in the 2017 Federal Elections, in: *Politische Vierteljahresschrift* (2020), DOI: https://doi.org/10.1007/s11615-020-00285-9.

Armin Pfahl-Traughber, *Die AfD und der Rechtsextremismus. Eine Analyse aus politikwissenschaftlicher Perspektive*, Wiesbaden 2019.

Jay Rosellini, *The German New Right: AfD, PEGIDA and the Re-Imagining of National Identity*, London 2020.

Tim Spier/Felix Butzlaff/Matthias Micus/Franz Walter (Hg.), *Die Linkspartei. Zeitgemäße Idee oder Bündnis ohne Zukunft*, Wiesbaden 2007.

Julia von Staden, *Stuttgart 21 – eine Rekonstruktion der Proteste. Soziale Bewegungen in Zeiten der Postdemokratie*, Bielefeld 2020.